Harri Czepuck

Meine Wendezeiten

Meinen Eltern zum GEDENKEN
Meinen Enkeln zum BEDENKEN

Es gibt Lebensmomente, die wie Grenzmarken vor eine abgelaufene Zeit sich stellen, aber zugleich auf eine neue Richtung mit Bestimmtheit hinweisen. In einem solchen Übergangspunkt fühlen wir uns gedrungen, mit dem Adlerauge des Gedankens das Vergangene und das Gegenwärtige zu betrachten, um so zum Bewußtsein unserer wirklichen Stellung zu gelangen. Ja, die Weltgeschichte selbst liebt solches Rückschaun und besieht sich, was ihr dann den Schein des Rückgehens und Stillstands aufdrückt, während sie doch nur in den Lehnstuhl sich wirft, sich zu begreifen, ihre eigne, des Geistes Tat geistig zu durchdringen.

Karl Marx am 10. November 1837
in einem Brief an seinen Vater

Harri Czepuck

Meine Wendezeiten

Erinnerungen

Erwägungen

Erwartungen

Karl Dietz Verlag Berlin

Die Deutsche Bibliothek – CIP-Einheitsaufnahme

Czepuck, Harri:
Meine Wendezeiten : Erinnerungen, Erwägungen, Erwartungen /
Harri Czepuck. – Berlin : Dietz, 1999

ISBN 3-320-01971-6

Gestaltung: Brigitte Bachmann
Satz: MediaService, Berlin
Druck und Bindearbeit: Wiener Verlag GmbH, Himberg
Printed in Austria

Inhalt

Was erwartet man von einer Jahrtausendwende?

Der ganzen Welt und besonders unserer deutschen pyrotechnomanen Leidenschaft steht ein großes Feuerwerk ins Haus: Eine Jahrhundertwende, die auch eine Jahrtausendwende ist. Zunächst nicht ohne einen alten Streit: wann nun nämlich genau das Ereignis zu feiern wäre. Seit diese Wenden gezählt werden, gibt es ihn, ob nun das Jahrhundert am 1. Januar 00 oder am 1. Januar 01 beginne. Gregorianische Wichtigkeit.

Zur Wende des vorigen Jahrhunderts spottete Franz Mehring in einem Zeitungsartikel zum Jahreswechsel 1899/1900: »Wir (sollen) die Wende des Jahrhunderts feiern, obgleich noch ein Jahr fehlt, ehe das Jahrhundert abgelaufen ist. Kaiser und Papst haben es so verfügt; sie sind auch Herren über den Kalender ... So können auch Kaiser und Papst den Beginn des zwanzigsten Jahrhunderts um ein Jahr vorrücken, aber den Strom der Zeit beherrschen sie nicht mehr ...«[1]

Sei's drum. Ein Jahr in der vieltausendjährigen Geschichte der Menschheit zählt ohnehin nicht viel. Gerade wir, die wir Zeugen dieses Jahrhunderts wurden, wissen um die Schnellebigkeit der Zeit, also auch um ihre relative Kürze. Die Generation, der ich zugehöre, jene, die in den zwanziger Jahren, den Goldenen, wie man sie nannte, geboren wurde, gilt in gehobenen Historikerkreisen als jene, »die als erste, nicht erst seit 1991, den Versuch machen konnte, auf noch engagierte und schon abstandnehmende Weise das 20. Jahrhundert im ganzen, d. h. in seinen Grundzügen zu interpretieren«. Obschon das Zitat vom umstrittenen Ernst Nolte stammt[2], scheint es etwas für sich zu haben. Ich begebe mich gewissermaßen auf eine Zeitreise, um den Teil des Jahrhunderts zu beschreiben, den ich erlebte, und um zu versuchen, aus meiner Sicht den Rückblick auch mit einem möglichen Ausblick zu verbinden. Natürlich kann man, wie Bellamy es in seinem »Rückblick aus dem Jahr 2000«

---

1 »Neue Zeit«, 18. Jahrgang 1899/1900, Erster Band, S. 385-388.

2 Francois Furet/Ernst Nolte: Feindliche Nähe – Ein Briefwechsel, München 1998.

formulierte, leichter tausend Jahre zurückblicken, als fünfzig Jahre vorwärts in die Zukunft.

Mit seinem geradezu entfesselten Anwuchs der wissenschaftlich-technischen Produktivkräfte und dem gleichzeitigen Zurückbleiben der gesellschaftlicher Entwicklung, trotz mannigfaltiger Versuche, das zu ändern, war es vor allem ein widersprüchliches, dramatisches, von Kriegen, Revolutionen und Konterrevolutionen gezeichnetes Säkulum. Nun scheint dieses alte Jahrhundert mit dem Abriß des letzten Blattes vom Jahreskalender zu Ende zu gehen, ohne daß man überzeugt jauchzen könnte: Ende gut – alles gut.

Die nach aller Wahrscheinlichkeit letzten Bundestagswahlen in diesem auslaufenden Jahrhundert,1998 in Deutschland, wurden daher auch als bedeutsam für den Jahrhundertwechsel hochstilisiert. Natürlich war spannend, zu wissen, wer dieses Land im Herzen Europas ins nächste Jahrhundert führt. Zunächst hatten die Meinungsforscher ja bis kurz vor dem Bekanntwerden der Hochrechnungen so getan, als müsse man damit rechnen, daß Altkanzler Kohl mit unbegreiflichen Da-capo-Rufen noch einmal ermächtigt würde, weitere vier Jahre mit Deutschland über die Jahrhundertgrenze in den andauernden Stillstand zu rasen. Die 16 Jahre lang Regierenden hatten den Karren so tief in den Dreck gefahren, daß man in der Nacht nach der Wahl fast das Aufatmen hören konnte, daß sie das Aufräumen, das noch teuer werden kann, nicht selber besorgen müssen. Sie traten mit einer Eile, als könnten sie es verpassen, von allen Ämtern zurück, Kohl, Waigel, Blüm, Hintze, Süssmuth, Kanther ... Und ja keine Große Koalition, damit man wirklich alles, was nun in den nächsten vier Jahren auf uns zukommt, der SPD-dominierten Rot-Grünen Koalition in die Schuhe schieben kann. Die deutsche Sozialdemokratie hat, wie es aussieht, zum Jahrhundertwechsel, also aus feierlichem Anlaß, wieder einmal ihre historische Rolle übernommen, in einer krisenhaften Zeit zur Reparaturkolonne für den Kapitalismus zu werden. Die CDU/CSU, als der total ergebene Partner des Kapitals, ist an eine Wand gefahren, noch dazu mit Getriebeschaden. Jetzt kommt die Abschleppfirma SPD mit dem Automobilmeister Schröder und versucht ihr Bestes. Sollte sie es etwa nicht tun? Wo doch das Volk nicht nur einen Wechsel, sondern einen Wandel gefordert hat? Aber gewiß doch. Sie ist wahrscheinlich die einzige Kraft, wenn sie denn ihre Stärke nutzt, die einen Politikwandel in Deutschland herbeiführen könnte. Mit Bundesgenossen, versteht sich, die man nicht ausgrenzen sollte. Sie ist die dreizehnte(!) Regierung in den fünfzehn EU-Staaten, die von Sozialdemokraten geführt oder mitgestaltet wird. Am Jahrhundertbeginn wäre dies sogar ein Grund zum Jubeln gewesen. Eigentlich könnte nun in einem fast sozialdemokratisch regierten Europa der Wandel geschaffen werden. Aber bei einem Kanzler, der vor und nach den Wahlen erklärt, er werde nicht alles anders machen, sondern (vielleicht) manches besser, scheint die Zuversicht nicht allzu groß. Vielleicht dürfen wir die Allongeperükken noch nicht allzu weit wegwerfen. Natürlich werden wir auch keine Jakobinermützen hervorholen müssen.

Vielleicht ist das zu pessimistisch gedacht. Aber wieviel Optimismus ist uns eigentlich nach Ablauf dieses Jahrhunderts geblieben? Wir haben heute nämlich nicht die SPD Wilhelm Liebknechts und August Bebels, die genau hundert Jahre zuvor, 1898, einen gewaltigen Reichstagswahlsieg eingefahren hatte. Mit über 1,4 Millionen Stimmen konnte sie erstmals auf die absolut größte Wählerschaft verweisen. Allerdings regieren durfte sie wegen der aus dem Dreiklassenwahlrecht stammenden Zahl der Abgeordneten, die ihr danach zugeteilt wurden, nicht. Ist es die SPD, die nach der Novemberrevolution von 1918 eine Regierung bildete, die die Ideale und Errungenschaften dieser Revolution verriet? Ist es die SPD, die während der Weimarer Republik dann meist nur noch mitregieren durfte? Ist es die SPD, die das Prager Manifest während des Faschismus mit dem Blick auf die Zeit nach der deutschen Nacht verfaßte? Ist es die SPD Schumachers, die 1946 den Sozialismus als Tagesaufgabe bezeichnete, dann aber 1959 in Godesberg landete? Ist es die SPD Willy Brandts, die wenigstens 1970 einen außenpolitischen Kurswechsel in Richtung Osten einleitete, der zunächst von der CDU bekämpft, dann aber wegen ihrer strategischen Bedeutung im Kalten Krieg nach dem Sturz der Regierung Helmuts Schmidts fortgeführt wurde? Natürlich ist es eine andere SPD. Es gibt auch hier kein Zurückschrauben der Geschichte. Wir werden sehen, wie sie es versteht, aus Traditionen die besten Schlüsse zu ziehen.

Indessen: Politiker und Politikzuschauer versuchen über die magische Grenze des Säkulums hinauszublicken, wie über einen Baustellenzaun, ohne recht zu wissen, was dahinter genau geschieht und wie sie dem Wechsel begegnen sollen.

Bei den Politikern bleibt es meist bei mehr oder weniger wohlklingenden Sprechblasen, aus denen dann die Politikzuschauer wie aus einem Orakel alles oder nichts herauslesen dürfen. Die Politikverdrossenen schauen sowieso nicht hin, allenfalls auf ihren Nabel.

Wissenschaftler versammeln sich, um darüber nachzudenken, was war und was wird. Schon bei der Frage: Was war? gibt es Dissens. Welche Antwort erwartet man dann eigentlich auf die Frage: Was wird? Manchmal führt da lediglich Nonsens zum Konsens.

Wahrscheinlich liegt es daran, daß dieses Ereignis über die simple Kalenderblattfrage hinaus die Gemüter aus den unterschiedlichsten Gründen bewegt.

Auch ich selbst ertappe mich immer wieder bei dem Gedanken, in Erfahrung bringen zu wollen, was es denn wohl jenseits dieser unmittelbar bevorstehenden Wende zum Jahr 2000 zu sehen und zu erleben geben wird. Gewiß werden wir – von Millionen Steuergelder verschlingenden Jahrhundertwendefeiern abgesehen – einen Übergang erleben, der unsere Heimstätten nicht sonderlich erbeben läßt.

Wenn einmal das unausweichliche Beben kommen sollte, dann wird es sich ohnehin nicht vom Kalender beeinflussen lassen. Deshalb haben Wahrsager jeglicher Couleur hohe Saison. Prognosen überschlagen und widersprechen sich. Dabei sagte schon der Spötter Winston Churchill einmal, daß man die präziseste Prognose nur nach dem Eintreten des Ereignisses abgeben könne.

Der amerikanische Historiker Hillel Schwartz macht sich in seinem 1990 in den USA erschienenen Buch »Zeitenwende – Weltenende« (deutsch bei Georg Westermann Verlag, Braunschweig 1992) auch seine Gedanken. Er greift auf die Geschichte der Jahrhundertwenden und der ersten und bisher einzigen Jahrtausendwende der neueren Zeitrechnung zurück und untersucht beispielsweise, wie das mit dem Eintritt in das zweite Jahrtausend war.

Das ganze christliche 10. Jahrhundert, so schreibt er, hätten sich die Menschen »nicht nur mit der Kürze ihres wohltätigen Lebens, sondern auch der Gebrechlichkeit der Welt insgesamt in diesem ihrem letzten Zeitalter« beschäftigt. Und Schwartz zählt auf, welches Unheil die Leute damals erwarteten, nachdem alles darüber sprach.

Dann freilich mußte er feststellen: »Als sich nichts Bemerkenswertes ereignete, als die Welt unversehrt in das Jahr 1000 eintrat, sprach (Papst) Sylvester II. in seiner besonderen Mitternachtsmesse in Rom zu den erstaunten Versammelten ... Mächtige Seufzer der Erleichterung verwandelten sich zu noch mächtigeren Windstößen frischer Luft, als das Volk sich daran machte, verfallene Kapellen wieder aufzubauen, Klöster zu gründen und romanische Kathedralen zu errichten, bis die Landschaft gekleidet war in einen ›weißen Mantel‹ von Kirchen. Ungarn, Polen, Rußland bekehrten sich in einem wundergleichen Atemzug zum Wahren Glauben. Erlöst und verwandelt expandierte die europäische Gesellschaft unter vollen Segeln nach außen und hißte schon bald Kreuzzugsflaggen, um Jerusalem den Heiden wieder abzufordern. Die räuberischen Horden der Wikinger lösten sich in dünne (nordische) Luft auf, das internationale Klima wurde milder und linde Lüfte wehten über die Wildnis, wo Leibeigene den jungen Wildwuchs rodeten für eine jäh zunehmende Bevölkerung, die nun Kurs auf jene Serie von Renaissancen nahm, die sie in die Neuzeit treiben sollte.«

Die Ironie ist nicht zu überlesen. Die Bezüge zur Gegenwart sind deutlich.

In einem vorläufigen Schluß meint Schwartz schließlich: »Am Ende eines Jahrhunderts ist stets von kritischen Momenten und unwiderruflichen Entscheidungen die Rede, aber in unserer Zeit zeichnen sich die getroffenen Entscheidungen besonders scharf gestochen als guter Wille oder Holocaust, Umweltschutz oder -vernichtung, als höheres Bewußtsein oder Ende der (westlichen) Zivilisation ab. Die Achsen und Angeln des Milleniums scheinen rasierklingenschärfer zu sein als je zuvor. Stößt uns der Terrorismus über die Klippen in das ›nukleare Harmagedon‹ oder treibt er uns ein für allemal dazu, über die nationalen Grenzen hinauszublicken und auf den Weltfrieden hinzuwirken? Droht die Verschuldung der Entwicklungsländer den Zusammenbruch der Weltwirtschaft auszulösen, oder zwingt sie uns zu Denken und Handeln in globaler Interdependenz? Droht unser Vergiften von Flüssen, Seen, Ozeanen, Wäldern, Urwäldern die Menschheit zu ersticken, oder stellt sie uns vor eine letzte, ins Auge springende Gelegenheit, uns selber zu retten, indem wir unseren Planeten retten?«

Betrachtungen am Ende eines Jahrhunderts

Natürlich gingen die Gedanken in meiner Jugend, wenn ich an das Jahr 2000 dachte, nicht gar so weit, obschon sich durch den herrschenden Faschismus in halb Europa mit »Tausendjährigem Reichs«-Geschwafel eine Sieg-oder-Untergangs-Stimmung abzuzeichnen schien, wie sie dann 1945 auch kurzzeitig eintrat.

Jedenfalls hat seit meiner Kindheit oder Jugendzeit, diese Jahreszahl eine gewisse magische Anziehungskraft auf mich ausgeübt.

Vielleicht, wahrscheinlich sogar, hat es zunächst daran gelegen, daß zu den ersten politischen Büchern, die ich in meiner frühen Jugend gelesen habe, auch Edward Bellamys »Rückblick aus dem Jahr 2000« gehörte. Es war zu jener Zeit verboten, nicht zuletzt, weil das Vorwort von der Übersetzerin, einer gewissen Clara Zetkin stammte. Das Buch, wie ich heute weiß, die etwas naive Utopie eines mit der Gesellschaft von 1887 Unzufriedenen, war von meinem vorsorglichen Vater in einer versteckten Bücherkiste gerettet und mir zum Lesen empfohlen worden.

Es hat mich aber doch derart fasziniert, daß ich mir bereits als vierzehnjähriger vornahm, unbedingt das Jahr 2000 zu erleben, was ohne besondere Schicksalsschläge biologisch möglich war, obschon es manchmal in meinem Leben so ausgesehen hat, als könnte etwas Ernsthaftes dazwischen geraten. Denn mein Weg durchs Leben glich manchmal einer tod- zumindest doch gefahrbelauerten Fahrt über Unebenheiten, durch Nebel und Ungemach, freilich auch nicht ohne Sonnenschein und freundliche Landschaften.

Aber nunmehr ist, trotz immer noch möglicher Störfälle, das Ereignis für mich in greifbare Nähe gerückt.

Da tauchen Fragen auf, die auch mit der Geschichte des ablaufenden Jahrhunderts zu tun haben.

Ganz simpel wäre zu fragen, soll es wirklich so weitergehen wie bisher. Allerdings: Wenn etwas geändert werden soll, warum dann gerade anläßlich einer Jahrtausendwende? Weil es sich dann für spätere Generationen in Geschichtsbüchern besser merken läßt? Oder weil man Änderungspläne seit den sechziger und vor allem seit den achtziger Jahren mit Blick auf die Zahl 2000 so schön vor sich herschieben konnte?

Auch ganz konkrete Fragen gibt es, die morgen schon überflüssig sein können, weil sie sich erledigten oder auf diese oder jene Weise beantwortet wurden: Wird das neue Jahrhundert mit einer weltweiten Rezession beginnen, die sich gegen Ende des alten bereits abzeichnet? Wird es mit dem Euro, wie versprochen, so klappen, wie mit der D-Mark? Was ist mit der Arbeitslosigkeit? Was mit den sozial Schwachen? Wer wird im neuen Jahrhundert zur Kasse gebeten, um die Schulden zu bezahlen, die im vergangenen Jahrhundert gemacht wurden? Wie wird unter diesen Umständen die neue Regierung ihre Wahlversprechen einlösen? Werden wir alle nur noch durchs Internet surfen, auf der Suche nach Angeboten für die Zukunft, aus denen wir auswählen können, wie beim Discounter? Dabei gab es am Jahrhundertende schon die ersten Großversuche für das Medium der Zukunft, wie beispielsweise bei der Vorführung des Sexuallebens des Präsidenten einer Weltmacht, wo sich gewisse Grenzen sowohl in inhaltlicher Hinsicht als auch für den zumindest augenblicklichen technischen Stand deutlich zeigten. Die weltweit angelockten Voyeure standen auf der Datenautobahn im Stau. Man sieht, daß es im Augenblick mit der Auswahl und dem Angebot für die Zukunft nicht so rosig aussieht. Noch scheint es, daß uns die Zukunft eher entgegen gähnt, wie ein schwarzes Loch. Im Weltall, so wissen wir inzwischen durch die Astrophysik, zeugen solche schwarzen Löcher vom Vergehen oder Entstehen ganzer Galaxien, weil sie Materie ansaugen oder verschwinden lassen.

Wie wird das bei uns sein? Entsteht etwas oder wird etwas vergehen? Vielleicht bedingt das eine das andere?

Man nannte die Vereinigung der beiden deutschen Staaten zu Beginn der neunziger Jahre des alten Jahrhunderts ein Jahrhundertereignis. Abgesehen davon, daß es wichtigere Ereignisse gab, die das Prädikat verdienten, aber: Erinnern wir uns eigentlich noch so richtig, wer da von wem mit wem vereinigt wurde und warum? Würde man das einmal ganz nüchtern betrachten, würde man doch auf die weitere Frage stoßen, warum denn nach der staatlichen Einheit, infolge der Überrumpelung mit der D-Mark (über die noch einiges zu sagen sein wird), die innere Einheit des Volkes noch nicht vollzogen wurde, warum noch nicht zusammengewachsen ist, was nach den Worten Willy Brands zusammengehört. Da war doch wohl wortgewaltiges Aneinandervorbeireden im Spiel. Man darf keinesfalls vergessen, daß die Existenz zweier deutscher Staaten fast die Hälfte des Jahrhunderts mitgeprägt und auf beiden Seiten ein jeweils anderes Bewußtsein, andere Wertvorstellungen geschaffen und unter anderem den Frieden auf unserem Kontinent erhalten hat. Trotz aller bramarbasierenden Konfrontationen. Trotz Säbelgerassel und Wortgeprassel im Kalten Krieg. Der Wettstreit zwischen den beiden deutschen Staaten in dieser Auseinandersetzung, die manchmal haarscharf an einem Heißen Krieg vorbeiging, hat schließlich dazu geführt, daß die westdeutschen Kapitalisten im ehemaligen Teilstaat West soziale Zugeständnisse machen mußten, die sie jetzt mit brutaler Offenheit wieder in Ost und West zurückfordern. Besonders im Osten der nun zusammengenagelten neugroßdeutschen Reiches-Einheit ohne Einigkeit rief dies nach der anfänglichen Euphorie Enttäuschung hervor. Es scheint tatsächlich noch den Kapitalismus aus dem verdammten SED-Parteilehrjahr zu geben.

Wird man also nach dem Jahre 2000 endlich zu einer befriedigenden Antwort kommen, warum damals zur Jahrhunderthalbzeit zwei deutsche Staaten gegründet wurden und weshalb der eine von dem anderen bekämpft wurde? Wird wenigstens nach dem Jahr 2000 endlich begonnen werden, die gesamtdeutsche Geschichte in diesem Jahrhundert aufzuschreiben, nachdem man sie mehrfach und von allen Seiten immer wieder gefälscht, umgeschrieben oder zumindest sehr unterschiedlich interpretiert hat?

Statt dessen steht zu befürchten, daß das größer gewordene Deutschland in dem angestrebten und just zu diesem Zeitpunkt geplanten finanziell vereinheitlichten Europa mit dem EURO unter Führung der D-Mark dann endgültig größere Ansprüche stellt, die man heute zunächst bescheiden als größer gewordene Verantwortung deklariert. Dann wird man auch wissen, welche weltpolitischen Auswirkungen das Wort des Kanzlers Kohl 1992 bei der Militärpaktunterzeichnung mit Frankreich in La Rochelle haben wird, wo er im Stil einiger seiner unseligen Vorgänger verkündete: »Wir würden als Deutsche vor der Geschichte versagen, wenn wir uns *mit der deutschen Wiedervereinigung begnügen* würden.«

Da hat doch auch tatsächlich der 1997 amtierende deutsche Verteidigungsminister Rühe in Warschau erklärt: »Zum erstenmal in diesem Jahrhundert haben wir (ist da der Plural majestatis der Deutschen gemeint?) eine historische Chance erhalten, eine stabile Friedensordnung für das ganze Europa zu erhalten, *und wir nehmen sie wahr.*«

Ja wie denn und wer denn? Mit der Bundeswehr, die gerade zum Ende des Jahrhunderts von einem nazistischen Skandal zum anderen marschiert? Übrigens: Wer sich darüber wundert, hat vergessen, daß Nazigenerale und Nazioffiziere die ersten Befehlshaber waren und die den Geist der Truppe prägten, der sich manchmal schon an den Namen der Kasernen ablesen läßt, die sich auf Traditionen beruft, die in Europa die schrecklichsten Befürchtungen auslösen müssen.

Da frage ich mich, wann und womit soll der offenbar größer gewordene Appetit gestillt werden? Es hat sich ja 1992 auch der seinerzeit amtierende Außenminister Kinkel schon etwas weit aus dem Fenster gelehnt, indem er, der frühere westdeutsche Geheimdienstchef, anläßlich der europäischen Verhandlungen über den Beitritt weiterer Staaten zur inzwischen ziemlich deutsch-beherrschten EU den mäkelnden Spaniern drohte, »das Rückgrat brechen« zu wollen, und bei anderer Gelegenheit ankündigte, die Serben »in die Knie zu zwingen«, weil sie eigene Wege aus dem von Deutschland angerichteten Desaster im ehemaligen Jugoslawien gehen wollten, als vom Verursacher geplant.

Schließlich, als es die Bundesregierung Ende 1995 erreicht hatte, daß nach einer Art Manöver in Kambodscha und Somalia »endlich« wieder deutsche Soldaten zu Kampfeinsätzen ins Ausland, zunächst einmal nach Bosnien geschickt werden konnten, setzte der damals amtierende Bundeswehr-Heeresinspekteur Bagger noch eins drauf und verkündete im Hinblick auf den Auftrag der Bundeswehr im von der deutschen Außenpolitik zerschlagenen Jugoslawien: »Jeder, egal, wer es ist, muß wissen, daß man ungestraft keinen deutschen Soldaten angreift.«

Das erinnert am Jahrhundertende nicht nur an die Hunnenrede des letzten deutschen Kaisers am Jahrhundertbeginn, der beispielsweise im fernen China nicht dulden mochte, daß man Deutsche auch nur scheel ansieht, sondern auch an eine noch jüngere Order, die peinlicherweise von deutschen Generalen 1941 ausgerechnet im überfallenen Jugoslawien erlassen wurde. Damals galt, daß für jeden verwundeten deutschen Soldaten 50 und für jeden getöteten 100 Zivilisten zu erschießen sind. Im Oktober 1941 wurden auf dieser Grundlage allein in Kragujevac an einem Tage 7 000 Menschen, darunter ganze Schulklassen, ermordet. Das sollten sich vor allem diejenigen in Erinnerung rufen, die ausgerechnet die deutsche Bundeswehr gegen die Unmenschlichkeit der Serben (über andere spricht man absichtlich nicht) einsetzen wollen.

Wie weit wird sich also die Groß-Bundesrepublik weiter auf dem Wege zum Hilfssherif des amerikanischen Weltgendarmen mausern? Werden wir überhaupt noch von gesichertem Frieden reden können, nachdem sich der dritte Weltkrieg schon mit über 25 sogenannten bewaffneten lokalen Konflikten latent um den Erdball schleicht?

Vorsorglich kauft die Bundeswehr für das neue Jahrtausend 180 Eurofighter, von denen die davon profitierende deutsche Rüstungsindustrie wieder einmal behauptet, es sei das Beste, was der Kriegsgerätemarkt derzeit zu bieten habe. Woher aber kommt das immer knapper werdende Geld? Man zwackt es den Armen und Kranken, den Alten und Bedürftigen ab. Erinnert das nicht wie weiland im Vor-Weltkrieg-II-Deutschland an die Kanonen-statt-Butter-Losung? Und sind es nicht die gleichen Großunternehmen, die wieder daran verdienen? Aber daran soll man sich ja in der umgeschriebenen Jahrhundertgeschichte nicht mehr erinnern. Deshalb wird sie ja umgeschrieben.

Und wozu das alles? Wo steht der Feind, den es mit den besten Waffen und den besten Soldaten der Welt zu bekämpfen gilt? In Serbien? Im Kosovo? In einem noch nicht genau ausgemachten Land im Osten?

Deutschland drängt in den UNO-Sicherheitsrat, wo oft Entscheidungen über Krieg und Frieden meist im unguten Sinne getroffen werden, wenn man einmal nur an Nahost, Somalia oder die Golfregion denkt. Nachdem nun im Sicherheitsrat vorerst mit einem ständigen Sitz nichts zu werden schien, nahm man dort probehalber schon mal in der Zeit von 1995 bis 1997 als nichtständiges Mitglied Platz. Vielleicht gewöhnen sich die Völker an den Gedanken, daß Deutschland, dessen Imperialismus in dem ablaufenden Jahrhundert zwei Weltkriege auslöste, nun wieder einmal für »Sicherheit« in der Welt sorgen soll?

War es nicht am Beginn dieses Jahrhunderts ähnlich, als nach der von oben dekretierten Reichseinigung, nach einem gewonnenen Krieg gegen den damaligen Erbfeind Frankreich imperiales Großmachtstreben Deutschlands einsetzte, das dann geradenwegs in den Ersten Weltkrieg führte?

Oder – um ein noch globaleres Thema zu berühren – ich würde auch gern wissen, ob das Ozonloch nach dem Jahr 2000 bereits wieder größer geworden ist, als z. B. zuletzt 1998 gemessen? Da war es so groß wie Australien. Werden Klimakatastrophen zunehmen? Hochwasserkatastrophen auf der einen, Dürreperioden auf der anderen Seite? Ist El Nino nicht mehr vorherzusagen, geschweige denn zu bändigen? Wird der Regenwald noch kleiner werden, so geschrumpft, daß ihn Kartographen schon nicht mehr des Einzeichnens auf dem Globus für würdig befinden? Zwischen 1960 und 1990 verschwanden nach Angaben des World Wide Fund for Nature weltweit 13 Prozent der Waldflächen. Eine Politik des »Weiter so« würde uns in eine sichere, sich an pazifischen und atlantischen Küsten, in Bangladesch und China, in den USA und Australien schon sichtbar werdende Katastrophe führen. Wenn man an die gleichermaßen aufwendigen wie nutzlosen Klimakonferenzen zu Ende des Jahrhunderts denkt, muß man schon Angst bekommen, daß wir mit nimmermüdem Eifer an unserem eigenen Untergang arbeiten und uns wie die Lemminge auf einen Marsch ins Verderben gemacht haben. Unsere ökologische Zukunft sieht hoffentlich nicht so aus, wie das Gesicht der damaligen deutschen Umweltministerin nach der Konferenz 1997 in Kioyoto: hilflos, konzeptionslos, hoffnungslos. Après nous le déluge ...

Insgesamt gibt es also einiges des Nachdenkens Wertes, besonders wenn man den Blick zurück auf das nun zu Ende gehende Jahrhundert richtet, wenn man versucht, in etwas größeren Maßstäben zu denken, als es beispielsweise Herr Gauck oder Herr Eppelmann oder manche zungenhurtigen und federflinken deutsch-nationalen Hofhistoriker zu tun vermögen.

Betrachtungen über den Verlauf eines Jahrhunderts

Wer dieses auslaufende Jahrhundert zumindest zu einem großen Teil bewußt selbst miterlebt hat, also vom Makel der etwas frühen Geburt gezeichnet wurde und es nicht nur aus dem Aktenstudium kennt, steht doch vor einem Phänomen: Es scheint, als wolle sich dieses zwanzigste Jahrhundert, obwohl es voller weltbewegender Ereignisse gewesen ist, von Revolutionen und Konterrevolutionen, von zahlreichen Kriegen mit tiefen Narben gezeichnet wurde, von der menschlichen Gesellschaft so verabschieden, wie es in die Geschichte getreten ist: mit Pauken und Trompeten, mit Flottenaufmärschen und Säbelrasseln, mit Neuordnungsneurosen und anderen Groß- und Vormachtbestrebungen, mit Kriegen auf dem Balkan und im Orient, mit Griffen über die bestehenden Grenzen, mit einem sich zerfleischenden Nationalismus, mit absurder Deutschtümelei und Rassismus, mit Warnungen vor der gelben Gefahr, weil in Asien ein relativ kurzlebiges Wirtschaftswunder zu Ende geht? Oder beschwört man wieder eine islamisch-fundamentalistischen Gefahr, weil islamische Staaten ihre Rechte einklagen, an der Weltgemeinschaft teilzuhaben und nicht von Mächten mit christlicher Religion dominiert zu werden? Oder mit erbitterten Kämpfen um den besten Platz an der Sonne bzw. an der Börse, mit neuer Zukunfts- und Kriegsfurcht, mit einer sich auf vorbismarcksches Niveau senkenden Sozialgesetzgebung in Deutschland.

Preußentum und Preußenfahnen flackern und flattern wieder munter auf. Pickelhauben geistern bei Festivitäten wieder durch die deutschen Straßen; anläßlich der Fußballweltmeisterschaft 1998 sogar durch Paris. Hohenzollernprinz Louis Ferdinand – inzwischen verstorben – wollte Hand an längst enteignete Gebäude legen. In St. Petersburg, das offenbar nur irrtümlich eine Weile mal Leningrad genannt und gegen wahnwitzige Eroberer aus dem Lande Irgendwo, dessen Name uns offenbar entfallen ist oder an den wir uns nicht mehr erinnern sollen, verteidigt wurde, erhob noch kurz vor seinem Tode Großfürst Romanow Anspruch auf die Zarenkrone. Da treten Otto von Habsburg mit seinem Sohn anläßlich dessen Hochzeit mit einer deutschen Prinzessin und auch bei anderen Gelegenheiten in Budapest auf, als ob sie als Herrscher dort zu Hause wären. Simeon, der Sachsen-Coburger, läßt sich in Sofia feiern. Michael aus dem Hause Hohenzollern-Sigmaringen tritt ungeniert in Bukarest als Thronanwärter auf.

In Sarajewo sind wieder Schüsse gefallen. Und selbst die revolutionären kommunistischen Parteien unterliegen einem Wandel, wie ihn die revolutionäre Sozialdemokratie zum Jahrhundertbeginn durchmachte und durch den sie schließlich an die Seite der herrschenden Bourgeoisie gelenkt wurde.

Viele Millionen haben fest daran geglaubt und gehofft, sie wären hundert Jahre lang auf dem Marsch in eine menschenfreundlichere, friedvollere, sozial mehr gesicherte Zukunft gewesen. In Wahrheit sind sie aber offenbar nur so lange durch ein Labyrinth gerannt, haben sich Beulen geholt. Millionen Menschen wurden in zwei Weltkriegen verheizt, deren deutsche Überraschungsgewinner erst jetzt am Ende des Jahrhunderts festzustehen scheinen, obwohl es ja zunächst ganz einmal anders aussah.

Es scheint fast, daß viele sogar glücklich sind, nicht an einem unbekannten Ausgang, sondern am alten Eingang des zwanzigsten Jahrhunderts gelandet zu sein. Der polnische Satiriker Stanisław Lec hat einmal gesagt: »Meist ist der Ausgang dort, wo der Eingang war.« Wer lacht da?

Vielleicht sind auch manche deshalb auch richtig froh, das sich der Ausgang des Jahrhunderts wieder am Eingangsportal befindet, weil man sich dort wenigstens keine Gedanken über die zwischenzeitlich zurückgelegte Wegstrecke machen und keine Skrupel über eigenes Versagen oder Mißtun haben muß. Papst Johannes Paul II. gar hat in seiner Weihnachtsansprache 1997, altersschwach und mit kranker zitternder Stimme, gesagt, die Menschheit habe sich verlaufen und befinde sich dennoch auf dem Weg in das dritte Jahrtausend. Sollte es so sein, daß wir in einem Sprung vom 19. ins 21. Jahrhundert gelangt sind, als habe es das 20. Jahrhundert gar nicht gegeben? Ich glaube fast, für manchen wäre das die bequemste Lösung.

Da bleibt dann allerdings die beklommene Frage, wozu das alles, was die Menschheit in dieser Zeit in Bewegung gesetzt hat, wenn wir scheinbar doch nur auf der Stelle getreten sind oder versucht haben, rückwärts in die Zukunft zu marschieren? Eine Frage, die sich insbesondere am Eingang zum neuen Jahrhundert bzw. Jahrtausend stellt.

Möglicherweise hält mancher diese These für übertrieben, weil es ja doch gewaltige Fortschritte gibt. Das trifft auch zu, wenigstens auf wissenschaftlich-technischem Gebiet.

Wir arbeiten heute an Computern und mit Robotern, surfen im Internet und galoppieren in die Multimedia-Welt, Dinge, die lange nur in Zukunftsromanen oder in der Phantasie Weitsichtiger existierten. Wir rechnen nicht mehr an Kugelrechnern das kleine Einmaleins aus und kratzen das Ergebnis quietschend, allerdings umweltfreundlich auf die Schiefertafel. Und Arbeiterhaushalte, nicht nur Beamte, Handwerksmeister und Fabrikbesitzer, können sich, wenngleich auch mit ungeheurer bankenbefriedigender Schuldenlast, ein Eigenheim leisten. Autos sind nicht mehr exotisches Teufelszeug für Snobs, wenn sie auch immer noch und immer mehr Lärm und Abgase verbreiten, sondern hierzulande Statussymbol für jedermann.

Fernseher, Waschmaschine und Geschirrspüler sind inzwischen erfunden und stehen in vielen deutschen Haushalten. Man läuft nicht mehr mit dem Henkelmann in die verrußte Fabrik, während die Frau daheim in der Küche die Wäsche mit der Hand für die zahllosen Kinder wäscht, die nachts aus Langeweile gemacht wurden, weil Videorecorder und die Pille noch unbekannt waren.

Wir brauchen auch nicht mehr in den Bestsellern von Jules Verne nachzulesen, wie lange man für eine Reise um die Welt braucht oder wie es auf dem Mond aussieht.

Nein, ganz so sieht es für uns am neuen Jahrhunderteingang natürlich nicht mehr aus. Im Gegenteil: In dieser Zeit, über die wir uns jetzt wundern müssen, fand der größte technologische Sprung in der Geschichte der Menschheit statt. Aber es ist tatsächlich so, wie es in Zukunftsromanen beschrieben wurde, und worüber ich mich immer geärgert habe: Fortschritte in der Technik zum Staunen, aber das Denken der Menschen immer noch zum Wundern rückständig. Die technische Entwicklung auf der einen Seite hat es nicht vermocht, auch das Denken der Menschen adäquat zu ändern. Und dort, wo es versucht wurde, ist es gescheitert. Kleinste Anfänge will man nach einem vierzigjährigen Kalten Krieg wieder rückgängig machen.

Egoismus und Habgier im kleinen wie im großen sind unübersehbar. Die Europläne, von den Deutschen dort gefördert, wo sie ihnen Nutzen erbringen, dort blockiert, wo ihr Vormachtstreben unter Kontrolle geraten könnte, riechen verdammt nach den Alldeutschen und ihren Mitteleuropaplänen an der vorigen Jahrhundertwende. Von der Notwendigkeit, die Welt neu zu ordnen, ist immer noch oder schon wieder die Rede.

Wie die Kolonialherren von ehedem lassen wir bestimmte Arbeiten von Billigkräften verrichten. Es gibt Deutsche und Ausländer. Außer den 80 Millionen Deutschen nur noch ein Überbleibsel von schlappen 6 Milliarden Ausländern, die partout nicht an unserem deutschen Wesen, allenfalls an der hochgejubelten, aber inzwischen auch weicher werdenden Deutschen Mark genesen wollen, und die allenfalls per Autoaufkleber à la »Kötzschenbroda grüßt den Rest der Welt« zur Kenntnis genommen werden. Und die Frage wird schließlich auch nach der Jahrtausendwende noch sein, ob die 16 Millionen Brüder und Schwestern, die man per Handstreich und ohne Gewalt heim ins Reich holte, inzwischen nicht immer noch in dem an den ICE angehängten 2. Klasse-Holzbankwagen zubringen müssen.

Was also ist am Ende des Jahrhunderts, in dem so viel passiert ist? Vielleicht sollte man doch wenigstens registrierend davon Kenntnis nehmen, daß es ein Jahrhundert voller bewegender Ereignisse war, in dem – im nachhinein betrachtet – so unerhört viel geschehen ist, aber dennoch viel ungeschehen blieb und vieles, was geschehen ist, wieder ungeschehen gemacht werden soll.

Aber Geschichte ist unbestechlich. Geschichte ist Geschehenes. Man kann sie zwar fehlinterpretieren und versuchen, sie für sich gefügig zu machen. Ungeschehen machen kann man sie nicht.

War da z. B. nicht auch eine Revolution im Oktober 1917, die das Gesicht aller Erdteile veränderte? Gewiß, sie erlitt nach 70 Jahren, nach jahrzehntelangen heißen und kalten Kriegen eine Niederlage, über die nun eilfertiges Händereiben und maulhurtiges Mutmaßen wegen Schuld und Sühne, Tätern und Opfern einsetzt. Freilich wissen wir heute, daß die hehren Menschheitsziele von Leuten, die Kommunisten sein und führen wollten, gewalttätig verraten wurden. Aber waren die führenden Vertreter des Christentums nicht auch die Erfinder der Inquisition mit ihren Millionen Opfern, ohne daß man deswegen dem Christentum abschwören mußte? Marx ist tot – Jesus lebt! so parlieren heute immer noch vollmundig zahlreiche Politiker im Persil-bleibt-Persil-Werbeton, obwohl sich inzwischen herausgestellt hat, welchen Schaden die Welt seit dem Wegfall eines antikapitalistischen Gegengewichts genommen hat.

Dies bleibt historische Wahrheit. Bei aller Scham vor dem, was unter dem Banner des realen Sozialismus dem eigentlichen und ursprünglichen sozialistischen Gedanken angetan wurde. Bei allem Nachdenken darüber, was die Ursache der verübten Verbrechen an den eigenen Genossen und dem eigenen Volk waren, bleibt auch die Frage, warum diese bisher großartigste Idee der Menschheit verluderte. Bei aller Erkenntnis darüber, daß man die Menschheit nicht gegen ihren Willen auf einen neuen Weg bringen kann, wie man einen Fluß einfach in ein neues Bett umleitet. Aber es war der Versuch einer Alternative zum bisherigen, langsam immer unerträglicher werdenden Eine-Welt-System, der auch von Millionen und Abermillionen anerkannt wurde.

Tatsächlich scheiterte in diesem Jahrhundert ein Experiment, das unsere Welt sozialer und demokratischer, sicherer und menschlicher machen wollte. Aber ein Experiment gegen den erbitterten Widerstand der Mächtigen und Starken und schließlich gegen Bewegungen im eignen Volk durchsetzen zu wollen ist schwer. Die Experimentierer sind in diesem Kampf unterlegen. Wie oft in der Geschichte.

Zur unterschätzten Stärke des Gegners in diesem Kampf, offiziell als Kalter Krieg in die Geschichte eingegangen, von manchen auch Klassenkampf genannt, kamen eigene Unzulänglichkeiten, unverzeihliche Fehler und besonders die Unfähigkeit, die ökonomischen und sozialen

Fragen in Übereinstimmung zu bringen, um sie zu lösen, der fatale, manchmal krude und schamlose Umgang mit Demokratie und Menschenwürde.

Das Experiment scheiterte letztlich an dem oft subjektiv bedingten Unvermögen, sich selbst fortzuentwickeln und sich, den Erfordernissen der Entwicklung entsprechend, zu verändern.

Es zeigte sich eben die Unmöglichkeit, nach einer Orientierungsmarke zu segeln, die man sich selbst an den Bug des eigenen Schiffes genagelt hatte und die dann aber trotz aller jähen Wendungen stets nach vorn zeigt.

Dennoch hat gerade seit 1989 dieses Experiment deutlich gemacht, so mißraten es manchem im nachhinein erscheinen mag, wie notwendig Alternativen zum bisher allein herrschenden und einen Großteil der Menschheit beherrschenden System sind. Und wo steht geschrieben, daß Fehlstarts einen zweiten Versuch unmöglich machen?

2000 Jahre sind seit dem Experiment des Christentums vergangen. Ist die Welt inzwischen zur Erfüllung der Vorstellungen der Bergpredigt von Frieden und Nächstenliebe gelangt? Haben die zehn Gebote diese Welt inzwischen menschlicher gemacht?

200 Jahre verstrichen seit der Französischen Revolution. Sind die hehren Ziele von Freiheit, Gleichheit, Brüderlichkeit in der Welt erreicht worden?

Und 150 Jahre Herrschaft des Kapitalismus haben zwar gezeigt, daß er über ein für die Besitzenden ziemlich effektives ökonomisches Konzept verfügt, aber die gesellschaftlichen, sozialen und neuerdings auch die ökologischen Probleme in keiner Weise lösen kann. Und Demokratie? Davon, daß man behauptet, man habe die beste, wird sie weder existent, geschweige denn vollkommen.

Und da soll man nach 80 Jahren Sozialismusversuch die Idee vom Sozialismus mit menschlichem Antlitz preisgeben und statt dessen glauben, der Kapitalismus habe ein solches Gesicht, obwohl seine Unmenschlichkeit weltweit zur Plage geworden ist?

Rollback – Zurückrollen! hatte man auf die Standarten des neuen Kreuzzuges (denkt man noch daran, wie fast genau 1 000 Jahre vordem die Kreuzzüge letztlich endeten?) zu Beginn des Kalten Krieges in der Mitte des Jahrhunderts gestickt. Wohin wurde wer eigentlich gerollt? Weil ein Jahrhundert lang die Grundtorheit der Epoche, der Antikommunismus, der Leitgedanke zur Aufrechterhaltung der Macht geblieben ist, sollte die Geschichte zurückgerollt werden.

Es ist scheinbar gelungen. Aber es widerspräche jeglicher natürlichen und gesetzmäßigen Entwicklung, wenn ein solcher Prozeß auf Dauer gelänge. Was sich sicherlich noch zeigen wird.

Das Tragische daran ist, daß in unserem Jahrhundert die Menschheit um rund 5 Milliarden Erdbewohner wuchs, aber Hunderte von Millionen Menschen durch Kriege, Terrorismus, immer noch existierende Seuchen, vor allem aber durch Hunger ihr Leben verloren. In Frankreich erschien im Jahre 1997 ein »Schwarzbuch«, daß die Opfer des Kommunismus in 70 Jahren auf weltweit 100 Millionen Menschen beziffert. Abgesehen von der Glaubwürdigkeit dieser Zahl überhaupt, fragt man sich natürlich: Wer schreibt das »Schwarzbuch«, in dem die Opfer des Kapitalismus in diesem Jahrhundert weltweit aufgelistet werden. Täglich verunglücken weltweit 1 Million Arbeiter am Arbeitsplatz, sterben allein 50 000 Kinder auf der Welt, weil sie nichts zu essen haben. Täglich kommen weltweit 80 000 Menschen durch Waffengewalt, Drogen, Hunger und Selbstmord ums Leben, pro Jahr rund 47 Millionen. 25 Kriege toben gegenwärtig über den Erdball, außer Waffenhändler, die fast alle in der kapitalistischen ersten Welt sitzen, nimmt kaum jemand davon Kenntnis. Wer trägt dafür die Verantwortung? In Indien ist die mittelalterliche Pest wieder aufgetaucht, in Afrika die überstanden geglaubte Lepra, von Cholera ganz zu schweigen. Hinzu kommen bislang unbekannte Seuchen. AIDS, beispielsweise. Dabei weiß man noch nicht einmal genau, ob diese neuen tödlichen Krankheiten von Affen aus dem Urwald eingeschleppt wurden oder aus Reagenzgläsern biochemischer Labors bestimmter Verteidigungsministerien oder Geheimdienste stammen. In Europa muß man erneut ausgerottet geltende Krankheiten wie Diphtherie und Tuberkulose, ja selbst Masern fürchten, ansteckende neue Krankheiten kommen dazu, die ungeheure Forschungskapazitäten binden und Milliarden Kosten verursachen. Man hat den Impfzwang abgeschafft. Freiheit statt Zwang. Aber die Folgen allein auf gesundheitlichem Gebiet?

Das ganze Jahrhundert über wird, von den Amtstuben im Vatikan heraus angetrieben, der Schutz des ungeborenen Lebens debattiert. Wer hat denn eigentlich inzwischen das geborene beschützt? Privates Eigentum wird heute durch Gesetze mehr geschützt als menschliches Leben.

Freilich scheint diesmal der Kreuzzug am Ende des zweiten Jahrtausends, im Gegensatz zu solchen Unternehmungen dieser Art zum Jahrtausendbeginn, von seinen Urhebern erfolgreicher beendet worden zu sein. Aber es wird sich noch herausstellen, daß der Schein trügt. Pyrrhus, der ein griechisches Weltreich durch Kriege erzwingen wollte, mußte von Sieg zu Sieg mehr einsehen, daß man sich auch totsiegen kann.

Wir erleben nämlich nicht nur, daß wir gesellschaftspolitisch allesamt wieder an den Anfang des zu Ende gehenden Saeculums zurückgerollt wurden, sondern, daß die Sieger der Jahrhundertkriege ihre Waffen nicht etwa ratsam in die Ecke stellen, sondern sie zu erneuern versuchen, sie eifrig putzen, weil sie nicht wissen, wie sie das Ereignis, das sie heraufbeschworen haben, bewältigen, wie sie den Brocken, den sie unbedingt schlucken wollten, nun auch verdauen sollen. Furcht, schlechtes Gewissen und die Frage, ob sich nicht doch noch eine Alternative zeigen könnte, läßt die Ratlosen selbst vor einer ungewissen Zukunft bangen.

Und es ist ja nicht nur die Ratlosigkeit darüber, mit den Folgen fertig zu werden. Diese trotz aller Neuerungen alt gewordene Gesellschaft steckt in einer tiefen geistigen und politischen Krise, weil auch ihrer hochgelobten Anpassungsfähigkeit Grenzen gesetzt sind.

Diese Krise hat alle Parteien und Bewegungen, Glaubensrichtungen und Ideologien erfaßt, weil sie im Grunde genommen allesamt geistig am Anfang des Jahrhunderts stehengeblieben sind. Sie glauben sich modern, weil sie mit Überschallflugzeugen in Stunden Ozeane überbrücken können, in Bruchteilen von Sekunden Millionen von Rechenoperationen ausführen und mit immer schneller werdenden Autos über zubetonierte Äcker und Wiesen rasen und dabei gleichzeitig vermittels Computern, C-, D- und E-Netzen und über Internet-Datenautobahnen mit ihren Partnern telefonieren, faxen, mailen und sonst irgendwie kommunizieren können.

Aber moderne Technik, wenn sie nur als Quelle sprudelnden Profits genutzt wird, bedeutet noch längst nicht, daß damit der Durst einer modernen und humanen Gesellschaft gestillt wird.

Das hat der totgesagte Marx schon gewußt. Und auch Jesus hätte gewiß, wenn er denn heute lebte, ähnliches gesagt.

Woran es dem zu Ende gehenden Jahrhundert fehlt, sind die geistigen Vordenker und Wegweiser, vielleicht eine Mischung von Jesus und Marx, die sich, wenn schon nicht für das nächste Jahrtausend, dann doch wenigstens für das nächste Jahrhundert – noch bescheidener – für die nächsten Jahrzehnte Gedanken für die Bewältigung kommender Zeiten machen. Da gähnt Leere. Ein Loch, in das wir zu fallen drohen, wenn nicht Einschneidendes geschieht.

Dort, wo es solche Vordenker im Verlauf des Jahrhunderts gab und sie sich zu Worte meldeten, wurden sie nicht gehört, blieben im wesentlichen Rufer in einer immer geistloser werdenden Wüste oder wurden gar mundtot gemacht. Das gilt für alle Systeme, die das Jahrhundert bestimmten oder auch nur streiften.

Lediglich Untergangspropheten feiern eine Art Auferstehung. Nostradamus und Spengler sind wieder ins Gespräch gekommen. Esoterik scheint zu einer modernen Wissenschaft avanciert, Sekten, die für viel Geld das Heil verkünden, vermehren sich wie Insekten.

Sozialistische Zukunftsideen werden nur noch hinter vorgehaltener Hand geflüstert. Selbst Parteien, die sich sozialistisch nennen, sehen kein Endziel mehr, weil ihnen der Blick darauf mit Nahzielen verstellt ist. Bewegung – neudeutsch: action – ist alles. Warum das so ist? Offenbar spielt die Angst mit, man könnte nur an das Schlimme in der sozialistischen Vergangenheit erinnert werden. Nicht an das eigentlich sozialistische. Aber man sollte das Wort Angst nie größer schreiben als das Wort Hoffnung. Mit Rücksicht darauf, daß die anderen immer wieder nach neuen Feindbildern suchen, will man ein freundliches Gesicht machen. Warum erinnert niemand an Sokrates, den gesellschaftlich vorausdenkenden Philosophen, der die Mächtigen mit seinen Alternativen ärgerte? Er rief, nachdem sein Todesurteil gesprochen war, seinen Richtern zu: »Ihr werdet mich leichtsinnig hinrichten, dann aber euer Leben weiter fortschlafen, wenn euch nicht Gott wieder aus Erbarmen einen anderen schickt.«

Natürlich: Eine Gesellschaft, die auf Dauer glaubt, ihr eigenes Wohl nur auf Kosten anderer verwirklichen zu können – bewußt oder unbewußt –, muß früher oder später an diesem zu ihrer eigenen Schwäche gewordenen Irrtum zerbrechen. Aber je verbissener sie ihre Traumvorstellungen zu erhalten oder gar zu verwirklichen trachtet, nämlich das Wohlstandswachstum für sich mit Fortschritt an sich zu verwechseln, desto früher wird sie ihr Desaster erleben. Schlimm ist nur, daß es für die Menschheit so teuer werden kann.

Mit diesen Problemen konfrontiert, ginge es eigentlich darum, Lehren aus der ganzen Geschichte zu ziehen und nicht nur die scheinbaren Sieger selektieren zu lassen, was muß bewältigt, was kann übergangen, welche Lehren müssen von wem gezogen werden? Wer ist Opfer, wer Täter? Daraus ist ein regelrechtes Gesellschaftsspiel geworden, an dem sich Rechte wie Linke beteiligen. Nur: cui bono? Und: Wer wird in diesem Spiel gewinnen?

Zwar sprechen wir nun am Ende dieses Jahrhunderts besonders eifrig von Geschichtsbewältigung und denken dabei aus Unfähigkeit, aus Bequemlichkeit oder Bösartigkeit zumeist lediglich an den gestrigen Tag. Wir greifen zu kurz, ganz gleich, ob wir nach hinten oder nach vorn blicken. Wir bemerken nicht den Zyklus, der uns regiert. Geschichtliche Ereignisse können sich meines Erachtens, im Gegensatz zu einer gängigen Belehrmeinung, durchaus wieder zurückmelden, wenn auch mit anderen Erscheinungsbildern und anderen Folgen.

Wir reden beispielsweise am Ende dieses Jahrhunderts von einer uns bedrohenden Völkerwanderung. Aber denken wir dabei an Ursachen und Folgen auch der vergangenen Völkerwanderungen? Sie brachten Umbrüche, zerstörten Weltreiche, die morsch geworden waren. Dekadente Gesellschaften wurden fortgespült, neue Kräfte wurden freigesetzt, weil die alten zu fett und zu faul, vor allem zu denkfaul geworden waren.

Wir reiben uns verwundert die Augen darüber, daß solches über uns kommen könnte. Wir erfinden flugs dafür Begriffe, wie Asylantenproblem und Ausländerfrage, wollen beispiels-, aber auch idiotischerweise der Gefahr mit Abschiebungen, elektronischen Grenzzäunen, dem Eurofighter und anderen modernen Waffen für teures Geld begegnen.

Dabei liegt manches ziemlich klar auf der Hand.

So steht uns eine neue Völkerwanderung, die unser System hinwegspülen könnte, nicht erst bevor. Sie setzte bereits Mitte des Jahrhunderts mit der Flüchtlings- und Umsiedlerbewegung als ein Ergebnis des von Hitlerdeutschland angezettelten Zweiten Weltkrieges ein. Zunächst schien es lediglich eine menschliche Tragödie zu sein. Dann wurde sie zum bewußt gesteuerten Politikum im Kalten Krieg: jene Fluchtbewegung aus dem kommunistischen Osten nach dem segensreichen Westen, der sich allen öffnete, die da mühselig und beladen waren. Diese neue Völkerwanderung setzte sich schließlich mit dem Brain-Drain und nicht zuletzt mit der modernen Sklaverei, Gastarbeiter genannt, fort, weil bestimmte Völker nicht mehr die Schmutzarbeiten im eigenen Hause verrichten wollten. Wer es sich leisten konnte, kaufte sich Gehirne und Straßenfeger. Dazwischen blieb das wohlhabender und geistig denkfauler werdende Mittelmaß. Was wären die USA ohne die geraubten Hirne aus Asien und Afrika? Was wäre Großbritannien ohne Inder und Pakistani in Forschungsstätten und Laboratorien, was Frankreich ohne die Nordafrikaner, was Deutschland ohne südeuropäische, osteuropäische und auch ostdeutsche »Zuwanderer«?

Aber in der Zeit der Wirtschaftswunder reichte das alles nicht. Man wollte immer mehr. Mehr Wohlstand für sich, mehr Wachstum für den Profit, gleichgültig, wie es anderen ergeht. Das schaffte die Sogwirkung wie im alten Rom für die Goten, Langobarden und Vandalen. Mit anderen Erscheinungsformen. Aber es wird früher oder später ähnliche Wirkungen zeitigen. Wie gesagt: Heute nennt man es nur euphemistisch Ausländer- und Asylantenproblem und ist dabei unversehens in die Rolle des goetheschen Zauberlehrlings geraten.

1992 hat der Lyriker und Essayist Hans-Magnus Enzensberger Reflexionen zu diesem Thema in einem bei Suhrkamp erschienenen Buch unter dem Titel »Die große Wanderung« geäußert. Im »Spiegel« hat er seine Gedanken zusammengefaßt und die zum Teil erzwungene Wanderungsbewegung vor allem während und nach dem Zweiten Weltkrieg beschrieben. Millionen wechselten meist unfreiwillig ihren Wohnort und meist in ost-westlicher oder süd-nördlicher Richtung. Er versteht die (nun auch durch die Asylgesetzgebung und ihre Durchsetzung staatlich sanktionierte und geförderte) Ausländerfeindlichkeit in Deutschland nicht, denn: »Deutschland bietet sich als Exempel an für ein Land, daß seine heutige Population riesigen Wanderbewegungen verdankt. Seit den ältesten Zeiten ist es hier aus den verschiedensten Gründen zu einem fortwährenden Austausch von Bevölkerungsgruppen gekommen. Schon auf Grund ihrer geographischen Lage sind die Deutschen, ebenso wie die Österreicher, ein besonders bunt gemischtes Volk. Daß ausgerechnet hier Blut- und Rassenideologien zur politischen Herrschaft gelangt sind, läßt sich allenfalls kompensatorisch verstehen. Der Arier war nie etwas anderes als ein lächerliches Konstrukt. Ein flüchtiger Blick in den Geschichtsatlas und man begreift, daß die Vorstellung, es gebe ein kompaktes deutsches Volk, höchst abwegig ist. Ihre Funktion kann nur darin bestehen, eine besonders fragile nationale Identität durch Fiktionen zu stützen.

Und: Es ist rätselhaft, daß eine Bevölkerung, die innerhalb ihrer eigenen Lebenszeit solche (Flucht- und Wanderungs-) Erfahrungen gemacht hat, unter dem Wahn leiden kann, sie hätte es, angesichts heutiger Wanderungen, mit etwas noch nie Dagewesenem zu tun. Es ist, als wären die Deutschen einer Amnesie anheimgefallen ... Selber zu einem erheblichen Teil Neuankömmlinge, pochen sie, kaum daß sie sich einen Platz gesichert haben, auf die Vorrechte jener, die schon ewig da waren. Die Folgen gehen über das widerwillige Platzrücken im Erster-Klasse-Abteil hinaus. Seit 1991 ist die Dimension der organisierten Menschenjagd erreicht.« (»Der Spiegel«, Nr. 34/1992)

Aber die Frage, wie man Lehren aus der eigenen Geschichte ziehen soll, bleibt solange unbeantwortbar, solange mehrheitlich und auch höchst offiziell die Meinung vertreten wird, daß die deutsche Geschichte eigentlich erst 1945 begann und nur in einem Teil des Landes aufgearbeitet werden muß. (Selbstverständlich: Ausnahmen bestätigen die Regel.)

Aber hier schon zeigt sich, was mit »aufarbeiten« gemeint ist. Aufarbeiten heißt oft umarbeiten. Und so arbeitet man die deutsche Geschichte auf, indem man sie einfach, und für die Herrschenden ins Konzept passend, umarbeitet. Danach lehnt man sich bequem, wie in ein aufgearbeitetes Sofa, zurück.

Gleichgültig bleibt man gegenüber den noch vorhandenen Wurzeln, wie wir es schon einmal hatten, ob alles in Scherben fällt oder zufällig nicht.

Gleichgültig auch gegenüber den Ressourcen, die verschwendet werden, und damit gleichgültig gegenüber den nächsten Generationen. Der Raubbau an der Natur ist auf Teufel komm raus gesteigert worden, rücksichtslos, wenn es nur den Profit für den Augenblick steigert.

Man hat Schulden. Na und? Da wird eben das Tafelsilber verscherbelt. Waigel, der Finanzminister im letzten Jahrzehnt, wollte sogar an die Goldreserven, was dann einigen doch zuviel war. Kein kluger Bauer ißt die Saat fürs nächste Jahr auf oder schlachtet das Huhn, das ihm Eier legen soll.

Ein Bruchteil der Menschheit, der sich den Großteil des Weltreichtums angeeignet hat, ihn auf Kosten und mit Hilfe des Großteils der Menschheit für sich allein vermehren will, ohne etwas abzugeben, es sei denn, man kann damit noch Geschäfte oder Werbung machen, stellt sich vor, daß dies das erstrebenswerteste Ziel sei, das es zu erreichen gelte.

Dies ist offenbar die angestrebte *eine* Welt, die politökonomisch nur noch von den Bank- und Industriebossen, geistig nur noch von Werbemanagern gelenkt wird, auch wenn sie sich Politiker nennen oder sich für welche halten. Immer hohltönender wird politischer Anspruch angemeldet und versucht, ihn auch durchzusetzen, wie man es im Golfkrieg, im ehemaligen Jugoslawien oder Somalia beobachten konnte und kann. Nicht zu vergessen, wie es sich in den fünf neuen Bundesländern und in den verschiedenen ehemaligen sozialistischen Ländern abspielt. Berater aus den Siegerländern des Kalten Krieges treten als Prokonsuln, Prätoren und Protektoren auf: So und nicht anders hat es zu funktionieren! Sonst gibt es kein Geld. Aber noch niemand hat den Beweis erbracht, ob denn das, was an rechtsstaatlichen und marktwirtschaftlichen Füllhörnern über dem Osten ausgeschüttet wird, auch zugleich die beste Lösung für anstehende Probleme ist. Da verspürt man oft das Gegenteil, und die Frage taucht auf, ob nicht wirklich ein dritter Weg gangbar gewesen wäre. Rechthaberei wird manchmal ein bißchen zu oft als Rechtsstaatlichkeit ausgegeben. Dabei wirtschaften die Prokonsuln, Prätoren und Protektoren vielfach, wie schon im untergegangenen Altertum, in die eigene Tasche. Nepotismus macht sich breit. Die Gerichte werden mit Kriminalfällen beschäftigt, die verschämt »vereinigungsbedingte Kriminalität« genannt werden und dabei in vielen Fällen nicht einmal die Richtigen trifft. Die Betreffenden gehen meist ungeschoren davon. Die Betroffenen bleiben mit dem Schaden zurück. Der Sozialismus hat gewiß dort, wo er regierte, Schaden angerichtet, richtig vernichtet wurden die Volkswirtschaften aber erst nach dem Zurückrollen, Reformen oder Privatisierung oder gar Demokratisierung genannt. Seine Majestät, die Konkurrenz läßt grüßen. Inzwischen sind nämlich die Kapazitäten im Westen derart inflationär aufgebläht, daß sie, ohne mit der Wimper zucken, Kapazitäten im Osten bis zur Lebensunfähigkeit schleifen können.

Und auch das gehört zum Konzept: Obwohl ein großer Teil der Menschheit hungert und darbt, kaum das Existenzminimum bestreiten kann, werden landwirtschaftliche Gebiete verödet, wofür es dann auch noch Prämien gibt.

In dem geographisch und ethnographisch kleineren, aber reicheren Teil der Welt werden die Autos immer protziger, die immer bessere Straßen brauchen, um noch schneller ins Ozonloch rasen zu können. Sie werden gebaut, nicht nur, weil sie als die Krone der Schöpfung technologischer Finessen erscheinen, sondern weil die Automobilhersteller daran verdienen. Unsinnigste Gesetze werden erlassen, um diesen Wahnsinn ungebremst fortsetzen zu können. Das Dreiliter-Auto wird gefordert. Auf Autosalons werden aber auch benzinsaufende16-Zylinder Wagen präsentiert.

Paläste werden gebaut für Bank- und Versicherungsmanager, die Hunderttausende Ameisen beschäftigen, die nichts weiter tun, als auszurechnen, wie man das Geld für die oberen Etagen vermehren kann. Da werden neuerdings Nobelpreise an Leute verteilt, die den Börsen ausrechnen, wie man mit gewinnbringenden Derivaten Börsenkräche vermeidet, damit die Börsenkurse weitersteigen, trotz oder gerade wegen zunehmender Arbeitslosigkeit und abfallenden sozialen Sicherungen.

Da rückt manche Vision von Science-fiction-Schriftstellern ins reale Bild.

Schlimmer noch: Krankheiten, deren Ursachen erkannt sind, hindern beispielsweise Zigarettenproduzenten nicht im mindesten, für diese Ursachen auch noch mit grellen Plakaten zu werben und ausgerechnet Sportveranstaltungen zu sponsern, weil das faktisch nichts kostet, denn sie können als Werbe- und Förderungskosten von der Steuer abgesetzt werden. Selbst die letzte Etappe seines Lebens, die Krankheit, muß der Steuerzahler und Werbekonsument allein, und zwar zu immer höheren Tarifen finanzieren, weil Medikamente von den Kumpanen der Automobilhersteller, Bankmanager und Zigarettenproduzenten, nämlich von den Pharmaziefabrikanten zu immer höheren Preisen an den kranken Mann oder die Frau gebracht werden. Weil das die kranken Krankenkassen nicht mehr finanzieren können, wird der Anteil, den die Kranken zu zahlen haben, immer höher geschraubt.

Zwischendurch wird in dieser menschlichen Gesellschaft auch Werbung für den treuesten Freund des Menschen, den Hund oder die Katze, gemacht: Chappi und Whiskas werden so appetitlich, frisch und lecker angeboten, wovon die Kinder, die weltweit täglich des Hungers sterben, nur träumen könnten, wenn sie wüßten, daß es so etwas überhaupt gibt.

Es gibt immer weniger Lehrstellen. Aber der Jugend wird vorgegaukelt, daß man eigentlich gar nicht mehr arbeiten muß, um Geld zu haben. In Lottoreklamen werden Häuser in die Luft gesprengt, weil man sich für die Millionen, die angeblich auf der Straße liegen und die jeder gewinnen kann, neue bauen kann. In anderen Werbespots räkeln sich unästhetisch fett gewordene Schmarotzer mit dem tröstenden Spruch für Millionen Arbeitslose: Es macht Spaß, Millionär zu sein. In einer Sparkassenreklame sagt ein kleiner Schuljunge, nach seinem Berufswunsch gefragt: Ich werde Opa. Mein Opa braucht gar nichts zu tun und hat immer Geld. Eine Großbank wirbt mit dem Spruch: Ruhig schlafen. Schon ab 100 000 Mark.

Kein Gesetz verbietet solche Kriminalität, weder die politische noch die kommerzielle, weil es sich dabei um eine der vielgerühmten demokratischen Freiheiten handelt. Nicht etwa die von der Französischen Revolution angestrebten, sondern die zu eigenen Profitscheffeln mißbrauchten.

Denn diejenigen, die die Gesetze gegen solchen Mißbrauch machen könnten, werden ja trotz gelegentlicher Behinderungsversuche durch das Bundesverfassungsgericht in Karlsruhe, von den Automobilherstellern, Bank- und Versicherungsmanagern, Zigarettenproduzenten, Pharmaziefabrikanten, Hunde- und Katzenfutterlieferanten ausgehalten, damit sie dergleichen Gesetze eben nicht machen.

Das ist die Ordnung, die in diesem Jahrhundert vielleicht geändert werden sollte, aber nicht geändert werden durfte. Sie hat sich noch modernisiert und komplettiert. Nicht nur bei uns. Nein, in allen reichen Ländern, die sich heute sogar zu einem exklusiven Klub, genannt G 7, zusammengeschlossen haben, in dem sie den jeweils nächsten Schritt für ihre Bereicherung und die dafür in ihren Augen notwendige Weltordnung beraten.

Wer an dieser Ordnung rütteln will, macht sich zum Feind, wie nicht zuletzt die Ereignisse seit Oktober 1917 beweisen, die alle wieder aus dem Geschichtsbuch ausradiert werden sollen. Ein Feind, auch das beweist die Jahrhundertgeschichte, muß jedoch bekämpft und bestraft werden. Dazu braucht man allerdings Waffen, immer modernere Waffen.

Und so bauen sich die Automobilhersteller, Bank- und Versicherungsmanager, Zigarettenproduzenten, Pharmaziefabrikanten, Hunde- und Katzenfutterlieferanten auch ihre eigenen modernen Waffenschmieden.

Auf Kosten der Steuerzahler kauft der Staat dann diese Waffen für seine Armee. Acht Jahre nach Wegfall des Feindes in Gestalt des Warschauer Paktes und einer dahinsiechenden ehemaligen militärischen Großmacht namens Sowjetunion wird am Ende des Jahres 1997 das nach den Worten des Verteidigungsministers Rühe »größte und teuerste Rüstungsprojekt in der Geschichte der Bundesrepublik« für die Serienfertigung freigegeben. 180 Maschinen des Typs Eurofighter werden für satte 23 Milliarden Mark (ohne Bewaffnung) von der Bundesregierung auf Kosten des deutschen Steuerzahlers gekauft. Bisher, also in Zeiten, da der Frieden wirklich manchmal auf des Messers Schneide stand, reichten 163 Flugzeuge dieser Art. Was meinte eigentlich der Minister, als er sagte, dieses fliegende Milliardengrab (nach Auffassung der Fachleute noch nicht mal ausgereift), dieses »modernste und kostenwirksamste Jagdflugzeug der Welt« sei genau »auf die Bedürfnisse zugeschnitten, für die es gebraucht wird«. Da stellt sich doch unwillkürlich die Frage: Für welche Bedürfnisse soll der Eurofighter eigentlich gebraucht werden? Für diejenigen der Rüstungskonzerne? Oder weitergesteckte Ziele? Denn soweit man blickt, ist kein Feind zu sehen, der uns dermaßen bedroht, daß Deutschland mehr rüsten muß als zu Zeiten des Kalten Krieges.

Nein, da spielen offenbar andere Interessen eine Rolle, wenn dieses schon wieder ein wenig zu groß geratene Deutschland neue Hochrüstungszeiten einläutet. Auch auf anderen Gebieten, wie beim Panzerbau, wird ja weitergerüstet. Die gesamtdeutsche Abrüstung für die KSZE-Statistik erledigte man ja im wesentlichen auf Kosten der NVA, und auch das noch kostengünstig. Und überhaupt: Wenn man zuviel produziert haben sollte, und im Kapitalismus gibt es ja immer eine Überproduktion, oder wenn die Waffen veraltet sind, verkauft man sie auch schon mal dorthin, wo man eigentlich den Hunger stillen sollte, statt dessen aber aufmüpfige Hungernde bekämpfen muß. Entsteht dann dort Krieg, muß man natürlich eingreifen. Mit den modernsten Waffen, die irgendwann ja einmal ausprobiert werden müssen. Ein Schraube ohne Ende, wie es scheint.

Das Lustige an dieser traurigen Geschichte ist, daß es sich jeweils tatsächlich fast immer um die gleichen Leute handelt, die in diesem Geschäft stecken. Semper idem. Dazu rechnen könnte man noch so manchen, z. B. die Weiße-Westen-Wäscher mit dem strahlenden deutschen Reinheitseffekt. Und alle haben den gleichen Anwalt, meist die gleiche Partei, den gleichen Werbemanager, halten sich die gleichen Zeitungen und schauen in die gleiche, durch ihre Werbung finanzierte Röhre.

So schließt sich der Kreis derer, die immer mehr haben und immer weniger abgeben wollen. Um daran nichts ändern zu müssen, hält sich der Klüngel einen Kreis gutbezahlter Domestiken. Und da sind wir wieder angelangt: Beim modernen Absolutismus. Setzt die Allongeperücken auf! L'etat ce moi! Und: Enrichissez vous!

Die Frage, wie lange das so weitergehen kann und wird, ist schwer zu beantworten. Im Interesse des Restes der Welt und unserer nächsten Generation wäre zu hoffen, daß es nicht mehr allzu lange währt. Möglicherweise ändert es sich, wenn die Mauern, die jetzt offensichtlich wieder neu errichtet werden sollen, dem Druck von außen nicht mehr standhalten oder der Sumpfboden, auf dem das alles gedeiht, die Fundamente der himmelwärts ragenden Glaspaläste nicht mehr zu tragen imstande ist oder der letzte Baum gestorben ist oder die Klimakatastrophe die Rheinebene unter Wasser setzt oder, oder, oder ...?

Zeitvorhersagen sind immer schwierig. Hitler wollte ein tausendjähriges Reich. Die Berliner Mauer sollte hundert Jahre stehen. Kohl wollte am liebsten bis zu seinem Lebensende Geschichte machen. Den Kapitalismus hält man für das Endstadium der Menschheitsgeschichte. Nostradamus und neuerdings auch Codeentschlüssler der Bibel sagen den Weltuntergang so um das Jahr 2000 voraus ... Vielleicht auch etwas später. Aber demnächst in diesem Theater, in dem die Millionenbevölkerung sitzt und im Augenblick noch mit den Händen im Schoß der Dinge harrt, die da kommen werden.

Also, es ist wirklich schwer, Prognosen zu stellen. Nur, daß sich etwas ändern muß, wenn wir nicht sehenden Auges noch weiter zurück als an den Jahrhundertanfang, vielleicht bis zur Steinzeit oder der Sintflut rutschen, sondern wir, unsere Kinder und Enkel, das nächste Jahrhundert erleben wollen.

Probleme mit der Geschichtsschreibung

Das alles so oder zumindest ähnlich darzustellen, dürfte, wenn man nicht allzu verbohrt ist und den Blick für die Realitäten nicht verloren hat, nicht schwerfallen. Blickt man sich um, dann verliert man schon manchmal das Vertrauen in das vernunftbegabte Wesen, das Mensch genannt wird. Man schleppt da mitunter seinen eigenen Schatten hinter sich her, ängstlich darauf bedacht, den Kontakt zu ihm nicht zu verlieren.

Die Bürger aus den neuen Bundesländern, also aus der ehemaligen DDR, haben manches, was jetzt so krisenhaft abläuft, schon mal erlebt, weshalb ihre Haltung, beispielsweise auch bei Wahlen, nichts mit Nostalgie zu tun hat, sondern mit durchlebter Erfahrung. Die DDR-Bürger haben doch erlebt, wie eine Führung reagiert, die am Ende ihres Lateins ist, sich zunächst in Schweigen, dann in Phrasen, allenfalls noch auf Nebenschauplätze oder in die Außenpolitik rettet und so tut, als gäbe es keine inneren Probleme. Natürlich: Über die unmöglich hohen Zahlen der Arbeitslosigkeit wird heute demokratisch geredet, während es früher verschwiegen worden wäre. Es wird auch ansonsten über alles geredet und geschrieben, was da faul im Staate ist. Darin besteht die tatsächliche Freiheit. Reden und schimpfen kann man ungestraft über alles. Aber es ist bislang effektiv nichts getan worden, um etwas zu verändern, um das Übel an der Wurzel zu packen. Vielleicht gelingt es der Regierung, die zur Jahrhundertwende für einen Wandel angetreten war. Aber Skepsis ist angesagt, wenn man es nur besser machen und nicht an die Wurzeln gehen will. Es ist ja auch mühselig, die großen Scheine der Versprechungen in politisch zahlungsfähiges Kleingeld zu wechseln.

Statt dessen hat man auf Nebenkriegsschauplätze abgelenkt. Da gab es monatelangen Streit über das Ladenschlußgesetz oder das Gesetz über die Zweitwohnungssteuer oder vielleicht über die Rechtschreibreform? Mag sein, daß Beamte, die von Bonn nach Berlin übersiedeln, oder Sprachwissenschaftler damit zufriedengestellt werden. Möglicherweise gibt es Leute, die froh aufjubeln, wenn man festlegt, daß Schiffahrt künftighin Schifffahrt geschrieben werden muß. Schifffahrt mit drei f wie beim seligen Pfeiffer in der Feuerzangenbowle, der seinen Namen mit drei f, zwei vor und eins hinter dem »ei«, zu buchstabieren pflegte. Nur ob die Schifffahrt mit drei f auf den ökologisch wichtigen Binnenwasserstraßen dadurch gerettet werden kann und ob Vulkanaffären damit aufhören, ob der deutsche Schiffbau und damit Arbeitsplätze gerettet werden können, bleibt die große, aber entscheidende Frage. Denn was nutzt die beste Rechtschreibreform in einem Lande, an deren inhaltlichen Texten sich nichts ändert.

Vielleicht muß man doch auf die gesamte deutsche Geschichte in diesem Jahrhundert zurückgreifen, nicht nur auf Teilstücke.

Das fällt manchem schwer. Wer weiß das besser als die DDR- Bürger, die nun seit Jahren aufgefordert werden, sich dafür zu entschuldigen, daß sie zwischen Stralsund und Suhl und nicht zwischen Ostfriesland und Oberbayern gelebt haben, die man – manchmal sogar per Gerichtsbeschluß und Verurteilung, durch Strafrenten und gekürzte Löhne – dazu zwingen will, sich wie mittelalterliche Flagellanten ununterbrochen zu ihren Fehlern zu bekennen. Und das durch Leute, die so tun, als hätte es nur einen Fehler in der deutschen Geschichte des Jahrhunderts gegeben, nämlich die Gründung des »Unrechts-SED-Stasi-Staates« Deutsche Demokratische Republik, an deren Türklinken sich freilich auch verdammt viele Fingerabdrücke von jenen befinden, die sich heute über diesen zweiten deutschen Staat so gerieren.

Und noch etwas: Wenn man nun einmal in die gesamtdeutsche Geschichte zurückgreifen will, dann darf man es – bei aller Bedeutung von Schwarz-auf-Weiß-Befindlichem – nicht nur nach der Aktenlage tun. Dazu gehören auch Zeitzeugen. Um mich hier klar auszudrücken: Zu Zeitzeugen rechne ich nicht nur die sogenannten Bürgerrechtler, auf die nolens volens noch zurückzukommen sein wird. Dazu rechne ich auch nicht nur jene Pfarrer, die 1989 ihre Bibeln auf den Altären bei der Bergpredigt aufgeschlagen ließen, herabstiegen in die Niederungen säkularer Angelegenheiten und nun Jüngstes Gericht, im Vorgriff auf Gottes Entscheidungen, spielen. (Die Geschichte, auch die deutsche, hat bekanntlich gelehrt, daß Militärs und Geistliche nur selten zur Politik taugen.)

Zu den Zeitzeugen rechne ich nicht nur jene wendehälsigen Blockpolitiker in der DDR, die 1989 Hammer, Zirkel und Ährenkranz aus ihrer Fahne trennten, wie weiland 1945 viele Leute das Hakenkreuz, um eine zwar fleckige, aber immerhin rote Fahne zu zeigen.

Warum läßt man nicht solche Zeitzeugen zu Worte kommen, die nicht konform mit der Bonner Meinung und ihrer Geschichtsschreibung gehen und sich dennoch eine kritische Sicht auf die Dinge erhalten haben? Ich kenne viele, die den Versuch unternahmen und scheiterten. Diesmal nicht an SED-Zensoren im Zentralkomitee (die ich auch kennengelernt habe) oder in der Hauptverwaltung Verlage, die übrigens besser als ihr Ruf war, sondern an Verlegern, die nicht Gewünschtes einfach nicht abdrucken, Veranstaltern von Foren, die Mißtöne fürchten. Ausreden, wonach es Biographisches zur Genüge gäbe, werden einfach unglaubwürdig, wenn man sieht, wie ein bestimmter Biographienmarkt blüht, allerdings auch ungelesen verwelkt. Ich will es nach der Vorrede dennoch versuchen.

Aber ich kann dabei der Aufforderung, die mich immer wieder erreicht, nur meine geschichtlichen Fehlleistungen aufzuzählen, nicht bedingungslos Folge leisten, ohne meine Biographie zumindest in den Rahmen zu stellen, in den sie gehört. Meine Biographie ist nicht nur verwoben mit vierzig Jahren DDR-Geschichte, sondern auch mit einem noch kleinen Rest der Geschichte vom Untergang der Weimarer Republik, mit zwölf Jahren Faschismus, sechs Jahren Krieg, viereinhalb Jahren Kriegsgefangenschaft ohne Spätheimkehrerprämie, vierzig Jahren

DDR in engster Nachbarschaft zur Bundesrepublik Deutschland, in der ich mehrere Jahre zubrachte, in einer Welt, die der Kalte Krieg in zwei sich waffenstarrend gegenüberstehenden Militärblöcken und einem nun schon fast ein Dezennium vereinten Deutschland. Wenn man Geschichtsschreibung nicht in den großen Zusammenhang stellt, wird man allenfalls nur zu Halbwahrheiten gelangen. Die Halbwahrheit ist der Unwahrheit aber näher als der Wahrheit. So entstehen jene Denkhohlräume, die lediglich mit Sprechblasen und ideologischem Sperrmüll gefüllt werden. Dabei will ich auch nicht mißverstanden werden: Ich zähle mich nicht zu den Inhabern absoluter Wahrheiten, aber es darf mir auch keiner kommen und behaupten, er habe diese Wahrheit schon gefunden, ohne es zu beweisen.

Jedoch wird man anhand seiner eigenen Biographie im Umfeld auch ein Stück gesamtdeutscher Geschichte wiederfinden dürfen. Oder?

Kindheit und eine verpatzte Jugend

1927, in dem Jahr, in dem ich als erstes und einziges Kind eines damals arbeitslosen Arbeiters und seiner als Reinemache- und Waschfrau »mithelfenden« Ehefrau in Breslau geboren wurde, passierte auch folgendes: In den Kinos war im Januar Fritz Langs UFA-Monster »Metropolis« angelaufen; ein aufwendiges Filmspektakel über die horrorschwangere Zukunft der Menschheit im visionären Industriezeitalter.

Reichskanzler Wilhelm Marx von der Zentrumspartei bildet sein viertes Kabinett, das durch die Hereinnahme der Deutsch-Nationalen Volkspartei (Hugenberg, Graf Westarp) einen außerordentlichen Rechtsruck erfuhr. Das Zentrum deutete damals schon an, daß sich Teile seiner Führung immer weiter nach rechts bewegten, und sich 1933 sehr dicht an die Nazipartei anlehnten, sogar mit Hitler über das Ermächtigungsgesetz kungelten, um ihm dann doch unverändert zuzustimmen.

Das alles kam freilich erst sechs Jahre später. Aber da sich heute Historiker darüber streiten, wer wohl am Untergange der Weimarer Republik schuldig gesprochen werden könnte, um dann nur bei den Kommunisten und den Faschisten selbst hängenzubleiben, sollte auch auf Vorgänge im bürgerlichen Lager im Jahre 1927, also im Vorfeld des Jahres 1933 hingewiesen werden.

Ja, was geschah noch in diesem Jahr 1927?

Der Reichstag beschließt gegen die Stimmen der SPD, KPD und DDP ein Arbeitszeitnotgesetz, daß den Unternehmern nach Gutdünken das Recht einräumt, trotz Achtstundentagregelung wieder den Zehnstundentag einzuführen. Der Reichstag beschließt auch ein Arbeitslosenversicherungsgesetz, das Arbeitslosen erstmalig eine Unterstützung zusichert. Damit wird eine gewerkschaftliche Forderung von 1912, wenn auch nur zum Teil, erfüllt.

Hunderttausende streiken daraufhin in Deutschland für Einhaltung des Achtstundentages und höhere Löhne. Es finden Massenaussperrungen statt.

Großbritannien entsendet Truppen nach China, die den Volksaufstand gegen die Konterrevolution in Schanghai niederschlagen sollen.

In zwei Prozessen wird Carl von Ossietzky wegen antimilitaristischer Propaganda verurteilt. Einmal zu 500 Reichsmark Geldstrafe (gemeinsam mit Erich Weinert) und einmal zu einem Monat Haftstrafe.

Alfred Hugenberg erweitert sein rechtslastiges Medienimperium durch den Aufkauf der bankrotten Filmgesellschaft UFA.

In Wien mißlingt ein faschistischer Putsch. Massendemonstrationen werden blutig niedergeschlagen. Über 90 Tote sind zu beklagen. Die Rechtsparteien erklären, daß Wien ohne Anschluß an das Deutsche Reich nicht mehr überlebensfähig sei. Niemand kann sagen, der Anschluß von 1938 sei überraschend gekommen. Daran ist lange vorher gebastelt worden. Derartige »Anschlüsse« kommen, wie man also aus der Geschichte lernen kann, nie überraschend.

In Italien schafft Mussolini das parlamentarische System ab und beginnt Verhandlungen über die Lateranverträge mit dem Vatikan. Damit beginnt der Versuch der Umsetzung jener Enzyklika »Rerum Novarum«, die 1891 eine Antwort auf das Kommunistische Manifest zu formulieren bemüht war und eine der programmatischen Grundlagen für die Bildung faschistischer Regime in vornehmlich katholischen Ländern Europas, wie Ungarn, Italien, Portugal, Spanien und schließlich in seiner widerlichsten Form in Deutschland wurde, weil mit ihnen die aufkommende revolutionäre Arbeiterbewegung bekämpft werden sollte.

In den USA werden die Gewerkschafter Sacco und Vancetti trotz weltweiter Proteste unschuldig hingerichtet.

Charles Lindbergh überquert als erster im Non-Stop-Flug den Atlantik.

In Genf wird die Seeabrüstungskonferenz ergebnislos abgebrochen. In Kiel-Laboe wird der Grundstein zu einem Marineehrenmal gelegt. Im ostpreußischen Tannenberg wird ein Monumentaldenkmal zur Erinnerung an die Schlacht bei Tannenberg 1914 in Anwesenheit von Reichspräsident Generalfeldmarschall von Hindenburg eingeweiht. Kaiser Wilhelm gratuliert aus dem holländischen Exil.

In der Eifel wird der Nürburgring eröffnet, der im Rahmen des Arbeitsbeschaffungsprogramms für das Notstandsgebiet Eifel erbaut wurde. Die Fertigstellung dieser nach der AVUS in Berlin zweiten Nur-Automobil-Rennstrecke befördert die Diskussion über den Bau von Autobahnen nach amerikanischem Vorbild. Die nächste Autobahn dieser Art wird zwischen Bonn und Köln geplant.

In Berlin kommt es anläßlich einer Goebbelskundgebung zu Nazikrawallen. Beim Reichstreffen des rechtsradikalen Stahlhelmbundes werden zwei linke Gegendemonstranten von der Polizei erschossen.

Die Reichsregierung gibt bekannt, daß die Zahl der Arbeitslosen auf 355 000 gesunken, die Zahl der fehlenden Wohnungen auf über 700 000 gestiegen ist.

Marschall-Präsident Piłsudski löst in Warschau den Senat und den Sejm auf und baut damit seine Militärdiktatur in Polen aus.

Krupp schließt mit der Sowjetunion einen Vertrag über wirtschaftliche Konzessionen. In Moskau wird Trotzki aus dem ZK der KPdSU ausgeschlossen.

In Nicaragua brechen Kämpfe der Unabhängigkeitsbewegung unter Führung von C.A. Sandino gegen die seit 1912 bestehende amerikanische Besetzung aus.

An der Berliner Börse kommt es zu einem Börsensturz. Befürchtungen über ein Ende der Konjunktur werden laut.

Der Reichstag verlängert das Republikschutzgesetz um weitere zwei Jahre, das eine Rückkehr der Monarchie verhindern soll.

Eine Auswahl von Ereignissen, über die man heute möglicherweise wie von Alltäglichem sprechen könnte, stünden dahinter nicht die Folgen, die sie zeitigen sollten. Dennoch war es ein vergleichsweise ruhiges Jahr, dieses 1927. Es war in der Geschichte keineswegs so spektakulär wie etwa das Jahr 1917, in dem die Oktoberrevolution stattfand, deren zehnten Jahrestag man bei den Kommunisten der ganzen Welt, und nicht nur bei ihnen, in jenem Jahr feierte. Auch war es nicht mit den Jahren danach zu vergleichen, in denen wie 1929 die große Weltwirtschaftskrise ausbrach, oder mit den folgenden Jahren, in denen die Herren von Rhein und Ruhr das Jahr 1933 vorbereiteten.

Mein Vater war einer von den 355 000 Arbeitslosen, eine beruhigend niedrige Zahl, wenn man selbst nicht betroffen war. Übrigens war mein

Vater arbeitslos geworden und auch geblieben, weil er auf einer sogenannten Schwarzen Liste stand, auf die er geraten war, weil er in einem Teilprozeß gegen Max Hölz verurteilt worden war und sich der Strafverbüßung durch eine zeitweilige Flucht bis zu einer zwischenzeitlichen Amnestie ins Ausland entzogen hatte.

Dann, als die Zahl von 350 000 auf sechs Millionen sprang, begann sich Unruhe breitzumachen unter der Bevölkerung. Es begann das Nach- und Überlaufen zu denen, die versprachen, die Arbeitslosigkeit abzuschaffen, wie sich zeigte, auf eine schlimme Weise der Arbeitsbeschaffung durch Kriegsvorbereitung.

Ich erinnere mich, wie man sich als Vier- oder Fünfjähriger erinnert, an die Hungermärsche der Arbeitslosen in Breslau, an die Knüppel- und Schießattacken der Polizei. Einmal war es unter den Fenstern unserer im vierten Stock gelegenen Einzimmerwohnung am Ring, gegenüber dem Schweidnitzer Keller, zu einem regelrechten Blutbad gekommen. Die Polizei hatte in den Demonstrationszug, in dem Losungen wie »Arbeit und Brot« oder »Wir haben Hunger« getragen und skandiert wurden, geschossen.

Meine Mutter zitterte, weil mein Vater dort unten mitmarschierte, und plötzlich mit zwei blutüberströmten Mitdemonstranten, die er die vier Etagen heraufgeschleppt hatte, in der Wohnungstür stand. Er nahm mich zur Hilfe mit, als er mit einem Eimer Wasser die Blutspuren im Treppenhaus beseitigte, während sich meine Mutter um die Wunden der Verletzten kümmerte. So etwas prägt sich in ein Kindergemüt ein. Besonders, weil etwa eine Stunde später zwei Zivilbeamte der Polizei und zwei uniformierte SIPOs nach Verwundeten fragten und von meiner Mutter an der Tür abgefertigt wurden.

Überhaupt habe ich aus dieser Zeit meine Mutter als eine zwar immer einfache, aber resolute Frau in Erinnerung behalten.

Ein ganz einschneidendes Erlebnis war für mich der 5. März 1933, ein Sonntag. Es waren Reichstagswahlen angesetzt. Die ersten nach dem Hitlerputsch und für lange Zeit die letzten, die den Namen Wahlen auch nur annähernd verdienten. Mein Vater war von seiner Partei, der KPD, in den Wahlvorstand eines Wahllokals delegiert worden.

Um sechs Uhr, meine Eltern wollten gerade aufstehen, klingelte es an der Tür. Kaum daß mein Vater geöffnet hatte, drängten zwei Zivilisten und zwei SA-Männer mit der Armbinde HILFSPOLIZEI in die Wohnung, durchwühlten alles, so daß ich meine Mutter fragte, was die Männer denn suchen.

»Ich weiß nicht«, sagte sie, worauf mein Vater einwarf: »Die denken, daß sie hier vielleicht Waffen finden.« Denn mein Vater war, wie ich später erfuhr, als Mitglied der Roten Frontkämpferbundes bekannt.

Ich schlich zu meinem Spielzeugschrank und holte meine Zündplätzchenpistole heraus und gab sie meinem Vater. Der reichte sie an die Schnüffler weiter und grinste.

»Sie wollen uns wohl veralbern«, schrie darauf der eine, schleuderte das Kinderspielzeug durchs Zimmer, riß ein Bild Ernst Thälmanns von der Wand und brüllte meinen Vater an: »Und Sie kommen auch mit uns mit. Den Thälmann haben wir schon. Euch kriegen wir alle.«

Da nutzte kein Hinweis meines Vaters, daß er seine demokratischen Pflichten im Wahlbüro erfüllen müsse. Die Antwort: »Euch treiben wir die Demokratie schon noch aus. Los! Mitkommen. Da unten warten schon andere Spießgesellen.«

Tatsächlich standen unten vor der Tür auf der Straße mehrere Lastwagen mit dichtgedrängt sitzenden Zivilisten, von SA-Männern und Polizisten mit Karabinern flankiert. Meine Mutter und ich blickten aus dem Fenster und mußten zuschauen, wie sie meinen Vater auf einen der Lkws stießen.

Wir gingen dann später zu dem Wahllokal am Schloßplatz, wo mein Vater im Wahlvorstand tätig sein sollte, und wollten ihm Frühstück bringen. Er war ja faktisch aus dem Bett heraus festgenommen worden.

Als am Abend das Wahllokal geschlossen wurde und mein Vater immer noch nicht aufgetaucht war, nahm mich meine Mutter bei der Hand, und wir gingen fast schweigend nach Hause. Meine Mutter sagte lediglich einmal: »Wer weiß, ob wir unsern Vatl wiedersehen werden.«

Ich muß diese Tage, die nun folgten, einfach etwas detaillierter schildern, weil sie die Verhältnisse von damals deutlich machen, die mit dazu beitrugen, mich so zu entwickeln, wie ich mich entwickelt habe. Wobei ich niemanden gestatte, mich wegen bestimmter Haltungen in späteren Jahren zu kritisieren. Sie waren aus solchen Erfahrungen geboren, der einen bestimmten Haß erzeugte und *einen* Grundstein für den Antifaschismus legte, dem ich dann nach dem Kriege meine Überzeugung und meine Arbeit widmete. Da brauchte mir niemand etwas zu verordnen. Wer so etwas behauptet, muß sich von mir gefallen lassen, daß ich sage: Er hat keine Ahnung, wovon er spricht. Ich werde noch darauf zurückkommen, daß es Mißbräuche dieses Begriffes gab. Aber wenn sie von Leuten ausgesprochen werden, in deren Lebensbereich Antifaschistisches verpönt und gar verfolgt wurde, sollten sie besser schweigen. Mit sachlichen Argumenten setze ich mich gern auseinander.

Als am nächsten Tag meine Mutter ihre gewohnte Arbeit bei der Bankfiliale von Dobersch & Bilschowsky in der Breslauer Junkernstraße, einem später arisierten jüdischen Unternehmen, als Reinemachefrau verrichten wollte, wurde ihr mitgeteilt, daß sie ihre Tätigkeit nicht weiter ausüben könnte, weil ihr Mann als kommunistischer Aufrührer verhaftet worden sei. Die Bank habe schließlich ihre Vorschriften, denen sie nachkommen müßte.

Nun will ich nicht lange darüber debattieren, wie gerade auch diese Bank zu einer solchen offenbar bestehenden Liste kam, von der meine Mutter dann betroffen war. Ich will hier auch keine Diskussion über vaterländisch, ergo damals auch rechtskonservativ gesonnene jüdische Mitbürger auslösen, weil eine Mehrheit des jüdischen Volkes in der Folgezeit Entsetzliches erleben mußte. Auch dazu werde ich noch einige Erfahrungen beisteuern. Ich will nur sagen, daß auch jüdische Unternehmer, wissend oder nicht, was auf sie zukommt, ihren Kopf auf Kosten anderer zu retten versuchten.

Dienstag, also einen Tag später, wäre die Zahlung der Arbeitslosenunterstützung für meinen Vater fällig gewesen. Meine Mutter marschierte also mit mir zum Arbeitsamt. Dort wurde ihr mitgeteilt, daß mein Vater, um das Stempelgeld in Empfang zu nehmen, selbst auf dem Arbeitsamt erscheinen müßte. Der Einwand, ihr Mann befinde sich offenbar seit Sonntag in Haft, und das Arbeitsamt könnte sich ja beim Polizeipräsidenten für seine Freilassung einsetzen, damit er sein Geld selber abholen könnte, was ihr auch das liebste gewesen wäre, wurde natürlich abgeschmettert.

Kein Geld hieß kein Essen. Meine Mutter brachte mich wegen der Verspätung selbst zur Schule, eine sogenannte weltliche, wie sie damals noch ein Weilchen bestanden. Ich sollte nach der Schule zu meiner Tante, meiner Mutter Schwester, gehen und Bescheid sagen, was passiert sei. Es geschah wohl mit dem heimlichen Gedanken, daß mir Tante Luise etwas zu essen geben werde. Natürlich geschah das auch, und als mich meine Mutter am Abend abholte, müssen sich die beiden Schwestern über gewisse Notmaßnahmen geeinigt haben, denn ich sollte dort schlafen und von dort aus am nächsten Tag zur Schule gehen. Am nächsten Tag kam dann meine Mutter am frühen Nachmittag nach Schulschluß und holte mich ab. Wir fuhren schnurstracks zum Polizeipräsidium, wo meine Mutter – Gott weiß wie – einen Beamten herausgefunden hatte, der offenbar etwas über das Schicksal meines Vaters hätte wissen müssen, aber sein Wissen nicht preisgeben wollte oder konnte. Sie stürmte mit mir an der Hand in ein Amtszimmer, jeglichen Hinweis an der Tür über Eintrittsordnung oder Sprechzeiten ignorierend, setzte mich auf den Schreibtisch des Beamten und sagte: »So! Der Junge bleibt jetzt hier, bis mein Mann wieder frei ist. Geben Sie ihm was zu essen.« Sprach's und verschwand.

Ich weiß noch, wie hilflos der Beamte sich gerierte. Er stammte noch aus der alten Republik und wußte nun wahrscheinlich wirklich nicht, was er mit mir anfangen sollte, außer sein Vesperbrot mit mir zu teilen. Dabei versuchte er, mir zu erklären, daß er nicht zuständig sei, daß alles sei Sache der Nazis, die nun an der Macht seien. Mir waren seine Redereien so egal wie Falschheit oder Echtheit des Bartes vom Weihnachtsmann. Ich rannte, nachdem ich die Beamtenstullen mit großem Appetit gegessen hatte, aus dem Zimmer und sah draußen auf dem Korridor meine Mutter. Sie weinte.

Nach einer Weile kam auch der Beamte, dem wohl das Gewissen schlug, das er im Gegensatz zu vielen anderen auch nach dem 30. Januar noch nicht verloren hatte, nahm meine Mutter beiseite und sprach leise auf sie ein.

Zu Hause angekommen, sagte sie mir, daß Papa wohl in die Gegend von Berlin transportiert worden sei. Er war in Oranienburg, wie das erste KZ, das später unter dem Namen Sachsenhausen berüchtigt wurde, zunächst genannt wurde.

Da wir nun kein regelmäßiges Einkommen mehr hatten, meine Mutter ging mal hier, mal da Wäsche waschen, erhielt ein wenig Unterstützung von ihrer Schwester, die selbst nicht im Reichtum erstickte, und, wie ich später erfuhr, auch von unserem Arzt, Dr. Kassel, der wenig später als Jude nach England emigrierte und der uns aus irgendwelchen Sympathien kostenlos behandelte.

Dennoch galten wir fortan als asoziale Elemente. Dieser Status führte schließlich im Sommer 1933 zu unserem Aufenthaltsverbot für die Stadt Breslau.

Dazu möchte ich aus heutiger Sicht anmerken: Der neue Polizeipräsident von Breslau, der SA-Obergruppenführer Edmund Heines, der ein Jahr später im Rahmen der sogenannten Röhm-Affäre von seinen eigenen Kumpanen erschossen wurde, war bemüht, eine von Bettlern, Obdachlosen und sonstigem asozialen Gesocks saubere Stadt präsentieren zu wollen. Ich weiß nun nicht, ob die Idee gewisser Innensenatoren und Innenminister gleiches heute in bestimmten Städten, z. B. in der deutschen Hauptstadt, durchexerzieren zu wollen, eine den damaligen Vorgängen abgeschaute Praxis ist oder ob sie von alleine draufgekommen sind. Im ersteren Falle wäre es für die Geisteshaltung der gemeinten Leute entlarvend, im zweiten Fall wäre es wohl ein Beweis für eine existierende systemimmanente Unmenschlichkeit.

Zum anderen möchte ich für bestimmte historische Erkenntnisse feststellen, daß wir nun wirklich aus Breslau Vertriebene waren, so wie die Nazis auch den größten Teil der Breslauer Bevölkerung 1945 aus ihrer Stadt vertrieben, die auch noch teilweise bei den Bombenangriffen auf

Dresden umkamen (Verwandte von uns waren darunter) und nicht in erster Linie die Polen, die in eine menschenleere Stadt und teilweise auch Provinz kamen und sie in Besitz nahmen, um ihre eigenen Flüchtlinge unterzubringen. Das wird bei der zahlenmäßigen Aufzählung der Vertriebenen durch die »Berufsflüchtlinge« und Statistiker immer wieder unterschlagen.

Darüber sollte man bei den immer noch real existierenden, agierenden und von der eigentlich mit leeren Kassen dastehenden Bundesregierung auch nach den Verträgen mit Polen von 1990/91 finanziell unterstützten sogenannten Vertriebenenverbänden nachdenken.

Ich kann jedenfalls mit reinem Gewissen sagen: Ich bin ein aus Breslau Vertriebener. Dafür hat mich und meine Familie noch niemand bedauert, sich nachträglich entschuldigt, geschweige denn entschädigt.

Um die Familiengeschichte kurz weiter zu erzählen, die vielleicht für manchen uninteressant erscheinen mag, aber für mich doch ein nicht unwesentliches Spiegelbild deutscher Geschichte darstellt: Meine Mutter zog mit mir zu Verwandten nach Berlin, schickte von dort aus meinem Vater einen Kartengruß, was inzwischen gestattet war, weil er sich auch mit einer vorgedruckten Karte gemeldet hatte.

Eines Tages, im Jahre 1934, meldete sich mein Vater aus Finsterwalde, wohin er sich nach seiner plötzlichen Freilassung auf Anraten von Freunden und illegal im Widerstand arbeitenden Genossen der KPD begeben hatte, um dort zunächst in einem ausrangierten Eisenbahnwaggon ein neues Heim für seine Familie einzurichten. Er holte uns aus Berlin in unser neues Domizil, weil er tatsächlich, getreu dem Hitlerversprechen, die Arbeitslosigkeit zu beseitigen, eine Beschäftigung als Hilfsarbeiter beim Bau eines neuen Flugplatzes bei Finsterwalde (Nazilosung: Luftfahrt tut not) gefunden hatte.

Mit dem Flugplatzbau war übrigens der damals noch nicht so bedeutende, dann aber vor allem durch die profitable Beteiligung an anderen Rüstungsbauten der Nazis beauftragte Baukonzern Dyckerhof & Widmann zu einer bedeutenden Größe gelangt. Heute übrigens, nach dem Krieg, spielt er unter den deutschen Baukonzernen unter dem verkürzten Namen DYWIDAG in der Altbundesrepublik und neuerdings auch in den neuen Bundesländern eine beachtliche Rolle. Seine Börsenkurse sagen ziemlich deutlich aus, wie es um dieses Unternehmen trotz der Baukrise steht. Die Geschichte des Kapitalismus und seiner Konzerne ist also manchmal auch aus persönlichem Erleben ziemlich konkret.

Mein Vater war, als wir ihn nach Monaten wiedersahen, ziemlich abgemagert, und meine Mutter versprach als erstes, ihn wieder »a bissel rauszufuttern«. Er war verpflichtet worden, nichts über seinen Aufenthalt in Sachsenhausen zu erzählen. Aber als Lauscher an der Abteilwand unseres Wohnwaggons zwischen dritter und zweiter Klasse erfuhr ich doch davon, daß man das, was meinem Vater widerfahren war, »Schutzhaft« nannte, daß sie Baracken hätten bauen müssen, für künftige Häftlinge.

Davon wissen die akkuraten Geschichtsschreiber von heute auch zu berichten. Sie unterschlagen nur meist, daß vor späteren Häftlingen, die dort ermordet wurden, es Kommunisten und Sozialdemokraten waren, die, in Zelten oder auf der blanken Erde kampierend, die Unterkünfte bauen mußten und daß schon dabei nicht wenige ums Leben kamen.

Dabei geht es mir nicht etwa um die Rang- und Reihenfolge bei erlittenem Leid, sondern um historische Tatsachen, die von heutigen Geschichtsschreibern, auch bei anderen größeren Angelegenheiten, häufig unterschlagen werden.

Denn heute hat man manchmal den Eindruck, als seien nur jüdische Menschen Opfer des Faschismus geworden. Natürlich weiß ich heute, wie jeder andere Durchschnittsbürger auch genau, was Holocaust bedeutet, daß es planvolle Vernichtung eines Volkes war, was insonderheit dem jüdischen Volk angetan wurde, was zu den größten Verbrechen der Geschichte wurde. Aber selbstverständlich gehört zur vollen geschichtlichen Wahrheit, daß es Millionen Opfer des Völkermordes gab: Juden, Roma und Sinti, Russen und Polen, Marxisten und antifaschistische Christen, Homosexuelle und Bibelforscher. Sie alle, so Adolf Hitler in seinen einschlägigen Reden, sollten »ausgerottet« werden. Jeder dieser durch Naziverbrechen ums Leben gekommene war einer zuviel. Schon deshalb verbieten sich auch alle Vergleiche zwischen der DDR und der Naziherrschaft.

Um mich nur kurz bei diesem gerade in Deutschland oft sehr kontrovers diskutierten Thema aufzuhalten: Ich habe während der Nazizeit, während meiner Kriegsgefangenschaft in Polen und nach dem Kriege in beiden deutschen Staaten viele jüdische Menschen kennen- und schätzengelernt. Mehr oder weniger. Denn wer vergißt, daß jüdische Bürger in erster Linie Menschen sind, auch mit Fehlern und Schwächen behaftet, wer sie zu auserwählten oder besonders zu behandelnden Menschen macht, ohne Rücksicht auf ihr Tun und Lassen, der handelt eigentlich unmenschlich und legt bewußt oder unbewußt einen Grundstein zum Antisemitismus. Ich werde und muß darauf noch einmal zurückkommen, wenn ich über mein Erleben in der DDR und der Altbundesrepublik schreiben werde.

Zunächst aber – um bei diesem Thema zu bleiben, das mich immer sehr beschäftigt hat – lernte ich in Finsterwalde zwei jüdische Bürger kennen, die meine heutigen Erkenntnisse beförderten, die für mich auch mein Weltbild prägen halfen. Es geht mir dabei überhaupt nicht um die Rasse, wie von den Nazis nicht zuletzt in deutscher und katholischer Tradition zum schrecklichen Dogma erhoben und damit zur Begründung des abscheulichen Vernichtungswahns mißbraucht wurde. Es geht für mich dabei immer um die Haltung und die soziale Stellung, die einen Menschen charakterisieren.

Der eine war der Finsterwalder Kaufhausbesitzer Galliner. Als ich Weihnachten 1934 zum ersten Male seit langer Zeit überlegen durfte, was ich mir zum Fest wünschen könnte, ging ich mit meinem Vater am Kaufhaus Galliner vorbei. Wie gesagt: Weihnachten 1934. Die Schaufenster waren weihnachtlich dekoriert. Eines war besonders auffallend. Dort waren nämlich Kolonnen von SA- und SS-Männern aus dem damals für Spielzeugfiguren üblichen Elastolin gegossen, ausgestellt und zum Kauf angeboten, ebenso wie Soldaten, die Krieg spielten, also alles Spielzeug, was so recht nach dem Geschmack der Nazis sein mußte. Mein Vater schüttelte den Kopf und zog mich weiter. Er kaufte mir schließlich einen Stabilbaukasten und einen kleinen Zoo, dessen Tiere auch aus Elastolin waren.

Später, als man das Kaufhaus arisierte, war in Finsterwalde Stadtgespräch, daß die Familie Galliner mit Sack und Pack hatte ausreisen dürfen. Nach den USA. Mag das nun genauso gewesen sein oder nicht. Feststeht, daß die Familie Galliner offenbar ohne den Umweg über das KZ und vom Holocaust unerreicht den Nazis entkam.

Das zweite Beispiel war ein Altstoffhändler, wie man es heute vornehm umschreiben würde. Er hieß Galater und hatte auf seinem Hof alles angehäuft, was man alt nennen konnte: Lumpen, Knochen Alteisen, Papier ... Wir Jungen haben nicht nur Altstoffe zu ihm gebracht und dafür einen Sechser oder Groschen für ein Eis oder Brausepulver bekommen, sondern er half uns bereitwillig mit größeren Teilen aus, die er persönlich mit uns zusammen aus dem Schrott sammelte, freilich nicht ohne dafür auch einen Obolus zu verlangen. Er hatte Prinzipien. Er nahm nichts geschenkt oder umsonst. Er verschenkte aber auch nichts. So blühte zwischen Herrn Galater und uns Schuljungen ein reger Wandel und Handel mit Altstoffen, natürlich von manchen strammen Nazis argwöhnisch beobachtet. Oft sah man ihn mit seinem Handkarren durch die Stadt ziehen. Weiß der Himmel, woher er das Zeug holte oder wohin er es brachte. Offenbar aber ernährte es recht, aber wenn ich an sein Umfeld dachte, auch mehr schlecht seinen Mann.

Das ging so bis zum Jahre 1938. Da war Galater anfangs November plötzlich verschwunden. Seine Hoftür ließ sich nicht mehr öffnen. Es hieß, man habe die alte Judensau, der Erwachsene wie auch Kinder mit seinem Altwarenhandel betrogen hätte und sich unheimlich an deutschem Volksgut bereichert habe, verhaftet. Später erfuhren wir, daß er absolut verschwunden war. Nur hinter vorgehaltener Hand trauten es sich die Leute zu erzählen, man habe ihn auf der Polizeiwache im Finsterwalder Schloßhof, wo auch die Gestapo saß, totgeschlagen. Einfach so.

Die Finsterwalder Juden Galater und Galliner waren aus Nazideutschland verschwunden. Nur offenbar auf unterschiedliche Weise.

Diese Begegnungen mit jüdischen Menschen haben in mir die Auffassung verfestigt, daß es Menschenschicksale gab und gibt, die manchmal völlig unabhängig von Hautfarbe, Rasse, Glauben oder Weltanschauung verlaufen. Ihr sozialer Status ist da maßgeblich. Heute nach über siebzig Jahren Lebenserfahrung füge ich hinzu: oder auch manchmal ihre Parteizugehörigkeit.

Neben der tragischen menschlichen Seite hatte die Sache mit dem Altstoff ein mehr ironisches, vielleicht aber auch typisches Ende: Künftighin waren wir aufgerufen, Altstoffe in der Schule abzugeben. Im Rahmen des Vierjahresplanes. Für die Rüstungswirtschaft. Kostenlos.

Immerhin haben wir Schüler uns in Finsterwalde manchmal noch an Galater erinnert. An Galliner kaum.

Vielleicht muß man in diesem Zusammenhang doch etwas zu der Stadt Finsterwalde sagen, die den meisten wohl dadurch in Erinnerung ist, weil ihre Sänger mit ihrem Sängerlied (Wir sind die Sänger aus Finsterwalde) die Stadt fast weltbekannt gemacht haben. Ansonsten war Finsterwalde eine Agrar-Industriestadt, wobei zu sagen wäre, daß sich die Industrie nach 1933 dort besonders in den Rüstungszweigen entwikkelte. Das galt auch für die alteingesessene Tuchindustrie, in der schließlich nur noch die Tuchfabrik F. F. Koswig dominierte. Denn Koswig hatte schon vor dem Ersten Weltkrieg des Kaisers Truppen mit dem feldgrauen Tuch beliefert, damit sie vor Langemarck und Verdun anständig angezogen sterben konnten. Auch zu Weimarer Zeiten wurden Reichswehr und Polizei mit buntem Tuch ausgerüstet, wofür schon der Schwiegersohn und ehemalige Generalstabsoffizier Dr. Curt Schaefer mit seinen Verbindungen sorgte.

Alteingesessen war aber auch die Finsterwalder Tischfabrik Winkler, die durch die pfiffige Erfindung des Tischlermeisters Winkler, auf- und damit zugleich ausklappbare Tische zu produzieren, unter dem Namen FiTiWi ein über die Landesgrenzen hinausgehendes Renommee erwarb. Zu den Traditionsbetrieben zählte auch noch Reichelts Metallschraubenfabrik, deren Gründer und Eigentümer seinen Namen mit dunklen Ziegeln in den helleren Schornstein und somit weithin sichtbar mauern ließ. Sogar zu DDR-Zeiten verschwand das Firmenzeichen des nunmehr volkseigenen Betriebes nicht. Erst nach der Wende 1989 wurde der Betrieb plattgemacht und das Wahrzeichen gesprengt. So ist das manchmal mit kapitalistischen Traditionen.

In den dreißiger Jahren hatte es einen schwedischen Ingenieur namens Kjellberg hierhergezogen, der mit dem von ihm und seinem Landsmann Lund entwickelten Lichtbogenschweißen und den dafür produzierten Apparaten auch für eine Art Weltruhm der Finsterwalder sorgte. Im Gegensatz zu den alteingesessenen Betrieben, die aus roten Ziegeln im Stile der Gründerzeit erbaut waren und deren Rot nun schon von der schwarzen Patina des Braunkohlenrußes überzogen war, hatte der Schwede einen für damalige Zeiten revolutionär modernen Bau aus Glas und Beton in die Stadt gepflanzt.

Und draußen vor den Toren der Stadt entstand die Finsterwalder Maschinen AG FIMAG, die durch den Bau von U-Boot- und Panzerdieselmotoren für die Nazirüstung unabkömmlich geworden war.

Daß es schließlich die Stadt überhaupt gab, war der Gründung einer slawischen Siedlung an der Nord-Süd- und West-Ost-Kreuzung einer alten Handelsstraße geschuldet, was später die Raubritterfamilie von Minckwitz zum Anlaß nahm, just an dieser Kreuzung ein burgähnliches Schloß zu errichten, von wo aus fleißig Straßenzölle kassiert wurden. In der Folge entwickelte sich durch den Leinen- und Hanfanbau sowie die Schafzucht, was die verbliebenen Slawen, Sorben genannt, pflegten und den Holzreichtum der umliegenden Wälder zunächst die Textil- und die Holzindustrie. Irgendwann im 19. Jahrhundert haben dann aber die Stadtväter um der lieben Ruhe willen die stürmische Fortentwicklung behindert. Nachdem eine West – Ost – Eisenbahnlinie (Leipzig – Cottbus – Frankfurt (Oder) den Ort berührte, hätte eine geplante Nord – Süd – Tangente (Berlin – Dresden) eine wirtschaftlich wichtige Drehscheibe für den Industrieort schaffen können. Aber soviel Eisenbahn schien damals für die Stadtväter zuviel zu sein. Und so erhielt das zehn Kilometer entfernte Dobrilugk-Kirchhain (seit den Nazis teilentslawisiert Doberlug-Kirchhain) den lukrativen Zuschlag, sehr zum Ärger der späteren Finsterwalder Generation. Denn die mußte, um die notwendige Industriebraunkohle aus dem Senftenberger Revier heranzuschaffen, eine Kleinbahn nach Schipkau bauen lassen, die gute und schlechte Zeiten überlebte, nur die Zeit der blühenden Landschaften nach der Wende von 1989 nicht, weil die über das Land gekommene Deindustrialisierung auch Industrieeisenbahnen überflüssig machte.

Der Kurzausflug in die Geschichte der Stadt war insofern notwendig, weil sie vom Beginn bis zum Ende des Jahrhunderts auch eine Geschichte deutsch-kapitalistischen Denkens ist.

Ich muß aber, um den Faden nicht allzusehr zu verlieren, zurück zum Jahr 1938. Es blieb nämlich auch ansonsten in meiner Erinnerung als etwas Besonderes. Da gab es den Anschluß Österreichs ans Deutsche Reich. Die Großdeutschen hatten sich also doch durchgesetzt, ob es vielen Österreichern paßte oder nicht. Für uns Schüler bestand das Ereignis zunächst darin, daß wir an unserer Schule Fahnenappell hatten. Der Rektor (den ich auch noch vorstellen muß) hielt eine stramme Rede, die Schüler wurden ab der vierten Klasse aufs Klassenzimmer geschickt, die Kleineren hatten gleich frei. Wir Größeren kamen erst etwas später in den Genuß verlängerter Freizeit, denn uns erklärte unser Erdkundelehrer Scholz, der zur Feier des Tages in SA-Uniform erschienen war, die große geschichtliche Tat des Führers, der nicht nur seine Heimat ins Reich zurückgeholt, sondern auch einen tausendjährigen Traum aller Deutschen erfüllt habe. Er hatte eine Europakarte entrollt und fuchtelte mit seinem Zeigestock von Ost nach West und von Nord nach Süd und erklärte dabei, was alles einmal zum Deutschen Reich gehört hatte und was folgerichtig demnach wieder heimgeholt werden müsse. Er sei in Posen geboren, also gehöre Posen auch zum deutschen Reich. Nach dieser Rabulistik, die man dann ja auch nach dem Kriege wieder hörte, hätte auch Alexandria zu Deutschland gehört, weil der Stellvertreter des Führers, Rudolf Heß, dort geboren, oder Windhoek, weil dort Göring das Licht der Welt erblickte, oder, oder, oder ... (Nebenbei gesagt: Hupka, der langjährige Vorsitzende der Schlesischen Landsmannschaft, war in der damaligen britischen Kronkolonie Ceylon geboren. Für wieviel Heimat hätte der eigentlich kämpfen müssen?)

Zumindest war der Vorgang des Anschlusses in unseren Augen und in der angemessenen Entfernung zwischen Österreich und Brandenburg relativ friedlich und damit als etwas scheinbar Normales vonstatten gegangen, wenn auch die Wehrmacht, wie man in der Wochenschau sehen konnte, bis an die Zähne bewaffnet in die heimgeholte Ostmark einrückte.

Im Herbst 1938 sah es dann schon brenzliger aus. Nach den Österreichern wollten nun auch die Sudetendeutschen heim ins Reich. Da aber die Tschechoslowakei sich offenbar gegen den Raub ihres ihnen im Friedensvertrag nach dem Ersten Weltkrieg zugestandenen Territoriums wehrten, schließlich hatten Tschechen, Slowaken und Sudetendeutsche bis zum Ersten Weltkrieg auch unter einem Dach, nämlich dem der Habsburger Monarchie im Ausland gelebt, rasselten die Nazis, unterstützt von den Henlein-Faschisten im Sudetengau, mit dem Säbel. Ich erinnere mich an die Zeitungsschlagzeilen zu jener Septemberzeit, wo Zahlen über Flüchtlingsströme vor dem Tschechenterror die Leser erschrecken und gegebenenfalls auf einen Krieg vorbereiten sollten.

So etwas habe ich dann nochmals vor dem 13. August 1961 und nicht zuletzt auch vor 1989 erlebt. Aber darauf komme ich noch in späteren Kapiteln ausführlich zurück.

Dann hörten und lasen wir (mein Vater konnte mich in meiner Meinungsbildung schon wieder mal nicht unterstützen, weil sie ihn kurze Zeit vorher wieder in der Frühe beim Arbeitsbeginn vor dem Tor der Koswigschen Tuchfabrik verhaftet hatten, wo er nach Fertigstellung des großen Luftwaffenstützpunktes in Schacksdorf bei Finsterwalde Arbeit gefunden hatte), daß in München ein Abkommen geschlossen worden war, mit dem vor allem die englische und französische Regierung Hitler freie Hand gegeben hatten für die Zerschlagung der Tschechoslowakei, was dann zur Besetzung des Sudetenlandes, später der Spaltung des Restlandes und die Besetzung der böhmischen und mährischen Gebiete als Protektorat führen sollte. Von da an war es, trotz aller Versicherungen Hitlers, daß es nun keine territorialen Ansprüche mehr gäbe, nicht mehr weit bis zum Zweiten Weltkrieg.

Aber ich hatte in meinem Klassenlehrer, Herrn Sehmisch, einen klugen Berater gefunden, der mich manchmal im Schulgarten beiseite nahm oder auf dem Heimweg von der Schule mich ganz privat aufzuklären versuchte. Wie ich nach dem Kriege erfuhr, wußte Sehmisch, der von den Schülern mit dem Spitznamen »Gandhi« versehen worden war (wahrscheinlich wegen der äußeren Ähnlichkeit mit dem indischen Unabhängigkeitsführer, vielleicht aber auch wegen dessen politischer Haltung gegen Unterdrücker), um das politische Schicksal meiner Familie. Er selbst war Sozialdemokrat, bekam den Mund kaum auf, wenn er bei Unterrichtsbeginn unseren morgendlichen Gruß mit Heil Hitler beantworten mußte.

Durch Sehmisch erfuhr ich eben auch einige Zusammenhänge vom Münchener Abkommen und Einmarsch ins Sudetenland.

Danach rollte ja die Geschichte Schlag auf Schlag bis zum Ausbruch des Zweiten Weltkrieges als Folge des Überfalls auf Polen für mich wie im Film ab. Herr Scholz jubelte, weil nun seine Heimat Posen wieder deutsch würde. Andere betrachteten die Sache etwas ernster. Herr Sehmisch sprach vor unserer Klasse in einer Geschichtsunterrichtsstunde gegen Ende August 1939 einen sehr mutigen Satz, den ich zeitlebens nicht vergessen werde, weil er irgendwie den Kern der Dinge berührte. Die Klasse war nur halbvoll, da sich zahlreiche Schüler vom Unterricht entschuldigt hatten, die ihren Vater zur Bahn bringen wollten, um Abschied, bei manchen war's für immer, zu nehmen, weil sie der Einberufung zum Kriegsdienst folgen mußten. Jener Satz – wir waren im Geschichtsunterricht bei der Revolution von 1848 angelangt –, den Sehmisch wie nebenbei sagte: »Wenn damals die Revolution anders ausgegangen wäre, müßten jetzt eure Kameraden ihre Väter nicht ins Feld verabschieden«, hätte ihn unter damaligen Umständen ins KZ bringen können. Wahrscheinlich wurde er damals von den Schülern nicht in seiner historischen Bedeutung begriffen, und die »Petzen« aus nationalsozialistischen Familien, die wir ja auch zumeist kannten, waren nicht anwesend oder hatten die bedeutungsschwangere Bemerkung verschlafen.

Einen ähnlichen Satz übrigens, auch aus sozialdemokratischen Munde, habe ich 1960 bei der großen Wehrdebatte im Bonner Bundestag von Helmut Schmidt, damals noch respektlos Schmidt-Schnauze genannt, gehört, der nach einer scharfmacherischen Rede des CSU-Abgeordneten Freiherr von Guttenberg mit den Worten ans Rednerpult trat: »Verehrter Herr Freiherr von und zu Guttenberg! Nach ihren Ausführungen hätte ich mir gewünscht, die Revolution von 1848 hätte gesiegt, dann hätten wir diese Rede hier und heute nicht hören müssen.« Nachzulesen im entsprechenden Bundestagsprotokoll.

Aber bei allem Respekt: Der Satz des Sozialdemokraten Sehmisch in der Nazizeit zu Finsterwalde war doch mutiger als der des Sozialdemokraten Schmidt im Bonner Bundestag, wenn beide auch das gleiche meinten, ohne im Prinzip die gleichen Schlußfolgerungen zu ziehen. Herr Sehmisch wurde nach dem Krieg Direktor an der gleichen Finsterwalder Schule. Er war seiner antifaschistischen und antimilitaristischen Gesinnung treu geblieben. Helmut Schmidt wurde über verschiedene Umwege Bundeskanzler der BRD und war Miterfinder des NATO-Doppelbeschlusses.

Begegnungen mit jüdischen Menschen, mit illegal wirkenden Antifaschisten, mit Kindern, die wie ich arm waren, mit Kindern von reichen Leuten, mit SS-Leuten, die unsere Nachbarn waren und Pfarrern, die mich als gottloses Kind eines Kommunisten von der Notwendigkeit der Konfirmation überzeugen wollten, mit Bauern, bei denen sich meine Mutter etwas Geld und ein paar Naturalien für unseren Lebensunterhalt verdienen mußte, mit Leuten, die trotz ihrer normalen Einstellung für verrückt erklärt wurden, hatte ich schon als Junge viele. Ich könnte eine Unmenge erzählen, denn diese Begegnungen haben mein Weltbild schon in frühester Jugend prägen helfen.

Über ein paar solcher Begegnungen muß ich doch sprechen, selbst wenn sie noch so banal erscheinen mögen. Aber das Leben besteht nun mal aus vielen Banalitäten, die alle zusammen die Welt ausmachen, in der wir leben müssen. Auch im normalen Leben ist oft das Kleingedruckte wichtig, wenn man Zusammenhänge verstehen will und einem nicht allzu große Fehler unterlaufen sollen. Damit soll klar werden, was ich meine, mit *meinem* Weltbild, und damit niemand erstaunt aufhorcht, wenn ich zu meinen späteren Lebensabschnitten, bis hinein in die Gegenwart, gelange.

Die erste Begebenheit ist vielleicht eher tragisch zu nennen, aber sie wirft ein bezeichnendes Bild auf die Nazizeit. Zum Bekanntenkreis meines Vaters gehörte ein Rentner, von dem ich auch später erfuhr, er sei Sozialdemokrat gewesen. Er bezog eine karge, aber immerhin wohl auskömmliche Rente als Kriegsgeschädigter. Er hatte im Ersten Weltkrieg einen Kopfschuß erhalten. Ich habe ihn als einen vernünftigen, trotz seiner gelegentlichen Kopfschmerzen fast vergnüglichen Mann kennengelernt. Er machte aus seiner antifaschistischen Haltung nie ein Hehl. Sprach oft auch laut darüber, so daß ihn seine Frau manchmal ermahnen mußte. Als sein einziger Sohn gleich zu Beginn des Überfalls auf die Sowjetunion gefallen war, drehte er ein wenig durch und beschimpfte in aller Öffentlichkeit die Nazis als Mörder seines Sohnes. Daraufhin wurde er abgeholt. Nachdem wir lange nichts von ihm gehört hatten, bekam seine Frau eines Tages die Mitteilung, daß er in einer psychiatrischen Anstalt plötzlich verstorben sei.

Der zweite Kopfschußpatient, den ich kennenlernte, war der Rektor unserer Schule. Er schwadronierte oft laut herum, berief sich vor allem auf zweierlei: Erstens, daß er seinen Kopfschuß bei der siegreichen Schlacht von Verdun erhalten habe, die freilich in Wirklichkeit ziemlich unentschieden, aber für beide Seiten außerordentlich blutig und verlustreich verlaufen war. Darüber konnte er manchmal unterrichtsstundenlang erzählen, manchmal auch von uns durch Fragen provoziert, wenn uns sein Unterricht uninteressant erschien. Das zweite, für ihn noch größere Erlebnis war, daß er später, weil seine von den Franzosen verursachten Wunden nicht ausheilen wollten, mit Adolf Hitler in einem Lazarettzimmer in Pasewalk gelegen habe, was ihm vom Führer jährlich einen kurzen Glückwunsch zum Geburtstag einbrachte.

Dieser Mann, stets mit seinem Naziparteiabzeichen und Kleinstausgaben verschiedener Orden am Jackett dekoriert, starb mit seinem Kopfschuß nicht plötzlich und unerwartet in einer psychiatrischen Klinik, sondern war eben Rektor an unserer Schule und unterrichtete Finsterwalder Knaben in Rechnen und Geschichte. Vive l'petit difference.

Eine weitere in diesem Zusammenhang nennenswerte Bekanntschaft: In meiner Volksschulklasse saß, solange wir die Unterstufe bis zur fünften Klasse absolvierten (danach wurde reicher Weizen von der armen Spreu getrennt, denn diejenigen, deren Eltern es sich leisten konnten, schickten fortan ihre Sprößlinge gegen ordentliche Bezahlung von Schulgeld auf das Realgymnasium, damit sich Eliten nur aus bestimmten Kreisen bilden konnten), auch der jüngste Sohn eines der bedeutendsten Finsterwalder Unternehmer, Hans-Max Schaefer. Er war ein krankes und zartes, wahrscheinlich auch verzärteltes Kind. So schien es uns zumindest nach außen hin, den er verkörperte in etwa den Typ eines im Keller gewachsenen überflüssigen Kartoffelkeims. Dafür stand im Briefkopf seines Vaters: *Dr. rer. pol. Curt Schaefer, Oberstleutnant i. G., Betriebsführer der Tuchfabrik F. F. Koswig, Nationalsozialistischer Musterbetrieb*

Koswig war – wie ich schon erwähnte – die größte Tuchfabrik am Platze und zählte dank ihrer Rüstungsaufträge zu den bedeutendsten in der Lausitz. Der alte Kommerzienrat Max Koswig, der eigentliche Besitzer und Seniorchef, hatte die Betriebsführung und Gefolgschaft an seinen Schwiegersohn, eben jenen Dr. Curt Schaefer abgegeben. Das nur zur Erklärung des Familienstammbaumes des Hans-Max.

Manchmal tat er mir leid, denn körperlich gesehen gehörte er – wie gesagt – zu den Schwächsten, wenngleich er auch geistig keine Rekordleistungen zu verbuchen hatte. Im Gegenteil. Ich lernte damals, daß angeborener Reichtum nicht immer Intelligenz voraussetzt, was für den Ablauf der deutschen Geschichte schon viel fatalere Folgen hatte als die Existenz des Hans-Max Schaefer.

Aber da ich schon immer eine Schwäche für Schwache hatte und habe, stellte ich ihn zeitweise unter meinen Schutz, denn ich hatte mir in der Klasse sowohl hinsichtlich meiner Leistungen als auch meiner Rauflustigkeit eine Spitzenposition erkämpft. Zum Leidwesen mancher Lehrer, denn für einen mustergültigen deutschen Schüler gehörte es sich, bei guten Leistungen auch ein braver Schüler zu sein. Aber gut und brav zu sein, das war mir einfach zuviel und zeitlebens ein Greuel.

Das Verhältnis zu dem Unternehmersohn brachte mir u. a. des öftern auch lästige Pausengespräche mit Hans-Max ein. Immerhin verkraftete ich aber schließlich manchmal den Verlust interessanterer Gespräche mit Freunden auch dadurch, daß es zu merkwürdigen Tauschgeschäften kam. Das betraf unsere Frühstücksbrote.

Hans-Max, bei dem die Wurst oder der Käse häufig über den Brötchenrand hinausquoll, was ich neidvoll sah, wollte unbedingt wissen, was ich denn auf dem Brot hatte, weil man das nicht sehen konnte. Es war auch nicht viel zu sehen, denn mein Brotbelag bestand meistens aus Margarine mit Senf. Meine Mutter nannte das spöttisch immer »Geflügel mit Mostrich« auf der Stulle, weil es die seinerzeit allseits bekannte Margarinesorte »Schwan im Blauband« war. Ich muß sagen, daß ich es trotz seiner Ärmlichkeit ganz gerne aß, denn Schaefers Wurstbrötchen strapazierten doch manchmal meine Geschmacksnerven.

Eines Tages jedenfalls hatte ich ihn gerade wieder einmal in Schutz nehmen müssen. Er war nämlich Bettnässer. Da er aber oft im Unterricht einschlief, verwechselte er dabei das Bett mitunter mit der Schulbank und näßte auch dort. Es kam also aufgrund seiner Krankheit öfter vor, daß er sich während der Stunde in die Hosen pinkelte. Das machte nun wiederum aus hygienischen und Reputationsgründen das Kommen des Kindermädchens mit neuen Sachen notwendig. Für die Klasse war das natürlich jedesmal eine willkommene Unterrichtsunterbrechung und allemal eine Gaudi. Jedenfalls nahm ich ihn in der Pause gegen nun wiederum auch verständliche Anpflaumungen in Schutz.

Entweder wollte er sich dankbar erweisen, oder er war neugierig auf meine Frühstücksbrote. Jedenfalls bot er mir einen Tausch an. Bei mir war es ja kein Wunder, sein Verhalten freilich erstaunte mich: Wir waren beide mit dem Tausch hochzufrieden.

Allerdings war dies nur die Vorstufe einer – wie soll ich es ausdrükken, da ich nicht Freundschaft sagen will – Affäre im guten Sinne, freilich auch mit enttäuschendem Ende. Eines Tages nämlich, als das Kindermädchen wieder einmal die Kleidung des Hans-Max wechseln mußte, blieb sie bis zur Pause auf dem Flur. Hans-Max stellte mich ihr vor, und sie sagte auf Kindermädchenart aus reichem Hause: »Die gnädige Frau würde dich bitten, morgen Nachmittag zu Hans-Max in die Villa zum Spielen zu kommen. Es gibt Kuchen mit Kakao. Zieh Dir aber gute Sachen an und komme mit sauberen Händen.«

Ich betrachtete mir meine Sachen und meine Hände und konnte dabei nichts Unanständiges oder Schmutziges finden, bis auf die damals üblichen Tintenflecke an den Fingern. Aber meine Mutter würde es, wenn ich ihr die Neuigkeit mitteilte, schon richten. Mein Vater, der damals noch bei Koswig Arbeit hatte, war nicht begeistert von meiner Freundschaft, hatte aber andererseits nichts gegen den Besuch.

Als ich am nächsten Tag vor dem riesigen schmiedeeisernen Tor des Gartens, in dem das Gebäude lag, das man in der ganzen Stadt nur die Schaefer-Villa nannte, klopfte mir ein bißchen das Herz. Zwar hatte mich meine Mutter herausgeputzt wie zu Omas Geburtstag, und ich hatte mir – eingedenk der Anmahnung – mindestens zehn Minuten die Fingernägel gebürstet, wie ein Arzt vor einer Operation, denn man weiß ja nie.

Neben einem Klingelknopf – daran erinnere ich mich noch heute, wie man sich an Unsinn manchmal länger erinnert als an vernünftige Sachen – stand: Bitte läuten! Klingelknopf drücken! Ich hätte mich in meinem jugendlichen Übermut ausschütten können über die zweite Aufforderung im Imperativ. Was sollte man denn sonst machen, wenn nur ein Klingelknopf und keine Klingelleine vorhanden war? Aber – wiederum im jugendlichen Überschwang dachte ich mir verbotenerweise, daß die Unternehmerfamilie doch wohl ziemlich dämliche Gäste haben mußte, wenn sie eine solche Aufforderung auch noch in Messing geritzt, für notwendig erachtet.

Prompt kam auch das Kindermädchen zum Tor, um mich zu begutachten. Nachdem die Musterung offenbar zur Zufriedenheit ausgegangen war, nahm sie mich bei der Hand und führte mich auf dem Kiesweg zum Villeneingang, wohl aus Angst, ich könnte auf den Rasen treten.

Im Vestibül, wie man die Diele in vornehmen Villen nennt, begrüßten mich Mutter und Sohn. Ein kleiner strenger, aber offenbar zufriedener Blick streifte mich und Mutter Schaefer, gab Anweisung an das Kindermädchen, uns in den Salon zur Vesper zu führen. Dort gab es dann, wie angekündigt, Kakao mit Kuchen. Davor hieß es aber Hände waschen. Und danach, bevor wir ins Spielzimmer entlassen wurden, nochmals. Heimlich betrachtete ich dabei, was mir noch nie so aufgefallen war, die Hände von Hans-Max. Das waren für meine Begriffe keine Jungenhände. Sie waren rötlich, wahrscheinlich vom vielen Waschen. Seine Fingernägel waren rosig mit einem schneeweißen dünnen halbrund gefeilten Rand. Diese Hände hatten offenbar noch nie Erde in der Hand gehabt wie meine, die manchmal von der Gartenarbeit zwar sauber, aber sicherlich nicht so steril rein waren wie die meines im Augenblick aufgezwungenen Spielgefährten.

Komisch, daß man sich noch nach Jahrzehnten an solche Bagatellen erinnert. Vor allem wenn ich heute die Werbesprüche von Waschmittel sehe oder lese, XY-Pulver wäscht nicht nur sauber, sondern rein. Nichts gegen Reinlichkeit. Aber steril bleibt steril.

Das Spiel selbst gestaltete sich dann sehr einseitig. Der sonst in der Schule eher zurückhaltende Hans-Max entwickelte nun ungeahnte Fähigkeiten. Das Spielzimmer war nämlich ein ausgedehntes Schlachtfeld mit so vielen Soldaten, Blechpanzern, Lastwagen und Pferdegespannen, mit Planwagen oder Kanonen im Geschirr, wie ich sie in dieser Menge nicht mal bei Galliner im Schaufenster gesehen habe.

Als wir uns im Zimmer umgetan hatten und Hans-Max merkte, daß meine Staunensphase vorüber war, ergriff er sofort die spielerische Initiative, der man anmerkte, daß sie richtig ernst gemeint war. Was ihm in der Schule fehlte, kam hier vulkangleich zum Ausbruch. Unter meinen staunenden Augen baute er ideenreich ganze Grabenfronten mit Unterständen und Bunkern, vorgefertigt aus Pappmaché, die, wie Hans-Max mir fachmännisch erklärte, nach Situationen im großen Krieg gestaltet worden waren.

Während er im Schulunterricht auf Lehrerfragen nichts für die nächste Umgebung von Finsterwalde empfinden, geschweige denn sie auf der Landkarte finden konnte, kamen ihm in seinem Spielzimmer französische Fluß-, Berg- und Städtenamen fließend über die Zunge. Wer weiß, wie oft er schon darauf herumgekaut hatte.

Beim genauen Hinsehen entdeckte ich, daß es bei ihm tatsächlich deutsche und französische Soldaten gab. Da es aber alles starre aus Elastolin gegossene Figuren waren, hatte sie die Herstellerfirma schon dem geschichtlichen Wunschdenken angepaßt und geformt. Die französischen Soldaten liefen meistens mit wehenden Rockschößen davon oder hatten die Hände gehoben oder lagen tot oder verwundet herum.

Die Unseren schossen stehend, kniend, liegend, hüpften bajonettfechtend herum, ritten mit wehenden Fahnen in gestrecktem Galopp, kämpften noch tapfer, selbst wenn sie schon als Verwundete bemalt waren, sie standen an den Kanonen, die sie fleißig mit Granaten luden, kurz – die Fabrikanten der Spielzeugsoldaten hatten den Verlauf von siegreichen deutschen Schlachten serienmäßig vorprogrammiert.

Hans-Max erwies sich beim Spiel ganz als der Sohn seines Generalstabsvaters. Ich hockte zunächst etwas hilflos neben diesem Treiben, obgleich es mir ja sonst nicht an Phantasie gebrach. Aber es erschien mir einfach zu blöd, weil alles so blöd einfach war. Instinktiv hütete ich mich natürlich, irgend etwas dazu zu sagen. Man kann sich ja als in gewisser Beziehung in Abhängigkeit Befindlicher daran gewöhnen, nicht alles, was man denkt, über seine Zunge laufen zu lassen. Außerdem stellte sich alsbald heraus, daß Hans-Max für sein Spiel ohnehin nur schweigende Handlanger benötigte, denn er beherrschte die Szene als Ein-Personen-Kriegsschaustück vollkommen.

Auf diese Weise, so dachte ich mir auch aufgrund der Erzählungen meines Vaters über den Krieg, bei dem er verwundet in Gefangenschaft geraten war, ist es ziemlich einfach, einen Krieg zu gewinnen, wenn nur auf einer Seite gedacht und gemacht wird. Aber der sogenannte große Krieg hatte ja bewiesen, daß, wenn zwei Seiten denken und lenken, der Sieg der Unsrigen gar nicht so gewiß war. Wahrscheinlich handelte es sich bei dem vorgefertigten Spielzeug um eine Art Wiedergutmachung durch eine Korrektur der Geschichte.

Als Hans-Max dann irgendwann merkte, daß ich trotz seines auch durch Lautmalereien unterstützten Schlachtengetümmels etwas teilnahmslos herumstand, forderte er mich zum Mitmachen auf. Er wies mich an, die vorgefertigten verwundeten Franzosen einzusammeln und auf einem Lastwagen in die Gefangenschaft abzutransportieren, während er mit den deutschen Truppen weiter siegreich vorwärts rückte. Als ihm die Lösung meiner Aufgabe offenbar zu langsam ging, ließ er einen Blechpanzer mit feuerspeiender Kanone über die von mir nicht eingesammelten Franzosen hinwegrollen. Ich frage mich natürlich heute, wie dieser Knabe noch zu Friedenszeiten auf solche Ideen kam. Dabei würde sich vielleicht auch die Frage beantworten, wieso biedere Familienväter während des Krieges Greueltaten begingen, wie sie von Augenzeugen beschrieben oder jetzt vor einigen Jahren in der berühmten »Wehrmachtausstellung« dokumentiert wurden.

Als er mich schließlich fragte, ob mir das Spiel keinen Spaß mache, antwortete ich nach meiner Erinnerung etwa sinngemäß: Mir gefällt diese Art Spiel nicht, möglicherweise läge es daran, daß ich auch solcherart Spielzeug nicht habe. Darauf wollte er nun genau wissen, womit ich zu Hause überhaupt spiele, wenn ich nicht mal Soldaten habe. Ich sagte ihm, daß ich erstens viel lese und zweitens mit Stabilbaukästen hantiere. Da könne man mit ein bißchen Phantasie und Geduld schöne Sachen bauen. Damit es nicht langweilig werde, bekäme ich immer zu Weihnachten und zum Geburtstag Zusatzbaukästen. Es wäre doch schön, wenn man sich immer was Neues ausdenken könne.

Sollte ich ihm außerdem sagen, daß wir für anderes Spielzeug zu arm waren? Da war ein wenig Stolz vor. Wer gibt schon gerne zu, wenn er nicht gerade schnorren will, daß er arm ist?

Er überlegte eine Weile, ging dann zu seinem Spielzeugschrank und holte einige Trix-Stabilbaukästen heraus und schenkte sie mir. Ich habe so was auch geschenkt bekommen, sagte er bloß. Aber ich spiele nicht damit. Du kannst das haben.

Damit war eigentlich der Nachmittag gelaufen. Ich bemühte mich, ohne viel Aufhebens nun doch wieder aus der Villa zu verschwinden. Immerhin war ich ja über zwei Stunden ein sicherlich ungeliebter Gast, trotz meiner Beschützerversuche in der Schule und dem Stullentausch. Ich sagte ihm, daß ich mich verabschieden müßte. Draußen im Vestibül kam die Mutter neugierig hinzu, als er mich zur Tür brachte. Dort machte sie ihm, während sie mich verabschiedete, ohne mir die Hand zu geben, Vorwürfe, daß er schon wieder etwas verschenkt habe. Weggenommen hat sie es mir allerdings nicht. Aber als ich merkte, daß sie es ungern sah, stellte ich die Kartons neben die Tür und schloß sie von draußen.

Das Intermezzo Schaefer war damit beendet. Erstens fehlte mir die Lust nach jeglicher Wiederholung solcher Besuche, weil ich mich trotz der Riesenräume in dem Haus beengt gefühlt habe, und zweitens verschwand eines Tages, nachdem es in der Schule wieder eine Serie von Fehlleistungen gegeben hatte, Hans-Max Schaefer aus der Klasse. Es hieß, er besuche künftig eine Privatschule.

Eine ganz anders gelagerte kontroverse Begegnung hatte ich ein paar Jahre später. Es war schon Krieg. Ich ging das letzte Jahr zur Schule und sollte den Konfirmandenunterricht besuchen. Nun war ich bereits seit Jahren vom Religionsunterricht befreit, weil ich konfessionslos war. Im Schülerverzeichnis, das an der Eingangstür zum Klassenraum hing, war bei den meisten Schülern unter der Rubrik *Religion* die Abkürzung *evang.* gesetzt. Nur bei vier Schülern stand etwas anderes. Bei drei Jungen stand *kath.* Zwei Jungen waren Sorben, oder wie es bei den Nazis hieß: Wenden. Einer war aus Oberschlesien zu uns gekommen (worüber ich auch noch eine Geschichte erzählen werde). Hinter meinem Namen und Geburtsdatum stand: *Diss.*, was Dissident heißen sollte. Jedenfalls waren wir vier auf Antrag der Eltern vom evangelischen Religionsunterricht befreit.

Beim Konfirmandenunterricht wollte sich der evangelische Ortspfarrer von Finsterwalde, Dr. Spree, damit nicht abfinden. Bei den drei Katholiken war die Sache klar. Mich verlorenes Schäfchen wollte Pfarrer Spree offenbar nicht unbeaufsichtigt von einem Hirten auf der Wiese des Lebens umherirren lassen. So bestellte er mich eines Tages zu sich ins Pfarramt. Mein Vater konnte mir wegen seiner Abwesenheit nicht raten. Herrn Sehmisch wollte ich damit nicht belästigen. So ging ich nur mit meinem eigenen Rüstzeug in das Pfarramt.

Daß ich dieses Gespräch so relativ gut wiedergeben kann, liegt nicht nur an meinem guten Gedächtnis in solchen Fragen, sondern auch daran, daß ich mich anschließend zu Hause hinsetzte und so eine Art Gedächtnisprotokoll anfertigte, das Kriegs- und Nachkriegszeiten überdauert hat. Ich hatte mir in meinem jugendlichen Überschwang nämlich einmal vorgenommen, dereinst eine atheistische Streitschrift zu verfassen. Was man sich so alles vornimmt ...

Immerhin wurde mein Vorhaben zunächst durch das Gespräch befördert.

Pfarrer Spree fragte mich nach kurzer Begrüßung ohne Umschweife, warum ich mich nicht konfirmieren lassen wolle. Ich antwortet ihm wahrheitsgemäß, weil ich auch nicht getauft sei. Das verblüffte ihn zunächst, weil er wahrscheinlich eine andere Antwort oder faule Ausrede erwartet hatte. Dann sagte er aber, daß man solches nachholen könne. Darauf antwortete ich, daß mein Vater, der augenblicklich abwesend sei, sicherlich etwas dagegen hätte und ich selbst auch kein Anhänger von Kirche und Taufe wäre, denn was ich über die Geschichte der Kirchen gelesen habe, würde mir eine Mitgliedschaft nicht möglich machen.

Dabei zählte ich ihm auf, was ich gelesen habe, so unter anderem auch Rankes »Geschichte der Päpste« sowie den (von meinem Vater in der schon erwähnten versteckten Bücherei befindlichen) Pfaffenspiel, »Die Geisler« oder die »Hexenprozesse«.

Pfarrer Spree war sichtlich erschrocken, welchen literarischen Umgang ich mit meinen knapp vierzehn Jahren hatte, meinte aber dann einlenkend: Dies alles sei der Geschichte der katholischen Kirche zugehörig, weswegen sich Luther, den ich ja kennen werde, von der katholischen Kirche protestierend abgewendet habe.

Ich sagte ihm daraufhin, daß ja wohl Katholiken wie auch Protestanten die gleiche Bibel lesen würden, sich beispielsweise auf die gleiche Entstehungsgeschichte der Erde berufen würden, die ich, nachdem ich Darwins »Entstehung der Arten« (aus dem gleichen väterlichen Index) gelesen habe und nach dem was in dem zwar mageren aber immerhin Naturkundeunterricht (wie es damals hieß) gelehrt wurde, nicht nachvollziehen könne.

Dann stellte er mir eine Frage, die er lieber unterlassen hätte. Er fragte nämlich, ob ich denn die Bibel überhaupt kenne. Von meinem Gedächtnis sprach ich schon. Es funktionierte auch bei Pfarrer Spree, denn ich trug ihm Auszüge aus den ersten beiden Kapiteln des 1. Buches Mose, der Genesis, fast wörtlich vor.

Pfarrer Spree zeigte eine gewisse Wirkung, die ich – wenn ich es heute betrachte – schamlos, aber damals durch jugendlichen Übermut gepeitscht, zu einem weiteren Bibeldiskurs nutzte. Ich hielt ihm das Evangelium des Matthäus vor. Dort wird bekanntlich der Stammbaum von Vater Joseph und Sohn Jesus aufgelistet. Man wird kundig gemacht, daß Joseph in direkter Linie von König David abstamme. Der erste Satz des Matthäus-Evangelium lautet bekanntlich: »Dies ist das Buch von der Geburt Jesu Christi, der da ist ein Sohn Davids, des Sohnes Abrahams.«

Spree nickte ob meiner erneut unter Beweis gestellten Zitatenfestigkeit zustimmend oder anerkennend – ich weiß es nicht mehr zu deuten. Danach machte ich ihn auf den 18. Vers des ersten Kapitels aufmerksam, in dem nun aber in aller Öffentlichkeit mitgeteilt wird, daß Maria nicht von Joseph schwanger wurde, sondern vom Heiligen Geist. Da würden nun meine Zweifel beginnen. Ich meine, als 14jähriger war ich nicht durch Elternhaus und Schule, vielmehr durch den Mundfunk von Mitschülern, die beispielsweise eine ältere Schwester hatten, schon so aufgeklärt, daß ich wußte, wie das biologisch zusammenhing. Meine Frage an Pfarrer Spree war daher nur: Wenn Joseph, der von David abstammte, nicht der leibliche Vater von Christus war, wie kam es dann, daß auch Jesus ein Nachfahre des Königs David war?

Spree, der in Kirchenkreisen als wortgewaltig galt, war für eine ganze Weile sprachlos.

In die entstandene Pause hinein nannte ich ihm einen weiteren Grund, der mich von der Kirche fernhalte: Sie belügt die Menschen. Auch das wollte er genauer wissen. Und ich sagte es ihm. Es werde gelehrt, daß es nur einen Gott gebe. Man dürfe keine anderen Götter neben ihm haben. Dies sei der Gott der Christen. Da verstehe ich zwar, daß man den Juden ihren anderen Gott und den anderen der Inder, den Mohammedanern oder Chinesen wiederum den ihren vorhalte und sie verdamme, weil sie eben einen anderen Gott verehren als den, der für die Christen zuständig ist. Und wenn Gott für alle da sein soll, wieso sieht er dann aus wie ein Europäer, wo er doch gar nicht herzukommen schien? Was ich nun aber überhaupt nicht verstehe, sei, daß z. B. unsere Soldaten, die auf dem Koppelschloß den Sinnspruch »Gott mit uns« oder seit einiger Zeit »Mit Gott für Führer und Vaterland« trügen, auch noch, bevor sie in den Kampf gegen ebenso christliche Polen oder Franzosen zogen, von deutschen Pfarrern gesegnet würden, im Namen des gleichen Gottes, an den auch diese Polen und Franzosen glaubten. Wenn er mir das einigermaßen plausibel erklären könne, würde ich mir die Sache noch mal überlegen.

Pfarrer Spree verabschiedete mich nach einigem Nachdenken, offenbar als unrettbar verlorenen Fall.

Der Vollständigkeit halber muß ich sagen, daß mich Herr Sehmisch, mein Klassenlehrer, ein oder zwei Tage später zur Seite nahm. Er fragte mich, was ich denn bei Pfarrer Spree angestellt hätte. Er habe mit einer nicht zu übersehenden Mischung von Verwunderung und auch Hochachtung über den jungen gottlosen Czepuck gesprochen. Ich weiß nicht, ob es stimmt, aber nach dem Krieg erfuhr ich, daß Pfarrer Spree der Bekennenden Kirche Pastor Niemöllers nahegestanden habe. Seinen Sohn Hanns-Ulrich Spree habe ich später, als ich in Bonn akkreditiertes Mitglied der Bundespressekonferenz war, als Korrespondenten des »Industriekurier« und später für das Zweite Deutsche Fernsehen tätig, wiedergesehen, denn er ging einst, bis ihm die finanziellen Möglichkeiten seines Vater zum Gymnasiumsbesuch verhalfen, in meine Schulklasse. Spree jun., der sich sogar an den Disput mit seinem Vater erinnern konnte – so groß muß der Eindruck gewesen sein, den ich hinterlassen habe –, übernahm dann später die Leitung der Sendung »WISO«, wo er aus mir unbekannten Gründen sehr plötzlich ausschied. Auch ansonsten waren wir in dieser Zeit politisch so weit auseinander, daß es zu keinen engeren Beziehungen, bis auf kurze Grußworte, kam.

Ich vermag nicht einzuschätzen, wie bedeutsam mein Sieg über Pfarrer Spree war. Jedenfalls habe ich es mir zeitlebens zur Aufgabe gestellt, auch das zu lesen, was Andersdenkenden wichtig erscheint. So wie ich von jedem verlange, der mit mir über Marx diskutieren möchte, daß er auch Marx gelesen hat und nicht nur etwas über Marx, gewissermaßen nur die Variationen zu einem Thema kennt.

Um hier einmal – weil es zum Thema paßt – einen kurzen Sprung nach vorn zu machen: Später in den siebziger Jahren wurde ich als Vorsitzender des Journalistenverbandes der DDR einmal (und nicht wieder) zu einer Vorlesung über Rolle und Bedeutung des Journalistenverbandes an die Sektion für Journalistik nach Leipzig eingeladen. Unter anderem sprach ich auch über die ständige Notwendigkeit der Weiterbildung von Journalisten in einer Zeit, in der sich das menschliche Wissen immer schneller umschlägt. Dabei erlaubte ich mir den Satz: »Ein guter, auch ein guter sozialistischer Journalist sollte in der Bibel Bescheid wissen, den Börsenbericht einer bürgerlichen Zeitung lesen können und die grundlegenden Werke von Marx und Engels nicht nur gelesen, sondern sie auch verstanden haben.«

Ich will hier nicht über das Spektakel reden, das dieser Satz bei der damaligen Sektionsleitung auslöste. Das ging von der unmarxistischen Reihenfolge bis zum »... und Überhaupt«.

Der Satz war bei den zuständigen Stellen in Berlin eher bekannt, als ich mit dem Auto in die Hauptstadt zurückgekehrt war.

Aber vielleicht sollte ich nun doch wieder in die Kindheit zurückkehren und im Zusammenhang mit meiner gewissen Bibelfestigkeit noch etwas zu einer Freundschaft mit einem Jungen sagen, von dem schon kurz die Rede war, weil er zu den drei Katholiken unserer Klasse gehörte.

Ich möchte ihn, weil er trotz vorgerückten Alters gegenwärtig noch in einer ziemlich einflußreichen Position tätig ist, nicht unter seinem richtigen Namen vorstellen. Ich gebe ihm aber einen ähnlichen Namen, weil diese Ähnlichkeit den gleichen Witz ausmacht, unter dessen Dach wir uns näher kennen, und bis zu einer echten Freundschaft schätzen lernten, selbst als er nach dem Kriege »in den Westen« ging.

Wir hatten, es muß 1938 oder anfangs 1939 gewesen sein, Erdkundeunterricht bei dem SA-Mann Scholz, den ich schon vorgestellt habe. Die Klassentür öffnete sich, der Rektor mit dem Kopfschuß betrat mit einem Jungen das Zimmer, sagte kurz und zackig, wie es seine Art war, dies hier sei ein Neuer. Er heiße Schepinski oder so ähnlich. Na, er könne sich ja selber vorstellen. Und auf gute Kameradschaft. Bla, bla ...

Scholz geriet in sein Element. Na, sagte er, auch so ein komischer Name, setz dich erst mal zu Czepuck. Wie er denn nun wirklich heiße, solle er mal sagen, wo er herkomme und so weiter.

Mein neuer Nachbar stand auf, sagte, daß er Rzepinski heiße und aus Gleiwitz komme. Er sei mit seiner Mutter aus familiären Gründen nach Finsterwalde gezogen. Damit nahm er wieder Platz, was den strammen Scholz sofort erboste. Vielleicht hast du da unten bei den Wasserpollacken nicht gelernt, wie man sich benimmt. Hier jedenfalls herrscht Ordnung, preußische Ordnung. Da setzt man sich erst, wenn ich es gestatte. Und ich gestatte es erst, wenn du alle meine Fragen beantwortet hast. Verstanden?

Rzepinski war unter dem Eindruck des preußischen Imperativs wieder aufgestanden. Schweigend, ohne eine Miene ob der doch ziemlich heftigen Beleidigung zu verziehen.

Also, wie heißt du mit deinem polnischen Namen?

Rzepinski, Herr Lehrer.

Das mußt du mal buchstabieren, das versteht ja kein normaler Mensch. Dein Nachbar hat auch so einen polnischen Namen, kommt auch aus der Ecke. Also buchstabiere gefälligst!

Mein neuer Nachbar schien, wie ich auch, Kummer mit seinem Namen gewöhnt und buchstabierte wie aus der Pistole geschossen R-z-e-p-i-n-s-k-i.

Wer soll sich denn das merken? Er verlangte das nochmalige Buchstabieren nach dem deutschen Morsealphabet. Als Rzepinski auch das fehlerlos zustande brachte und Herr Scholz mitgeschrieben hatte, verkündete er: zu deutsch heißt das Ritzepinski und nicht anders. Hast du verstanden Ritzepinski? Setzen!

Danach war klar, das wir uns in der nächsten Pause etwas näher bekannt machten. Aber zum Kern der Sache stießen wir erst vor, als wir beide während des Religionsunterrichtes vor der Tür blieben und unsere Freistunde auf Geheiß von Herrn Sehmisch beim Jäten im Schulgarten verbrachten. Dort stellte sich in einem sehr offenherzigen und deshalb fast verbotenen Gespräch, wie wir später feststellten, heraus, daß sein Vater, von Beruf Bergwerksingenieur, ein katholischer Laienprediger war und von den Nazis wegen seiner polenfreundlichen, antifaschistischen und antimilitaristischen Einstellung verhaftet und in ein Konzentrationslager bei München gebracht worden war. Als ich mich ihm dann auch offenbarte und ihm erzählte, mein Vater sei Antifaschist, aber Kommunist und sitze auch im KZ, allerdings bei Berlin, war eine Freundschaft zwischen dem Katholiken Rzepinski und dem Atheisten Czepuck mit zwei aus ganz unterschiedlichen, aber dennoch sehr verwandten antifaschistischen Vätern ohne sehr viel Worte geschlossen.

Unser Disput drehte sich aber meist nicht um politische Fragen. Dazu waren wir zu vorsichtig und wahrscheinlich auch von beiden Müttern, die sich übrigens nie kennenlernten, verwarnt. Unser Disput galt religiösen Fragen. Denn wir hatten beide nicht nur andere konfessionelle Bindungen, sondern beide auch unsere Zweifel an vielen Dingen, die in der Bibel standen und die in Kirchen gepredigt wurden. Daher meine Bibelfestigkeit, die sich dann bei Pfarrer Spree bewähren sollte.

Es ist Krieg

Inzwischen war – nur um in der Chronologie zu bleiben – der Krieg ausgebrochen. Als 1914 der Krieg begann, wußte man noch nicht, daß man in diesem Jahrhundert die großen Kriege, die von Deutschland ihren Ausgang nahmen, numerieren werden müsse. Allerdings zog man im Volke 1939 die eine Lehre: Man verabschiedete Männer, Söhne, Freunde und Verwandte nicht mehr wie 1914 singend und jubelnd, blumengeschmückt, sondern der, wie es schien, ernsten Situation angemessen. Es gab nicht solche dümmlich-bornierten Sprüche wie: Jeder Schuß ein Russ – Jeder Stoß ein Franzos – Jeder Tritt ein Brit – Serbien muß sterbien – Weihnachten sind wir zur Siegesfeier wieder da! und was es damals sonst noch an übermütigen Losungen gab.

Bei der Heimkehr nach vier Jahren, wurde den Übriggebliebenen eingeflüstert, daß sie im Felde unbesiegt geblieben seien, von Dolchstoß und Verrat war die Rede.

Freilich zogen die deutschen Soldaten auch 1939 zunächst mit dem Gefühl, man könne nur als Sieger heimkehren, in die Schlacht. Etwas anderes war nicht vorstellbar, weil auch nicht in Erwägung gezogen. Schließlich schien ja auch die Entwicklung allen Optimisten recht zu geben. 1939: 18 Tage und Polen lag am Boden. 1940: Vier Wochen reichten, um Dänemark und Norwegen zu besetzen, sechs Wochen, um Holland, Belgien und Frankreich zur Kapitulation zu zwingen. 1941: vier Wochen dauerte es bis zum Sieg über Jugoslawien und Griechenland.

Die schließlich von einer Mehrheit des Volkes umjubelte siegreiche Nazikamarilla mußte ja völlig größenwahnsinnig werden, vor allem als unter ihrer Führung nach dem vorbereiteten und für unfehlbar gehaltenen Plan *Barbarossa* zum dritten Male in der Weltgeschichte eine Armee nach Moskau aufbrach und es nach knapp sechs Monaten auch ohne Fernglas schon sehen konnte. Aber aus der Geschichte zu lernen ist doch ein schwer Ding, obwohl es heißt, daß Lernprozesse durch Feindberührung gefördert werden.

Im 18. Jahrhundert mußten die Schweden bei Poltawa umkehren. Zu Beginn des 19. Jahrhunderts kam Napoleon zwar bis Moskau, mußte dann aber zunächst mit seinen Soldaten, ab der Beresina dann allein vor dem Kälte- und Feuersturm fluchtartig zurückrennen.

1941 blieb die zunächst furios gestartete Offensive zur Vernichtung des jüdisch-bolschewistischen Rußland vor Moskau stecken und endete mit dem erst langsamen, dafür aber immer sicherer werdenden Rückzug. 1942 kam Stalingrad. 1943 Kursk und Leningrad. 1944 begann, nachdem die sowjetischen Truppen ihr eigenes Land und Polen befreit und die ersten Quadratkilometer deutschen Bodens erobert hatten, die Westalliierten in Italien und in der Normandie gelandet waren, nach dem Hitlerattentat der totale Krieg. Alles war total geworden, die Mobilisierung der letzten Reserven, was dann letztlich doch in der totalen Niederlage endete, die nun dem totalen Vergessen anheimgefallen zu sein scheint. Wozu der deutsche Imperialismus die Nazis zu diesem totalen Irrsinn bewogen hat, wird eigentlich erst jetzt deutlich. (Um dies beweiskräftig zu machen, müßten wir sofort um 55 Jahre vorauseilen. Das müssen wir jedoch noch abwarten.)

Damals jedenfalls glaubten an den Endsieg nur noch wenige. Aber die um so überzeugter, weil sie zu dieser Zeit schon an die Zeit nach dem Kriege gedacht hatten. Das war dem kleinen Manne verwehrt, blieb ihm lange Zeit verborgen. Für ihn war die Katastrophe ohne Ausweg da.

Ich denke da auch an die doch eher tragische Figur des Herrn Scholz, unseres Erdkundelehrers. Der hatte zu Beginn des Krieges eine große Landkarte im Eingangsflur der Schule aufgehängt, auf der er laut Wehrmachtsbericht täglich die eroberten Gebiete Europas in das auf den Landkarten damals übliche deutsche rosarot einfärbte. Das war zunächst auch sehr imposant, wenn man sah, wie weit sich das russische Landkartengrün nach Osten hin erstreckte und wie winzig dagegen, maßstabsgerecht, die eroberten Gebiete wirkten. Aber davon einmal abgesehen: Als ich Anfang 1944, um mich von Herrn Sehmisch zum Reichsarbeitsdienst zu verabschieden, das Schulgebäude betrat, war die Karte verschwunden. Herr Scholz war offenbar mit der Rückfärbung nicht zurechtgekommen und war, wie so viele Siegesgewisse, an der normativen Kraft des Faktischen gescheitert.

Was Goebbels dann schon halb aus dem Grabe schrie, war im letzten Leitartikel der letzten Zeitung der Nazis in Berlin »Der Panzerbär« vom 29. April 1945 zu lesen. Und das war – heute betrachtet – ein Vermächtnis für die, im Gegensatz zu Millionen einfacher Menschen, überlebenden Träger der deutschen Militarismus und Imperialismus: »Zu verlieren haben wir nichts mehr. Wir haben alles verloren und würden durch Kapitulation uns selbst, unsere Zukunft, Frau und Kind preisgeben. Wohl aber haben wir die Chance, uns zu behaupten und einst dann Existenz, Familienleben und unseren sozialen Staat wieder aufzubauen, in dem wir einen noch größeren Wohlstand erreichen werden, als wir ihn vor diesem Krieg bereits genießen konnten. Dies ist ein fernes, aber reales Ziel. Wir wollen es stets vor Augen behalten, wenn die Gegenwart heute Anforderungen an uns stellt, die uns fast unerträglich erscheinen mögen.«

Natürlich wissen wir heute, daß es Leute gab, die den von Hitler begonnenen Krieg verloren sahen, aber ihre Ziele, um derentwillen dieser Krieg geführt wurde, nicht aufgegeben hatten. Ich komme, vor allem für diejenigen, die sich mit der Frage herumplagen, wer denn nun die Politik des Dritten Reiches fortsetzte oder ihr ähnlicher war, die bei der Beurteilung der Geschichte beim Totalitarismus und nicht bei den Wurzeln der unterschiedlichen Gesellschaftsordnungen steckengeblieben sind, später auf diese Frage zurück.

Es war dies lediglich ein Vorgriff auf noch zu behandelnde Themen. Dieser Artikel war ein damals großmäuliges – erst heute vielleicht verständliches – Siegesgeschrei trotz einer vernichtenden Niederlage. Denn das gehört zu den besonders in diesem Jahrhundert sichtbar gewordenen Nationalkrankheiten in unserem Volke: Die Deutschen können nicht verlieren. Wenn sie doch vom Gegenteil überrascht werden, dann war es eigentlich ungerecht, und die Suche nach Schuldigen für das Debakel nimmt seinen Lauf. Das war bei den beiden Weltkriegen so. Das geht hin bis zur Fußballnationalmannschaft, oder wenn deutsche Favoriten ergebnislos bei Welt- oder Europameisterschaften starten oder bis zu Formel-I-Rennen. Deutschland hat jede Auseinandersetzung zu gewinnen. Basta. Wenn das nicht klappt, wird erstens ein Schuldiger gesucht und zweitens eben entsprechend verändert, interpretiert, kommentiert und schließlich verabsolutiert.

Zunächst schien ja auch der Verlauf des Krieges während der ersten drei Jahre den Siegestrunkenen recht zu geben. Aber mit den Jahren, als sich die Todesanzeigen, mögen sie manchmal noch so heldenhaft formuliert worden sein, in den Zeitungen häuften, machte sich Skepsis breit. Da halfen auch die Durchhaltereden und organisierten Jubelveranstaltungen nicht viel. Später trug wahrscheinlich nur noch der Mut der Verzweiflung dazu bei, Heldentaten zu vollbringen, die den Krieg und das Opfern junger Menschen verlängerten.

In diesem Zusammenhang – das Leben besteht eben aus solchen Zusammenhängen – muß ich nun doch noch etwas zu einem Thema sagen, das viele meiner Generation betraf und das immer wieder hinterfragt wurde. Mit unterschiedlichen Motiven.

Das war die Mitgliedschaft in der Hitlerjugend. In der Altbundesrepublik war es eigentlich kein Thema. Ich kenne keinen Fall, wo die Mitgliedschaft in der Hitlerjugend jemandem zum Vorwurf oder gar zum Hindernis auf seiner westdeutschen Karriereleiter gemacht wurde.

Anders dagegen wurde das Problem gegenüber der DDR angefaßt. Nicht so sehr von seiten der DDR, sondern aus der BRD über die DDR. Damit wollte man sich offenbar gegen die Enthüllungen über die Nazivergangenheit hoher und höchster Repräsentanten in Bonner Staat und Wirtschaft wehren.

Ich kenne jedenfalls viele Fälle, wo FDJ-Funktionären ihre Mitgliedschaft in der HJ angelastet wurde, um nachzuweisen, daß es sich hier eben nur um eine Fortsetzung der faschistischen Jugendpolitik in anderen Farben handeln würde.

Ich hatte jedenfalls nach dem Kriege nie Schwierigkeiten beim Ausfüllen meines Fragebogens in der Spalte: Mitgliedschaft in der Hitlerjugend und anderen nationalsozialistischen Organisationen. Ich habe ohne Zaudern wahrheitsgemäß schreiben können: Nein. Das mag für manche meiner Generation seltsam klingen, obwohl ich auch andere Leute kenne, die in meiner Lage waren.

Vielleicht muß ich das kurz erklären.

Natürlich hätte ich als Junge gern Pimpf werden wollen. Die anderen machten Fahrten, übernachteten in Zelten, machten Geländespiele. Alles Dinge, die mich natürlich als Zehnjährigen und auch noch etwas später ein wenig neidisch auf erlebte Abenteuer machten. Meine Eltern gaben mir auf meine Fragen, warum ich nicht zum Jungvolk sollte, zur Antwort, daß ich doch daran denken sollte, daß es diejenigen seien, die meinen Vater verhaftet und geschunden hätten und die jetzt mit der Jugend Krieg spielen wollten. Ich sah das schweren Herzens ein. In der Schule erhielt ich ein paar mal Aufforderungen, aber irgendwie gelang es mir durchzurutschen. Mit Rzepinski hatte ich sogar einen Verbündeten. Manchmal schoben wir uns gegenseitig Ausreden und Entschuldigungen zu.

Ernst wurde es nach meiner Schulentlassung. Ich hatte die achte Klasse der Volksschule absolviert und bekam durch Vermittlung von Herrn Sehmisch eine Lehrstelle bei der Betriebskrankenkasse der Tuchfabrik Koswig. (Übrigens auch ein Ort, der mein soziales Gewissen und meine Einstellung in dieser Hinsicht prägten, weil ich viel Elend durch Krankheiten erlebte.) Aber da dies (wie schon bei der Vorstellung des Betriebsführers Dr. Curt Schaefer erwähnt) ein nationalsozialistischer Musterbetrieb war, also ein für Deutschland wichtiges Unternehmen, gehörte zu den ersten Fragen des Personalchefs, der mit mir das obligatorische Einstellungsgespräch führte, die nach meiner HJ-Mitgliedschaft. Ich erklärte ihm, wie Herr Sehmisch es mir vorsorglich souffliert hatte, daß ich schon lange einen Antrag abgegeben habe, der wohl verlorengegangen war. Ich hätte versäumt nachzufragen, was ich unverzüglich tun würde. Damit gab er sich zufrieden, mahnte aber das Nachholen dieses wichtigen Problems an, was er jedoch niemals kontrollierte. Als es eines Tages doch herauskam, daß ich nicht in der HJ war, bewarb ich mich für eine ausgelobte Stelle als ehrenamtliche Büroschreibkraft in der HJ-Banngeschäftsstelle, um den Platz für jemanden zu übernehmen, der sich freiwillig zum Wehrdienst melden wollte. Auf die Idee hatte mich Rzepinski gebracht, der eine Schlosserlehre bei der FIMAG begonnen hatte und durch Vermittlung eines katholischen HJ-Führers, der, wie ich später erfuhr, diese Mitgliedschaft als Tarnung für illegale Arbeit nutzte, auch als Schreibkraft in der Banngeschäftsstelle gelandet war. So führte ich gemeinsam mit Rzepinski Karteikarten bei der Finsterwalder HJ, ohne de facto deren Mitglied gewesen zu sein.

Meine wenigen, für dieses Alter zwischen 14 und 17 (bis mich der Einberufungsbefehl erreichte) freudigen Jugendstunden verlebte ich im Kreise einer »Clique«, über dessen »Chef« ich später erfuhr, daß er der antinazistischen, aber dennoch umstrittenen Organisation der »Edelweißpiraten« angehörte. Sein Vater war Kinobesitzer. In dem zum Kino gehörenden Café »Weltspiegel«, das aber aus kriegswirtschaftlichen Gründen geschlossen war, feierten wir unsere Feten mit verdünntem Alkohol und verbotenen Schallplatten. Verboten, weil auf ihnen als Negermusik diffamierte Jazztitel oder Musik von Glenn Miller eingerillt waren.

Die Anlässe zum Feiern wurden freilich immer trauriger, und bald kamen wir nur noch zusammen, wenn wir einen Kumpel zur Wehrmacht verabschieden mußten. Das geschah zwar immer öfter, denn wir waren die Jahrgänge, die in nun absehbaren Zeiträumen einberufen wurden.

Aber manchmal kamen wir auch aus schlimmeren Anlässen zusammen. Nicht nur der Abschied aus unserem Kreis war zu feiern, sondern immer öfter der endgültige Abschied von jungen Leben. Wir gedachten immer öfter unserer Kumpel, deren Eltern die bittere Nachricht: Gefallen für Führer, Volk und Vaterland ... erhalten hatten.

Im Frühjahr 1944 war ich an der Reihe, verabschiedet zu werden. Ich mußte zunächst zum Arbeitsdienst, dem sogenannten Reichsspatenverein, dem dann im Sommer 1944 die Einberufung zur Wehrmacht folgte.

Was von nun an geschah, gehört zu den bittersten Erfahrungen meines Lebens, aber auch zu den unschätzbaren und deshalb unvergessenen Lehren. Damit will ich nicht sagen, daß ich das alles noch einmal durchmachen möchte, nur um Lebenserfahrungen zu sammeln. So etwas kann man bekanntlich auch in friedlicheren Zeiten.

Der Lebensabschnitt, der im Sommer 1944 mit dem Anpassen der Wehrmachtskluft begann, endete im Sommer 1949 mit meiner Heimkehr aus der Kriegsgefangenschaft.

Fünf Jahre meines Lebens. Verlorene Jahre? Nur wenn man sie verloren gibt. Schwere Jahre? Bestimmt! Lehrreiche Jahre? In jedem Falle! Jahre, die besser zu nutzen gewesen wären? Vielleicht, wenn uns der Faschismus in Deutschland und damit der Krieg erspart geblieben wäre. Aber die Frage: Was wäre wenn? taugt kaum zu einer Geschichtsbetrachtung. Viel eher sollte die Frage lauten: Was ist, wie konnte es geschehen ...?

Begegnung mit dem Kriege

Fast pünktlich zu meinem 17. Geburtstag mußte ich dem Gestellungsbefehl folgen. Mein Ziel mit dem berühmten Karton, der meine mitzunehmenden Habseligkeiten barg, war die damalige Hornkaserne in Frankfurt/Oder. Ich sollte bei der Artillerieabteilung 59 (mot.) ausgebildet werden. Mit uns jungen »Hüpfern« mußten auch ältere, bis dahin als unabkömmlich (uk) zurückgestellte Männer einrücken. Sie wurden als sogenannte Goebbelsspende apostrophiert, weil inzwischen, kurz nach dem Attentat auf Hitler, Goebbels den totalen Krieg einläutete und nun auch die bisher woanders benötigten Männer nur noch an der Front gebraucht wurden.

Das führte bei uns in Frankfurt zu ganz abstrusen Vorkommnissen.

Wenn ich einige Dinge später manchmal zum besten gab, nahm man es als gut erfundene Anekdote hin. Aber, das hat mein ganzes späteres Leben bestätigt, dieses Leben besteht mitunter aus einer Aneinanderreihung von Anekdoten, die man gar nicht so gut erfinden kann, wie sie die Wirklichkeit produziert.

Ich hatte mich, um meinen Kasernenaufenthalt zu verlängern und die Frontabstellung hinauszuzögern (ich höre schon die Schmährufe: Feigling! aber ich nehme es gelassen hin, weil ich vielleicht dadurch gerade deshalb noch lebe), freiwillig zu einem Funkerlehrgang gemeldet. Als erstes wurde ich (natürlich zur allgemeinen Freude über die Abwechslung) mit zwei Kameraden auf eine Dienstreise nach Prag geschickt, um vom dortigen Wehrmachtsdepot nagelneue, weil frisch konstruierte Tornisterfunkgeräte zu holen, denen als quasi Noch-Geheimwaffe der Deckname »Konrad« gegeben worden war.

Von der Reise zurückgekehrt, wurden wir an diesem Gerät ausgebildet von einem Mann, Unteroffizier nach 23 Dienstjahren, Ostpreuße von Geburt, aber ein wenig beschränkt. Er bemühte sich, das Gerät etwa folgendermaßen zu erklären: »Das ist also das Funkgerät ›Konrad‹, auch Tornisterfunkgerät genannt, weil man es wie einen Tornister tragen kann. Aber Obacht, wenn man sich mal plötzlich langmachen muß: das Ding hat ziemlich scharfe Kanten und kann einem in den Nacken rutschen, daß man denkt, die Rübe ist ab. Also: Vorsicht beim Hinschmeißen bei Fliegeralarm oder Granateinschlägen oder Feindbeschuß. Ohne Kopf ist der beste Soldat erledigt.«

Nach dieser ausführlichen Darstellung der Gefährlichkeit des Gerätes an sich kam er dann zu der wesentlich kürzeren und simpleren Gebrauchsanweisung: »Wenn man das Gerät in Betrieb nehmen will, dann muß man hier auf diesen Pineten drücken. Dann geht hier das Licht an. Dann drückt man den Dubbas hier, nimmt das kleine Ding, was man Mikrofon nennt, und kann reinsprechen. Aber immer Vorsicht bei dem, was man sagt. Der Feind hört mit. Beim Ausschalten geht's umgedreht. Erst drückt man den Dubbas und dann erst den Pineten. Fertig. Das ist also ein ganz einfaches Gerät. Noch Fragen?«

Wir Jüngeren haben dem Beklagenswerten, der als unerhört schlimmer Schleifer verschrien war, besonders, wenn er jemanden auf dem Kieker hatte, wahrlich kein leichtes Leben beschert. Einer von uns sprang deshalb auf und sagte: »Bitte Herrn Unteroffizier fragen zu dürfen: Was ist ein Pinet?«

Die Antwort in breitestem Ostpreußisch: »Ein Pinet ist ein kleiner Dubbas. Klar?« – »Klar, Herr Unteroffizier. Aber bitte noch fragen zu dürfen: Was ist ein Dubbas?«

»Das ist nun wirklich eine dämliche Frage. Ein Dubbas ist ein großer Pinet.«

Damit hätte die Sache normalerweise ausgestanden sein können, wenn nicht irgendwo im Raum jemand etwas laut gelacht hätte.

»He, Sie da! Was ist denn daran so lächerlich? Stehen Sie auf! Setzen! Auf! Setzen! Auf! Na also, was ist?«

»Sie erklären das so herrlich komisch, Herr Unteroffizier.« Der Lacher war einer von den Älteren.

»Können Sie das besser? Bitte kommen Sie nach vorn. Erklären Sie's. Na, bitte.«

Der Soldat, mit Maskenbrille, wie eine Soldatenkarikatur aussehend, war etwa Mitte vierzig. Er dozierte etwa fünf oder sechs Minuten alle technischen Einzelheiten und Bedienungshinweise und stand schließlich etwas begossen, aber beifallheischend in die Runde blickend, da.

Der Unteroffizier hatte schon während des Vortrages eine gewisse, einen Schlaganfall signalisierende zunehmende Rötung im Gesicht angenommen. »Na, Sie Schlaumeier. Wer sind Sie denn eigentlich, daß Sie hier alles besser wissen wollen? Na? Antworten Sie laut und deutlich. Wer sind Sie, Sie Oberschlauberger, Sie?«

Der Soldat nahm, so gut es ihm möglich war, stramme Haltung an, nannte seinen Namen und fügte hinzu: »Im Zivilberuf Professor für angewandte Physik an der Universität Graz. Ich habe das Gerät mitkonstruiert.«

Die Frage des verdutzten Unteroffiziers, warum er das nicht gleich gesagt habe, versuchte der als Soldat ein wenig unglücklich aussehende Professor zu beantworten, indem er zu erklären versuchte: »Ich habe gedacht ...« Doch weiter kam er nicht. Denn der Unteroffizier war wieder obenauf: »Das Denken, Herrrr Professorrrr, das Denken überlassen Sie lieber den Pferden. Die haben einen größeren Kopf.«

Man kann nicht sagen, daß die Wehrmacht nicht auch aus intelligenten Leuten bestand. Der Rekrutenausbilderstamm gehörte jedenfalls nicht dazu. Er verkörperte vielmehr tatsächlich den vom kaiserlichen Generalstabschef Schlieffen seinerzeit eingeordnete Gattung von Vorgesetztentypen Nr. 4 = dumm und faul, die tatsächlich nur zur Rekrutenausbildung taugten. (Insgesamt hatte Schlieffen, einem Ondit zufolge, Unteroffiziers- und Offizierscorps in folgende Kategorien eingeordnet: Typ 1 = intelligent und fleißig, war geeignet für Ausbildung an Offiziersschulen; Typ 2 = intelligent und faul, geeignet für den Generalstab; Typ 3 = dumm und fleißig, war gefährlich und gehörte an die Front zum Aussterben; und Typ 4, siehe oben.)

Natürlich war die Ausbildung bei weitem nicht immer so lustig, wie Millionen Betroffene sicherlich bestätigen können.

Übrigens, was Intelligenzteste angeht, so darf man davon ausgehen, das der IQ des Ausbildungspersonals in allen Armeen in etwa gleich ist.

Meine erste Feindberührung, oder wie man es auch nannte: Feuertaufe, hatte ich im Dezember 1944, nachdem ich mich wieder einmal freiwillig gemeldet hatte, aber dabei in eine Falle getappt war. Es wurde gefragt, wer sich freiwillig zu einem Sondereinsatz bei der Sturmgeschützabteilung des Regiments sowieso melden würde. Es werde eine längere Eisenbahnfahrt durch das Reich werden. Da lockte das Reiseabenteuer ohne Nachdenken darüber, wohin manchmal Reisen führen und wie sie enden können. Gelandet sind wir, die sich da meldeten, in der Tat bei einer Sturmgeschützabteilung, die per Eisenbahn tags im gedeckten freien Feld oder in Waldabschnitten auf Nebengleisen stand und nur nachts mit scheinbar wirrem Ziel fast eine Woche quer durch Deutschland fuhr, in Bitburg in der Eifel. Dort wurden wir zum Angriff formiert. Es begann die sogenannte Ardennenoffensive, deren Ausgang hinlänglich als eine der letzten größeren Schlachten im Westen bekannt ist. Am ersten Weihnachtsfeiertag, als die amerikanische Luftwaffe, bis dahin durch Schlechtwetter gehindert, in die wieder einmal kurzfristig siegreichen Bodenkämpfe der Deutschen Wehrmacht eingriff, die Offensive stoppte und alles, was sich deutscherseits bewegte, zusammenschoß und bombte. Unser Sturmgeschütz war in Brand geschossen worden, wir, die Besatzung, waren mit Mühe und Not dem Flammentod entronnen und zu Fuß mit allen anderen wieder in die Eifel zurückgeflohen.

Es folgte, von der zuständigen Kommandantur mit einem Marschbefehl ausgerüstet, wieder eine abenteuerliche Eisenbahnfahrt zurück nach Frankfurt (Oder), was mir durch einige Luftangriffe eine papiermäßige und daher »ordnungsgemäße« Verlängerung des Marschbefehls einbrachte, wodurch ich einen Tag Aufenthalt am Silvesterabend zu Hause in Finsterwalde bei meiner Mutter gewann, ohne gleich als von der Fahne abgängig betrachtet zu werden. Es sollte übrigens für Jahre das letzte Mal sein, daß ich meine Mutter sah.

Ich habe mich später manchmal gefragt, warum ich nicht einfach zu Hause geblieben bin, sondern, getreu dem Fahneneid auf Hitler, wieder zu meiner Einheit zurückgekehrt bin, noch dazu auf ordentliche Papiere bedacht. Ich weiß nicht, ob es Feigheit war oder die uns Deutschen innewohnende Gehorsamkeit und der manchmal krankhafte Drang zur Pflichterfüllung. Ich weiß es einfach nicht. Aber gefragt habe ich mich später schon. Hätte ich anders entschieden und dennoch überlebt, wäre ich in der DDR möglicherweise als Widerstandskämpfer zu größerem Ruhm gelangt, jetzt hinwiederum hätte ich möglicherweise als Deserteur anderen Ärger am Hals. Also: Wie man es manchmal auch macht, es ist anfechtbar.

Was dann im Januar in Frankfurt ablief, war schon unter dem Begriff Chaos zu subsumieren, obwohl alles noch seinen geordneten Gang zu gehen schien. Dienstablauf wie üblich. Aber dann hieß es plötzlich, die Rote Armee sei an der Weichsel durchgebrochen und befinde sich auf dem Anmarsch zur Oder (Barranow-Offensive vom 10. Januar 1945).

Jetzt wurde mir meine Freiwilligenmeldung im Herbst zu einem Kfz-Führerscheinlehrgang zum Verhängnis. Mein Führerschein, der für Motorrad bis zum Lkw galt, brachte mir die Abkommandierung zu einem sogenannten Panzerjagdkommando ein. Immer drei Mann auf ein Beiwagen-Motorrad, Karabiner mit hundert Schuß Munition und fünf Panzerfäusten – so wurden wir dem anrückenden Feind entgegen geschickt. Bei Zielenzig, jenseits der Oder, machten wir erst einmal in einem kleineren Dorf Rast. Nachts, so erinnere ich mich, wurden wir durch Geräusche von Kettenfahrzeugen geweckt. Ein Blick aus dem Fenster war lehrreich und beängstigend zugleich: Draußen auf der Dorfstraße fuhren sowjetische Panzer in ziemlich hohem Tempo durch den Ort, ohne sich um irgend etwas zu kümmern. Dreißig oder vierzig oder mehr. Ich weiß es nicht mehr genau. Niemand schoß, was angesichts des Kräfteverhältnisses sicherlich das vernünftigste war.

Vernunft erzeugt im Krieg sehr oft kein Heldentum, aber rettet Leben. Keine Angst zu haben, so hatte ich mal von meinem Lehrer »Gandhi« erfahren, zeugt von Mangel an Phantasie. Später las ich bei Büchner, daß ein ordentlicher Mensch sein Leben liebt, und ein Mensch, der sein Leben liebt, hat keine Courage. Das alles zusammen wird es wohl gewesen sein, was mich manchmal hat handeln lassen, wie ich eben handelte. Ich hatte nie Lust auf den Heldentod. Das hat, wie mein späteres Leben bestätigte, nichts mit Feigheit zu tun. Ich war, so glaube ich wenigstens, in meinem Leben nicht feige, aber auch nicht toll – manchmal schon mutig, aber nie übermütig.

Jedenfalls schlichen wir uns damals auf den Hof, als der Lärm vorüber war. Dort stand unsere Beiwagenmaschine. Die anderen Gruppen des Jagdkommandos hatten sich eine andere Bleibe gesucht. Von ihnen war nichts mehr zu hören. Da auch die Bewohner, die noch im Dorf verblieben waren (viele waren es dank des Nerobefehls von der verbrannten Erde, um dem Feind nichts in die Hände fallenzulassen, ohnehin nicht), mit der Situation nicht viel anzufangen wußten, nahmen wir logischerweise an, daß den Panzern demnächst Fußtruppen oder motorisierte Einheiten folgen würden. Sie wären sicherlich gründlicher. Warum sollten wir unser Unglück provozieren. Ohnehin: Wir sollten Panzer jagen, also fuhren wir denen hinterher. Immer den Geräuschen nach. Als wir sie auf

Sichtweite eingeholt hatten, hätten wir nun wiederum die Helden spielen können. Fünf Panzerfäuste abfeuern. Und dann?

Wir drei – der Rangälteste war ein Stabsgefreiter, der sich zynisch-stolz das Rückgrad der Armee nannte – beschlossen, uns wieder auf die andere Oderseite durchzuschlagen. Das war deshalb nicht so einfach, weil auf dem Weg zur Oderbrücke, die wir von Frankfurt aus benutzt hatten, sowjetische Panzer standen. Ein Blick auf die Treibstoffanzeige belehrte uns darüber hinaus, daß wir ohnehin nicht wieder bis Frankfurt zurückkämen. Es war wohl auch so geplant: Einmal Himmelfahrt ohne Rückkehr. So machten wir die Maschine unbrauchbar, schulterten die Panzerfäuste und Karabiner und ächzten durch einen nahe gelegenen Wald, in dem wir uns zunächst niederließen, um den Morgen abzuwarten. Bei Tage wollten wir uns dann orientieren.

Um das Abenteuer nicht endlos beschreiben zu müssen, was damals für uns unerhört spannend war, aber heute sicherlich langweilig wirkt: Wir erreichten in der nächsten Nacht irgendwo das Oderufer. Der Fluß war in jenem Winter vereist, wie man in alten Chroniken noch nachlesen kann, das Eis aber tückischerweise mit einer Wasserschicht bedeckt, durch die wir nun in der Dunkelheit über den Fluß schlitterten. Dabei mußten wir auf zweierlei Dinge höllisch aufpassen, daß uns bei der Glätte nichts mit den Panzerfäusten passierte, weshalb wir sie im Eiswasser der Oder entsorgten und zweitens, daß wir nicht von eigenen Leuten abgeknallt wurden, was in der herrschenden Verwirrung in den nächsten Wochen und Monaten nicht selten passierte. Aber es ging gut, weil die Uferwachen wahrscheinlich geschlafen hatten.

Endstation nach drei Tagen Abenteuer war wieder unsere Hornkaserne, wo wir bereits abgeschrieben waren. Die anderen waren um die sowjetischen Panzerspitzen herum ordnungsgemäß über die Brücke gefahren. Weil unser Ausflug in Richtung Heldentum aber so lange gedauert hatte und so abenteuerlich endete, wurden wir tatsächlich fast wie Helden gefeiert.

Das nächste Abenteuer ließ nicht lange auf sich warten. Ein paar Tage später schon, es muß um den 15. Januar herum gewesen sein, wurde uns auf dem Kasernenhof mitgeteilt, daß das Oberkommando der Wehrmacht beschlossen habe, mehrere neue Divisionen aufzustellen, die, auf gut deutsch, aus Restbeständen anderer Truppenteile zusammengekratzt werden sollten. Die noch verbliebenen Angehörigen der Artillerieabteilung 59 (mot.), (rechts rauskommandiert) sollten den Stamm eines Divisionsartillerie-Regiments bilden. Auch hierzu nur wenig Einzelheiten, die nur insofern von Belang sind, weil es ja in der Kriegs- und Nachkriegsliteratur bemerkenswerte Schilderungen dieser

Zeit gibt, voller Planmäßigkeit und Heldentum. Die Division wurde »Gneisenau« getauft. Eine andere war nach Scharnhorst benannt oder Kolberg. Das richtete sich aufs Aushalten hin, dasselbe Ziel, mit dem wir in jenen Tagen geschlossen ins Kino geführt wurden, um uns den Aushaltefilm »Kolberg« anzusehen, den die UFA gerade noch so geschafft hatte, bevor sie sich zum Überwintern zurückzog.

Wir, die wir uns als Artilleristen fühlten, wurden aufgefüllt mit Matrosen, die keine Schiffe mehr hatten, mit Luftwaffenangehörigen, die, mangels Flugzeugen und samt Bodenpersonal mangels Flugplätzen, anscheinend überflüssig geworden waren. Chef unserer Batterie, die zunächst aus drei Veteranen von 15 cm Haubitzen bestand, die bisher nur auf dem Kasernenhof von geschliffenen Rekruten mißhandelt worden waren und nach Ansicht von Fachleuten keinen gezielten Schuß mehr hätten abgeben können, wurde ein Reserveleutnant, im Zivilberuf Architekt aus Kiel. Den Mann muß ich erwähnen, weil ich gerade mit ihm noch einige Abenteuer bestehen sollte.

Jetzt folgt kein Schlachtengemälde. Dennoch sind die anschließenden kurzen Schilderungen nötig, um Verständnis für das Ende des Krieges zu finden, wie es viele Soldaten erlebten, wie es die Historiker bisher noch zu selten beschrieben haben, um nicht am Nimbus zu kratzen und weil die Fälschung der deutschen Nachkriegsgeschichte schon mit Fälschungen dieser schlimmen Zeit begann.

Wir rollten zunächst die drei Haubitzen an den Hang der Booßener Berge. Und da ich als Funker ausgebildet war, wurde ich einem vorgeschobenen Beobachter, einem sehr jungen Leutnant, nur wenig älter als ich, dessen Schulterstücke noch der Ladengeruch anhaftete, zugeteilt. Wir bezogen auf dem Dachboden eines Wohnhauses über dem linken Oderufer mit Blick auf die Dammvorstadt (heute Słubice) Posten, wo sich inzwischen sowjetische Truppen einquartiert hatten. Die drei museumsreifen Haubitzen wurden in den nächsten Tagen durch vier sowjetische Beutegeschütze verstärkt, die berühmten 7,62 cm Allzweckkanonen (Ratsch-Bumm genannt, weil der Einschlag durch die hohe V^{0} [Abschußgeschwindigkeit] schneller da war, als man den Abschuß hörte. Zusammen mit dem T 34 und der Iljuschin 2 gehörten sie zu den gefürchteten sowjetischen Wunderwaffen gehörten.) Jedenfalls konnte man, so Munition vorhanden, mit den Dingern sicherlich, im Gegensatz zu den Haubitzen, auch richtig schießen.

Anfang April wurden wir in die Nähe von Podelzig, das hieß schon ein bißchen weiter an die Front verlegt.

Obwohl wir den Rotarmisten von unserem Frankfurter Beobachterposten auch beim ungenierten Waschen und Essenfassen zusehen konnten, war bei Podelzig insofern etwas mehr Front, weil dort südlich von Reitwein und auch nördlich davon, beim Dorf Kienitz, die sowjetischen Truppen zwei Brückenköpfe auf dem Westufer der Oder gebildet hatten. In tagelanger Schufterei bauten wir uns an einem kleinen Hang zwischen Reitwein und Podelzig, unmittelbar vor dem südlichen Brückenkopf, einen Bunker aus Baumstämmen und Feldsteinen, von dem aus wir der Batterie, die sich am Ortsrand von Podelzig eingegraben hatte, zum gezielten Feuer anleiten sollten, wenn es notwendig würde und – wenn Munition vorhanden war. Daß wir bald in ernsteres Kriegsgeschehen einbezogen würden, war ziemlich klar, denn die deutsche Aufklärung hatte erfahren, daß ein sowjetischer Großangriff unmittelbar bevorstand. Dessen nächstes Ziel Berlin sollte sein. Aber Heinrich Himmler hatte als Oberbefehlshaber der Oderfront befohlen: bis hierher und nicht weiter.

Am 16. April brach früh um drei Uhr das Ungewitter los. Fast drei Stunden eine Artillerie- und Raketenfeuerwalze, die wir dank unseres festgefügten selbstgebauten Bunkers zu dritt lebend überstanden. Als wir nach plötzlichem Abbrechen des Trommelfeuers, daß jetzt weiter vorverlegt worden war, wagten, den Bunker zu verlassen, um zu sehen, wie die Sache stünde und wie es jetzt weitergehen würde, blickten wir auf eine umgepflügte, durch Scheinwerfer taghell erleuchtete Landschaft, über die, kaum 500 Meter von uns entfernt, Tausende und aber Tausende Rotarmisten mit ihren langen Mänteln und hurra schreiend den vorausfahrenden Panzern hinterherstürmten, parallel zu uns, gewissermaßen uns links liegenlassend, in Richtung Seelower Höhen. Der junge Leutnant, der wiederum den vorgeschobenen Beobachterposten leitete, ein zweiter junger Soldat aus Berlin, eingeteilt als Telefonist, dem beim Bombardement am frühen Morgen und auf nüchternen Magen schlecht geworden war und der verständlicherweise nicht aus dem Bunker herauswollte, und ich, der Funker, waren nun plötzlich mutterseelenallein. Der Leutnant wollte in das Kampfgeschehen eingreifen. Das mißlang Gott sei Dank, weil auch hier das Kräfteverhältnis sehr zu unseren Ungunsten herausgefordert worden wäre. Die Funkverbindung zur Batterie kam, aus welchem Grund auch immer, nicht zustande, die Fernsprechverbindung klappte nicht, weil offensichtlich die Kabelleitung durch das Trommelfeuer zerstört war. So konnte der Leutnant nichts anderes tun, als mir, der die Sache einigermaßen mit stoisch überstanden hatte, den Befehl zu geben, die Telefonleitung abzugehen und sie zu flicken. Da ich einsah, daß der eigentlich zuständige Telefonist dazu nicht in der Lage war, machte ich mich als Funker auf, um die Leitung zu flicken.

Nach etwas mehr als fünf- oder sechshundert Metern hatte ich kein Isolierband mehr, die Leitung war in Stücke gerissen, wobei die Stücke oft nicht länger als ein oder zwei Meter waren. Manchmal war gar nichts mehr da, und ich mußte die Strippe immer weiter zu mir heranziehen.

Nach der zurückgelegten Strecke war nicht nur über eine Stunde herum, sondern ich konnte mangels Isolierband meine Sisyphusarbeit nicht mehr fortsetzen. Ich kauerte mich in eine Erdmulde, erstens, um mich auszuruhen und zweitens, um zu überlegen, was nun weiter zu geschehen hatte. Erste Möglichkeit: Zum Bunker zurück, das war die bisherige Strecke, allerdings mit einer Mißerfolgsmeldung, aber mit dem Versuch, noch Isolierband zu finden. Zweite Möglichkeit: Etwa zweieinhalb Kilometer bis zur Batterie in Podelzig weiterzukriechen, denn anders konnte man sich nicht bewegen, um zu sagen, ich brauche Kabeltrommeln mit drei Kilometer Leitung, wobei ich wußte, daß ich eher eine Tonne Kaviar bekommen hätte als die Rarität Telefonkabel. Immerhin wäre ich dann zum Dortbleiben verurteilt gewesen. Oder – zum zweiten Male kam mir die Idee – einfach abhauen und sehen, wie ich nach Hause gelange, was freilich gefahrvoll war, wie ich inzwischen durch Kettenhunde und ihre Befehle erfahren hatte. Und ich habe ihre Opfer, deutsche Soldaten, hängen sehen.

Ich entschied mich also wieder einmal für die in meinen Augen bequemste Variante: Zurück zum Bunker. Der zwischenzeitlich gefallene Nebel hatte sich wieder gelichtet und hatte einen strahlend blauen Himmel sichtbar gemacht. Eine richtige Idylle, wenn nicht in gar nicht so weiter Entfernung das Gebell der Panzerkanonen und die Maschinengewehrgarben zu hören gewesen wären, das Dröhnen der Panzer in der Entscheidungsschlacht um die Seelower Höhen, wie ich später erfuhr, und die sowjetischen Schlachtflieger den blauen Himmel zerkratzt hätten. Fast hätte ich mir vorkommen können wie Goethe nach der Kanonade bei Valmy. Aber ich hätte aus mancherlei Gründen nicht einen so geschichtlichen Spruch prägen können wie der alte Geheimrat, weil ich mir des Ausmaßes gerade dieser Schlacht überhaupt nicht bewußt war. Heute kann man ein wenig unbeschwert darüber erzählen. Bedeutende Leute stellen das jetzt auch in bedeutendere Zusammenhänge.

Zu meiner größten Überraschung – um wieder in die damalige Wirklichkeit zurückzukehren – war der Bunker leer, als ich ankam. Das Funkgerät war mit einer Handgranate zerstört; alles was sonst an Verpflegung noch vorhanden gewesen war, verschwunden. Die Kameraden hatten sich entweder abgesetzt oder auf den Weg nach Podelzig gemacht, waren in Gefangenschaft geraten oder hatten sich mutig auf den Feind gestürzt, was ich mir am allerwenigsten vorstellen konnte.

Für mich blieb jetzt wirklich nur der Ausweg: Auf nach Podelzig. Ich schnürte in aller Ruhe mein Bündel und machte mich mit knurrendem Magen, Mittagszeit war inzwischen vorbei und ohnehin nur ein leerer Traum, Frühstück war wegen der Aufregung auch ausgefallen, auf den Weg.

Die zu überwindenden etwa drei Kilometer sollten jedoch beschwerlicher werden, als ich es mir vorgestellt hatte. Ich muß auf die sowjetischen Schlachtflieger eine magische Anziehungskraft ausgeübt haben. Immer wieder entdeckten sie mich, wenn ich über die wald- und dekkungslose Strecke hastete – und schossen, wie es Touristen im späteren Frieden in der Serengeti taten, aus ihren Flugzeugen auf mich Einzeltier. Hinzukamen in kurzen Abständen Feuerüberfälle ins Gelände, das ich durchqueren wollte, wobei ich zum erstenmal eine Einschlagsserie von Katjuscha-Raketen erlebte und überlebte, aber mit einem Gefühl, das ich wohl zeitlebens nicht vergessen werde.

Es dunkelte schon, als ich die drei Kilometer bis zum Ortsrand von Podelzig geschafft hatte. Ich staunte nicht schlecht, als ich sah, daß sich die ganze Batterie im Aufbruch und damit beim Rückzug in Richtung Frankfurt befand. Den jungen Leutnant sah ich wieder, mächtig Schaum schlagend, jedoch etwas leiser werdend, als ich mich bei ihm und dem Batteriechef Leutnant M. von der Front zurückmeldete. Man habe mich aufgegeben, so wie den Telefonisten auch, den der Leutnant zurückgelassen hatte, als er sich, nach angeblich etlichen eigenen Heldentaten zur Batterie absetzte. Da es von dem anderen Jungen offenbar keine Spur gab, wurde ich doppelt gefeiert.

Ich erlebte nun, was ich manchmal in den Wochenschauen gesehen hatte: Ich wurde von den beiden Offizieren fast getragen, um mich dem Regimentskommandeur vorzustellen. Zum zweiten Male, nach dem mißglückten Panzerjägereinsatz, war ich ohne großes Zutun für die Umstehenden geradezu zum Helden geworden. Der Regimentskommandeur, ein Oberst, der sich noch vor unserer Batterie nach Frankfurt fahren lassen wollte, klopfte mir jovial auf die Schulter, beförderte mich stehenden Fußes zum Gefreiten, nahm gerührt sein eigenes Eisernes Kreuz ab und heftete es mir an die Brust. Wie gesagt, es war wie im Kino, wobei ich mir nun vorstellen konnte, weshalb es in der Wehrmacht einen so hohen Ordenssegen und so viele Helden gab.

Eingefleischte Militaristen werden mich nun wieder beschimpfen ob solcher Einschätzung, denn es habe ja auch richtige Tapferkeitsbeweise und verdientermaßen ausgezeichnete Soldaten gegeben. Aber den Krieg haben wir trotzdem verloren. Und wie gesagt: Es gibt bessere Eigenschaften, wenn man das Ende eines verlorenen Krieges erahnt, als sogenannte Tapferkeit vor dem Feind. Es gibt auch wirkliche Helden. Ich habe manche in meinem Leben kennen- und schätzengelernt. Aber jene Art Heldentum, vor allem im aussichtslosen Monat April 1945 war mir zuwider, weil es sehr dicht am Heldentod vorbeiging, was nicht so gut und nützlich ist, als mit Vernunft zu überleben.

Der Aufenthalt in Frankfurt war dann freilich nur noch von kurzer Dauer. Am 20. April räumten wir die Stadt, die ursprünglich als Festung vor Berlin uneinnehmbar gemacht werden sollte. Dann wurde sie, schon im Rücken der eigentlichen Front liegend, zur offenen Stadt erklärt und trotzdem nach unserem Abrücken völlig sinnlos von eigenen Truppen zerstört.

Hauptverantwortlicher dafür war der Chef der 9. Armee, General Busse, selbst gebürtiger Frankfurter, der seine Vaterstadt augenscheinlich aus Liebe zur Heimat zerstören ließ. Vorher hatte er sich schon einen unrühmlichen Namen gemacht, als er, aus Gründen, die er nur selbst zu verantworten hatte, wenn er noch Verantwortungsbewußtsein besaß, fast 300 Todesurteile gegen Wehrkraftzersetzer und Deserteure unterschrieb. 24 von ihnen sind auf dem neuen Friedhof unmittelbar nach dem Kriege bestattet worden.

Ich hoffe nur, daß sie nunmehr, einer gewisser Gewohnheit folgend, nicht nachträglich zu Opfern sowjetischer Willkür gemacht wurden. Möglich ist heute alles.

Aber von Busse werden wir noch hören.

Und wieder begann ein Marsch. Für die Kanonen hatten wir keine Zugmittel mehr, so daß auf Vorschlag unseres jungen pfiffigen und tapferen Leutnants in den Ställen von Booßen und Rosengarten Kühe requiriert wurden, um uns mit deren Zugkraft auf den Rückzug zu begeben. Das brachte uns auf dem Wege den doppelsinnigen Spitznamen »Ochsenbatterie« ein.

Der Weg führte uns in Richtung Scharmützelsee, nicht wissend, daß wir uns eigentlich in einem wandernden Kessel befanden, der so schrecklich und blutig in Halbe, südlich Berlin endete.

Was nun folgte, habe ich einmal im April 1965, anläßlich des 20. Jahrestages der Kesselschlacht von Halbe, auf einer ganzen Seite im »Neuen Deutschland« beschrieben und erstmals, zumindestens in der DDR, versucht, die Ereignisse in einen gesamtgeschichtlichen Zusammenhang zu stellen. Ich habe den Beitrag vom 29. 4. 1965 jetzt noch einmal gelesen. Man weiß ja, manchmal, daß man zu damaliger Zeit die Dinge mitunter aus etwas anderer Sicht betrachtet hat. Ich habe – wie übrigens (ohne vorgreifen zu wollen) bei vielen anderen meiner Artikel, die ich in 40 Jahren DDR-Zeit veröffentlichte – an diesem Beitrag nichts zu ändern, weder zu streichen noch hinzuzufügen, weshalb ich ihn an dieser Stelle einfach aufnehmen möchte, wie er, unter der Überschrift »Halbe, Ende April 1945, 5 Minuten nach 12«, erschienen ist. Dies auch als Antwort an jene, die heute stets behaupten, in der DDR habe es solcherart »Aufarbeitung« nicht gegeben. Hier nun der Text von 1965:

Am 25. April hatte sich die Zange um die 9. Armee und mehrere SS-Divisionen endgültig geschlossen. Im Raum zwischen Baruth, Teupitz, Storkow, Märkisch-Buchholz, Brand waren 13 Divisionen der Naziwehrmacht auf der östlichen und nördlichen Seite von der 1. Belorussischen Front, auf der südlichen und westlichen Seite von der 1. Ukrainischen Front und der in ihren Reihen kämpfenden 1. Polnischen Armee umzingelt.

Wir waren auf der Flucht von der Oderfront, die am 16. April zusammengebrochen war. Parolen jagten sich. Sie verdichteten sich zu dem Gerücht, daß wir uns mit den Amerikanern zum Kampf gegen die Rote Armee vereinigen sollten. Heute wissen wir, daß es nicht ganz aus der Luft gegriffen war.

Dennoch hatten diese Parolen nicht die gewünschte Wirkung. Die meisten von uns hatten es einfach satt, sich am Tage vor den unaufhörlich angreifenden sowjetischen Tieffliegern und der rasch nachgezogenen Artillerie der Roten Armee zu verkriechen und nachts einige Kilometer westwärts zu hasten.

Die Diskussionen über den Sinn und Unsinn des Weiterkämpfens rissen nicht mehr ab. Im Wehrmachtsbericht hörten wir von den Straßenkämpfen in Berlin. Es ging auf das Ende zu. Das wußte jeder. Und jeder wollte überleben.

Am 27. April, die Reste des Artillerieregiments, dem ich angehörte, lagen ohne Geschütze und ohne Munition in der Nähe des Dorfes Hermsdorf. Zwischen Storkow und Märkisch-Buchholz wurde zum ersten Male das Wort von der gemeinschaftlichen Kapitulation ausgesprochen. Wir hatten seit zwei Tagen kaum etwas gegessen. Die letzte Verpflegung stammte von einem durch einen Tieffliegerangriff gerade getöteten Pferd.

Erst Jahre später erfuhr ich aus Dokumenten der Naziwehrmacht, wie sich diese Tage in der Naziführung abgespielt haben, las ich ihre Befehle, Funksprüche und Berichte. Verglichen mit der erlebten Wirklichkeit rundet sich heute das Bild.

Am 26. April befiehlt Hitler in den frühen Morgenstunden der seit einem Tag eingeschlossenen 9. Armee, in westlicher Richtung anzugreifen und sich mit der 12. Armee des General Wenck zu vereinigen, mit ihr gemeinsam den Ring um Berlin aufzubrechen und die Reichskanzlei, vor der bereits Kämpfe toben, zu befreien. Die Spitze der 9. Armee unternimmt zwischen Baruth und Teupitz einen verzweifelten Angriff, der von Einheiten der 1. Ukrainischen Front blutig abgeschlagen wird.

Was der Wehrmachtsbericht am 27. April großmäulig »Angriff nach Westen« nennt, ist nichts anderes, als eine nun schon fast regellos zu nennende Flucht, bei der sich der östliche Teil des Kessels nach Westen bewegt. Am Westrand des Kessels geht es jedoch keinen Schritt vorwärts.

Offenbar überzeugt, daß ein Durchbruch großen Stils nach Westen nicht möglich ist, befiehlt Hitler in panischer Angst am 27. April um 18. Uhr durch einen Funkspruch »die Angriffsfronten der 9. und 12. Armee nach Norden zu drehen und getrennt nach Berlin vorzustoßen«.

Das Ergebnis dieses Befehls erlebe ich unmittelbar mit. Wir gelangen in der Nacht zum 28. April in die Nähe des Forsthauses Klein-Hammer, unweit der Straße 179 zwischen Märkisch-Buchholz und Königswusterhausen, nachdem unser Batteriechef, ein Reserveleutnant, der im Zivilberuf Architekt war, und sieben Mann unserer in alle Winde zerstobenen Batterie beschlossen hatten, auf eigene Faust aus dem Kessel zu kommen, um uns der Roten Armee zu ergeben und so den Krieg wenigstens für uns zu beenden.

Am Forsthaus, das unter Mpi- und MG-Feuer liegt, ist unser Marsch zunächst zu Ende. Im Keller sitzt ein Teil des Stabes der 9. Armee und einer SS-Division, die befehlsgemäß zum Angriff nach Norden angetreten war. Nur der Umstand, daß wir Artilleristen sind und daß der Kommandeur unseres Artillerieregimentes anwesend ist, bei dem wir uns dann schleunigst melden, verhindert wahrscheinlich, daß wir als Deserteure behandelt werden.

Aber auf diese Weise erleben wir den etwa vierstündigen Versuch, fast ohne Artillerievorbereitung mit Unterstützung einzelner Panzer den eisernen Ring der Roten Armee in Richtung Berlin zu durchbrechen.

Es entwickelt sich ein blutiges Waldgefecht, aus dem sich beim Stab Unteroffiziere und Feldwebel mit fünf oder acht oder auch einmal mit 16 Mann vom Angriff zurückmelden. Es sind die Reste von Bataillonen. Der Wald vor dem Forsthaus in Richtung Pätz ist übersät mit Toten oder Verwundeten. Ich werde das Schreien und Rufen nach Sanitätern, die es nicht mehr gibt, nicht vergessen. In vier Stunden wird eine Division, ausgemergelt, demoralisiert, unzureichend bewaffnet, gegen einen gut ausgerüsteten, den Sieg vor Augen kämpfenden Gegner verheizt. Sinnlos. Verantwortungslos. Wir suchen uns ein paar Löcher und warten auf den Abend.

Der Stab der 9. Armee sieht in diesem Augenblick offenbar ein, daß es keinen Weg mehr nach Berlin gibt. General Busse funkt am Nachmit-

tag des 28. April an das OKW: »Durchbruchsversuch mißglückt. Angriffsgruppe unter empfindlichen eigenen Verlusten zum Stehen gebracht. Körperlicher und seelischer Zustand von Offizier und Mann sowie die Munitions- und Betriebsstofflage gestatten weder erneuten planmäßigen Durchbruch noch langes Durchhalten«.[1]

Das hindert das OKW nicht, am 28. April im Wehrmachtsbericht zu melden: »Im Raum südlich Königswusterhausen setzen Divisionen der 9. Armee ihren Angriff nach Nordwesten fort ...«

Dieser Bericht, den wir schon nicht mehr hören, ist auch gar nicht für uns bestimmt. Er soll die Bevölkerung und die Soldaten in der eingekesselten Hauptstadt weiter zum Widerstand aufputschen.

Das apokalyptische Hitlerwort, daß er diesen Krieg nicht wie 1918 eine Viertelstunde vor zwölf, sondern ehestens fünf Minuten nach zwölf beenden werde, beginnt seine grausame Erfüllung zu finden.

In der Nacht vom 28. zum 29. April findet im Bunker der Reichskanzlei ein makabres Fest statt. Hitler heiratet seine Konkubine Eva Braun. Noch einmal fließen Sekt und Wein in Strömen.

Die Nacht vom 28. zum 29. April gehört aber auch zu den grauenvollsten für diejenigen, die im Kessel von Halbe dabei sind. Zwar hat General Busse eingesehen, daß ein Durchbruch in Richtung Berlin unmöglich geworden ist. Zwar hat er dem OKW mitgeteilt, daß der körperliche und seelische Zustand der Truppen keinen weiteren Kampf mehr zuläßt. Diese Erkenntnisse brachten ihn jedoch nicht auf den Gedanken, die längst fällige Kapitulation auszusprechen, was noch Zehntausenden deutschen Soldaten zu dieser Stunde das Leben gerettet hätte. In der Nacht vom 28. zum 29. April wird beschlossen, die Reste der 9. Armee einzusetzen, um General Busse, seinem Stab und den Resten einer SS-Division den Durchbruch nach dem Westen zu ermöglichen. In den Abendstunden wird im Wald zwischen dem Forsthaus Klein-Hammer und Halbe eine Gruppe von Tigerpanzern zusammengestellt, die sich aus allen noch verfügbaren Fahrzeugen den Treibstoff zusammenholt. In diese Panzer klettern General Busse und seine Vertrauten und nehmen mit aufgesessener SS Kurs Südwest, Richtung Halbe.

Gleichzeitig wird allen verfügbaren, in der Nähe liegenden Truppen befohlen, ebenfalls den Weg in Richtung Halbe und Teupitz zu nehmen. Das Dorf Halbe selbst ist seit Tagen Schauplatz heftigster Häuserkämpfe. Ein Teil des Dorfes ist von sowjetischen Truppen besetzt, ein

---

1 Zitiert nach: J. Schultz: Die letzten 30 Tage. Aus dem Kriegstagebuch des OKW, Stuttgart 1951, S. 43.

Teil befindet sich noch in der Hand der SS. Die 1 300köpfige Bevölkerung sitzt seit dem 25. April in den Kellern. Über ihnen wurde und wird zum Teil in den Wohnungen gekämpft.

Es sind nach den Berichten der Überlebenden grauenvolle Tage. Was sich jedoch in dieser Nacht tut, übertrifft nach den Berichten auch der Einwohner alles bisher Dagewesene.

Als sich das Gros der »Durchbruchstruppen« mit der Panzerspitze dem Ort nähert, wird es von heftigem Feuer empfangen. Das Feuer kommt vor allem aus der Möbelfabrik am Bahnhof. Daraufhin werden vom General Busse alle verfügbaren Waffen eingesetzt, um den vermeintlichen Widerstand am Bahnübergang zu brechen. Der Herr General hat es eilig.

Nach etwa einer halben Stunde Feuerwechsel stellt sich heraus, daß in dem allgemeinen Chaos Deutsche auf Deutsche geschossen haben. Das Ergebnis sind Hunderte von Toten auf kleinstem Raum. Am Bahnübergang liegen die Leichen übereinander. Als die Dorfstraße vollgestopft mit Truppen und Fahrzeugen ist, nimmt die Rote Armee die Straße unter Granatwerferbeschuß. Niemand weiß mehr, wo vorn und hinten ist. Wer noch am Leben ist, versucht, aus dem Ort herauszukommen.

Dabei spielen sich bei der Bäckerei am Ortsausgang in Richtung Teupitz noch einmal unbeschreibliche Szenen ab. Die dort gegen die sowjetischen Panzer errichtete Sperre erweist sich nun umgekehrt als Hindernis für die Panzer des Herrn Busse. Obwohl alles voller deutscher Soldaten steckt, feuern die »Tiger« auf die Sperre, drehen und mahlen sie schließlich nieder. Hunderte von deutschen Soldaten werden dabei von dem flüchtenden General und seinen Panzern zermalmt und zerschossen.

Vielleicht mag es mancher nicht vertragen – aber es muß für alle gesagt werden, die es nicht oder nicht mehr wahrhaben wollen, für Leute wie den ehemaligen General und heutigen Generaldirektor Wenck, der in seinen Memoiren in der Illustrierten »Stern« diesen Durchbruch als Heldentat feiert: Die Panzer des Herrn Busse wühlen sich durch einen Berg zermalmten und zerschossenen Menschenfleisches. Der Herr General fährt, im wahrsten Sinne des Wortes, über Leichen in seine Freiheit.

Als die Panzer abgefahren sind, bleiben Tausende deutscher Soldaten, selbst wenn sie noch unverletzt leben, als halbe Leichname zurück. Von uns acht Mann, die wir aus diesem Chaos ausbrechen wollten, sind noch zwei übrig: der Leutnant und ich. Wo die anderen geblieben sind, weiß ich nicht. Zwei sah ich fallen.

Der Wehrmachtsbericht vom 29. April 1945 meldet: »Südlich Berlin führen die Sowjets neue Verbände gegen unsere im Angriff befindlichen Divisionen heran, mit denen wechselvolle Kämpfe entbrannt sind.«

Am Sonntag, dem 29. April, erscheint in Berlin die letzte Nazizeitung »Panzerbär«. Sie berichtet vom »heroischen Ringen um die Reichshauptstadt«.

Welch ein Hohn, wenn man erlebt hat, wie in der Nacht die Generale fliehen und die Soldaten geopfert werden.

An diesem Frühlingsmorgen des 29. April, der etwas neblig, aber Schönwetter versprechend heraufdämmert, liege ich in einer Schonung mit meinem Leutnant. Er glaubt nach alledem, was die Deutschen den anderen Völkern, insbesondere dem sowjetischen angetan haben, nicht in Gefangenschaft gehen zu können, weil er die berechtigte Rache fürchtet. Er will sich erschießen. Ich erinnere ihn an Sendungen des Sowjetischen Rundfunks, die wir manchmal gemeinsam abgehört haben. Die Rote Armee könne doch unmöglich alle Deutschen erschießen. Ich bin 18 Jahre alt und habe keine besseren Argumente und vermag ihn nicht zu überzeugen. So mache ich mich allein auf, um mich den sowjetischen Truppen zu stellen.

Im Dorf Oderin südlich von Halbe erlebe ich den 30 April, zwar in Gefangenschaft, aber doch befreit vom Wahnsinn der letzten Tage. Ich erlebe den 1. Mai, an dem im Kessel von Halbe im wahrsten Sinne des Wortes Friedhofsruhe herrscht, zugleich aber bei den sowjetischen Truppen eine Freude: Es ist der 1. Mai-Feiertag der Werktätigen aller Länder. Auch der Krieg hat sie das nicht vergessen lassen.

Am 30. April, als die letzten Reste der 9. Armee um Halbe herum in den Löchern saßen, ohne zu wissen, welches Schicksal sie ereilen wird, als einzelne Gruppen noch Ausbruchsversuche unternehmen, weil sie glauben, hinter Teupitz erwarte sie ein besseres Los, da meldet der Wehrmachtsbericht: »Südlich Berlin stehen unsere zum Einsatz in der Hauptstadt angesetzten Divisionen in ihrer tiefen Flanke im Kampf mit starken bolschewistischen Verbänden, die unter hohen Verlusten abgewiesen wurden.«

Am 30. April begeht Hitler Selbstmord. Kurz danach stürmen Sowjetsoldaten die Reichskanzlei, pflanzen sie das Rote Banner auf dem Reichstag auf.

Am 1. Mai behauptet der Wehrmachtsbericht: »Südlich der Hauptstadt haben die Verbände unserer 9. Armee den Anschluß an die Hauptkräfte gefunden und stehen mit diesen in der Linie Niemegk – Beelitz – Werder in harter Abwehr gegen die pausenlos anrennenden Sowjets.«

40 000 Tote und 60 000 Gefangene bleiben im Kessel von Halbe. Wer war wohl der Rest der 9. Armee, der den »Anschluß an die Hauptkräfte«, die Armee Wenck, fand?

Hier möchte ich meinen Bericht über meinen Marsch in die sowjetische Gefangenschaft beenden. Anmerkungen wären nötig, weil nämlich beiden Generälen, die angeblich den deutschen Soldaten die sowjetische Kriegsgefangenschaft ersparen wollten, in den Westzonen und der späteren Bundesrepublik eine neue Karriere offenstand. Beide waren einmal im Gespräch als Generalinspekteure der neugegründeten Bundeswehr. Der eine (Busse) lehnte aus alters- und gesundheitlichen Gründen ab. Er erhielt ohnehin seine angemessene staatliche Pension, trotz seiner ehemaligen Staatsnähe zu einem Todesregime. Der andere lehnte ab, weil er einen lukrativeren Posten gefunden hatte. Er war vom General zu einem der Generaldirektoren des Nürnberger Rüstungskonzerns Diehl aufgestiegen.

Einiges wäre daher vor allem noch über Wenck zu sagen. Wie manch anderer Diener des Nazireiches auch, war er zu einer Symbolfigur der Bundesrepublik Deutschland geworden. Unbeschadet seiner Vergangenheit. Oder gerade wegen dieser? Als ich zwanzig Jahre später mit meinen Kindern den Waldfriedhof in Halbe besuchte, fand ich die nicht im Granathagel gefallenen, sondern auch von den Panzern des General Busse bis zur Unkenntlichkeit zermalmten deutschen Soldaten unter schlichten Grabsteinen aus rotem Porphyr wieder: »12 Unbekannt«, »20 Unbekannt«, »3 Unbekannt« ... Ihre Identifizierung war offenbar unmöglich gewesen. Neben den namentlich gekennzeichneten Grabsteinen fiel mir plötzlich aus meiner Schulzeit das Gedicht Detlev von Liliencrons über die Totensuche nach der blutigen Niederlage Friedrichs II. in der Schlacht bei Kolin ein: Wer weiß wo? Wir hatten dieses Gedicht lernen müssen, aber erst viel später habe ich begriffen, daß hier nicht von Heldenverehrung, sondern von Tragik und menschlichem Leid die Rede war. Wie in Halbe. Wer weiß wer? Wer weiß wo?

Mit mir ging es damals zunächst einmal erfreulicherweise weiter, denn ich lebte noch. Obwohl alle sowjetischen Soldaten, wohl, weil sie für sich Ähnliches hofften, mir eine baldige Heimkehr versprachen: Chitler kapuut, Woina kapuut, begann erst einmal der lange Marsch durch die diversen Sammelstellen und Lager.

Gefangenschaft und Befreiung

Die erste Etappe schien beendet, als wir nach Tagen mit einer nach Tausenden zählenden Kolonne in Sagan eintrafen. Ein ehemaliges deutsches Lager für europäische Kriegsgefangene (STALAG) wurde zu unserer ersten Zwischenstation. Mit deutscher Gründlichkeit hatten die Kriegführer auch für die deutsche Nachkriegszeit vorgesorgt.

Dort erlebten wir auch den 8./9. Mai. In dieser Nacht erfüllte Maschinenpistolen- und Gewehrfeuer mit Leuchtgranaten die Luft über dem Lager. Ein paar Überoptimisten behaupteten, jetzt sei die SS zusammen mit den Amerikanern in Sagan eingerückt, um uns zu befreien. Im Ernst.

In den nächsten Tagen fand dann die Registrierung statt. Auf der einen Seite bürokratisch genau. Auf der anderen Seite aber geradezu abenteuerlich. Uns wurden nämlich sämtliche Papiere abgenommen. Die Daten daraus wurden langwierig in lange Listen eingetragen, die uns fortan begleiten sollten. Wer angeblich oder wirklich keine Papiere mehr hatte, dessen Angaben wurden auf Treu und Glauben in nämliche Listen eingetragen. Was da alles verschwand oder untertauchte, ist wahrscheinlich nicht wenig gewesen. Zu welchen wilden Spekulationen über Tote in sowjetischen Lagern das auch beitrug, ist vielen vielleicht noch in Erinnerung. Aus welchen Gründen auch immer.

Später erfuhr ich, daß alle diese Papiere in Moskau beim NKWD, dem die Kriegsgefangenenbetreuung unterstand, gelandet waren, so daß es durchaus möglich war, das Schicksal der Kriegsgefangenen für fast jeden einzelnen nachzuvollziehen. Fast, sage ich unter anderem für diejenigen, die Maulwurf spielen wollten und deren Schicksal sich einfach nicht aufklären sollte. Aber auch das ist jetzt unwichtig, weil viele der Überlebenden heute nicht mehr leben.

Doch noch etwas fand in Sagan statt: Die Auflösung des Deutschen Reiches. Es gab über Nacht kaum noch Deutsche. Überall fanden sich Gruppen zusammen, die sich landsmannschaftlich vom Deutschen Reich lossagten. Österreicher und Ungarn, die ahnten, daß sie wieder unabhängig werden könnten, sowieso. Elsässer, Lothringer und Saarländer votierten für Frankreich, auch wenn sie manchmal rechtsrheinisch beheimatet waren. Bayern schmückten sich mit blau-weißen Fahnen, Badener und Württemberger, Hannoveraner und Sachsen erinnerten sich plötzlich, einmal einen eigenen König gehabt zu haben. Schlesier votierten für Polen. Kleinste Fürstentümer wurden vom Deutschen Reich gelöst.

Der einfache Grund für dieses Abwracken der deutschen Nation war die Bekanntgabe der sowjetischen Leitung, daß alle nichtdeutschen Ausländer sofort entlassen würden.

Nur wir schwarzweißen Preußen sahen dabei grau aus. Indessen waren die Sowjets nicht so dumm, wie sie von diesen Leuten eingestuft wurden. Nur ganz wenigen gelang ein wirklicher Übergang aus Deutschland in ihre angeblich nicht mehr deutsche Heimat.

Übrigens hat Manfred Gebhardt, den ich im Herbst 1948 in Warschau als Schicksalsgenossen, Mitstreiter und Mitleidenden kennenlernte und der später in der DDR nach Erklimmen einer abwechslungsreichen Journalistenleiter Chefredakteur des beliebten und lesens- wie anschauenswerten »Magazin« war, in seinen 1997 im Oldenbourgverlag erschienenen Erinnerungen über seine Kriegsgefangenenzeit in Böhmen und Polen ganz ähnliche Beobachtungen über solche nationalen Zerfallserscheinungen wiedergegeben. Es war anscheinend überall so. Da herrschte sichtlich über Lagerzäune und große Entfernungen von der Heimat hinweg eine überbrückende deutsche mentale Einigkeit.

Viele Historiker, die immer wieder, am Schreibtisch brütend, über die Lage der deutschen Nation nachsinnen und sie beschwörend als einig Volk von Brüdern beschreiben, übersehen offenbar die Brüchigkeit, nicht nur, weil sie sie selbst nicht so miterlebt haben oder aber sie zweckgebunden leugnen. Im Bismarckreich nach 1871 mit der von oben dekretierten Einheit war offenbar auch nicht alles zusammengewachsen, von dem man glaubte, es gehöre zusammen. Auch die zwölfjährige, an Nationalismus schon nicht mehr zu überbietende Nazidiktatur hat das Zusammenwachsen nicht bewirken können. Womit wieder einmal deutlich wird, daß die Praxis die Geschichte schreibt. Theorie beschreibt sie nur. Das freilich meist aus subjektiver Sicht.

Ich werde heute manchmal an die unglaublich erscheinenden Szenen erinnert, wenn ich das seit Jahren anschwellende deutschnationale und nationalistische Gedröhn höre, besonders seit 1989, als sich die BRD durch den Anschluß der DDR wieder zu einem größer gewordenen deutschen Vaterland mauserte und der Begriff von der deutschen Nation inflationär verwendet wird.

Wie brüchig die damals ebenfalls von oben verordnete deutsche Einheit von 1871 war, hat sich in der Not von Sagan gezeigt. Und wenn heute an der Jahrhundertwende wieder freistaatlich bayrische oder freistaatlich sächsische Regionaltöne auftauchen, wenn ich sehe, wie nach dem Fall der Mauer die fünf neuen Bundesländer behandelt werden, dann weiß ich, daß die Einheit der deutschen Nation auch heute noch nicht vollendet ist. Wahrscheinlich wird sie es auch nicht so schnell werden, wenn ich unsere Geschichte und die Geschichte anderer europäischer und außereuropäischer Nationen vergleiche. Vielleicht wird dadurch auch das vierzigjährige Neben- und Gegeneinander der beiden deutschen Staaten leichter erklärbar.

Diese kleine Abschweifung geschah freilich nicht ohne Grund. Denn für die Geschichte des Jahrhunderts scheint es mir doch von Belang und es wird noch darauf zurückzukommen sein.

In Sagan aber begann nach Registrierung und Entnationalisierung für eine etwa 10 000 Mann zählende Gruppe von den vielleicht insgesamt 30 000 dort lagernden Kriegsgefangenen, deren Zahl ständig durch neue Zugänge und Abgänge wechselte, eine neue Etappe.

Diese Gruppe, zu der auch ich gehörte, weil es allesamt keine »Spezialisten« waren, die vorher aussortiert worden waren, wurde zu Hunderter-Gruppen zusammengestellt. Jeder erhielt zunächst eine verhältnismäßig große Portion der unvermeidlichen, aber nahrhaften Kascha (Graupensuppe) und ein halbes Brot.

Danach begaben wir uns wieder auf einen der langen Märsche in einen dabei stets neu beginnenden Abschnitt in unserem Leben, dessen Ende offen war. Der deutsche Begriff Marsch wird ja bekanntlich aus dem französischen »marche« hergeleitet, was ursprünglich nur ein Musikstück war, aus dem sich dann ein Takt ergab, der hervorragend zum takt- und damit planmäßigen Vorwärtskommen per pedes geeignet war, dem Marschieren. Ich legte mir das jedenfalls so zurecht, wie man sich manches zurechtlegt, wenn man sich einsam fühlt. Und einsam kamen wir uns trotz der Masse an Gleichgeplagten vor.

Beim Marschieren versuchte ich jedenfalls, wie beim »marche« eine Harmonie nach dem Zusammenklang und Zusammenhang der Dinge zu entdecken, die mich seit dem Ende des Krieges plötzlich überfallen hatten.

Mich bewegten die Diskussionen, die auf dem Marsch und später die gesamte Gefangenschaft hindurch geführt wurden, weil ich mir selbst natürlich wie die anderen auch solche Fragen stellte: Warum gerade ich? Habe ich eigentlich etwas besonders Unrechtes getan? Na, ich doch nicht. Vielleicht, die früher Soldat geworden waren. Aber die lehnten ja auch jedes Schuldbekenntnis ab. Gab es überhaupt Schuldige? Die Vorgesetzten oder die ganze Naziführung überhaupt? Aber die sind nicht hier auf dem Marsch. Die müssen nicht leiden. Busse z. B. Wo ist der jetzt? Ihm geschähe recht, wenn er so leiden müßte, wie wir jetzt. Aber wahrscheinlich fühlte er sich auch ins Unrecht gesetzt? Wer also ist schuld an unserer Misere. Die Russen vielleicht? Die könnten sich doch menschlich zeigen und uns einfach laufenlassen. Warum geschieht uns also dieses Unrecht?

Diese Zustandsbeschreibung entspringt jetzt nicht etwa meiner nachträglichen Phantasie. So und nicht anders hat es sich abgespielt. Alle fühlten sich plötzlich zu Unrecht behandelt. Und jeder weiß, daß dieses Klagen über erlittenes Unrecht nicht aufhörte. Das wurde und wird bis auf den heutigen Tag staatlicherseits ideell und sogar materiell weiter befördert. Diesmal war es nicht der Dolchstoß, der die Deutschen zu Verlierern machte, diesmal war es das Unrecht, das uns Deutschen generell widerfuhr.

Das ist keine bittere Satire. Das ist traurige Wirklichkeit, wenn man nur an die nach 1990 geschlossenen Verträge mit Polen oder der Tschechischen Republik und an die immer noch andauernden Tiraden der Landsmannschaften, der Soldaten-, Kriegsopfer- und Heimkehrerverbände, an die ungezählten Vereine, die sich heute noch an den vielen deutschen Stammtischen bedauern, denkt. Deutschland fühlt sich zu Unrecht besiegt. Den Deutschen ist Unrecht widerfahren nach dem Kriege, den sie angezettelt haben. Ursprünglich war es den meisten egal, ob alles in Scherben fällt. Das wurde ja auch laut besungen. Nun, vor dem eigenen Scherbenhaufen stehend, begann sich ein passives Unrechtsbewußtsein herauszubilden.

Von den ehemaligen DDR-Bürgern wird Reue eingeklagt. Für einen bestimmten und begrenzten Zeitabschnitt der deutschen Geschichte. So als gäbe es keine Umwelt, keinen Hintergrund und keine gemeinsame Vergangenheit. Nein, Unrechtsbewußtsein steht Deutschen nur im Hinblick auf die unmittelbaren Kriegsfolgen zu. Die Opfer-Täter-Diskussion gilt nur immer für die anderen. Das ist offizielle deutsche Staatsdoktrin.

Erinnert man sich noch der Kommentare, als Willy Brandt seinen Kniefall vor dem Warschauer Ghettodenkmal tat?

Unrechtsbewußtsein kommt offenbar vom Bewußtsein, das sich dem Sein zu entziehen versucht.

Damals ging einem schon einiges durch den Kopf. Noch lange nicht so ausgereift, wie das jetzt von mir formuliert wird. Dazu brauchte es noch fünfzig Jahre Lebenserfahrung. Aber es begann bei mir schon auf jenen Märschen, später beim schlaflosen Herumwälzen auf den Pritschen, weil die Wanzen einen wach hielten.

Und während man auf dem Marsch die Beine mechanisch bewegte, mußte man nur aufpassen, daß für den Kopf nicht die gleiche stupide Mechanik einsetzte. Ich jedenfalls begann mit dem Nachdenken, und ich weiß, daß es vielen ähnlich erging, wenn auch oft mit unterschiedlichen Resultaten. Ging man mit jedem Schritt nach vorn? Trat man trotz des kilometermäßig gesehenen Fortschreitens nicht unverrichteterdinge auf der Stelle?

Unterbrochen wurden meine Gedanken bisweilen durch einen planmäßigen oder außerplanmäßigen Halt. Planmäßig, wenn unsere Bewacher sich eine Pause gönnten, oder es hieß, hier bleiben wir über Nacht. Außerplanmäßig, wenn unsere Bewacher gesehen oder gespürt hatten, daß sich einige der Gefangenen seitwärts auf Nimmerwiedersehen in die Büsche geschlagen hatten. Dann wurde der ganze Haufen mehrmals gezählt. Mehrmals, weil man sicher gehen wollte, daß auch nicht einer fehle. Fehlte doch jemand, so wurde, weil der Kommandant ja eine bestimmte Zahl beim nächsten Ziel abzuliefern hatte, das erste beste männliche Wesen vom Feld oder aus einem Haus geholt und war fortan Kriegsgefangener.

Natürlich kann man sich über derartige Willkürakte erregen. Und natürlich war es objektiv für die Betroffenen Willkür. Nur wenn sich heute Nichtbetroffene beim Umschreiben der deutschen Geschichte darüber erregen, so sollten sie daran denken, daß es für die sowjetischen Soldaten nicht die Zeit war, mit dem Gesetzbuch oder der gerade in Arbeit befindlichen Konvention für Menschenrechte unter dem Arm herumzulaufen, sondern daß sie den Befehl hatten, so und soviel Mann von A nach B zu bringen.

Ich sage das nicht entschuldigend, sondern versuche es zu erklären, weil ja manchmal bei Uneingeweihten für bestimmte Vorgänge Erklärungsbedarf besteht. Ich bedauere jeden auf diese Weise ungerecht Behandelten, weil oftmals menschliche Vernunft nicht ausreicht, um Vorkommnisse, die mit dem Krieg zusammenhängen, überhaupt zu erklären. Oder kann sich jemand jenes unmenschliche Geschehen, das in allen europäischen Ländern, besonders in Osteuropa seit dem 1. September 1939, durch deutsche Truppen verursacht wurde, erklären? Und: Haben sich die deutschen Soldaten, die selbst genug Willkür übten, nicht auch ständig auf Befehle berufen?

Ich mag es jedenfalls nicht, wenn sich vor allem Leute, die das alles nur vom Hörensagen kennen, zu Richtern aufschwingen, wobei sie übersehen, daß die Untugend, beispielsweise nicht immer mit dem Grundgesetz unter dem Arm herumzulaufen, selbst vor ehemaligen Ministern der Altbundesrepublik nicht haltmachte. Und da herrschte tiefster Frieden und nicht der unübersehbar chaotische Zwischenzustand von Krieg und Frieden.

Dennoch lief die Zeit in diesen Tagen und Wochen gleichzeitig und von den kleinen Querelen abgesehen, die uns beschäftigten – fast möchte ich sagen – epochemachend weiter. Da wurden Weichen für die künftige Weltpolitik gestellt, von denen wir auf unseren Märschen noch nichts spürten, geschweige denn wußten. Da wurden am runden Tisch von Potsdam von allen Siegermächten die europäischen Nachkriegsgrenzen beschlossen, und daß u.a. Kriegsverbrecher zu bestrafen und ihre Betriebe zu demontieren seien.

Etwa zu diesem Zeitpunkt gingen wir am Ende unseres neuerlichen Etappenmarsches in der Praxis daran, am neuen Ziel- und Lagerort von Christianstadt am Bober eine im Wald versteckte Munitionsanstalt der Nazis zu zerlegen. Gewiß hatte sie im Besitz des Flick-Nobel-Konzerns viel Unheil anrichten helfen. Schon deshalb gehörte sie abgerissen. Aber wir sollten sie eigentlich nur auseinandernehmen, damit sie in die Sowjetunion abtransportiert und dort zur Weiternutzung wieder aufgebaut werden konnte. Das war unsere Aufgabe, die viel Nachdenklichkeit auslöste, weil es eben eine Rüstungsfabrik war, mit deren Demontage wir Ende Mai 1945 beauftragt wurden. Woanders, weiter westwärts, hat man sich mit dem Abriß von heil gebliebenen deutschen Rüstungsschmieden nicht so beeilt. Da standen sicherlich auch verschiedene politische Konzeptionen dahinter. Denn in der sowjetischen Besatzungszone wurden Industriebetriebe auch nicht demontiert, sondern deren Produktion für Reparationslieferungen umgestellt. Warum man dieses Werk demontierte, daß sich, wie die Sowjets sicherlich schon wußten, spätestens ab August auf polnischem Boden befinden würde, ist mir eigentlich bis heute nicht ganz klar.

Aber nur wenige Monate später, im August, hatten Zehntausende deutscher ehemaliger Soldaten wie die Ameisen dieses Munitionswerk der Nazis faktisch zerstört, das selbst nach Ansicht von uns Laien nicht wieder zu errichten war, auch nicht in den Weiten der Sowjetunion, wo, wie wir später erfuhren, manches Wunder vollbracht worden war. Aber im Wald von Christianstadt gab es beim unsachgemäßen Abriß soviel Explosionen und andere Unfälle, die nicht nur Menschenleben forderten, sondern wahrscheinlich die ganze Arbeit zum Nonsens machten. Natürlich mußte das ehemalige deutsche Vernichtungsmittelwerk dort verschwinden. Aber was da abtransportiert wurde, wenn es denn überhaupt zur Verladung kam, war Schrott. Ich hoffe nur, der Schrott hat wenigstens seine Schuldigkeit als Rohstoff getan. Sicher ist das indes auch nicht.

Aber nicht nur unsere Abrißarbeit war zumindest nach außen hin beendet. Beendet war auch die Aufsicht durch die Rote Armee. Denn wir befanden uns seit dem 2. August nicht mehr auf deutschem Boden, sondern in Polen.

Das Potsdamer Abkommen, als ein gewisser Schlußpunkt unter die Vereinbarungen der drei Großmächte in der Antihitlerkoalition von Teheran und Jalta, hatte unter anderem auch die Grenzen des wieder unabhängig gewordenen Polen festgelegt. Darüber hinaus war zwischen der Sowjetunion und Polen vereinbart worden, daß sich die zu diesem Zeitpunkt auf polnischem Territorium befindlichen deutschen Kriegsgefangenen künftig in polnischem Gewahrsam für Reparationen oder Wiedergutmachung – wie immer man das offiziell auch bezeichnen mochte – zu arbeiten hätten.

Wir erfuhren das, als eines Tages die sowjetischen Wachmannschaften verschwanden und polnische Truppen das Lager übernahmen. Übrigens muß ich hier ergänzen, daß plötzlich mit den Sowjets auch das sogenannte Antifa-Komitee verschwand, das sich im Schutz der sowjetischen Bewacher gebildet hatte und das vornehmlich aus Offizieren und Unteroffiersdienstgraden bestand, sich mit roten Armbinden schmückte und in der sowjetischen Offizierskantine Essen faßte. Das waren diejenigen, die sarkastisch Kochgeschirr-Antifaschisten genannt wurden, weil sie vor allem ihren Vorteil im Auge hatten. Außer einer Wandzeitung, auf der irgendwelche Leute namentlich gesucht wurden, sahen und hörten wir nichts von dieser seltsamen Truppe, die, wie ich selbst noch erfahren sollte, eine spätere ernsthafte antifaschistische Arbeit unter den deutschen Kriegsgefangenen erschwerte, weil die Landser immer nur diese Herrschaften im Auge hatten. Ich weiß heute, nachdem ich über die Geschichte des Nationalkommitees Freies Deutschland gelesen habe, daß die Rote Armee sich offenbar verpflichtet fühlte, unter den Kriegsgefangenen, die sie einbrachten, solche Antifa-Kommitees zu unterstützen. Ob die Mannschaft, die sich in Christianstadt unter einer roten Fahne versammelte, jemals für das Nationalkommitee gearbeitet hat, wage ich zu bezweifeln. Auch das gehört zu den Ungereimtheiten der unmittelbaren Nachkriegszeit. Aber es hat dem Begriff Antifaschismus geschadet.

Daß diese Leute mit den Sowjets abzogen und von ihnen wahrscheinlich in die Heimat entlassen wurden, ist aber noch unter einem anderen Aspekt zu sehen. Mit der Übernahme der Bewachungsoberhoheit durch polnische Truppen hatte zunächst und zwar auf Jahre hinaus generell jegliche politische oder kulturelle Betätigung der deutschen Kriegsgefangenen zu unterbleiben. Es gab für uns offiziell keine Zeitungen, auch keine polnischen, und es gab, was für uns alle schwer wurde, ein absolutes Briefschreibverbot. Wir hatten Wiedergutmachung zu leisten und nicht zu politisieren.

Die Entpolitisierung fiel übrigens den meisten ehemaligen Soldaten nicht schwer. Viele hatten sich nach den für sie enttäuschenden Nazijahren geschworen, nie wieder etwas mit Politik zu tun haben zu wollen. Die Sache mit dem Schreibverbot war für sie und auch objektiv schon schlechter zu begreifen.

Und was die Wiedergutmachung anlangte, so war eine Einsicht in diese diesmal objektive Notwendigkeit schwer zu erreichen. Ich hatte mich ja schon einmal zu der Unschuldsfrage geäußert. Je länger unser Zwangsaufenthalt dauerte, desto uneinsichtiger gingen viele an diese Frage heran. Es hat später vieler aufklärender Gespräche und Diskussionen bedurft, um wenigstens Nachdenken darüber anzuregen. Leider nicht immer erfolgreich.

Aber zu diesem Zeitpunkt wußte niemand, wie lange wir zu dieser Wiedergutmachung zur Verfügung zu stehen hätten. Die Polen traten uns gegenüber als Sieger auf. Man konnte es ihnen nicht verdenken, zumal sie das erste Opfer im Zweiten Weltkrieg geworden waren und dann mit einer, zwar im Rahmen sowjetischer Armeefronten, aber immerhin selbständig operierenden Armee unter großen Opfern bis nach Berlin marschiert waren. Und obwohl sie sich zu den Siegern zählten, nachdem sie zwischen Norwegen und Italien auch an anderen Fronten an der Seite der Westalliierten gekämpft und gesiegt hatten, wurden sie an keinen Verhandlungstisch gebeten, wenn es darum ging, über die europäische Nachkriegsordnung zu debattieren. Für sie sprachen ihre Schutzherren aus Moskau und London. Unter den Fittichen der einen waren es die Genossen der neugegründeten PPR um Bolesław Bierut als Nachfolgeorganisation der in den dreißiger Jahren von Stalin aufgelösten Polnischen Kommunistischen Partei, unter dem Protektorat der anderen in London die sich als einzig rechtmäßige polnische Regierung bezeichnenden englischen Emigranten um Mikołajczyk, nachdem General Sikorsky, ein Mann des Ost-West-Ausgleichs 1944 unter seltsamen Begleitumständen in der Nähe von Gibraltar bei einem Flugzeugunglück ums Leben gekoammen war.

Sowohl Churchill als auch Stalin (Anmerkung für die Junghistoriker: Nicht nur Stalin!) beschlossen die Grenzen des neuen wieder unabhängigen Polen, die Westgrenzen übrigens mit sofortiger Übereinstimmung Großbritanniens und der dort etablierten Exilregierung. Die Ostgrenzen zur Sowjetunion sollten wie vor 1939 bleiben, weil die polnischen Nationalisten in London zwar den Deutschen »alte slawische Gebiete« entreißen, aber den Russen im Osten keinen Fußbreit Boden überlassen wollten, obwohl die international anerkannte Curzon-Linie (Das war die polnisch-sowjetische Grenzlinie, die 1919 vom damaligen britischen Außenminister Curzon nach ethnographischen Gesichtspunkten vorgeschlagen und beschlossen worden war und erst nach dem sowjetisch-polnischen Krieg 1920/21 von der UdSSR bis zum Jahre 1939 anerkannt wurde) die Grundlage für die Grenzregelung zwischen Nazideutschland und der UdSSR 1939 sowie 1945 durch die Festlegungen von Jalta und Potsdam war. Dennoch gab es einen im Grunde nicht beendeten Streit um die polnischen Ostgrenzen.

Gemeinsam wurde auch festgelegt, daß die Aussiedelung der im Verhältnis zur ursprünglichen Bevölkerungszahl zu diesem Zeitpunkt nur noch relativ wenigen Deutschen unter polnischer Regie zu erfolgen habe, um für alle Zukunft zu vermeiden, daß die deutsche Minderheit wieder für Reibereien und Zwischenfälle mißbraucht werden könnte. (Das galt übrigens auch für die Sudetendeutschen.) Denn daß sich zum Zeitpunkt des Einmarsches der Roten und der polnischen Armee nur noch ein verhältnismäßig geringer Teil der Bevölkerung in ihren Städten und Dörfern befand, war der Vertreibung durch die Deutsche Wehrmacht und die SS geschuldet, die, dem Nero-Befehl folgend, den Siegern nur noch verbrannte Erde und entvölkerte Gebiete hinterlassen wollten. Wenn es nicht so wäre, wo kämen denn dann u. a. die Zehntausenden toten schlesischen Flüchtlinge im Februar 1945 in Dresden her? Und die tragische Vertreibung von großen Teilen der ostpreußischen Bevölkerung über die Ostsee kann man auch nicht den Polen anlasten.

Wer heute noch mit den Volkszählungszahlen von 1938 für die verlorengegangenen Gebiete jongliert, um zu beweisen, daß 7 Millionen Deutsche von den Polen vertrieben wurden, betreibt politische Falschmünzerei.

Daß bei der Aussiedlung der Restbevölkerung und der wenigen, die Monate nach der neuen Grenzziehung wieder in ihre alte Heimat wollten, auch Gewalttaten vorkamen, haben inzwischen die Polen selbst eingestanden und sich dafür in angemessenerer Form entschuldigt, *was* außer Willy Brandt, bisher kein deutscher Politiker je für nötig gehalten hat.

Auch die Darstellung aus deutscher Sicht wäre allein schon für eine objektive Darstellung noch im einzelnen zu überprüfen, weil solche Schilderungen z. T. auch aus politischen antipolnischen Gründen oft übertrieben wurden, was nicht gerade zur Aussöhnung beiträgt. Hier komme ich zur Täter-Opfer-Frage zurück: Man vergißt, wie die deutschen Soldaten in Polen von 1939 bis 1944 gehaust haben. Man komme auch nicht mit der Ein- oder besser Ausrede, daß das eine im Krieg, das andere im Frieden geschehen sei. Das ist für die Nachkriegszeit kein Argument, es sei denn, man wolle, was ja möglich wäre, sagen: In dem einen Falle waren es nur Polen. Im anderen handelte es sich aber um Deutsche. Mag sein, daß man jetzt gegen mich die große Kritikkeule schwingt. Aber erstens bin ich bereit, mit jedem darüber in aller Sachlichkeit zu diskutieren, denn nach meinen Erlebnissen darf ich mir schon ein wenig Kritik am deutschen Wesen erlauben. Zweitens habe ich nach dem Krieg in polnische Gesichter geblickt, ohne zu leugnen, daß ich Deutscher bin und habe mich auch diesen daraus folgenden Diskussionen gestellt. Danach vergeht einem das, was man bis heute von einigen Leuten hört, jenes *unwürdige* Aufbegehren gegen geschichtliche Wahrheiten.

Aber das Wort *Würde* besteht ja leider für manche Deutsche nur im Konjunktiv und nicht in ursprünglicher Ableitung vom Wort *Wert*. Sonst würden (Konjunktiv) mehr Deutsche beim Auftreten zwischen Warschau und Mallorca mehr Würde (Wertkategorie) zeigen.

Um zu jenen Tagen des Frühherbstes 1945 zurückzukommen. Die Polen, als unsere neuen Herren, sortierten zunächst auch noch einmal unter den verbliebenen deutschen Kriegsgefangenen Deutsche und Polen auseinander. Das erinnerte mich ein wenig an die Vorgänge in Sagan. Nur ein bißchen konkreter war es hier schon. Viele damalige Deutsche bekannten sich tatsächlich zu Polen, weil sie ihren früheren Wohnsitz in den nun polnischen Gebieten hatten. Sie taten es freiwillig. Vielleicht mit dem pfiffigen Hintergedanken, nur erst mal dieser Gefangenschaft zu entkommen. Vielleicht auch, und von vielen weiß ich es genau, um auf diese Weise der Zukunftslosigkeit zu entgehen. Denn in Deutschland sah zu diesem Zeitpunkt niemand eine Zukunft. Und das deutsche Vaterland, so oft besungen, gehuldigt und beschworen, war verschwunden. Nicht nur in vier Besatzungszonen aufgeteilt, sondern, wie sich gezeigt hat, ins nationale Koma gefallen.

Die neue Wahrheit in Ost und West übrigens lautete: Wo es mir gut geht, ist mein Vaterland, ein opportunistisches Wort, was aber schon auf die alten Griechen zurückgeht. (Aristophanes: Das Vaterland ist überall, wo das Glück uns blüht.) Also muß es früher in der griechisch-römischen Antike auch schon derlei Überlegungen gegeben haben.

Ich mußte und muß weiterhin immer an diese Situation denken, wenn ich das landsmannschaftliche Gerede von den unterdrückten Deutschen in Polen höre. Gewiß, was da mitunter geschehen ist, läßt sich nicht entschuldigen und ist in Polen heute auch Gegenstand von Diskussionen. Aber man kann gar nicht oft genug wiederholen: Zu Anklagen oder gar Gegenrechnungen sind gerade wir Deutschen nicht berechtigt, denn dann müßte man ja fairerweise 1939 beginnen. Das aber vergessen diejenigen, die heute nach Wiedergutmachung erlittenen Unrechts durch die Polen rufen. Vor allem sollten jene den Mund halten, die sich in der zweiten oder dritten Generation befinden. Denn denen geht es nicht um das Unrecht, das ihren Großeltern möglicherweise angetan wurde, sondern um deren vermeintliches materielles Erbe. Heimat ist Immobilie. Aber das ist eben leider auch ein weites Feld, das noch zu beackern wäre.

Nach der landsmannschaftlichen Auslese wurde dann, diesmal durch die Polen, die Lagerbesatzung auch wieder auf Spezialisten durchkämmt. Es gab offenbar eine von den offiziellen Behörden aufgestellt Liste, auf der Berufe vermerkt waren, die man dringend benötigte. Krankenkassenangestellte waren nicht darunter. Und so blieb ich bei einer großen Zahl Übriggebliebener, deren Schicksal zunächst im ungewissen lag.

Die Optimisten meinten, die schicken uns nach Hause, weil sie uns nicht gebrauchen können und unnütze Fresser möglicherweise genug haben. Dann gab es auch Pessimisten, die meinten, daß sie uns umbringen würden. Aus dem gleichen Grunde.

Nach einigen Tagen der nicht ganz einfachen, weil belastenden und quälenden Ungewißheit war dann klar: Wir wurden, nachdem man uns offenbar anhand der Saganer Listen nochmals registriert hatte, wieder einmal zu einer Marschkolonne zusammengestellt. Es ging mehrere Kilometer bis zu einem kleinen Bahnhof auf freiem Feld. Dort stand ein Güterzug. Vor dem Einsteigen – 20 Mann ein Waggon – bekam jeder ein ganzes Brot.

Danach begannen die Theoretiker zu rechnen: Mit einem Brot kommt man nicht weit, also wird es nicht lange dauern. Dachten sie. Die Pragmatiker sagten: Jetzt habe ich erst einmal Kohldampf, und begannen das Brot zu brechen und zu essen. Die Pedanten zerlegten das Brot, teilten sich mehrere Portionen auf und verstauten sie, nach dem Motto: Man kann nie wissen.

So lernte man die unterschiedlichsten Temperamente kennen. Ich versuchte von jedem etwas. Ich würde schon Erfahrungen sammeln.

Was wir zunächst nicht wußten, war, daß es nach Oberschlesien ins Kohlenrevier ging. Was wir nicht bedacht hatten, war, daß ein vom Krieg zerstörtes Eisenbahnnetz den Transport verzögern könnte, und was wir nicht ahnten, war, daß dieser Transport sechs Tage unterwegs sein würde.

Wenn ich sage, daß an unserem Ankunftsort Katowice nicht mehr alle aussteigen konnten, dann umschreibe ich damit einen harten traurigen Tatbestand. Zwar standen dort Suppenkessel für uns bereit, aber nicht alle brauchten diese Suppe mehr. Wie der Rest das durchgestanden hat, nur bei gelegentlichen Zwischenaufenthalten mit dem Kochgeschirr etwas Wasser schöpfend oder irgendeine Feldfrucht ergatternd, wird mir immer ein biologisches Rätsel bleiben. Aber ich weiß seitdem, daß der Mensch viel aushalten kann.

Nach dem Essenfassen wurde wieder marschiert. Mit immer noch weichen Knien zwar; aber auf dem Weg durch die oberschlesischen Industrieorte, die wir durchzogen, flogen aus den Fenstern von der uns anscheinend nicht unfreundlich gesonnenen, weil wahrscheinlich teilweise deutschstämmigen Bevölkerung mehr oder weniger große Liebesgabenpakete, in denen sich auch Lebensmittel befanden. Aber nicht nur. Was die Lebensmittelspenden anging, so wurden sie von uns als willkommene Zusatzverpflegung angesehen. Die Posten, die uns zu begleiten hatten, sahen das offenbar nicht so, denn sie schossen wie wild in die Luft, manchmal auch in Richtung geöffneter Fenster, was die Spendenfreudigkeit natürlich einschränkte und letztendlich ganz beendete.

Schließlich, als wir in früher schon immer polnisch gewesene polnische oder Grenzortschaften kamen, flogen hin und wieder nur noch Gegenstände, die uns bewiesen, daß wir nicht gern gesehen waren. Auch nicht als Wiedergutmachungsgehilfen.

Ab und zu schwenkte eine abgezählte Kolonne rechts oder links ab.

Später, als die Kolonne, in der ich mich befand, an der Reihe mit dem Einschwenken war, ahnten wir, daß wir das nächste Etappenziel erreicht hatten, bis wir schließlich vor dem künftigen Arbeitslager standen.

Kann man Geschehenes wiedergutmachen?

Für die etwa 700 Mann starken Gruppe, der ich angehörte, hieß dieses Arbeitslager Knurow, wie das Ortseingangsschild und die dahinter aufstrebenden Fördertürme auswiesen. Knurów lag ein Stück des Weges, nachdem wir Gleiwitz, das nun Gliwice hieß, durchschritten hatten, wobei ich natürlich an meinen Schulfreund Rzepinski denken mußte.

Das mit Maschen- und Stacheldraht umzäunte Lager selbst lag auf einer Halde, deren Ränder nach drei Seiten steil abfielen und von dem sich nur die Vorderfront mit dem Lagertor in Straßenhöhe befand. Ideal für die Bewachung angelegt. Für Fluchtwillige von vornherein fast unüberwindbar. Aber nicht die Polen hatten das Lager in dieser bewachungsstrategisch günstigen Lage gebaut, sondern schon an den Baracken sah man den deutschen Ursprung, deutsche Vorsorge und Gründlichkeit. Es waren jene Einheitsbaracken, die wir von Kriegsgefangenenlagern in Deutschland und vom Reichsarbeitsdienst und anderen lagermäßigen Unterkünften her kannten. Auch die Inneneinrichtung, dreistöckige Betten, Spinde, Kanonenofen, Tische und Stühle waren eindeutig eine deutsche Hinterlassenschaft. Nur die Strohsäcke waren neu und frisch gestopft, was einen irren Duft von frischem Stroh verbreitete.

Später erfuhren wir, daß es sich um ein ehemaliges Außenlager von Auschwitz, das nur 80 Kilometer von hier entfernt lag, handelte.

Die Stimmung der überwiegend polnischen Bevölkerung war entsprechend. Knurów hatte vor dem Kriege nicht zum Deutschen Reich gehört.

Dann begann, im Gegensatz zu allen bisherigen Lagern, eine ordnungsgemäße Aufnahme. Es wurden Zehnergruppen gebildet, die der Reihe nach zur Wasch- und Bekleidungsbaracke geführt wurden, um Unterwäsche, ein Paar Socken, einen Lageranzug aus grobem Drillich, Bettlaken, eine Wolldecke und Holzschuhe in Empfang zu nehmen, danach ging es der Reihe nach in eine der Baracken. Der Reihe nach bekamen wir beim Betreten unseres neuen Domizils eine auf Stoff gedruckte Nummer (ich erhielt die für mich nie in Vergessenheit geratene Nr. 172), und wir bezogen das mit dieser Nummer gekennzeichnete Bett und hatten den mit der gleichen Nummer versehenen halben Spind, in den wir freilich mangels Masse zunächst nicht sehr viel einzuräumen hatten.

Beim Betrachten unserer Anzüge entdeckten wir, daß der Rücken durch Ölfarbe mit einem Signum JW verziert war, die Hosen trugen schwarze Biesen ebenfalls aus haltbarer Ölfarbe. JW bedeutete Jeniec Wojenny – Kriegsgefangener.

So vergingen unsere ersten beiden Tage. Beim Zählappell am dritten Tag wurden wir eingeteilt. Zunächst wurden Nummern aufgerufen, und der Teufel mag wissen, wie diese Auslese zustande kam, die zum Lagerdienst abkommandiert waren. Da gab es plötzlich einen deutschen Lagerältesten, zwei Lagerpolizisten und eine Küchenbesatzung, je eine Besatzung für die Waschküche und Bekleidungskammer sowie die Sanitätsstube. Letztere waren für uns noch am ehesten als kompetent zu begreifen, denn es handelte sich um einen ehemaligen Veterinär-Stabsarzt, der noch seine volle Uniform trug und einen Sanitätsstabsgefreiten, wenigstens auch durch Uniformzeichen ausgewiesen. Später stellten sich dazu noch einige bemerkenswerte Einzelheiten heraus, die man auch bayrisch-sächsische Seilschaften nennen könnte. Wie sie zustande kamen, wissen heute allenfalls noch die unmittelbar Betroffenen, falls sie noch leben. Ich werde mich hüten, irgendwelche Vermutungen anzustellen, weil ich auch nicht leiden kann, wenn man lediglich mit Vermutungen operiert.

Dann wurde aufgerufen: Nummer Sowieso bis sowieso tritt morgen früh um 5.30 Uhr an und fährt zur Frühschicht in die dem Lager gegenüberliegende Grube »Piotr i Paweł« ein. So wurde auch die Nachmittagsschicht und die Nachtschicht aufgeteilt. Wer krank sei oder sich schwach fühle, melde sich in der Sanitätsbaracke. Er werde möglicherweise zum Übertagedienst eingeteilt. Da sich bislang alles ziemlich ruhig und bei einer doch zufriedenstellenden Verpflegung vollzog, gab es zunächst keinen Grund zu größeren Klagen, besonders angesichts zurückliegender Erlebnisse.

Ich erzähle das so genau, wie ich es in Erinnerung behalten habe, weil, wie auch nachfolgende Episodenschilderungen beweisen mögen, es sich hier um ein sehr wenig bekanntes Gebiet, um nicht zu sagen, Loch in der Geschichtsschreibung über die deutschen Kriegsgefangenen nach dem Zweiten Weltkrieg handelt. Über die Kriegsgefangenen in der Sowjetunion wurde sehr viel geschrieben. Gutes und Schlechtes, Richtiges sicherlich, wie auch Falsches. Über die Kriegsgefangenen, die in England und in Reeducation-Lagern landeten, ist manches bekannt, ebenso wie über diejenigen in Kanada und Frankreich oder die schlimmen Todeslager bei den amerikanischen Truppen auf den Rheinwiesen bei Bad Kreuznach, obwohl man dies zugunsten der antisowjetischen

Hetze bald in Vergessenheit fallen ließ. Über die Kriegsgefangenen in Polen gibt es nach meiner Kenntnis nur die Erinnerungen von Manfred Gebhardt, der zu DDR-Zeiten auch noch eine damals wie heute wenig beachtete Diplomarbeit über die Zeitung der deutschen Kriegsgefangenen in Polen »Die Brücke« schrieb; eine Dissertation der Berliner Historikerin Christa Hübner über die antifaschistische Arbeit unter den Kriegsgefangenen in Polen, die den Vorteil hat, wenigstens das Thema aufgegriffen zu haben, aber auch den Nachteil, wie viele solcher Dissertationen, daß sie sich fast ausschließlich auf die Aktenlage und schon Veröffentlichtes stützt; schließlich noch Untersuchungen von Otto Böss im Band IX »Zur Geschichte der deutschen Kriegsgefangenen des 2. Weltkrieges«, über die Lage der deutschen Kriegsgefangenen in Polen und der Tschechoslowakei, was auch nicht als umfassend und objektiv zu nennende Geschichtsschreibung bezeichnet werden kann, weil sich Böss im wesentlichen auf Befragungen von Heimkehrern in die Westzonen stützt und deshalb viel subjektiv Eingefärbtes enthält, was der ehemaligen Absicht sicherlich entgegenkam, aber keine objektive Untersuchung darstellen kann.

Nicht vergessen darf man auch Hermann Kants literarische Beschreibungen dieser Zeit an diesen Orten, wie schon in dem Erzählband »Ein bißchen Südsee«, in seinem ersten großen Erfolgsroman »Die Aula«, besonders aber im Roman »Der Aufenthalt«.

Ich meine das anmerken zu müssen, weil, wie sich noch zeigen wird, die Geschichte der deutschen Kriegsgefangenen in Polen auch ein Stück der Geschichte der deutsch-polnischen Beziehungen nach dem Zweiten Weltkrieg überhaupt ist, deren Gesamtkomplex noch gründlich zu untersuchen sein wird, wenn es denn die Politik für opportun hält. Denn das kann auch wiederum nur mit Hilfe der bestehenden Archive und der Anhörung der verschiedenen Zeitzeugen geschehen. Dabei sind alle Archive zu öffnen, nicht nur die westlichen. Zeitzeugen sind zu befragen, nicht nur die westlichen, sondern unbescheidenerweise auch die östlichen.

Aber zunächst ging es für mich und die meisten anderen in Knurów darum, den Bergbau als solchen und die polnischen Menschen, die ihn betrieben, im einzelnen kennenzulernen. Daß dieses Studium nicht unter den günstigsten Bedingungen absolviert werden konnte, ergab sich allein schon aus unserer Lage.

Soweit ich mich erinnere, wurde ich als erstes zur Mittagsschicht (14 bis 22 Uhr) eingeteilt. Wir erfuhren bald, daß die Früh- und Mittagschicht Kohle förderten, die Nachtschicht die sogenannte Versatzschicht und Umbauschicht war, die ausgekohlte Streben wieder mit Steinen versetzten, daß heißt, wieder füllten, damit der Druck des Gebirges nicht durch Leerräume zu gefährlichen Einbrüchen des Gebirges und damit zu Verschüttungen führte. Umgebaut wurden die Schüttelrutschen, die in den schrägen Streben, die Kohle zur tiefer gelegenen Sohle zum Füllort beförderten, von wo aus sie maschinell in die Hunte geschüttet und, zugweise zusammengestellt, zum Förderschacht, oft über mehrere Kilometer Länge von E-Loks gezogen, transportiert wurde. Für mich war es wie für viele, vor allem auch jüngere Kameraden, ein interessanter Prozeß, vielen blieb es nur als Knochenschinderei in Erinnerung, die es natürlich auch war. Aber der Bergmannsberuf war und ist nun mal ein schwerer Beruf. Daß er unter den Bedingungen der Kriegsgefangenschaft einer Zwangsarbeit ähnlich wurde, war eine zusätzliche Erschwernis. Aber wir sahen ja, daß, von Ausnahmeerscheinungen abgesehen, wo sich manche auf unsere Kosten auszuruhen versuchten, die polnischen Kumpel unter den gleichen Härten zu arbeiten hatten. Natürlich war der Hauptunterschied, daß sie frei arbeiteten, daß sie ein ziviles Zuhause hatten und daß sie wußten, wofür sie arbeiteten: Für Geld. Alles das war uns nicht gegeben.

Es sollte aber alsbald noch etwas hinzukommen, was für viele, wahrscheinlich für die Mehrheit der Kriegsgefangenen, diese Arbeit, Wiedergutmachung genannt, an den Rand des Erträglichen führte.

Kurz vor Weihnachten 1945 gingen für uns die Lebensmittelvorräte aus sogenannten UNRRA-Beständen zu Ende. Später erfuhren wir, daß die polnische Lagerleitung diese Lebensmittel unter der Hand verschoben hatte, bis der Zeitpunkt gekommen war, daß unsere Lagerköche nicht mehr wußten, was sie ins Wasser der Kessel rühren sollten. Natürlich war die Aufregung groß, von »polnische Wirtschaft« bis »die Pollacken wollen uns aushungern« reichte die Palette der Vorwürfe. Ich will auch nicht für blindes Verständnis werben. Diese Situation war schwierig, und die Umstände waren sicherlich unentschuldbar. Aber ich sollte in meinem späteren Leben, übrigens bis auf den heutigen Tag, erleben, daß Macht, und die hatten ja die polnischen Wachmannschaften mit dem Naczelnik an der Spitze, Korruption gebiert. Vor allen in Zeiten der Not, und die herrschte in jener Zeit auch in Polen draußen vor den Lagertoren.

Mit Kartoffelflocken, wie man sie für gewöhnlich früher dem Viehfutter beimischte, wurden wir zunächst weiter ernährt. Ganz verhungern lassen wollte man uns natürlich nicht. Davor stand der Befehl für die Lagerleitung, dafür zu sorgen, daß wir Kohle zu fördern hatten. Aber es waren dünne Wassersuppen, ohne Saft und Kraft, nur durch etwas Salz überhaupt genießbar gemacht, was dann freilich die Bildung von Hungerödemen beschleunigte. Die Leute schleppten sich manchmal nur noch zur Arbeit, und wenn unter Tage die meisten polnischen Kumpel nicht ihr Brot mit »ihrem« Kriegsgefangenen geteilt hätten, wäre die Katastrophe viel früher hereingebrochen.

Die »Katastrophe«, die darin bestand, daß immer mehr Leute sich krank melden mußten, weil sie einfach nicht mehr konnten, führte dann zu ungewöhnlichen Maßnahmen. Ich arbeitete mit einem deutschstämmigen polnischen Hauer zusammen, der, wie er sagte, Mitglied der Arbeiterpartei (PPR) war (er war es übrigens auch, der später meine ersten Briefe an meine Eltern illegal in die Sowjetische Besatzungszone beförderte.) Er schimpfte auf die Bewacher, die allesamt Faschisten seien und sich gesundstoßen wollten. Er erzählte mir, daß sich in der Umgebung bewaffnete Banden gebildet hätten, die aus dem Untergrund gegen die neue Ordnung kämpfen würden, unterstützt von ukrainischen Faschisten und von immer noch im Untergrund befindlichen SS-Leuten.

Ich konnte mir das schwerlich vorstellen. Später freilich erfuhr ich von der Wahrheit der Dinge, die sich zum Teil bis Anfang 1947 noch so in Polens Wäldern abgespielt hatten. Mein Hauer riet mir jedenfalls, mit den anderen Kriegsgefangenen zu sprechen, um eine Demonstration zu organisieren (er vermied das Wort streiken, was ja verboten war). Aber wir sollten an einem der nächsten Tage unsere Suppe in Feldflaschen füllen und damit einfahren, um den Steiger, der täglich die Einteilung vornahm, zu informieren.

Nach dieser Schicht machte ich meine Barackengemeinschaft, meist Leute aus meiner Schicht, mit der Idee meines Hauers bekannt, der mir im übrigen versprochen hatte, seine Vorgesetzten und den Parteisekretär zu informieren, wenn es soweit sein sollte.

Natürlich fand ich sofort eine breite Zustimmung, vor allem, weil es für die meisten darum ging, den Polen eins auszuwischen. Zwei Tage später gossen wir unser »Mittagessen« in unsere Feldflaschen, ich wurde, zwar als einer Jüngsten, aber als der Initiator, zum Sprecher bestimmt, was ich, unerfahren wie ich in solchen Dingen war, leichtfertig auch annahm.

Nach der Seilfahrt vor Ort angekommen, standen die polnischen Kumpel und wir in der Strecke am Eingang zum Streb, wo immer die Einteilung durch den Steiger stattfand. Zur allgemeinen Überraschung der meisten trat ich vor den Steiger und erklärte, daß wir seit etwa einer Woche einmal täglich folgende warme Speise, außer einem Kanten Brot jeweils früh und abends, als Verpflegung erhielten und so einfach nicht weiter arbeiten könnten. Ich schraubte meine Feldflasche auf, hob sie hoch und ließ sie einfach auf den Boden auslaufen. Alle anderen taten es mir nach. Ich erklärte, daß wir gern weiter arbeiten würden. Aber unter diesen Umständen sei es uns nun langsam physisch unmöglich. Wir würden, weil nicht mehr könnten, hier sitzen bleiben und gegebenenfalls auch nicht mehr ausfahren, bis die Zechenleitung sich einschalten würde.

Die polnischen Kumpel und vor allem der Steiger waren betroffen. Der Steiger ging zum nahe gelegenen Telefon. Nach einer Weile kam der Obersteiger, während mir mein Hauer, im Hintergrund sitzend, zustimmend zublinzelte. Die anderen polnischen Kumpel murrten Unverständliches, was sowohl Verwunderung oder Zustimmung wie auch feindselige Ablehnung unserer Haltung bedeuten konnte. Mir war das jetzt alles egal, ebenso wie den anderen. Viel schlimmer konnte es nun bald nicht mehr kommen.

Der Obersteiger wies die polnischen Bergleute an, an ihre Arbeit zu gehen, uns Kriegsgefangene beorderte er in den Zug zum Schacht und sagte lediglich, wir werden jetzt ausfahren und zu Mittag essen.

Natürlich war uns ziemlich mulmig. Nicht nur wegen des leeren Magens. Aber der Obersteiger, der vor unserer Fahrt zum Förderschacht ebenfalls telefoniert hatte, setzte sich zu uns in eine Lore und befragte uns über die allgemeine Lage im Lager.

Ich will es kurz machen: Wir wurden über Tage, ohne daß die obligatorischen Posten zu sehen gewesen wären, aber mit der Bitte, keinen Ärger zu machen und zu türmen, zur Kantine geführt, wo uns ein praller Eintopf, wie ihn die Kumpel auch regelmäßig erhielten, serviert wurde. Wir konnten essen, soviel wir wollten. Ich warnte vor übermäßiger Fresserei, die uns nach der Hungerei nicht bekommen würde, zudem hatte uns der Obersteiger versprochen, daß wir täglich vor der Schicht in die Kantine geführt würden, um am Essen der polnischen Kumpel teilzunehmen, bis das im Lager wieder klappen würde.

Es sollte bald der Fall sein. Und zwar aus zweierlei Gründen. Erstens wurde wenige Tage nach dem Zwischenfall die gesamte Lagerwache samt Leitung ausgewechselt. Böswillige sagten, die Polen könnten es sich nicht leisten, uns als notwendige Arbeitskräfte verhungern zu lassen, weniger böswillige meinten, wahrscheinlich haben sie das wenig Menschliche an dieser Sache eingesehen. Zum zweiten wurde mit dem Wachwechsel auch ein Verantwortungswechsel deutlich, wie wir uns an den verschiedenfarbigen Uniformen informieren konnten. Wir unterstanden fortan nicht mehr der Miliz, sondern dem Sicherheitsdienst UB (Urząd Bezpieczieństwa).

Damit begann zunächst – bis auf die Verpflegung – eine noch schlimmere Zeit, die ich als sorgfältiger Chronist nicht verschweigen will und darf, wenngleich es auch hier Ursachen gab, die nicht einfach mit Schwarz-Weiß-Schablonen zu erklären waren.

Im Lager wurden Zählappelle zu allen Tages- und Nachtzeiten zur Mode, ohne Rücksicht auf Schlafbedürfnisse der immerhin schwer arbeitenden Kriegsgefangenen. Es konnte schon mal sein, daß geprügelt wurde, wenn man die Baracke nicht schnell genug und ordentlich gekleidet verließ, um sich auf dem »Appellplatz« zum Zählen aufzustellen. Tag wie Nacht, wobei sich die Wachmannschaften über Gebühr mit der Zählerei Zeit nahmen, denn sie mußten ja auch die jeweils zur Schicht Eingefahrenen dazu- oder abrechnen. Das dauerte.

Wenn der mit einer Reitgerte bewaffnete Naczelnik guter Laune war, lautete die entschuldigende Erklärung: »Da seht ihr Schweinehunde mal, wie uns das in Auschwitz gegangen ist. Ich war in Auschwitz. Drei Jahre.«

Auschwitz war für uns inzwischen ein Begriff geworden, obwohl viele an den Zahlen und Fakten zweifelten. Aber da unsere polnischen Kumpel unter Tage sehr viel und sehr ernst über das Vernichtungslager sprachen, nahm es die Mehrheit schweigend zur Kenntnis.

Daß es solche Konzentrationslager gegeben hatte, wußte ich zumindest aus eigener familiärer Erfahrung. Daß die SS-Bewacher wahrscheinlich mit Polen und Juden noch schlimmer umgegangen waren als mit deutschen Häftlingen, konnte man sich vielleicht noch denken. Obwohl, wie man heute weiß, die Unterschiede in der Behandlung nicht sehr groß waren.

Natürlich war das Gesprächsthema unter den Kriegsgefangenen nach solchen »Maskenbällen«, wie diese Veranstaltungen im Landserjargon genannt wurden, gegeben. Das Zurück in die Betten hatte einschließlich des Ausziehens und Bettreifmachens bei angedrohter Prügelstrafe ebenso rasch zu erfolgen wie umgekehrt. Wenn es nicht klappte, befahl der Naczelnik das manchmal mehrmals. Da nun wiederum erinnerte ich mich an meine Rekrutenzeit, wo »Maskenbälle« auch zum Amüsement mancher Unteroffiziere gehörten

Natürlich war das Ergebnis der Gesprächsthemen in den Lagerbetten fast einhellig. Es war und ist schwer, dafür Entschuldigungen zu finden. Ich grübelte manchmal, wenn ich anschließend an eine solche Orgie oder wegen der Wanzen nicht wieder einschlafen konnte, warum die Polen das wohl mit uns anstellten. Ich sprach auch mit meinem Hauer in den kurzen Pausen im Streb darüber. Er versuchte zu erklären, daß Polen viel durchgemacht habe. Er selbst hatte unter den Nazis zu leiden gehabt. Einmal wegen seiner politischen Einstellung, die natürlich den Nazis bekannt geworden war. Zum zweiten wurden auch die Volksdeutschen unterschiedlich, je nach Listennummer behandelt. Und da hatte er wohl als Angehöriger der Liste 3 auch nicht immer besonders gut abgeschnitten. Aber wie bei der Verpflegungsaffäre versprach er, sich einmal kundig zu machen.

Ein paar Tage später glaubte er des Rätsels Lösung gefunden zu haben: Im Nachbarlager Świetochlowice seien ein paar Gefangene abgehauen. Das habe wohl zum Befehl geführt, die Bewachung strenger zu nehmen. Dennoch blieb es für uns Schikane, vor allem weil es sich wiederholte. Nebenbei gesagt: Die Welt ist klein. Als ich vierzehn Jahre später als Zeitungskorrespondent in Bonn tätig war, lernte ich den FDP-Bundestagsabgeordneten Dr. Ernst Achenbach aus Essen kennen, der mich nach einigen Bundeshaus-Restaurant-Gesprächen auch zu sich nach Essen einlud. Dort versprach er mir, dem doch in Bonn zunächst ziemlich isoliert arbeitenden DDR-Journalisten, mich mit weiteren FDP-Größen bekannt zu machen. Dazu gehörten die Abgeordneten Dehler, Mende, Döring, Mischnik, Genscher und andere, was mir natürlich sehr nützlich war und wovon später noch die Rede sein wird. Aber bei diesem privaten Plausch, kamen wir auch auf unsere persönlichen Schicksale und Lebenswege zu sprechen. Dabei stellte sich heraus, daß der Rechtsanwalt und Syndikus eines großen Ruhrkonzerns noch 1944 als »Goebbelsspende« (offenbar wie der Grazer Physikprofessor und Konstrukteur des Funkgerätes »Konrad«)zur Wehrmacht eingezogen worden war und auf ähnlichen Umwegen wie ich (allerdings nicht über Halbe) in polnische Kriegsgefangenschaft geraten war. Er war just zu unserer schlimmen Zeit in Świętochlowice und hatte über seine Verbindungen, die insgeheim noch zwischen Ruhrgebiet und Oberschlesien funktionierten, einen Ausbruch von mehreren Leuten aus dem Lager organisiert. Wie man sieht, kreuzen sich die unterschiedlichsten Schicksalslinien mitunter an den eigenartigsten Stellen.

Die Einrede meines Hauers muß aber doch zu Anweisungen höherer Stellen geführt haben, denn die Schikanen ließen nach, wenn sie auch bis zu einem bestimmten Zeitpunkt nie ganz aufhörten. Ich muß, um allzu bösartigen Deutungen vorzubeugen, wieder einmal vorgreifen. Ich war schon nicht mehr in Knurów (die Aufklärung darüber folgt noch), sondern bereits in Warschau, wo mich unsere polnischen politischen Betreuer um meine Erlebnisse in den Lagern befragten und ich sie ihnen ungeschminkt erzählte. Die darauffolgende Untersuchung des Lagers Knurów förderte zutage, daß besagter Naczelnik, auf dessen persönlichen Befehl hin die Schikanen und Prügeleien der Wachmannschaften stattfanden, zwar drei Jahre in Auschwitz gewesen war, aber er hatte dort als oberschlesischer Angehöriger der SS seinen Dienst als Dolmetscher und Wachmann versehen. In den Nachkriegswirren konnte er untertauchen und eine gewisse Karriere machen und so seine »Lagererfahrungen« an uns weitergeben. Er wurde später, nicht vorrangig wegen

Knurów, sondern selbstverständlich wegen Auschwitz zur Rechenschaft gezogen. Immerhin.

Ich will aber, obschon verschiedene Vorgriffe auf die Zukunft erfolgten, die sich nicht vermeiden ließen (reine Chronologie kann langweilig werden), noch einiges zum Lagerleben in Knurów sagen, wie ich es bis zum März 1948 dort vor Ort miterlebte.

Die Jahre 1946 und 1947 hatten für mich ein paar einschneidende Erlebnisse parat. Zweimal verunglückte ich in dieser Zeit unter Tage. Einmal traf es mich ziemlich schwer, durch eine Verschüttung, die mich ins Knappschaftskrankenhaus Gliwice brachte. Ein bleibender Nierenschaden war die Folge, während der erste Unfall eine Quetschung des Unterarmes mit einem Ellen-Speichen-Bruch war. Er konnte damals lediglich mit zwei Holzschienen ausgeheilt werden, was eine Behinderung in der Fingerbeweglichkeit der rechten Hand zur Folge hatte.

Freilich gab es schlimmere Unfälle, die die Betroffenen, deutsche Kriegsgefangene wie polnische Kumpel, nicht überlebten. Es soll keine Reinwaschung für die damals sicherlich nicht auf dem letzten Sicherheitsstandard befindlichen polnischen Bergwerke sein: Der Bergmannsberuf ist nicht nur schwer, sondern auch gefährlich, er fordert überall in der Welt seine Opfer. Auch Deutschland kennt seine Katastrophen.

Während meiner über-Tage-Zeit, für mich als Rekonvaleszenz gedacht, war ich, um meine Verpflegungsration etwas zu erhöhen, auf über-Tage-Arbeitskommandos eingesetzt. Dabei hatte ich ein Erlebnis, das ich später, fast genau oder zumindest parallel erzählt, in Scibor-Rylskis Roman »Kohle«, heute würde man sagen: ein Bestseller im Nachkriegspolen, in den fünfziger Jahren nach meiner Heimkehr in deutscher Übersetzung las. Eine Arbeiterfrau, deren Mann, ein ehemaliger einfacher Kumpel, nach der Befreiung Zechendirektor geworden war, hatte mit diesem ihrem Mann die Villa des alten feudalen Zechendirektors bezogen und noch einen Pelzmantel der alten »gnädigen Frau« gefunden. Ihn benutzte sie nun fortan als die neue Frau Generaldirektor. In der neuen Hülle wurde sie ein entsprechend »neuer« Mensch. Es ist die Beschreibung der neuen Klasse, die sich für die Entwicklung der neuen Gesellschaft so hemmend auswirkte. Gleichviel wo und in welchem Lande.

Genau in einem solchen Hause mußte ich mit einem zweiten Gefangenen einige Wochen arbeiten. Unsere Arbeit bestand darin, das Parkett abzuziehen, mit Glasscherben und Stahlwolle. Nur wer so etwas schon mal gemacht hat, wird wissen, wovon die Rede ist.

Die neue Herrin des Hauses gab sich entsprechend und zwar als hundertprozentige Polin, obwohl sie, allein von der Sprache her, eindeutig deutscher Herkunft war. Ich muß das sagen, weil ich mir denken kann, daß, wenn die Dame noch lebt, sie heute sicherlich wieder eine hundertprozentige Deutsche ist und auf die Polen schimpfen wird.

Wäre da nicht das Hausmädchen gewesen wie die »gnädige Frau« eine ehemalige in Polen verbliebene Volksdeutsche, es wäre eine noch härtere Zeit für uns beide gewesen. Aber so konnten wir das Beste daraus machen, wie ich überhaupt sagen muß, daß mir meine positiv-optimistische Haltung über manche Fährnisse auch im späteren Leben hinweggeholfen hat. Ich habe, nicht zuletzt in der Kriegsgefangenschaft gelernt, auch den schlimmen Zeiten positive Seiten abzugewinnen. Viele, die das nicht konnten, sind dort oder anderswo gescheitert.

Zeitweilig war ich als Bauhilfsarbeiter auf Baustellen tätig. Was konnte ich schon anderes tun, als Steine und Mörtel in den kübelförmigen Hucken für die Maurer heranzuschleppen. Das war eine Plackerei, der gegenüber die sicherlich nicht leichte unter-Tage-Arbeit geradezu Spaß machte.

Aber die über-Tage-Arbeit brachte gegen Ende Jahres 1946 noch zwei erfreulichere Erlebnisse.

Erstens hatte mein Hauer, mit dem mich tiefe Sympathie zu verbinden begann, einen Brief an meine Eltern, am Schreibverbot vorbei, geschickt und mir über einen Lagerkameraden, der unter Tage meinen Platz eingenommen hatte, die Antwort übermitteln lassen. Ich habe in meinem Leben viele Briefe erhalten. Aber der erste Brief meiner Mutter nach jahrelanger Ungewißheit wird mir unvergeßlich bleiben. Nicht nur, weil sie mir schrieb, daß mein Vater relativ unversehrt heimgekommen sei, daß es ihr und ihm den Umständen entsprechend gut gehe und daß sie den Krieg auch ansonsten unversehrt überstanden hätten. Es war die mütterliche Wärme, die dieser Brief ausstrahlte und die ich, inzwischen vom Leben mit meinen 20 Jahren doch schon zu einem erwachsenen Mann gebeutelt, dennoch ein wenig vermißt hatte. Von da an habe ich bis zur offiziellen Genehmigung des Briefverkehrs (die die spätere Selbstverwaltung der deutschen Kriegsgefangenen mit Hilfe der polnischen Genossen durchsetzte) den illegalen Postweg genutzt, was schließlich zu den positiven Folgen im Jahre 1948 führte.

Zum zweiten hatte sich im Lager eine kleine Gruppe gebildet, die sich der Lagerunterhaltung durch Kleinkunst verschrieben hatte. Sie warben mich als »Sänger« und »Schauspieler« für ihr erstes Programm. Unsere Unterhaltungskunst war zwar laienhaft, aber sinnvoll. Sie sollte die Tristesse des Lagerlebens etwas aufhellen. Sieben Leute waren wir zunächst und nannten uns »Die Teddys«. Der Lagerschneider hatte uns aus schwarz gefärbtem Stoff frackähnliche Kostüme genäht, wir hatten Zylinder dazu gefertigt und Saxophonimitationen aus Konservenbüchsen gebastelt. In die mußte man hinein summen, was bei einiger Phantasie eigentümliche, einem heiseren Saxophon entfernt ähnliche Töne hervor zu zaubern vermochte. Die verschiedenen Stimmlagen für ein Sängerquintett waren vorhanden bis hin, wenn man großzügig ist, zu einem Countertenor (Er war für uns jedenfalls die Frauenstimme, und er trat auch als Frau auf, ohne daß jemanden schlimme Gedanken gekommen wären.)

Wir hatten uns, besonders die etwas älteren unter uns, ein bescheidenes Repertoire aus noch bei einigen im Kopf befindlichen Melodien aus der Vorkriegs- und Kriegszeit, beispielsweise aus dem »Vetter von Dingsda« oder dem »Weißen Rößl«, deutschen Film- und amerikanischen Schlagermelodien zusammengebraut, das Ganze als Operette aufgemotzt und mit Texten für einen begabten Ansager aus Chemnitz, der zu unserer Truppe gehörte, zusammengeschrieben. Als über-Tage-Beschäftigter wurde ich mit dem Schreiben und Abschreiben der Texte beauftragt, weil von den anderen Kumpels angenommen wurde (so wie man das auch heute noch immer annimmt), daß anderweitig Beschäftigte (oder Rentner) immer viel Zeit hätten. Aber ich tat es gern, weil ich mich dabei auch ein wenig literarisch produzieren konnte.

Hier trafen nämlich zwei Traumberufe zusammen. Jeder Junge hat so etwas und sicherlich auch jedes Mädchen: Die einen wollten Lokführer oder Schiffskapitän, Prinzessin oder Ärztin werden. Ich wollte als Junge entweder Schauspieler oder Journalist werden. »Schauspieler« war ich nur im Kriegsgefangenenlager Knurów. Dennoch halfen mir in meinem Leben manchmal auch gewisse, sicherlich versteckt innewohnenden schauspielerischen Fähigkeiten, über manche Klippe des Lebens hinwegzukommen. Meinen anderen Traumberuf habe ich mir, wie es nur wenigen vergönnt ist, mit wechselvollen Erfolgen, aber dennoch lebenslang, erfüllen können.

Für das Lagertheater mußte jedes Textwort aufgeschrieben werden, weil der berüchtigte und bereits vorgestellte Naczelnik die Zensur ausübte, damit nicht etwa ein politisches Wort dazwischen geriet. Wenn man an seine Laufbahn denkt, war auch klar, weshalb er die anfängliche Abneigung damals auch höchster polnischer Dienststellen gegen Politik in deutschen Lagern unterstützte.

Dennoch gelang uns von Mal zu Mal, von Programm zu Programm – einmal angefangen, mußten wir nun etwa alle vier bis sechs Wochen ein neues Programm her zaubern – ein wenig Nachkriegspolitik, von der wir ja gelegentlich auf Umwegen über unsere polnischen Kumpel erfuhren, ins Spiel zu bringen. So entwickelte sich gerade unsere Kleinkunstbühne unmerklich zu einer Zelle späterer antifaschistischer Arbeit auch in diesem Lager.

Dieses Einschmuggeln gelang uns meist mit Hilfe unseres Chemnitzer Conférenciers, der 21jährig, aus einer antifaschistischen Familie stammend, glänzend improvisieren konnte, was, dem meist an den Aufführungen teilnehmenden Naczelnik glücklicherweise entging.

So wurde die nächste Lagerzeit etwas kurzweiliger. Uns »Künstlern« hat es nichts weiter eingebracht, außer, daß der Naczelnik genehmigte, wieder lange Haare tragen zu dürfen. Denn als Kriegsgefangene hatten wir allesamt Glatzen. Das hatte sicherlich hygienische Gründe, die wir unter den Lagerumständen akzeptieren mußten. Aber es gab offenkundig auch moralische Gründe, uns ein Gefühl des Ausgestoßenseins aus der Langhaargesellschaft zu vermitteln, wie Zuchthäusler und ähnliches Gelichter. Weshalb es heute wieder eine Modefrage und nicht nur Weltanschauungssache ist, weil ja nicht alle Glatzen »Rechte« sind, ist mir als ehemaligem Zwangsglatzenträger ein Rätsel. Vielleicht sind es die Friseurkosten, die eingespart werden sollen in Zeiten allgemeiner Teuerung am Ende unseres Jahrhunderts.

Ungeachtet solcher Privilegien, die wir »Künstler« genossen, und der Kurzweil, die wir zu verbreiteten suchten, blieb die Diskussion im Lager natürlich stets von der Frage beherrscht, ob und wann wir jemals nach Hause kommen würden.

Die Frage forderte selbstverständlich auch politische Auseinandersetzungen im Lager heraus, bevor uns jemand Antifaschismus und deutsch-polnische Beziehungen »kommandieren« und »verordnen« konnte. Hier wuchs Meinungsbildung aus der Debatte. Nicht immer so, wie es sich der eine oder andere vorstellte oder vertrat, oder so, wie später in Ost und West Meinungen darüber zur staatlich regulierten oder strangulierten Angelegenheit wurden.

Aber es ging demokratisch zu, und es wuchs trotz aller Drangsal und echter Leiden eine Einsicht: Es hätte nicht soweit kommen müssen, wenn wir den Krieg nicht angefangen hätten. Gegen dieses Argument stemmten sich schließlich nur noch relativ wenige. Es war ja auch schlecht aus der Welt zu schaffen.

Ich sehe dies bei den einsichtig Gewordenen als eigenständig gewachsene antifaschistische Auffassungen an, die mehr Spuren hinterließen als spätere manchmal aufoktroyierte Versuche einer Meinungsbildung. In Ost wie in West.

Bei uns ging es damals bei solchen Debatten manchmal auch ziemlich hart zu. In den Auseinandersetzungen gab es immer Engagierte für die verschiedenen Meinungen. Die fochten mit schwerem Säbel oder leichtem Florett, je nach Fähigkeit. Aber schon zu jener Zeit machte ich die Beobachtung, daß in der Mitte, zwischen den engagiert Streitenden, immer eine schweigende Mehrheit saß, die sich teils dem einen, teils dem anderen zuneigte. Je nachdem, wie die Argumente oder Tatsachen, die ins Feld geführt wurden, überzeugen konnten oder nicht. Aber es blieb die schweigende Mehrheit, die Mehrheit derer, die nicht bereit waren, sich für das eine oder andere zu engagieren. Es war die Gefolgschaft, die von den Herrschenden gebraucht wird. Gefolgschaft bis hin zu Unterwürfigkeit, wie wir sie in den verschiedensten Formen erlebt haben und auch weiterhin erleben. Unterwürfigkeit ist offenbar die kleinere Stiefschwester der Herrschsucht. Wer herrschen will, braucht auch unterwürfige Untertanen. Im Grunde genommen ist dies ein gesellschaftlicher Prozeß besonders in Deutschland, wie ich inzwischen weiß. Nur, daß die engagierten Streiter heute draußen in der Freiheit diese Freiheit mitunter zu Rechthaberei und Verteufelung des einen oder anderen mißbrauchen, sobald sie die Macht an ihrer Seite spüren. Aber Machthaben ist meistens nicht identisch mit Rechthaben. Die Kultur des Streitens, die wir damals unter den nun wirklich widrigen Umständen pflegten, ist heute durch Rechthaber zu einem großen Teil verlorengegangen.

Warum das vielleicht so ist, ging mir später auf. Damals jedenfalls, als es noch kein organisiertes Debattieren gab, war die Diskussion lebendiger. Niemand war durch Druckstellen, die ein gewisser eingebildeter Heiligenschein am Kopf hinterlassen kann, in seinem Denken behindert, es gab auch keine aufgeschütteten Belanglosigkeiten, die über Tatsachen hinwegtäuschen könnten. Es gab Diskussionen. Dabei vertrete ich bis heute die Auffassung, daß es natürlich auch organisiertes Debattieren geben muß. Aber die Organisierer dürfen nicht die Toleranz außer acht lassen, die die Mutter jedweder Streitkultur ist.

Irgendwann im Sommer 1947 war ich von den Ärzten wieder für fähig befunden worden, vor Kohle zu arbeiten, denn Kohle war für Polen in dieser Zeit wichtiger, als Parkett in irgendwelchen Villen zu schrubben oder sonstwelche Dienstleistungen zu verrichten. Was mir meine Lagerkameraden schon mitteilten, fand ich dann auch bestätigt. Mein Hauer, der gute Geist, der mir auch weiterhin von Zeit zu Zeit meinen Briefwechsel beförderte, war nicht mehr in der Zeche beschäftigt. Er war in ein Parteiamt der Wojewodschaft berufen worden.

Zum Glück fand ich, nach einiger Zeit wirklich harter und gesundheitlich nicht gerade zuträglicher Arbeit im Steinversatz, einen Nachfolger, einen fast Gleichaltrigen, mit dem ich mich bald glänzend verstand, nicht nur, weil uns kaum Jahre voneinander trennten, sondern weil wir auch ähnliche Lebensauffassungen vertraten. Viele Jahre später kamen wir wieder einmal über ganz verzwickte Verwandtschaftsverhältnisse in Kontakt.

Das Lagerleben aber spielte sich in immer mehr einfahrenen Geleisen ab. Was für alle blieb, war das Prinzip Hoffnung.

Hindernisse auf dem Heimweg oder wie ich Journalist wurde

Für mich änderte sich das zunächst schlagartig, als an einem Tag gegen Ende März 1948 der Steiger aufgeregt zu uns in den Streb kam und nach der Kriegsgefangenennummer 172 suchte. Ich solle sofort ausfahren. Oben wartet schon der Posten auf mich. Wie in einem solchen Falle üblich und sicherlich auch verständlich, flimmerte vor meinem geistigen Auge ein Film mit meinem schlechten Gewissen als Hauptdarsteller vorüber. Was könnte passiert sein? Habe ich irgend etwas ausgefressen? Ich bat meinen jungen Hauer nur, meine Eltern zu benachrichtigen (er hatte inzwischen die guten Dienste seines Vorgängers übernommen), denn Gutes erwartete ich nicht.

Das Gefühl sollte sich etwas ändern, als mich der Posten nicht durchs Lagertor beförderte, sondern in das Dienstzimmer des Naczelniks, der geradezu widernatürlich aufsprang und mir freundlich entgegenkam, um mir die Hände zu schütteln. Bei allem, was ich bisher mit ihm im Lager erlebt hatte, war das natürlich ein bemerkenswerter Umschwung, der mich zwischen Hoffen und Bangen hin und her riß. Er verkündete mir, daß es Befehl gebe, mich zu entlassen. Er wies auf einen Stapel neuer Wäsche und Kleidung, die, wie ich auf den ersten Blick feststellen konnte, kein ölfarbenes JW mehr trug. Natürlich beflügelte das Hoffnung und Phantasie. Ich sollte versuchen, innerhalb von zwei Stunden meine persönlichen Sachen zu packen, um dann zur Bahn gebracht zu werden.

Nun konnte ich mir zwar alles mögliche vorstellen. Aber daß ich, wie zu meiner Kindheit von meiner Mutter, mit einem Schild um den Hals in Zug nach Berlin gesetzt würde, wo mich dann meine Verwandten abgeholt haben, so einfach konnte meine Entlassung nun doch wohl nicht ablaufen. Und so einfach lief es dann auch nicht.

Als ich mit meiner neuen Wäsche ins Lager zu meiner Baracke ging, umringten mich sofort mehrere Lagergefährten. Irgendwie mußte es sich im Lauffeuer herumgesprochen haben: Es wird einer entlassen. Und nun war ich der eine und stand verständlicherweise im Mittelpunkt.

Jeder wollte mir beim Packen meiner wenigen Habseligkeiten helfen. Jeder versuchte, mir einen Brief an die Frau oder die Eltern zuzustecken, gab mir Adressen, die ich benachrichtigen sollte. Die Optimisten sagten: Jetzt geht's los mit der Entlasserei. Die Pessimisten: Wer weiß, was aus dem wird ...

Den ersten Schock bekam ich dann auch bei allem Optimismus, als mich ein bis an die Zähne bewaffneter Posten am Tor in Empfang nahm und mir mitteilte, daß er mich nicht nur bis zum Bahnhof, sondern auch weiter im Zug nach Jaworzno begleiten würde. Jaworzno war für uns Kriegsgefangene in Oberschlesien ein schrecklicher Ort, denn es war, wie sich herumgesprochen hatte, das Straflager für die deutschen Kriegsgefangenen. Hierhin wurden Leute gebracht, die einen Fluchtversuch unternommen hatten und erwischt worden waren. Hierhin brachte man Leute der Waffen-SS oder Kriegsverbrecher, die man bei irgendwelchen Kontrollen und Filzereien, unter einfachen Landsern versteckt, aufgespürt hatte, um sie ihrer gerichtlichen Aburteilung zuzuführen. Also keine allzu rosigen Aussichten, von wegen Entlassung. Irgend etwas war im Busch. Im Laufe der Militär- und der Kriegsgefangenenzeit hatte ich, wie wahrscheinlich die meisten meiner Mitmenschen, eine Art siebenten Sinn entwickelt und witterte Ungemach.

In Jaworzno angekommen, übergab mich der Posten aus Knurów gegen Quittung dem dortigen Postenführer, der mich als erstes mit meinen doch nagelneuen Klamotten in die Entlausung verfrachtete. Nach dieser in drei Jahren schon gewohnten, aber immer wieder nervenden Tortur wurde ich – mit meiner auf den Tiefstpunkt gesunkenen Stimmung – in eine Baracke gebracht. Dort saßen etwa zehn, zwölf Leute in ähnlich seelischer Verfassung am Tisch und starrten mich Neuankömmling an, weil ich, wie ich später erfuhr, im Gegensatz zu ihnen so jung war.

Langsam tasteten wir uns gegenseitig ab. Fragen nach dem Woher und Wohin. Als ich sagte, mir habe man zugesichert daß ich entlassen würde, brach schallendes Gelächter aus, homerisch geradezu für mich. Ich wurde aufgeklärt, daß es allen so gesagt wurde, daß einige inzwischen schon eine Woche hier saßen, bei halben Rationen, weil sie ja nicht arbeiteten. Zum Arbeitskommando könne man sich zwar melden, aber was, wenn man während der Abwesenheit nicht von seiner Entlassung erfahren würde. Es war schon ein wenig wie auf dem Grill, auf dem die Leute da schmorten. Und ich wurde kommentarlos auf den Rost dazu geworfen.

Es verging der Tag. Und der nächste. Und der kommende. Aber jeden Tag kamen ein oder zwei Neue hinzu, meist Ältere. Aber endlich auch ein Gleichaltriger, mit dem ich mich natürlich zusammentat. Alle waren überzeugt, daß die Heimat winke. Hier werde ein Transport zusammengestellt, mit dem es dann nach Hause ginge. Fast alle hatten auch eine Begründung für die Bevorzugung parat. Sie waren frühere Mitglieder der SPD, der KPD, des KJVD, der SAJ oder der Gewerkschaften. Der eine hatte Thälmann gekannt, ein anderer Julius Leber. Der eine war Stadtrat der SPD in Halle gewesen, der andere KPD-Abgeordneter in Wiesbaden. Ein anderer hatte ein Jahr im KZ zugebracht und war 1944 noch als Kanonenfutter an die Front geschickt und so in Gefangenschaft geraten. Nun habe er offenbar genug gesessen und solle entlassen werden. Endgültig, wie er hoffte.

Inzwischen waren auch noch weitere jüngere Leute eingetroffen, aber wir blieben in der Minderzahl und wurden etwas argwöhnisch beschaut. Irgendwann hatte ich die Schnauze voll, mich ärgerten die halben Portionen, denn inzwischen war ich doch eine etwas bessere Bergmannskost gewöhnt. Ich besprach mich mit den Jüngeren, und wir meldeten uns freiwillig zum Arbeitseinsatz. Die Älteren warnten: Verpaßt nicht den Zug. Oder: Wir hoffen nicht, daß wir wegen euch warten müssen. Und so weiter.

Am nächsten Tag wurden wir Arbeitswilligen per Lkw zu fünft unter starker Bewachung zu einem etwa 10 Kilometer entfernten Sägewerk verbracht, wo wir eine verdammt harte Schicht zu leisten hatten.

Am zweiten Tag verabredeten wir am Arbeitsplatz, daß wir uns doch wieder zu den halben Portionen verabschieden würden, denn die Schlepperei von mächtigen winternassen Baumstämmen ging doch ein wenig über die Kräfte, zumal die erhöhten Portionen entgegen unseren Hoffnungen keinen adäquaten Ausgleich boten.

Aber wieder kam es anders. Gegen Mittag kam der Lkw forderte uns auf sofort aufzusteigen und nach Jaworzno zu kommen. Dort standen die anderen bereits in Reih und Glied, wenn auch nicht direkt wütend auf das junge Gemüse, so doch von einer sichtlichen Ungehaltenheit. Wir stürzten in die Baracke. Packten rasch unsere Siebensachen, die ohnehin, wie für den Alarm gerüstet, bereitlagen.

Unser Haufen war auf etwa dreißig bis vierzig Mann angewachsen, genau kann ich das heute nicht mehr sagen. Die Marschkolonne wurde von etwa zwanzig Posten eskortiert, so daß selbst wir jungen relativ Unerfahrenen uns fragten: Wozu ein solch martialischer Aufwand, wenn es nach Hause geht und sowieso keiner auf die Idee kommen würde zu türmen? Und das enttäuschte Staunen oder die staunende Enttäuschung ging weiter, als wir auf dem Bahnhof in einen Gefängniswagen, drei Mann und ein Posten in eine Abteilzelle mit kleinen vergitterten Fenstern, verladen wurden.

Auch dem größten Optimisten wäre hier die Freude an der Sache vergangen. Irgendwann, es war schon dunkel geworden, setzte sich der Zug in Bewegung. Unser Posten war ziemlich freundlich, aber wachsam. Seine Maschinenpistole lag schußbereit auf seinen Knien. Immerhin entlockten wir ihm für ein paar Zigaretten das Reiseziel: Es ging in die Hauptstadt Warschau.

Wieder Optimisten und Pessimisten, wie so oft. Die Optimisten: Dort stellen sie vielleicht einen größeren Transport nach Berlin aus ganz Polen zusammen. Die Pessimisten: Wahrscheinlich geht es von dort aus nach Sibirien. Man habe gehört, daß Kommunisten, die Hitler gedient hätten, dort in Lager kämen.

Mit diesen Aussichten, da kann ich mich genau erinnern, schlief ich auf der harten Holzbank ein. Mir war plötzlich alles egal. Ich war nur müde. Immerhin hatte ich ja noch einen halben Tag Holz geschleppt.

Geweckt wurde ich dadurch, daß der Zug ruckelnd hielt und laute Bahnhofsgeräusche an mein Ohr drangen. Die Waggonzellentüren öffneten sich. Wir wurden zum Aussteigen aufgefordert und betraten einen notdürftig hergerichteten Bahnsteig. Aber die Lautsprecheranlage funktionierte und gab polnische Hinweise für die Weiterreisenden mit dem Gekrächz, das auch fremde Bahnhöfe, ob kaputt wie der hier in Warszawa-Gdanska oder intakt wie vielleicht in Liverpool, so anheimelnd macht. Wir waren auf dem Gdansker Bahnhof in Warschau angekommen, wieder einmal angetreten und in Marsch gesetzt in eine neue unbekannte Zukunft, hoffend, daß es weiter in Richtung Heimat gehen werde.

So lernte ich ein Stück des legendären Warschau kennen, oder besser: Das, was davon übriggeblieben war. Wir marschierten durch hohle Gassen, die sich durch Trümmerberge schlängelten. Nicht Ruinen, sondern fein säuberlich, wie aufgeschüttet, Trümmerberge, wo einst Häuser standen, die nicht nur zerstört, sondern sehr wahrscheinlich mit deutscher Gründlichkeit vernichtet worden waren. Die Faschisten hatten hier jedes Haus, ob noch bewohnbar oder nicht, gesprengt.

Wir kamen dann anscheinend auf eine Hauptstraße, denn es fuhr dort eine Straßenbahn. An aufgestellten Holzwänden erinnerten Plakate an den fünften Jahrestag des Warschauer Ghettoaufstandes, soviel konnten wir mit unseren in der Grube erworbenen Polnischkenntnissen lesen, aber von dem wir eigentlich nichts wußten.

Plötzlich öffneten sich die Trümmerberge zu einem Platz. Es sind eben Bilder, die sich mir eingebrannt haben. Linkerhand in unserer

Marschrichtung, so kann ich mich genau erinnern, mitten in dieser Steinwüste, ragte etwas entfernt der Turm einer Kirche auf. Rechts zog sich eine Mauer um ein Terrain, daß wir bald näher kennenlernen sollten, von Wachttürmen unterbrochen. An einer Schmalseite der Mauer stand ein neu errichtetes Denkmal, mit noch ziemlich frischen Kränzen und Blumengebinden.

Es war jenes, gerade eingeweihte Ghettodenkmal, an dem über zwei Jahrzehnte später Willy Brandt seinen historischen Kniefall tun sollte. Aber davon konnte man damals natürlich nichts ahnen. Es interessierte uns, ehrlich gesagt, im damaligen Augenblick auch recht wenig. Unsere Interessen lagen zunächst beim Gedanken, wie es nun wohl weitergehen würde.

Denn an der Längsseite der Mauer öffnete sich für uns ein hohes eisernes Tor, das sich krachend hinter uns schloß, als wir es durchschritten hatten und auf einem größeren Platz zum Halten und Warten aufgefordert wurden. Von der Bahnfahrt, trotz aller Schlafversuche, und vom Marsch durch die Warschauer Trümmerfelder ermüdet, setzten wir uns auf unsere Rucksäcke oder Holzkoffer und harrten der Dinge die da kommen würden.

Was nach etwa einer Viertelstunde kam, waren ein polnischer Oberleutnant, eine untersetzte Frau mittleren Alters und ein Zivilist in einem schlecht sitzenden Anzug. Der Zivilist sprach uns in unverfälschtem Berliner Jargon und etwas schnodderig an: »So, da seid Ihr nun. Wißt Ihr, was Euch hier erwartet?«

Ein etwas Älterer sagte ein wenig keß: »Na, die Heimreise. Oder etwa Rübe ab?«

Der Offizier und die Dame im Hintergrund sahen sich vielsagend an.

Der Berliner Zivilist blieb bei seinem Jargon. »Nee, beedes nich. Ihr werdet Euch nämlich Eure Heimreise erst mal verdienen.«

Dann hörten wir eine halbe Stunde einen Vortrag über die Naziverbrechen in Polen, über die Notwendigkeit der Wiedergutmachung, die nicht nur darin bestehen kann, in oberschlesischen Kohlengruben zu arbeiten, obwohl das vor allem auch für die polnische Wirtschaft wichtig sei, die einen Teil der Steinkohle in die sowjetische Besatzungszone liefere, weil die Steinkohlenlieferungen aus dem Ruhrgebiet in den Osten Deutschlands eingestellt worden seien. Noch wichtiger sei nämlich, daß die Kriegsgefangenen die Einsicht lernen müßten, wer die Schuldigen am Kriege gewesen seien, daß sich Derartiges nicht wiederholen dürfe, daß mit Polen ein neues Verhältnis begonnen werden müsse, daß statt der Jahrhunderte alten Feindschaft nun endlich Versöhnung und wenn möglich, Freundschaft herrschen müsse. Das bedeute, wie wir ja sicherlich aus unser Lagererfahrung wüßten, Überzeugungsarbeit unter den Kameraden in den Lagern zu leisten.

Aber überzeugen könne man nur, wenn man selbst überzeugt ist. Aus diesem Grunde werde mit Hilfe der polnischen Freunde ein Lehrgang mit uns durchgeführt, dessen Inhalte wir dann entweder selbst als Lehrer neuer Lehrgänge oder aber als Obleute in den Gruben multiplizieren sollten. Es sei auch an die Herausgabe einer deutschen Zeitung für die Kriegsgefangenen gedacht, die mit dazu beitragen solle, die Kriegsgefangenen auf ihre Heimkehr vorzubereiten, die nun bald in Gang gebracht werden würde.

Für uns – das sollten wir uns einmal durch den Kopf gehen lassen – bestünde im Moment die Aufgabe darin, nicht an Heimkehr für uns zu denken, sondern die Heimkehr aller vorzubereiten.

Im übrigen heiße er Karl Wiesner, wir könnten ihn auch Onkel Karl nennen, er sei Berliner Journalist und von einer Journalistendelegation übriggeblieben, weil ihn die Führung der SED eine Liste in die Hand gedrückt habe, auf der unsere Namen stünden, die er nun mit Hilfe der polnischen Freunde hier nach Warschau geholt habe.

»Willi, was meinst Du? Und Karl? Kommt mal hier nach vorne.« Und erläuternd fügte Onkel Karl hinzu: »Das hier sind zwei alte Genossen, der eine aus Wiesbaden, der andere aus Halle. Wir haben uns 1933 im Moor, im KZ Esterwegen kennengelernt. Sie werden den Kern einer Zentralen Selbstverwaltung der deutschen Kriegsgefangenen in Polen bilden. Andere, auch von Euch, werden noch hinzustoßen, so daß wir hier unsere Arbeit sehr souverän durchführen werden. Die anderen von Euch werde ich im persönlichen Gespräch auch bald kennenlernen.«

Dann wurden wir angewiesen, uns mit dem Gepäck in Baracke 1 zu begeben, uns den Reisestaub von Händen und Füßen zu schütteln, in der Kantine Mittag zu essen, das für uns bereitstünde.

Baracke 1 lag hinter einem weiteren Tor, das uns den Weg in ein ziemlich großes Lager mit zahlreichen Baracken öffnete, deren Bezifferung bis in die Vierziger ging. Die Baracken, die wir draußen gesehen hatten, war die »Świetlica«, die Kulturbaracke, andere Baracken dienten, wie ich später erfuhr, der Verwaltung und als Depot.

Ich fühlte mich zunächst, als habe man uns naß gemacht und dann zum Trocknen aufgehängt.

Ich will nun niemanden langweilen. Aber es begann wieder einmal eine komplizierte Zeit. In den persönlichen Gesprächen hatten sich wohl am Ende alle bereit erklärt, den Vorschlägen von Onkel Karl zu folgen und zunächst einmal an dem Lehrgang teilzunehmen. Teils aus Einsicht in die Notwendigkeit, was, wie ich später noch erfahren sollte, die größte Freiheit sei. Bei einigen Älteren aber auch aus einer, aus der Zeit von vor 1933 stammenden Disziplin. Wir sollten diesen Unterschied noch zu spüren bekommen, denn was aus einer gewissen Disziplinierung entstanden war, hielt dann doch nicht so, wie die besonders bei uns Jüngeren gewählte Einsicht in die Notwendigkeit. Außerdem waren wir eben jünger und hatten auch noch keine Familiensorgen, die wenig später, besonders die Älteren drückte.

Bei meinem Gespräch mit Onkel Karl, an dem auch der Oberleutnant und die polnische Genossin schweigend teilnahmen, erfuhr, ich wie ich auf diese Liste gelangt war. Mein Vater, 1946 aus amerikanischer Gefangenschaft in Italien entlassen, in die er über ein Strafbataillon geraten war, inzwischen 1946 zum Bürgermeister gewählt, hatte, nachdem er durch meinen illegalen Briefverkehr von meinem Aufenthaltsort erfahren hatte, ein Gesuch an das Zentralsekretariat der SED geschickt. Darin bat er, sich für meine Entlassung aus der Kriegsgefangenschaft zu verwenden, da ich als junger Mensch zwar zuletzt noch Soldat geworden, doch unmöglich für die Verbrechen der Nazis verantwortlich gemacht und deshalb so lange in Kriegsgefangenschaft festgehalten werden könne.

Onkel Karl las mir das alles vor und versuchte mich dann in väterlichem Ton zu überzeugen, daß ich doch gerade als junger Mensch die vielen anderen jungen Kameraden überzeugen sollte, über ihren bisherigen und zukünftigen Weg nachzudenken. In der Heimat selbst vollzögen sich im Augenblick geschichtliche Prozesse. Die Spaltung Deutschlands drohe. In Westdeutschland erhöben sich wieder die alten Geister. Wer dorthin zurückgehe, werde in ein restauratives Land kommen, in dem die alten Kriegsverbrecher aus Industrie und Militär wieder nach der Macht griffen. Dagegen müsse die Chance für einen demokratischen, antifaschistischen und antimilitaristischen Neuanfang, die über Partei- und Ländergrenzen hinweg gesehen werde, genutzt werden. Das müsse in erster Linie die junge Generation tun, die unbelastet von der Vergangenheit sei.

Ich gestehe, daß ich wirklich fasziniert war. Onkel Karl war ein phantastischer Agitator und konnte überzeugend reden. Wir merkten das auch bei dem Lehrgang, bei dem er zunächst den Löwenanteil der Vorträge hielt, zur deutschen Geschichte, zur Geschichte der deutschen Arbeiterbewegung, zur Geschichte der bisher gescheiterten Revolutionen, zur Rolle der Sowjetunion, zur Rolle der Konzernherren bei der Installierung der Hitlerregimes in Deutschland, über die Vorgeschichte des Zweiten Weltkrieges, über das Potsdamer Abkommen, über Polen und die Oder-Neiße-Grenze und schließlich auch (wenige Wochen vor dem Kominternbeschluß, mit dem er seine Meinung ändern mußte) über die geniale Rolle Titos beim Aufbau des Sozialismus in Jugoslawien, das sich selbst befreit habe.

Spätestens hier muß ich ein paar erklärende und dechiffrierende Worte zu Onkel Karl und den polnischen Genossen sagen, die uns bei unserer Arbeit unterstützen sollten.

Zunächst: Karl Wiesner hieß natürlich nicht Wiesner, sondern Wloch, was wir erst später erfuhren. Was wir damals nicht wissen konnten, war, daß sich mit dem Namen Wloch ein Stück Tragik und Heldentum der Geschichte der deutschen Arbeiterbewegung verband. Im Gegensatz zu Leuten, die mit ihm zu tun hatten, selbst Mitglieder unserer Selbstverwaltung, bin ich auch im nachhinein der Auffassung, daß dieser Mann weder ein sogenannter Opportunist noch ein Stalinist, noch sonst ein neusprachlich Verfemter war. Stalinist konnte er nicht sein, trotz seiner kommunistischer Prinzipienfestigkeit, die ja oft mit diesem modern gewordenen -ismus verwechselt wird. Dazu hat der Stalinismus seiner Familie zu arg mitgespielt. Rein äußerlich war das erkennbar, daß er im Gegensatz zu Tito, den er mehr als oft zitiert hat, bis eben der Kominternbeschluß gefaßt wurde, sich selten auf Stalin berief. Das kam u. a. auch daher, daß er als »999er« zu den Partisanen Titos übergelaufen war und schon in Jugoslawien politische Arbeit unter Kriegsgefangenen geleistet hatte. Natürlich kam er als kluger Taktiker nicht daran vorbei, nach dem Kominternbeschluß auch Stalin zu erwähnen, seine Verdienste bei der Niederschlagung des Faschismus hervorzuheben. Aber verehrt hat er ihn nie.

Sein Bruder Wilhelm war von Stalin umgebracht worden, und Karl hatte sich in Berlin nach dem Kriege um seine beiden Kinder gekümmert, den Sohn, der bald seine eigenen Wege ging und Geschäftsmann in Westberlin wurde, aber mehr noch um die gerade erwachsen gewordene Tochter Margot, in die sich Konrad Wolf unsterblich verliebte, die aber später dann den Chef des Deutschlandsenders, den Auschwitzüberlebenden Kurt Goldstein heiratete.

Wer mag, kann das in dem ersten Buch, das Markus Wolf nach seinen Weggang vom MfS als Erbe seines jüngeren, inzwischen verstorbenen Bruders Konrad schrieb, »Die Troika«, noch genauer nachlesen.

Karl Wloch hatte in seinem Leben soviel tatsächliche und im übertragenen Sinne Prügel einstecken müssen, daß er natürlich manchmal vorsichtig und zurückhaltend agierte. Er mag manchen Leuten vielleicht opportunistisch erschienen sein. Aber er hatte einen aufrechten, geraden Charakter. Und übrigens, wer handelt schon immer »nicht opportunistisch«? Selbst diejenigen, die ihm das jetzt ins Grab nachwerfen, nachdem sie einmal anders gedacht und geredet haben, tun das.

Ich hatte viele Gespräche mit ihm, auch in Berlin nach der Zeit unserer Gemeinsamkeiten von Warschau, die mich darin bestärken. An seinem 70. Geburtstag, 1975, den Manfred Gebhardt, mehrmals ausführlich, wenn auch mit unterschiedlichen Gewichtungen beschrieben hat, nahm mich Karl Wloch beiseite. Nachdem er offenkundig über meine Schwierigkeiten mit dem Honeckergefährten und SED-Politbüromitglied Joachim Herrmann erfahren hatte, warnte er mich ganz offen, den Kopf nicht zu weit aus dem Fenster zu stecken. Auch das mag man für opportunistisch halten. Für ihn war es ein guter Rat an einen seiner Söhne (wie er uns Jungen in Warschau immer nannte). Noch wenige Tage vor seinem Tode sprach ich, damals selbst schon bei der SED-Parteiführung in Ungnade gefallen, mit ihm im Krankenhaus über die weitere Entwicklung, die er, wenn auch von seiner langen Krankheit gezeichnet und am Sprechen behindert, sehr klar einschätzte.

Ich meine, das im Interesse einer sauberen Geschichtsschreibung über diese Zeit anführen zu müssen, weil gerade in diesem Falle durch das alleinige Aktenstudium kein umfassendes Bild über Karl Wloch und seine Arbeit, vor allem in Polen, die wir auch als unsere ansahen, entsteht.

Natürlich waren seine Berichte an die SED-Parteiführung so abgefaßt, daß niemand ihm schlechte Arbeit im Sinne seines Auftrages nachweisen hätte können. Dennoch hatte er in persönlichen Gesprächen, wie ich genau weiß, vor allem mit Franz Dahlem, manches klare Wort über die Stimmung unter den Kriegsgefangenen und über die Lage in Polen überhaupt gesagt.

Auch in Polen war das Jahr 1948, als unsere Arbeit begann, ein kompliziertes Jahr. Nach dem Kominternbeschluß über Jugoslawien wurde der damalige (und nach 1956 wieder geholte) Generalsekretär Władyslaw Gomułka von dem enger an Moskau gebundenen Rest der polnischen PVAP-Führung gestürzt. Als Gomułka, der wegen seines etwas eigenwilligen nationalen Kurses und seiner Landwirtschaftspolitik in Polen nicht unbeliebt war, verschwinden mußte und schließlich eingesperrt und verurteilt wurde, gab es ziemliche Unruhen im Lande, besonders unter den Bauern, was sich vor allem auf die ohnehin nicht gute Versorgungslage auswirkte und nach dem Schneeballprinzip wiederum neue Unruhen auslöste. Auch die dann beginnende Kampagne gegen andere, besonders jüdische Parteiführer in anderen sozialistischen Ländern, begann Auswirkungen auf Polen zu zeitigen. Obwohl der Höhepunkt dieser Kampagne erst später erreicht wurde, traf er unsere Arbeit insofern, als fast alle unsere polnischen Helfer, die von der Partei zu uns beordert waren, Genossen der PVAP jüdischer Herkunft waren. Nach meinen späteren Erkenntnissen war es wahrscheinlich sogar so, daß sie für die Arbeit mit uns deutschen Kriegsgefangenen ausgesucht waren, um sich wieder einmal zu bewähren. Dazu zähle ich vor allem die beiden Genossinnen Edda Tenenbaum und Justyna Sierp, denen vor allem Hermann Kant ein literarisches Denkmal in seinen Romanen »Die Aula« und im »Aufenthalt« gesetzt hat. Da war Oberst Ackermann, der Chef der Betreuergruppe, der wegen seiner ausgezeichneten Deutschkenntnisse auch die Zensur unserer Zeitung »Die Brücke« persönlich vornahm. Da waren die Oberleutnante Lipski und Witold Leder, von denen ersterer in den fünfziger Jahren, wie eine Reihe anderer jüdischer Genossen, nach Schweden emigrierte, letzterer allerdings Anfang der neunziger Jahre als alter Mann noch mal auch in die deutschen Schlagzeilen geriet, weil er der Führungsoffizier des ehemaligen polnischen Geheimdienstmitarbeiters Marcel Reich-Ranicki, des westdeutschen Literaturpapstes, war.

Und ich bekräftige heute noch einmal, daß es neben Karl Wloch diese polnischen Genossen waren, denen es gelungen war, durch ihre überzeugte Arbeit in den Köpfen von 40 000 deutschen Kriegsgefangenen den Gedanken einzupflanzen, daß sich das deutsch-polnische Verhältnis grundlegend ändern, die Erbfeindschaft in gute Nachbarschaft wandeln müsse. Da waren sie nicht Juden, sondern Polen.

Im Gegensatz zur Arbeit in den sowjetischen Kriegsgefangenenlagern, war das auch eines der Hauptziele dieser unserer antifaschistischen Arbeit. Daß das von den beiden in der damaligen Ostzone und in Polen führenden Parteien unterstützt und auch geleitet wurde, halte ich auch bis jetzt für keine Schande. Im Gegensatz zu der heute gängigen Meinung bei den Konservativen in beiden Nachbarländern, ist in diesen Jahren viel für die Aussöhnung zwischen Polen und wenigstens einem Teil Deutschlands getan worden. Die meisten Kriegsgefangenen, die einsichtig geworden waren (beileibe eben nicht alle), haben das auch als wesentliche Erkenntnis mit nach Hause genommen. Sowohl in den Osten wie auch in den Westen Deutschlands.

Daß dies dann in den Westzonen und der späteren Bundesrepublik abbröckelte, liegt auch nicht zuletzt an dem antikommunistischen Trommelfeuer, dem sie fortan und zunehmend im Kalten Krieg ausgesetzt waren, und der Umgebung, die Polen nur durch die Brille der Vertriebenenverbände betrachteten. Hier sollten auch unsere polnischen Nachbarn sehen, daß sie zumindest 40 Jahre von der unmittelbaren Nachbarschaft mit diesen Verbänden verschont wurden. Wohin es geführt hat, daß an Oder und Neiße jetzt der großdeutsch gewordene Nachbar Deutschland steht, hat man u. a. auch 1998 im Schlagabtausch zwischen den Parlamenten in Bonn und Warschau ermessen können,

Nachdenklich Gewordene sind jedenfalls, wie ich mich später, auch nach der sogenannten Wende von 1989, überzeugen konnte, bei ihren in polnischer Kriegsgefangenschaft gewiß nicht leicht erworbenen Erkenntnissen geblieben. Und das ist ja wohl keine Schande.

Daß dies andererseits auch bei mir dazu geführt hat, daß ich SED-Mitglied wurde, steht auf einem anderen Blatt. Ich kenne viele, die nicht der SED beitraten, aber gute Nachbarn Polens geblieben sind. Und auch dies kann ja wohl nicht verurteilt werden. Oder?

Unter diesem Aspekt sehe ich auch heute noch meine sehr schwere Zeit im Lager Knurów und auch die natürlich physisch leichtere, aber doch kompliziertere Arbeit in der Selbstverwaltung der deutschen Kriegsgefangenen in Polen.

Das gilt besonders für die Zeit meiner Arbeit bei der Zeitung »Die Brücke«, wo ich mir erste journalistische Erfahrungen erwarb (wie andere z. B. Manfred Gebhardt, Hermann Kant, Werner Land auch), auf die man ruhig und ohne ein schlechtes Gewissen zu haben, zurückblicken kann.

Natürlich schrieben wir unter den Augen von Karl Wloch und den es im Prinzip mit uns gut meinenden polnischen Zensoren.

Natürlich standen uns nur die Quellen zur Verfügung, die man uns zukommen ließ. Aber auch das halte ich unter den damals gegebenen Umständen für ziemlich normal. Das war ja auch woanders nicht anders.

Natürlich waren unsere ersten Beiträge manchmal hölzern. Es gelingt nicht immer, ein Thema, das man wiederholen muß und will, literaturpreisverdächtig abzuhandeln. Und wenn ich die heutige, ziemlich auf einer Wellenlänge geschaltete deutsche Presse lese, verfalle ich auch nicht in Freudentaumel über ihren Stil. Es gab sogenanntes Parteichinesisch nicht nur bei der SED. Ich brauche heute nur einige Politiker zu hören, die mit sprachlichem Sperrmüll versuchen, sich aus von ihnen mitgeschaffenen Schwierigkeiten und gesellschaftlichen Hohlräumen herauszuwinden. Verständliches Deutsch und überzeugend ist das auch nicht immer. Also sollte man die Beckmesserei in dieser Beziehung etwas niedriger hängen. Ich ziehe mir jedenfalls manche Jacke, die da jetzt im DDR-Schlußverkauf herausgehängt wird, nicht an.

Aber ich habe mich immer, auch damals schon, bemüht, etwas, was ich vertreten wollte oder auch zu vertreten hatte, plausibel und möglichst überzeugend darzulegen. Wir haben, das kann man nachlesen, weil schwarz auf weiß vorhanden, in der »Brücke« auch ganz heikle Themen aufgegriffen, echte, oft provozierend erscheinende Fragen aus den Lagern beantwortet, was ich später in der DDR nicht immer vermochte, besonders nach dem VIII. Parteitag der SED, der Tabus zu einem dichten Zaun zum Schutze einer immer mehr verfehlten Politik aufrichtete.

Deswegen bin ich damals auch immer, wenn ich konnte, in Versammlungen aufgetreten, die in den Warschauer Nebenlagern stattfanden, um das Beantworten von Fragen, vor allem, wenn man dem Fragesteller gegenübersteht, zu erlernen. Das hat auch in späteren Jahren meiner Argumentationsfähigkeit außerordentlich genutzt.

Der Vorteil dieser Feststellung über eine solche Arbeit besteht darin, das sie heute noch nachzulesen ist und man am Produkt über das Produkt streiten kann. Nicht jeder, der von Behauptungen über das Gegenteil lebt, vermag das ebenso zu tun.

Jedenfalls gehört diese Zeit zu meinen wichtigen Lehr- und Wanderjahren auf meinem journalistischen Weg.

Neben der Arbeit an der »Brücke«, ich deutete das schon an, gab es natürlich auch andere Tätigkeiten, die wir als Mitglieder der Zentralen Selbstverwaltung zu erledigen hatten. Da waren die Lehrgänge, die, nach dem ersten von Karl Wloch und Edda Tenenbaum allein bestrittenen, nun von uns Mitgliedern der Selbstverwaltung mit Referaten ausgestaltet wurden. Das zwang auch zu etwas tieferem Nachdenken über bestimmte Zusammenhänge, die wir uns in der uns zur Verfügung stehenden Marxistischen Literatur angelesen hatten. Das waren im wesentlichen Standardwerke dieser Literatur. Damals hatten wir noch Plechanow zur Verfügung, lasen mit einiger Begeisterung Engels »Sozialismus – von der Utopie zur Wissenschaft« oder den »Ursprung der Familie«. Sogar Anton Ackermanns »Der deutsche Weg zum Sozialismus« gehörte noch zu unserem Lehrmaterial.

Eine zweite Aufgabe waren die regelmäßigen Besuche in kleinen oder auch kleinsten Warschauer Lagern, um die dort arbeitenden Kriegsgefangenen überhaupt zu erfassen, denn sie saßen manchmal völlig isoliert von der Außenwelt, wenn auch mit einem für damalige Zeiten mitunter beneidenswerten Lebensstandard.

Manche hatten sich in jeder Hinsicht mit einem Verbleib in Warschau abzufinden versucht und waren erstaunt, daß es noch jemanden gab, der mit ihnen über eine Heimkehr reden wollte. Für manche, ich will da keine Einzelheiten über eine Art Integrationsverhalten verlieren, begann mit dem Gedanken an eine Heimkehr auch erst wieder der Gedanke an die eigene Familie zu Hause. Ich kenne aus dieser Zeit viele Ehen, die dort de facto geschlossen wurden, die heute noch de jure bestehen. Es gehören viele Einzelheiten dazu, um ein vollständiges Bild über jene Jahre zu zeichnen. Und nicht alles wurde so verbissen gesehen, wie es dann in der antipolnischen Propaganda besonders in den Westzonen und später in der Bundesrepublik dargestellt wurde.

Ich halte das einfache menschliche Herangehen an bestimmte Probleme nach soviel unmenschlicher Konfrontation für eine der positiven Seiten, die man der Kriegsgefangenschaft auch abgewinnen konnte. Man mußte nur versuchen, sich von bestimmten festgefahrenen Auffassungen über den anderen zu lösen. Und da wiederhole ich: Hier haben wir Deutschen eine größere Bringeschuld. Schließlich war das überfallene Polen 1939 eine Demokratie und Deutschland eine blutige Diktatur. Spätere Belehrungen von Deutschen, die bis zum 8. Mai 1945 fanatisch für den Führer gekämpft haben und nach dem 9. Mai Demokraten und eifrige Bekämpfer von Diktaturen anderswo wurden, sind mir einfach suspekt.

Als später die Versuche nach menschlichen Lösungen alter Konflikte vor allem in der DDR, aber auch bei vernünftigen Leuten in der Altbundesrepublik fortgesetzt wurden, wurden sie plötzlich ein Teil des Prozesses, der heute häufig als Teil der sogenannten verordneten Völkerfreundschaft gekennzeichnet oder besser, diffamiert wird. Da zeichnen sich die sogenannten Landsmannschaften, die ja in neu gegründeten Parteien, wie dem von Altnazis kommandierten BHE, der sogar Regierungskoalitionspartei wurde, durch besonders nationalistisches und revanchistisches Verhalten aus, was Salz in die Wunden streute und die Frage sehr fragwürdiger deutscher Ansprüche bis auf den heutigen Tag an der Schwelle des neuen Jahrtausends offenhält. So einfach, wie sich manche das Verhältnis zwischen Deutschen und Polen zuzeiten der Spaltung Deutschlands machen, war es nicht. Ich werde darauf noch zurückkommen müssen.

Schließlich rückte in der zweiten Hälfte 1948 der Zeitpunkt näher, wo nach langwierigen Verhandlungen mit der polnischen Seite konkret die ersten ernsthaften Maßnahmen für die Organisierung der Heimkehr deutscher Kriegsgefangener getroffen werden konnten.

In Deutschland wurde der Druck nach Rückführung der Kriegsgefangenen aus Polen größer. Die SED-Führung versuchte ihre Beziehungen zu nutzen, um die Rückführung der Kriegsgefangenen auf ihre Guthabenseite zu setzen, nachdem in den Westzonen Polen immer mehr zum Übeltäter auf den verschiedensten Gebieten hochstilisiert wurde. Dabei wurden besonders die Oder-Neiße-Grenze und die Kriegsgefangenen politisch weidlich ausgeschlachtet und damit de facto politisch mißbraucht. Damals schon begann im Westen das Umschreiben der Geschichte und die Verwechslung von Täter und Opfer.

Die polnische Seite tat sich schwer, auf die Kriegsgefangenen als Wirtschaftsfaktor zu verzichten, denn nicht nur in Oberschlesien hatten sich die Arbeitskräfte bezahlt gemacht. Auch an anderen Stellen hatten sich Spezialisten zu fast unentbehrlichen Kräften entwickelt, die ein Loch in bestimmte Wirtschaftsabläufe gerissen hätten. Es war also gar nicht so einfach, als es im Spätherbst 1948 hieß, es werde nunmehr in Gliwice als zentraler Abfahrtsort ein Entlassungslager eingerichtet. Die Örtlichkeit wurde vor allem deshalb gewählt, weil im oberschlesischen Kohlenrevier das Gros der deutschen Kriegsgefangenen arbeitete.

Horst Anspach, Wolfgang Bendix und ich wurden als Mitglieder der Zentralen Selbstverwaltung auserkoren, den Aufbau des Entlassungslagers Gliwice einzuleiten. Chef der Aktion von seiten unserer polnischen Betreuer war der schon erwähnte Witold Leder, der für jeden von uns noch einen polnischen »Paten« aus dem Revier herausgesucht hatte.

Dabei ging es einmal um ziemlich komplizierte organisatorische Fragen, aber auch um eine enge politische Zusammenarbeit mit den Antifa-Obleuten, die inzwischen in fast allen Lagern installiert worden waren. Es galt, im Rhythmus die Kriegsgefangenentransporte in die drei großen Zonen – Amerikanisch/Französische, Sowjetische und Britische – zusammenzustellen, wobei es auch eine interne Reihenfolge der Betroffenen gab: Ältere, Kranke und Familienväter zuerst. Die Obleute hatten sich inzwischen, nicht ohne sanftes Nachhelfen von Karl Wloch, verpflichtet, das Lagertor als letzte abzuschließen, was, wie auch das andere Verhalten, dazu beitrug, den Geruch der »Kochgeschirr-Antifaschisten« von ihnen, übrigens auch von allen, die in dieser Arbeit aktiv geworden waren, zu nehmen, der zu Beginn der Gefangenschaft so unselige Spätschäden angerichtet hat.

Zum anderen zogen wir mit unseren neuen polnischen Betreuern, alle samt und sonders ehemalige Bergleute und neue Nachkriegsparteifunktionäre der PVAP, nochmals durch die Lager, um für die Versöhnung zwischen Deutschen und Polen zu werben und nach der Heimkehr keine neue Feindschaft aufkommen zu lassen. Eine Gefahr, die vor allem in den Westzonen akut bestand.

Das Lager in Gliwice war zu deutscher Zeit schon ein Umschlagplatz zwischen den Außenlagern und dem Zentrallager Auschwitz sowie zu den einzelnen STALAG für westeuropäische Kriegsgefangene. Der Grund: Es war ein Gleisanschluß vorhanden, der zum allgemeinen Streckennetz führte.

Das Lager wurde bereits zu einer Art sanfter Übergang zur Freiheit eingerichtet: Es gab die Möglichkeit zum Ausgang, eine Lagerkapelle von Kriegsgefangenen, mit polnischen Musikinstrumenten ausgerüstet, aus verschiedenen Lagern zusammengestellt, die sich auch verpflichtet hatte, bis zum bitteren Ende zu bleiben, war zur Unterhaltung der jeweiligen Durchgänge tätig (nebenbei gesagt, sie spielten auch, wenn gerade keine Kriegsgefangenen im Lager waren, bei »Zabawys«, Vergnügungen, in polnischen Ortschaften und Kneipen der Umgebung). Es gab einen Kiosk, wo man Getränke und kleine polnische Souvenirs erstehen konnte, denn die Kriegsgefangenen hatten ja in der letzten Zeit auch eine Löhnung erhalten, was übrigens von der Zentralen Selbstverwaltung in Verhandlungen mit den Polen durchgesetzt worden war. Natürlich war das nicht ohne Rückhalt der Spitzengremien in Berlin und Warschau geschehen. Immerhin konnten wir ruhigen Gewissens sagen, das wir uns nicht nur um die politische, sondern auch um die materielle und kulturelle Betreuung der Kriegsgefangenen gekümmert haben.

Im Januar 1949 wurde ich zu Witold Leder gerufen, der mir mitteilte, daß ich wieder nach Warschau zurück müsse. Der bisher leitende Redakteur der »Brücke« mußte aus Gründen des Gesundheitszustandes seiner Frau nach Hause geschickt werden, ohne seiner Selbstverpflichtung »Bleiben bis zum Schluß« gerecht werden zu können. Das war sicherlich ein Grund. Aber ich hege heute noch Zweifel, ob es der einzige war. Ich hatte mit der Tochter meines »Betreuers« ein Verhältnis begonnen, was der offenbar nicht gern sah. Wie auch immer: Ich sollte wieder in der Redaktion arbeiten.

Das tat ich dann auch zusammen mit Manfred Gebhardt, den man mit der kommissarischen Leitung der »Brücke« beauftragt hatte, und einigen anderen, die ich noch kannte, immerhin im Gegensatz zur ersten Zeit eine reine »Jugendbrigade«. Karl Wloch hatte es so arrangiert, denn mit den Älteren hatte es wohl doch einige Reibereien gegeben. In einem Falle hatte es gar geheißen, es wären in redaktionellen Beiträgen Auffassungen zutage getreten, die unserer Sache nicht dienlich gewesen wären.

Zum ersten Male hörte ich das Wort »Feindarbeit«. Niemand wußte offenbar so recht, was das konkret war. Aber in unseren jungen unerfahrenen Hirnen setzte sich der Begriff fest, ohne daß wir uns damit auseinandersetzen konnten.

Ich habe das später bei meiner journalistischen Tätigkeit in der DDR ein paarmal erlebt, daß kleinste Druckfehler, die man sich ganz einfach erklären hätte können, die aber böse Mißdeutungen zuließen, als bewußte Sabotage gewertet und entsprechend geahndet wurden. Wenn z. B. im »Neuen Deutschland« ZK mit KZ oder FDJ mit der in den fünfziger Jahren in der BRD agierenden faschistischen Terrorganisation BDJ oder in der »Tribüne« in einem Stalinzitat Krieg und Frieden verwechselt worden waren, wurden heftigste Untersuchungen eingeleitet, die nicht selten Maßregelungen der »Schuldigen« nach sich zogen.

Nichts war Zufall, alles hatte gesetzmäßig zu sein. Wie das zusammenhing, daß es dem übersteigerten Sicherheitsdenken entsprang, was dann zu einer Doktrin wurde, wonach sich beim Aufbau des Sozialismus der Klassenkampf automatisch verschärfte und deshalb erhöhte Wachsamkeit und entschiedenes Vorgehen gegen Feinde der Republik sowie härtere Strafen notwendig seien, weil der Arbeit beim Aufbau der DDR soviel Schaden zugefügt würde, konnten wir jungen, auch in unserem Denken noch etwas schlichten Gemüter damals noch nicht ahnen. Natürlich gab es andererseits, das wurde sowohl aktenkundig als auch gerichtsnotorisch, auch tatsächlich Sabotage, die nicht geduldet werden konnte. Aber die Vermischung von harmlosen Fehlern und tatsächlicher Feindarbeit bildete sich zu einem Trauma heraus, dem viele Funktionäre und einfache Genossen erlagen. Ich habe später auf diesem Gebiet noch von manchem Ärger erfahren.

Aber wie gesagt, damals waren wir gegenüber Älteren oftmals unerfahren naiv, gemäß dem berühmten Witzwort: Die Genossen werden sich schon etwas dabei gedacht haben. In einem seiner Berichte an die SED-Führung klagte Karl Wloch jedenfalls auch, daß es mancherlei Hemmnisse mit älteren Kriegsgefangenen gäbe, während die jüngeren mit großem Elan an ihre Aufgaben gingen.

Nun könnte es sein, daß mir ein solcher positiver Eintrag ins Klassenbuch heute bei den »Geschichtsaufarbeitern« zumindest Stirnrunzeln, wenn nicht gar schlimme Kritik einbringt. Aber ich fand das, wie andere Jüngere auch, völlig normal. Wir jüngeren Leute waren, sicherlich noch unbelastet, aber doch schon mit soviel Erfahrungen ausgerüstet, daß wir von der Notwendigkeit, Frieden und gute Nachbarschaft zwischen unseren Völkern herstellen zu helfen, überzeugt und ehrlich von einer solchen als notwendig erkannten Aufgabe gepackt waren. Wir hatten auch manches von daheim erfahren, was die These stützte, daß unsere antifaschistische Arbeit zahlreichen Angriffen von seiten in den Westzonen wieder tätigen Altnazis und auch sonst verbliebenen Antikommunisten ausgesetzt war. Dies sei Klassenkampf. Und irgendwie war es ja dann wohl auch so, wenn man die Tatsachen der gesamtdeutschen Nachkriegsgeschichte betrachtet. Jedenfalls kann man so etwas heute nicht einfach wegwischen, nur weil der reale Sozialismus auch schon in seinen Anfängen Fehler gemacht hat, die sich später potenzierten. Nicht immer ist das Gegenteil vom Falschen richtig, wie heute von unserer neuen Dienstherrschaft irrtümlich angenommen wird.

Ich denke übrigens, nach vielen Überlegungen besonders seit 1989, immer noch, daß die Aufgabe, die uns in Warschau gestellt wurde und die wir auch übernommen haben, jugendlichen Elan und Unvoreingenommenheit und nicht möglicherweise vorbelastete Voreingenommenheiten erfordert hatte und immer noch erfordert. Auf beiden Seiten.

Es lohnt sich auch darüber nachzudenken, ob die Bereinigung des deutsch-polnischen Verhältnisses sowohl zuzeiten deutscher Zweistaatlichkeit als auch jetzt, nach der deutschen Vergrößerung und neuerlichen Machtentfaltung, in jungen Händen und Köpfen nicht besser aufgehoben wäre, als dies bislang der Fall war. Normalisierung des deutsch-polnischen Verhältnisses ist nämlich mehr als heftiges Drängen zur NATO- und EU-Mitgliedschaft, damit man unter einem Dach lebt. Hier wird sich durch den Ablauf der deutschen Geschichte der Eindruck nicht vermeiden lassen, deutsche Vormachtinteressen wären dabei ein wichtiger Beweggrund und der deutsche Salon im gemeinsamen Haus Europa sei pflegebedürftiger und förderungswürdiger als die polnische Dachkammer.

Ich habe jedenfalls seit meiner Entlassung aus der Kriegsgefangenschaft, durch vierzig Jahre DDR hindurch bis auf den heutigen Tag, ehrlich versucht, unter anderem diese Lehren aus der teilweise auch von der mir selbst erlebten Geschichte zu ziehen. Da gibt es – ob es gewisse Leute wahrhaben wollen oder nicht und ob es in politisches Kalkül paßt oder nicht – deutschen Nachholbedarf, an den ich, solange ich lebe, erinnern werde. Das ist kein Fanatismus oder sonst ein -ismus, sondern eine historische Notwendigkeit gerade für uns Deutsche.

Ende April oder schon in den ersten Maitagen 1949 – ich weiß es nicht mehr ganz genau – wurde ich eines Tages von Oberleutnant Lipski und Justyna Sierp zu einer Aussprache gebeten, an der Karl Wloch zunächst nicht teilnahm. Mir wurde eröffnet, daß es in der Nähe von Nakło, eine kleine Ortschaft Potulice mit einem großen Lager für deutsche Zivilinternierte gäbe, die auf ihre Ausreise warteten. Nebenan befinde sich ein kleines Lager mit etwa 20 Kriegsgefangenen, allesamt Spezialisten, die am Aufbau einer Möbelfabrik arbeiteten. Mit großer Offenheit gegenüber einem deutschen Kriegsgefangenen sprachen sie davon, daß das Lager, nach der Fertigstellung der Möbelfabrik und dem abgeschlossenen Abtransport der deutschen Zivilinternierten, in ein Strafarbeitslager umgewandelt werden sollte, in dem dann zu Zwangsarbeit abgeurteilte polnische Häftlinge in der Möbelfabrik tätig sein sollten.

Nun gäbe es erstens Schwierigkeiten bei der Organisierung der Heimkehr der Internierten, die im Herbst abgeschlossen sein sollte. Zweitens wären die Kriegsgefangenen in einer pessimistischen Stimmung, obwohl ihnen versprochen wurde, daß sie nach Fertigstellung der

Fabrik nach Hause fahren dürften. Es habe sogar Arbeitsverweigerungen gegeben. Da ich in den Augen meiner Gesprächspartner offenbar trotz meiner Jugend über Erfahrungen in der Organisation und im Umgang mit Kriegsgefangenen verfügte, würde man mich bitten, dorthin zu fahren, um die polnischen Zielstellungen, die auch den Wünschen der Deutschen entgegenkämen, zu erfüllen. Ich würde, unabhängig von meiner Selbstverpflichtung, mit den Letzten nach Hause zu fahren, nach Erledigung des Auftrages bis zum 22. Juli, dem damaligen polnischen Nationalfeiertag, Ende Juli nach Hause fahren können. Damit hatte man mir eine Rübe an die Deichsel gebunden.

Die Bedenkzeit, die ich mir ausbat, wurde gewährt. Am nächsten Tag wurde das Gespräch fortgeführt. Diesmal war Karl Wloch dabei, wohl in der Hoffnung, daß er, im Falle von Bedenken, mich besser überzeugen könnte. Aber ich hatte gründlich nachgedacht. Ich sagte zu.

Allerdings nannte ich einige Bedingungen. Als erstes wollte ich Unabhängigkeit von der dortigen polnischen Lagerverwaltung. Ich hatte ja einige Lagerverwaltungen kennengelernt und auch deren Tücken, vor allem, wenn man eine solche Aufgabe lösen sollte. In etwa schwebte mir die Position von Karl Wloch in Warschau vor.

Zweitens müßte es eine Einführung bei der dortigen Lagerverwaltung geben, in der klipp und klar geregelt würde, welche Position ich einnehme. Ich müsse Einspruchsrecht bekommen, wenn Anordnungen der polnischen Verwaltung dem Auftrag, den ich hatte, widersprächen. Ich müßte den Kodex, der von der Selbstverwaltung der deutschen Kriegsgefangenen für alle Lager beschlossen wurde, falls er noch nicht gelte, einführen und den Kriegsgefangenen verbindlich erklären dürfen, daß sie unmittelbar nach Fertigstellung des Werkes nach Hause fahren könnten. Ziel bleibe der 22. Juli.

Trotz dieser, für meine Verhältnisse doch weitreichenden Forderungen wurde dem zugestimmt. Später erfuhr ich auch, warum. Potulice war ein gefürchtetes Lager mit Übergriffen schlimmster Art durch die polnischen Wachmannschaften, die in Warschau bekannt geworden waren und denen man nun, angesichts der baldigen Ausreise, zu Leibe gehen wollte, weil es wohl auch schon internationales Aufsehen erregt hatte und das Image gepflegt werden sollte. Natürlich hätte ich das niemals allein vermocht.

Aber Oberleutnant Lipski, der mich begleitete und den ich auf dieser Reise wegen seiner menschlichen Offenheit trotz längerer Bekanntschaft erst jetzt richtig schätzenlernte, hatte einen langen Befehlskatalog aus dem zuständigen Amt für Innere Sicherheit in der Tasche. Er trug ihn bei meiner Vorstellung und Einführung dem dortigen Naczelnik vor, wobei es für mich eine klare Kompetenzabgrenzung gab. Ich war zuständig für die 20 Kriegsgefangenen, konnte aber beratend für die Organisierung der Transporte der Zivilinternierten hinzugezogen werden.

Es war einer der ungewöhnlichsten und kompliziertesten Aufträge, den ich in meinem bisherigen Leben erhalten hatte.

Nach einem ausführlichen Gespräch mit dem Naczelnik, in dem er mir seine Sorgen mitteilte, die auch ihm sein ganzer Auftrag bereiteten, zog ich in die Unterkunft der Wachmannschaften, außerhalb des eigentlichen Lagers. Dann machten wir, begleitet vom polnischen Werkleiter und dem »Meister« der deutschen Kriegsgefangenenspezialisten einen Rundgang durch die Werkhallen, in denen gerade die Maschinen aufgestellt und betriebsbereit gemacht werden sollten. Die Fachleute waren der Meinung, daß es theoretisch möglich sein müßte, in den verbleibenden Wochen bis zum 22. Juli (wir schrieben zu dem Zeitpunkt den 3. oder 4. Mai) das Werk in Gang zu setzen, wenn, *ja wenn,* die Kriegsgefangenen mitzögen.

Meine Ankunft und die etwas dubios erscheinenden Aufgaben, einschließlich meiner Unterbringung »bei den Polen«, sprachen sich bei Polen und Deutschen blitzartig herum. Es schuf auf beiden Seiten zunächst einmal Mißtrauen.

Als erstes versuchte ich, es bei den Kriegsgefangenen abzubauen, die zunächst einen polnischen Agenten in mir vermuteten. Aber ich ließ mir in aller Ruhe erzählen, welche Sorgen sie drückten. Da kam, von der Siebentagewoche, dem Verbot, mit ihrer kleinen Musikgruppe auch für die Zivilinternierten zu spielen, bis zu den Sperrkonten, auf denen ihr verdientes Geld eingefroren wurde und für das sie sich nichts kaufen konnten, bis hin zu der Frage nach dem Termin ihrer Heimkehr und warum meine Unterkunft außerhalb des Lagers läge, alles auf den Tisch.

Die Sache mit meiner Unterkunft erklärte ich gleich. Es würde mir helfen, mich gegenüber der polnischen Seite souveräner zu verhalten und auch durchzusetzen, weil dadurch ein besonderer Status symbolisiert würde. Ich wüßte, was heißt, so wie sie im Lager zu leben. Ich hätte es jahrelang hinter mich gebracht. Ich versprach, mich dadurch nicht abhalten zu lassen, mich für den freien Sonntag und an Sonnabenden für Halbtagsarbeit einzusetzen, ihr Geld locker zu machen, am Sonntag auf dem Platz zwischen den beiden getrennten Lagern musizieren zu dürfen und – verbindlich – wenn sie dann den Termin 22. Juli schaffen würden, die umgehende Fahrt nach Gliwice ins Entlassungslager.

Zunächst ungläubiges Staunen. »Wenn du nur die Hälfte erreichst, spendiere ich Wodka für die ganze Runde«, sagte einer. Alles klatschte

Beifall, von dem ich nicht wußte, ob er dem Wodkaspender galt oder meinem Versprechen.

Auf meine Frage, ob sie denn beispielsweise die »Brücke« bekämen, sagte man mir, unregelmäßig, aber immerhin, die erste und einzige deutschsprachige Lektüre, abgesehen von den Briefen aus der Heimat. Ich versprach, von nun an für die regelmäßige Lieferung zu sorgen, machte sie auf meinen Namen unter einigen Artikel aufmerksam und wollte bei Gelegenheit alles über meine Kriegsgefangenenzeit und auch einiges über die Lage zu Hause zu erzählen. Wir beschlossen gemeinsam, für solche Angelegenheiten regelmäßige Diskussionsabende zu veranstalten.

Die anschließende Unterredung beim Naczelnik war etwas härter. Sie wurde in polnisch geführt. Mit meinem zwar radebrechenden, aber mich doch deutlich machenden Polnisch hinterließ ich doch einen gewissen Eindruck. Er wollte mir zunächst nicht abnehmen, daß mehr Freizeit für die Kriegsgefangenen mehr Leistung brächte. Es würde ihn seinen Kopf kosten, wenn er den Staatsauftrag nicht erfülle. Aber ich hielt ihm einen Vortrag (wie gut, daß wir auf unseren Lehrgängen in Warschau auch über die Ökonomie des Kapitalismus und die sozialen Kämpfe der Arbeiterbewegung debattiert hatten) über den Kampf der Arbeiterbewegung um bessere soziale Bedingungen, die die Produktivität im Kapitalismus keineswegs geschmälert hätten. Das hätten in beschränktem Maße auch die Kapitalisten begriffen. Warum er das als Sozialist nicht begreife, wäre mir ein Rätsel.

Natürlich hatte ich ihn damit ans Portepee gepackt. Dennoch rang er sich die Drohung gab: »Freundchen, wenn das nicht klappt, bleibt Hackfleisch von Ihnen.« Aber er versprach, meine Forderungen zu prüfen und so schnell wie möglich zu erfüllen. Wahrscheinlich saß ihm der von Lipski überbrachte Befehl doch tiefer in den Knochen, als ich pessimistischerweise zunächst angenommen hatte.

Der erste Erfolg war, daß für die Kriegsgefangenen am ersten folgenden Sonnabendmittag im Betrieb, so wie es auch für die dort arbeitenden polnischen Zivilisten der Fall war, Feierabend gemacht wurde. Am nunmehr freien Sonntagmorgen baute sich die kleine Kapelle auf einem freien Platz in der Nähe des Zaunes zu den Zivilinternierten auf und begann unter dem Beifall der sofort herbeigeströmten Lagerinsassen ein Morgenständchen. Ich hatte an alle Zuhörer, diesseits und jenseits des Zaunes innerhalb des Gesamtlagers, eine kleine Rede gehalten, in der ich auf die neue Situation hinwies. Die polnischen Wachposten, die bisher gewohnt waren, solche Aufläufe auseinanderzutreiben, standen teils hilflos, teils interessiert, mich ständig fixierend, in respektvollem Abstand dabei, denn ich war ihnen als eine Art deutsche Respektsperson vorgestellt worden, die aus Warschau mit entsprechendem Befehl hierher gekommen war. Alles ging gut. Alle waren – natürlich den zweifellos widrigen Umständen entsprechend – zufrieden über die neue Abwechslung. Ich hatte meine ersten Pluspunkte gesammelt, die mir die weitere Arbeit leichter machten.

Es lief des weiteren auch sonst alles ziemlich glatt. An einigen Tagen ging ich mit ins Werk und arbeitete einfach mit. Nach einer Woche telefonierte ich mit Lipski in Warschau, um Rapport zu erstatten. Da ich den Naczelnik absichtlich an meinem Gespräch teilhaben ließ, nötigte ich ihm auch ein wenig Respekt ab.

Ich weiß, es klingt heute ein wenig schwejkisch. Aber es schien mir notwendig, und der Erfolg gab mir ja letzten Endes recht.

Nur einmal kam es zu einem ernsten Zwischenfall. Ich war im Lager um einen erkrankten Kriegsgefangenen zu besuchen, als ich plötzlich aus dem Interniertenlager nebenan laute Hilferufe und erregte Frauenstimmen hörte. Ich lief auf den Platz und sah, wie ein bewaffneter Posten in eine Frauenbaracke einzudringen versuchte. Ich kannte den Mann vom Sehen, man hatte ihn mir schon zu Beginn als einen zur Gewalt neigenden Typen geschildert. Ich rannte, so schnell ich konnte, ins Interniertenlager hinüber und weiter zu der Baracke, vor der ich den Posten, den die Gefangenen wegen seiner schwarzen Haare und auch aus anderen Gründen, nur den »czarny diabeł« (schwarzer Teufel) nannten, antraf. Ich riß ihn an den Schultern zu mir herum und befahl ihm auf polnisch, daß er sofort aus dem Lager verschwinden und es nie wieder mit einer Waffe betreten solle (das Waffentragen durch Posten im Lager war offiziell verboten).

Zunächst standen wir uns – beide etwa gleich groß und gleich breit, gegenüber. Ein bißchen mulmig war mir schon. Immerhin hatte er eine Maschinenpistole bei sich und ich nur den Glauben an mein Recht. Das war schon eine etwas unterschiedliche Bewaffnung. Die Frauen hatten sich schweigend in den Barackeneingang gedrängt und warteten nun darauf, was weiter geschehen würde. Ich wiederholte meine Aufforderung, daß er gehen solle und zwar sofort und ohne Rückkehr. Langsam senkte er den Kopf, ich merkte auch, daß er offenkundig angetrunken war, packte seine Maschinenpistole fester und ging zunächst zögerlich, einen gräßlichen Fluch ausstoßend, der eigentlich waffenscheinpflichtig war und nicht druckreif ist, allein weil er mehrere Zeilen in Anspruch nehmen würde, über den Platz. Ich blieb vor der Baracke stehen. Als ich mich umdrehte, kamen die Frauen auf mich zugestürzt und wollten mir offenbar aus Dankbarkeit alles mögliche antun.

Da hatte ich aber plötzlich mein nächstes Problem. Eine der Frauen, die ich jetzt nicht näher beschreiben oder charakterisieren will, schrie: »So muß man es mit dem Pollacken machen. Dann kuschen sie auch.«

Ich hatte nun Mühe, den Frauen zu erklären, daß ich es getan habe, weil das Verhalten des Postens geschriebenem Recht und der geltenden Ordnung widersprach. Ich verbitte mir aber auch von den deutschen Frauen, was immer sie mitgemacht hätten, solche verallgemeinernden Beschimpfungen, weil das weder ihrer noch meiner Situation nutzt, schon gar nicht dem Frieden zwischen Polen und Deutschen dienlich ist, der nun endlich einziehen müsse. Im Interesse aller. Ich habe mich für sie eingesetzt, aber nun müßten sie aber auch darüber nachdenken, warum alles für sie so schrecklich geworden ist. Ich bot an, mich mit ihnen, wenn sie Lust und Interesse hätten, mal an einem Vormittag darüber zu unterhalten. Der Beifall war zunächst spärlich, schwoll dann aber an. Ich bemerkte einige rote Köpfe.

Der Rest ist schnell erzählt. Das Ganze war ohnehin nur eine Fußnote in meinem dortigen Lagerleben. Als ich aus dem Lager hinausgehen wollte, kam mir ein Posten entgegengelaufen, mit der Aufforderung, ich sollte sofort zum Naczelnik kommen, der Starszy Sierżant habe sich bei ihm über mich beschwert. Er nannte den Namen, der mir nicht geläufig war, aber ich wußte, wen er meinte. Ich trat beim Naczelnik ein, begrüßte ihn wie immer und legte gleich von mir aus los, weil ich meinen Übeltäter in der Ecke stehen sah. Ich hätte mich einmischen müssen, weil der Starszy Sierżant seine Dienstpflichten verletzt habe, ich nicht erst Meldung erstatten konnte, weil ich nicht wußte, was er in der Baracke angestellt hätte, nachdem ich das und das beobachtet und die Hilferufe der Frauen gehört hätte. Ich halte mein Tun angesichts eines Befehlsverstoßes durch einen Wachposten, noch dazu mit einem relativ hohen Dienstgrad, für richtig und er, der Naczelnik, müßte nun Weiteres veranlassen.

Der Naczelnik fragte seinen Untergebenen nach seiner Meinung. Der druckste herum, wollte sich herausreden, aber mein nochmaliger Einwand, sein Auftreten und das Waffentragen im Lager sei nicht statthaft, veranlaßte den Naczelnik, dem Posten die Weisung zu erteilen, sich dann und dann beim ihm zu melden. Er habe bis auf weiteres absolutes Verbot, das Lager zu betreten.

Als der Posten, immerhin ein Feldwebeldienstgrad, das Zimmer verlassen hatte, sagte mir der Naczelnik, daß es zu solchen Zwischenfällen nicht mehr kommen werde. Er bat mich, den Vorfall nicht nach

Warschau zu melden und auch nicht weiter darüber zu reden. Er werde das alles regeln.

Der Zurechtgewiesene verschwand einige Tage später aus dem Standort.

Aber fortan wurde mir auch im Lager der Zivilinternierten freundlich und nicht mehr mit vieldeutigem Mißtrauen begegnet. Ich hielt mein Versprechen auch gegen über den Frauen und diskutierte mit ihnen über die deutsch-polnische Geschichte, was zumindest den einen Effekt hatte, daß ich auch von anderen zu solchen Gesprächen eingeladen wurde, obwohl mir fast überall Politikmüdigkeit oder -verdrossenheit entgegen schlug.

Der Schluß dieser Zeit, die noch mit vielen Episoden anzureichern wäre, ist relativ schnell erzählt.

Am 21. Juli, dem Vorabend des Nationalfeiertages, erschien jedenfalls eine hohe Regierungsdelegation aus Warschau und der zuständigen Wojewodschaft Bydgoszcz. Sie eröffneten feierlich zum Nationalfeiertag die Möbelfabrik, dankten den Arbeitern für ihre fristgemäße Arbeit. Der Naczelnik, den es nicht den Kopf gekostet hatte, meine Vorschläge anzunehmen, und der Betriebsleiter bekamen einen Orden. Wir, die Kriegsgefangenen, standen dabei und freuten uns trotz alledem, obwohl wir vom Protokoll nicht beachtet wurden. Aber das wäre in unserer Situation auch zuviel verlangt gewesen.

Am Abend wurden in der Baracke der Kriegsgefangenen etliche Flaschen geköpft und alle Blicke ruhten auf mir. Ich sagte, daß ich am Tag nach dem Feiertag nach Warschau zurückfahren würde. Dann käme auch ihr Tag. Da sah ich nicht nur in frohe, sondern auch wieder in zweifelnde Gesichter. Ich erinnerte sie daran, daß inzwischen auch die Zivilinternierten regelmäßig die Züge in Richtung Heimat besteigen würden, weil das Lager gänzlich geräumt werden würde. Vielleicht, versprach ich, sehen wir uns in Gliwice wieder. Denn auch ich erinnerte mich an das Versprechen von Lipski und Justyna Sierp und war gespannt, ob das auch eingehalten würde.

Die ganze Episode von Potulice, die sich zwischen Anfang Mai und Ende Juli 1949 abgespielt hat hoffentlich unter den Betroffenen selbst ein wenig dazu beigetragen, den schlechten Ruf, den dieses Lager trug, beseitigen zu helfen. Wenn ich heute in Veröffentlichungen über die angeblich grauenvollen Zeiten lese, die sich dort abgespielt hätten, dann kann es nur in der Zeit vor dem Mai 1949 passiert sein.

Ich erwähne diese Episode in meinem Leben auch nur, weil ich glaube, ein wenig dadurch geholfen zu haben, das Mißtrauen zwischen Deutschen und Polen, aber auch gegen die Antifa-Leute, daß ich einmal selbst geteilt habe, abzubauen. Solche Arbeit, ernst genommen, ist immer schwierig. Aber sie hat es nicht verdient, von Leuten, die sie nie erlebt, geschweige denn geleistet haben, weil sie zu ihrem Glück teilweise noch nicht geboren waren, in den politischen Schmutz gezogen zu werden.

Und ich werde nicht aufhören, zu erklären, daß, wenn diese Arbeit auch von manchem als verordnet diskreditiert wird, nicht von allen, die sie geleistet haben, als Ausführung von Verordnungen und Kommandos angesehen wurde. Im übrigen: Selbst wenn ein gewisser politischer Druck dahinterstand, ist mir dieser Antifaschismus immer noch lieber als keiner, und wie in der Altbundesrepublik üblich, ihn als kommunistisch zu diffamieren und vor Gericht zu stellen, hingegen Nazis zu fördern und befördern. Da dieser unglaubliche Zustand, wie man täglich lesen und hören kann auch zur Jahrhundertwende noch andauert, sollten sich die Forscher einmal mit diesem Problem befassen, anstatt sich zu wundern, warum der Rechtsextremismus in diesem Lande bis hinein in die Bundeswehr zunimmt.

Wieder zu Hause oder wie meine Laufbahn begann

Als ich am 23. Juli 1949 wieder im Warschauer Zentrallager eintraf, gratulierten mir Karl Wloch und die polnischen Freunde zu meiner Arbeit und erklärten, ich brauche meine Kiste nicht erst auszupacken, denn übermorgen könnte ich nach Gliwice fahren, um noch den nächsten Transport in die Sowjetische Besatzungszone erreichen zu können. Das Tüpfelchen auf dem i: In Gliwice traf ich die ersten »Spezialisten« aus dem Lager Potulice, die mit mir in Richtung Ostdeutschland fuhren, während die anderen, in den Westzonen beheimateten Kumpels auch schon in Warschau waren und dort auf »ihren« gesonderten Transport warteten.

Mir stand wieder eine Bahnfahrt bevor. Diesmal eine unter Garantie bequemere und nicht so entbehrungsreiche als vorangegangene, denn das Rote Kreuz hatte für die Heimkehrertransporte Pullmann-Wagen zur Verfügung gestellt. Wir wußten diesmal auch, wohin es ging: Vorläufige Endstation war das Durchgangslager Wolfen im Kreis Bitterfeld, denn alle Kriegsgefangenen aus Polen hatten noch eine Quarantäne von zwei Wochen abzuleisten.

Da ich als Mitglied der Zentralen Selbstverwaltung zum Transportleiter erkoren wurde, bekam ich nach unserer Ankunft, nach einer Fahrt ohne Zwischenfälle, als einer der Jüngsten unter den Heimkehrern den Auftrag, auch noch auch Lagerältester zu werden. Es band mir keine allzu große Bürde auf, weil es ja ein eingespieltes Kollektiv (ich muß diesen Terminus benutzen, weil es damals so hieß und noch nicht neudeutsch Team) von Betreuern gab, vom Verwaltungsleiter über den Lagerarzt bis zur Küchenfrau.

An zwei Dinge erinnerte ich mich, die mich dort im wahrsten Sinne des Wortes beschäftigten. Zum einen kamen laufend Kommissionen, die unter den Heimkehrern für bestimmte Berufe oder Tätigkeiten warben, aber keinerlei Zwang auszuüben versuchten. Sie wurden »Kaderklau« genannt. Zum anderen kamen Werber für die Polizei, einschließlich der Kasernierten Volkspolizei. Leute wurden nach einzelnen Fachberufen für die wieder in Gang gesetzten oder in Gang zu setzenden Betriebe geworben und so weiter. Mich warb Alice Stettiner von der Abteilung Presse und Agitation des Zentralsekretariats der SED für ihre Sparte, weil ich der Abteilung sowohl von Karl Wloch als auch von Gerhart Eisler, den ich nach seiner Flucht aus Amerika mit dem polnischen Passagierschiff »Batory« in Warschau kennengelernt hatte, als junger Kader empfohlen worden war. Auch die Bekanntschaft mit Eisler wäre eine abendfüllend zu erzählende Geschichte.

Gerhart Eisler hatte mich außerdem eines Tages im Lager Wolfen besucht und gefragt, ob ich nicht mit ihm auf eine Vortragstournee gehen wolle, auf der über Polen, die Oder-Neiße-Grenze und den bevorstehenden Weltfriedenstag am 1.September geredet werden solle. (Auf Beschluß des Weltfriedensrates sollte, beginnend mit dem 1. September 1949, dem zehnten Jahrestag des Überfalls auf Polen, dieser Tag jährlich weltweit als Weltfriedenstag begangen werden.) Ich sagte beiden Werbern zu. Vor allem die Tour mit Eisler reizte mich, hatte ich ihn doch schon als einen glänzenden Erzähler (also sicherlich auch Redner) und gewieften Agitator kennengelernt. Als ich ihn fragte, was er denn auf der Vortragstour von mir erwarte, was ich denn so sagen sollte, meinte er echt eislerisch: Du paßt auf, was ich sage. Alles, was ich vergesse, holst du dann nach.

So einfach war das. Es wird mir eine unvergeßliche Rundreise durch verschiedene Orte und Betriebe der damalige Sowjetischen Besatzungszone bleiben, bei der ich viel Neuland entdeckte.

Fast hätte ich darüber meine offizielle Entlassung aus der Kriegsgefangenschaft verpaßt, denn erst mit dem Entlassungschein aus Wolfen war man auch amtlich entlassen. Es war auch die einzige amtliche deutsche Legitimation, die ich nach genau 1565 Tagen als kriegsgefangene Unperson Nr. 172 in der Hand hielt (abgesehen von einer Identifikationskarte des Warschauer Sicherheitsamtes, auf der vermerkt war, daß der Deutsche Harri Czepuck in dienstlichem Auftrag unterwegs ist und falls er aufgegriffen würde, bei der nächsten Milizstation abzuliefern wäre, die ihm jede Unterstützung zuteil werden lassen solle).

Ich hatte von Wolfen aus auch mit meinen Eltern telefoniert, wann ich entlassen würde, mein Vater hatte versprochen, mich abzuholen. Als es soweit war und viele in die Arme ihrer Eltern, Frauen, Freundinnen oder Geschwister, die vor dem Tor standen, gestürzt waren, viele machten sich auch mit ihrem Gepäck allein auf die Reise nach Hause, ging ich als einer der letzten, weil ich das Gewimmel nicht mochte.

Es erwartete mich ein weißhaariger alt gewordener Mann, mein Vater. Wir wußten beide nicht, wie wir uns verhalten sollten. Immerhin hatte auch er mich das letzte Mal als Schuljungen gesehen und stand nun vor einem ausgewachsenen Mann.

»Na komm«, sagte er schließlich, nachdem wir uns mit einer Umarmung begrüßt hatten, »hast sicher Hunger, wir gehen was essen.«

»Ich habe für eine Woche Reisemarken, da können wir uns sicherlich schon was leisten.« Mein Vater lachte. Aber es war nicht das Lachen, das ich an ihm gekannt und gemocht habe. Die Zeit hatte ihm wohl das Lachen abgewöhnt. Und dann passierte genau das, was ich manchmal in schlaflosen Nächten auf der Pritsche im Grubenlager vor mir gesehen hatte, falls ich meinem Vater das erste Mal wieder begegnen sollte. In der Gaststätte fragte er mich: »Rauchst Du?« Ich nickte. Er bot mir eine Zigarette an.

»Willste 'n Bier?« Ich nickte. Er bestellte zwei Bier.

So und nicht anders hatte ich immer und immer wieder geträumt, wenn sich zwei erwachsene Männer begegnen, die sich als Vater und Kind getrennt hatten. Seltsam, wie das Leben so spielt.

Das Wiedersehen mit meiner Mutter war natürlich anders, inniger und ohne große Fragen außer: »Willste was essen, oder hat es Zeit bis zum Abendbrot?«

Und noch jemanden hatte ich zu begrüßen. Das Mädchen, das ich in Warschau kennengelernt und auf abenteuerlichen Wegen über Potulice nach Finsterwalde geschleust hatte. Das einzige Privileg, das ich mir mit Hilfe der polnischen Freunde herausgenommen hatte.

Die nächsten Tage waren angefüllt mit Erzählen, dem Erledigen von Formalitäten und einer Reise nach Berlin, wo ich mich, durch einen kleinen Terminzettel von Alice Stettiner aufgefordert, in der Kaderabteilung des Zentralsekretariats der SED in der damals noch Lothringer (später Wilhelm-Pieck- und heute Tor-) Straße Nr. 1 beim Genossen Willi Wöhl zu melden hatte. Die nächsten Stunden dieses Tages zum Ende des August muß ich nun etwas ausführlicher schildern, weil sie die Weichen für meine Zukunft stellten und bewiesen, daß bei personellen Entscheidungen manchmal der Zufall der Weichensteller ist. Falls es langweilig werden sollte, kann man die nächste Seite überschlagen. Für Forscher, die sich mit den Anfangsgründen des SED-Staates beschäftigen, ist es vielleicht interessant und lesenswert.

Willi Wöhl schien zunächst etwas anderes mehr zu interessieren als die Unterbringung eines unbekannten Kriegsgefangenen. Er telefonierte. Dann wandte er sich irgendwann an mich: »Also Journalist willst du werden? Hm. Mal sehen was wir da haben.«

Er blätterte in Listen, in einer Art Kontokorrentbuch, in Karteikästen und sagte dann schließlich: »Weißt du, wo die Masurenallee ist? Da ist das Rundfunkhaus. Da meldest du dich beim Genossen Micha Storm, dem Chefredakteur des Deutschlandsenders. Sagst, du kommst von mir und er soll dich einstellen. Wenn was unklar ist, soll er mich anrufen. Zur Masurenallee kommst du am besten mit der U-Bahn, hier vor der Tür, in Richtung Ruhleben.«

Ich sagte, ich wüßte, wo die Masurenallee sei, weil ich vor dem Krieg dort in der Nähe mal bei Verwandten gewohnt habe. Und da habe sich wohl nicht viel geändert. Und ich kenne sogar Micha Storm, der im Mai 1948 mit einer Journalistendelegation Polen und auch uns im Warschauer Lager besucht hatte. Was ich damals noch nicht wußte, war, daß Micha Storm eigentlich nicht Micha Storm hieß, sondern Markus (Mischa) Wolf, der mir ganz privat auch mit seinem Bruder Konrad im weiteren Leben noch des öfteren begegnen sollte.

Aber ich war inzwischen schon abgemeldet. Willi Wöhl telefonierte bereits wieder.

Damals war ja, bis auf die Kriegsschäden, noch alles ziemlich einfach. Mit meinem Ostgeld konnte ich mit der U-Bahn in den Westen fahren. Über die Rückfahrt, zu der ich Westgeld brauchte, machte ich mir noch keine Kopfschmerzen.

Im Haus des Rundfunks in der Masurenallee, vor dem deutsche (West-) Polizisten und englische Soldaten postiert waren, fragte ich mich durch die langen Gänge bis zum Chefredakteur des Deutschlandsenders, Storm, durch, landete wieder bei einer sehr beschäftigten Sekretärin, die mir kurz und bündig erklärte, der Genosse Storm sei nicht im Hause. Übermorgen wieder.

Ich brauche nicht zu schildern, wie mir zumute war. So muß sich ein Eiswürfel bei 20 Grad in der Sonne fühlen. Nach einer Weile, von der Sekretärin geflissentlich übersehenen Herumstehens und Nachdenkens, fragte ich vorsichtig, ob sie die Telefonnummer des Genossen Wöhl vom Zentralsekretariat habe. Sie reichte mir ein sehr zerfleddertes Exemplar eines dünnen Telefonverzeichnisses. Ich versuchte, den Namen Wöhl zu entdecken, was mir schließlich auch gelang, wählte die Nummer und wartete. Natürlich besetzt. Genosse Wöhl telefonierte ja leidenschaftlich, wie ich inzwischen wußte. Als dann die Verbindung – offenbar in einer Atemholpause Wöhls – zustande kam und ich mein Dilemma schilderte, herrschte nur eine kurze Pause. Arbeitsvermittler Wöhl hatte scheinbar viele offene Stellen.

»Setz dich in die U-Bahn und fahr zurück. Steig am Senefelder Platz aus. Dort ist die Redaktion des »Neuen Deutschland«. Melde dich beim Genossen Herrnstadt. Das ist der Chefredakteur. Alles klar?«

»Aber ich habe kein Westgeld für die Rückfahrt«, wandte ich vorsichtig ein.

»Laß Dir das Geld von der Sekretärin geben. Ich rufe inzwischen bei Herrnstadt an.«

Mit spitzen Fingern reichte mir die Sekretärin aus ihrer Privatbörse für eine Fahrkarte 20 Pfennige West, die mich wieder ostwärts zum Senefelder Platz brachten, unabhängig von einer zonenmäßigen Begrenzung. Das waren noch Zeiten.

Gegenüber vom U-Bahnausgang war der sogenannte, auch heute noch in der Szene bekannte Pfefferberg, wo sich damals im alten Brauereigebäude die Redaktion, aber auch der technische Betrieb des Zentralorgans befand. Ich fragte mich zur Chefetage durch und landete im Dachgeschoß mit schrägen Wänden und Kleinstzimmern. Die Sekretärin wußte zwar von einem Anruf des Genossen Wöhl, aber nicht, was da besprochen wurde. Ich sollte doch erst mal zum Stellvertreter von Herrnstadt gehen. Und das war Otto Winzer, der am Ende seiner Laufbahn als Außenminister der DDR starb. Zunächst wußte er nicht recht, was er mit mir anfangen sollte. Wöhls Avis hatte offenbar Herrnstadt, aber nicht ihn erreicht. Dennoch fragte er dies und das, erkundigte sich nach dem Woher und Wieso, um mir schließlich mitzuteilen, daß ich am besten auf Herrnstadt warten sollte, der ohnehin alle Kaderfragen entscheide.

So wartete ich mit inzwischen knurrendem Magen. Aber darin war ich ja trainiert. Die freundliche Sekretärin, Gretel Klemm, die übrigens sechs Chefredakteure des ND erlebte und überlebte, bot mir, offenkundig meinen Zustand ahnend, zur späten Mittagszeit, als Herrnstadt noch nicht zurück war, ein belegtes Brot und eine Tasse Tee an, was ich ihr nie vergessen habe und woran ich sie immer erinnerte, wenn ich ihr später mal eine Runde Kaffee mit Kuchen spendierte.

Als Herrnstadt dann kam, sah er mich im Vorbeigehen mit dem berühmt-berüchtigten Herrnstadt-Blick an, den man auch spürte, wenn man in einem großen Saal saß und er, in irgendeinem emporeartigen Präsidium thronend, in die Runde blickte und, zufällig oder nicht, an einem hängenzublieben schien.

Nach etwa zehn Minuten rief mich die Sekretärin herein. Das Zimmer war mehr als bescheiden. Der Schreibtisch übervoll mit Papier, eine schmale Couch vollgestapelt mit Büchern. Er zerrte aus einer Ecke einen Stuhl an seinen Schreibtisch und forderte mich wortlos zum Sitzen auf.

Dann entwickelte sich etwa folgender dürrer, aber inhaltsschwerer Dialog, den man im nachhinein auch Einstellungsgespräch nennen könnte.

»Was willst du?«

»Der Genosse Wöhl schickt mich hierher, nachdem ich erst beim Rundfunk vergeblich den Genossen Storm gesucht habe. Ich komme gerade aus der Kriegsgefangenschaft und wollte als Journalist arbeiten.«

»Was interessiert dich daran?«

Ich schilderte ihm kurz meine Arbeit bei der »Brücke«, wobei ich unvorsichtigerweise das Wort Chefredakteur benutzte, was ihn seine ohnehin stets hochgezogenen Augenbrauen noch eine Kleinigkeit nach oben heben ließ. Ich würde mich für Außenpolitik interessieren, weil ich auch bei der »Brücke« u. a. diese Thematik bearbeitet hätte.

»Was kannst du? Sprachen?«

Ich sagte ihm, daß ich polnisch gelernt hätte.

Zu meiner Verwunderung zog er unter einem Stapel Zeitungen die »Tribuna Ludu« hervor, das polnische zentrale Parteiorgan, in der unter einem Bild Ernst Thälmanns ein Gedenkartikel zum fünften Jahrestag seiner Ermordung in Buchenwald stand.

»Lies vor und übersetze.«

Nun war ich natürlich etwas überrascht. Meine Polnischkenntnisse waren zwar für eine Konversation ganz gut, sie hatten mir in Potulice geholfen, und als Übersetzer hatte ich mich in der »Brücke« nur stichwortartig verdingt. Entsprechend stotterig – hinzu kam natürlich die Aufregung – fiel mein Vortrag aus. Er nahm mir das Blatt aus der Hand, korrigierte meine Übersetzung etwas ungnädig. Immerhin hatte ich nicht mit seinem perfekten Polnisch gerechnet, weil ich zu diesem Zeitpunkt seinen Lebenslauf noch nicht kannte, der in Gliwice/Gleiwitz begonnen, ihn über Warschau und Moskau nun nach Berlin geführt hatte.

Fazit des Gesprächs: »Ich denke, du kannst erst einmal in der Innenpolitik arbeiten. Melde dich erst mal beim Genossen Maron (Maron, der zu der Zeit neben Winzer der zweite Stellvertreter Herrnstadts war, beendete seine Karriere als Innenminister der DDR) hier nebenan. Ich informiere ihn.«

Damit war ich entlassen und offenbar zugleich beim »Neuen Deutschland« als Volontär angestellt.

Das Gespräch bei Maron war nur noch Formsache. Er drückte mir einen umfangreichen Fragebogen in die Hand, den ich draußen vor der Tür ausfüllen sollte. Anschließend sollte ich mich beim Genossen Landherr oder Blauhorn in der Innenpolitik II hinten im Hof melden.

Erklärend muß ich hinzufügen, daß die zwei Adressaten, bei denen ich mich melden sollte, nur noch bedingt üblich waren. Es war noch ein Überbleibsel aus der Zeit unmittelbar nach der Vereinigung der beiden Parteien, als alle Leitungsposten noch paritätisch besetzt waren. Aber trotz des Beschlusses der I. Parteikonferenz, die nach der Vereinigung paritätisch besetzten Leitungsposten auf dem Altar der Partei neuen Typs zu opfern, hatte sich das Duo in der Innenpolitik II mit Alois Landherr für die KPD und Kurt Blauhorn für die SPD gehalten. Kurt Blauhorn verschwand etwa ein halbes Jahr später über ein Wochenende mit Sack und Pack aus seiner Wohnung und tauchte danach als Wirtschaftsredakteur beim »Spiegel« in Hamburg wieder auf. Er hatte ganz offensichtlich schon längere Zeit insgeheim für das Nachrichtenmagazin innerhalb der ND-Redaktion gearbeitet und setzte sich ab, als er befürchten mußte, daß man im auf die Sprünge gekommen war. Damit war das Problem der Parität auch hier gelöst.

Neben Veränderungen in der Parteiführung und Organisation war im Mai 1949 auch eine neue Leitung des Zentralorgans unter Führung des bisherigen Chefredakteurs der »Berliner Zeitung«, Herrnstadt, eingesetzt worden. Die bisherigen Chefredakteure, Lex Ende (ehem. KPD) und Max Nierich (ehem. SPD), wurden in die Wüste geschickt, Lex Ende später sogar vor Gericht gestellt.

Dieser Wechsel hatte, wie sich noch zeigen sollte, trotz der hervorragenden journalistischen Einzelleistungen von Herrnstadt und einigen anderen bekannten Journalisten, eine schlimme Auswirkung für die Zeitung. Sie wurde noch mehr der »Prawda« angeglichen, was erst nach dem Ausscheiden Herrnstadts im Jahre 1953 wieder eine zeitweilige Auflockerung erfahren sollte. Hier, und auch mit dem persönlichen Kennenlernen, beginnen meine ernsthaften Zweifel an der Legendenbildung, die die Person Herrnstadts nach 1989 erfuhr. Ich werde noch darauf zurückkommen.

Aber um in der Chronologie zu bleiben, die ich ab und zu verlasse: Ich marschierte in die Innenpolitik II (Innenpolitik I war die Abteilung, die sich mit »großer« innerdeutscher Politik im Hinblick auf die bevorstehende Bildung der beiden deutschen Staaten befaßte). Innenpolitik II erledigte zunächst die Berichterstattung und Kommentierung der Ereignisse innerhalb der sowjetischen Besatzungszone und später der DDR, von der Landwirtschaft bis zu kommunalen Problemen.

Begrüßt hat mich damals als neuen Mitarbeiter der Genosse Landherr, der mich, nachdem er sich meinen Kurzlebenslauf und den Tagesablauf hatte schildern lassen, nach Hause schickte, um mich erst mal auszuruhen. Morgen früh um neun Uhr könnte ich dann anfangen. Als ich ihm sagte, daß dies nicht so einfach sei, denn erstens wohne ich noch bei meinen Eltern in Finsterwalde und zweitens könnte ich ohnehin nicht pünktlich am 1. September anfangen, da ich mit Gerhart Eisler noch zu einer Grenzkundgebung nach Frankfurt (Oder) müßte, wo ich als einer der wirklich ungezählten geplanten Redner zum Weltfriedenstag vorgesehen sei. (Ich habe dann dort, angesichts der ermüdenden Anzahl der vorgesehenen Redner doch nicht gesprochen, was sicherlich niemand bemerkt hat und auch kein großer Verlust war.)
Da, wie ich mich erinnere, noch ein Wochenende dazwischen lag, fuhr ich zunächst noch einmal zu meinen Eltern und meiner Freundin nach Finsterwalde und begann am 3. oder 4. September 1949 meine Arbeit in der Redaktion, in der Hoffnung, in Berlin irgendeine Unterkunft zu finden. Ich kam dann tatsächlich zunächst im Gästehaus in der Wallstraße unter, wo eine ganze Reihe gerade entlassener Kriegsgefangener aus der Sowjetunion, die nun in Berlin arbeiten würden, Unterschlupf gefunden hatten.

Das alles schien zunächst unwichtig. Ich war in eine Zeit nach Berlin gekommen, da in Bonn die Konstituierung eines separaten Weststaates unmittelbar bevorstand, nachdem am 23. Mai eine eigene westdeutsche Verfassung in Kraft gesetzt worden war und am 14. August die ersten Wahlen zu einem westdeutschen Parlament stattgefunden hatten, das sich am 7. September konstituieren und eine separate Regierung für die bisherigen Westzonen wählen sollte.

Ich begann also meine Redaktionsarbeit in einer spannungsgeladenen Situation, denn auch in Berlin tat sich einiges. Der Deutsche Volkskongreß war einberufen worden, um weitere Maßnahmen zu beraten, die sich aus der nun vollzogenen staatlichen Spaltung ergaben. Die Gründung eines zweiten deutschen Staates stand auf der Tagesordnung und zwar infolge einer im Westen betriebenen Maßnahme, was den Streit: Wer spaltete Deutschland? eigentlich immer einfach beantworten ließ. Auch später folgte die DDR immer der BRD. Hinzu kam ja, daß dem neuen westdeutschen Kanzler, Dr. Adenauer, separatistische Absichten schon seit den zwanziger Jahren nachgewiesen werden konnten. Das imperiale »Teile und Herrsche« stand, trotz aller verbalen Beschwörungsformeln über die deutsche Einheit, die es zu vollenden gelte, als Leitmotiv über seiner Politik. Er hat es ja auch ausformuliert, als er anfangs der fünfziger Jahre sagte: »Lieber das halbe Deutschland ganz, als das ganze nur halb.« Oder an den französischen Hohen Kommissar in Deutschland, François Poncet gewandt: »Vergessen Sie nicht, daß ich der einzige deutsche Kanzler bin, der die Einheit Europas über die Einheit Deutschlands stellt.« Und da er auch einmal sagte: »Wir sollten nicht dauernd über die Wiedervereinigung Deutschlands reden. Es geht um die Befreiung der Sowjetzone«, weiß man, was das ganze Gerede über die deutsche Einheit eigentlich wert war, in welche Richtung es zielte und immer gezielt hat. Die folgenden Jahrzehnte haben ja dann auch bestätigt, daß die Wiederbewaffnung Westdeutschlands und die Bemühungen, westlichen Wirtschafts- und Militärpakten beizutreten, ohne Rücksicht auf die deutsche Einheit, ja sogar mit dem kalkulierten Risiko, diese Einheit endgültig zu verspielen, vorangetrieben wurden. Daß heute, nach dem Zusammenbruch des Sozialismus und der Angliederung der DDR, die Adenauersche Politik im nachhinein gerechtfertigt und als weit vorausschauend gepriesen wird, ist lächerlich. Hier funktionieren die Historiker wie weiland jene Leute in der DDR, die im nachhinein die Politik, der SED-Führung, auch wenn sie Unsinn war, theoretisch als weise zu begründen versuchten.

Damals konnten wir freilich noch nicht so weit in die Zukunft denken. Wer konnte das überhaupt?

Es galt, der Bevölkerung im Osten zu erklären, warum die Gründung der DDR angesichts der Politik in Bonn notwendig war. Wilhelm Pieck, der erste Präsident, hat es wenige Tage nach der Gründung der DDR in einem Interview mit der französischen Zeitung »L'Humanite« in aller Kürze formuliert: Die Existenz der DDR garantiere, daß nie wieder von deutschem Boden ein Krieg ausgeht. Ein Satz, der auch schon im Aufruf der KPD an das deutsche Volk vom 11. Juni 1945 formuliert worden war. Daß später Honecker und Kohl diesen Satz, der allein schon die Notwendigkeit der DDR hätte begründen können, wie unverdauten Brei in ihrem Munde herumwälzten, macht ihn nicht kleiner. Die geschichtliche Mission des zweiten deutschen Staates wird möglicherweise heute von vielen noch nicht gesehen. Die Geschichtsschreibung wird eines

Tages sicher noch auf die Frage von Notwendigkeit und Möglichkeit der DDR zurückkommen müssen und es nicht nur bei dem Versuch belassen, es mit einer Fußnote abzutun. Die deutsche Gegenwart, nach der Vergrößerung Deutschlands auf Kosten von 17 Millionen Ostdeutschen (vielleicht nur 16,5, weil vielleicht eine halbe Million sich noch zu den Gewinnern der Einheit zählen kann), bestätigt, daß 40 Jahre Existenz der DDR verhindert haben, was jetzt auf uns zukommen könnte.

Als ich meine Arbeit in der ND-Redaktion schließlich aufnahm und angesichts der Lage voller Tatendrang den Genossen Landherr fragte, was für mich zu tun sei, sagte er, daß ich erst mal Zeitung lesen sollte. Bei dem Stapel, den er mir reichte, waren auch sogenannte Westzeitungen darunter. Dabei kamen mir, wie das bei der »Brücke« üblich war, Gedanken, wie man das eine oder andere kommentieren könne. Als ich das laut äußerte, betrachteten mich meine Zimmergenossen, es waren vier Redakteure, die sich an je zwei Schreibtischen gegenüber saßen, mein Tisch stand vorn quer, ähnlich dem eines Kommis in einem Comptoir zu Jahrhundertbeginn, wie einen Mann vom anderen Stern. Wortlos. Alois Landherr, der gerade in unserem Zimmer war, nahm seine unvermeidliche Pfeife aus dem Mund, schaute mich an und ging hinaus. Nach wenigen Minuten war er wieder da, mit einem Schwung Fernschreibfahnen unterschiedlicher Länge und sagte: »Hier, lies das mal durch und mach zwei Zehn-Zeilen-Meldungen daraus. Zehn Druckzeilen sind bei uns fünf Schreibmaschinenzeilen.« Es waren Nachrichten, angefangen von der Verpflichtung eines Neubauerndorfes, die Ablieferung des Erntesolls vorfristig zu erfüllen, über die Gründung einer Hennecke-Brigade in irgendeinem Betrieb bis zur Verpflichtung eines Volkseigenen Gutes, die Milchproduktion zu steigern, und der Erklärung eines Dorfbürgermeisters, den Bau eines Kulturhauses aus eigener Kraft in Angriff zu nehmen. Wichtige und für die damalige Zeit auch typische Meldungen. Aber mein erster journalistischer Höhenflug war vorerst gestoppt.

Später las ich bei Egon Erwin Kisch einmal über seine Zeit in der »Bohemia«, daß das Zusammentragen von kleinen Nachrichten, das sogenannte journalistische Knochensammeln, zu den unausweichlichen Grundlehrarbeiten eines Zeitungsmachers gehöre und auch für die Fähigkeit, Wichtiges von Unwichtigem unterscheiden zu lernen, von ganz entscheidendem Belang sei. Aber zunächst wurde ich an die ersten Feilübungen eines Schlosserlehrlings erinnert und an deren Notwendigkeit gemahnt. Dennoch kam es mir vor wie der Versuch, einen zehnzölligen Nagel in ein sehr dünnes Brett zu schlagen.

Aber schon bald kam ich zu meinem ersten Außeneinsatz. Es war der 7. Oktober 1949, der Gründungstag der Deutschen Demokratischen Republik. Der Deutsche Volksrat hatte sich zur provisorischen Volkskammer der DDR konstituiert. Wilhelm Pieck wurde als erster Präsident der DDR gewählt. Die unter Beteiligung ganz Deutschland ausgearbeitete Verfassung der Deutschen Demokratischen Republik, die einmal für ganz Deutschland gedacht und auch so ausgelegt war, wurde angenommen. Daß später zwischen Verfassungstext und Verfassungswirklichkeit ein Unterschied entstand, war nicht allein ein Merkmal dieser Verfassung. Dem in Bonn ausgearbeiteten Grundgesetz war ein ähnliches Schicksal beschieden. Und es ist wohl das Schicksal aller Verfassungen, wenn sich zwischen Macht und Volk ein Riß auftut. Ich kenne jedenfalls keine Verfassung der Welt, die noch so gut gedacht und formuliert, immer noch der Wirklichkeit des jeweiligen Landes entspricht. Daran, wie es heute geschieht, die Unrechtmäßigkeit der DDR beweisen zu wollen, ist schon gewagt.

Die stärkste Fraktion der Volkskammer, die SED, beauftragte verfassungsgemäß den Abgeordneten Otto Grotewohl mit der Bildung der ersten provisorischen Regierung.

Am Abend fand der historische Fackelzug der Jugend vor dem ersten DDR-Präsidenten statt. Fast alle Redakteure und Volontäre wurde ausgesandt, um von einzelnen Orten des Geschehens über das Ereignis zu berichten und Stimmen der am Straßenrand stehenden Berliner zu sammeln. Ich gehörte zu den Stimmensammlern, was, wie mir Journalistenkollegen bestätigen werden, zu den undankbarsten Aufgaben in unserem Beruf gehört, aber von den Redaktionen bis auf den heutigen Tag als Widerspiegelung der Meinung des Volkes angeboten wird. Also, ich bekam allerhand zu hören. Es ging mir dabei wie beim ersten Auftrag von Alois Landherr, aus einem Berg fernschriftlicher Meldungen zwei Zehn-Zeilen-Meldungen herauszufiltern. Nur war das bei den mündlichen Stimmen ein bißchen komplizierter, weil man ja eine Quelle brauchte. Also den Namen. Den herzugeben waren freilich nicht alle bereit. Die Stimmen waren entsprechend. Was ich am nächsten Tag in der Zeitung wiederfand, auch.

Mit dem internationalen Echo und den Kommentierungen samt Leitartikeln befaßte sich die Innenpolitik I, und selbstverständlich das Kollegium.

Uns in der IP II blieb weiterhin das Knochensammeln in der Landwirtschaft, in Städten, Gemeinden und Betrieben, die nun nicht mehr in der Ostzone, sondern in der DDR lagen. Es war inzwischen Geschichte geschrieben worden.

Nur einer nutzte zunächst meinen Tatendrang. Das war der zweite Abteilungsleiter Blauhorn. Er schickte mich hinaus aufs Land, besorgte mir dafür sogar Autos oder hieß mich mit der Bahn auf Redaktionskosten dort und dorthin zu fahren und über dies und jenes zu berichten, möglichst kritisch sollte es sein. Mängel beseitigt man nur, wenn man sie aufdeckt. Diese logisch scheinende These, von Blauhorn allerdings, wie wir später erfuhren, für andere Zwecke benutzt, waren für mich einleuchtend. Aber so wurde ich, Gott sei Dank von niemandem beachtet, zum ungewollten Spiegel-Mitarbeiter. Und auf diese Weise erblickten auf unserer Seite, die mit der Kustode »Aus der Hauptstadt und den Ländern« versehen war, meine ersten selbstrecherchierten Berichte und Reportagen das Licht der Welt.

Anfang 1950 passierte dann folgendes: Der »Vorwärts«, das ursprünglich als Organ des inzwischen überholten Organisationsausschusses Groß-Berlin der SPD und KPD wieder gegründete alte sozialdemokratisches Traditionsblatt, war von der Berliner SED-Landesleitung stillschweigend als Sprachrohr übernommen worden. Mit dem 31. Dezember 1949 wurde es eingestellt und sollte fürderhin als Montagsausgabe des »Neuen Deutschland«, vorerst im alten Format, erscheinen. Von der SED-Parteiführung war es allerdings nach der I. Parteikonferenz schon mehr als überflüssiges Relikt betrachtet worden. Und als die bundesdeutsche SPD inzwischen noch den »Neuen Vorwärts« als parteioffiziöses Organ in Bonn herausgegeben hatte, wurde der »Vorwärts« eingestellt. Ein Teil der Mannschaft des Blattes kam als Kaderverstärkung in die ND-Redaktion. Freilich gab es Murren unter den Neuankömmlingen. Herrnstadt galt zwar als hervorragender Journalist, sein sonstiger Ruf war nicht gerade untadelig, auch was den demokratischen Umgang mit Menschen anging.

Da es bei den Neuen intern Aufmüpfigkeiten gegen die Versetzung ins ND gegeben hatte, was auch mit der Anhänglichkeit für den unter Max Keilson etwas liberaleren »Vorwärts« zusammenhing, begann deren Einführung ins neue Kollektiv durch Herrnstadt während einer Redaktionssitzung etwa mit den Worten: »Dies sind Genossen, die bislang im ›Vorwärts‹ tätig waren. Die Parteiführung ist der Auffassung, daß das ›Neue Deutschland‹ auch die Funktion des Organs der Berliner Bezirksleitung übernehmen wird und daher für die ehemaligen Mitarbeiter nur die Entscheidung bleibt, entweder bei uns und mit uns zu arbeiten oder zur Wismut zu gehen und sich dort nützlich zu machen.«

Alfred Reinert, letzter amtierender Chef des »Vorwärts«, nachdem sich Max Keilson aus »gesundheitlichen« Gründen verabschiedet hatte, kam ins Redaktionskollegium, um für Berlinfragen zuständig zu zeichnen, andere kamen, ihren bisherigen Funktionen und Fähigkeiten entsprechend auf die verschiedensten Redaktionsposten, vom Redaktionssekretär bis zum Abteilungsleiter für Kultur und stellvertretenden Abteilungsleitern oder einfachen Redakteur in der Außenpolitik und der Berlin-Redaktion.

Doch damit waren die Turbulenzen, die noch einiges durchschütteln sollten, für das Jahr 1950 und 1951 nicht beendet.

Der »Vorwärts« erschien also zunächst als Montagsausgabe des »Neuen Deutschland« im alten Gewande weiter. Seine Macher waren alte Vorwärts-Redakteure, die recht und schlecht die Ausgaben jeden Montag durchbrachten. Das Interessanteste war noch der erweiterte Sportteil.

Nun ereigneten sich zwei Dinge, die wiederum den Leitungsstil Herrnstadts, aber auch meinen weiteren Werdegang betrafen. Eines Tages im Frühjahr rief mich Herrnstadt zu sich und erklärte mir, daß man den bisherigen Leiter der Berlin-Redaktion ablösen müsse. Ob ich mir zutraue, diese Aufgabe zu übernehmen.

Mehrere Dinge galt es nach diesem überraschenden Angebot, hinter dem eigentlich schon der preußische Imperativ hervorlugte, zu bedenken. Erstens war ich natürlich gegen den bisherigen Leiter, Klaus Ullrich, ein Greenhorn, wenngleich er sogar noch ein Jahr jünger war. Aber er hatte, seit 1945 zunächst bei der »Deutschen Volkszeitung« und später beim ND, sich bereits erhebliche journalistische Sporen verdient und um sich eine Mannschaft geschart, die für die Aufgaben gerade dieser Seite, es mußte ja über das Leben in Ost- und Westberlin berichtet werden, geradezu glühte, weil Klaus von ihnen viel verlangte, aber nicht mehr als von sich selbst. (Weshalb er wirklich gehen mußte, will ich hier nicht erörtern.) Dort als neuer Leiter hineinzugeraten erschien mir schon wie ein Abenteuer. Zum zweiten hatte ich mich natürlich noch nicht viel um spezielle Berliner Fragen gekümmert. Jeder einzelne der Berlin-Redakteure würde mir möglicherweise was vormachen können. Und schließlich drittens, Herrnstadt kündigte mir an, daß die Abteilung künftig unter direkter politischer Anleitung von Alfred Reinert stehen würde und auch Alfred Lowack, der auch vom »Vorwärts« kam, werde ebenfalls ein Auge auf die Abteilung werfen. Ich würde also zum Diener mehrerer Herren werden. Später erfuhr ich, daß dies eine der Leitungsmethoden Herrnstadts war, nie klare und deutliche Verantwortungsgrenzen zu ziehen. Es war dies offenbar auch ein Teil seines Demokratieverständnisses.

Nach einer offenen Aussprache mit den Berlin-Leuten, die mir selbstverständlich gute Zusammenarbeit gelobten, was sich dann nur teilweise erfüllte, sagte ich zu. Der Aufstieg vom Volontär über den

Hilfsredakteur zum Abteilungsleiter innerhalb eines halben Jahres war für mich nachgerade schwindelerregend.

Dann kam, wenig später, scheinbar unabhängig davon, eine der berühmten Über-alle-Köpfe-hinweg-Entscheidung Herrnstadts. Er wollte dem in seinen Augen unhaltbaren Treiben der alten Vorwärts-Redakteure bei der Montagsausgabe nicht mehr zusehen.

Dabei griff er auf eine alte Idee, die er selbst schon mal praktiziert hatte, zurück. Er bildete eine »Jugendbrigade«, die völlig selbständig die Montagszeitung machen sollte. Er hatte ein ähnliches Experiment schon einmal gewagt, das nun wieder von seinem Nicht-in-alten-Gleisen-Denken zeugte (weshalb auch das Denken über Herrnstadt nicht in die Schubladendenkweise gut – böse paßt).

Als Chefredakteur der »Berliner Zeitung« war er 1945/46 Initiator der Herausgabe einer Jugendzeitung im Berliner Verlag, die den beziehungsreichen Namen »Start« trug und in der ausschließlich junge Leute beschäftigt wurden. Chefredakteur war Arne Rehahn. Herrnstadt redete den Leuten kaum rein. Freilich, als die Zeitung beliebter unter der Jugend zu werden drohte, als das unter der Ägide des FDJ-Vorsitzenden Erich Honecker erscheinende FDJ-Organ »Jungen Welt« wurde gegen den »Start« zum Alarm geblasen. Das Halali erfolgte 1949 im Zusammenhang mit der 1. Parteikonferenz. Die honeckertreuen Leute, allen voran damals schon Joachim Herrmann, wechselten zur »Junge Welt«, einen anderen Teil nahm Herrnstadt zum »Neuen Deutschland« mit, wie Arne Rehahn und seine spätere Frau, Rosemarie Knoop, andere begannen sich als freie Schriftsteller erfolgreich zu entwickeln, wie beispielsweise Wolfgang Kohlhase.

Nun gab er einer Jugendredaktion den »Vorwärts« in die Hand, um aus dem Blatt, ohne die schützenden Gitter des »Neuen Deutschland« verlassen zu können, so eine Art Mischbildung von der Münzenbergschen »Welt am Abend« und der »Welt am Montag« zu machen. Diese Vorlage einer 1922 von Münzenberg als überparteiliche, aber streng linkssozialistische Tageszeitung herausgegebenen und der 1895 gegründeten und später von Hellmut von Gerlach als Chefredakteur zu einem demokratisch-pazifistischen Blatt entwickelten Wochenzeitung dienten Herrnstadt sicherlich nicht unmittelbar als Beispiel. Aber da er sie bei der Entwicklung seiner Ideen eben auch erwähnte, muß er eine bestimmte Vorstellung gehabt haben. Natürlich stellte sich alsbald heraus, daß so etwas unter dem Dach des Zentralorgans nicht möglich war. Immerhin gaben wir uns Mühe, zumindest an einer langen Leine originell zu sein.

Zum Chef der »Vorwärts«-Jugendbrigade wurde Eberhard Heinrich ernannt, der in der Berlin-Redaktion mein Stellvertreter war und auch aus der alten »Vorwärts«-Redaktion stammte. Ich wurde hier sein Stellvertreter. Auch das war natürlich wieder ein Kaderspielchen à la Herrnstadt, er hatte zwei Leute zum gegenseitigen Ausspielen eingesetzt. Zum Glück waren Eberhard Heinrich und ich inzwischen so befreundet, daß es zumindest in dieser Hinsicht keine Keiltreibereien gab. Heinrich machte die Woche über fast nichts anderes, als den politisch-kulturellen Teil der nächsten Montagsausgabe vorzubereiten und den Stoff unter der Woche an die anderen Junggenossen zu verteilen, weil die aktuellen Beiträge dann am Sonntag jeweils von einer Notbesetzung eingebracht wurden. Das hatte den Vorteil, daß nicht alle jeden Sonntag zur Arbeit mußten, denn formell war es für alle Betroffenen ein Sieben-Tage-Job, unbezahlt und offiziell, ohne freien Tag selbstverständlich.

In der Leitung der Sonntagsredaktion wechselten sich zunächst Heinrich und ich ab.

In der Tat gelang uns damals eine Zeitung, die montags, natürlich auch wegen des vierseitigen Sportteils, an den Kiosken ausverkauft war.

Eine Bewährungsprobe, mit der ich ins Räderwerk großer Politik geriet, hatte ich im Sommer, genauer gesagt, am 25. Juni 1950, zu bestehen. Da gelangte am Abend kurz vor Redaktionsschluß eine DPA-Meldung auf meinen Tisch, nach der in dem am 38. Breitengrad geteilten Korea ein Krieg zwischen dem Nord- und Südkorea ausgebrochen war. Ein solcher Zwischenfall, der sich dann freilich zum ersten bewaffneten Schlagabtausch zwischen Ost und West im Kalten Krieg ausweitete und für Deutschland und Europa nachhaltige Folgen haben sollte, war eigentlich erwartet worden. Erwartet, weil sich die Amerikaner seit einiger Zeit provozierend an der nordkoreanischen Grenze zu schaffen machten, die von sich behaupteten, sie müßten wissen, was im Norden ihrer koreanischer Besatzungszone, hinter dem 38. Breitengrad, an Kriegsvorbereitung gegen den Süden abspiele.

Nun war der Fall eingetreten und ausgerechnet an einem Sonntag, an dem ich Dienst hatte. Natürlich hätte ich von mir aus entscheiden können, wo diese Nachricht plaziert werden soll. Diese Entscheidung mußte ich dann schließlich auch fällen. Aber hier kamen zwei Dinge zusammen: Erstens ging es um Weltpolitik, deren Einschätzung schon schwierig war. Man sah es am nächsten Tage an der unterschiedlichen Plazierung in den anderen, einschließlich den westlichen Montagszeitungen, wie schwer auch ihnen die Entscheidung gefallen war. Zweitens war da der Respekt vor einer solchen Entscheidung. Ich hängte mich ans Telefon und fragte, was sicherlich jeder andere ebenso gemacht hätte, noch am späten Abend den Chefredakteur Herrnstadt, was wir nun tun sollten.

Darauf erhielt ich eine verblüffende, aber eine der lehrreichen Herrnstadt-Antworten, die mir zeigten, daß auch höhergestellte Chargen Unsicherheiten nach oben abwälzten. Es war, wie ich heute weiß, eines der Grundprobleme des zentralistischen Systems, daß durch den Beschluß über die Partei neuen Typus nur noch gefördert wurde. Es war das, was im Grunde genommen das Verantwortungsbewußtsein des einzelnen abtötete. Herrnstadt antwortete nicht etwa, wie ich eigentlich erwartet hatte: »Was würdest du tun?« Oder: »Laß uns mal nachdenken.« Oder etwa: »Das setzt du an die und die Stelle in der Zeitung.« Nein, er sagte wörtlich: »Rufe in Moskau bei der ›Prawda‹ an, und frage den Chefredakteur, wie sie das behandeln.«

Das war nun ein komplizierter Rat, und ich wußte nicht, ob das Herrnstadt auch wußte. Denn offiziell bestand, wie ich aus unserer Telefonzentrale zu hören bekam, keine Möglichkeit aus der Redaktion heraus mit Moskau zu telefonieren. Bei Herrnstadt stehe zwar ein Apparat, von dem aus das möglich wäre, aber der sei abgeschlossen. Die einzige Möglichkeit ins Ausland, also auch nach Moskau zu telefonieren, sei im Hauptpostamt in der Oranienburger Straße.

Was blieb mir übrig? Ich hatte mich der Anweisung von Herrnstadt und der technischen Möglichkeit zu fügen. Da blieb keine andere Wahl, als in die Oranienburger Straße zu fahren und dort das Gespräch anzumelden, nachdem eine gute Fee die Nummer der »Prawda«, die ich natürlich auch nicht parat hatte, herausgefunden hatte. Inzwischen war es halb zwölf geworden. In Moskau war es halb zwei, weshalb sich dort außer dem Wachschutz niemand mehr meldete. Bei mir aber war in einer halben Stunde Redaktionsschluß, weshalb ich mich schleunigst in die Redaktion begab und dort auf eigene Faust entschied, eine inzwischen eingetroffene ADN-Meldung an die Spitze der Zeitung zu setzen, was deshalb nicht so einfach war, weil Eberhard Heinrich eine schöne Seite ohne einen Kriegsbeginn geplant hatte und nun das ganze durchdachte Konzept zum Teufel ging.

Am nächsten Morgen stand ich zwischen dem Baum Herrnstadt und der Borke Heinrich. Es ging alles gut, weil der Koreakrieg zu einem Weltereignis wurde, daß die Entscheidung natürlich rechtfertigte.

Ich habe später einmal darüber mit einem westlichen Kollegen gesprochen, als wir uns über das Thema Pressefreiheit unterhielten. Er meinte, niemand in seiner Redaktion wäre auf die Idee gekommen, in Washington anzurufen, nicht einmal im Bundeskanzleramt, aber den Chefredakteur hätte er auch angerufen, einfach, um ihn auch zu informieren. Aber bei uns waren die Bräuche eben strenger. Darüber kann sich heute mokieren, wer mag.

Natürlich kann man an diesem Beispiel den ganzen Unterschied zwischen Ost und West beim Thema Pressefreiheit abhaspeln. Es bringt nicht viel, weil bestimmte Merkmale dieses sehr unterschiedlich zu interpretierenden Begriffes systemübergreifend sind, wie ich in meiner späteren Laufbahn noch erfahren sollte und wie man bis auf den heutigen Tag an der unisono getönten Berichterstattung und Kommentierung zu ganz bestimmten Themen in den Medien verfolgen kann.

Der Koreakrieg war nun wirklich kein Osterspaziergangsthema, wo weit hinten in Korea die Völker aufeinanderschlugen, sondern führte zu Entscheidungen in Deutschland, die die Politik auf beiden Seiten des inzwischen errichteten Eisernen Vorhanges nachhaltig auf Jahrzehnte festlegen sollte. Aber zunächst ließ mich das Ereignis zum ersten Male im Innern an der Weitsichtigkeit Stalinscher Entscheidung zweifeln. Der sowjetische Vertreter boykottierte bekanntlich die Sicherheitsratssitzung, auf der die USA einen militärischen Einsatz amerikanischer Truppen unter dem UNO-Dach beschließen ließen, ohne daß die UdSSR ihr Veto erheben konnte. Diese Fehlentscheidung hat dann zu jenem Zustand im Fernen Osten geführt, an der die Welt heute noch krankt.

Zum anderen jedoch hat die gespielte Furcht vor allem der frischgebackenen Bonner Regierung, auch in Deutschland könnte die Wiedervereinigung per Waffengewalt herbeigeführt werden, den schon bei der Gründung der Bundesrepublik gehegten Plan einer Wiederbewaffnung Westdeutschlands gegen die angebliche bolschewistische Gefahr durchzusetzen, befördert. Seither bestimmte der Kampf für und gegen die Remilitarisierung Westdeutschlands die Deutschlandpolitik aller Seiten. Beiden Seiten diente das Festhalten an den jeweiligen Prämissen zur sturen Fortsetzung ihrer Politik und damit der Vertiefung der Spaltung.

Adenauer wandte sich am 29. August 1950 mit einem Geheimmemorandum an die Hohen Kommissare, in dem er der inzwischen gebildeten NATO bezw. der Europäischen Verteidigungsgemeinschaft 12 deutsche Divisionen anbot. Die detaillierten Pläne waren von rund einem Dutzend Nazigenerälen in monatelanger Arbeit im Kloster Maria Laach in der Eifel ausgearbeitet worden, die dann tatsächlich als Grundlage für den Aufbau der Bundeswehr dienten. Dieser Aufbau begann dann auch in aller Eile noch im Herbst durch die Schaffung des sogenannten Amtes Blank (als Amt für die mit der Erweiterung und Unterbringung der mit der Unterbringung der alliierten Truppen zusammenhängenden Fragen getarnt). Der Leiter und Namensgeber des zunächst für die Öffentlichkeit ominösen Amtes war der CDU-Abgeordnete Theodor Blank, seine beiden Gehilfen die ehemaligen Nazigeneräle Heusinger und Speidel.

Die im fünften Jahre nach der Kapitulation der Naziwehrmacht beginnende Neuformierung einer westdeutschen Armee mit eindeutiger antikommunistischer Ausrichtung (Feindbild: Abwehr der bolschewistischen Gefahr in Deutschland und Europa) prägte die politische Situation in Deutschland und Europa und spaltete zugleich die Meinungen darüber. Denn nicht nur die UdSSR und die DDR wandten sich gegen die Wiederaufrüstung Westdeutschlands, sondern in Westdeutschland selbst und auch in anderen westeuropäischen Staaten bildete sich eine energische Widerstandsfront.

Hinzu kam, das am 6. Juli 1950 in Zgorzelec ein Abkommen zwischen den Regierungen der DDR und Polens über die Festlegung und Anerkennung der Grenzen zwischen beiden Staaten an Oder und Neiße unterzeichnet wurde. Das rief eine breite revanchistische Bewegung in der Bundesrepublik auf den Plan, die angeführt wurde von den sogenannten Landsmannschaften und Vertriebenenverbänden und einer Partei, dem BHE (Bund der Heimatvertriebenen und Entrechteten), unter Führung ehemaliger Nazis wie Kraft und Oberländer, die sogar eine Zeitlang Koalitionspartner der CDU in der Bundesregierung wurde und schließlich bei der Auflösung sich im wesentlichen materiell und geistig in die CDU ergoß. Ihre Hauptforderung, Deutschland in den Grenzen von 1937 wiederherzustellen (was trotz neuester Grenzabkommen von 1990/91 durch ein höchstrichterliches Urteil des BGH von 1971 noch nicht aus der Welt geräumt ist) und die Rückkehr der Vertriebenen zu bewerkstelligen, war für die Bundeswehr in den Augen vieler eine Zielstellung. Von ehemaligen Nazigenerälen geführt und in gewissem Sinne auch revanchistisch ausgerichtet, war deshalb diese Bundeswehr, wie sie vorbereitet wurde, für viele Europäer eine aufziehende Gefahr für den ohnehin labilen Frieden. Man muß sich also wirklich nicht wundern, wenn jetzt an der Jahrhundertwende die Bundeswehr wieder einmal in den Ruf gerät, eine neonazistisch beeinflußte und ausländerfeindlich gesonnene Truppe zu sein. Der Grundstein dafür ist nicht in den Rekruten etwa der neuen Bundesländer zu suchen, wie es oft so medienwirksam behauptet wird, sondern bei den politischen Grundstrukturen, dem immer gehätschelten antikommunistischen Feindbild und den nicht zuletzt bei den »traditionsbewußten« Gründungsvätern.

Denn es war durchaus kein Zufall, daß zur gleichen Zeit die eigentlichen Kriegsverbrecher wie Krupp und die IG-Farben-Manager vorzeitig aus der Haft entlassen wurden und die Umerziehung der Westdeutschen, die sogenannte Re-education, sowie die sogenannte Entnazifizierung eingestellt wurde.

Im September hatten die drei westlichen Außenminister zudem beschlossen, wesentliche Beschränkungen für die Rüstungsindustrie der Bundesrepublik aufzuheben, mit der Aufstellung zunächst noch getarnter Truppenverbände zu beginnen und den Beitritt Westdeutschlands in die NATO zu prüfen. Die Aufrüstungsbestrebungen hatten auch die erste Regierungskrise des Adenauerkabinetts zur Folge. Innenminister Heinemann (damals noch CDU, später Gesamtdeutsche Volkspartei und SPD, sowie Bundespräsident) trat aus Protest zurück, weil in seinen Augen die Aufrüstung die Wiedervereinigung verhindere. Nachfolger wurde übrigens Robert Lehr, vor 1933 ein führender Stahlhelm-Mann.

Alle diese Ereignisse mußten in der DDR, in den anderen sozialistischen Ländern, aber auch in Westeuropa den nicht unbegründeten Eindruck einer heraufziehenden Gefahr für den Frieden erwecken. Natürlich wurde das von der Propaganda weidlich ausgenutzt. Welche staatliche Propaganda läßt so etwas ungenützt? Das wird bis auf den heutigen Tag auch von den jetzt Regierenden nicht anders gehandhabt.

Das sich seinerzeit daraus ergebende, im Laufe der Jahre natürlich unnatürlich überzogene Sicherheitsbedürfnis muß einfach auch einmal unter diesem Aspekt beleuchtet werden, wenn man heute immer mehr den terroristischen Charakter eines totalitären Systems hervorkehrt und die unsinnigsten Vergleiche zum Faschismus herstellt. Wenn man hier keine seriöse Ursachenforschung betreibt, wird man mit der Geschichte nie zu Rande kommen.

In der DDR fand im Sommer 1950 der III. Parteitag der SED statt, auf dem die Lage in der DDR und in der Bundesrepublik, immer noch unter dem Aspekt einer möglichen Wiederherstellung der Einheit Deutschlands, eingeschätzt wurde, was sich wenig später in konkreten Vorschlägen der DDR-Regierung an die Bonner Regierung niederschlug, die nach den Volkskammerwahlen im Herbst nun nicht mehr nur provisorisch fungierte.

Der Parteitag beschloß auch den 1. Fünfjahrplan, der nach dem Vorbild der Sowjetunion die Volkswirtschaft planen und leiten sollte. Angesichts der ständigen, zum Teil auch verwirklichten Embargodrohungen durch die Bundesrepublik wurde hier der Grundstein für eine eigenständige Wirtschaft der DDR, zum Großteil auf die Zusammenarbeit mit dem Osten ausgerichtet, gelegt. Das waren zum Teil überflüssige Investitionen, aber die Lage erzwang auch manche heute als wirtschaftlichen Widersinn angesehene Maßnahme. Ob z. B. in Calbe eine Niederschachtofenanlage für saures und mageres Eisenerz gebaut werden mußte oder eine Braunkohlenkokerei in Lauchhammer, kann heute freilich bezweifelt werden. Immerhin waren es auf der anderen Seite technische Meisterleistungen, aus der Not geboren, die von der Innovationskraft der DDR in jener Zeit zeugte. Denn sie waren weltweit einmalig. Das bestreiten heute höchstens noch absolute Ignoranten und Massenmedien.

Die Partei wurde auf dem III. Parteitag auch weiter auf den Kurs der Partei neuen Typus festgelegt, der sich in einem neuen Statut äußerte und in einer strengen Parteiüberprüfung, der in kürzester Zeit 150 000 Mitglieder durch Ausschluß zum Opfer fallen sollten.

Was für Ereignisse in Ost wie in West bleibt, ist: Der künftige Kurs beider deutscher Staaten, der auf eine Vertiefung der Spaltung hinauslief, wurde in diesem Jahr 1950 festgezurrt.

Am Ende dieses Jahres 1950 starb dann übrigens auch das Experiment mit der Jugendredaktion des »Vorwärts«. Das Blatt war längst in die Schußlinie einiger Politbüromitglieder geraten. Ihnen fehlte der »Organcharakter«. Die Leute sahen natürlich, daß sich hier ein paar junge Wilde journalistisch austobten, was sich für eine Presse neuen Typus, wie sie auf der ersten Parteipressekonferenz der SED vorgestellt wurde, einfach nicht gehörte. Vorwürfe, bis hin zu »Feindeinwirkung«, machten die Runde. Dann kam der Tag des Anlasses.

Wir hatten wieder einmal eine Titelseite konzipiert, die sich die Verbreitung des im März 1950 vom Weltfriedensrat verabschiedeten Stockholmer Appells gegen die Atomkriegsgefahr auch zum typographischen Schwerpunkt gesetzt hatte. Wieder einmal, kurz vor Redaktionsschluß am Sonntagabend, dem 30. November 1950 (als ob man das nicht früher gewußt hätte und ankündigen hätte können), kam die Nachricht, daß sich Ministerpräsident Otto Grotewohl mit einem Brief an Bundeskanzler Adenauer gewandt hatte, in dem er die Aufnahme von offiziellen Regierungsgesprächen mit dem Ziel vorschlug, einen Gesamtdeutschen konstituierenden Rat zu bilden. Wir haben in diesem Fall nicht versucht, Herrnstadt oder Moskau anzurufen, sondern die Nachricht noch auf die Seite 1, mit dem ausführlichen Text auf Seite 2, gebracht.

Der nächste Morgen begann, wie gewohnt, mit einer Redaktionssitzung, die, wie üblich, Arne Rehahn leitete. Er eröffnete sie nicht gleich, sondern ließ die Teilnehmer im Raum in ahnungsvollem Warten verharren, bis Herrnstadt selbst erschien, der für gewöhnlich so zeitig am Vormittag nie die Redaktion betrat. Er hatte einen Stapel Zeitungen unter dem Arm, breitete sie in aller Ruhe vor sich aus, während die Teilnehmer der Redaktionskonferenz wie das berühmte Gemälde von der Abendmahlsrunde Leonardo da Vincis wirkten. Alle starrten mit schlechtem Gewissen auf den Herrn.

Dann begann Herrnstadt seine Philippika gegen die »Vorwärts«-Redaktion, die die wichtigste Nachricht des Sonntags versteckt hätte, während sogar die gegnerischen Westzeitungen sie besser plaziert hätten. Von politischer Instinktlosigkeit war die Rede und von Konsequenzen, die daraus noch zu ziehen wären. Sprach's, stand auf, verließ den Raum, und die Redaktionskonferenz nahm ihre Routinearbeit auf. Alle bösen Blicke ruhten auf Eberhard Heinrich und mir.

Die Konsequenzen folgten in einem vom Politbüro längst geforderten Beschluß des Redaktionskollegiums: Der »Vorwärts« wurde in seiner bisherigen Form eingestellt, die Montagsausgabe erschien ab sofort im üblichen ND-Format mit einer winzigen Kopfzeile, in der noch der »Vorwärts« erwähnt wurde, und stand ab sofort unter Leitung der Gesamtredaktion. Ein Ärgernis der Parteiführung war beseitigt. Den unmittelbaren Anlaß hatten wir leider selbst geboten. Aber der Tod des »Vorwärts« wäre ganz sicherlich auch ohne den gebotenen vaux pas erfolgt. Das gehörte einfach zur Entwicklung der Partei zum neuen Typus samt ihrer Presse.

Was aber für mich noch nachhaltiger wirkte, waren die Stempel »politisch instinktlos«, »überheblicher Nurjournalismus« und »mangelnde Selbstkritik«. Eberhard Heinrich wurde in die inzwischen gebildete westdeutsche Abteilung als stellvertretender Leiter versetzt. Ich blieb stigmatisiert noch in der Berlinredaktion als Leiter. Aber natürlich lief der Countdown für meine Ablösung bereits, so sehr ich mir Mühe gab, nicht wieder aufzufallen. Weder im Positiven noch im Negativen. Es war vergebens.

Irgendwann hatte ich im zeitigen Frühjahr 1951 einen Zusammenstoß mit Alfred Reinert, nachdem es schon des öfteren kleinere Rempeleien wegen seiner, meist zu später Stunde schon auf dem vorliegenden Seitenabzug geäußerten kritischen Anmerkungen und Umstürze. Meinen Einwand, daß er Änderungs- und Ergänzungswünsche wegen des Redaktionsschlusses doch auch früher äußern könnte, da er ohnehin von den meisten Manuskripten Durchschläge angefordert hatte, wies er wieder mit dem Bemerken zurück, der mir eigene Formaljournalismus mache mich gegenüber politischen Notwendigkeiten blind. Bei dem letzten Zusammenstoß, etwa im März 1951, erklärte ich, daß das ganze Durcheinander nur durch die immer unerträglicher werdende Doppelherrschaft Reinert/Lowack/Abteilungsleitung käme.

Jeder Unvoreingenommene hätte gewußt, was ich damit meinte. Aber Reinert machte das zu einem Problem mangelnder theoretischer Kenntnisse. Doppelherrschaft sei eine historische Angelegenheit, die Lenin in seinen Aprilthesen gegeißelt habe und hätte eine ganz andere Bedeutung. Meine mangelnde politisch-ideologische Bildung hätte mich dazu gebracht, einen solch bösen politischen Mißgriff zu tun. Die Folge war eine Versammlung der Abteilung, wo Alfred Reinert meine mangelnde politische Bildung angriff. Ich setzte mich zur Wehr, so gut ich glaubte, es tun zu müssen, unterstützt von einigen Mitgliedern der Abteilung, aber auch heftig kritisiert von anderen. Ich hielt, ehrlich gesagt, die ganze Argumentation für Quatsch. Das habe ich auch so, zwar etwas vorsichtiger ausgedrückt, gesagt. Dies wurde mir nun wieder als Überheblichkeit ausgelegt, ein Begriff, mit dem ich ab und an auch in späteren Jahren ausgepeitscht wurde, wenn ich aufmüpfig wurde.

Ergebnis: Eine zunächst als Redaktionsversammlung angekündigte, dann auf Antrag wegen der außerordentlichen Bedeutung in eine Parteiversammlung umgewandelte »Gerichtsverhandlung« am arbeitsfreien Karfreitag wurde einberufen.

Um es kurz zu machen, es wurde zu einer Generalabrechnung mit Genossen, die den Ernst des Klassenkampfes nicht begriffen und sich überheblich gegenüber der Theorie auf dem Wege zu einer Partei neuen Typus verhielten. Das wurde im Hauptreferat, dessen Verfasser ich aus Pietätsgründen jetzt nicht nenne (de mortuis nil nisi bene), auch weil ich großen Respekt vor seiner Vergangenheit habe, alles ausführlich mit einem Wust von Zitaten begründet, was auf eine langfristige Regie schließen ließ. Namen wurden genannt, darunter natürlich auch meiner. Es wurde mit allem aufgeräumt, was sich so im Laufe der Zeit an ideologischem Unrat in der Redaktion angesammelt hatte, mit falschen Auffassungen, mit feindlichen Einwirkungen, auch mit der »Feindlüge«, Herrnstadt habe ein Verhältnis mit einer jungen Reporterin. Wie gesagt: Das große Wäschewaschen fand statt, bei dem einige Pelze nicht genäßt, andere aber gründlich bearbeitet wurden.

Zwei Jahre später sollte ich das etwas ähnlich hören, aber mit anderer Stoßrichtung. An dieser Stelle bemerkte ich, daß die Theorie, von der ich zur Verwirklichung unserer sozialistischen Ziele nun wirklich viel hielt, zurechtgebogen wurde, bis es schon komisch wurde.

Herrnstadt verkündete im Laufe der Versammlung, in der ich nolens volens nachdenklich, aber auch mit dem Versuch, mich zu verteidigen, aufgetreten war, meine Selbstkritik sei zwar ein Anfang gewesen, aber noch nicht genügend ausgereift, was typisch für den Zustand eines Teiles der Partei sei, weshalb er mich vor versammelter Mannschaft vom Abteilungsleiter zum Hilfsredakteur einschließlich der finanziellen Folgen herabstufte. Dieser Vorgang traf mich natürlich zutiefst, aber auch die Art und Weise, wie Herrnstadt bei der Sache die Regie führte, weckten in mir auch in nachhinein immer wieder Zweifel an der Legende, Herrnstadt habe 1953 Ulbricht stürzen wollen, um die Partei vor einer Ein-Mann-Herrschaft zu retten und sie auf seine Weise zu einer demokratischen Institution umzumodeln. Herr Müller-Engbergs, der Herrnstadt ja aus Altersgründen, wofür ihm überhaupt kein Vorwurf gemacht werden soll, persönlich nicht gekannt hat, legte sich auf die Rolle Herrnstadt in seinem Buch (»Der Fall Rudolf Herrnstadt«, Links-Druck 1991) ein wenig vorschnell und auch ein wenig parteilich informiert, für meinen Geschmack auch zu undifferenziert, fest. Immerhin trug es dann zu der etwas einseitigen Legendenbildung bei.

Ich anerkenne, daß Herrnstadt ein großartiger Journalist war, dem man die Schule bei Theodor Wolff und seinem »Berliner Tageblatt«, das ihn am Ende der Weimarer Republik als Korrespondenten nach Warschau geschickt hatte, anmerkte. Von Warschau aus geriet er bekanntlich nach Moskau, hatte Kontakte zu deutschen Widerstandsgruppen und dem Sowjetischen Geheimdienst. Während des Krieges spielte er nicht zuletzt auch wegen seiner Argumentations- und Formulierungskünste eine außerordentliche Rolle beim Nationalkomitee Freies Deutschland. So hatte er an der Abfassung wirklich aller wichtigen Dokumente dieser Zeit und beim Aufbau der Berliner Nachkriegspresse erheblichen Anteil. Das hat seine Nachkriegsvorstellungen über Deutschland wesentlich geprägt, nicht zuletzt, weil er sie mitformuliert hatte. Hier gibt es sicherlich auch nachdenkenswerte Ansätze über das Verhältnis zu Ulbricht, das natürlich auch durch Art und Weise von dessen Politikverständnis geprägt war. Darauf wird noch zurückzukommen sein, damit der Faden dieser Jahre in meinen rückblickenden Betrachtungen jetzt nicht verloren geht.

Als Hilfsredakteur arbeitete ich dann also in der Wirtschaftsredaktion, die seinerzeit unter der Leitung des späteren Dekans der Fakultät bzw. Sektion für Journalistik an der Uni Leipzig, Emil Dusiska, stand. Weil auch noch andere im Sinne der Partei neuen Typs straffällig Gewordene dort landeten, galt die Wirtschaftsredaktion als eine Art Strafbataillon des ND. Sein Kommandeur hat sich auch alle Mühe gegeben, dem Ruf gerecht zu werden. Studenten, die ihn in Leipzig kennengelernt haben, werden sich auch ihre Meinung gebildet haben und wissen, was und wie ich es meine. Dabei gehörte Dusiska zu den klugen Leuten in der Partei, mit einem kritischen Blick, der sich allerdings immer ein wenig trübte, wenn es um seine Karriere ging. Aber darin war er keine Ausnahmeerscheinung.

Natürlich habe ich mich mit meinem Schicksal auseinandergesetzt und ernsthaft überlegt, aus dem Journalismus auszuscheiden. Als Bergmann hätte ich zu damaliger Zeit sicherlich eine gute, vor allem besser bezahlte Arbeit, sei es in der Braunkohle, sei es bei der Wismut, gefunden.

Aber erstens hatte ich damals schon, mit meiner Warschauer Freundin verheiratet, eine Familie gegründet, der ich einen Ortswechsel nicht zumuten wollte, zumal auch meine Frau in Berlin Arbeit gefunden hatte. Zweitens wollte ich, ohne Opportunist zu sein oder zu werden, meinen Traumberuf nicht aufgeben, auch in der Hoffnung, die ich mir übrigens bis heute erhalten habe, man könne nur etwas ändern, wenn man vor Ort arbeitet.

In der Auffassung, daß es im Lande durchaus Möglichkeiten gab, etwas ändern zu können, wurde ich eigentlich auch durch meine Arbeit in der Wirtschaftsredaktion bestärkt, die mich an die sogenannte Basis führte und mir ein sehr reales Bild von den Menschen in der DDR, in etwas weniger Schwarz-Weiß-Malerei, vermittelte. Ich lernte Menschen kennen, die zwar oft keine glühenden Sozialisten waren, aber durch ihre oft wirklich schöpferische Arbeit die DDR mit aufbauen halfen, so wie sie zu ihren besten Zeiten eben war.

Deswegen werde ich mich, bei aller Kritik, die ich an der Politik in der DDR, besonders in den letzten Jahrzehnten nach dem VIII. Parteitag, zu üben hatte und übte, nie denen anschließen, die die DDR von Anfang an als eine Mißgeburt ansahen. Ich lernte Menschen kennen, die den Krieg miterlebt hatten, nun sahen, was im Westen wieder passierte und ehrlich davon überzeugt waren, daß dem eine Alternative entgegengesetzt werden müsse, wie immer man sie auch nennt.

Mit einem Werkleiter im Senftenberger Braunkohlenrevier, der wegen seiner Haltung auch oft gebeutelt worden war, zwischen Strafversetzungen aus dem zuständigen Ministerium in die Produktion und Beförderungen über die Kombinatsleitung wieder zurück nach Berlin gelangte, zwischen Parteiverfahren und höchsten Auszeichnungen seine Bewährungsschlachten schlug und sich dabei durchzusetzen verstand, habe ich über diese Problematik oft und lange diskutiert. »Es gibt Idioten oben und unten«, pflegte er einmal zu sagen. »Du mußt wissen, was du willst. Du mußt dein Wissen und deine Überzeugung für unsere Sache einsetzen. Den Sozialismus kriegen auch diese Idioten nicht kaputt«. (Er hat die letzten Jahre der DDR bis 1989 nicht mehr erlebt und kann keine Antwort mehr auf eine entsprechende Frage, die man eventuell stellen könnte, geben.) Immerhin hat er nach dieser Devise gelebt und gearbeitet.

Und von dieser Art Menschen habe ich eine Menge kennengelernt. Leute mit einer Lebenserfahrung, die ihnen jetzt abgesprochen werden soll, nur weil sie vor Schwierigkeiten nicht kapitulierten. Sie lebten nach dem Motto, das mir der oben zitierte Genosse auch auf den Weg gab: »Wenn Dich einer wegen irgend etwas prügelt, berechtigt oder nicht, dann spucke in die Hände und sage dir: dem Hundesohn werde ich es noch zeigen.«

Ein bißchen habe ich mich manchmal an den Rat gehalten. Da gibt es auch keine Reue.

In der Wirtschaftsredaktion habe ich dann wahrscheinlich auch dank dieser Haltung meine ersten größeren Reportagen unter anderem über das Eisenhüttenkombinat Ost geschrieben, wo ich den ersten Abstich am berühmten Hochofen 1 miterlebte und darüber berichtete. (In anderen sozialistischen Ländern wurden diese Reportagen zum Teil nachgedruckt.) Den Jungen Pionier, der den Symbolakt vollzog, habe ich viel später noch einmal »verfolgt«. In einer Porträtserie, die in den sechziger Jahren im ND erschien, habe ich seinen Lebenslauf bis zu diesem Zeitpunkt, da er Verkehrsingenieur immer noch im gleichen Kombinat war, beschrieben. Heute an diese Leute zu denken und dabei zu überlegen, warum ihre Ideale jetzt fürs erste verloren sind und durch wessen Schuld, hat nichts mit Nostalgie zu tun. Es ist der Drang, nicht alles über einen Kamm zu scheren, die West- und Ostdeutschen nicht in Fleißmenschen und Faulpelze aufzuteilen, die Ostdeutschen nicht nur in Täter und Opfer zu zergliedern und Rückbesinnung auf große Leistungen nicht als DDR-Verherrlichung zu verunglimpfen.

Daß eine Mehrheit der DDR-Bevölkerung, die sich auch am 17. Juni 1953 anders verhielt, als die bis heute propagandistisch unterstützte und heroisierte Minderheit (für Ungläubige, auch in meiner politischen Nähe lassen sich Zahlen zusammenstellen), daß die eigentliche Mehrheit Jahrzehnte später dann von einer sprach- und prinzipienlos gewordenen DDR-Führung, die das Erbe von hunderttausendfach persönlich geleisteter ehrlicher Arbeit verschluderte, im Stich gelassen wurde, darin besteht die eigentliche Tragik, die jetzt am Jahrhundertende mit all dem Demokratie- und Sozialabbau auf deutschem Boden so sichtbar wird.

Das Jahr 1953

Irgendwann, Anfang des Jahres 1952 kam ich mit Eberhard Heinrich, der inzwischen Abteilungsleiter der Gesamtdeutschen Redaktion geworden war, ins Gespräch. Ich meinte, meine Strafzeit müßte nun eigentlich vorbei sein, und ich würde, vielleicht auf Bewährung, ganz gerne auf dem Gebiet Westdeutschland arbeiten. Hinzukam, daß Dusiska mehrmals erklärt hatte, ich könne zwar ganz ordentlich schreiben, aber von Ökonomie hätte ich keine Ahnung und bemühe mich auch nicht genügend, mich auf diesem Gebiet zu qualifizieren. Das war sicher richtig, obwohl ich mir später doch noch einige Kenntnis in der Ökonomie des

Kapitalismus angeeignet habe. Mit der antikapitalistischen oder sozialistischen Ökonomie kam ich ohnehin schwer zurecht. Aber da stand und stehe ich ja wohl nicht allein. Heinrich versprach, mit Herrnstadt darüber zu reden, weil es ihm ohnehin an Leuten fehlte.

So kam es, daß ich irgendwann im Februar 1952 meinen Redakteursstatus wieder erhielt und Mitarbeiter der Gesamtdeutschen Redaktion wurde. Damit war ich, nach Innenpolitik, Lokalredaktion und Wirtschaftsabteilung, in ein neues Sachgebiet gelangt, das mich Problemen der Bundesrepublik und wie sich bald zeigen sollte, der internationalen Politik näherbrachte. Es wurde eine journalistisch aufregende Zeit.

Es war die Zeit der großen Wehrdebatten im Bundestag, die Zeit der Redeschlachten um Ja oder Nein zur Wehrpflicht in der Bundesrepublik, um den Generalvertrag zwischen der BRD und den Westmächten, der die Aufrüstung ermöglichte, die Zeit des Kampfes gegen die Remilitarisierung, des Verbots einer Volksbefragung und der ersten politischen Prozesse, es war die Zeit der ersten Wirtschaftskrise und des damit verbundenen Sozialabbaus. Aber es war auch die Zeit, die unsere Propaganda veranlaßte, von einem Prozeß der Refaschisierung zu sprechen, was angesichts der Tatsachen so abwegig nicht war. Heute freilich will man das alles nicht wahrhaben, weil nämlich dann die Geschichte der Bundesrepublik unter dem Aspekt eines Vergleichs mit Hitlerdeutschland durchforstet werden müßte und nicht die der DDR auf Grund einer fragwürdigen Totalitarismus-Theorie.

Am 9. Januar 1951 hatte eine Delegation des Deutschen Bundestages unter Leitung von Präsident Hermann Ehlers (CDU) und Vizepräsident Carlo Schmid (SPD) den amerikanischen Hochkommissar John McCloy gebeten, die in Landsberg am Lech inhaftierten letzten Kriegsverbrecher freizulassen, »da deren Bestrafung eine schwere Belastung des Wiederbewaffnungsproblems« darstelle. Unter den zu Amnestierenden befanden sich eine Reihe von Herren aus der ersten Riege der Kriegsverbrecherkonzerne, wie Krupp und die Direktoren des IG-Farbenkonzerns, hohe NS-Funktionäre, SS-Offiziere u. a. aus dem SS-Sicheheitshauptamt, also der Gestapo usw.

Bereits am 31. Januar erließ McCloy daraufhin eine Amnestie für alle NS-Verurteilten mit einem Strafmaß unter fünfzehn Jahren, ließ 31 Landsberger Häftlinge frei, kürzte für 53 die Haftdauer und wandelte 21 von 28 Todesurteilen in lebenslängliche Freiheitsstrafen um. Die sieben verbliebenen Todeskandidaten, sämtlich leitend in KZ-Wesen und an Judenmassenmorden beteiligt, wurden allerdings, von der Bundesregierung mit Protesten begleitet, am 7. Juni 1951 hingerichtet.

Nach diesem unglaublich erscheinenden Amnestieerlaß wagten sich sofort alte Naziaktivisten wieder an die Öffentlichkeit, soweit sie nicht ohnehin als nicht direkt Verurteilte schon in hohen und höchsten Ämtern saßen. »1951 wird das Fundament für die kollektiven Lebenslügen einer Verdrängergesellschaft gelegt, deren Deckel erst mit der Studentenrevolte von 1968 abgesprengt werden wird«, schrieb der Hamburger Publizist Ralph Giordano 46 Jahre später in einer bundesdeutschen Magazinillustrierten.

Zur gleichen Zeit, da der braune Bodensatz in der Bundesrepublik wieder noch oben schwappte, reichte am 22. November 1951 die Bundesregierung beim Bundesverfassungsgericht Klage gegen die KPD, deren Abgeordneten aktiv an der Ausarbeitung des Grundgesetzes mitgewirkt hatten, jener deutschen Verfassung, von der man heute noch in höchsten Tönen schwärmt, wegen der Feststellung der Verfassungsfeindlichkeit ein. Zwar hat das Bundesverfassungsgericht dann fünf Jahre benötigt, um dieser Klage nachzukommen, was dann das Verbot bewirkte, aber diese Zeitspanne war gewiß nicht der Grund einer demokratischen Überprüfung des Tatbestandes, sondern hatte ganz andere Ursachen, was 1956 dann zu massivem Druck auf das Gericht führte. De facto war die KPD schon längst in ihrem Wirken eingeschränkt, was zahlreiche Prozesse gegen Einzelpersönlichkeiten, Zeitungsverbote und Entlassungen von Beamten mit dem KPD-Parteibuch in der Tasche beweisen.

In den hessischen Wäldern begann 1952 der Bund Deutscher Jugend, eine rein faschistische Wehrorganisation, mit bewaffneten Übungen für den Bürgerkrieg, mit dem Aufstellen schwarzer Listen von Demokraten, die bis zum hessischen SPD-Ministerpräsidenten Georg Zinn (SPD) reichten.

1952 wurde die Entnazifizierung für abgeschlossen erklärt, obschon Zehntausende von Nazis in hohen Ämtern saßen und Ton und Richtung in der Bundesrepublik mitbestimmten.

Die Aufzählung solcher Fakten könnte noch seitenlang fortgesetzt werden. Sie sind übrigens im Laufe der Zeit allesamt auch irgendwie schriftlich, in Zeitungen, Büchern und Filmen festgehalten worden. Nur möchte sich heute kaum ein Historiker daran erinnern, daß der in kalten Kriegszeiten gegründete westdeutsche Separatstaat auf seine Weise auch ein Staat war, in dem politisches und allzuoft damit verbunden, auch menschliches Unrecht geschah. Aber während man heute noch versucht, der DDR den Makel des Unrechtsstaates von Anfang an anzuhängen, weil man sie delegitimieren möchte, tut man so, als habe man es im Falle der Bundesrepublik mit einem unbefleckten demokratischen Rechtsstaat von Anfang an zu tun. Dafür führt man gern die Verfassung von 1949 ins Feld und alle Freiheiten, die die Westdeutschen genießen konnten.

Dazu auch gleich, damit es im Zusammenhang bleibt und nicht in Vergessenheit gerät, eine Bemerkung. Das Grundgesetz lehnt sich eng an die Weimarer Verfassung an, eine der wahrscheinlich bis dahin besten deutschen Verfassungen im demokratiedefizitären Deutschland – auf dem Papier. Auch die DDR-Verfassung von 1949, die im Gegensatz zum Bonner Grundgesetz einem Volksentscheid unterworfen wurde, hatte die Weimarer Verfassung als Formulierungshilfe benutzt. Nur die Krankheit in *beiden* deutschen Staaten bestand darin, daß Verfassungstext und Verfassungswirklichkeit zum Teil weit auseinanderklafften. Der Unterschied bestand darin, daß die Bonner Verfassung (übrigens bis auf den heutigen Tag, wenn ich an die Einschränkung des Grundrechte-Artikels 13 wegen des Lauschangriffs denke) im Laufe der vergangenen fünfzig Jahre ihrer Existenz mit wechselnden Mehrheiten so oft geändert wurde, daß von der eigentlichen demokratischen Substanz der Verfassung, wie sie ihre Väter einmal aufgeschrieben hatten, nur rudimentäre Teile übriggeblieben sind. Man könnte nun einwenden, daß diese Verfassungsänderungen alle auf parlamentarisch-demokratische Weise erfolgten, stets mit der erforderlichen Zweidrittelmehrheit. Wäre ich gehässig, könnte ich sagen, daß auch Hitler sein Ermächtigungsgesetz auf eine parlamentarische Zweidrittelmehrheit stützen konnte. Einige der Zustimmer machten sogar im ersten Nachkriegs-Bonn noch große Karriere und Politik.

Aber selbst wenn man ohne Gehässigkeit in entscheidenden Fragen einmal die wahren Mehrheitsverhältnisse betrachtet, mit denen die Verfassungsänderungen herbeigeführt wurden, wird man doch nachdenklich. Es waren oft wechselnde Mehrheiten, oft ohne oder sogar gegen den Wählerauftrag. Man sollte bedenken, daß Handaufheben im Parlament für oder gegen eine Sache noch nicht der letzte Ausdruck einer Mehrheitsdemokratie ist. Dabei ist besonders widersinnig, daß alle Regierungen bisher stets auf den Urtext des Grundgesetzes vereidigt werden, der überhaupt keine Gültigkeit mehr hat. Aber das merkt schon keiner mehr. Man trägt das Grundgesetz ohnehin nicht dauernd unter dem Arm.

Alles das konnte man seinerzeit noch nicht vorausahnen. Wir hatten vom Berliner Schreibtisch aus die damalige Gegenwart zu bearbeiteten, und die war auf beiden Seiten trübe genug. Nur waren wir auf ADN, DPA, die Westpresse, die wir »privilegiert« erhielten, und den westdeutschen Rundfunk angewiesen, der auf bestimmten Sendern die Debatten des Bundestages von früh bis in die späte Nacht übertrug. Aber das eigentliche Leben in der Bundesrepublik blieb doch graue Theorie. Das war übrigens auf der anderen Seite ähnlich, wenn sich auch die Westmedien dank harter D-Mark mehr Informanten in der DDR anheuern konnten, als uns das umgekehrt möglich war. Persönliche Kontakte zu Westdeutschen hatten wir auf diesem Gebiet arbeitenden Journalisten im wesentlichen nur bei Besuchen von Genossen der KPD oder solchen erschütternden Anlässen, wie der Erschießung Philipp Müllers durch die Polizei in Essen, der an der Friedenskarawane gegen den Generalvertrag teilgenommen hatte. Da hatten wir Augenzeugen zur Verfügung für Interviews, die zum FDJ-Zentralrat kamen. Auch mit Teilnehmern von Streiks und Demonstrationen, die vom FDGB in die DDR eingeladen worden waren, konnten wir natürlich reden. Aber das alles war nicht die Widerspiegelung des wirklichen Lebens in der BRD, obwohl wir meist mit unseren Einschätzungen soweit von der Wirklichkeit nicht entfernt waren, wie es manchmal den Anschein hatte.

Dennoch: Unsere mitunter einseitige Berichterstattung über Westdeutschland war zweifelsohne nicht nur von einem gewissen Wunschdenken geprägt, sondern hatte auch die Rückwirkung auf einen Teil der Arbeiterschaft bei uns. Durch unsere Argumentation wurde mancher Arbeiter in der Erkenntnis angespornt, daß man sich vieles eben erkämpfen muß, wenn man es haben will. Daß es im Kapitalismus Streiks geben sollte und bei uns nicht, war besonders angesichts der unterschiedlichen Lebenslage vielen Arbeitern einfach nicht zu vermitteln. Hinzu kam, daß vor allem der Rundfunk und später das Fernsehen der anderen Seite seinen Beitrag dazu leistete. Diesen psychologischen Aspekt übersahen wir ganz einfach, was sich im Laufe der Zeit als sträflich herausstellte

So begann das Jahr 1953, das u. a. mit dem 17. Juni Geschichte machen sollte, die allerdings durch Geschichten von allen Seiten in gewissem Maße auch entstellt wurde. Denn bei der Beschreibung des 53er Sommers wird ja manches übersehen oder schlicht beiseite gelassen. Ich will nur auf einige Punkte aufmerksam machen, wie ich sie erlebte und wie ich sie sehe.

Im März 1953 starb Stalin, was weltweit bei allen, Kommunisten wie Antikommunisten, zunächst viele Ungewißheiten brachte. Es kam zu Spekulationen über Umbrüche, Neuanfänge oder Fortsetzungen des Gehabten. Der Personenkult war ja derart ausgewuchert, daß sich zunächst für viele die Frage stellte, ob es denn ohne Stalin überhaupt weitergehen könne. Und wenn ja – wie?

Die Frage schien berechtigt. Nicht nur für die weitere Innenpolitik des UdSSR und anderer damals noch volksdemokratischer Länder. Das galt auch für die DDR, wie sich noch zeigen sollte, obwohl sie sich formell noch nicht in diesem Kreis befand.

Diese Fragen betrafen auch die Außenpolitik. Die berühmte Stalin-Note vom 10. März 1952 hatte wirklich neue Hoffnungen geboren, über eine friedliche Lösung der Konflikte in Europa zur Lösung der deutschen Frage zu gelangen: Die UdSSR hatte mit ihrer Note auch einen Entwurf für einen Friedensvertrag mit ganz Deutschland vorgelegt, der die Wiederherstellung der Einheit Deutschlands nach dem freien Willen der Deutschen, den Abzug aller Besatzungstruppen, keinerlei Beschränkung für eine deutsche Friedensindustrie, allerdings auch eine militärische Neutralisierung, bei gleichzeitiger Aufstellung eigener Verteidigungsstreitkräfte vorsah. Eine aus freien Wahlen hervorgegangene gesamtdeutsche Regierung sollte an der Ausarbeitung des endgültigen Friedensvertrages teilnehmen. Formal war diese Note, was immer gern vergessen wird, eine Antwort auf eine Note der Regierung der DDR an die vier Mächte, endlich mit ganz Deutschland einen Friedensvertrag abzuschließen. Darauf antwortete lediglich die UdSSR, woraus einerseits ersichtlich ist, daß es sich hier um eine abgestimmte Aktion handelte, andererseits bleibt festzuhalten, daß von der Bonner Regierung keinerlei Initiativen ausgingen, wenn von der gebetsmühlenhaften Wiederholung der Notwendigkeit einer deutschen Einheit (im westlichen Rahmen) einmal abgesehen wird. Die sowjetische Note hatte ja viele Forderungen des Westens, vor allem die Frage der freien Wahlen, in derem Sinne beantwortet. Danach hätte man die deutsche Einheit herstellen können. Aber diese Einheit hatte man gerade zerstört, um in die Rolle der Speerspitze für das Rollback, wie das dem amerikanischen Außenminister vorschwebte, zu schlüpfen. Das freilich wollte die sowjetische Note aus guten Gründen nicht. Die Ablehnung der Note, von vielen selbst in der Bundesrepublik nicht verstanden, wurde deshalb auch als bewußte Vertiefung der Spaltung durch Bonn verstanden.

Die Note hatte also heftigste Diskussionen über Für und Wider ausgelöst. Vor allem, weil die Sowjetregierung auch auf den Einwand, daß es ohne freie Wahlen keine gesamtdeutsche Regierung geben könne, positiv eingegangen war. Deswegen war die Propaganda von den »Freien Wahlen«, wie sie auch im Zusammenhang mit den Ereignissen des 17. Juni hochgepeitscht wurde, pure Heuchelei und nur dazu angetan, die Tatsachen zu verdrehen, die nicht in die Linie der Bonner Politik paßten.

In Westdeutschland hatten sich Politiker zu Wort gemeldet, die sich gegen das sture Nein Adenauers wandten. Der hatte, wie schon erwähnt in einem Gespräch mit dem französischen Hochkommissar François Poncet geäußert, daß man nicht vergessen solle, daß er der einzige deutsche Kanzler sei, der die Einheit Europas der Einheit seines eigenen

Vaterlandes vorziehe. Auch aus der SPD kamen Stimmen, die die eingehende Prüfung der Note forderten, denn die SPD-Abgeordneten im Bundestag hatten ja seinerzeit noch gegen die Pariser Verträge gestimmt. Daraufhin hatte sich das ZK der SED offiziell an den SPD-Parteivorstand gewandt, um eine gemeinsame Position zur sowjetischen Note und zur Vorbereitung gesamtdeutscher Wahlen zu einer Nationalversammlung, die dann eine gesamtdeutsche Regierung wählen sollte, zu erarbeiten. Das fand keine Resonanz. Ich weiß nicht, wie man heute im Parteivorstand der SPD darüber denkt. Wenn man denn denkt.

Viele Gegner der Note sagten, Stalin versuche nur den Trick, die Bundesrepublik vom NATO-Beitritt abzuhalten. Selbst wenn diese Absicht dahinter stand, hätte man aus nationalem Verantwortungsbewußtsein ernsthafter, als es vielleicht geschah, überprüfen müssen, was denn schwerer gewogen hätte: NATO oder Nation. Der Test auf ehrliche Absicht hätte doch mit einem schlichten Ja zu der Note erfolgen können. Wenn es dann den vorausgesagten Rückzieher der Sowjets gegeben hätte, wäre immer noch die Möglichkeit gewesen, zur alten Politik zurückzukehren. Aber man wollte diesen Test nicht. Adenauer beharrte auch später, wenn er von sowjetischer Propaganda in der Wiedervereinigungsfrage sprach, immer auf der Priorität der Pariser Verträge vor Verhandlungen über Fragen der Wiedervereinigung. Dadurch entstand sein Postulat, daß man mit der Sowjetunion nur aus der Position der Politik der Stärke verhandeln dürfe.

Immerhin konnte die östlich Seite ohne große Anstrengung nachweisen, daß Adenauer nicht einmal gesamtdeutsche Wahlen wollte, wenn sein militärisches Stärkeprojekt dadurch gefährdet würde. Damit wurde die immer hervorgekehrte Forderung nach freien Wahlen zu einem reinen Propagandaspielzeug im Kalten Krieg. (Heute könnte man angesichts der Wahl- und Politikverdrossenheit der Ostdeutschen spötteln: Stell dir vor, es sind Freie Wahlen, und keiner geht hin oder wählt falsch.)

Damals zumindest hat sie Stalin gewollt und ich glaube, selbst im Wissen darum, daß dadurch die DDR preisgegeben würde. Ihm war nämlich die sowjetische Strategie für das eigene Land wichtiger als das Stück Deutschland, das für ihn ohnehin immer Belastung und ein gewisser Unsicherheitsfaktor war. Für ihn waren die Erfahrungen des Jahres 1941 wichtig. Er wollte einen Cordon sanitaire von Finnland über Schweden, das ja ohnehin als neutral galt, Deutschland und Österreich bis zu einigen Balkanländern legen, um dahinter in Sicherheit seine Politik, auch bezüglich der slawischen Länder, wie Polen, der Tschechoslowakei, Bulgarien und Jugoslawien, das ihm damals schon verlorengegangen war, durchführen zu können.

Man mag das heute alles als Taktik bewerten. Und natürlich mußte die SED-Führung befürchten, daß, wenn Adenauer und die Westmächte ja sagen würden, die bis dahin als führend geltende Partei diese Position niemals halten würde. Aber wieviel die SED verloren hätte, kann heute nur spekuliert werden. Die Wahlen von 1946 in der Ostzone, vor allem in Berlin hatten da gewisse Vorgaben geleistet. Aber sicher sollte sich auch niemand sein. Dennoch bleibt unzweifelhaft, daß sich die innenpolitische Landschaft in ganz Deutschland verändert hätte.

Deshalb hoffte damals besonders Ulbricht insgeheim, Adenauer möge bei seiner sturen Haltung bleiben, um sich als Neinsager zu entblößen um ihm die Schuld an der Spaltung anlasten zu können.

Angesichts der Sturheit Adenauers bleibt aber auch die objektive Frage, ob nicht von diesem Zeitpunkt an die Existenz der DDR eine europäische Notwendigkeit geworden war. Europäische Politiker in Ost und West haben das durchaus so gesehen. Nur daß die Möglichkeiten, die diese Notwendigkeit erforderten, nicht wahrgenommen werden konnten, daß die DDR durch innere Gebresten, aber auch durch starke äußere Einflüsse nicht in der Lage war, jene historische Mission in Europa in vollem Umfange zu erfüllen, wie es einmal angestrebt wurde, das wurde zu ihrem Schicksal, daß man möglicherweise noch einmal beklagen wird.

Historisch gesehen, war es damals eine Absage an die Möglichkeit, die deutsche Einheit wiederherzustellen und zwar zu anderen Konditionen, als sie zumindest für große Teile des deutschen Volkes (abzüglich der inzwischen mächtiger gewordenen Finanzoligarchie) dann 40 Jahre später auch zum Nachteil einer normalen Entwicklung in Europa erfolgte. Wenn heute auch mancher glauben mag, daß sich ja eigentlich die Politik der Stärke behauptet hätte, denn sie habe schließlich zum Zusammenbruch des Realsozialismus und der Weltmacht Sowjetunion geführt, so muß gerade angesichts weltweiter Ereignisse und innenpolitisch heraufziehender Krisen am Ende des Jahrhunderts geantwortet werden, daß sich das erst noch beweisen muß. Politik der Stärke ist ein, für einen gerechten Frieden für alle, untaugliches Rezept. Es nutzt vielleicht für den Tag dem Stärkeren, muß aber auf Dauer in die Katastrophe führen, weil sich dann stets Starke und Schwächere gegenüberstehen und keine gleichwertigen Partner. So etwas zeitigt immer Unfrieden.

Walter Ulbricht hat dann mit dem ihm eigenen Spürsinn, selbst gegen den Widerstand in der eigenen Führungsriege, die Gunst der Stunde genutzt, um auf seine Weise eine Politik der Stärke zu postulieren. Im

Juli 1952 erklärte er auf der 2. Parteikonferenz: »Die demokratische und wirtschaftliche Entwicklung sowie das Bewußtsein der Arbeiterklasse und der Mehrheit der Werktätigen sind ... jetzt soweit entwickelt, daß der Aufbau des Sozialismus zur grundlegenden Aufgabe geworden ist.«

Daß die Einschätzung unrealistisch war, hat sich alsbald gezeigt. Denn dieser Beschluß hat, objektiv gesehen, der Entwicklung der DDR Abbruch getan. Die wirtschaftliche und vor allem die Bewußtseinsentwicklung war längst nicht soweit, daß man in einem deutschen Teilstaat, der etwa die Flächengröße von Bayern und Baden-Württemberg und knapp deren Einwohnerzahl erreichte, ohne wesentliche Rohstoffquellen, allerdings mit einer hochentwickelten qualifizierten Arbeiterschaft, ein solches Unternehmen beginnen hätte können, ohne fremde Hilfe anzunehmen. Hinzu kam, daß durch die Embargopolitik gezwungen, zunächst eine Schwerindustrie aufgebaut werden mußte, was gewaltige Investitionen am normalen Bedarf vorbei erforderte. Das einzige Beispiel, das bis dahin mit dem Aufbau des Sozialismus begonnen hatte (die anderen volksdemokratischen Länder waren noch zurückhaltender, wenn man von der ähnlich strukturierten ČSR absieht), war die Sowjetunion, die man nun als Modell nehmen mußte. Denn einen eigenen deutschen Weg zum Sozialismus, wie er in den vierziger Jahren beispielsweise von Anton Ackermann formuliert worden war, hatte Stalin seinen DDR-Genossen längst ausgetrieben.

Aber auch in der Sowjetunion selbst gab es angesichts der zurückgelegten, aber besonders wegen der bevorstehenden Entwicklungen unterschiedliche Auffassungen über den Weg des deutschen Schützlings. Ulbricht wollte deshalb möglichst schnell vollendete Tatsachen schaffen, in der Hoffnung, bei der eines Tages unvermeidlichen Lösung des deutschen Problems dann auch einige Trümpfe zu besitzen.

Das sahen nun, nach Stalins Tod, einige Leute aus der Führungsriege in Moskau und in Berlin ganz anders. Daran entbrannte in den nächsten Monaten sowohl dort als auch hier der Streit. Und es war kein Wunder, daß z. B. der oberste Sicherheitschef und Stalinvertraute, Berija, auch die Karte Stalins weiter zu spielen versuchte. Daß dann in Berlin Leute, die aus dem Berija-Bereich kamen, wie Zaißer und Herrnstadt, zu Recht oder zu Unrecht, als deren Politikvollstrecker angesehen wurden, war auch kein Wunder. Ich selbst glaube, daß an der Haltung von Zaißer und Herrnstadt z. B. in der deutschen Frage durchaus Stalin/Berija-Züge erkennbar waren und daß *darin* und der Art und Weise, wie sowohl Ulbricht und seine zunächst allerdings wenigen Anhänger einerseits und Herrnstadt, als politischem Kopf einer innerparteilichen Opposition andererseits, ihre Position durchsetzen wollten, der eigentliche Gegensatz bestand.

Herrnstadt sah wahrscheinlich in dem überschnellen, um nicht zu sagen überstürzten, Beginn des Aufbaus der Grundlagen des Sozialismus auf industriellem Gebiet gewisse Schwierigkeiten voraus. Auf dem Gebiet der Landwirtschaft war er andererseits gegenüber einem Teil des Politbüros ein hartnäckiger Verteidiger der 1952 begonnenen Bildung von landwirtschaftlichen Produktionsgenossenschaften, weil sie der besseren Versorgung der Bevölkerung dienten. Ein Teil des Politbüros wollte sich im Frühjahr 1953 von dieser Umgestaltung wieder trennen, weil er eine gewisse Landflucht auslöste.

Auch beim Wohnungsbau wollte Herrnstadt, wie wiederum ein Teil des Politbüros, nicht kürzer treten. Seine Rede auf der 2. Parteikonferenz war nicht nur eine agitatorische Meisterleistung, sondern begründete auch die Notwendigkeit, im Wohnungsbau beispielhaft auch für die BRD voranzugehen. Insofern hatten beide Deutschlandkonzeptionen, die offenkundig vorlagen, auch zwei verschiedene ökonomische Grundlagen.

Grundsätzliche Meinungsverschiedenheiten gab es auch in der Bündnispolitik. Ulbricht setzte auf die Blockpolitik mit den damals noch mehr oder weniger einflußreichen bürgerlichen Parteien und ihrer noch aus der Weimarer Republik stammenden Führer (Nuschke, CDU und Dieckmann, LDPD, der die Nachfolge des von Ulbricht geradezu verehrten Dr. Külz angetreten hatte), die er ehrlich, wenn auch unter der führenden Rolle der SED betreiben wollte. Ulbricht hatte mir einmal in den sechziger Jahren gesagt, daß es in der DDR nicht so gravierende Fehler wie z. B. anläßlich des Slanski-Prozesses mit Todesurteilen oder bei der Zerstörung des Mittelstandes gegeben habe, sei dem Einfluß dieser Parteien insbesondere von Nuschke und Külz zu verdanken.

Herrnstadt wiederum lehnte diese Art von Blockpolitik ab. Er wollte die SED zu einer breiten Volkspartei machen. Das widersprach allerdings dem Prinzip der Avantgarderolle der führenden Partei. Hier war aber Herrnstadt offenbar selbst nicht ganz einig mit sich, denn schon in der Moskauer Emigration hatte er in dieser Frage Kontroversen mit Wilhelm Florin. Insofern hatte Ulbricht die klareren Vorstellungen, die sein Nachfolger dann allerdings verwischte und aus den Blockparteien ein Anhängsel der SED zu machen versuchte, wobei er seine Altjugendfreunde aus dem FDJ-Zentralrat (Gerlach, Götting) als oberster Kaderchef z. T. schon zu Ulbrichts Zeiten in die Führungspositionen gehievt hatte.

Herrnstadt hatte nicht immer klare Vorstellungen von manchen Dingen, über die er sprach, was ihm im Politbüro später dann auch als Doppelzüngigkeit vorgeworfen wurde.

In diesem nationalen wie internationalen Umfeld allgemeiner Verunsicherung nach Stalins Tod kam dann der sich aus der 2. Parteikonferenz ergebende Beschluß des DDR-Ministerrates, der volkswirtschaftlich natürlich vernünftig war: »Neue Technik – neue Normen.« Manche Aufarbeiter der DDR-Geschichte beschreiben den Zustand in der DDR gern und oft etwas ungenau. So wie sie den ersten Teil des Beschlußtitel fast immer wohlweislich weglassen und nur von Normenerhöhungen sprechen, die die Arbeiter nicht hinnehmen wollten, so lassen sie auch auf dem Gebiet der Vorgeschichte des 17. Juni beträchtliche Ungenauigkeit walten.

Zur sachlichen Klarstellung muß deshalb auch an folgendes erinnert werden: Am 3. Februar 1953 faßte das ZK der SED einen Beschluß über strenge Sparsamkeit in der Wirtschaft, der mit der Losung versehen war: »Spare mit jeder Minute, jedem Gramm und jedem Pfennig.« Vorausgegangen war diesem Beschluß eine seit Ende 1952 laufende Kampagne, in denen sich Arbeiter und Kollektive in verschiedenen Betrieben verpflichteten, durch die Einführung neuer Technik auch höhere Arbeitsnormen einzuführen. Einer der Vormänner dieser Bewegung war der Bergarbeiter Franz Franik aus dem Steinkohlenbergbau Zwickau, der öffentlich erklärte: »Ich verdiene zwar weniger, aber der Staat erhält mehr Kohle, der Sozialismus wird so eher verwirklicht. Das ist die Hauptsache.«

Solche etwas sehr versimpelten, aber als avantgardistisch hervorgehobenen Erklärungen wurden binnen kürzester Frist zur Volksmeinung erhoben, worauf sich dann die entsprechenden Beschlüsse, die man fassen wollte, »demokratisch« begründeten. Das war nun leider eine beliebte Methode, die auch später immer wieder angewandt wurde, eigene Beschlüsse (die einer gewissen Logik nicht entbehrten, wenn man die Zielstellung im Auge behält), nicht selbst zu begründen, sondern sie durch »Avantgardisten« begründen zu lassen. Arbeiter vor allem, die ein Beispiel schufen, das aber der realen Wirklichkeit meilenweit vorausgelaufen war. Natürlich handelte die SED-Führung unter Zeitdruck, weil sie ihrem eigenen Terminkalender mehr Aufmerksamkeit schenkte als der Wirklichkeit.

Angesichts der überstürzten Eile, die die SED-Führung beim Aufbau des Sozialismus an den Tag legte, schien ihr auch Eile bei der Einführung entsprechender wirtschaftlich notwendiger, aber, realistisch gesehen, verfrühter Maßnahmen geboten, denn die Masse der Arbeiter war hinter den Erwartungen zurückgeblieben, vor allem weil auch das Äquivalent für den Lohn der Arbeit, das Warenangebot, fehlte.

Der Abstand zwischen den Erfordernissen, die von der Parteiführung gesteckt wurden, und dem Bewußtsein vor allem der Arbeiter wurde zusehends größer, ohne daß die Parteiführung darauf Rücksicht nahm. So schwoll Anfang 1953 die Welle der Republikflüchtigen wieder einmal an. Fleißig auch angetrieben von den westlichen Medien. Die Appelle an die unteren Parteiorgane, die ideologische Arbeit zu verstärken, glichen dem Versuch, einen Pudding an die Wand zu nageln. Da half auch nicht der Appell, das Eigentümerbewußtsein zu entwickeln. Die Feststellung, daß die Produzenten nun die neuen Eigentümer seien, erwies sich als Floskel, die kaum einer ernst nahm, weil, wie wir heute auch wissen, die Eigentumsfrage in der DDR, wie im real existierenden Sozialismus überhaupt, nicht gelöst war. Es gab keine wissenschaftlich begründeten Merkmale für sozialistisches Eigentum und seine Funktion in der Volkswirtschaft.

Es gab einen staatlichen Sektor der Wirtschaft, der um diese Zeit etwa 72,3 Prozent des gesellschaftlichen Gesamtprodukts erbrachte (64,4 Prozent volkseigen und 7,9 Prozent genossenschaftlich), bei einem Anteil von 27,7 Prozent, den die noch existierende Privatwirtschaft beisteuerte. Aber wer war in den volkseigenen Betrieben der Eigentümer und wodurch wurde das sichtbar? Wegen des fehlenden Eigentümerbewußtseins gab es auch ein mangelndes Verantwortungsbewußtsein.

Gewiß, es gab eine innerbetriebliche Demokratie, wie sie im Kapitalismus nicht möglich ist. Es gab einen genau umgekehrten Demokratieansatz gegenüber dem Kapitalismus. In der DDR begann die Demokratie am Werktor, während sie draußen zu wünschen übrigließ. In der BRD herrschte draußen zumindest eine formale Demokratie, aber sie hörte am Werktor auf.

Hier hätten auch spätere Überlegungen in Ost und West über mehr Demokratie einsetzen sollen.

Um auf den Beschluß zurückzukommen, der sich später in seinen Auswirkungen als verhängnisvoll erweisen sollte: In den Betrieben sollte stärker die wirtschaftliche Rechnungsführung angewandt werden, um die Rentabilität der volkseigenen Betriebe zu erhöhen. Dazu sollte die persönliche Verantwortung der Betriebsleiter erhöht, der technologische Prozeß verbessert, es sollten die Produktionsanlagen und Investitionsmittel besser genutzt werden.

Nun könnte man sich natürlich darüber aufregen, daß etwas, was jeder Unternehmer im Kapitalismus von sich aus macht, zentral angeordnet werden mußte. Für eine solche Aufregung hätte ich sogar Verständnis, weil es tatsächlich ein vor allem im Sozialismus unverständlicher Vorgang war. Dabei gab es Ansätze von Wirtschaftswissenschaftlern in der Sowjetunion und anderen volksdemokratischen, später sozialistisch genannten Ländern, die nicht nur nicht beachtet, sondern verteufelt wurden. Hier machte sich der vorherrschende Modellcharakter der Sowjetunion, der auf Stalinschen Fehlschlüssen beruhte, schmerzlich bemerkbar.

Aber weiter: Am 28. Mai beschloß der Ministerrat der DDR, die wichtigsten Arbeitsnormen in den VEB auf *der Grundlage neu eingeführter Technik, verbesserter Arbeitsorganisation und anderer Maßnahmen* um mindestens 10 Prozent zu erhöhen. Diese auch im Kapitalismus völlig normale Maßnahme (die Kapitalisten rationalisieren und automatisieren, wie nach 1990 besonders die Arbeiter in den neuen Bundesländern erfahren mußten, ja auch nicht zu den bisherigen Bedingungen, sondern verlangen mehr Arbeit für den gleichen Lohn oder sparen Arbeitskräfte ein, wobei sich merkwürdigerweise kein »Arbeiteraufstand« zeigt) geriet nun ins Zentrum der Arbeiterkritik, die entweder von vornherein ignoriert oder administrativ abgewürgt wurde. Besonders die administrativen Maßnahmen, die im Kapitalismus gang und gäbe sind, lösten Empörung aus. Damalige Vergleiche mit dem Kapitalismus stießen ins Leere, weil die Arbeiter laut und deutlich sagten, daß wir ja keinen Kapitalismus und keine Ausbeutung mehr hätten. Das war im Prinzip natürlich richtig, aber wenn sich der Sozialismus das Ziel setzt, Ziele des Kapitalismus, höhere Arbeitsproduktivität und effektivere Produktion, zu erreichen und zu übertreffen, dann mußten schließlich auch kapitalistische Wege eingeschlagen werden. Hier wird m. E. die leninsche These, wonach die größere Arbeitsproduktivität, als sie der Kapitalismus erreicht, allein die Voraussetzung für den Sieg des Sozialismus sei, frag- und diskussionswürdig. Damit wurde hier auch eine der Grundschwächen der sozialistischen Ökonomie deutlich: Es gab noch keine Lösung für die wichtige Frage, die Produktion nach den Bedürfnissen der Menschen auszurichten, und nicht vom Streben nach Höchstprofiten.

Diese Frage zu klären gelang letztlich auch beim NÖSPL in den 60er Jahren nicht, wovon noch die Rede sein wird. Meiner Meinung nach hing das damit zusammen, daß es bisher noch keine ausgearbeitete Theorie für eine Art sozialistischer Marktwirtschaft gibt.

Die Zwickmühle, in der die DDR-Wirtschaft geraten war, bestand darin, den Kapitalismus zum Wettbewerb herauszufordern, aber ihn nur mit kapitalistischen Mitteln bekämpfen zu können. Das war in unserer ökonomischen Situation die Quadratur des Kreises. Da das auch nicht erklärt werden konnte, wurde administriert. In der damaligen Situation wurde diese Frage zu einem Wer-Wen-Konflikt, in den sich der Westen natürlich einmischte. Weil aus dem Westen aber keine anderen ökonomischen Rezepte kommen konnten, wurde dieser Konflikt politisiert und mit Fragen der deutschen Einheit und freier Wahlen überfrachtet, was, wie wir heute sehen, ja nicht nur sachfremd war, sondern auch keine Lösung der Probleme brachte.

Nach 1990 wurde mit den Fragen der zurückgebliebenen Arbeitsproduktivität auf dem Gebiet der DDR viel rigoroser umgegangen. Und wer hat da die Arbeiter auf die Straße gerufen, um sich gegen Lohnabbau und Massenentlassungen zu wehren? Wo waren da die Leute, die 1953 über die ausgebeuteten DDR-Arbeiter Krokodilstränen vergossen?

Aber es kann und soll auch nicht bestritten werden, daß alles für die DDR ein inneres Problem geblieben wäre, wenn man ordentlich und überzeugend mit den Arbeitern geredet hätte. Wo das nämlich geschah, und das war, wie man an Zahlen nachweisen kann, in überwiegendem Maße der Fall, passierte auch am 17. Juni nichts. Es wird ja im nachhinein so getan, als sei am 17. Juni die gesamte DDR auf der Straße im Aufstand gewesen. Die Mehrheit hat an diesem Tage gearbeitet, wie eh und je, hat im Radio und am nächsten Tage in der Zeitung erfahren, daß etwas passiert war, was offenbar die Ordnung störte.

Das soll keine Verniedlichung dessen sein, was passiert ist. Das war schon schlimm genug. Aber es müssen auch die Gewichtungen objektiv erfolgen.

Die Berliner Baustellen waren in gewisser Beziehung ein Sonderfall. Dort weigerten sich die Arbeiter zunächst überhaupt, jede neue Technik, die ihre Arbeit erleichtern sollte, anzunehmen, weil sie mit Lohneinbußen verbunden waren, wenn die neue Technik nicht zu höherer Produktivität und damit doch zu mehr Lohn geführt hätte. Das war ein schon wochenlang andauernder Schwelbrand, um den sich z. B. das »Neue Deutschland« und auch der Rundfunk kümmerten. (Man kann es, so man will, nachlesen, weil in der damaligen Stalinallee eine Sonderredaktion bestand, die täglich über die Baufortschritte berichten sollte.) Es gab ja bereits im Vorfeld des 17. Juni gewisse Lockerungen in der Pressepolitik; kritische Berichte über das falsche Verhalten von Leitungen bis hinauf in die Ministerien waren an der Tagesordnung. Das ND griff, sicherlich auch mit einem von Herrnstadt gewollten Hintersinn, schon im Mai den Unmut unter den Arbeitern auf, mit einem Artikel, der eine ganze Serie zu diesem Thema einleitete, unter der Überschrift »Der eine huckt – der andere fährt«. Wer von den jüngeren Leuten, die sich mit DDR-Geschichte befassen, nicht wissen sollte, was damit gemeint war, dem sei nur soviel gesagt: Seit es ein Bauwesen gibt, war es üblich, Steine und Mörtel mit einer Hucke an den Arbeitsplatz des Maurers zu transportieren. Das ging über zum Teil mehrere Etagen hochstehende Leitern so. Wer das einmal gemacht hat (der Autor zählt sich dazu), weiß, was für eine Schinderei das war. Diese Arbeit brachte zwar Erschwerniszuschläge, also mehr Geld, aber machte den Hucker mit 40 oder 45 Jahren zum Krüppel. Sowohl aus diesen als natürlich auch aus Gründen einer angestrebten Steigerung der Arbeitsproduktivität wurde hier, wie überall in der Welt, versucht, die Bauarbeiten technologisch zu verbessern, aber auch zu erleichtern. Das war in industriell fortgeschrittenen Ländern früher und intensiver der Fall als möglicherweise in der DDR, aber auch hier sollten Schritt um Schritt die gesundheitlichen, vor allem aber auch die produktivitätsfördernden Verbesserungen eingeführt werden. Allerdings hätte man auch dann das Problem der frei werdenden Arbeitsplätze regeln müssen. Ein für die DDR besonders kompliziertes Thema, an dem sich letzten Endes auch die Wirtschaft zerschliß.

Diese Technisierung stellte also die Frage nach neuen Normen. Genau diesen Prozeß sollte die ND-Artikelreihe verdeutlichen. Es war ja sogar so, daß einige alte »Hucker« die neue Technik zerstörten, wie die Maschinenstürmer des 19. Jahrhunderts, weil sie fürchteten, die Maschinen würden ihren Arbeitsplatz und damit ihren Lohn gefährden. Aber hier war man nun wirklich nicht mehr im alten Manchesterkapitalismus, sondern in einer neuen Ordnung. Und selbst im Westen wurde, wie gesagt, jeder technische Fortschritt mit neuen Leistungsforderungen bzw. mit Arbeitsplatzverlust begleitet. Aber gerade dieser unsoziale Westen entdeckte in der DDR sein Herz für die Arbeiter und heizte über die Medien die Diskussionen an.

Noch etwas kommt hinzu, worüber manche Sänger der DDR-Geschichte mit Höflichkeit hinwegschweigen: Am 28. März sah sich der damalige Bonner Minister für gesamtdeutsche Fragen, Jakob Kaiser, gezwungen oder veranlaßt, in einem Presseinterview zu erklären, daß es einen bisher geheimgehaltenen Arbeitskreis, denn sogenannten »Forschungsbeirat für die Wiedervereinigung« gäbe, der sich mit den Problemen für einen »Tag X« befasse. Gemeint war der Tag, an dem die Wiedervereinigung im Sinne der Bundesrepublik erfolgen würde. Einem etwas später veröffentlichten Bericht des Forschungsbeirates war zu entnehmen, wie sich die westdeutschen Machthaber die Wiedervereinigung vorstellten. Es war genau das, was wir seit 1990 in den fünf neuen Bundesländern auf Grund des »Einigungsvertrages« erleben.

Die politische Führung der DDR nahm diesen Bericht und die offenkundigen Einmischungen über die Medien dann nach dem 17. Juni zum Anlaß, von einer feindlichen, und da es mit Zuchthausöffnungen für verurteilte Nazis verbunden war, einer faschistischen Provokation zu sprechen.

In der Tat darf man bei der Beurteilung der Ereignisse des 17. Juni die Einmischungen und Pläne der anderen Seite nicht außer Acht lassen. Schließlich, man muß immer wieder daran erinnern, auch wenn es heute manchen Leuten unangenehm ist: Es herrschte kalter Krieg.

Und noch eins darf man der Objektivität wegen nicht übersehen. Wenn nach dem 17. Juni dem Staatssicherheitsminister Zaisser von seiten der SED-Führung der Vorwurf gemacht wurde, sein Dienst habe in der DDR existierende faschistische Untergrundorganisationen nicht entdeckt, so sollte das trotz alledem nachdenklich machen, wenn man über dann später entstandene Sicherheitsstrukturen spricht. Tatsache ist nämlich auch, daß eine heute nicht mehr zu durchschauende Kaderpolitik geradezu Konzentrationen von ehemaligen Nazis, die zur Bewährung in die Produktion geschickt wurden, in bestimmten Betrieben zur Folge hatte. In Berlin gehörte z. B. Siemens Plania (später Elektrokohle Lichtenberg dazu, im Halleschen Chemiegebiet Leuna und Buna). Das waren nämlich, im Gegensatz zu Eisenhüttenstadt oder der Maxhütte in Unterwellenborn oder Tausenden anderer Betriebe mit neuen oder normalen Belegschaften, Hauptzentren des Streiks.

Das kann natürlich alles Zufall sein. Aber wenn man über den 17. Juni objektiv urteilen will, muß man auch solchen Spuren nachgehen, entweder um Zweifel auszuräumen oder sie zu bestätigen.

Ich erlebte die Zeit vor und während des 17. Juni im wesentlichen in der Redaktion. Bemerkenswerterweise ereigneten sich um diese Zeit auch in der Bundesrepublik Dinge, die durchaus ins Bild internationaler und gesamtdeutscher Entwicklungen paßten. Während einer Amerikareise erklärte Bundeskanzler Adenauer, daß er an den Plänen einer Europäischen Verteidigungsgemeinschaft festhalten werde, auch wenn die UdSSR an ihren Plänen gesamtdeutscher Wahlen festhalten würde.

In der zweiten Maihälfte (Pfingsten) fanden eine Reihe von sogenannten Landsmannschaftstreffen statt, wo unter anderem der gesamtdeutsche Minister Kaiser die Umsiedler als »Armee für die Wiedervereinigung« und als »stärkste Stütze der Bundesregierung« bezeichnete. Denn das Jahr 1953 war in der Bundesrepublik auch Bundestagswahljahr, wo die CDU die absolute Mehrheit erringen wollte und dazu die Umsiedler als Stimmvolk mobilisierte und den Antikommunismus, gefüttert mit den Ereignissen des 17. Juni, als ein hervorragendes Zugpferd ausnutzte.

Das bekam nicht nur die KPD zu spüren, über der schon das Damoklesschwert eines Verbotsprozesses schwebte und die nicht mehr in den zweiten Bundestag einziehen konnte, sondern auch die SPD. Es war das berüchtigte Wahljahr, in dem auch die SPD mit einer plumpen antiso-

zialistischen und antikommunistischen Hetze bekämpft wurde, wonach sie die Geschäfte Moskaus betreibe. Es war der berüchtigte Wahlkampf, der zum Teil mit ganz schmutzigen Mitteln gegen alle Oppositionsparteien geführt wurde. Die CDU zeigte Wahlplakate, auf denen die Fratze eines mongoloiden Sowjetsoldaten Europa in den Griff zu bekommen versuchte. Sie schienen direkt der Goebbelspropaganda aus dem Jahre 1945 entliehen zu sein. (Wer wird denn gleich an Pastor Hintzes rote Socken und Hände denken? Sie waren doch viel harmloser, wenn auch mit der gleichen Absicht gestrickt und gemalt.) Der 17. Juni paßte genau in das Wahlkonzept und hat schließlich mit seiner propagandistischen Ausnutzung nicht unwesentlich zum Wahlsieg der CDU/CSU beigetragen, die die absolute Mehrheit im Parlament erringen konnte. Die KPD kam nicht wieder in den Bundestag. Die SPD schaffte gerade einmal, den Anteil der Stimmen von 1949 zu halten. Der Antikommunismus hat ihr selbst geschadet. Mit den Rechtsaußenparteien DP (Seebohm) und BHE (Oberländer) sowie der auf ihren rechten Flügel zusammengeschmolzenen FDP bildete Adenauer nach diesen Wahlen ein wesentlich nach rechts gerücktes Kabinett, mit dem dann in der Tat in den nächsten vier Jahren alle Weichen für die endgültige Restauration der Bundesrepublik gestellt wurden. Diese Rechtskoalition hatte die verfassungsändernde Zweidrittelmehrheit im Parlament erreicht.
Die SED-Führung stand Anfang Juni, nachdem sie die Stimmung in einem Teil der Bevölkerung nicht mehr ignorieren konnte, schlicht vor der Notwendigkeit, ihre Politik zu überdenken und auch Schuldbekenntnisse abzulegen. Dabei wurde der Führung auch die Stimmung in den Betrieben bekannt, sowohl die positiv zu vermerkende, die propagandistisch weidlich ausgenutzt wurde, als auch die negative. Unter diesem Druck wurde dann auch am 9. Juni in einem Kommuniqué des Politbüros der »Neue Kurs« verkündet, in dem Überspitzungen bei der Normenbewegung zurückgenommen und die vorrangige Entwicklung der Schwerindustrie zugunsten der Konsumgüterindustrie korrigiert wurde, um den Lebensstandard der Bevölkerung unmittelbar zu erhöhen. Aber die in einigen Bereichen entstandene Unruhe war offenbar schon so weit fortgeschritten, daß die Beschwichtigungen auch mit der Parteiaktivkonferenz im Berliner Friedrichstadtpalast zumindest in Berlin nichts mehr fruchteten.

Als ich am Morgen des 17. Juni mit meiner Frau zur Arbeit fuhr, sahen wir am Bahnhof Alexanderplatz die Marschkolonnen, die sich aus Richtung Stalinallee durch die Neue Königstraße (Rathausstraße) in Richtung Leipziger Straße/Brandenburger Tor bewegten. Die roten und blauen Fahnen und Losungen, die zahlreichen Blauhemden der FDJler ließen uns zunächst Zustimmungsbezeigungen vermuten, bis wir auf dem Weg vom Bahnhof Friedrichstraße zur Redaktion (die sich damals in der Mauerstraße befand) und dem Ministerium für Aufbau (von denen Teile im heutigen Postmuseum Leipziger/Ecke Mauerstraße untergebracht waren), wo meine Frau arbeitete, dann doch merkten, daß hier etwas im Gange war, was keineswegs auf Zustimmung von Parteibeschlüssen schließen ließ, obwohl bis dahin alles friedlich verlief.

Nach einer kurzen Verständigung in der Redaktion, die nicht vollbesetzt war, weil einige Redakteure wegen Ausfalls eines Teiles der öffentlichen Verkehrsmittel die Redaktion erst am Nachmittag erreichten, ging ich mit mehreren Kollegen aus verschiedenen Abteilungen auf die Straße. Wir mengten uns unter die Demonstranten. In der Leipziger Straße, Richtung Potsdamer Platz erfuhren wir durch Gespräche, die sich zum Teil in heftigen Pro- und Kontradiskussionen entluden, daß sich zahlreiche Westberliner in die Demonstrationen gemischt hatten, die sich unverhohlen als ehemalige UGO-Mitglieder oder Mitglieder der Kampfgruppe gegen Unmenschlichkeit zu erkennen gaben und sogar entsprechende Flugblätter verteilten. Wenn das Wort Aufhetzung jemals Gültigkeit hatte, dort habe ich es wirklich persönlich erfahren. Niemand kann mir diese Erinnerung nehmen, auch wenn sie in den Ohren mancher Leute heute unangenehm, weil in ihre inzwischen verklärte Vorstellung nicht passend, klingen mag. Selbst der »Spiegel« gab die Teilnahme Westberliner Untergrundorganisationen an den Demonstrationen mit zahlreichen Einzelheiten zu. Heute gehört es zum guten Ton, z. B. am Mauermuseum des Rainer Hildebrandt am Checkpoint Charlie, auf die Rolle, die Westberliner Organisationen gespielt haben, hinzuweisen.

Auch das Eingreifen sowjetischer Truppen wurde nunmehr mit der Feststellung, es handele sich um einen von Westberlin aus gelenkten faschistischen Putschversuch, begründet. Zur gefährlichen Politisierung der Unruhen hatte nämlich auch gehört, daß beispielsweise in Halle oder Magdeburg als Kriegsverbrecher rechtmäßig verurteilte Nazis, sogar KZ-Wächterinnen aus den Gefängnissen befreit wurden, die sich sofort mit an die Spitze der Demonstrationen stellten. Alles »Arbeiterunruhen«? Alles nicht wahr? Tauchte ein Teil dieser Leute, soweit sie nicht wieder gefaßt wurden, nicht in der Bundesrepublik auf und wurde gefeiert, erhielt Renten und Entschädigungen. Alles Propaganda?

Dennoch war das Eingreifender sowjetischen Truppen natürlich eine Tragödie für die Opfer, die es dabei gab. Aber die größte Tragödie war, daß Partei und Regierung nicht allein mit den Unruhen fertig werden konnte.

Also: Entweder man sieht das alles mit objektiven Augen, und das ist schon schlimm genug, oder man benutzt es auch weiterhin als Mittel des Kalten Krieges. Wer damals mehr moralisches Recht hatte, diese Debatten auf der jeweils anderen Seite anzufachen, das müßte man einmal aufrichtig diskutieren. Statt dessen wird die Darstellung der Juni-Ereignisse von Jahr zu Jahr verzerrter, weil immer weniger Zeitzeugen in der ganzen ehemaligen DDR über diese Ereignisse, wie sie sich tatsächlich abspielten, mit diskutieren können. Das Wort haben im Augenblick nur diejenigen, die sich als Opfer verstehen oder die das Ganze überhaupt nicht mit erlebt haben. Nun will man gar Denkmäler bauen. Für viel Geld, daß eigentlich niemand hat. Wenn eines dabei die ganze Heuchelei der westdeutschen Seite entlarvt, dann ist es wohl die Tatsache, daß 1954 in der angeblich unbeteiligten Bundesrepublik der 17. Juni zum Staatsfeiertag, dem Tag der deutschen Einheit, erklärt wurde. Er hat den nicht betroffenen Westdeutschen als willkommener Zusatzurlaub gedient, mehr nicht. Den eigentlich Betroffenen im Osten hat er nichts genutzt. Wie unaufrichtig und verlogen diese ganze Angelegenheit von Bonn nur für ihre Politik ausgenutzt wurde, zeigt doch der Umstand, daß dieser »Feiertag der deutschen Einheit« in dem Moment gestrichen wurde, als man die eigentlich Betroffenen am 3. Oktober 1990 heim ins Reich geholt hatte und so angeblich die Einheit Deutschlands hergestellt war.

Natürlich änderte sich durch den 17. Juni und seine Folgen einiges auch für die DDR. Einerseits muß man bedenken, daß die Volkspolizei damals weder personell noch materiell in der Lage gewesen wäre, den Demonstranten zu begegnen. Das hing natürlich auch mit einem bestehenden Mißtrauen der sowjetischen Seite zusammen. Die Schlußfolgerung daraus waren ja bekanntlich die Verstärkung der Bewaffnung der Volkspolizei und die Aufstellung von Betriebskampfgruppen, die ähnlich, Vorkommnisse in Zukunft verhindern sollten. Das Schlimmste aber war doch wohl, daß ein bestimmter Vertrauensbonus in diese Republik als Alternative zum gefährlich heranwachsenden zweiten deutschen Staat innenpolitisch wie außenpolitisch verlorengegangen war.

Das Mißtrauen erfuhr ich in Polen, wohin mich im Spätsommer 1953 eine Reise führte, bei der ich eine westdeutsche Studiendelegation der Helmut-von-Gerlach-Gesellschaft im Auftrage der DDR-Schwestergesellschaft zu begleiten hatte. Meine alten Freunde in Warschau, die ich natürlich besuchte, gingen auch von einem faschistischen Putsch aus, und Justyna Sierp sagte zu mir: »Ich dachte, wir hätten in der DDR zuverlässige Verbündete, aber ich bin mir da nicht mehr so ganz sicher.«

Später sollte ich noch öfter auf solche Meinungen in unserem Nachbarlande stoßen, was auch manche Ungereimtheiten im Verhältnis zwischen den Verbündeten Polen und der DDR erklären mag.

Inzwischen ging die Arbeit in der Redaktion trotz allen Vorkommnissen seinen Gang, wenn es natürlich auch eine Reihe Störfaktoren gab. Aber am nächsten Tag erschien das ND zur gewohnten Zeit. Die Druckplattentransporte zur Druckerei wurden militärisch abgesichert. Ein Leitartikel kam von Herrnstadt ins Haus und erschien am 18. Juni.

Was wir zunächst nicht wissen konnten, war, daß es im Politbüro, das permanent tagte, die ersten Auseinandersetzungen um die Schuldfrage gab, bei denen es zunächst gar nicht so gut für Walter Ulbricht ausgesehen hatte. Nachdem der SED-Generalsekretär, wie wir aus heute zugänglichen Protokollen wissen, fast abgesetzt worden wäre, kamen ihm die umstürzenden Ereignisse im Führungskampf in Moskau, bei denen Berija und Malenkow gestürzt, Berija dann auch erschossen wurde, zugute. In Moskau setzte sich jene Führungsgruppe durch, die zunächst eine andere Deutschlandpolitik vertrat als Stalin und Berija. Dazu gehörten die Militärs, die die von ihnen eroberte DDR aus strategischen Gründen nicht preisgeben wollten. Die Nachfolger Stalins (Chruschtschow wie später auch Breshnew) wollten eine sozialistische DDR als Faustpfand ihrer außenpolitischen Ziele als Großmacht. Damit konnte Ulbricht zunächst seine Position behaupten. Der Aufbau der Grundlagen des Sozialismus als Voraussetzung zur Lösung der deutschen Frage, nämlich Systemüberlegenheit zu beweisen, konnte weitergehen, zunächst mit einer Tauwetterperiode, aber dann auch mit allen Spätfrostschäden.

Nachdem sich die Lage nach außen hin in der DDR und auch in Berlin etwas beruhigt hatte, tagte am 21. Juni das 14. Plenum des ZK der SED, auf dem eine erste Bilanz der Ereignisse gezogen wurde. Grotewohl erklärte, daß unter Beachtung der Erfahrungen der Kurs der DDR fortgesetzt werde. Er versprach zusätzliche soziale Leistungen und eine weitere Erhöhung des Lebensstandards. Die Parteiorganisationen wurden aufgerufen, die demokratische Diskussion über die Politik der DDR verstärkt fortzusetzen. Die Politbüromitglieder wurden verpflichtet, in verschiedenen Großbetrieben aufzutreten.

Am 30. Juni erschien im »Neuen Deutschland«, allerdings nur in der A-Ausgabe, ein Interview mit dem Justizminister, Max Fechner, in dem er sich für eine Straffreiheit für die Streikführer aussprach, da ein Streik in der DDR verfassungsgemäß sei. Nur Kriminelle und Verantwortliche für Ausschreitungen und Brandstiftungen sollten strafrechtlich zur Verantwortung gezogen werden. Natürlich schien das ein ganz neuer Ton zu sein. Herrnstadt konnte deswegen nicht konsultiert werden. Er war in einer Politbürositzung (da wurde wieder oder immer noch in Permanenz getagt, weil sich nach dem 14. Plenum die Fragen um die Führung der Partei und den Kurs weiter zugespitzt hatten). Einige Leute in der Redaktion hatten Bedenken, ob ein solches Interview in dieser Situation sinnvoll sei. Aber der zuständige Redakteur aus der Abteilung Innenpolitik hatte auf Nachfragen beim Presseamt des Ministerpräsidenten, von wo ein Exemplar direkt in die ND-Redaktion kam (ein anderes ging an ADN), die Antwort erhalten, das Interview sei von höchster Stelle abgesegnet. Dennoch erschien es nur in einer Ausgabe.

Wie das alles genau zusammenhing, ist bis heute ziemlich ungeklärt. Die Erklärungen reichen von taktischer Dummheit Fechners (der wahrscheinlich von sich aus nie ein solches Interview gegeben hätte), über gezielte Provokation aus der Führungsebene, um einige Kritiker Ulbrichts loszuwerden (wozu sowohl Fechner als auch Chefredakteur Herrnstadt zählten), bis hin zu direkter Feindarbeit. Herrnstadt kam anderntags ziemlich erschüttert in die Redaktion. Sein Stellvertreter Heinz Friedrich, den er 1952 aus Chemnitz zusammen mit Günter Kertzscher und Gerhard Kegel von der »Berliner Zeitung« in die ND-Redaktion geholt hatte, beteuerte ihm sein Unbehagen, weshalb das Interview dann in der B-Ausgabe rausgeflogen ist.

Aber von Stunde an schwebten Gefahren wie Geier über der Redaktion. Am 15. Juli wurde Fechner verhaftet. Am 24. Juli trat das 15. ZK-Plenum zusammen, das bis zum 26. Juli tagte und mit dem Beschluß endete, Herrnstadt und Zaisser wegen Kapitulantentum, Sozialdemokratismus, des Versuches, die DDR an Westdeutschland auszuliefern, und sonstigem Versagen aus dem ZK auszuschließen. Dem Beschluß war eine heftige Diskussion vorausgegangen, in der sich eine Reihe von Leuten geradezu bösartig hervorgetan hatten, um Ulbricht zu unterstützen, obwohl sie noch vor kurzem gegen ihn aufgetreten waren und später wieder gegen ihn auftraten. Wenn man heute die Protokolle darüber liest, von denen Auszüge nach der Wende an die Öffentlichkeit gerieten, empfindet man für manche dieser Leute, die man ja schließlich auch mal geachtet hatte, Scham. Was mich im nachhinein besonders erschütterte, war das Auftreten solcher Leute wie Otto Winzer, Fred Oelssner, Herbert Warnke, Paul Wandel oder auch der als Gastredner wie ein Ankläger auftretende Max Reimann, der Herrnstadt und dem »Neuen Deutschland« vorwarf, sie hätten dazu beigetragen, den Kampf der KPD in die Erfolglosigkeit zu führen.

Ich hatte schließlich, wie geschildert, auch meinen Ärger mit Herrnstadt. Ich glaube aber nie, daß er ein Verräter an der Partei und der DDR war. Er war ein widersprüchlicher Mensch, der als Journalist in die große Politik geriet, sich sicherlich dort auch wohl fühlte, wenn er auch kaum die Fähigkeiten eines Staatsmannes besaß.

Über bestimmte andere Schwächen Herrnstadts möchte ich weder urteilen noch richten wollen. Aber daß er diese Behandlung erfuhr, halte ich für nicht gerechtfertigt. Es zeigt nur, wie die Partei mit unbotmäßigen Mitgliedern, in welcher Position sie sich immer befunden haben mögen, umzugehen pflegte. Der späte Ulbricht, im Alter zu gewissen Einsichten gelangt, mußte das dann auch am eigenen Leibe erfahren. Es war also kein personengebundenes Handeln, sondern offenbar systemimmanent.

Mein persönliches Fazit: Auf der Suche nach Schuldigen für die Ereignisse des 17. Juni 1953 ist die damalige SED-Parteiführung in meinen Augen in die falsche Richtung gelaufen. Die Ereignisse waren der Ausdruck einer fehlerhaften Politik, die sich ihre Ziele nach dem Kalender und nicht nach der Lage des Bewußtseins der eigenen Bevölkerung und des Kräfteverhältnisses zu setzen versuchte. Es war der Beweis, daß sich die führende Partei damals schon von den Massen entfernt hatte, wie es Jahrzehnte später ganz deutlich wurde, dann allerdings mit einem viel weitreichenderem Ausgang. Aber es war kein Arbeiteraufstand, der die ganze DDR erfaßt hatte, wie es nun durch die zeitliche Entfernung immer verzerrter dargestellt wird.

Es ist aber vor allem wahr, daß die Situation durch das Eingreifen der kalten Krieger aus Bonn und Westberlin verschärft wurde. Darin besteht der provokatorische Charakter des 17. Juni 1953, der auch für die Geschichtsschreibung festgehalten gehört.

Es geht nicht darum, historische Vorgänge zu verkleistern. Aber zur historischen Betrachtungsweise gehört eben auch, daß man keine Schwarz-Weiß-Malerei betreibt, sondern die Dinge, wie sie geschehen sind, als Geschichte wahrnimmt. Geschichte wird nun mal in meinen Augen nicht durch eine einseitige Betrachtungsweise geschrieben, sondern nur mit Hilfe einer differenzierten Darstellung von Geschehnissen und Zusammenhängen. Die Politik der BRD hat die sozialen Unruhen in der DDR zu einer nationalen Erhebung umzufunktionieren versucht. Das ist schlicht unhistorisch.

Für die Redaktion des »Neuen Deutschlands« kam, wie man sich denken kann, das dicke Ende nach dem Sturz der sogenannten Herrnstadt-Zaisser-

Gruppe erst noch. Anfang August, Herrnstadt hatte ohne Aufsehen sein Zimmer geräumt. Heinz Friedrich, sein Stellvertreter, ein guter Kerl, aber für die Leitung dieser Zeitung zwei Nummern zu klein, wurde zunächst kommissarischer Chefredakteur, dann aber auch noch bestätigt. Wir Redakteure hatten versucht, unsere Alltagsarbeit wieder aufzunehmen, unsere eigenen Schlußfolgerungen aus den Geschehnissen zu ziehen.

Da wurde zur Auswertung des 15. Plenums des ZK der SED eine öffentliche Gesamtparteiversammlung von Redaktion und Verlag einberufen. Als Referent wurde Fred Oelssner, Mitglied des Politbüros und Sekretär für Agitation und Propaganda, angekündigt. Es wurde die längste Parteiversammlung meines Lebens. Sie dauerte von abends 18.00 bis morgens 6.00 Uhr.

Oelssner ritt eine Philippika gegen die Vergehen Herrnstadts, der ein Agent feindlicher Kräfte gewesen sei, man könne ihm zwar noch nicht beweisen, daß er Kontakt zum Westen gehabt habe, aber seine Deutschlandkonzeption sähe danach aus. Er habe es verstanden, die Redaktion als sein Werkzeug zum Sturz des Generalsekretärs zu mißbrauchen, was hier noch personelle Konsequenzen haben müsse, weil auch in der Redaktion Herrnstadts Sozialdemokratismus vertreten worden sei. Die Redaktion sei nicht wachsam gegenüber Feindeinflüssen gewesen.

In einem Fünf-Punkte-Programm umriß er die künftigen Aufgaben des Zentralorgans, die mir entfallen sind und ich auch nicht in meinen Notizen wiedergefunden habe. Ein Punkt ist mir freilich noch in Erinnerung geblieben, weil eine Reihe von besonders jüngeren Redakteuren, die ich jetzt nicht aufzählen will, zu denen ich mich aber rechnete, in der Redaktion diese Anweisung sehr ernst und zum Anlaß nahm, doch noch eine Zeitung aus dem »Neuen Deutschland« zu machen und nicht nur ein Zentralorgan. (In der DDR ging der Witz um, daß einem Mann, der in der U-Bahn das großformatige ND las, von seinem Sitznachbarn gesagt wurde, er solle sich doch mit seiner Zeitung nicht so breit machen. Darauf habe der geantwortet: Das ist keine Zeitung, das ist das Zentralorgan.)

Es ginge, nach Oelssners Worten, darum, lebendiger und massenverbundener, für die Menschen faßlicher die Ziele unserer Politik darzulegen und das Verständnis für die sozialistische Demokratie zu wecken. (Das hat dann unseren Mut, mit der Zeitung etwas zu experimentieren, auch bestärkt.)

Wir begannen mit Unterhaltungsseiten und aufgelockertem Inhalt und Graphik das Blatt zu entkrampfen und dabei gleichzeitig etwas mehr Demokratie zu wagen, indem wir mehr kritische Beiträge ins Blatt zu bringen versuchten. Ein gleicher Anlauf wurde dann noch einmal in den sechziger Jahren unternommen. Es geschah im Zusammenhang mit einer versuchten politischen Wende, die Ulbricht auf seine alten Tage einzuleiten trachtete. Wie auch er scheiterte, wird später noch eine Rolle spielen.

Was aber unmittelbar der fast dreistündigen Rede Oelssners folgte, war für mich eine beschämende Truppenschau von einer Reihe opportunistischer Leute, wie ich sie von Mitgliedern der Partei, für die ich mich einsetzte, nicht für möglich gehalten hätte. Da kam zunächst kein Wort über die eigene Haltung, zu der manche, gerade auch leitende Mitarbeiter im Hinblick auf die Vorwürfe gegen Herrnstadt und die Redaktion etwas sagen hätten müssen.

Da meldete sich gleich zu Anfang Wilhelm Girnus zu Wort, Kollegiumsmitglied, Verantwortlicher für Kultur, der beispielsweise am 17. Juni nicht zum Dienst erschienen war, weil er nicht mit seinem Auto fahren konnte, und donnerte gegen Herrnstadt, in dem er schon lange einen Feind und Agenten gesehen habe (obwohl er zu Herrnstadts 50. Geburtstag nur wenige Monate zuvor eine fast schmierig zu nennende Eloge abgelassen hatte). Da entdeckten Leute wie Emil Dusiska und Alfred Reinert (die alle ihre Verdienste haben mögen, aber die ich schließlich – im übertragenen Sinne selbstverständlich – auch in Unterhosen kennengelernt und danach für mich menschlich abgeschrieben habe), wie lange sie schon das Treiben Herrnstadts beobachtet hätten. Ihr einziger Fehler sei gewesen, Herrnstadt nicht schon früher entlarvt und bei der Partei gemeldet zu haben. Ekelhaft.

Andere, wie beispielsweise Herrnstadt-Intimus Graul, Kaderchef und Notizbuchführer über besondere Vorkommnisse, wanden sich um klare Stellungnahmen herum. Ich habe lange überlegt, ob ich reden soll. Ich hätte ja schließlich einiges sagen können, um Herrnstadt noch einen Stoß zu versetzen. Aber ich wollte mich nicht in die Reihe dieser Leute einordnen und einem Manne, der nicht nur mit einer schweren Krankheit, sondern nun auch noch politisch geschlagen war, Dreck nachwerfen. Ich habe mein Urteil über Herrnstadt.

Dennoch war für mich und sicherlich eine Reihe anderer Mitarbeiter der Redaktion hochinteressant, wie manche Genossen plötzlich über Nacht sozusagen im Laufen ihr Hemd wechseln können. Deshalb – ich greife wieder einmal vor – war das Verhalten gewisser Leute nach den Ereignissen vom 1989/90 für mich nicht so sehr überraschend. Die Partei beherbergte unter ihren 2 Millionen Mitgliedern viel opportunistischen Bodensatz, der nach der sogenannten Wende recycelt wurde oder sich selbst entsorgte.

Das auszusprechen fällt mir nicht ganz leicht. Aber mein Lebensweg und der Blick zurück, den ich immer benutzte, um für mich das Weitere nach vorn zu entscheiden, hat mir eine gewisse Menschenkenntnis eingetragen, weil in dieser Zeit verständlicherweise viele sehr unterschiedliche Menschen meinen Weg kreuzten.

Um das noch kurz zu sagen: Eine Reihe von Leuten, die als Herrnstadt-Anhänger festgelegt wurden, mußten aus dem »Neuen Deutschland« ausscheiden, fielen wie Girnus die Treppe hinauf (zunächst als Sekretär des neugebildeten Ausschusses für Deutsche Einheit, später als Staatssekretär im Ministerium für Kultur), verschwanden, wie Arne Rehahn oder Walter Graul, im sozialistischen Alltag oder wurden in andere Zeitungen versetzt, wie Rosemarie Rehahn und Margot Pfannstiel.

Das »Neue Deutschland« gab sich Mühe, den neuen Anforderungen gerecht zu werden, konnte aber insgesamt in der Interregnumszeit, mit zunächst Heinz Friedrich und später Georg Stibi als Chefredakteure, nicht recht Tritt fassen. Der eine war als Chefredakteur zu harmlos und hatte eigentlich in der Parteiführung keinen Rückhalt, der andere zu forsch. Erst als im Zusammenhang mit neuen Krisenerscheinungen 1956 der seit 1953 als 2. Sekretär in der Bezirksleitung Berlin eingesetzte ehemalige Sekretär für Agitation im ZK, Hermann Axen, zum Chefredakteur des Zentralorgans berufen wurde, darf man möglicherweise von einer neuen Etappe in der Entwicklung des Blattes sprechen.

Meine erste Begegnung mit dem Westen

Ende Oktober 1954 wurde ich eines Tages zu dem damals für westdeutsche Fragen zuständigen ZK-Sekretär Paul Verner gerufen. Nach einem kurzen Gespräch, in dem sich Verner ein wenig lobend über meine Sachkenntnis in westdeutschen Fragen äußerte, die er aus einer Reihe von Artikeln herausgelesen hätte, eröffnete er mir, daß ich in nicht offizieller Mission für etwa vier Wochen nach Frankfurt/Main fahren sollte, um den Genossen des hessischen KPD-Parteiorgans »Sozialistische Volkszeitung« beim Wahlkampf zu helfen. Die Zeitung habe Schwächen, die man sich im Wahlkampf nicht leisten könne, meinte Verner. Bei diesen Wahlen gehe es darum, die KPD wieder in den Landtag zu bringen und so das angestrebte KPD-Verbot zu erschweren.

Dazu muß ich hier nochmals daran erinnern, daß die Bundesregierung am 22. November 1951 beim Bundesverfassungsgericht Klage gegen die KPD eingereicht hatte, mit dem Ziel, die Verfassungsfeindlichkeit dieser Partei festzustellen, um sie verbieten zu können. Seit einigen Monaten war man in die Beweisaufnahme eingetreten, nachdem der erste Präsident des BVG, Prof. Höpcker-Aschoff, der als Gegner eines Verbotsprozesses galt, verstorben war. Damit war der Prozeß in eine neue Phase getreten. Das Damoklesschwert eines Verbots hing nun wieder unmittelbar über den westdeutschen Kommunisten. Dazu wird noch einiges zu sagen sein.

Natürlich war ich zunächst von dieser Offerte überrascht, denn ich hielt die »Sozialistische Volkszeitung«, die ich in der Redaktion ja zu lesen bekam, im Vergleich zu manchen Bezirkszeitungen in der DDR, für keine schlechte Zeitung. Freilich mußte man von den Schwächen absehen, die Parteizeitungen in jener Zeit generell besaßen. Aber immerhin arbeiteten dort erfahrene Journalisten, wie ich inzwischen wußte. Ich hatte sie zum Teil auf Konferenzen in Berlin kennengelernt, unter ihnen einen so alten Haudegen wie Emil Carlebach, der für mich schon eine Legende war.

Worin ich denen helfen sollte, war mir also zunächst nicht klar. Es wurde mir auch nicht klarer, als ich dann dort war. Zwar verfügte ich über eine gewisse journalistische Praxis, konnte allerdings mit Wahlkampferfahrungen aus der DDR verständlicherweise nicht gerade protzen. Andererseits war es für mich natürlich eine Art Herausforderung, den Teil Deutschlands, mit dem wir uns ja damals immer noch wiedervereinigen wollten und über den ich dauernd zu schreiben hatte, nun auch einmal persönlich kennenzulernen. Verner erteilte mir die Weisung, mich in der Westabteilung des ZK beim Genossen Spangenberg zu melden, der mir alle Einzelheiten mitteilen würde.

Spangenberg war 1949 mit Lex Ende, Sepp Schwab und anderen aus dem ND geflogen, als Herrnstadt die Chefredaktion im Zentralorgan übernahm und arbeitete nun wegen seiner immerhin vorhandenen Erfahrungen und Verdienste in dieser Abteilung des ZK. Ich kannte ihn natürlich, weil bei ihm meistens die Sitzungen der mit westdeutschen Fragen befaßten Redakteure der DDR-Medien stattfanden, in denen auftauchende Probleme besprochen wurden. Im Westen gab es ja so etwas auch. Man nannte das, wie ich später erfahren sollte, Briefings. Bei Spangenberg gab es in dieser Zeit jedenfalls noch Debatten, in denen freimütig Meinungen ausgetauscht wurden. Keine Anweisungen, wie es in späteren Jahren üblich geworden war. Spangenberg war ein Mann, mit dem ich mich immer gut verstanden habe. Manchmal schon durch Blickkontakt und auf Stichwort. Er gehörte zu den Leuten, die die Lage damals durchaus realistisch einschätzen konnten. Deshalb sagte er mir gleich, ich sollte die Sache nicht so forsch angehen und etwa den Besserwisser spielen. Die Redakteure dort seien gestandene Leute, denen man nicht erzählen müsse, wie eine Zeitung gemacht würde. Aber ich sollte versuchen, möglichst viel von der Atmosphäre mitzubekommen, was ich dann nach meiner Rückkehr sicher gut gebrauchen könnte.

Nicht zum erstenmal fiel mir auf, wie in einem so kleinen Kreis zwischen ZK-Abteilung und zuständigem Sekretär ein so großer Unterschied in Einschätzung und Auffassung herrschen kann. Ich hielt das für nicht ganz normal, weil natürlich die in der unmittelbaren Arbeit stehenden Genossen auch über Detailkenntnisse verfügten, die manche Einschätzung anders aussehen ließen als die, die dann in der Parteispitze beraten oder beschlossen wurde. Daß es also auf Dauer gut sein sollte, daß die Parteiführung die Auffassungen einzelner Fachabteilungen oder auch nur einzelner Fachleute nicht beachtete oder zumindest nicht teilte, konnte ich mir nicht vorstellen. Es war bereits zwischen der oberen und – sagen wir mal – der mittleren Ebene eine ungute Distanz im Enstehen. Das hat sich dann später in manchen Bereichen bis zur Unerträglichkeit entwickelt.

Spangenberg verriet mir auch, daß in Frankfurt bei der hessischen Landesleitung unter höchster Geheimhaltung und in strengster Illegalität ein Instrukteur aus Berlin säße, mit dem ich mich, wenn es Fragen oder Komplikationen gäbe, problemlos unterhalten könnte. Daß ich jetzt darüber so freimütig schreibe, liegt daran, daß dies ohnehin kein Geheimnis geblieben ist. Dieser Mann wechselte nach dem XX. Parteitag der KPdSU die Seiten und war dann seit 1958 als Mitglied des SPD-Ostbüros in der Pressestelle des SPD-Parteivorstandes tätig und dort für die »Betreuung« von »Ostjournalisten« zuständig. Als Fachmann gewissermaßen.

So machte ich mich Ende Oktober 1954 auf die Reise. Ausgerüstet mit etwas Geld, das, wie sich dann herausstellte, weder vorn noch hinten reichte, weil die Genossen zwar dafür sorgten, daß in den DDR-Medien ständig über Preissteigerungen in Westdeutschland berichtet wurde, sie aber – weil es jetzt konkret um Geld aus der Parteikasse ging – selbst nicht so recht daran glauben wollten. Eine Erfahrung, die ich dann später als Bonner Korrespondent auch immer wieder machen mußte. (Nun merken die Neubundesbürger nach so vielen Jahren gewisser Illusionen, daß auch bei der Westmark zwischen Geldschein und Geldwert unterschieden werden muß.)

Ich hielt damals auch zum ersten Male eine PM-12-Bescheinigung, den Ausweisersatz für Reisen nach Westdeutschland, in der Hand, ohne daß ich dafür, wie die Normalbürger, stundenlang beim Polizeirevier anstehen mußte. Das erledigte die Reisestelle bei Spangenberg. Ein Privileg also.

In Frankfurt angekommen, ging ich nun zunächst einmal in die dem Hauptbahnhof nahe gelegene Gutleutstraße, wo seinerzeit die Landesleitung der KPD Hessen und auch die Redaktion ihren Sitz hatten. Heute stehen dort die Wolkenkratzer von Banken und – bemerkenswert – auch Gewerkschaften, die jene neue Frankfurter Skyline bilden, die der Goethe- und Paulskirchenstadt zu Spitznamen wie Bankfurt oder Mainhattan verhalfen.

Die Redaktion wußte natürlich von meinem Kommen und war sichtlich gespannt darauf, wer das nun war, der ihnen »helfen« sollte. Da war Friedemann Schuster, der damalige Chefredakteur, ein Mann nur wenig älter als ich. Da sah ich auch Emil Carlebach wieder, den ich, wie gesagt, ein paarmal in Berlin getroffen hatte und der als Kommentator in der SVZ tätig war. In Wirklichkeit war er natürlich der Mann, auf den alle hörten. Angesichts seiner großen Erfahrungen (er war immerhin einer der ersten Lizenzträger der »Frankfurter Rundschau« nach dem Kriege) völlig zu Recht. Mehr übrigens – wie ich bald erfuhr – als auf die Landesleitung.

Ich kam am Vormittag an, als noch kein Druck um den Redaktionsschluß herrschte, und so konnten wir zunächst ein paar private Dinge regeln, wie beispielsweise die Unterkunftsfrage und ähnliches. Als Friedemann Schuster hörte, welche Summen mir für etwa vier Wochen zur Verfügung stünden, holte er einen mir zunächst unbekannten Redakteur und sagte ihm, er bekomme Einquartierung aus der DDR. Damit war der Fall abgetan.

Der Genosse hieß Valentin (Valli) Senger, ein, wie sich herausstellen sollte, sehr gebildeter musischer Mensch, mit einer sehr eigenen Meinung. Er hatte mit seiner jüdischen Familie unter schlimmen Bedingungen die Nazizeit in Frankfurt überlebt. Später, 1958, wurde er unter merkwürdig erscheinenden, aber damals leider üblichen Umständen als »Verräter« aus der Partei ausgeschlossen, nachdem er sich u.a. kritisch über den XX. Parteitag der KPdSU, vor allem über seine Folgen und Konsequenzen, geäußert hatte.

Die tatsächlichen Hintergründe habe ich dann nach 1990 in einem von ihm 1984 verfaßten Buch, »Kurzer Frühling«, erfahren. Dieses Buch hat mich, als ich es las, sehr betroffen gemacht, weil ich ihn gut zu kennen glaubte. Zugleich aber wurde ich beim Lesen des Buches davon erschüttert, daß Valli Senger dann bis 1973 von den westdeutschen Behörden, trotz seiner Vergangenheit wie ein Aussätziger behandelt wurde und dabei sogar in materielle Not geriet. Valli Senger ist mit seinem Schicksal, das seine Frau Irmgard mit ihm teilte, in meinen Augen ein gesamtdeutsches Opfer des Kalten Krieges. Die Täter saßen in beiden deutscher Staaten.

Das alles wußte ich freilich damals noch nicht. Es konnte auch noch keiner erahnen. Seine Frau erwähne ich deshalb, weil ich es auch hier erfuhr, daß die Frauen oft und gerade in schweren Situationen, die stärksten Stützen ihrer Männer sind. Sie war auch ohne Debatte bereit, obwohl es den Sengers materiell nicht gerade glänzend ging, mich als zeitweiligen Untermieter zu akzeptieren. Valli Senger schickte mich, weil er unter Redaktionsdruck stand und wir ohnehin verabredet hatten, daß ich am nächsten Morgen früh meinen »Dienst« antreten würde, in seine Wohnung in der Mainzer Landstraße, nachdem er mich bei seiner Frau telefonisch als Schlafburschen avisiert hatte.

Wir warteten, bis Valli abends aus der Redaktion kam. Das erste eingehende Gespräch ergab sich einfach aus der Lage. Es war ja für mich auch die erste Diskussion mit einem westdeutschen Kommunisten in seiner Privatsphäre, und ich hörte zum erstenmal in einem solchen Kreis kritische Worte über die DDR.

Ich muß einfach aus Platzgründen das, was sich in den vier Wochen meines Aufenthaltes in Frankfurt in dieser Wohnung an interessanten Diskussionen ergab, ausklinken. Nur soviel: Diese Zeit, die Redaktionsarbeit selbstverständlich inbegriffen, war eine außerordentlich lehrreiche, weil wissensfördernde Zeit, die auch für mich der Beginn einigen Nachdenkens wurde, obwohl ich heute sicherlich noch andere Schlußfolgerungen daraus ziehen würde.

In der Redaktion wurde ich am nächsten Tage in der Sitzung den Mitarbeitern als Helfer aus der DDR im Wahlkampf vorgestellt. Alle nahmen es ziemlich gelassen, nachdem ich gesagt hatte, daß ich der Redaktion nicht viel Ratschläge erteilen könnte, sondern vor allem auch journalistische Erfahrungen sammeln wolle. Ich möchte am Wahlkampf teilnehmen und darüber auch sowohl in der SVZ als auch im ND schreiben. Ich wolle zwar helfen, aber ob mir das gelingen würde, wüßte ich nicht. Mir war dabei, ehrlich gesagt, (und aus heutiger Sicht sicherlich noch mehr verständlich) nicht sehr wohl zumute. Das legte sich freilich in dem Maße, wie ich mich in das Team einfügte, freilich auch mit Vorschlägen, die sie akzeptierten, und Ratschlägen, die ich zu befolgen trachtete. Trotzdem oder gerade deshalb war dieser Wahlkampf von 1954 für mich ein bleibendes Erlebnis. Ich erfuhr Bestätigungen dessen, was ich aus der Ferne im ND z. B. über den Refaschisierungs- und Remilitarisierungsprozeß in der Bundesrepublik geschrieben hatte. Gerade in Hessen gab es damals schon zahlreiche rechte Organisationen, faschistische Wehrsportvereine und einen heftigen antifaschistischen Widerstand dagegen, wenn ich an eine Wahlversammlung der FDP in Groß-

Gerau mit ihrem Spitzenkandidaten, dem ehemaligen Nazigeneral v. Manteuffel, denke, die von linken Kräften gesprengt wurde. Wenn ich mich heute erinnere, erzürnt mich doch die auffassung bestimmter westdeutscher Kreise und vor allem der gegenwärtigen Medien, daß Neonazismus im Osten Deutschlands zu Hause und eine Folgeerscheinung der SED-Herrschaft sei. In Hessen erlebte man deutlich, daß der Übergang aus der Nazizeit zur Nachkriegszeit für gewisse Kreise ein fließender gewesen war. Das vergißt man heute, wenn man z. B. über Sachsen-Anhalt spricht.

Ich sah auch, wie die bürgerlichen lokalen Medien einerseits kritisch, ihre Pressefreiheit nützend, andererseits aber auch schönfärbend über die Lage im Lande berichteten. Ihre Abhängigkeit von den wirtschaftlich Mächtigen war damals zwar noch nicht so groß, wie das heute unübersehbar ist, aber in den Ansätzen durchaus erkennbar, was den Wandel in der Bundesrepublik deutlich macht.

Ich besuchte Wahlversammlungen aller Parteien, hörte deren Versprechen und erfuhr später, was daraus wurde. Ich stieß zum ersten Male auf den Begriff *Nach den Wahlen – Bitte zahlen* und seine Verwirklichung. Ich lernte die westdeutsche Demokratie vor Ort kennen, mit all ihren Vorzügen, aber auch mit ihren Haken und Ösen.

Ich habe in der SVZ mehrere Beiträge veröffentlicht, bei denen ich mich auch einer anderen Sprache beim Argumentieren befleißigen mußte. Insofern war es auch eine journalistische Lehrzeit. Ich habe danach immer wieder versucht, meine Schreibweise dem Leser anzupassen, mich für ihn verständlich und klar auszudrücken. Das waren freilich nie Zugeständnisse an Inhalte, die ich mit Recht zu vertreten glaubte.

Freilich hat außer den Erfahrungen, die ich gesammelt habe, mein Frankfurter Aufenthalt natürlich wenig gebracht. Die KPD kam nicht wieder in den Hessischen Landtag. Selten hat ein Spruch so überzeugend geklungen: Außer Spesen – nichts gewesen. Im nachhinein betrachtet, war diese Art der von der SED unternommenen Versuche, Einfluß auf die Entwicklung in der Bundesrepublik zu nehmen, ohnehin ein Flop. Die westdeutsche Bevölkerung war nur durch Tatsachen, nicht durch Argumentationshilfe, noch dazu von außen, zu überzeugen. Und Tatsache war eben, daß die DDR damals schon begann, ökonomisch hinter der Bundesrepublik hinterher zu hinken, von anderen Defiziten einmal ganz zu schweigen. Sie hatte schließlich auch den 17. Juni hinter sich, wenn dieses Ereignis in der BRD auch propagandistisch über Gebühr mißbraucht wurde. Bis auf den heutigen Tag , wie wir inzwischen selbst erfahren haben.

Dabei hatte sich gerade in diesem Jahr 1954 in der DDR einiges getan, das zu einer demokratischen Öffnung hätte beitragen können. Im Januar hatten die Außenminister der vier Mächte in Berlin getagt. Ein Hauptthema war die deutsche Frage, die noch immer darin bestand, einen für alle verbindlichen Friedensvertrag mit ganz Deutschland abzuschließen, so wie die Vorbereitung eines Staatsvertrages mit Österreich. Es ging auch um Fragen zur Gewährleistung der europäischen Sicherheit, ein Thema, das von der Sowjetunion aufgeworfen worden war und über zwei Jahrzehnte die europäische Politik beschäftigte, bis zum Helsinkivertrag. Übrigens auch damals zunächst als kommunistische Propaganda verteufelt, aber dann genutzt, um den Sozialismus in Europa auszuhebeln.

Natürlich ging es der Sowjetunion um die Verhinderung der westdeutschen Aufrüstung im Rahmen der NATO. Die Frage für mich ist heute: Hätte es denn die Entwicklung in Europa wirklich so negativ beeinflußt, wenn das gelungen wäre? Damals gab es sogar den Vorschlag, die UdSSR im Rahmen eines gesamteuropäischen kollektiven Sicherheitssystems in die NATO aufzunehmen, der auch abgelehnt wurde. Es gab Zugeständnisse und Kompromißvorschläge, die heute geradezu phantastisch erscheinen. Wenn sich heute die Bonner Politiker damit brüsten, daß ihre »konsequente« und unnachgiebige Politik gegenüber der Sowjetunion zum »Erfolg« geführt habe, so mag das für die nach Großmacht strebenden Kreise stimmen. Aber welches Unheil sie schon angerichtet haben und noch anrichten werden, wenn das im nächsten Jahrhundert so weitergeht, das steht auf einem anderen Blatt und hätte Europa mit Sicherheit erspart werden können. Man braucht nur einmal aufmerksam die Auslassungen des General Naumann, 1997 Chef des NATO-Militärausschusses geworden, einer der verhängnisvoll politisierenden deutschen Generäle zu verfolgen, um zu verstehen, was ich meine. In einem Interview des Berliner »Tagesspiegel« vom 13. Juli berichtete er über eine Reise nach Zentralasien (Kasachstan, Kirgistan, Usbekistan und Turmenistan), wo er »die Bereitschaft deutlich gemacht (habe), für Stabilität in Europa und an seiner Peripherie zu sorgen«. Es sei unübersehbar, »daß die Einflüsse Chinas, Rußlands und der USA aufeinandertreffen. Dies kann eine Wetterzone der Weltpolitik werden. Wir sollten daher dieser Region (mit, so Naumann an einer anderen Stelle, großen Ressourcen, besonders Wasser, aber auch Öl und Gas) mehr Aufmerksamkeit schenken. Dazu kommen starke Impulse aus dem arabischen, persischen und türkischen Raum...Wir sind gut beraten, diese für die Sicherheit und Stabilität im euro-atlantischem Raum so wichtige Region weiterhin fest im Blick zu halten.«

Im festen deutschen Blick, versteht sich. Man muß sich nur den Globus betrachten, um die Ausmaße des Naumannschen Ordnungsstrebens zwischen »euro-atlantischem Raum und Zentralasien« zu erfassen. Dahin hat sich inzwischen deutsche Großmachtpolitik wieder verirrt, die noch Unheil bringen wird, wenn sie ungehindert so weiter geht. Betrachtet man die unheilvolle Rolle, die diese deutsche Außen- und Militärpolitik nach 1990 auf dem Balkan spielt, dann begreift man, weshalb es wirklich besser gewesen wäre, diesen deutschen Moloch in den fünfziger Jahren zu zähmen, damit er nicht noch einmal Unheil über die Welt bringen kann, wie schon zweimal in diesem Jahrhundert. Und wer da denkt, daß es ihm im goetheschen Sinne gleichgültig sein kann, wenn weit hinten in Usbekistan oder Kasachstan die Völker aufeinander schlagen (möglichst mit out of area – Bundeswehrbeteiligung), hat dieses ablaufende Jahrhundert, ohne auch nur eine Lehre zu ziehen, trotz aller Leiden, von denen so gerne gesprochen wird, umsonst durchlebt.

1954 gelang es auch, zunächst durch Verhandlungen auf Anwaltsebene, später ganz offiziell mit dem Bundespresseamt und der Pressestelle des Deutschen Bundestages, die ersten DDR-Korrespondenten in Bonn zu etablieren. Vertreten waren zunächst ADN, der DDR-Rundfunk und das ND, für das als erster Dr. Gerhard Dengler nach Bonn entsandt wurde. Wir bekamen nun immerhin direkte Berichte aus Bonn, vor allem aus dem Bundestag. Das DDR-Angebot, auch westdeutsche Korrespondenten in der DDR-Hauptstadt zu akkreditieren, wurde zunächst einhellig abgelehnt, weil die Westberliner Korrespondenten der verschiedenen Medien die Aufgabe vom sicheren Westteil der Stadt aus wahrnahmen.

Zwischen Weihnachten und Neujahr 1954 nahm ich dann am letzten legalen Parteitag der KPD in Hamburg teil. Der 1. Sekretär der Partei, Max Reimann, konnte wegen eines gegen ihn erlassenen Haftbefehls (vor dem Parteiverbot!) nicht teilnehmen. So verlas Willy Mohn, den ich auch in Frankfurt kennengelernt hatte, das Referat Reimanns, der mit Paul Verner und Erich Glückauf nur fünfzig Kilometer entfernt in dem in der DDR gelegenen Grenzort Boizenburg saß, dort allabendlich die Berichte über den Tagungsverlauf entgegennahm, wo auch die wichtigsten Diskussionsbeiträge für den nächsten Tag besprochen wurden. Für mich blieb dabei einfach unverständlich, daß die KPD noch zuzeiten ihrer Legalität sich solche (und auch andere) im Grunde unverständliche Illegalitätsspiele leistete.

Ich hatte das ja schon in Frankfurt erlebt. Wollte man damit die Einmischung der SED verschleiern? Die war doch nun bekannt. Sie spielte auch schon in bereits laufenden Verbotsverfahren gegen die KPD eine Rolle. Wollte man die Illegalität üben? Dann allerdings frage ich mich jetzt natürlich um so mehr, wieso dann das Verbot viele Parteiorganisationen und Redaktionen so überrascht hat, daß der Polizei bei den überfallartigen Besetzungen der Partei- und Redaktionsgebäude nach dem 17. August 1956 noch so viel Material, z. T. auch Vermögenswerte in die Hände fallen konnte und die Parteibasis ziemlich hilflos war.

1955: Die DDR und die BRD in Moskau

Die Westmächte widersetzten sich auch der nachstalinschen Außenpolitik der UdSSR in der Deutschlandfrage, die weiterhin die gemeinsame Ausarbeitung und Unterzeichnung eines Friedensvertrages zunächst mit ganz Deutschland, dann als Variante, auch mit beiden deutschen Staaten anstrebte. Daraufhin wurde durch einen Erlaß des Obersten Sowjets im Januar 1955 der Kriegszustand mit Deutschland für beendet erklärt. Die Sowjetunion zog mit diesem Beschluß nach, weil auch die Westmächte, um die Bundesrepublik in ihr militärisches Bündnis aufnehmen zu können, bereits etwas Ähnliches verkündet hatten.

Es zeichnete sich eine neue Etappe der Deutschlandpolitik im Rahmen einer europäischen Friedensordnung ab. Noch immer kam es in Westdeutschland zu Massenkundgebungen gegen die Pariser Verträge und deren Verabschiedung durch den Deutschen Bundestag. Die Frage der Wiederbewaffnung, die bereits entschieden war, rückte mit der durch die Pariser Verträge geregelten Aufnahme der Bundesrepublik in die NATO und die westeuropäische Union in den Vordergrund vieler Überlegungen über die europäische Zukunft.

Das wird von nun an nicht nur zum Dreh- und Angelpunkt der sowjetischen Außenpolitik gegenüber Europa, sondern auch zur Kernfrage künftiger europäischer Politik überhaupt. Vor allem den kleineren europäischen Partnern wurde klar, daß mit der gleichberechtigten Aufnahme der Bundesrepublik auch wieder die Gefahr alten deutschen Politikverständnisses zur »Neuordnung Europas« auftauchen würde. Deshalb wurde in manchen Kreisen westeuropäischer Länder die Existenz der DDR billigend in Kauf genommen, weil sie eben die aufkommende Macht der BRD beschnitt. Die Hoffnungen stützten sich darauf, daß die USA als Führungsmacht in der NATO deutsche Alleingänge zügeln würden. Ein Argument, das nun zur Jahrhundertwende im Zusammenhang mit der Aufnahme ehemaliger Ostblockländer in die NATO wieder hörbar wird.

Aber 1955 wurde noch einmal vehement versucht, diesen Weg der wieder großmächtig werdenden Bundesrepublik zu blockieren. Auch hier muß zunächst nochmals die Frage erlaubt sein: Hätte man sich nicht eine andere ausgewogenere Politik der Europäer mit den USA und der UdSSR als Garantiemächte vorstellen können? Hier nun müßte auch die Frage gestellt und beantwortet werden, ob denn die sozialistischen Staaten und die kommunistischen Parteien Westeuropas nicht zu einer einheitlichen Europapolitik hätten kommen können, wozu überhaupt erst einmal eine Konzeption gesamteuropäischer Politik auf politischen, wirtschaftlichen, sozialen und kulturellen Gebiet erforderlich gewesen wäre, die nicht als Bedrohung angesehen worden wäre. Aber ernsthaft haben sich die Parteien in den sozialistischen Ländern erst sehr spät mit gesamteuropäischen Fragen befaßt. Es gab sogar bekanntlich nach dem XX. Parteitag der KPdSU heftigste Auseinandersetzungen mit dem sogenannten Eurokommunismus und der Dialogbereitschaft einzelner westeuropäischer Parteien. Ein Streit, der, wie sich heute zeigt, nicht nur sinnlos, sondern für die Gesamtentwicklung auf dem Kontinent in höchstem Grade schädlich war.

1955 begann sich die sowjetische Außenpolitik auch erstmals an den Realitäten zu orientieren. Sie nahm die Zweistaatlichkeit Deutschlands zum Anlaß, auf dieser Zweistaatlichkeit eine europäische Sicherheitspolitik aufzubauen. Sie lud auf einem etwas umständlichen, aber gewiß diplomatischen Wege Bundeskanzler Adenauer nach Moskau ein, um mit ihm die Aufnahme diplomatischer Beziehungen zu vereinbaren. (Die Einladung wurde dem westdeutschen Botschafter in Paris von seinem sowjetischen Kollegen überreicht. Insofern umständlich.) Adenauer konnte sich gegen die Einladung kaum wehren, denn es war die erste direkte Kontaktaufnahme zur östlichen Siegermacht, zu der der Kanzler der BRD offiziell eingeladen wurde.

Nachdem in Österreich am 15. Mai 1955 ein Staatsvertrag über die völlige Unabhängigkeit und Souveränität des Landes, einschließlich des Abzuges aller noch vorhandenen Besatzungstruppen abgeschlossen wurde, hatte sich Österreich zu einer immerwährenden Neutralität verpflichtet. Was davon nach dem Abtreten der Sowjetunion als einer der Signatarmächte von der Weltbühne geschehen ist und möglicherweise noch geschehen wird, steht nun leider auf einem anderen Blatt. Immerhin: Damals war es ein Signal.

Adenauer machte sich also vom 9. bis 13. September 1955 auf seine historisch gewordene Reise nach Moskau. Es war, wie ich erfuhr, auch für die sowjetischen Vertreter ein bedrückender Augenblick, als protokollgemäß nach dem Eintreffen des Bonner Kanzlers auf dem Flughafen Wnukowo, damals noch ganz weit draußen vor der Stadt gelegen, das Deutschlandlied intoniert wurde, jene Hymne, die den Eroberern halb Europas zum Schrecken der Okkupierten folgte. Ich wurde daran erinnert, als ich 1998 anläßlich der Feierlichkeiten des 3. Oktober das Gezeter über acht Takte DDR-Hymne in einem Eröffnungsmusikstück erlebte. Ob die Bayern, die sich damals demonstrativ von der offiziellen Feier fernhielten, und andere einmal daran dachten, was wohl die anderen Europäer gedacht haben, als sie nach dem Krieg nolens volens sich das Deutschlandlied bei jeder sich bietenden Gelegenheit anhören mußten. Denen ging es ja nicht um den Text der dritten, sondern der ersten Strophe, die für sie gerade unauslöschbar zu der Musik des mißbrauchten Haydn gehörte.

Ich gehörte 1955 zu dem Journalistentroß aus der DDR, noch nicht wissend, daß es für uns eigentlich auch noch um eine andere Reise gehen sollte. Immerhin kam es in Moskau auch zu einem ersten größeren internationalen Aufeinandertreffen ostdeutscher und westdeutscher Journalisten. Adenauer wurde von der damals ersten Garnitur des bundesdeutschen Journalismus begleitet. Von Henri Nannen (»Stern«) über Claus Jacobi (»Der Spiegel«), Hanns-Ulrich Kempski (»Süddeutsche Zeitung«) und Jens Feddersen (»Rhein-Ruhrzeitung«) hatte sich wirklich alles in Moskau versammelt, was Rang und Namen im westdeutschen Medienwesen hatte.

Mir gelang es, auf Grund meiner Bekanntschaft mit Ullrich Kempski, sogar an einigen Pressebriefings der Kanzlerdelegation in deren Residenz, dem Hotel »Sowjetskaja«, teilzunehmen und konnte auf diese Weise nicht nur mich, sondern auch unsere Botschaft informieren, was bei der Kanzlerdelegation angesagt war. Für die unmittelbare Berichterstattung konnte ich es freilich weniger gebrauchen, weil natürlich in Berlin nur die offiziellen Texte gefragt waren. Es wurden zwar Tageskommentare von uns verfaßt, aber die behandelten eher marginale Fragen. Dennoch öffnete sich mir ein ziemlich weites Betätigungsfeld, vor allem in Zwiegesprächen mit den Journalisten, als es am Ende der Reise so aussah, als würde Adenauer durch seine sture Haltung mit absolut leeren Händen nach Bonn zurückkehren.

Durch Heinz Stern, damals ND-Korrespondent in Moskau, mit seinen engen Beziehungen zu den sowjetischen Kollegen erfuhr ich dann am vorletzten Tag des Adenauer-Aufenthaltes, daß die sowjetische Seite bereit sein würde, Adenauer die gewünschten restlichen Kriegsgefangenen, die zumeist als verurteilte Kriegsverbrecher in der UdSSR verblieben waren, freizugeben, wenn er den diplomatischen Beziehungen zustimme. Diesen sowjetischen Informationen zufolge hatte Adenauer zunächst ohne Rücksprache mit seiner Delegation in einem Sechsaugengespräch mit Chruschtschow und Bulganin im Bolschoi-Theater (nach der beziehungsreichen Festaufführung von »Schwanensee«) schweren Herzens zugestimmt. Ich tat dann etwas, was mir sicherlich, wäre es seinerzeit herausgekommen, großen Ärger bei meinen Vorgesetzten eingetragen hätte. Ich informierte nämlich unter der Hand darüber den Chefreporter der »Süddeutschen Zeitung«, Kempski, mit der Bitte, es bis zur offiziellen Bekanntgabe für sich zu behalten (was sicherlich nicht geschah). Ich hatte mich nicht nur für seine Hilfe, an den Kanzlerbriefings teilnehmen zu können, erkenntlich zeigen wollen, sondern glaubte auch, daß es für ein damals sehr liberales Blatt, wie die SZ, wichtig wäre, vor allen anderen westdeutschen Medien informiert zu werden. Es war zugleich eine Lehre für mich, das guter Journalismus und vor allem der investigative gewissermaßen auch im Geben und Nehmen besteht. Wobei man immer davon ausgehen sollte, daß im Journalismus (im Gegensatz zu biblischen Auffassungen) Geben *und* Nehmen selig sind. Diese Erkenntnis sollte mir in meiner späteren Laufbahn noch sehr von Nutzen sein.

Am nächsten Tag gratulierte mir Kempski zu meinen eingetroffenen Vorhersagen und bat mich so nebenbei um meine Meinung zu dem Besuchsergebnis. Ich sagte ihm sinngemäß, daß dies ein erster Schritt sein könnte, ein normales Nebeneinander auch der beiden deutschen Staaten zu beginnen, denn sowohl die DDR als auch die Bundesrepublik seien dann gleichberechtigt in der sowjetischen Metropole vertreten, und es werde sicherlich nicht die letzte Hauptstadt sein, wo sich DDR- und BRD- Diplomaten treffen könnten. Dies stand dann fast wörtlich so in dem letzten Bericht Kempskis aus Moskau. Meine Überlegungen hatten sich also ein wenig ausgezahlt. Die »Süddeutsche Zeitung« wurde mit dieser Auffassung landauf, landab – natürlich auch in der DDR – zitiert. Das war damals für die Verbreitung eines DDR-Standpunktes schon mal wichtig.

Aber wir hatten uns natürlich beide getäuscht, zumindest, was den Zeitpunkt solcher Treffen, aber auch was das normale Nebeneinander anlangte, das selbst nach der Anerkennungswelle in den siebziger Jahren nicht vollzogen wurde. Denn nach der offiziellen Mitteilung der Aufnahme gegenseitiger diplomatischer Beziehungen zwischen der BRD und der UdSSR beeilte sich der Staatssekretär im Bonner Auswärtigen Amt, Hallstein, seine Doktrin zu erweitern, daß nämlich jedes andere Land, daß die DDR diplomatisch anerkenne, mit dem Abbruch der Beziehung seitens der Bundesrepublik abgestraft würde.

Die Hallsteindoktrin über den Alleinvertretungsanspruch für alle Deutschen wurde dann 1958 erstmals angewandt, als Jugoslawien die DDR diplomatisch anerkannte (als erstes Land außerhalb des sogenannten Ostblocks), bedrohte dann noch jahrelang jede Normalisierung der internationalen Beziehungen, wurde dann zwar in den siebziger Jahren durchlöchert, aber nie ganz aufgehoben, wie manche sogenannte Rechtspositionen, mit denen die Bundesrepublik dann 1990 ihren DDR-Coup auch völkerrechtlich unbeanstandet landen konnte.

Wir DDR-Journalisten packten nach der Abreise Adenauers schon unsere Sachen, da wurden wir bei unserem Vorhaben von der DDR-Botschaft gestoppt. Ziemlich geheimnisvoll hieß es zunächst, daß uns noch ein wichtiges Ereignis erwarte. Vier Tage später schwebte mit der ersten DDR-Lufthansa-Maschine (der Name Lufthansa mußte dann bald auf Grund eines verlorenen Rechtsstreites mit der Bundesrepublik in Interflug geändert werden) eine Regierungsdelegation unter Leitung von Ministerpräsident Otto Grotewohl auf dem Regierungsflughafen Wnukowo ein. Ziel dieser Reise war der Abschluß eines Vertrages über die Beziehungen zwischen der Deutschen Demokratischen Republik und der UdSSR. Darin wurde die volle staats- und völkerrechtliche Souveränität betont, einschließlich der vollen Entscheidungsgewalt über alle Fragen ihrer Innen- und Außenpolitik, einschließlich auch ihrer Beziehungen zur Bundesrepublik Deutschland.

Daß besonders letzteres nicht ganz so ernst gemeint war, wie es aufgeschrieben wurde, sollte sich später vor allem in der Breshnew-Ära noch zeigen.

Immerhin hatte es die Welt fortan – ob geliebt oder nicht – mit zwei deutschen Völkerrechtssubjekten zu tun, was dann besonders in den siebziger Jahren mit diplomatischer Anerkennung durch über 100 Staaten, einschließlich der westlichen Großmächte, und die Aufnahme beider deutscher Staaten in die UNO noch verfestigt wurde. Übrigens: Zum Abschluß des Staatsbesuches aus der DDR gab es wiederum im Bolschoi-Theater einen Festakt mit einer Tschaikowski-Aufführung. Es gab allerdings nicht wie bei Adenauer »Schwanensee«, sondern »Dornröschen«. Erkennbar, daß die nachstalinsche Sowjetführung über eine gewisse Portion Humor verfügte.

Mit dem Jahre 1955 hatte sich also einiges geändert. Freilich nicht die starre Haltung der Bundesrepublik, die zum Beispiel im Sommer die Lieferungen von Eisenerzeugnissen im Rahmen des Interzonenhandelsabkommens in die DDR plötzlich stoppte. Angeblich waren Schulden nicht rechtzeitig bezahlt worden, was angesichts eines DDR-Aktivsaldos von 18 Mill. Verrechnungseinheiten natürlich nur ein Vorwand für die weitere Störung der DDR-Wirtschaft war. Ich erwähne das hier nur scheinbar nebenbei. Es muß nämlich immer wieder für alle DDR-Geschichtsforscher festgehalten werden, daß viele, aber eben nicht alle Probleme des Sozialismus hausgemacht waren. Der Einfluß und der Druck von außen waren unübersehbar. Sie blieben es auch bis in die achtziger Jahre und schließlich bis zum Ende der DDR.

1956 brachte dann allerdings neue internationale Konflikte und sicherlich entscheidende Probleme für den Sozialismus. Mindestens vier internationale Ereignisse standen im Mittelpunkt des Weltinteresses. Ihr Zusammenhang war unstrittig.

Da war im Februar der XX. Parteitag der KPdSU, auf dem eine Abrechnung mit der Stalinperiode erfolgte, mit weitreichenden Auswirkungen auf die internationale Arbeiterbewegung.

Da war im Juni die durch einen Streik in den Cegielski-Werken in Poznań ausgelösten Unruhen in Polen mit zahlreichen Toten, was einen Wechsel in der Polnischen Parteiführung mit der Rehabilitierung Gomułkas zur Folge hatte, der damals wieder 1. Sekretär des ZK der PVAP wurde.

Da war im Oktober der Aufstand in Ungarn, zu dessen Niederschlagung wieder sowjetische Truppen eingesetzt wurden, was ebenfalls einen Führungswechsel in der Partei mit sich brachte.

Dazu kam fast zeitgleich die Suez-Invasion Israels, Großbritanniens und Frankreichs, die ein sich in Ägypten gebildetes fortschrittliches Regime unter Gamal Abdel Nasser beseitigen sollte.

Die Zusammenhänge hier im einzelnen darstellen zu wollen würde zu weit führen. Sie sind im übrigen vielfach beschrieben worden. Damit ich mich allerdings nicht dem Vorwurf aussetze, unbewiesene Behauptungen aufzustellen, will ich wenigstens stichwortartig auf einige Zusammenhänge verweisen.

Der XX. Parteitag der KPdSU hat vor allem mit der Geheimrede Chruschtschows über die unglaublichen Verbrechen Stalins zu schweren Erschütterungen in der internationalen Arbeiterbewegung geführt. Vor allem in den kapitalistischen Ländern gerieten die Kommunistischen Parteien unter Druck und begannen offene Diskussionen, was natürlich auch Auswirkungen auf die Parteien in den sozialistischen Ländern hatte. Besonders in Polen, der ČSSR und Ungarn brachen Diskussionen nicht zuletzt durch alte Ressentiments gegenüber der KPdSU und der Sowjetunion überhaupt aus, über ihre »führende Rolle«, über das »Modell für den sozialistischen Aufbau«, für ein neues Verhältnis zu anderen politischen Kräften, über die Rolle einer Opposition und ähnliches. Auch in der DDR gab es solche Diskussionen, selbst innerhalb der Partei, besonders unter Intellektuellen und Studenten. Andererseits erfolgte damit auch die Preisgabe eines Teiles der Geschichte der Sowjetunion, besonders des Zweiten Weltkrieges, was am schnellsten wieder korrigiert wurde. Aber es war wie mit dem Geist in der Flasche: Einmal herausgelassen, war es eben unmöglich, ihn wieder vollständig dorthin zurück zu verbannen. Es ergab sich aber auch für die westdeutsche Geschichtsschreibung, die Möglichkeit sich von der eigenen Vergangenheit rein zu waschen. Mit dem aktuellen Wiederaufleben der Totalitarismus-Theorie wurden wichtige geschichtliche Ereignisse einseitig thematisiert und verfälscht. Das neue Geschichtsbild erlaubte es, die deutsche Kriegsschuld, die deutschen Verbrechen unter der Naziherrschaft klein zu schreiben, sie zu vertuschen und zunächst Stalin die eigentliche Schuld am Zweiten Weltkrieg zuzuschieben, was schließlich sogar auch auf Roosevelt ausgedehnt wurde. (Siehe historische Literatur von Maser bis Bavendamm.)

Nach meiner heutigen Erkenntnis war der XX. Parteitag der KPdSU, mit dem, was ihm folgte oder auch nicht folgte, ein entscheidender Einschnitt für den Sozialismus, wahrscheinlich sogar der Anfang vom Ende.

Das war nicht so, weil die Verbrechen Stalins in einer Weise aufgedeckt wurden, die es zuließ, damit den gesamten Sozialismus als »unmenschlich« zu diskreditieren, sondern weil es so schrecklich vereinfacht dargestellt wurde und letztlich auch konzeptionslos endete. Der Leichnam Stalins wurde noch mal hingerichtet, ohne daß als Lehre aus der Stalinära eine neue Konzeption für die sozialistische Entwicklung und Bewegung wenigstens andeutungsweise vorgegeben oder ausgearbeitet oder als Denkanstoß vermittelt worden wäre. Nach alter Überlieferung hätte das aus der Sowjetunion kommen können, aber wenigstens das Weiterdenken in anderen Parteien, der Versuch, die Arbeit an einem Sozialismuskonzept für die zweite Hälfte des 20. Jahrhunderts und vielleicht sogar darüber hinaus, hätte angeregt und nicht unterdrückt werden sollen. Nach dem XX. Parteitag wäre die Zeit für die Entwicklung einer neuen Sozialismuskonzeption unter den Bedingungen des Nebeneinanderbestehens zweier Gesellschaftssysteme gewesen. Das hätte die Wirtschaft, die Demokratie, d. h. die Einbeziehung der Volksmassen in den Entwicklungsprozeß und auch schon die Ökologie betroffen. Ansätze waren mit der Liberman-Diskussion über eine neue ökonomische Politik in der Sowjetunion gegeben. Sie verlief nicht nur im Sande, sondern wurde offen behindert und schließlich abgewürgt.

Statt dessen wurde kurze Zeit später der Gulaschkommunismus gepredigt. Chruschtschow setzte wenig wissenschaftlich und in völliger Verkennung des Kräfteverhältnisses Termine für das Überholen des Kapitalismus und für den Beginn des Kommunismus (XXI. Parteitag der KPdSU) fest.

Während in einigen Parteien ein gewisses Nachdenken über neue Notwendigkeiten und Möglichkeiten tatsächlich in Gang kam, um den Marxismus des 19. Jahrhunderts für das 20. und vielleicht auch schon darüber hinaus zu entwickeln, gebar das Verhalten der Sowjetführung Voluntarismus und Vulgarismus. Das wurde dann auch bis in die Breshnewzeit mit alten stalinistischen Methoden durchzusetzen versucht, weil es wieder als absolute Wahrheit verkündet wurde. Das damals notwendige neue Denken (nicht in gorbatschowschem Sinne) wurde auf Druck von Moskau auf den Index gesetzt und je nach Mentalität in den einzelnen Parteien, befolgt, oder es kam andernfalls, wie vor allem in den westeuropäischen Parteien zu einem Auseinanderdriften der als einheitlich gepriesenen Weltbewegung. Das Schlimmste, was diese nachstalinsche Periode, ausgehend von den Thesen Chruschtschows, anrichtete, war, daß man eigentlich keinen Sozialismus mehr anstrebte, sondern einen besseren Kapitalismus, dessen ungezügeltes Wachstum und Konsumdenken man einfach in die rote Fahne hüllte. Aber gerade aus dem zügellosen Wachstum sind ja die neuen und wahrscheinlich unlösbaren Widersprüche des modernen Kapitalismus entstanden. Der Kapitalismus wird vor allem an dem hemmungslos geförderten, krebsartig wuchernden Wachstum, das den Reichtum einer, gemessen an der zunehmenden Weltbevölkerung immer kleiner werdenden Minderheit und die Armut (vor allem, aber nicht nur durch Arbeitslosigkeit) einer immer größer werdenden Mehrheit nach sich zieht, letztendlich zugrunde gehen.

Aber diesen, möglicherweise in einer Katastrophe endenden Widerspruch haben schon Anfang der sechziger Jahre kluge Leute vom Club of Rome erkannt, die man gewiß nicht kommunistischer oder sozialistischer Ideen verdächtigen konnte. Aber die unbeachteten Warnungen des Clubs haben einige Entwicklungen, die zur vorausgesagten Katastrophe führen können, unumkehrbar gemacht. Seitdem haben sich übrigens weitaus mehr bürgerliche Wissenschaftler als Sozialisten, die sich besonders nach der Niederlage des europäischen Sozialismus nicht mehr trauen, Analysen zu erarbeiten, mit dem unausweichlichen Untergang des Kapitalismus beschäftigt, wenn es so weiter gehen sollte wie bisher.

Sozialisten haben statt dessen leider fast nur nach Wegen gesucht, noch mehr als der Kapitalismus zu produzieren, obwohl weder Produktionsmittel noch Produktivkräfte auf der Höhe solcher Aufgaben waren.

Man wollte den Kapitalismus auf dem von ihm gelegten Gleis überholen. Ein Ding der Unmöglichkeit von vornherein.

Es wurde einmal, vor allem von unberufener Seite, viel über die Ulbrichtlosung gespottet, die eine Zeitlang in der Öffentlichkeitsarbeit der DDR eine Rolle spielte: Der SED-Chef hatte die Aufgabe formuliert: Den Kapitalismus zu überholen, ohne ihn einzuholen.

Ich glaube heute, daß dies doch ein überlegenswerter und richtiger Ansatz war. Ob er durchsetzbar gewesen wäre angesichts der durch Parteidisziplin erzwungenen Einengung intellektueller Innovation und Kreativität, besonders dann in den siebziger und achtziger Jahren, lasse ich bewußt offen.

In der DDR gab es, wie in einigen anderen sozialistischen Ländern auch, gewisse Ansätze für ein solches neues Denken. Aber hier war der Umstand maßgeblich, daß wir, im Gegensatz zu anderen nationalbewußteren sozialistischen Ländern immer ein besonderes Verhältnis zur Sowjetunion hatten. Es war angepaßter, weil wir als deutscher Teilstaat einerseits mehr auf den zweiten deutschen Staat zu achten hatten, die nationale Frage war nicht gelöst, ja nicht einmal richtig ausformuliert, während andere sozialistische Länder über den Begriff der Nation überhaupt nicht – weder historisch noch aktuell – streiten mußten. Andererseits freilich befanden wir uns als doch wirtschaftlich abhängiger deutscher Teilstaat in einer besonderen Abhängigkeit von der (Besatzungsmacht) Sowjetunion. Die Botschafter der UdSSR in der DDR spielten eine andere Rolle, als es diplomatischen Vertretern gemeinhin zukommt. Vor allem, wenn ich an Puschkin, Perwuchin und Abrassimow denke.

Die SED-Führung hatte sich nach dem XX. Parteitag der KPdSU schwergetan, hauptsächlich, was seine Enthüllungen über Stalin anlangt. Das hatte natürlich mehrere Gründe, die man bei Einschätzungen zumindest im Auge haben muß, wenn man sie auch nicht teilen mag. Stalin hatte im Gegensatz zu seinen Nachfolgern eine ziemlich klare Konzeption für den sozialistischen Aufbau in der UdSSR. Er war vor allem durch äußere Umstände gezwungen (Bürgerkrieg und Intervention, faschistische Bedrohung und Krieg, den er gewinnen wollte und gewonnen hat) immer eine Art Militärsozialismus zu praktizieren. Vielen älteren DDR-Bürgern ist vielleicht noch der Streit, wer denn nun Vorrang haben müsse beim sozialistischen Aufbau: Die Abteilung A (Grundstoff- und Produktionsmittelindustrie = auch Rüstungsindustrie oder die Abteilung B (Konsumgüterindustrie). Daraus entstand dann natürlich auch die viel beklagte Kommandowirtschaft. Aus dieser Stalinschen Konzeption sind – neben anderen Faktoren – auch die Exzesse zu erklären, die heute, besonders von den etwas beschränkten Vereinfachern immer als der einzige Auswuchs stalinscher Politik angesehen werden. Aber es war nun mal so, daß in der DDR in der Person Stalins zunächst der Befreier vom Faschismus, dann der »Theoretiker« des Marxismus beim Aufbau des Sozialismus gesehen wurde, weil es ja kein anderes Beispiel gab. Sich vom Beispiel loszusagen wäre damals verheerend gewesen. Dabei wiederhole ich nochmals: Nach dem XX. Parteitag, wo das Idol vom Sockel stürzte, hätte es die Möglichkeit schon eher gegeben. Aber vierzig Jahre später sind die Enkel natürlich klüger als die Großväter. Dabei habe ich eine Lebenserfahrung einzubringen. Ich habe Achtung vor Menschen, die über ein großes Wissen verfügen. Ich habe meine Zweifel, wenn manche Leute auftreten, als wüßten sie alles. Und Leute, die glauben, alles besser zu wissen, meide ich nach Möglichkeit. Sie sind in Wahrheit dumm und gefährlich. Ich hatte in den siebziger Jahren, worauf ich in anderem Zusammenhang noch zurückkommen werde, ziemlich gute, auch persönliche Beziehungen zu dem Physiker Prof. Max Steenbeck, langjähriger Vorsitzender des vom Staatsrat berufenen DDR-Forschungsrates. Der hat mir einmal seine überragende Klugheit mit dem von ihm geprägten Satz bewiesen: »Die größte Freiheit, die ich mir nehme, ist, in einer bestimmten Situation auf bestimmte Fragen zu antworten: Das weiß ich nicht!«

Um wieder auf 1956 zu kommen: Nach langen Diskussionen glaubte die SED-Führung es sich nicht leisten zu können (sie war übrigens in dieser Frage auch wieder gespalten, und brachte Bauernopfer – Schirdewan, Oelssner u. a.), angesichts des Einflusses besonders der westdeutschen Massenmedien, die Geheimrede Chruschtschows weiter geheimzuhalten. Man einigte sich zunächst auf eine parteiinterne Information. Der faule Kompromiß zwischen Totschweigen und Veröffentlichen lautete: Mundfunk.

Ich habe in späteren Jahren (während und nach meiner Bonner Korrespondentenzeit – immer wenn sich Gelegenheit bot) mit einer Reihe von Mitgliedern der SED-Parteiführung Debatten darüber geführt, wie wichtig gerade in unserer Lage eine offenere Informationspolitik wäre. Aber der etwas beschränkte Standpunkt, wir müssen nicht alles sagen, was zu überflüssigen Diskussionen führen könnte, war nicht nur ausgesprochen dumm und zeugte von wenig Selbstbewußtsein, sondern war auch ein Beweis dafür, daß man die eigene Bevölkerung für beschränkt hielt und man den Einfluß der Propaganda der anderen Seite sträflich unterschätzte. Es war vor allem deshalb eine gefährliche Haltung, weil ja die andere Seite zur Tatsachenvermittlung, die übrigens auch nicht lükkenlos war und bewußt bestimmte Dinge verschwieg, auch die Argumentation lieferte, die natürlich in den Köpfen der Leute hängenblieb. Obwohl der eine oder andere Gesprächspartner die bequeme Antwort parat hatte: *Im Grunde hast Du recht, aber ...*, änderte sich trotz mannigfacher Versuche grundsätzlich nie etwas an der fatalen Informationspolitik in der DDR. Im Gegenteil. Es wurde besonders verschlimmert, wenn ich an die achtziger Jahre denke.

Natürlich hat auch immer die andere Seite versucht, ihren ideologischen und in einer Reihe von Fällen auch materiellen Einfluß geltend zu machen. Aber damit mußte man im Kalten Krieg rechnen. Wir haben es doch im Umkehrfalle auch versucht.

Ganz deutlich wurde die Einflußnahme von außen im Falle Ungarn. Hier traten Emigranten, die vor allem in der Bundesrepublik Zuflucht und entsprechende Möglichkeiten erhalten hatten, besonders stark in Erscheinung. Von den übriggebliebenen Führern der Horthy-nahen alten stockreaktionären Partei der kleinen Landwirte (übrigens heute wieder legal am Werke) bis zum damals abgehalfterten k. u. k.-Thronfolger Otto von Habsburg, der in der Bundesrepublik offiziell CSU-Mitglied und deren Abgeordneter im Europaparlament werden konnte, mischten sich alle, die den Lauf der Geschichte zurückdrehen wollten, in die Angelegenheiten oft direkt vor Ort ein. Jene blutigen Szenen der Konterrevolution, noch vor dem sowjetischen Eingreifen, kamen häufig unter direkter Beteiligung solcher Kräfte zustande. Man mag heute streiten, ob es nicht ein gutes Recht sei, als Emigrant in Auseinandersetzungen in der Heimat einzugreifen. Zumindest von sowjetischer Seite wurde es als Einmischung in sozialistische Angelegenheiten eines Verbündeten angesehen, womit sie ihr Eingreifens rechtfertigte. Ob es für Ungarn letzten Endes gut war, daß auf seinem Territorium eine bewaffnete Auseinandersetzung dieser Art stattfand und ob es gut bleibt, daß sich dann rund dreißig Jahre später die Kräfte durchsetzten, die damals schon um die alten Machtverhältnisse kämpften, ist noch nicht erwiesen. Besonders da jetzt nach den Wahlen von 1998 rechte Parteien das Land ins nächste Jahrhundert führen werden. Die immer nach vorn offene Geschichte wird noch zeigen, wie das ausgeht.

Was aber auch für das Jahr 1956 unstrittig ist, das war der Versuch der alten Kolonialmächte Großbritannien und Frankreich, gemeinsam mit dem antiarabischen Israel, gerade erst geschaffene Tatsachen in Ägypten, den Versuch durch die Verstaatlichung des Suezkanals einen national-unabhängigen Kurs auch durchsetzen zu können, im Schatten der Ungarnereignisse durch eine offene und blutige Aggression wieder rückgängig zu machen. Man hoffte, die Sowjetunion sei mit Ungarn nicht nur beschäftigt, sondern auch zu diskreditiert, als daß sie in die übrige Weltpolitik noch eingreifen könnte. Zum erstenmal nach dem Zweiten Weltkrieg zeigte sie dann allerdings ihre weltmachtpolitische Rolle, als sie Engländern, Franzosen und Israelis mit ihrem Raketenarsenal drohte, wenn sie nicht umgehend die Aggression gegen Ägypten einstellen würden. Hier trafen sich, nebenbei gesagt, auch zum ersten Male im Kalten Krieg übergeordnete Interessen der USA und der Sowjetunion, die gemeinsam ihre Rolle als Supermächte demonstrierten und die Beendigung der Dreieraggression stoppten. Den USA war das in ihrem Interesse, nämlich im Nahen Osten anstelle der alten Kolonialmächte Fuß zu fassen, auch wichtiger als Ungarn, das für sie – zumindest zum damaligen Zeitpunkt uninteressant war.

In der Bundesrepublik fielen diese Ereignisse in die Zeit höchster antikommunistischer Aktivitäten. Die Ereignisse in Ungarn und Polen stachelten die Politiker und Medien an, den aus der Nazizeit niemals überwundenen Antikommunismus durch das lange angestrebte und im August 1956 dann endlich zustande gebrachte, undemokratische KPD-Verbot zu rechtfertigen. Neben dem damals noch faschistischen Spanien und Portugal, neben der in Demokratiefragen bis heute umstrittenen Türkei und dem derzeit von den schwarzen Obristen diktatorisch verwalteten Griechenland war die Bundesrepublik danach das einzige europäische Land, in dem die Kommunistische Partei verboten war.

Als Korrespondent in Bonn

1956 hatte sich auch, wie schon angedeutet, einiges in der Redaktion des »Neuen Deutschlands« verändert. Hermann Axen, früherer Sekretär für Agitation im ZK und zuletzt 2. Sekretär der Berliner SED-Bezirksleitung, war zum Chefredakteur berufen worden und schuf sich durch die Hereinnahme von Journalisten und Nichtjournalisten ein neues Redaktionskollegium. Diese Entwicklung versprach, daß es zu einer Wende nach der de facto Interregnumszeit seit der Herrnstadt-Ära kommen könnte, was sich teilweise auch bewahrheitete. Eine Reihe von »Jungtürken«, die es in der Redaktion natürlich gab, nahm auf Axen einen gewissen Einfluß, was auch mit seinen Intentionen übereinstimmte, aus dem trotz aller Neuerungen nach 1953 weiterhin faden Blatt eine massenwirksame Zeitung zu machen. Das war so einfach nicht, und es bedurfte mehrerer Ansätze, bis sich Erfolge zu zeigen schienen, die aber im Zusammenhang mit den Ereignissen von 1968, über die noch zu reden sein wird, dann endgültig scheiterten. Eberhard Heinrich, der bisherige Leiter der westdeutschen oder wie sie damals noch hieß, gesamtdeutschen Abteilung, war ins Kollegium berufen worden und fortan als Redaktionssekretär tätig. In der Leitung der Abteilung Westdeutsche Fragen wurde ich sein Nachfolger. Meine auf einer Reihe von Reisen erworbenen Sachkenntnisse über die Bundesrepublik hatten wohl dazu beigetragen, ebenso wie meine Zugehörigkeit zu jenem Kreis, der aus dem »Organ« eine Zeitung machen wollte.

Im Herbst 1958 war es dann, daß mich Hermann Axen zu sich rief und mir den Vorschlag unterbreitete, als Korrespondent nach Bonn zu gehen und damit Dr. Gerhard Dengler nach fast vierjähriger Tätigkeit abzulösen. Wie sich jeder denken kann, war das natürlich eine ungeheuer reizvolle Aufgabe. Mir kam zusätzlich ein »astreiner« Lebenslauf zugute. Ich entstammte einer Arbeiterfamilie, einer kommunistischen obendrein. Keine Westverwandtschaft ersten oder zweiten Grades. Familienverhältnisse gesittet und geordnet. Ehefrau auch Parteimitglied, unsere beiden Kinder würden weiter in der DDR zur Schule gehen usw.

Freilich ging es nicht ohne Ermahnungen ab: Erstens, mich nicht allzusehr vom Westen beeindrucken zu lassen. (Eine etwas überflüssige Bemerkung, weil ich schon ein paarmal in der Bundesrepublik geweilt hatte und ein ziemliches genaues Bild von ihr hatte. Ich war nach meinen Aufenthalten 1954 im Jahre 1956 mit Redaktionsmitglied Heinz Schliffke nach dem KPD-Verbot kreuz und quer zwei Wochen lang durch die Bundesrepublik gefahren. Ich war 1957 kurz vor den Bundestagswahlen mit dem Leiter der Propagandaredaktion im ND, Willi Siebenmorgen, im zweiten deutschen Staat, wobei wir das erste Mal festgenommen wurden und ich eine bundesdeutsche Polizeiarrestzelle in Helmstedt von innen zu Gesicht bekam.) Zweite Ermahnung Axens: Immer so berichten, daß es parteilich bleibt, aber bundesdeutsche Gesetze nicht verletzt. Ein Ratschlag, über dessen Inhalt man lange grübeln könnte. Na gut. Und als Drittes kam hinzu, daß ich die DDR immer würdig zu vertreten hätte.

Derart vergattert nahm ich die Vorbereitungen für meinen Einsatz auf. Während der Behördenweg – vom notwendigen Beschluß des Sekretariats des ZK bis zu Paßformalitäten – langsam, aber dann ziemlich sicher beschritten wurde, fuhr ich mit meiner Frau zur Besichtigung unseres – zumindest für einige Zeit – künftigen Wohn- und Arbeitssitzes. Gerhard Dengler und seine Frau, wir kannten uns selbstverständlich schon lange, wiesen uns ein, erklärten uns die Arbeits- und Lebensumstände, kurz – es geschah alles, was man normalerweise zu tun hat, wenn man jemanden auf seinem Arbeitsplatz ablöst. Ich lernte auch meine künftigen Arbeitskollegen, Erich Böhm und Werner Görne vom ADN sowie Helmut Edelhoff vom Staatlichen Rundkomitee, kennen, die schon seit längerer Zeit mit dem ND-Korrespondenten die DDR in Bonn vertraten. Es war klar, daß wir uns während der Zeit immer als ein Team betrachteten, wobei jeder für sich arbeitete und es trotzdem viele Gemeinsamkeiten gab.

Meine eigentliche Arbeit begann mit einem Paukenschlag, der eine neue politische Etappe in den deutsch-deutschen Beziehungen und der internationalen Politik einleitete. Meine erste Pressekonferenz, die ich als frisches Mitglied der Bundespressekonferenz e. V. (Veranstalterin von Regierungspressekonferenzen und wichtig für einen Berechtigungsnachweis, an Parlamentssitzungen auf der Pressetribüne teilzunehmen) durchzustehen hatte, war jene, auf der die Bonner Regierung erstmals zu der gerade veröffentlichten Note der Sowjetregierung zur Westberlinfrage mit dem Vorschlag, Westberlin zu einer Freien Stadt zu erklären, Stellung nahm. Diese Note leitete bekanntlich die sogenannte Berlinkrise ein, die am 13. August 1961 mit dem Mauerbau zunächst abgeschlossen wurde. Damit wurde dann auch das Ende meiner Korrespondentenarbeit eingeleitet, weil die Bundespressekonferenz nach unserer Weigerung, als DDR-Korrespondenten den Mauerbau zu verurteilen, uns aus dem Gremium ausschloß. (Aber man soll ja nicht über seine Arbeit mit ihrem Ende beginnen, weshalb ich darauf später nochmals ausführlich zurückkomme.)

Immerhin lernte ich gleich einmal das Funktionieren des Systems der Pressekonferenzen kennen, wo Informationen mit sprachregelnden Kommentaren versehen wurden, mit denen man freilich anfangen konnte, was man wollte. Es herrschte ja Pressefreiheit. Ich habe freilich auch während meiner Tätigkeit Fälle erlebt, wo Leute, die eben diese Freiheit nutzten, dann plötzlich abgelöst wurden. Weshalb das nicht oft geschah (Artikel 5, Abs. 1 GG: »Eine Zensur findet nicht statt«), hängt damit zusammen, daß für Westjournalisten der Bonner Korrespondentenposten lukrativ und für die Karriere förderlich war. Vorauseilender Gehorsam und redaktionelle Weisungsgebundenheit fand eben nicht nur in der DDR statt.

Im übrigen muß ich sagen, daß ich viele hochinteressante Pressekonferenzen erlebt habe, viele Fragen zur deutsch-deutschen Politik gestellt habe, mit den unterschiedlichsten Antworten bedacht wurde und auch hier sehr viel lernen konnte, zum Beispiel, was man von Regierungsseite sagt und was man nicht sagt, wie Verlautbarungen entstehen und wie man scheinbar alle Medien in der Informationspolitik gleich zu behandeln versucht. Nur daß es auch hier Leute gab, die gleicher waren als andere. Ich bekam sehr schnell heraus, daß manche Journalistenkollegen besser und eher informiert waren als andere. Für einen kleinen ausgewählten Kreis gab es regelmäßig sogenannte Teestunden im Kanzleramt, wo etwas mehr aus dem Nähkästchen geplaudert wurde als vor der grauen Masse der ansonsten bunten Provinzpresse.

Das erste, was ich also tat, nachdem klar war, daß ich nie zum Tee beim Kanzler eingeladen würde, bestand im Aufbau einer Art eigenen Informationssystems, in das ich nach und nach Bundestagsabgeordnete, Regierungsbeamte, Wirtschaftsbosse, nicht zuletzt auch informierte in- und ausländische Journalistenkollegen einschloß. Sehr behilflich dabei waren Freunde, die für die sowjetischen Medien berichteten oder auch Freunde aus Polen, der ČSSR, ja sogar (zum Entsetzen meiner Berliner Vorgesetzen) aus China und Jugoslawien (für uns damals politische Terra incognita), mit denen mich oft ein freundschaftliches Verhältnis verband. Schließlich hielt ich kollegiale Kontakte zu Korrespondenten der westdeutschen Medien. Zu einigen hatten diese Kontakte bereits in Moskau begonnen, mit anderen hielten die Verbindungen auch nach dem Ende meiner Bonner Tätigkeit, als ich wieder in Berlin war. Ich habe mich einfach geweigert, Tabuzonen zu schaffen, wie offiziell gern gesehen worden wäre. Aber meine, vielleicht doch ein bißchen erfolgreiche Arbeit, der Nutzen, der manchmal durch meine Verbindungen heraussprang, hat die Oberen in Berlin, die oft ein wenig mißtrauisch waren und mir auch einige Aktivitäten untersagten, meist ein Auge zudrücken lassen. Aber auch die westdeutschen Stellen und journalistischen Kollegen ließen uns gern links liegen. Wir spielten eben nicht in ihrer Liga.

Ich erwähne dies, weil ich glaube, daß wenn damals schon ein entkrampfteres Verhältnis zwischen Journalisten und auch Politikern in beiden deutschen Staaten bestanden hätte, jetzt manche Häme zwischen Ossis und Wessis und deren Widerspiegelung in den Medien nicht notwendig wäre, vielleicht auch nicht denkbar.

Sehr hilfreich war auch der damalige sowjetische Botschafter Smirnow, zu dem ein über das Maß normaler Beziehungen zwischen einem Journalisten und dem Botschafter eines anderen Landes hinausgehendes, herzliches Verhältnis bestand.

Das alles hat mir meine Arbeit in Bonn erleichtert, denn die Bundespressekonferenz wurde als Informationsmittel auf Grund zunehmender Ostblockpräsenz immer dürftiger. Offizielle Erklärungen wurden damals schon zunehmend nichtssagender, aber es gab der ganzen Sache eben den Hauch von pressefreundlichem und pressefreiheitlichem Flair. Und ehrlich gesagt: Das alles hätte sich die DDR auch leisten können, worauf ich nach meiner Tätigkeit oft genug hingewiesen habe, besonders als dann in den siebziger Jahren westliche Korrespondenten in der DDR-Hauptstadt akkreditiert waren. Weil sie nicht mit Informationen gefüttert wurden, holten sie sich diese eben auf der freien Weise. Schließlich habe ich das auch so gemacht. Aber die DDR hat auf diesem Gebiet bis 1989 niemals ihre Chance genutzt.

Natürlich suchten im Laufe der Zeit ebenso westdeutsche Kollegen das Gespräch mit uns DDR-Leuten, manchmal besonders mit dem Vertreter des ND. Das hing sicherlich weniger mit der Person zusammen, als mit der Funktion und Rolle seiner Zeitung, die eben doch als Organ der damals führenden Partei, selbst wenn das heute keiner mehr wahrhaben will, auch außerhalb der DDR-Grenzen als wichtige Quelle über die DDR-Politik geschätzt wurde. Freilich *über*schätzten die Kollegen oftmals mein Intimwissen, was mich dazu brachte, des öfteren nach Berlin zu fahren, um mich bei Axen oder den zu jener Zeit für Agitation zuständigen ZK-Sekretär Albert Norden oder das für die »Westarbeit« zuständige Politbüromitglied Hermann Matern über Hintergründe bestimmter politischer Äußerungen und Maßnahmen zu befragen. Das versetzte mich dann schon manchmal in die Lage, die Kollegen von der anderen Seite mit Informationen oder doch wenigstens Argumentationen zu versehen, die für sie von Nutzen sein konnten. Meine Auffassungen wurden auf diese Weise auch ein wenig gefragt, wie schon 1955 in Moskau bei Ulrich Kempski von der »Süddeutschen Zeitung«. Apropos »Süddeutsche Zeitung«: Der damalige Vertreter der SZ in Bonn hieß Dieter Schröder, der nachmalige Chefredakteur des Blattes und nach der Rückwende in der DDR zweiter Herausgeber der »Berliner Zeitung«. Ich berufe mich zwar ungern auf Manfred Krug, aber der hätte ihn sicherlich zurecht der Brigade zugeordnet, welche die tiefen Teller nicht erfunden hat.

Aber im Prinzip bestand das Geschäft an der Nachrichtenbörse, in das ich mich bei mancher Distanz einzuordnen hatte, im Geben und Nehmen. Man mußte es lernen und zu handhaben verstehen. Aber darüber habe ich schon im Zusammenhang mit Moskau 1955 gesprochen.

Der politisch spektakuläre Beginn meiner Tätigkeit, die sowjetische Note zu Westberlin, erwies sich freilich als eine weitreichende Maßnahme, die die deutsch-deutschen Beziehungen, wie überhaupt auch die internationale Deutschlandpolitik in Bewegung brachten. Schon am 10. Januar 1959 folgte ein Vorschlag der Sowjetunion an die Regierungen der drei Westmächte und diesmal auch an die Regierungen der beiden deutschen Staaten, mit Deutschland einen Friedensvertrag abzuschließen. In dem der Note beigefügten Entwurf eines solchen Vertrages wird nicht nur auf die Festlegungen des Potsdamer Abkommens von 1945 zurückgegriffen, sondern auch auf die Vorschläge, die in den 1952 (Stalin-Note) vorgelegten Grundsätzen enthalten waren. Dabei wird ausdrücklich betont, daß auch die Entwicklung auf deutschem Boden seit 1945 (Entstehung zweier deutscher Staaten) berücksichtigt werden müsse. Im Klartext hieß das, entweder Abschluß eines solchen Friedensvertrages mit jedem der beiden deutschen Staaten, was von Bonn sofort und ausgerechnet mit den Hinweis abgelehnt wurde, daß dies die Spaltung vertiefen würde, oder es kommt zu einer Einigung der beiden deutschen Staaten, dann könne auch mit einem, wie immer geeinten Deutschland ein solcher Vertrag abgeschlossen werden. Das wurde wiederum von Bonn mit dem Hinweis auf den Alleinvertretungsanspruch und die Nichtanerkennung der DDR abgelehnt, von der DDR eine Woche später mit dem erneuten, bereits 1957 erstmals unterbreiteten Vorschlag zur Bildung einer Gesamtdeutschen Konföderation beantwortet. Gleichzeitig schlug die Sowjetunion vor, spätestens in zwei Monaten eine Viermächtekonferenz über diese Frage unter Hinzuziehung von Vertretern beider deutscher Staaten einzuberufen.

Ich erinnere mich des Wirbels, den diese Note, die in Wirklichkeit schon ein wenig von dem Berlin-Ultimatum vom November abrückte, in Bonn auslöste. Adenauer selbst versuchte auf einer live vom Fernsehen übertragenen Pressekonferenz die Haltung Bonns zu begründen. Er hat das nie wieder gemacht, denn ausgerechnet der ND-Korrespondent brachte den sonst als schlagfertig bekannten Bundeskanzler zum verlegenen Schweigen, als er von mir gefragt wurde, warum er sich eigentlich so beharrlich weigere, mit der gegenwärtigen DDR-Regierung über das Problem zu sprechen, wenn er doch der Auffassung sei (er hatte das in seinem Statement betont), daß ein Friedensvertrag nur mit einem einheitlichen Deutschland abgeschlossen werden könne, daß aber nun mal zwei deutsche Staaten auf der Welt seien. Das gesammelte Schweigen des Konrad Adenauer fand bei laufenden Kameras statt. Nach den Schrecksekunden sprang ihm sein getreuer Eckardt bei, der damalige Chef des Bundespresseamtes, und erklärte, der Bundeskanzler habe wohl die Frage nicht richtig verstanden und erteilte einem nächsten Fragesteller das Wort.

Ich erhielt das Wort zur Erläuterung meiner Frage an diesem Tage nicht mehr. Nachher kamen zahlreiche Journalisten, vor allem der internationalen westlichen Presse zu mir und gratulierten mir, weil sie das erste Mal erlebt hätten, daß der Kanzler auf eine Frage keine Antwort gewußt hätte. Und das vor laufenden Kameras. Die Story über den ostdeutschen Journalisten, der Adenauer kontert, konnte man anderntags in zahlreichen Zeitungen, von der »New York Times« bis zu »Le Monde«, nachlesen. Der Bekanntheitsgrad, den ich damit erreichte, kam mir dann noch oft zustatten.

Um zum Ernst der Politik zurückzukehren: Das Thema, die deutsche Frage mit Hilfe eines Friedensvertrages nun endlich zu lösen, war in Bewegung geraten und beherrschte mindestens das ganze Jahr 1959. Sollte es in der DDR-Führung Leute gegeben haben, die, wie 1952 Angst vor der sowjetischen Courage hatten (und ich glaube schon, daß es wieder welche gab), so konnten sie sich auch diesmal erneut auf die Starrköpfigkeit der Bonner Politik verlassen: Die Entwicklung zum Machtdenken war bereits so weit fortgeschritten, daß es ohne grundlegende Änderung der Bonner Politik nicht zu einer Lösung kommen würde. Das wäre vielleicht in den sechziger Jahren noch einmal möglich gewesen, aber da waren die Verhältnisse schon wieder ganz anders.

Die Westmächte konnten sich den sowjetischen Vorschlägen, gegen die zwar in der offiziellen und offiziösen Bundesrepublik Sturm gelaufen wurde, die aber einen breiten nationalen und internationalen Widerhall fanden, nicht mehr entziehen. So kam es dann zu der berühmten Genfer Außenministerkonferenz mit der erstmaligen Teilnahme von den Außenministern beider deutscher Staaten. Die Konferenz begann am 11. Mai und beendete ihre erste Sitzungsphase am 20. Juni ohne Ergebnis, mit der Maßgabe, noch einmal eine Denkpause einzulegen.

Das Treffen wurde dann am 13. Juli fortgesetzt und endete endgültig und so gut wie ergebnislos am 5. August. An der zweiten Phase nahm ich dann, aus Bonn gerufen, als Berichterstatter des »Neuen Deutschlands« teil. Es war der berühmte heiße Sommer, jeder wartete auf den »Tag, als der Regen kam«. Georg Krausz, der mit Heinz Stern über die erste Etappe berichtet hatte, stand die Tortur gesundheitlich nicht durch. Mit Heinz Stern gab es dann noch Ärger, weil er »geheime taktische Pläne der sowjetischen Delegation«, die er durch seine guten Beziehungen erfahren hatte, in einem Beitrag für das ND ausplauderte. Am nächsten Morgen war der Teufel los, und er mußte seine Koffer packen. So abenteuerlich, aber auch gefährlich konnte das Journalistenleben in jener Zeit sein.

Auch in der großen Politik schien manches anders zu laufen, als sich die kalten Krieger aus Bonn nach dem faktischen Scheitern der Genfer Konferenz (einziger Erfolg war ein Schritt zur internationalen Anerkennung der DDR durch die offizielle Teilnahme) erhofft hatten. Zumindest die beiden Supermächte schienen einander näherkommen zu wollen, denn USA-Präsident Eisenhower hatte nach Genf Nikita Chruschtschow zu einem zweiwöchigen Besuch in die USA eingeladen, der mit dem

Treffen und losen Vereinbarungen über Abrüstung und Verbesserung der bilateralen Beziehungen auch auf wirtschaftlichem Gebiet in Camp David endete, dessen Geist dann jahrelang beschworen wurde.

Grundsätzlich wird das Leben eines Korrespondenten in einem anderen Land von ablaufenden Ereignissen bestimmt, die dort geschehen, wo er arbeitet. Der psychologische Effekt besteht für ihn darin, daß der Leser oder Zuschauer beim Lesen, Hören und Anschauen eines Berichtes überzeugt ist, daß der Korrespondent alles, was er sagt oder schreibt, vor Ort erlebt hat, es also genau wissen muß und auch in der Lage ist, hinter den Vorhang des betreffenden Ereignisses zu schauen. Der Korrespondent muß, also auch über Hintergründiges berichten, über das, was hinter den Schlagzeilen des Alltags steht, es schließlich auch in Beziehung setzen zu dem, was beim ihm zu Hause passiert. Das kann unter Umständen zum Spekulieren verführen. Ich habe mir stets Mühe gegeben, nicht in solche Spekulationen zu verfallen. Wenn ich heute sehe, wie krude manchmal Auslandskorrespondenten mit der Wahrheit umgehen, wie wenig echte Recherche und wieviel Wunschdenken hinter mancher Reportage steckt (Ich denke dabei an manche Berichterstattung über die Entwicklung in den östlichen Bundesländern oder, wenn es um Außenpolitik geht, zum Beispiel an Jugoslawien, genauer gesagt, an Serbien), dann weiß ich wie Pressefreiheit entweder mißbraucht werden kann oder aber überhaupt nicht stattfindet.

Natürlich steht der Korrespondent manchmal auch unter einem gewissen Zwang, Wünsche zu erfüllen, die ihn über die Redaktion erreichen, mit der er ja tagtäglich in Verbindung steht. Das in einen Guß zu bringen liegt am Geschick des Korrespondenten, denn alles das muß ausgewogen und objektiv geschehen, muß auch kommentiert werden, wobei dann natürlich der subjektive Faktor eine Rolle spielt.

Wäre ich im Lande X gewesen, hätte sich das alles weniger kompliziert bewerkstelligen lassen. Aber ich war nun mal ausgerechnet in Bonn. Im Zentrum des »Klassenfeindes«, was man zur damaligen Zeit ohne Anführungszeichen schrieb. Die Schwierigkeit bestand für mich persönlich darin (wie es anderen Korrespondenten aus der DDR ergangen ist, weiß ich nicht, weil wir so, wie ich heute darüber schreibe, damals natürlich nie untereinander gesprochen haben), daß die Leser in der DDR einerseits ihre eigenen Informationsquellen über die Bundesrepublik hatten (Rundfunk, Fernsehen, Verwandtenbesuch, hie und da auch mal eine Zeitung), andererseits aber wissen wollten, was die DDR-Korrespondenten von vor Ort zu berichten hatten, um Vergleiche für eine eigene Meinung anstellen zu können. Die DDR-Bürger hatten ja diesen Vorteil, daß sie sich beiderseitige Informationen beschaffen konnten. Das wirkliche Tal der Ahnungslosen lag, wie man heute selbst nach einem Jahrzehnt eines einheitlichen Deutschlands bestätigt findet, eigentlich an Rhein, Main und Donau. Das alles mußte, wenn der Korrespondent im Rahmen seiner Möglichkeiten also ordentlich berichten wollte, bedacht sein. Die vorhandenen Kenntnisse der DDR-Leser mußten manchmal allerdings auch korrigiert werden, weil nach meinen langjährigen Erfahrungen auch die sogenannte Westpresse, die wir heute als gesamtdeutsche Presse kennen, es, wenn es in den politischen Kram paßt, keineswegs sorgfältig mit der Wahrheit umging und umgeht. Konkret hatte ich dazu manchmal sogar die Gelegenheit, das Auge in Auge mit dem Leser zu tun, denn ich wurde zu vielen Leserversammlungen in der DDR eingeladen, wo ich Rede und Antwort zu stehen hatte. Ich muß sagen, daß ich dabei nie in Schwierigkeiten geraten bin. Manchmal wünschte ich es manchem Journalisten heute, mit seinen Berichten in der Hand vor seine Leser, besonders in Ostdeutschland, zu treten. Übrigens könnte das im Westen auch nichts schaden.

Aber damals mußte ich auch schon deshalb bei der Wahrheit bleiben, weil ich ja damit zu rechnen hatte, daß eine wissentliche Falschberichterstattung meine Position gefährden konnte. Es gab schließlich genügend Behörden, die mich aufmerksam beobachteten. Das könnte ich ziemlich ausführlich beweisen.

Zumindest gibt es auch eine West-Gauck-Akte über mich, wie ich bei meiner Verhaftung im Jahre 1963 längst nach Abschluß meiner Korrespondententätigkeit vom Untersuchungsrichter beim Landgericht in Bonn vorgehalten bekam.

Freilich habe ich als Korrespondent auch manche Vorgänge nach meiner Auffassung und meinem Verständnis kommentiert. Objektivität und Wahrhaftigkeit in der Berichterstattung enthebt keinen Korrespondenten einer subjektiven Sichtweise. Das könnte nach dem eben Gesagten ein Widerspruch sein, ist aber eine weltweite Wahrheit und Erfahrung.

Im übrigen müßte mir jemand, der an meiner Ausgewogenheit oder Nichtausgewogenheit Anstoß genommen hat, erklären, was dies denn überhaupt ist. Schließlich herrschte Kalter Krieg. Die Westmedien überschütteten ihre Leser, Hörer und Zuschauer auch mit den von ihnen vertretenen gesellschaftspolitischen Auffassungen und taten das so geschickt und nachhaltig, manchmal auch plump und vordergründig, daß die beabsichtigte Manipulierung der öffentlichen Meinung bis heute anhält. Natürlich hat es in den Massenmedien der DDR ebenfalls den Versuch gegeben, die Meinung der Menschen im Sinne der Parteipolitik zu beeinflussen. Wie wir sehen, war der Erfolg nicht so groß.

Aber etwas gab in den DDR-Medien kaum (ich würde aus meiner Kenntnis sagen absolut nie, versage es mir aber, weil man nie nie sagen sollte): Getürkte und offensichtlich gefälschte Informationen über Ereignisse und Dinge, die überhaupt nicht stattgefunden haben.

In der Altbundesrepublik und jetzt für ganz Deutschland hat sich im Rahmen des Journalismus ein regelrechter Gewerbezweig von Fälschern herausgebildet, der die Medien mit absolut falschen und nachgestellten Nachrichten überhäuft. Die Fälschungen des Hitlertagebuches durch einen gewissen Kujau waren nur der bescheidene Anfang. Heute lebt ein großer Teil des sogenannten Reality-Fernsehens von Materialien solcher Fälscher-Werkstätten, die dann auch in der Presse zitiert werden. Da hat beispielsweise im Juli 1998 ein Kamera-Team des Fernsehsenders Pro Sieben eine per Kleinanzeige nach Interessenten für einen Mordauftrag gesucht. Sie wollten im Reality-TV einen bestellten Mord drehen. Als ein privater Kaufmann daraufhin per Anzeige antwortete und schließlich 25 000 DM für einen perfekten Mord bot, flog die Sache auf. Die Polizei war eingeschaltet worden. Der Sender entschuldigte sich. Wer weiß, wieviel getürkte Aufnahmen aus Bosnien erschienen? Dementis gehören dann zum Kleingedruckten, das oft nicht zur Kenntnis genommen wird. 1995 wurde ein Kameramann wegen gefälschten »Tatsachensendungen«, die er an Fernsehanstalten verkauft hatte, zu einer Gefängnisstrafe verurteilt. Bekannt ist auch, wie unverfroren eine Zeitschrift aus dem Burda-Verlag Interviews mit prominenten Persönlichkeiten fälschte (Prinz Ernst-August von Hannover), eine andere, aus dem Verlag Gruner + Jahr, erfand Skandalgeschichten über die Prinzessin von Monaco, daß auch hier Gerichte herangezogen werden mußten. (Nur die Goebbels-Propaganda war vielleicht auf dem Fälschermarkt noch etwas früher da, denn sie drehte bekanntlich einen Teil der Kriegswochenschauen auf deutschen Truppenübungsplätzen, wie Döberitz u. a.)

Und nur das amerikanische Fernsehen ist noch »besser«, wie man spätestens seit dem Golfkrieg weiß (und eigentlich schon seit 1899 durch den amerikanischen Verleger Hearst hätte wissen können, der seinen Fotoreporter in Havanna vor Ausbruch des amerikanisch-spanischen Krieges um die Zuckerinsel anwies: Liefern Sie mir die Fotos, ich liefere Ihnen den Krieg!).

Apropos Amerika: Die in der deutschen Zeitungsgeschichte nachzuweisende Nachahmung des amerikanischen Medienstils seit Jahrhundertbeginn hat gerade in den letzten Jahren dieses Jahrhunderts zu den genannten, bisher bekannten Fälscherskandalen geführt. Aber wie immer sind die Deutschen etwas spät dran. Möglicherweise folgen auch bei uns noch handfeste Enthüllungen. Im Sommer 1998 brach über die amerikanischen Medien eine Flut von Nachrichten herein, die schier unglaubliche Tatsachen über den Mißbrauch von Pressefreiheit und Medienmacht offenbarten. Monatelang hatte man die Arbeit eines 25jährigen Journalisten namens Stephen Glass, der Tatsachenberichte für alle möglichen Magazine verfertigte, nachvollzogen. Es stellte sich heraus, daß diese »Tatsachenberichte« samt und sonders erfunden oder gefälscht waren. Der angesehene »Boston Globe« feuerte eine Starkollumnistin wegen Erfindens von Zitaten. Eine Zeitung aus Ohio mußte jetzt Strafe an den Bananenkonzern Chiquita zahlen, weil ihre Reporter illegal Anrufbeantworter in der Konzernleitung abhörten und daraus Nachrichten zweifelhaften Inhalts fabrizierten. Die aufsehenerregenden Nachrichten vom Fernsehsender CNN und dem Magazin »Time«, wonach das USA-Verteidigungsministerium gegen US-Deserteure im Vietnamkrieg Giftgas anwandte, waren von Zuschauern und Lesern geglaubt worden, weil sie für möglich gehalten wurden. Dennoch waren die Meldungen getürkt.

Die »New York Times« kommentierte im Juli 1998: »In jedem Falle hatten die Journalisten den richtigen Instinkt. Aber sie bekannten sich offen und schnell zu den Fehlern. Auf diesem Wege gewinnen die Medien die Glaubwürdigkeit zurück.«

Der Berliner »Tagesspiegel« kommentierte die amerikanischen Mediengeschichten, weil die Parallelen zu Deutschland mehr als offenkundig sind: »Glaubwürdigkeit kommt aus Überzeugung von Realität und Darstellung. Zur Realität der Medien Amerikas gehört es vor allem, daß sie mächtiger sind denn je.«

Bezogen auf die deutschen Verhältnisse, die immer weiter amerikanisiert werden, kann das nur bedeuten, daß wir bald die Demokratie vollständig der Macht der Medienkonzerne opfern werden. Im Namen der sogenannten Pressefreiheit. Anfänge sind mit Springer, Bertelsmann, Burda und Kirch schon gemacht. Ein krasser Fall von Fälschung ist vor den Bundestagswahlen 1998 auch der CDU mit der Wahlkampf-Illustrierten NBI unterlaufen. Nicht nur, daß die Kanzlerpartei einen Titel ziemlich rechtswidrig, wegen der von ihr eigentlich verpönten Nostalgie geklaut hat, sie ließ Leute ablichten und holte von ihnen Stellungnahmen ein, die diese nie abgegeben hätten, wenn sie gewußt hätten, daß dies für eine Wahlkampfschrift der CDU geschehen sollte. CDU-Wahlkampf-Medienberater Tiedje, Ex-Chefredakteur der »Bild-Zeitung«, hatte schlicht eine Presse-Gewohnheit in die Politik eingeführt.

Ich füge das hier nur an, um zu verdeutlichen, welchen Gefahren und Versuchungen nicht nur ein Korrespondent ausgesetzt sein kann, sondern von denen alle Medien bedroht sind. Es ist ein wichtiger journalistischer Grundsatz über Bord geworfen oder besser, der Geschäftemacherei geopfert worden: Ein Journalist soll ein Entdecker sein und kein Erfinder.

Ich habe zu dem Thema Pressefreiheit und Medienmacht schon damals in Bonn oft mit Kollegen und Politikern gesprochen. Das nicht etwa, weil ich dies alles schon vorher gewußt hätte, sondern weil ich natürlich besonders und ständig mit dem Vorwurf mangelnder Pressefreiheit in der DDR konfrontiert wurde. Ein Glatteisthema, wie man sich leicht denken kann.

Der damalige FDP-Fraktionsvorsitzende und spätere Parteivorsitzende, Erich Mende, erklärte mir einmal in einem längeren Gespräch, daß die Möglichkeiten von deutsch-deutschen Gesprächen größer wären, wenn es in der DDR Pressefreiheit gäbe. Nun war es natürlich in Bonn damals wirklich etwas schwierig, über die Pressefreiheit in der DDR zu streiten, vor allem, wenn man selbst dazu seine eigene Meinung hatte. Aber tapfer verwies ich ihn zunächst darauf, daß es in der DDR, noch zu Herrnstadts Zeit, einmal den Versuch eines Zeitungs- zumindest Artikelaustausches gegeben habe, der vom Westen verhindert worden ist. Denn: Das ND druckte zwar Artikel aus einer bestimmten Zeitung ab, diese Zeitung allerdings nicht die entsprechende Antwort der ND-Redaktion. Überdies bot ich ihm ein weiteres, vielleicht als etwas rabulistisch angesehenes Argument, das ich auch später in öffentlichen Diskussionen in der BRD verwandte: Jedes Medium ist Sprachrohr seines Herausgebers. Nur wird dies im Land Bundesrepublik, wo Pressefreiheit herrscht, verschwiegen, in der DDR nicht. Bei der Offenheit über diese Frage beginnt für mich ein wichtiger Teil der Pressefreiheit. Als Mende dies bewiesen haben wollte, nannte ich ihm als Beispiel die Kopfzeilen der Springerzeitungen »Die Welt« und »Bild«. Dort wird dem Leser tagtäglich über den Charakter des Blattes erklärt: Unabhängig – überparteilich. Im Kopf des »Neuen Deutschlands« steht hingegen Organ des Zentralkomitees der SED. Beim ND weiß man also, woran man ist. Bei den Springerzeitungen (andere Blätter unterscheiden sich darin nicht sonderlich, wenn ich an die »Frankfurter Allgemeine Zeitung« denke) wird einem vorgelogen, man habe es mit einer überparteilichen und unabhängigen Zeitung zu tun. Man bekomme keine Meinung vorgesetzt, sondern könne sie sich selbst bilden. Hier beginne für mich die Frage, ob eine solche Zeitung wirklich für sich das Rubrum Pressefreiheit beanspruchen kann. Erich Mende konnte dagegen nicht viel einwenden. Dennoch blieb natürlich unser grundsätzlicher Standpunkt über Pressefreiheit verschieden. Und in der Tat muß man sagen, daß die Auffassung in einer bürgerlichen Demokratie über Pressefreiheit eine andere war und ist, als es in den sozialistischen Ländern der Fall war. Aber Nachdenken auf beiden Seiten über diese Frage hätte nichts geschadet. Und wenn ich heute sehe, was unter der Rubrik Pressefreiheit alles zu erleben ist, scheint mir dieses Nachdenken auch heute noch angebracht. Vielleicht sogar mehr denn je.

Natürlich könnte ich meine Schilderungen aus meiner über dreijährigen Tätigkeit als Korrespondent in Bonn mit vielen Erlebnissen spicken, die so typisch für den zweiten (oder muß man jetzt sagen: ersten?) deutschen Staat waren und die man jetzt nicht mehr wahrhaben will.

Zunächst möchte ich freilich darauf aufmerksam machen, daß das Jahr 1959 für einen Korrespondenten in Bonn auch in manch anderer Hinsicht interessant war, obwohl man bestimmte Ereignisse in der BRD nicht von weltweiten Vorgängen loslösen kann.

Das Jahr 1959 war zum Beispiel ein ganz entscheidendes Jahr für die einsetzende Hochrüstung der damals drei Jahre alten Bundeswehr. Das gilt insbesondere für die gerade in diesem Jahr vor allem von dem damaligen Verteidigungsminister Strauß erhobenen Forderungen nach atomarer Bewaffnung der Bundeswehr. Im Februar trafen die ersten von insgesamt 300 beim amerikanischen Rüstungskonzern Lockheed georderten Kampfflugzeuge des Typs F-104-A ein. Bekannt und leider auch berüchtigt geworden unter dem Namen »Starfighter«. Die Bestellung war durch den Minister persönlich im Oktober 1958 erfolgt, der damit einige westeuropäische Konkurrenten aus dem Felde schlug. Wie sich später herausstellte, nicht ohne dabei satte Bestechungsgelder eingestrichen zu haben. Man kann das alles in der einschlägigen Literatur der Bundesrepublik nachlesen. Der eigentliche Skandal waren aber nicht die Millionen, die Strauß und sein CSU-Klüngel einstrichen, sondern daß es sich um ein noch nicht ausgereiftes Modell eines Abfangjägers handelte, den die Bundeswehr aber als Atomwaffenträger einzusetzen gedachte. Deshalb mußte das schon millionenteure Gerät in der Bundesrepublik umgerüstet werden. Es entstand der F-1o4-G-Jagdbomber, der mit zusätzlicher Elektronik und Bombenabwurftechnik vollgestopft wurde, was seine Manövrierfähigkeit und damit die Flugsicherheit einschränkte. Das brachte zwar der in Bayern angesiedelten Flugzeugindustrie, trotz vieler fachmännischer Warnungen, satte Aufträge und damit ziemliche Profite. Aber es hatte auch zur Folge, daß weit über hundert Starfighter innerhalb eines Jahrzehnts abstürzten und der »Witwenmacher«, wie er genannt wurde, schließlich vorzeitig gegen den Tornado ausgewechselt wurde.

Im Frühjahr 1959 war es auch, daß Kanzler Adenauer auf einer Pressekonferenz die Öffentlichkeit mit der Mitteilung überraschte, er wolle für die in diesem Jahr anstehende Bundespräsidentenwahl kandidieren. Da ging zunächst einmal ein Aufatmen durchs Land, weil auf diese natürlich noble Art der Alte von Rhöndorf sich aus der aktiven Politik zurückziehen würde. Aber es gab natürlich auch Zweifler, ob Adenauer wirklich seine Lieblingsbeschäftigung, Kanzler zu sein, so einfach aufgeben würde. Viele sahen dahinter eine Finte. In der Tat war es ja nicht ganz einfach, für den biederen und trinkfesten Schwaben Theodor Heuß, einerseits Zustimmer zu Hitlers Ermächtigungsgesetz, andererseits aber auch Mitwirkender an der Abfassung des Grundgesetzes in seiner Urfassung, einen Nachfolger zu finden. Vor allem ging es auch darum, den Anspruch der SPD, nächst der CDU zweitstärkste Partei in der Bundesrepublik, auf diesen Posten unbedingt abzublocken. Doch dieses Gerangel dauerte nicht lange. Angesichts der außenpolitischen Ereignisse, vor allem wegen der bevorstehenden Genfer Außenministerkonferenz, erklärte er sich ebenso überraschend für unabkömmlich vom Kanzleramt, verzichtete auf die Kandidatur und schlug nun als Ersatz Heinrich Lübke vor. Damit hatte er freilich, wie sich auch später bestätigte, das Amt des Bundespräsidenten von einer repräsentativen Funktion zu einer Null- oder auch Lachnummer herabqualifiziert.

Lübke, damals Landwirtschaftsminister in Nordrhein-Westfalen, wurde von der DDR nicht nur als KZ-Baumeister entlarvt, weil er als Architekt, nach vorgelegten Akten, am Bau verschiedener Konzentrationslager beteiligt war, sondern er demontierte sich auch selbst durch unsinnige Bemerkungen auf Auslandsreisen sowie durch andere, nicht mehr zu verstehende Dummheiten, die ihn zu einer traurigen Spottfigur werden ließen. Immerhin hatte Adenauer damit gezeigt, was er unter Demokratie und von Machtausübung in einer solchen verstand. (Sein Enkel Kohl hat bekanntlich Ähnliches nach 1990 mit dem Kandidatenvorschlag eines gewissen Heitmann aus Sachsen ebenfalls zu demonstrieren versucht, und die Diskussionen im Jahre 1998 um Nichtkandidieren oder Weitermachen für eine zweite Wahlperiode bei Bundespräsident Herzog zeugten auch nicht gerade von einer notwendigen Ehrerbietung vor dem hohen Amt, sondern von reiner Wahlkampftaktik und -Arithmetik.)

Die sich deutlich abzeichnende Linie einer weiteren Verschärfung des innen- und rüstungspolitischen Kurses wurde einerseits durch die Debatte über die notwendigen Notstandsgesetze, andererseits aber auch durch sich verstärkende Antiatomwaffen- und Antikriegsdemonstrationen überhaupt gekennzeichnet. Immerhin gab es nicht nur Massendemonstrationen, sondern auch Streiks gegen die Rüstungspolitik. Ich erinnere mich eines heute schier unglaublichen Vorganges, daß in einem Gelsenkirchener metallverarbeitenden Betrieb gegen einen bevorstehenden Rüstungsauftrag gestreikt wurde unter der Losung: Lieber stempeln gehen, als Granaten drehen. (Siehe »Neues Deutschland«, 15. Februar 1959)

1959 war auch das Jahr verschiedener politischer Prozesse, vor allem um die Friedensbewegung einzuschüchtern.

Um auch der heutigen Debatte um politische Prozesse und politische Gefangene meine Meinung anhand meiner Erfahrungen und Erlebnisse in der BRD beizusteuern, muß man zunächst einmal daran erinnern, daß es in der Altbundesrepublik bereits vor dem 1956 erlassenen KPD-Verbot Strafverfolgungen wegen kommunistischer Tätigkeit gab. Jeder der beiden Seiten bekämpfte seine politischen Gegner auf seine Art. Natürlich empfindet jeder der Betroffenen das auch auf seine Art. Aber man sollte den Opfern auf beiden Seiten zuhören, um sich ein einigermaßen objektives Urteil zu bilden. Wenigstens versuchen sollte man es.

Am 19. September 1950 wurde der einem Verfassungsbruch sehr nahekommende sogenannte »Adenauer-Erlaß« verkündet, nach dem alle der KPD angehörenden Beamten (die sich im übrigen um den Wiederaufbau besonders im kommunalen Bereich nach dem Kriege hochverdient gemacht hatten) aus dem öffentlichen Dienst zu entlassen seien. Wir haben es hier mit einem der Verursacher der nachfolgenden Berufsverbote bis hin zum immer noch praktizierten Rentenstrafrecht zu tun.

Am 11. Juni 1951 wurde dann vom Bundestag das als Blitzgesetz (wegen seiner eiligen Verabschiedung) in die Geschichte eingegangene 1. Strafrechtsänderungsgesetz mit verfassungsändernder Zweidrittelmehrheit, also auch mit Stimmen der SPD, beschlossen und am 1. September in Kraft gesetzt. Damit hatte sich die Bundesregierung ein Instrumentarium geschaffen, mit dem sie alle politisch mißliebigen Kräfte und ihre öffentliche Tätigkeit unter Strafe stellen konnte. Es sah ausdrücklich die Bildung Politischer Strafkammern vor (die Väter des Urgrundgesetzes hatten dieses ausdrücklich, wegen der Erfahrungen aus der Nazizeit, ausgeschlossen), was heute bei der Diskussion über politische Justiz stets außer Acht gelassen wird. Bis zur Neufassung des Straftatbestandes fielen beispielsweise unter »Untergrund- oder kriminelle Organisationen« ausschließlich kleine Gangstervereine, die sogenannten Ringvereine von Berufsverbrechern, die gemeinsam kriminelle Straftaten planten und durchführten. Mit der Neufassung oder Hinzufügung von Paragraphen im StGB, beispielsweise §§ 88, 90a ,92, 96 und andere, wurden damit auch die FDJ, die Gesellschaft für deutsch-sowjetische Freundschaft, der Hauptausschuß für Volksbefragung gegen die Remilitarisierung, die VVN und andere mißliebige politische Organisationen strafrechtlich bedroht. Politische Haltungen und Tätigkeiten wurden kriminalisiert.

Die schlimmsten Paragraphen, von denen später auch einmal DDR-Journalisten bei einer Massenverhaftungsaktion 1963 betroffen wurden, hat man dann erst 1968 unter der sozialliberalen Koalition durch die 2. Strafrechtsänderungsreform geändert oder außer Kraft gesetzt. Bis dahin war es die »Rechtsgrundlage« für rund 500 000 politische Verfahren in der Bundesrepublik, die für etwa 10 000 Beschuldigte mit Verurteilungen zu zum Teil mehrjährigen Freiheitsstrafen endete. Natürlich kann man sagen, durch das vom Parlament verabschiedete Gesetzeswerk haben diese Paragraphen rechtsstaatlichen Charakter erhalten. In der DDR gab es auch Gesetze, die zum Schaden mancher Angeklagten angewandt wurden, heute aber als Unrecht betrachtet werden. Wenn man sich einmal sachlich über diese ganze Zeit unterhalten könnte, würden die Urteile darüber gar nicht so unterschiedlich ausfallen, dumme Vergleiche könnten unterbleiben und hinter einem abschließenden Fazit ein Neubeginn versucht werden. Ich weiß, daß das für unschuldig Betroffene schwer sein muß. Aber unschuldig Betroffene gab es eben auf beiden Seiten. Wenn wir unsere gegenseitigen Fehler nicht eingestehen, also in unseren Augen keine Fehler hatten, dann können wir uns auch nicht ändern.

Einige der fadenscheinigen Prozeßführungen (an einigen habe ich zu meiner Korrespondentenzeit teilgenommen) hat der langjährige Sozius im Rechtsanwaltsbüro des vormaligen Innenministers und nachmaligen Bundespräsidenten Dr. Dr. Gustav Heinemann und spätere Justiz- und Finanzminister in Nordrhein-Westfalen, Dr. Diether Posser, in einem aufsehenerregendem Buch festgehalten.[1] »Der Spiegel« schrieb in seiner Ausgabe 52/91 über dieses Buch: »Posser ist dazu wie kaum ein anderer qualifiziert. Als Partner in der Anwaltskanzlei des späteren Bundespräsidenten Gustav Heinemann verteidigte er Pazifisten und Christen, Linke und sonstige Nonkonformisten, die, wie die schon von den Nazis drangsalierte Professorin Klara Maria Fassbinder im antikommunistischen Gesinnungsstaat zu Verfassungsfeinden gestempelt, politischen und juristischen Repressalien ausgesetzt waren.«

Die Kommunistenhatz war schon damals bemerkenswert und übertraf nach Meinung von Posser sogar zeitweilig den Gesinnungsterror in den USA während der McCarthy-Zeit. Um westliche Opfer und Täter

1 Diether Posser: Anwalt im Kalten Krieg, München 1991.

kümmert sich, zu einer Zeit, in der die »Untaten« des DDR-Staates aufgearbeitet werden und dessen Opfer auf Talkshow-Veranstaltungen wie Moritatensänger durch die Lande ziehen, bisher niemand.

Aber die antikommunistische Einseitigkeit hat sich letztlich in der alten BRD trotz mancher Gesetzesänderungen grundsätzlich nie geändert und wirkt auch im vereinten Deutschland, wie man an den verschiedenen Prozessen gegen DDR-Bürger wegen ihrer Tätigkeit in der DDR und der Anti-PDS-Kampagnen nachempfinden kann, unvermindert an.

Beim Stöbern nach Materialien für dieses Buch stieß ich auf Bemerkungen einer hochgestellten und des Kommunismus garantiert unverdächtigen amerikanischen Persönlichkeit, die in der »Frankfurter Allgemeinen Zeitung« vom 22. August 1951 veröffentlicht wurden. Man liest:

Bestimmte Leute »behaupten Gegner des Kommunismus zu sein. Aber sie unterhöhlen unsere fundamentalen Freiheiten nicht weniger heimtückisch und weit wirkungsvoller, als es die Kommunisten je vermocht haben. Sie versuchen Furcht und Verdacht zu erzeugen unter uns, indem sie sich der Verleumdung, der unbewiesenen Anschuldigungen und glatter Lüge bedienen.

Diese Verleumder versuchen, uns so hysterisch zu machen, daß niemand mehr wagt, gegen sie aufzustehen, aus Furcht, Kommunist genannt zu werden. Der seelische Meuchelmord ist ihre Waffe. Sie haben eine solche Welle von Furcht und Ungewißheit geschaffen, daß ihre Angriffe auf unsere Freiheit fast unbeantwortet bleiben. Viele Menschen werden ängstlich, und ängstliche Menschen protestieren nicht. Der seelische Meuchelmord ist so sehr an der Tagesordnung, daß er bereits die freie Meinungsäußerung hindert. Er bedroht alle unsere Freiheiten. Es gibt bereits heute Menschen, die nicht mehr wagen, einen neuen Gedanken zu denken.«

Der Mann, der diese Gedanken äußerte, tat es am 21. August 1951 vor einem Treffen der Amerikanischen Legion, dem USA-Frontkämpferbund, und war der damalige Präsident der Vereinigten Staaten, Harry S. Truman.

Einer der politische Prozesse, an denen ich teilnahm, war zum Beispiel der gegen das westdeutsche Friedenskommitee vor der, nunmehr auch vielen ehemaligen DDR-Bürgern nicht ganz unbekannten 4. Großen Strafkammer des Düsseldorfer Landgerichts, im November 1959. Um das Verfahren nicht öffentlich wie einen politischen Prozeß gegen eine Organisation aussehen zu lassen, sondern ihn nach dem Strafgesetzbuch gegen Personen zu führen, lief er unter der Bezeichnung »Gegen Johannes Oberhof u. a.«. Zur Aufklärung will ich sagen, daß es sich hier um den Pfarrer Oberhof handelte, der nicht einmal leitend in der westdeutschen Friedensbewegung, sondern in der VVN tätig war.

Damit sollte freilich der Zusammenhang aller dieser »Kommunistischen Tarnorganisationen« hergestellt werden. Die anderen Angeklagten, die unter u.a. liefen, waren der ehemalige Pfarrer und Funktionär der inzwischen verbotenen KPD, Erwin Eckert, eine legendäre Figur der Nachkriegszeit in Baden-Württemberg, der große Verdienste um den Anfangsaufbau des Landes hatte, sowie der Sozialdemokrat Walter Diehl. Solche Prozesse liebte man im Adenauer-Deutschland besonders, weil man nachzuweisen versuchte, daß Kommunisten und Sozialdemokraten schon immer ... Sieben Jahre brauchte die Staatsanwaltschaft für die Vorbereitung dieses Prozesses, der dann mit äußerst dürftigen Anklageargumenten und mit ebenso dürftigen Beweismaterialien geführt wurde. Aber schon bei der Vorlage der Anklage konnte sich der Angeklagte Ekkert mit einem Satz auseinandersetzen, der für die Anklage natürlich peinlich war, aber an eine Freudsche Fehlleistung erinnerte, obwohl man sieben Jahr Zeit gehabt hatte, die Anklage zu formulieren. Eckert zitierte bei der Vernehmung zur Person den Satz auf Seite 218 der Anklageschrift, wo der Friedensbewegung wörtlich vorgeworfen wird, sie habe ihre Tätigkeit ausgeübt, um »die Bevölkerung stimmungsmäßig und ideologisch zu Gegner dieser staatsfeindlichen Ordnung zu machen«. Den mit hochroten Köpfen plötzlich in der Anklageschrift blätternden Staatsanwälten und Richtern stellte Eckert die Frage, ob dies nicht ein bezeichnender Lapsus sei und ob nicht, so gesehen, die Friedensbewegung in der Tat gegen die militaristische Ordnung wirken dürfe.

Mit offenbar gefälschten Beweismaterialien und Zeugen, die nicht gerade vertrauenswürdig und aus einer obskuren Ecke kamen, wurde der Prozeß dann tagelang weitergeführt. Ich beschränke mich hier nur einmal auf Selbstgeschriebenes, das man auch in den ND-Ausgaben zwischen dem 22. und 27. November 1959 nachlesen kann.

»Seit sieben Jahren steht die westdeutsche Friedensbewegung auf der schwarzen Liste. Seit sieben Jahren schusterte man eine Anklage zusammen, die bar jeder Beweiskraft ist. Dessen ist sich die Anklagevertretung offenbar selbst bewußt. Denn sechs Jahre lang führte die Bundesanwaltschaft beim Bundesgerichtshof in Karlsruhe die Untersuchungen. Im siebenten Jahr schob man den Prozeß an ein Landgericht ab. Man betraute zwei junge Staatsanwälte mit der Anklagevertretung, die trotz ihres forschen Auftretens innere Unwissenheit um die Dinge, um die es geht, nicht verbergen können ... Die Verfassung wird, wie Walter Diehl vor Gericht andeutete und wie man tagtäglich in der bundesdeutschen Wirklichkeit erleben kann, durch ganz andere Kräfte als durch die Friedensbewegung gefährdet ... Die eindeutige politische Absicht dieses Prozesses liegt ja gerade darin, zu einer Zeit, da auch in Westdeutschland der Widerstand gegen den Atomrüstungswahnsinn der westdeutschen Militaristen zunimmt, diesen Widerstand durch ein Gerichtsurteil abzuschrecken ...«

In einem meiner Berichte ging ich auch darauf ein, daß die beiden jungen Staatsanwälte sehr ausgiebig Lenin-Zitate als Beweismittel in die Verhandlungen einführten. Dabei war für Kenner klar, daß es sich jedesmal entweder um gestutzte Zitate oder um offen gefälschte handelte. Ich hielt das damals – was wir im übrigen nach 1989 bei allen möglichen Gelegenheiten sogenannter wissenschaftlicher Auseinandersetzungen über die Vergangenheit der DDR auch sehr oft erleben – nicht nur für eine unanständige, sondern auch unzulässige Form der Auseinandersetzung, schon gar in einem ordentlichen Gerichtsverfahren. Als ich das in Pausengesprächen gegenüber westlichen Journalistenkollegen erwähnte, stieß ich auf, gelinde gesagt, Unverständnis. Ich schrieb deshalb darüber am 27. November 1959 im ND: »Die beiden Staatsanwälte würden zweifellos klüger werden, wenn sie einmal mehr bei Lenin selbst lesen würden, als ihnen ein Ausschnittdienst der ›Moralischen Aufrüstung‹ oder des Komitees ›Rettet die Freiheit‹ als Argumentationshilfe liefert. So aber bleiben die beiden Staatsanwälte im vorgeschriebenen Gleise ... Sie hören deshalb auch nicht immer aufmerksam zu, was die Angeklagten zu sagen haben. Sie schauen oft schläfrig in die Szene oder malen Männchen aufs Papier. So kommt es dann, daß bei anschließenden Fragen niemals das eine Rolle spielt, was die vor Gericht Stehenden zu ihrer Verteidigung sagten, sondern nur das, was von lenkender Hand vorgezeichnet ist.«

Der Prozeß, der mit langen Gefängnisstrafen für die Angeklagten endete, die dann später in Revisionsverfahren abgemildert wurden, war zur rechten Zeit geführt worden, um vielleicht doch noch Druck auf die Widerstandsbewegung gegen die Atomaufrüstung auszuüben.

Im Dezember beschloß nämlich der Bundestag eine bemerkenswerte Grundgesetzänderung. Innerhalb einer halben Stunde wurde in zweiter und dritter Lesung eine Grundgesetzänderung durchgepeitscht, die dann die anschließende Annahme des sogenannten Atomgesetzes zuließ. Drei Jahre war innerhalb und außerhalb des Parlaments um dieses Gesetz gerungen worden, bei dem es lediglich um ein drei Buchstaben umfassendes Wort ging: das Wörtchen *nur*. Im ursprünglichen Entwurf des Gesetzes hieß es: daß die Bundesregierung »die Erforschung, die Entwicklung und die Nutzung *nur* zu friedlichen Zwecken fördert«. Im beschlossenen Gesetz fehlt nach dreijähriger Debatte die Kleinigkeit *nur*, was große Auswirkungen haben kann. Heute noch.

Im traurigen Monat November war's dann, daß in Godesberg ein sehr entscheidender Parteitag der Sozialdemokratischen Partei Deutschlands stattfand. Ich weiß nicht, ob man ihn direkt mit irgendeinem der wichtigen Parteitage in der Geschichte der SPD vergleichen kann. Feststeht, daß dieser Parteitag, wie kein anderer, alten Traditionen der Arbeiterbewegung abschwor. Als 1919 in Deutschland die Revolution von der damaligen Führung verraten wurde und dadurch eine Niederlage erlitt, erreichte die SPD eins: Sie gelangte mit Hilfe der von ihr zu Hilfe gerufenen Reichswehr – also per Notstand – an die Regierung. Der Sozialdemokrat Friedrich Ebert wurde Reichspräsident. Aber schon 1920 mußte diese Regierung fliehen, weil die Junker und Militärs um Kapp und Lüttwitz putschten und sich zur Regierung ernannten. Und da waren es jene Kräfte der Arbeiterbewegung, die von ebendenselben SPD-Führern ein Jahr zuvor niedergeschlagen wurden, die jetzt diese Regierung durch einen Generalstreik retteten. Das nahm man ohne viel Aufhebens zur Kenntnis. Aber alles, was darüber hinausging, wurde wieder zur deutschen Ordnung gerufen.

Die SPD erntete trotz ihres vaterländischen Einsatzes in der Weimarer Republik und dem, was folgte, keinen Ruhm. Es kam u. a. auch durch ihre Haltung zur Vertiefung der Spaltung der Arbeiterklasse, ein Umstand, der dann, eifrig mit gegenseitigen Beschuldigungen gewürzt nur 14 Jahre später mit daran schuld hatte, daß es dem deutschen Imperialismus gelang, die Faschisten auch in Deutschland an die Macht zu bringen.

Vielleicht wirft man mir an dieser Stelle vor, in den »alten kommunistischen Ton« gegenüber der Sozialdemokratie zu verfallen. Ich kann es nicht ändern, weil sich die Tatsachen nicht ändern lassen. Vielleicht darf ich zu meiner Entlastung einen, kommunistischer Sympathien sicherlich unverdächtigen Zeugen zitieren. Sebastian Haffner, der britisch-deutsche Publizist schrieb in einem 1979 erschienenen Buch, das sich auf eine auch von ihm verfaßte Stern-Serie aus dem Jahr 1968 stützt: »Das ist die Tatsache: Was die SPD blutig niedergeworfen hat und wovor sie also, wenn man so will, Deutschland bewahrt oder gerettet hat, ist keine kommunistische Revolution, sondern eine sozialdemokratische. Die sozialdemokratische Revolution, die in Deutschland 1918 stattfand, ist, wie es schon Prinz Max von Baden in der Woche vor dem 9. November ahnungsvoll erhofft hatte, erstickt worden – in ihrem Blute erstickt; aber nicht von den Prinzen und Monarchen, die sie gestürzt; vielmehr von ihren eigenen Führern, die sie vertrauensvoll an die Macht getragen hatte ... Ganz gleich, auf welcher Seite man dabei steht und ob man das Ergebnis bedauert oder begrüßt: Es ist ein Vorgang, der den Namen Ebert und Noske eine unrühmliche Unsterblichkeit sichert ...[1]

Dann kam Hitler. Dann kam das »Prager Manifest« von 1934, in dem versucht wurde, Lehren für die Nachkriegszeit zu ziehen. Dann kam Schumachers »Sozialismus als Tagesaufgabe«, 1946. Und nun Godesberg.

Wenn Hoffnungen vielleicht als revolutionär bezeichnet werden können, dann war Godesberg eine erneute Niederschlagung einer sozialdemokratischen Hoffnung/Revolution. Das Ziel des Godesberger Parteitages war es, wie die Hauptredner des Parteivorstandes betonten, »den alten marxistischen Ballast über Bord zu werfen« und sich somit nach zwei Wahlniederlagen in der Nachkriegsbundesrepublik regierungsfein und regierungsfähig zu machen. Es gelang nicht auf Anhieb. Aber die SPD zeigte ihre Bereitschaft, die bisherige Regierungspolitik der Wiedererstarkung des deutschen Imperialismus, der Aufrüstung und wie sich noch zeigen würde, die Notstandsgesetzgebung nach innen für den Fall aller Fälle fortzusetzen, indem sie die langsam durch Krisen geschwächte reine Bourgeoisregierung Adenauer ablösen und gewisse Anstrengungen bei der Entsorgung von wirtschaftlichen und sozialen Problemen übernehmen würde.

Für den danach schrittweise, zunächst über eine große CDU/SPD-und dann über eine sozialliberale SPD/FDP-Koalition vollzogenen Regierungswechsel boten jedenfalls die Beschlüsse des Godesberger Parteitages die Basis. 1982 hatte dann bekanntlich der Mohr seine Schuldigkeit getan. Der Mehrheitsbeschaffer FDP wechselte wieder einmal die Front und verhalf der CDU erneut an die Regierungsspitze. Dieses Demokratiespiel nahm also seinen Anfang mit dem Parteitag der SPD in Bad Godesberg.

Um den ansonsten durch viele Dokumente und Bücher bekanntgewordenen Parteitag noch eine persönliche, fast anekdotische Würze zu geben: Kurz vor dem Parteitag rief mich mein Chefredakteur plötzlich nach Berlin und teilte mir einen Beschluß des Politbüros mit, daß er am Godesberger Parteitag teilnehmen solle. Die protokollarischen Einzelheiten, wie Einladung usw. sollte ich organisieren, ebenso wie ich zu gegebener Zeit auch für die Verbreitung der Nachricht, daß ein Mitglied des Zentralkomitees der SED an diesem Parteitag teilnehmen werde, unter den Bonner Journalisten sorgen sollte.

Nach meiner Rückkehr nach Bonn setzte ich mich mit dem damaligen Pressesprecher des Parteivorstandes, Franz Barsig, den ich gut kannte und mit dem ich mich auch einigermaßen verstand, in Verbin-

1 Sebastian Haffner: Die deutsche Revolution 1918/1919, München 1979.

dung und trug ihm das Anliegen meines Chefs vor. Wir einigten uns, daß Axen als Chefredakteur des »Neuen Deutschlands«, also als Journalist, teilnehmen könne. Er werde eine Journalisten-Akkreditierung erhalten, was dann nach Barsigs Ansicht das protokollarisch Höchste der Gefühle sei. Was er dann als Privatmann veranstalte, welche Gespräche er mit wem führen würde, sei seine ureigene Sache. Ich versuchte danach schon prophylaktisch, ein paar Gesprächspartner zu organisieren. Die Bereitschaft dazu war nicht allzu groß. Ich hatte außerdem ein paar Westkollegen, vor allem Fernseh- und Fotoreporter, auf das Ereignis aufmerksam gemacht, die sich dann tatsächlich auch bei der Eröffnung am Eingang der Godesberger Stadthalle einfanden und Axen, als er mit seinem »Sachsenring« vorfuhr, mit den Kameras fokussierten, ihn ansonsten aber nicht sehr freundlich behandelten.

An den nächsten Verhandlungstagen fuhr er dann immer in meinem Wagen mit, was unauffälliger war. Zu offiziellen oder wenigstens inoffiziellen Gesprächen, die er anstrebte, kam es nicht, auch deshalb, weil Gesprächspartner, die ich ihm vorschlug, ihm nicht hoch genug im Rang erschienen.

Das war dann freilich achtzehn oder neunzehn Jahre später anders, als er der offizielle Verhandlungsführer der SED-Delegation bei den Gesprächen mit den SPD-Vertretern der Grundsatzkommision Hauff und Eppler zur Erarbeitung des berühmten Gemeinsamen Dokuments war. Aber dazwischen lagen nicht nur Jahre, sondern auch entscheidende Ereignisse.

Als einziger Gesprächspartner, den Axen akzeptierte, erklärte sich der sowjetische Botschafter in Bonn, Andrej Smirnow, bereit, Axen zu einem privaten Abendessen in seiner Residenz zu empfangen. Was ich an diesem Abend erlebte, sollte ich auch später manchmal bei Mitgliedern der SED-Führungsspitze erfahren. Es war das ausgeprägte Bedürfnis (was ich allerdings für eine typisch deutsche Mentalitätsfrage halte), andere Leute ununterbrochen belehren und von seinem eigenen Standpunkt überzeugen zu wollen. Der Beurteilung Smirnows durch Axen, die er mir bei der Rückfahrt von der Residenz in Rolandswerth zum Hotel Königshof in Bonn zukommen ließ, teilte ich nicht, denn ich hatte Smirnow als klugen Menschen und geschickten Diplomaten kennen- und schätzengelernt. Ich sagte ihm das auch. Sehr zu seinem Mißfallen.

Während der Fahrt bemerkte ich im Rückspiegel einen unscheinbaren grauen VW-Wagen, mit einem Kennzeichen aus Neuwied, und wußte aus Erfahrung, daß sich hier der Verfassungsschutz im Dienst fürs Bonner Vaterland befand. Ich, der solche Spielchen gewohnt war, erzählte es Axen beiläufig. Ihn freilich brachte es etwas in seelische Unordnung, und er beschloß noch in der Nacht, das unwirtliche Bonn vorzeitig zu verlassen.

Apropos: Verfassungsschutz. Wir DDR-Korrespondenten waren natürlich stets im Fadenkreuz der Dienste. Ich weiß nicht, warum sich in den achtziger Jahren die Westkorrespondenten in der DDR über derlei Dinge aufregten. Ich hielt so etwas für ziemlich normal. Nicht normal hielt ich allerdings ausgesprochene Fallen, die mir zweimal gestellt wurden. Ich schiebe das hier, gewissermaßen zur Unterhaltung des Lesers, ein.

Es muß irgendwann in Herbst des Jahres 1959 gewesen sein. Meine Frau und ich waren von einer Berlinreise zurückgekehrt, hatten gerade die Koffer in die Wohnung gebracht, da klingelte das Telefon.

»Hier ist ... (Name unverständlich), ich bin im Augenblick in der Gaststätte sowieso in Sankt Augustin. Können Sie mal schnell zu einem Treff mit mir kommen? Ich sitze gleich vorn am ersten Tisch und habe eine braune Lederjacke an.«

Ich fragte zunächst noch mal nach seinem Namen. Als er wieder etwas Unverständliches ins Telefon murmelte, erklärte ich ihm, daß ich jetzt Feierabend habe und gerade aus Berlin gekommen und müde sei. Wenn er mich dienstlich sprechen möchte, dann könne er morgen früh in mein Büro kommen. Da er meine private Telefonnummer gefunden habe, könne er bequem auch meine Büronummer und die entsprechende Adresse daraus entnehmen. Damit war das Gespräch beendet.

Ich glaubte, weil es solche etwas dümmlichen Anzapfungen schon öfter gegeben hatte und auf Antworten, wie ich sie eben schilderte, sich anschließend nichts mehr rührte, daß damit der Fall ausgestanden sei.

Am nächsten Morgen jedoch klingelte es gegen 10 Uhr an meiner Bürotür. Vor mir stand ein Mann in brauner Lederjacke, nannte mir seinen Namen, den ich immer noch nicht verstand, und bat mich um eine Unterredung. Höflich, wie ich war, bat ich ihn, Platz zu nehmen, holte aber meine Frau, die im Büro beschäftigt war, gewissermaßen als Zeugin hinzu und harrte zunächst der Dinge, die da auf mich zuzukommen schienen.

Die Mann erzählte mir und legte mir quasi als Beweis für seine Bemerkungen Zeitungsausschnitte vor, daß er als Werbeflieger in Köln-Wahn tätig war, seine Tätigkeit aber dazu nutzte, um Luftaufnahmen von Flugplätzen und militärischen Einrichtungen zu machen, die er regelmäßig beim Militärischen Geheimdienst der DDR in Straußberg abgeliefert habe. Nun habe man ihn allerdings erwischt, verhaftet, jedoch gegen eine Kaution von 5 000 Mark freigelassen, und jetzt drohe ihm der Prozeß. Den wolle er nicht erleben. Er gehe in kein bundesdeutsches

Gefängnis. Da man ihm den Paß abgenommen habe, könne er auch nicht flüchten. Er würde mich deshalb bitten, für ihn nach Straußberg zu fahren und dort einem gewissen Hauptmann Schulz Bescheid zu sagen, daß er ihn hier rausholen möge. Er zog noch einen größeren Umschlag aus der Tasche und sagte, dies seien Bilder, die er noch versteckt hatte. Ich könnte sie gleich mitnehmen.

Nun war einige Jahre zuvor der Handelsvertreter der DDR in Frankfurt/Main verhaftet worden, wegen Unterstützung einer geheimdienstlichen Tätigkeit. Beweismittel hatten Kriminalbeamte in seiner Wohnung gefunden, die kurze Zeit nach einem Gasmann aufgetaucht waren, der sehr umständlich die Zähler abgelesen hatte. Das hört sich wie eine Krimiklamotte an, entsprach aber haargenau den Tatsachen. Ich war also vorgewarnt und erklärte nun dem Herrn: »Ich möchte Sie ebenso höflich, wie ich Sie hier empfangen habe, bitten, sofort mein Büro zu verlassen. Wenn Sie derjenige sein sollten, für den sie sich ausgeben, dann werden Sie meine Handlungsweise bei etwas Nachdenken verstehen, denn ich übe hier eine offizielle Tätigkeit aus. Falls Sie jedoch, was auch sein kann, ein Agent provocateur sein sollten, dann können Sie Ihren Auftraggebern mitteilen, daß der Herr Czepuck nicht so dämlich ist, wie diese Leute annehmen. Bleiben Sie gesund.«

Ich nahm ihn beim Jackenzipfel und zog ihn durch die Tür nach draußen.

Der zweite und dann auch letztmalige Fall ereignete sich vielleicht ein halbes Jahr später. Ein junge Frau kam ins Büro gestürzt, ihr Kind auf dem Arm. »Ich bin aus der DDR abgehauen, was ich angesichts meiner Erlebnisse hier bitter bereue. Ich habe kein Geld, mein Kind hat nichts zu essen, bitte, Sie haben doch ein Auto und fahren öfter nach Berlin. Nehmen Sie mich mit. Bloß möglichst schnell.«

Wenige Tage zuvor hatte in der Presse eine Meldung gestanden, ich hatte sie noch auf meinem Schreibtisch, in der von dem Versuch der Entführung eines Republikflüchtlings in die DDR berichtet wurde. Vom Staatssicherheitsdienst organisiert usw.

Ich nahm diese Meldung und las sie ihr vor. Während meine Frau etwas weich wurde und dem greinenden Kind ein paar Kekse gab, begründete ich meiner Besucherin, wie sehr ich angesichts solcher Meldungen bedauere, ihr nicht helfen zu können, und begleitete sie zu Tür.

Selbst wenn beide Fälle echt gewesen sein sollten, konnte ich gar nicht anders handeln, um die Korrespondentenposition nicht aufs Spiel zu setzen. Man stelle sich nur mal die Schlagzeilen vor, wenn ich »erwischt« worden wäre. Und ich wäre »erwischt« worden, dessen bin ich mir angesichts der Plumpheit der Vorgänge so gut wie sicher. Ich hake das heute unter dem Rubrum Kalter Krieg ab. Vielleicht könnten sich das manche sogenannte Widerstandskämpfer in der ehemaligen DDR auch mal durch den Kopf gehen lassen.

Zu meinen größeren Erlebnissen auf dem Gebiet der Bonner Innenpolitik gehören 1961 meine beiden Besuche in den Bremer Borgward-Automobilwerken. Die Bundesrepublik stak zu dieser Zeit wieder einmal in einer zyklischen wirtschaftlichen Krise. Das zeigte sich nicht nur bei der Automobilindustrie, die mit Ausnahme von Daimler-Benz mit einer gebremsten Produktion aufwartete. Selbst BMW, heute eines der Vorzeigeunternehmen westdeutscher Automobilbauer, mußte Folgen der Absatzkrise erfahren und Kurzarbeiten sowie Entlassungen vornehmen.

Da kamen von den Borgward-Werken in Bremen, dem fünftgrößten Autohersteller der BRD alarmierende Nachrichten. Das etwa 100.000 Wagen jährlich produzierende Unternehmen hatte ca. zwanzigtausend Wagen, angefangen vom Typ »Isabella« bis zum kleinen »Lloyd«, unverkäuflich vor den Werktoren »auf Halde« stehen. Borgward stand vor einem Offenbarungseid. 210 Millionen DM Schulden, damals eine ziemlich große Summe, hatten das Werk auf eine ruinöse, steil abschüssige Straße gebracht. Ich fuhr nach Bremen, gemeinsam mit einem Kollegen vom Prager Rundfunk, und wir erfuhren, wie ein Werk mit 20 000 Arbeitern an den Abgrund geraten war und nun von der Konkurrenz in diesen Abgrund gestoßen wurde.

Da passierte dann etwas, was wir in Neufünfland dreißig Jahre später zuhauf erleben konnten. Es wurde eine Auffanggesellschaft gegründet. Die arbeitete ein Sanierungsprogramm aus. Der Sanierer war ein sehr bekannter Wirtschaftsprüfer aus Bayern. Er hieß Dr. Semmler und hatte sich bereits für seine Partei, die CSU, in mehreren Skandalen hervorgetan. Der Flickkonzern, der damals noch hinter BMW stand, zeigte plötzlich Interesse an einer Übernahme des Werkes in Bremen, aber nur, wenn es gesundgeschrumpft worden wäre. Die erste Sanierungsmaßnahme des Herrn Dr. Semmler bestand darin, 5 000 Arbeiter zu entlassen und die Löhne für den Rest der Mitarbeiter zu senken, weil die Lohnkosten das Werk ruiniert hätten. Das gesundgeschrumpfte Werk sollte dann von einem stärkeren Partner übernommen werden. BMW ante portas.

In einem Gespräch klagte der damalige Leiter des Landesarbeitsamtes Bremen, Bovensiepen, es sei klar, daß man 5 000 Arbeitslose niemals auf dem Bremer Arbeitsmarkt unterbringen könne. Die Hansestadt rückte an die erste Stelle der Arbeitslosenstatistik in der BRD.

Aber für BMW war es dann wohl doch besser, die eigene Produktion anzukurbeln, wenn man einen Konkurrenten ganz ausschaltete. Ein halbes Jahr später machte Borgward dann das Werk völlig dicht.

Anfang Juli war ich noch mal in Bremen und beschrieb die letzte Schicht. Die ganze Tragödie kann man in den ND-Ausgaben vom 12. Februar 1961 und vom 6. Juli 1961 nachlesen.

Was ich da beschrieben hatte, war die westdeutsche kapitalistische Wirklichkeit. Heute, nach den Erlebnissen, die DDR-Arbeiter aus Großbetrieben mit Sanierung und Gesundschrumpfung selbst sammeln mußten, würde mit mir sicherlich niemand über bösartige Propaganda diskutieren. Damals freilich wurden derlei Dinge aus dem Wirtschaftswunderland noch ein wenig angezweifelt. In einer Reihe von Leserversammlungen habe ich selbst über Erlebnisse und Gespräche mit Bremer Arbeitern gesprochen. Ein Hauch des Zweifels blieb bei etlichen Zuhörern dennoch zurück. Wahrscheinlich, so dachten manche meiner Zuhörer, wollte ich Leute abhalten, ins Wirtschaftswunderland »rüberzumachen«.

Man schrieb ja das Jahr 1961. Die DDR hatte ihre wirtschaftlichen Probleme, viele Bürger versuchten sie persönlich durch ihren Weggang aus diesem Lande zu lösen und gingen dorthin, wo das Wirtschaftswunder vermutet wurde und verglichen mit vielen Erscheinungen in der DDR, scheinbar auch stattfand. Dennoch würde ich gern, jetzt an der Jahrhundertwende, nach zehn Jahren kapitalistisch-deutscher Einheit nochmals an diese Diskussion anknüpfen und über die Tatsachen, die das Wirtschaftswunder schuf, mit den damaligen Zweiflern diskutieren wollen.

Millionenfach sind DDR-Bürger inzwischen in der BRD sehr hart gelandet. Ich weiß nicht, warum manche Leute den Vorwurf erheben, daß immer noch nicht alle ehemaligen DDR-Bürger in der Bundesrepublik angekommen sind. Sollte dies ein Vorwurf sein, weil sich viele diese Ankunft anders vorgestellt haben?

Der 13. August 1961

Zu den bemerkenswertesten Daten der deutschen Nachkriegsgeschichte gehört zweifelsfrei der 13. August 1961. Auch hier ist, wie bei der Spaltung Deutschlands mit ihrer völkerrechtlichen Verhärtung durch die Gründung der beiden deutschen Staaten oder dem Zusammenbruch der DDR und dem folgenden Anschluß an die BRD, die Frage nach Ursachen und Verursachern, Opfern und Tätern, Verlierern und Gewinnern, Folgen und deren Erscheinungen noch nicht ausdiskutiert. Das wird vorläufig und mindestens solange auch noch so bleiben, solange die Schreiber, Beschreiber und Umschreiber der deutschen Geschichte es sich so leicht wie bisher machen: Sie stellen Behauptungen auf, blättern in beliebigen Akten, schreiben mehr oder weniger korrekt ab und ziehen ihre Schlüsse, ob richtig oder nicht, wenn sie nur in die aktuelle Politik der jeweils herrschenden Partei passen.

Wir kennen das zum Teil auch aus der DDR, wo manchmal Historiker beweisen mußten, daß ein aktueller Schritt gradlinig in die Geschichte paßte. Insofern gleichen sich die Systeme: Es gibt immer Sieger und Verlierer in der Geschichte. Selbsternannte Sieger, wie wir das auch manchmal in der DDR zu hören bekamen oder scheinbar tatsächliche, wie sich die Gewinner des Kalten Krieges auf deutschem Boden begreifen. Wie auch immer: Der Sieger schreibt dann die Geschichte entsprechend auf oder um. Der Verlierer hat das zu akzeptieren. Eine Diskussion darüber findet allenfalls nur im vertrauten Kreise und schon gar nicht kontrovers statt. Und wenn sich auf der Verliererseite Einspruch bemerkbar macht oder gar Widerspruch angemeldet wird, dann beginnt die unsachliche Auseinandersetzung mit den Altlasten.

Ähnlich, wie schon beim 17. Juni 1953, ist das auch mit dem 13. August 1961. Kaum jemand macht sich heute noch die Mühe, die Vorgeschichte aufzudecken, die Mitwisser und Mittäter aufzuspüren. Unter dem Strich würde dann möglicherweise immer noch ein Manko für die DDR herauskommen. Aber vieles wäre besser oder zumindest anders erklärbar, als es die schrecklichen Vereinfacher es jetzt tun.

Zunächst muß man einmal davon ausgehen, daß die Geschichte des Mauerbaus mit der separaten Währungsreform 1948, der dann folgenden Vollendung der Spaltung Deutschlands durch die Gründung der beiden deutschen Staaten und ihr Kampf gegeneinander als Teil des Kalten Krieges begann. Eine Grenze war durch Deutschland gezogen worden, bedingt allein schon durch zwei Währungs- und Wirtschaftssysteme. Irgendwann konnte es von der einen, in diesem Falle der schwächeren Seite, nicht mehr hingenommen werden, daß durch die Porösität dieser Grenze immer größerer Schaden für das eigene Wirtschaftsgefüge entstand. Der Kieler Wirtschaftswissenschaftler Prof. Baade hat nach dem Mauerbau einmal vorgerechnet, daß die offene Grenze die DDR etwa 100 Milliarden DM gekostet hat. Nutznießer war die Bundesrepublik, die jetzt so sehr bemüht ist, die DDR-Schulden für ihre defizitären Kassen und die Banken hochzurechnen.

Wenn man das alles ernsthaft hätte vermeiden wollen, dann hätte man auch mehr für die Einheit Deutschlands tun müssen. Über die Vorschläge, die Spaltung Deutschlands zu verhindern, später zu überwinden, ist schon gesprochen worden. Wer dies also immer wieder verhinderte, trotz eindringlicher Warnungen und Mahnungen, daß alles noch schlimmer werden wird, kann sich von einer gewissen Mitschuld an dem sicherlich nicht glücklichen Schritt mit schlimmen Folgen freisprechen wollen.

Man denke auch an die jahrelange Kampagne der Springerpresse: Macht das Tor auf!, die zu einer Zeit begonnen wurde, als das Tor ja noch offen war. Man denke an die geradezu hysterische Aufputschung, mit der der Flüchtlingsstrom von Ost nach West begleitet wurde, wobei wir wissen, daß sich dieser Flüchtlingsstrom zu 95 Prozent aus ganz pragmatischen wirtschaftlichen, weit weniger aus politischen Gründen ergab (was tut man heute mit Wirtschaftsflüchtlingen, die um Asyl nachsuchen!), wobei wir auch wissen, daß dieser Flüchtlingsstrom organisiert wurde (Betriebe ließen durch eintreffende Flüchtlinge andere gezielt nachziehen: Facharbeiter, Ingenieure, Ärzte usw. – wieviel Ausbildungskosten hat die BRD dadurch gespart?). Die Schlagzeilen, die sich seinerzeit aus dem traurigen Faktum machen ließen, erinnerten außerdem fatal an die organisierten »Flüchtlingsströme« 1938 aus dem Sudetenland und 1939 aus Polen, mit denen die Nazipropaganda ihre Überfälle auf jene Länder im eigenen Land psychologisch vorbereiteten. Ich weiß, daß solche Vergleiche einigen Leuten heute nicht gefallen, besonders denjenigen nicht, die ständig Vergleiche zwischen Hitlerdeutschland und der DDR herzustellen versuchen. Freilich, darüber nachzudenken ist notwendig, weil dieser Zeitabschnitt zur deutschen Geschichte dieses Jahrhunderts gehört. Denn wenn man schon vergleicht, dann sollte man das umfassend tun, auch auf die Gefahr hin, daß die BRD ebenfalls nicht gerade glänzend abschneidet.

Es ist schon so, wie das beim Berliner »Tagesspiegel« (5. Juli 1998) einmal zum Ausdruck kam, der einen Historiker zitierte, der erklärte, für Politiker, die ständig mit der Geschichte argumentieren, sei es wie mit einem unversiegbaren Dorfbrunnen, »aus dem jeder das Wasser des Beispiels schöpfe, um seinen Unflat abzuwaschen«. Kommentar des Blattes: »Und es ist wohl nicht zu ändern, daß dabei nicht die Wahrheit, sondern der eigene Vorteil im Vordergrund steht.«

Man muß nämlich, wenn man sich zum Schreiben der Geschichte der Mauer niedersetzt, auch daran denken, daß genau zu einer Zeit, da die DDR auch durch die Abwanderung Hunderttausender ausgebildeter Arbeitskräfte in enorme, ja schon krisenartig zu nennende Schwierigkeiten geraten war, auf Anraten Außenministers von Brentano und unter Druck der USA, die ihren Brückenkopf Westberlin nicht verlieren wollten, das deutsch-deutsche Handelsabkommen gekündigt wurde. Die daraufhin sofort ausbleibenden, aber vertraglich vereinbarten Lieferungen störten den Produktionsablauf in der DDR, von dem ja auch die UdSSR und andere RGW-Staaten abhingen, ganz wesentlich. Deshalb mußte als Gegenmaßnahme von der DDR versucht werden, die eigene Wirtschaft unter der Losung »Störfreimachung« wenigstens dem Westen gegenüber autark zu machen. Was das für eine Volkswirtschaft, wie die der DDR bedeutete, ist auch für wirtschaftliche Laien nachvollziehbar. Woanders dringend benötigte Investitionen mußten dort eingesetzt werden – gesamtwirtschaftlich gesehen, oft unsinnig –, wo es die Störfreimachung erforderte. Das sollte man dort überlegen, wo immer nur von hausgemachten Problemen gesprochen wird, die den Untergang des Sozialismus herbeiführten. Natürlich darf sich das der Westen ruhig auf seiner Habenseite des letztendlich erfolgreichen Kampfes gegen die DDR verbuchen. Wenn er so etwas als Erfolg ansieht, dann bitte. Aber man muß nicht alles dem Sozialismus von Anfang an in die Schuhe schieben. Es bleibt immer noch genug Hausgemachtes übrig. Jedoch sollte man nicht eine solche entsetzliche Vereinfacherei betreiben, wie das so häufig geschieht.

Zwar wurde nach scharfen Protesten das innerdeutsche Handelsabkommen im Dezember 1960 wieder in Kraft gesetzt, aber seine Kündigung hatte eine Lawine ins Rollen gebracht, die so schnell nicht wieder aufgehalten werden konnte. Und aus Vorsichtsgründen wurde die Politik der Störfreimachung auch nicht wieder so schnell aufgehoben, weil man neue Vertragsbrüche von bundesdeutscher Seite nicht ausschließen konnte. In puncto Vertragstreue hat sich Deutschland in seiner Geschichte doch schon so allerhand geleistet, so daß Vorsicht durchaus am Platze war. Letztendlich natürlich zum Schaden der DDR-Wirtschaft.

Man denke schließlich auch daran, daß durch das emsig geförderte Ausbluten der DDR natürlich die Gefahr von Auseinandersetzungen heraufbeschworen wurden, bis hin zur Androhung militärischer Konflikte.

Insbesondere nach der sowjetischen Westberlin-Note vom November 1958 wurde die militärische Stimmung angeheizt. Man tat, als stünde jederzeit ein militärischer Angriff auf Westberlin oder die Bundesrepublik bevor. Man muß einmal die Bundestagsreden aus jener Zeit nachlesen, wo sich Franz Josef Strauß, der damalige Bundesverteidigungsminister, geradezu überschlug, wenn es darum ging, die militärische Gefahr durch die Sowjetunion an die Wand zu malen. Er sprach nur noch von einem Fall Rot, den er kenne. Es war die Zeit, da in Westdeutschland die Gunst der Stunde genutzt wurde, um nach Atomwaffen für die Bundeswehr zu rufen. Man darf die Denkschrift des Führungsstabes der Bundeswehr vom 20. August 1960 nicht vergessen, in der es wörtlich heißt: »Die Bundeswehr ist für die Sicherheit der Bundesrepublik mit verantwortlich. Sie kann weder auf die allgemeine Wehrpflicht, noch auf die Zugehörigkeit zur NATO, noch auf eine atomare Bewaffnung verzichten. Wenn die Bundeswehr diese militärischen Forderungen stellt, greift sie nicht in die Parteipolitik ein ... Es ist aber Aufgabe der Bundeswehr, der politischen Führung rechtzeitig und klar zu sagen, welche Mittel sie zur Erfüllung ihres Auftrages braucht ... Der aggressive, auch zur Gewalt entschlossene Gegner läßt keine andere Wahl.«

Das war eine ziemlich deutliche Sprache, die im Osten nicht ungehört verhallen konnte. Der Versuch, in Krisenzeiten manche Dinge gegenüber dem Staat durchzusetzen, die unter normalen Umständen nicht zu haben waren, ist ein altes probates Mittel, sowohl der Militärs als auch in anderen Fällen des Bank- und Rüstungskapitals.

Freilich haben die USA bis jetzt noch nicht zugelassen, daß die Bundeswehr direkt mit atomaren Waffen ausgerüstet wurde. Aber die Forderungen der Militärs führten immerhin dazu, daß eine Stationierung von amerikanischen Atomwaffen in der Bundesrepublik erfolgte, vor allem aber die Atomforschung im eigenen Lande forciert wurde. Sie gehört heute weltweit zu den führenden Industriezweigen auf diesem Gebiet. Und wenn man schon nicht im eigenen Lande experimentieren kann, dann tut man es eben im Ausland. Es ist nicht klar, ob Israel und das damals noch von der Apartheid diktierte Südafrika in den Rang geheimer Atommächte gelangt wären (von denen man freilich heute nicht sehr laute Töne hört), wenn nicht die Hilfe deutscher Atomkonzerne gewesen wäre. Auch Pakistan und Indien wären ohne die deutsche technologische Unterstützung, insbesondere des Siemenskonzerns, nicht in der Lage gewesen, 1998 ihre verhängnisvollen Atomwaffenversuche zu unternehmen. Deshalb war der Protest, der aus Deutschland kam, im Vergleich mit der übrigen Weltmeinung auch so verhalten.

Aber zu Beginn der sechziger Jahre gehörte es zum guten Ton der militärischen Scharfmacher, daß mit an die Wand gemalten Gefahren, eigene Absichten durchgesetzt werden sollten.

Unterstützt wurden diese Kassandrarufe dann auch durch Äußerungen amerikanischer Präsidentenberater wie Henry Kissinger, der später einmal den Friedensnobelpreis erhalten sollte, in einem Spiegel-Interview vom 11. Februar 1959, wo er ganz im Sinne dieser Leute, freilich nicht im Sinne der damaligen amerikanischen Administration, drohte: »In der jetzigen Lage würde uns nichts anderes übrigbleiben, als einen großen Krieg anzufangen, wenn ein Angriff auf Westdeutschland oder auf Berlin stattfinden sollte.«

Solche beunruhigenden Äußerungen ließen natürlich auf der östlichen Seite die Alarmglocken schrillen. Es komme mir jetzt keiner, der mir ernsthaft erklären will, daß die Sowjets damals Gewehr bei Fuß an der Westgrenze gestanden hätten, um die BRD zu überfallen. Dazu hatten sie ganz andere Sorgen. Aber sie fühlten sich in ihrer eigenen Propaganda vom gefährlichen Aufleben des deutschen Militarismus bestätigt und damit auch in gewisser Beziehung herausgefordert.

Und wenn man auch noch vom ehemaligen Nazigeneral und damaligen Bundeswehrchef Heusinger hörte, daß von den geplanten zwölf Divisionen sieben einsatzbereit seien, nachdem der Bundestag unter dem harmlosen Namen »Novelle zur Änderung des Bundesleistungsgesetzes« beschlossen hatte, daß der Führungsstab (Generalstab) der Bundeswehr auch bereits vor dem Eintreten des Verteidigungsfalles Zwangsdienstleistungen herbeiführen und Requirierungen vornehmen lassen konnte, dann löste das natürlich theoretische Abwehrüberlegungen im Osten aus. Dabei sollte man nie vergessen, daß es nicht die Sowjetunion war, die ein Rollback des Kapitalismus als Ziel des Kalten Krieges verkündet hatte, sondern der frühere amerikanische Außenminister Dulles den Sozialismus zurückrollen wollte. Denn die »kleinen Mobilmachungsgesetze« der Bundesrepublik, von denen heute niemand mehr etwas hören will, wenn über deutsche Nachkriegsgeschichte geredet wird, liefen im Grunde genommen auf die Möglichkeiten von Mobilmachungen hinaus, die am Parlament vorbei erfolgen konnten, und waren ein Vorgriff auf die Notstandsgesetze, die bereits in der Diskussion standen.

Zu der Zeit äußerte sich auch der rechtslastige Strauß-Berater Alfons Dalma im »Münchner Merkur«, daß man notfalls »eine Explosion in der DDR auslösen« müsse, weshalb man entsprechende psychologische Vorbereitungen zu treffen bereit sein solle. Da konnte man in der »Bonner Rundschau« am 9. Juli 1961 lesen, daß Bundesrepublik und Verbündete bereit sein müßten, »alle Mittel des Krieges, des Nervenkrieges und des Schießkrieges anzuwenden. Dazu gehören nicht nur herkömmliche Streitkräfte und Rüstungen, sondern auch die Unterwühlung, das Anheizen des inneren Widerstandes, die Arbeit im Untergrund, die Störung von Verkehr und Wirtschaft, der Ungehorsam, der Aufruhr ...«

Während seiner USA-Reise vom 14. Juli bis 1. August dieses Krisenjahres erklärte Bundesverteidigungsminister Strauß, im Falle eines bewaffneten Berlinkonfliktes habe die Bundeswehr die Hauptlast zu tragen, was eine modernere Bewaffnung voraussetze und die Verlängerung der Wehrdienstzeit von zwölf auf achtzehn Monate.

Am 1. August wurden dann auch noch die NATO-Verbände in Alarmbereitschaft versetzt.

Die DDR-Propaganda sah darin, zum damaligen Zeitpunkt möglicherweise nicht zu Unrecht, eine akute militärische Bedrohung. Wenn einmal die Westgeheimakten geöffnet werden, wird man wahrscheinlich entdecken, daß dies vielleicht eine vorbeugende Maßnahme gegen Alleingänge der Bundeswehr war. Aber sicher war das damals nicht so genau festzumachen. Von heute her betrachtet, zogen jedenfalls von allen möglichen Seiten Gefahren auf, die nicht zu unterschätzen waren.

Bei alledem ist anzunehmen, daß zu diesem Zeitpunkt die USA in Wahrheit über bestimmte Maßnahmen des Warschauer Paktes informiert waren, was in ihren Augen keine Bedrohung eigener essentieller Interessen darstellte.

Immerhin: Nach außen hin schien sich die militärische Situation in Mitteleuropa zuzuspitzen, denn auch der westdeutsche NATO-Oberbefehlshaber Europa-Mitte, General Speidel, inspizierte (rein zufällig?) Bundeswehreinheiten in der Nähe der Grenze zur DDR.

Man muß bei allen Überlegungen, frei von ideologischem Sperrmüll auf beiden Seiten, daran denken, daß zwischen den Großmächten, vor allem den USA und der Sowjetunion, auf Gipfeltreffen über die Notwendigkeit gesprochen wurde, einen militärischen Konflikt, auf den sich die Lage auf deutschem Boden zuspitzte, auf alle Fälle zu vermeiden.

Im Juni 1961 war das beim Treffen zwischen Chruschtschow und Kennedy in Wien der Fall. Ich war als Berichterstatter dort und bin heute fest davon überzeugt, daß die beiden »Großen« sich auf eine Lösung geeinigt hatten, die wir wenige Wochen später erlebten. Daher auch die relative Ruhe in den USA, als der Beginn des Mauerbaus am 13. August 1961 bekannt wurde. Auch Adenauer war im großen und ganzen über Möglichkeiten, die Grenzen dicht zu machen, informiert, sonst hätte er sich, als ihn an dem bewußten Sonntagmorgen sein Staatssekretär Globke mit der schlimmen Nachricht weckte, in seinem Bett nicht noch mal auf die andere Seite gedreht, was ihm bis in die Schlagzeilen hinein die westdeutschen Scharfmacher in den Medien und anderswo besonders übelnahmen.

Beiden, sowohl Kennedy als auch Adenauer, hat das bitterböse Vorwürfe vor allem der Springerpresse eingebracht. Daß sie sich erst später zu Berlinbesuchen entschlossen, als sich die Lage etwas beruhigt hatte, waren sie natürlich ihrem Image schuldig, nicht dem Kriegsgeschrei der Medien.

Einer, der damals mit Sicherheit nicht konkret informiert war, war der damalige Westberliner Regierende Bürgermeister und SPD-Kanzlerkandidat, Willy Brandt. Er gebärdete sich deshalb auch am heftigsten. Es darf ja nicht vergessen werden, daß der Bundestagswahlkampf in Westdeutschland in seine letzte Phase getreten war. Im September sollte der neue Bundestag gewählt werden. Beide Kanzlerkandidaten, Adenauer(CDU) und Brandt (SPD) nutzten, das Ereignis auf ihre Weise.

Am 11. und 12. August fand in Nürnberg ein SPD-Deutschlandtreffen statt, auf dem Willy Brandt eine ziemlich scharfe Attacke gegen die DDR ritt. Er erklärte dort, daß die Volkskammer soeben (11. August) ein Ermächtigungsgesetz für Walter Ulbricht beschlossen habe. Es gäbe der DDR-Regierung unbegrenzte Vollmachten, für die Sicherheit der DDR zu sorgen, was Brandt als quasi-Mobilmachung auslegte und als Kriegsgefahr durch die DDR an die Wand menetekelte. Genaueres konnte Brandt natürlich auch nicht sagen.

Er befand sich dabei übrigens auf dem gleichen Wissensstand der Volkskammerabgeordneten, die beschlossen hatten, die DDR-Regierung mit der »Vorbereitung und Durchführung aller Maßnahmen zu beauftragen, die sich aus der Moskauer Tagung der Warschauer Vertragsstaaten vom 3.bis 5. August ergeben« hatten.

Trotz dieser Unwissenheit hätte Brandt freilich nicht übersehen dürfen, daß am gleichen Tage (11. August) durch den Bundestag in Bonn zwei Verordnungen beschlossen wurden, die es ermöglichten, wiederum vor Eintritt des Verteidigungsfalles, in Westdeutschland Rekrutierungen von Arbeitskräften im Alter von achtzehn bis sechzig Jahren für militärische Zwecke vorzunehmen. Innenpolitisch gesehen waren diese, wie auch die weiter obenerwähnten Verordnungen und Gesetzesnovellen natürlich der Versuch, die bis dahin in ihrem Entwurf vorliegenden Notstandsgesetze unter Hinweis auf möglicherweise akut drohende Gefahren scheibchenweise durchzusetzen. Außenpolitisch wirkten sie allerdings in dieser angespannten Situation wie eine Provokation und waren insofern natürlich eine Argumentationshilfe für die östliche Seite.

Aber während man damals von der Bonner Seite aus bewußt Maßnahmen traf, die einen solchen Eindruck hinterlassen mußten, klammert man heute derartige Dinge aus jedweder historischen Betrachtung aus, um die Alleinschuldigen für den Mauerbau und seine sicher schlimmen Folgen in der DDR festschreiben zu können.

Als ich am 12. August meinen Abschlußbericht über das SPD-Deutschlandtreffen nach Berlin durchtelefonierte, wurde ich gebeten,

Montag früh (14. August) in der Redaktion zu sein. Ich fuhr also Sonntagmorgen von Nürnberg Richtung Berlin, nachdem ich meine Frau benachrichtigt hatte, die mit unseren Kindern, die ihre Ferien bei uns verlebten, allein in Bonn geblieben war. Da nun Sonntag war, beschloß ich, bei meinen Eltern, die in der Niederlausitz dicht an der Autobahn wohnten, vorbeizufahren, um Montagmorgen rechtzeitig in Berlin zu sein. Auf dem Gebiet der DDR schaltete ich dann das Autoradio ein und wurde ununterbrochen mit Stimmen aus der Bevölkerung bombardiert, die sich zustimmend zu den »Maßnahmen der Regierung« äußerten. Dieser Aufwand mußte einen Grund haben. Den allerdings erfuhr ich, trotz weiteren Abhörens der Nachrichten, erst bei meinen Eltern.

Ich konnte wieder einmal das Informationswesen der DDR genießen, das sehr oft in Kommentierungen von Ereignissen bestand, dessen Kerngehalt beim zufälligen Leser oder Zuhörer nicht unbedingt bekannt war. Mein Vater konnte mir indes auch nur sagen, der DDR-Rundfunk habe frühmorgens bekannt gegeben, daß die Staatsgrenze der DDR durch einen Beschluß der Regierung und des Warschauer Vertrages gesichert worden sei. Auch der Westrundfunk gab mir keine klare Antwort auf die Frage, was denn nun tatsächlich passiert sei. Auch da wurden im wesentlichen Leute zu den neuesten Ereignissen befragt, die auf die DDR schimpften, weil sie den Flüchtlingen keine Möglichkeit mehr ließen, auf Westberliner Gebiet zu gelangen. Von einem Mauerbau war zu der Stunde keine Rede. Und es gab sie ja auch noch nicht.

Ich setzte mich also noch am Sonntagnachmittag in meinen Wagen und fuhr nach Berlin. Kurz vor dem Berliner Ring wurde ich von Panzern gestoppt. Immerhin hatte ich ein Bonner Kennzeichen an meinem Wagen und wurde mit vorgehaltener und wahrscheinlich auch schußbereiter MPi zum Aussteigen aufgefordert. Dem Volksarmisten, der mich aufklärte, daß im Augenblick niemand nach Berlin käme, konnte ich den Umstand, daß ich der Bonner Korrespondent des ND sei und nun zu meiner Redaktion müsse, nicht verdeutlichen. Er hatte seinen Befehl und den führte er – natürlich zu Recht – aus. Es dauerte eine Weile, ausgefüllt mit nachhaltigen Diskussionen von inzwischen dazugestoßenen Unteroffizieren und Feldwebeln über mein Auto und über Hinz und Kunz, bis ein Offizier herangerufen worden war. Der, nach eigener Auskunft ein ND-Leser, klärte nach Überprüfung meiner Papiere den Sachverhalt auf und ließ mich passieren. Allerdings gab er mir ein Begleitfahrzeug mit, daß mich dann durch weitere Sperren lotste, bis ich das Stadtgebiet erreicht hatte. Dort stieg ich erst einmal aus und las den Anschlag mit der Bekanntmachung der Regierung und des Oberbefehlshaber der Warschauer Vertragsstaaten an einer Litfaßsäule und wußte nun zumindest, daß es sich um eine militärische Aktion zur Absperrung der Grenzen handelte.

Ich fuhr dann durch bis zum Brandenburger Tor und war zunächst erstaunt, daß ich ungehindert in Richtung Westberlin passieren konnte, wozu mich dann auch meine journalistische Neugier trieb. Später erfuhr ich, daß zu dieser Zeit noch Fahrzeuge mit einer westdeutschen Nummer die durch NVA und Kampfgruppen sowie mit spanischen Reitern abgesperrte Grenze passieren konnten. Erst nach und nach kamen Betonplatten hinzu, die zu einer ersten Art Mauer gestapelt wurden.

Aber so entdeckte ich, daß britische Truppen bei einer Absperrung auf westberliner Seite aktiv geworden waren, um aufgebrachte Westberliner, die dann im Tiergarten noch mal von Westberliner Polizei gehindert wurden, weiter in Richtung Grenze vorzudringen, von Unbedachtheiten abzuhalten. Als ich später über die Friedrichstraße wieder in den DDR-Hauptstadtteil einreiste, sah ich auch sowjetische und amerikanische Soldaten auf der jeweils von ihnen kontrollierten Seite. Zumindest in Berlin vollzog sich also die erste Sperrung der Grenze und die Vorbereitung des Mauerbaus unter alliierter Aufsicht und deshalb wohl auch relativ friedlich.

Am nächsten Morgen erfuhr ich dann von meinem Chefredakteur Axen, zu dem ich gleich bestellt wurde, weitere Einzelheiten. Ich sollte jedenfalls gegen 10.00 Uhr zu einer von Walter Ulbricht für Chefredakteure der DDR-Medien gegebenen Pressekonferenz erscheinen, um über das Nürnberger Deutschlandtreffen und meine Eindrücke zu sprechen. Ich wurde dann den ganzen Tag in der Redaktion festgehalten und beschloß, erst am anderen Morgen wieder nach Bonn zurückzufahren. Allerdings konnte ich meine Frau zunächst nicht benachrichtigen, was ich zu ihrer Beruhigung natürlich unbedingt tun wollte. Alle Leitungen waren unterbrochen. Ich rief daraufhin unser Büro in Prag an und bat dort meinen Kollegen Herbert Naumann (den später letzten Chefredakteur des ND bis 1989), zu versuchen, meine Frau zu erreichen. Der konnte aber nur ein Fernschreiben im unbesetzten Büro absetzen. Aufs Telefonieren mit der Privatwohnung kam er wohl zunächst nicht. Da war es inzwischen Mitternacht. Ich bat ihn dranzubleiben und am nächsten Morgen wenigstens noch mal anzurufen, daß ich unterwegs sei.

Der 13. August hatte nicht nur eine Reihe von Ursachen, sondern vor allem zahlreiche Folgen. Da muß man zunächst die menschlichen nennen, die Zerreißung von Familien (obwohl ihre Wiedervereinigung nach 1989 auch ihre verwandtschaftlichen Tücken und Grenzen zeigte und

Entfremdungen oftmals bis heute nicht überwunden hat), der Tod an der Grenze, wobei sowohl Grenzverletzer als auch Grenzschützer als Opfer zu beklagen sind. Aber die Folgen, die weit über den persönlichen Bereich hinausgehen, sind trotz aller menschlichen Tragik wesentlich bedeutsamer.

Um mit dem Positiven zu beginnen: Der 13. August hat ein europäisches Umdenken befördert, er hat in der BRD Nachdenken über Realitäten ausgelöst, darüber, wie man mit ihnen umgehen kann und muß (ohne den 13. August beispielsweise hätte es letztlich keine neue Ostpolitik, über die schon vor der SPD nachgedacht wurde, gegeben), er hat schließlich in der DDR, zumindest bis zum Ende der sechziger Jahre, auch ein neues Denken ermöglicht, weil die Mauer außer ihren zweifelsfreien Schattenseiten (Der Vorwurf, man habe das eigene Volk eingesperrt, konnte eben nie entkräftet werden) doch eine gewisse wirtschaftliche Stabilität schaffen half und in dem Zusammenhang neue Möglichkeiten geboten hat – oder hätte (über den Unterschied muß man schon nachdenken, besonders was die letzten beiden Jahrzehnte der DDR-Existenz anlangt), nicht nur die Wirtschaft, sondern das ganze System zu reformieren. Ansätze wurden ja alsbald gemacht. Mit der Projektierung eines neuen ökonomischen Systems der Planung und Leitung der Volkswirtschaft (NÖSPL) waren nicht nur Wirtschaftsreformen möglich geworden, ein bisher unmöglich gewesenes Antasten heiliger Kühe im sowjetisch geprägten Sozialismus, was auch in anderen sozialistischen Ländern zu dieser Zeit angedacht und mehr oder weniger probiert wurde, sondern als unausbleibliche Folge auch ein anderes öffentliches Verhalten zur Folge gehabt und dadurch auch mehr Demokratie möglich gemacht hätte. Die Denker bei der Entwicklung des NÖSPL, die eigentlich schon nach dem XX. Parteitag der KPdSU mit ihren Überlegungen begonnen hatten, aber sie bei einer wirtschaftlich offenen Grenze nicht durchsetzen konnten, wollten nicht nur gesamtwirtschaftliche Planung mit den Mechanismen des Marktes verbinden, sondern suchten in diesem Zusammenhang nach der essentiellen Verbindung von Sozialismus und Demokratie. Prof. Herbert Wolf, einer der befähigsten Vordenker des NÖSPL, hat es 35 Jahre später folgendermaßen ausgedrückt: »Wir hofften, die in Gang gesetzten Mechanismen würden ihre politischen Auswirkungen zeigen. Die formal vorhandene Demokratie wäre tatsächlich mit Substanz ausgefüllt worden.« (»Neues Deutschland«, 14. Juli 1998)

Das jedenfalls schwebte den Reformern vor, die von gewissen Betonköpfen in den Führungen vornehmlich der KPdSU, der SED, in Bulgarien und Rumänien allzu schnell des Reformismus geziehen wurden, eines der schlimmsten Verdammungsbegriffe in der Geschichte der Kommunistischen Parteien.

In der DDR war die Lage besonders kompliziert. Die Tradition und die Nachkriegsgeschichte hatte sie in eine besondere Abhängigkeit von der Sowjetunion gebracht. Das war zu Chruschtschows Zeiten zwar etwas gemildert, aber der sowjetischen Partei- und Staatschef war im eigenen Lande aus den verschiedensten Gründen bereits unter Druck geraten. Um so erstaunlicher war das Verhalten Walter Ulbrichts, der, wie manch andere geschichtliche Persönlichkeit, im Alter anders, sagen wir mal: weiser regierte und reagierte, als es ganz sicherlich in früheren Jahren der Fall gewesen ist. Er setzte sich an die Spitze der Reformer, in der Hoffnung, sie so zum Erfolg zu führen. Rund zwei Jahre später, auf dem VI. Parteitag der SED im Januar 1963 verkündete er dann das Neue Ökonomische System der Planung und Leitung der Volkswirtschaft. Im Sommer sollte es auf den Weg gebracht werden. Aber mit Verkündungen im Sozialismus war es manchmal ähnlich wie bei Predigten in der Kirche. Allein dadurch hat sich in der zuhörenden Gemeinde noch nichts geändert.

Spätestens an dieser Stelle muß ich auf einen, der breiten Öffentlichkeit kaum bekannten, von westdeutschen Historikern an den Rand gedrängten und vom Adenauer Biographen Hans-Peter Schwarz – aus welchen Gründen auch immer – zeitversetzten Vorgang aufmerksam machen.

Am frühen Nachmittag des 16. August 1961 wurde ich vom sowjetischen Botschafter, Andrej Smirnow, angerufen und gebeten, wenn es meine Zeit erlaube, möglichst umgehend zu ihm zu kommen. Natürlich erlaubte es meine Zeit, wer schlägt als Korrespondent eine solche Einladung aus? In dem Gespräch in seinem Arbeitszimmer informierte mich Smirnow dann über eine Unterredung, die er um 12.00 Uhr, auf seinen Wunsch hin, mit dem Bundeskanzler Adenauer im Palais Schaumburg (damaliger bescheidener Sitz des Bundeskanzleramtes) gehabt habe, an der auch Außenminister von Brentano und Staatssekretär Globke teilgenommen hatten. Smirnow habe den Kanzler noch einmal die Situation um Berlin erläutert, die letztlich ein Ergebnis der halsstarrigen Kalte-Kriegspolitik des Westens sei. Daher könnten die Maßnahmen in Berlin, insbesondere nach dem Treffen Chruschtschows mit Kennedy im Juni in Wien, keine Überraschung gewesen sein.

Die Antwort Adenauers auf die Erklärungen Smirnows faßte der Botschafter mir gegenüber folgendermaßen zusammen:

1. Das Bonner Kabinett habe soeben beschlossen (am 16. August!), einen formellen Protest einzulegen, mit dessen Formulierung Außenminister von Brentano beauftragt worden sei. Er selbst habe die Forderun-

gen von Kabinettsmitgliedern und dem Regierenden Bürgermeister von Berlin, Brandt, der an der Sitzung teilgenommen habe, abgelehnt, an einer Protestkundgebung in Westberlin teilzunehmen. Er werde zwar früher oder später nach Berlin fliegen. Aber in einer solchen Situation ließe er sich nicht unter Druck setzen.

2. Die Abriegelung der Grenze sei »eine lästige und unangenehme Sache, die über das Nötige hinaus hochgespielt« worden sei. Er versichere, daß von Bonner Seite nichts geschehen werde, was die Lage verschärfe. Er bitte jedoch die Sowjetunion, die Situation in Ostberlin und der DDR zu mildern, damit es zu »keiner Explosion« komme.

3. Adenauer trage sich mit dem Gedanken, der nicht von allen Kabinettsmitgliedern mit getragen werde, der Sowjetunion einen zehnjährigen Burgfrieden anzubieten. In dieser Zeit könnte die UdSSR ihre Wirtschaft in Ordnung bringen. Es sollten sich aber auch die Wirtschafts- und Lebensverhältnisse in der DDR so verbessern, daß die Leute nicht mehr flüchten müßten. Dann könne man über eine weitere Zusammenarbeit oder auch Annäherung sprechen. Auf alle Fälle aber müßte der Frieden in Mitteleuropa gesichert werden.

Smirnow habe Adenauer darauf geantwortet, daß er dessen »interessante Anregungen« nach Moskau melden werde. Er persönlich sehe keinen Grund, darüber nicht zu verhandeln. Darauf habe Adenauer angemerkt, daß dies aus taktischen Gründen nicht vor den anstehenden Bundestagswahlen (17. September) zweckmäßig sei.

Smirnow hielt dieses Gespräch für geradezu sensationell. Er bat mich nun, und das zeigt auch die damalige Situation in Moskau, möglichst schnell Walter Ulbricht, und nur ihn persönlich, über dieses Gespräch zu informieren. Er könne das nicht tun, obwohl er Walter Ulbricht aus der Zeit von 1945 sehr gut kenne, weil es ihm natürlich sein diplomatischer Status verbiete. Andererseits bezweifle er, daß Moskau Berlin so ausführlich, wenn überhaupt, informieren würde. Es scheine ihm nicht klar, welche Antwort aus Moskau kommen werde. (Die Antwort erfolgte, vereinbarungsgemäß, nach den westdeutschen Wahlen am 27. Dezember 1961 in einer Note, die das sowjetische Außenministerium den Bonner Botschafter in Moskau überreichte. In dieser Note wurden Verhandlungen über die Verbesserungen der Beziehungen grundsätzlich begrüßt, aber eine Einmischung in die inneren Angelegenheiten der DDR abgelehnt, statt dessen deutsch-deutsche Verhandlungen vorgeschlagen.)

Ich rief nach meinem Gespräch mit Smirnow sofort in Berlin an und bat Axen, mir möglichst umgehend in einer wichtigen Frage einen Termin bei Walter Ulbricht zu besorgen. Solche Wünsche konnte ich äußern, weil

Ulbricht mich nach der Pressebesprechung am 14. August beiseite genommen hatte und mir im Beisein von Axen erklärte, wenn ich etwas Wichtiges aus Bonn mitzuteilen hätte, sollte ich mich direkt an ihn wenden. Ich bekam dann auch für den 17. August, 14.00 Uhr, also schon am nächsten Tag, einen Termin und machte mich erneut auf den Weg nach Berlin.

Als ich Walter Ulbricht ausführlich über mein Gespräch mit Smirnow berichtet hatte, bemerkte er, es zeige sich offenbar, daß sich in Bonn die Realitäten sehr schnell durchsetzen und die Hallsteindoktrin am Ende sei. Andererseits müsse Willy Brandt (von dem damals die schärfsten Töne zu hören waren) noch umdenken. Er meinte etwas ironisch, daß es ihm umgekehrt lieber gewesen wäre. Den Sinn dieser Bemerkung sollte ich erst später voll verstehen.

Ob und in wieweit Walter Ulbricht das Politbüro oder einige Mitglieder von dem Gespräch informierte, weiß ich nicht. Axen hatte mich natürlich befragt. Ihm gab ich unter dem Siegel der von Smirnow erbetenen Vertraulichkeit eine verknappte Auskunft.

Inwieweit Akten darüber Auskunft geben, vermag ich auch nicht zu sagen. Fest steht aber, das Ulbricht in einer ohnehin geplanten Rundfunk- und Fernsehansprache am 18. August einen Passus einfügte, in dem er nach den Ereignissen vom 13. August, für manche überraschend, die Bereitschaft der DDR signalisierte, »neue Beziehungen zwischen beiden deutschen Staaten« festzulegen. Ministerpräsident Otto Grotewohl unterbreitete dann nach den Bundestagswahlen den zwar nur auf Zeit, aber immerhin wiedergewählten Kanzler Adenauer erneut konkrete Vorschläge über Verhandlungen zur Weiterentwicklung der Beziehungen DDR – BRD.

Für mich taucht in diesem Zusammenhang nur eine Frage auf, deren Beantwortung vielleicht auch die Absichten der gesamten neueren Geschichts(um)schreibung in der Bundesrepublik seit 1989 enthüllen könnte. In dem 1991 erschienenen zweiten Band der Adenauer-Biographie von Hans-Peter Schwarz[1] wird das von mir erwähnte Gespräch Smirnow – Adenauer auch erwähnt, aber nur als protokollarische Belanglosigkeit, ohne den Burgfriedensvorschlag auch nur zu erwähnen. Dieser Vorschlag des Bundeskanzlers taucht bei Schwarz erst in einem Gespräch zwischen dem sowjetischen Diplomaten und Adenauer am 6. Juni 1962 auf. Dabei sollte allerdings die auf Seite 750 abgegebene Schilderung dieser Unterredung durch Schwarz schon ein wenig stutzig machen. Schwarz schreibt: »Adenauer traut aber in diesen Wochen des

1 Hans-Peter Schwarz: Adenauer. Der Staatsmann 1952-1967, Stuttgart.

Frühjahrs 1962 dem Frieden nicht und entschließt sich *nun doch (sic), Smirnow den längst in Reserve gehaltenen (sic) Vorschlag* eines zehnjährigen ›Waffenstillstandes‹ zu unterbreiten. Ohne vorher die USA oder seinen eigenen Außenminister (der inzwischen Schröder hieß, H. Cz.) zu informieren, bittet er am 6. Juni 1962 den sowjetischen Botschafter, Chruschtschow eine nur für seine Ohren bestimmte Botschaft zu überbringen: Sollte man mit Blick auf das sowjetische Ruhebedürfnis beim Aufbau der eigenen Wirtschaft ›nicht einmal ernsthaft überlegen, zwischen beiden Ländern – also der Sowjetunion und der Bundesrepublik Deutschland – für zehn Jahre eine Art Waffenstillstand, natürlich im übertragenen Sinne, zu schließen? Dies würde bedeuten, die Dinge während dieser Zeitspanne so zu lassen, wie sie sich jetzt darböten. Allerdings müsse dafür gesorgt werden, daß die Menschen in der DDR freier leben könnten, als es jetzt der Fall sei. In einer Periode von zehn Jahren könne eine Atmosphäre der Beruhigung eintreten ... Dann würde es auch mit der Verständigung über die strittigen, noch ungeklärten Fragen viel leichter werden‹.«

Laut Schwarz hat die Sowjetregierung dieses Angebot abgelehnt, was eigentlich schon (siehe oben) im Dezember 1991 stattfand, und den eigentlichen Zeitpunkt des Adenauer-Vorschlages zwangsläufig vorverlegt.

Ich frage mich heute freilich trotzdem, warum genau dieser Vorschlag Adenauers um ein Jahr zeitversetzt in der Biographie erscheint. Ich kann mich in meinen Tagebuchnotizen schon deshalb nicht geirrt haben, da ich zum Zeitpunkt des von Schwarz erwähnten Gespräches am 6. Juni 1962 nicht mehr als Korrespondent in Bonn tätig war, also auch nicht bei Smirnow gewesen sein konnte, er mir aber auch sicherlich nicht rund ein Jahr vorher über einen derartigen Adenauervorschlag etwas hätte sagen können. Hat hier die Aktenlage auch im Bundeskanzleramt, auf die sich Schwarz ausdrücklich stützt, gewisse Änderungen erfahren, nachdem die Teilnehmer des Gesprächs vom 16. August 1961 nicht mehr im Amt waren?

Eine weitere Möglichkeit, weshalb Adenauer unmittelbar nach dem Mauerbau zum einlenkenden Verhandeln bereit war, kann auch in der Tatsache begründet sein, daß der amerikanische Präsident Kennedy, den für die Westberliner Bevölkerung legendär gewordenen General (inzwischen a. D.) Lucius Clay als seinen persönlichen Beauftragten nach Westberlin schickte. »Clay empfahl die Aufnahme von Verhandlungen mit der DDR, weil eine Wiedervereinigung eher durch direkte Gespräche mit dem ostdeutschen Regime als durch dessen Ignorierung zu erreichen sei.«[1]

---

1 Posser: Anwalt im Kalten Krieg, S. 51.

Daß Adenauer sich an den Grenzen seiner bis dahin ausgeübten Politik sah, beweist m. E. auch ein Artikel, der lange Jahre danach in der Wochenzeitung »Das Parlament« erschien, herausgegeben von der »Bundeszentrale für politische Bildung«. Am 23. Juni 1995 erschien in dem Blatt ein Beitrag unter der Überschrift »Trotz des Baus der Mauer in Berlin blieb Adenauer verhandlungswillig«. Schon der Titel deutet auf einen Paradigmenwechsel hin, oder er sagt die Unwahrheit. Denn bis zu dieser Zeit war Adenauer im Hinblick auf die DDR nicht sehr verhandlungswillig. Dem ersten Kanzler der Bundesrepublik diese Verhandlungswilligkeit zu bescheinigen ist also von westdeutscher Seite neu, stimmt aber im nachhinein bemerkenswerterweise mit seinem Verhalten nach dem 13. August 1961 überein.

Die Verhandlungsbereitschaft Adenauers begann nach dem Beitrag im »Das Parlament« in Handelsfragen, indem Adenauer der DDR nach der Kündigung und dann der im Herbst erfolgten Wiederaufnahme des Handelsabkommens einen 225-Millionen-Swing im deutsch-deutschen Handel vorschlug, was de facto eine Kreditierung auf Zeit und eine Erleichterung für die DDR bedeutete. Im Gegenzug wollte Adenauer allerdings Reiseerleichterungen nach dem Mauerbau erreichen. Zunächst war von westlicher Seite vorgeschlagen worden, solche Verhandlungen auf der Ebene des Roten Kreuzes führen zu lassen, was die DDR ablehnte. Das Blatt zitiert einen Politbürobeschluß vom 4. September 1961, in dem festgelegt worden war, mit Adenauer über die Normalisierung der Beziehungen »auf der Ebene von Staatssekretären« zu verhandeln. Etwas verunsichert fragt der Autor des Beitrages: »Hatte der Kanzler die Ebene vorgeschlagen?« Wenig später fragt der Autor nochmals, scheinbar verwundert: »Fügt sich die Initiative Adenauers in den Versuch, den deutschlandpolitischen Prozeß durch Offerten an die Sowjetunion – wie etwa durch das Angebot eines zehnjährigen Burgfriedens – zu dynamisieren?«

Solche exklusiven Betrachtungen der Dinge zum Grundsatz der Erarbeitung der deutschen Nachkriegsgeschichte zu machen, derartige Fragen wenigstens aufzuwerfen, um sachlich nach einer Antwort zu suchen, ist sicherlich nützlicher als das lärmige und zeigefingrige Gehabe bei der Erarbeitung solcher Pamphlete, wie sie von der Eppelmannschen Enquetekommission für die Öffentlichkeit abgesondert werden.

Offenkundig ist doch ein gewisses Risiko, Geschichte nur nach Akten schreiben zu wollen, obwohl sich das natürlich nicht immer umgehen läßt. Aber inzwischen habe ich auch, durch die Erfahrungen der Nach-Rückwendezeit gewitzigt, erfahren müssen, daß gewisse Geschichtsschreiber selbst bei der Aktendurchsicht mit einer erstaunlichen Ungenauigkeit zu Werke gehen, nicht nur, was die DDR anlangt, sondern auch die Altbundesrepublik betreffend.

Um der Geschichte und den Geschichten um den 13. August, bei denen ich mich noch aufhalten muß, vorzugreifen: Aus einem solch realistischen Politikansatz im Kopf von Adenauer und Ulbricht wurde nichts, weil er von den »Falken« auf beiden Seiten torpediert wurde. Die Verfechter einer Entspannungspolitik im globalen Rahmen (trotz oder gerade wegen der Kuba- und Westberlinkrise), Kennedy und Chruschtschow, wurden 1963 bzw. 1964 auf unterschiedliche Weise beseitigt. In der BRD setzten sich nach dem Rücktritt Adenauers 1963 mit Außenminister Schröder und Verteidigungsminister Strauß sowie dem neuen Kanzler Erhard die Scharfmacher durch. Jahre später, als bei Brandt das Umdenken wenigstens zu einem Teil stattgefunden hatte, wurde dann von der sozialliberalen Koalition die »Neue Ostpolitik« erfunden, die eigentlich schon der im hohen Alter etwas weiser gewordene Adenauer angedacht hatte, nachdem in den USA der Präsidentenberater Brzezinski die Politik von dem Wandel durch Annäherung und der Sozialdemokratisierung des Ostblocks vorgezeichnet hatte.[1]

Von der Entwicklung in der DDR durch diese Politik wird noch die Rede sein.

Zunächst muß ich aber auf einen Tatbestand in Bonn zurückkommen, wie sich nämlich der Mauerbau auf unsere Korrespondentenarbeit ausgewirkt hat. Die Bundespressekonferenz berief zum 4. September 1961 eine außerordentliche Mitgliederversammlung ein, dessen einziger Tagesordnungspunkt darin bestand, die gültige Satzung des Vereins zu ändern. Danach sollte die Satzung im § 2 um einen Absatz folgenden Wortlauts ergänzt werden: »Mitglied der Bundespressekonferenz kann nicht sein, wer für Publikationsorgane arbeitet, die darauf ausgehen, die freiheitliche Grundordnung zu beeinträchtigen oder zu untergraben oder zu beseitigen oder die eine Gewalt- und Willkürherrschaft in Deutschland fördern.«

In der Debatte über die Satzungsänderung wurde klar, was damit bezweckt wurde. Es ging um den Ausschluß der DDR-Korrespondenten aus dieser Institution, weil die Änderung der Satzung sofort auf uns angewendet wurde. Der Pferdefuß war dabei, daß wir so plötzlich zu Deutschen in Sinne des Grundgesetzes gemacht wurden, Medien der DDR, die wir vertraten, quasi unter bundesdeutsche Jurisdiktion fallen sollten. Mit diesem Trick sollte der Bonner Alleinvertretungsanspruch für alle

---

[1] Siehe Brzezinskis Beitrag in: »Das 198. Jahrzehnt«, Hamburg 1969, S. 37 ff.

Deutschen am Exempel der Bonner Korrespondenten statuiert werden. Indem man unsere Medien und uns persönlich auf diese Weise der Jurisdiktion der Bundesrepublik unterwarf, konnte man uns ausschließen, was aber noch schlimmer war: Man hatte, wenn es hier keinen Widerspruch gab, ein Beispiel geschaffen, nachdem man dann beliebig jeden DDR-Bürger unter diese Jurisdiktion stellen konnte. Den Widerspruch gegen den dann mehrheitlich beschlossenen Ausschluß der DDR-Korrespondenten, die von dem DDR-Rechtsanwalt Dr. F. K. Kaul und dem Anwaltsbüro Dr. Gustav Heinemann/Diether Posser in Essen vertreten wurden, hat man natürlich nach wochenlangem Verhandeln abgeschmettert.

Ich hatte auch den Essener Rechtsanwalt und FDP-Bundestagsabgeordneten Dr. Achenbach, mit dem ich ziemlich gute Kontakte hatte, weil wir, wie ich schon beschrieb, gewisse Gemeinsamkeiten in der polnischen Kriegsgefangenschaft hatten, einzuschalten versucht. Er hatte mir einmal nach einer Diskussion zum Thema Pressefreiheit etwas leichtfertig angeboten, wenn ich irgendwann wegen meiner Arbeit in Schwierigkeiten geraten würde, er mich in jedem Falle unterstützen würde. Freilich konnte ich mich auf Achenbach nicht verlassen, während das Büro Heinemann wenigstens einen typisch deutschen Kompromiß in dieser Frage erreichte. Danach sollte der Ausschluß der konkreten Personen unwiderruflich sein, aber die einzelnen Medien nach einer Weile neue Korrespondenten zur Akkreditierung beim Deutschen Bundestag entsenden können.

Mir fällt in diesem Zusammenhang noch ein Zitat Erich Kubys zur Charakterisierung der Bundespressekonferenz ein. In seinem 1957 veröffentlichten Buch »Was ist des Deutschen Vaterland?« gab er auf Seite 141folgendes Urteil ab: »Die Bundespressekonferenz ist nicht unabhängiger Partner der Regierung, mit ihr gleichen Ranges, sondern wirkt eher wie eine von der Regierung gemietete Theatergruppe, die zur allgemeinen Erheiterung ein Stück spielt, das ›Freie Presse‹ heißt. Die Berufslust des Journalisten zur Opposition braucht die Regierung nicht zu fürchten, sie führt nur zu einem richtungslosen Geplänkel.«

Ein Schelm, wer da aktuelle Bezügen herstellen wollte oder gar noch will.

Was jedoch von dem Ausschlußgründen blieb und dann im Mai des Jahres 1963 zu einer Polizeiaktion gegen DDR-Korrespondenten, ob Bundesbürger oder DDR-Bürger, unter dem Decknamen »Maitest« führte, war die Anmaßung, zum Beispiel DDR-Journalisten auch für das, was sie nicht als Korrespondenten in der Bundesrepublik geschrieben oder gesprochen hatten, sondern auch direkt *für ihre Arbeit in der DDR* strafrechtlich verfolgt werden konnten. Unter den damals Verhafteten waren also nicht nur westdeutsche Staatsbürger, die zum Beispiel als Korrespondenten für ADN oder den Rundfunk bzw. im Falle des Ruhrgebietskorrespondenten Hermann Kochmann (Hako) für das »Neue Deutschland« arbeiteten, sondern auch die wieder im Bundestag tätigen ND-, ADN- und Rundfunkkorrespondenten aus der DDR sowie zufällig zu diesem Zeitpunkt als Reisekorrespondenten tätigen DDR-Journalisten betroffen. Besonders bekannt wurden dabei die Fälle des Chefredakteurs der »Leipziger Volkszeitung«, Prof. Hans Teubner, und des Chefredakteurs des Deutschlandsenders, Dr. Georg Grassnick, die als Sonderberichterstatter eines Prozesses gegen den ehemaligen »Falken«-Vorsitzenden, Lorenz Knorr, ausdrücklich für die Tätigkeit an »landesväterischen Organen« in der DDR verhaftet und wochenlang in Haft gehalten wurden.

Ich geriet in die Mühlen der bundesdeutschen Justiz, weil ich als stellvertretender Chefredakteur des ND Ende Mai nach Bonn geschickt wurde, um gegen die Verhaftung der Korrespondenten und gegen die Beschlagnahme ihres gesamten Arbeitsmaterials auf einer öffentlichen Pressekonferenz zu protestieren. Von dieser Pressekonferenz an wurde ich beschattet und schließlich am nächsten Morgen in der Wohnung des inzwischen wieder auf freiem Fuß befindlichen ND-Korrespondenten, Peter Lorf, festgenommen. Man zeigte mir am 30. Mai 1963 einen Haussuchungsbefehl, datiert vom 13. März 1963, für die Wohnung und das Büro, die ich auf Grund meines Ausschlusses aus der Bundespressekonferenz und des gefundenen »Kompromisses« am 1. Dezember 1961 aufgegeben hatte. Ich hatte seitdem wieder in der Berliner Redaktion gearbeitet. Der Durchsuchungsbefehl war von der Bonner Staatsanwaltschaft gemäß §§ 102, 105 StPO beantragt worden im Zusammenhang mit einem Ermittlungsverfahren »wegen Staatsgefährdung pp«.

Davon war ich natürlich überhaupt nicht unterrichtet worden, obwohl die zuständigen Behörden natürlich seit Jahren wußten, daß ich wieder in Berlin arbeitete und wohnte. Allein die ordnungsgemäße polizeiliche Abmeldung hätte das belegen können. Daß man das natürlich auch wußte, erfuhr ich bei der Vernehmung durch den ermittelnden Richter beim Bonner Amtsgericht, Zimmermann. Der hatte in seinem Aktenberg, bestehend aus etwa acht bis zehn Ordnern, aus dem er mir Vorhaltungen machte, offenbar nicht nur alle meine Artikel aus der Bonner Korrespondentenzeit, sondern auch Artikel aus den Jahren 1962 und 1963 sowie Mitschnitte von DDR-Fernsehsendungen aus den Jahren 1962 und 1963 gesammelt.

Meine, von Richter Zimmermann zitierten »staatsgefährdenden Äußerungen« hatten z.B. in folgenden mir vorgehaltenen Zitaten bestanden, wie: »Bonn ist an der Aufrechterhaltung der Spannungen interessiert«, »In Schleswig-Holstein gibt es einen faschistischen Sumpf« oder »Bonn stört die normalen Beziehungen zwischen beiden deutschen Staaten«. Außerdem hätte ich gegen die §§ 88, 90a 96 Abs. 1 und 3 sowie eine Latte anderer Paragraphen des Strafgesetzbuches der Bundesrepublik (Staatsgefährdendes Nachrichtensammeln, Unterstützung verfassungsfeindlicher Organisationen) verstoßen. Was den ersteren Punkt anlangt, so sollte er sich gegen Spione richten. Tatsächlich richtete er sich jedoch vor allem auch gegen Journalisten. Denn was tun Korrespondenten anderes auf der ganzen Welt, als Nachrichten zu sammeln? Aber das waren eben die Gummiparagraphen, mit denen man alles oder nichts beweisen und anstellen konnte. Notfalls konnte man mit der Strafandrohung dieser Paragraphen, die durch das Blitzgesetz von 1950 (von dem schon die Rede war) in Kraft traten, jedwede Pressefreiheit einschränken. Überhaupt war ein großer Teil der bundesdeutschen Gesetzgebung dergestalt, daß man mit scheinbar demokratisch berechtigten Gesetzesbestimmungen auf subtile Art einen regelrechten Terror ausüben konnte. Das mußten viele westdeutsche Bürger erfahren, die in die über 500 000 politischen Strafverfahren, die es in der alten Bundesrepublik gab, verwickelt waren und bis heute nicht rehabilitiert wurden. Etwa 10 000 wurden aus politischen Gründen zu teilweise hohen mehrjährigen Gefängnisstrafen verurteilt. Ebenfalls bisher nicht als Opfer des Kalten Krieges rehabilitiert.

Hier nun wieder ein aktueller Einschub: Im Juni 1998 wurden in einem Westberliner Bezirk zwanzig Schüler einer 12. Klasse befragt, welchen Staat sie mit den Begriffen »politische Strafjustiz«, »Unrechtsurteile« und »Spitzeltätigkeit« verbinden. Sechzehn nannten die DDR und vier Nazideutschland. Schon allein dieses Verhältnis ist aufschlußreich für den tatsächlichen Wissensstand dieser Schüler und für das, was sie gelehrt bekamen. Aber daß nicht einer daran dachte, auch angesichts der Geschehnisse vor allem zwischen 1950 und 1968 in der BRD auf diesem Gebiet die Lage in der Bundesrepublik zu hinterfragen, zeigt den Grad der Geschichtsmanipulierung schon in den Schulen und wirft die Frage nach den Löchern in der Geschichte der Bundesrepublik auf, die nun endlich einmal gestopft werden sollten.

Unter diesem Aspekt müßten beispielsweise auch die Prozesse gegen DDR-Politiker nach 1990 betrachtet werden. Gewiß spielte und spielt bei vielen dieser Prozesse die Siegermentalität eine Rolle und die Absicht, diejenigen ehemaligen DDR-Bürger zufriedenzustellen, die in der DDR – zu Recht oder zu Unrecht – verurteilt oder verfolgt wurden. (Ich muß dabei diese Einschränkung über »zu Recht und zu Unrecht« machen, weil nicht im jedem Falle klar ist, inwieweit es sich bei manchen der Verfolgten nicht tatsächlich um im Sinne des Strafgesetzbuches kriminell gewordenen handelt. Wenn man an Beispielen nachforscht, ist es ja nicht immer so, daß jeder, der in der DDR einmal im Knast war und dann sogar freigekauft wurde, ein von der SED politisch Verfolgter war.)

Geradezu abenteuerlich wurde die Auffassung der Justiz – und hier zeigt sich die Vorarbeit in den sechziger Jahren von der Jurisdiktion der Bundesrepublik über DDR-Bürger, auf die man offenbar zurückgreift – im letzten Prozeß gegen Alexander Schalck-Golodkowski im Sommer 1998. Schalck-Golodkowski wurde verurteilt, weil er Präzisionsgeräte für die DDR kaufte und dorthin verbrachte und dies gegen das Waffenausfuhrverbotsgesetz der Alliierten und der Bundesrepublik verstoßen habe. Das ist eine geradezu waghalsige Begründung und zeigt, daß es bei diesem Urteil nur um ein Urteil des Verurteilens willen ging. Die Präzisionsgeräte, offenbar zur militärischen Nutzung, wenn sie unter die angeführte Gesetzgebung fielen, müssen doch von Irgend jemandem an Schalck-Golodkowski verkauft worden sein. Haben diese Leute, ja wohl Bürger der Bundesrepublik, nicht gegen das Waffenausfuhrverbotsgesetz verstoßen! Sie haben doch, im Gegensatz zum Käufer, die Geräte ausgeführt, oder! Saßen sie auf der Anklagebank? Und wo bleiben die Prozesse gegen die offiziellen und inoffiziellen Waffengeschäfte mit Nicht-NATO-Ländern, in die (siehe U-Boot-Affäre mit dem damals noch rassistischen und sogar mit Waffenembargo belegten Südafrika) sogar einmal Kanzler Kohl und Franz Josef Strauß verwickelt waren?

Solche Fragen wären es schon einmal wert, unter rechtsstaatlichen Gesichtspunkten beantwortet zu werden.

Zurück zu 1963: Ich fragte den vernehmenden Richter nach den, strafrechtlich gesehen, etwas sehr dünnen Vorhaltungen, was denn die ganze Aktion eigentlich solle? Die Antwort blieb aus.Klar war, und das wurde besonders durch den dann kurze Zeit später gegen Teubner und Grassnick vorbereiteten Prozeß deutlich, nämlich mit einer Art Lex Grassnick/Teubner Tatbestände zu schaffen, nach denen DDR-Bürger unter die westdeutsche Jurisdiktion gestellt werden konnten. An diesen Sachverhalten hat sich eigentlich bis heute (siehe Schalck-Golodkowski) nichts geändert.

Peter Lorf hat sogar nach seiner Rückkehr in die DDR, im Februar 1964, eine Aufforderung des Untersuchungsrichter beim Bundesgerichtshof an seine Berliner Adresse erhalten, sich zur Vernehmung wegen der Anklage, die gegen ihn erhoben worden war, in Karlsruhe »oder einen anderen ihm genehmen Ort in der Bundesrepublik« einzufinden.

Nein, man kann nicht sagen, daß man seitens der Bonner Justiz unhöflich gewesen sei. Alles geschah lächelnd freundlich. Auch mein stundenlanges Verhör beim Bonner Landgericht verlief höflich.

Ich wurde zwar nie von der Stasi verhört, aber wenn man die Erinnerungen von Betroffenen liest und ihnen glauben kann, dann war das dort offenbar anders. Ich will und kann da keine Urteile fällen. Dennoch sage ich: Letztlich ist es in der Beurteilung der Sache ziemlich gleichgültig, ob man freundlich oder brutal grob mitgeteilt bekommt, daß man ein Staatsfeind und Landesverräter ist, ohne sich der Schuld des Verbrechens bewußt zu sein.

Die DDR hat um diesen völkerrechtlich unhaltbaren Zustand natürlich gewußt. Sie hat deshalb sich lange um die Anerkennung der DDR-Staatsbürgerschaft bemüht, ist aber in dieser Frage immer an der Bonner Haltung gescheitert, die in keiner der geführten Verhandlungen, auch im Zusammenhang mit allen Verhandlungen nach 1971, nur einen Schritt von ihrer Haltung abwich. Sie versuchte stets, immer wieder Tatbestände zu schaffen, die ihren Standpunkt von der Alleinvertretung aller Deutschen unterstrich. Hier lagen die Ursachen auch für das, was sich dann im Einigungsvertrag von 1990 und den nachträglichen »Delegitimierungs«-Bemühungen offenbarte.

Es waren die Versuche, die DDR von Anfang an als eigentlich nicht existent, sondern immer nur als verlorenes, noch nicht heimgeholtes deutsches Teilterritorium zu betrachten. (Das Grundgesetz geht übrigens auch nach dem Anschluß der DDR mit seinem Artikel 116 noch darüber hinaus, was nach wie vor Ängste z.B. in Polen oder Tschechien schürt.)

Daß sich auf der einen Seite Entwicklungen vollzogen, die die DDR als Völkerrechtssubjekt bestätigten (Helsinki-Schlußakte, Mitgliedschaft in der UNO, diplomatische Anerkennung durch über 100 Staaten usw.), war die eine Seite einer durch und durch doppelbödigen Politik Bonns. Die andere Seite war, daß Bonn nie auf den Anspruch verzichtete, sich so oder so der DDR wieder zu bemächtigen. Diese Seite, auch manchmal mit dem Begriff »Offenhalten der deutschen Frage« versehen, ist ganz offenkundig, wie sich jetzt bestätigt, durch die DDR wahrscheinlich nie richtig ernstgenommen worden. Man hoffte immer, der »große Bruder« werde es schon richten. Zumindest stand die DDR den bundesdeutschen Forderungen hilflos gegenüber, was in der Bevölkerung natürlich bemerkt wurde und das Vertrauen in die propagandistisch immer wieder hervorgehobene Stärke der DDR mehr und mehr erschütterte. Es zeigt auch, wie das Kräfteverhältnis immer wieder unterschätzt wurde. Und nicht nur wer zu spät kommt, sondern auch, wer seinen Gegner unterschätzt, den bestraft das Leben. Ach, übrigens: Letzteres ist eine typisch deutsche Eigenschaft und sollte nicht nur historisch betrachtet werden.

Die Politik der Sowjetunion, die oft genug die DDR lediglich als Verhandlungsmasse angesehen hat, was ihr letztlich auch nichts mehr nützte, tat ein übriges, die Bonner Politik, die sich von Anfang an formell an den Grundgesetzauftrag gebunden fühlte, indirekt und zuletzt auch direkt zu unterstützen.

Die Alleinvertretung aller Deutschen hat aber darüber hinaus einen viel schlimmeren Aspekt. Er wird auch heute noch beispielsweise gegenüber Staaten, in denen Deutsche als Minderheit leben, wie in Rußland, Polen oder anderen Ländern angewandt und könnte eines Tages böse Folgen haben. Gerade die im Juni/Juli 1998 geführte Debatte zwischen Deutschland und Polen über die Bundestagsentschließung vom Mai 1998 (Niederlassungsrecht und Entschädigung für Deutsche bei Polens EU-Beitritt) zeigt, aus welchen hinterhältigen Gründen der Artikel 116 GG nach 1990 nicht gestrichen oder wenigstens geändert wurde.

Ich habe etwas vorgegriffen. Aber man darf diese Dinge nicht außer Acht lassen. Meine Bonner Korrespondentenzeit hat auch auf diesem Gebiet meinen Erfahrungsschatz erweitert und dazu beigetragen, manche Dinge realistischer zu sehen.

Fernsehfilme, die blaue Periode des ND und andere Versuche

Nach meiner Rückkehr aus Bonn brannte ich natürlich darauf, meine gesammelten Erfahrungen auf verschiedenen Gebieten nutzbringend anzuwenden. Ich war überzeugt, daß sich einiges im Informationswesen der DDR ändern mußte und auch ändern ließ. Ich war auch der Meinung, daß manche Plumpheiten, in der durch den andauernden Kalten Krieg notwendigen Auseinandersetzungen vermieden werden könnten.

Ich hatte darüber viele Aussprachen im kleinen Kreise Gleichgesinnter. Ich habe auch jede Möglichkeit genutzt, mit zum Teil höchsten Funktionären der SED, darüber zu sprechen, wenn sie mich ins Vertrauen nahmen und mich fragten: Wie war denn das so in Bonn?

Zu den Gleichgesinnten gehörten in der Redaktion beispielsweise Eberhard Heinrich und Armin Greim, die in der Zwischenzeit in leitende Positionen im Redaktionskollegium des ND aufgerückt waren. Wir diskutierten manchmal nächtelang, wie wir beispielsweise das ND zu einer wirklichen Massenzeitung machen könnten, wie wir wegkommen könnten von der schematischen und immer noch an die »Prawda« erinnernden Rolle eines Abdruckorgans. Das war ein schmaler Grad, wenn wir uns nicht den Zorn der Herausgeber im »großen Haus« zuziehen wollten.

Chefredakteur Axen war eigentlich schon gewonnen. Nur hat er nicht immer den notwendigen Mut gezeigt. Immerhin lagen in unseren Schubladen Pläne für eine, auch äußerliche Umgestaltung der Zeitung. Ich nutzte zudem gelegentliche Begegnungen mit Ulbricht, den ich immer öfter auf seinen Auslandsreisen begleiten sollte, um ein bißchen Werbung für unser Anliegen zu machen und fand dabei einen, manchmal durchaus aufnahmebereiten Zuhörer. Auch wenn das heute auf Unglauben stößt. Ulbricht war zumindest ein besserer Zuhörer als sein Nachfolger. Und Zuhören können ist bekanntlich auch ein Zeichen von Intelligenz und Größe.

Axen bildete dann noch einmal das Kollegium um, dem ich inzwischen auch angehörte, indem er einige FDJ-Funktionäre oder der FDJ-Führung nahestehende Leute ins Kollegium berufen ließ (Klaus Höpcke und Harald Wessel), wobei er sich taktisch der Zustimmung durch Honecker (damals schon zweiter Mann hinter Ulbricht) versicherte. Was ein kluger Schachzug war.

Aber der Verbündetenkreis mußte zunächst einfach noch größer werden. Alle an der geplanten Umgestaltung Beteiligten versuchten dabei damals, ihr Bestes zu geben. Ich hatte zum Beispiel im Sommer 1962 Gelegenheit, bei der Fahrt der FDJ-Delegation auf der »Völkerfreundschaft« zu den zum erstenmal nach dem Mauerbau in einem kapitalistischen Land, nämlich Finnland, stattfindenden Weltfestspielen der Jugend und Studenten und während der Veranstaltungen in Helsinki selbst Werner Lamberz näher kennenzulernen. Er war seinerzeit noch Sekretär des FDJ-Zentralrates, aber er verriet mir, nachdem wir wirklich etwas vertrauter geworden waren, daß diese Fahrt seine letzte Amtshandlung bei der FDJ sein werde. Es sei beschlossen worden, ihn in den Apparat des ZK zu berufen und als Abteilungsleiter für Auslandsinformation einzusetzen. Von dort aus nahm dann seine Laufbahn in der SED-Parteiführung seinen Anfang. Damals hatte ich – auch weil er mich nach meinen Bonner Erfahrungen befragte – lange Gespräche mit ihm über die Notwendigkeit, das DDR-Informationswesen zu ändern, wenn sich etwas in der DDR ändern sollte. Er hatte ein sehr offenes Ohr dafür. Aber wie viele stellten in jener Zeit nicht neue Überlegungen an. Die Schwierigkeit bestand ja nur darin, daß man überall auf Grenzen des Machbaren stieß.

Die Überlegungen, überhaupt eine Veränderung auf dem Gebiet der Wirtschaft, nach dem Mauerbau und der Beendigung der Fluktuation, durchzuführen, zu der eine Reihe von Wirtschaftswissenschaftlern eine große Vorarbeitet geleistet hatte, machten auch eine Veränderung des Informationswesens einfach lebensnotwendig, wenn ein solcher Wandel gelingen sollte. Ohne Einbeziehung aller schöpferischen Kräfte zum Mitdenken und Mitmachen muß jeder Versuch, die Gesellschaft umzubauen, scheitern. Das hat in den sechziger Jahren sowohl das sozialistische als auch das kapitalistische Gesellschaftssystem zu spüren bekommen. Das spüren wir auch heute an der Jahrhundertschwelle, wo die Einschnitte in bisheriges Denken und Handeln noch viel tiefgehender sind oder zumindest sein müßten.

Das Neue Ökonomische System, von dem ich schon sprach, kann als der erste ernsthafte Versuch angesehen werden, eine moderne sozialistische Marktwirtschaft zu entwickeln. Es mußte einfach ein anderes modernes Wirtschaftsmodell geschaffen werden, weil besonders für solche entwickelten sozialistischen Industrieländer, wie es vor allem die DDR und die ČSSR waren, das von seinen besonderen Bedingungen geprägte sowjetische Modell, das 1945 von allen Volksdemokratien übernommen wurde, zum echten Hemmnis bei der Entwicklung von Wirtschaft und Wissenschaft wurde. Das war besonders bei der stürmischen Entwicklung der wirtschaftlichen und wissenschaftlichen Produktivkräfte in den umliegenden kapitalistischen Ländern und besonders auch durch den im Kalten Krieg entwickelten Wettbewerb der Systeme deutlich geworden.

Aber die Umstellung auf ein modernes sozialistisches Wirtschaftssystem erforderte zwangsläufig die Entwicklung einer wirklich sozialistischen Demokratie (s. Herbert Wolf). Mit der Einführung der Versuche, ein neues Ökonomisches System des Sozialismus zu schaffen, machte sich nämlich die Einbeziehung breitester Kreise der Bevölkerung, vor allem der Wissenschaftler, der technischen Intelligenz und der Arbeiterschaft notwendig. Es wäre nötig gewesen, nicht wie im Kapitalismus nur Eliten zu schaffen, sondern eine breite Einbeziehung möglichst vieler schöpferischer Kräfte zu befördern.

Diese Aufgabe, den Leuten zu erklären, ihnen verständlich zu machen, daß Sozialismus etwas anderes bedeutet als etwa nur ein besserer Kapitalismus, ohne dessen Vorteile zu leugnen und ohne seine verheerenden Gebresten zu übernehmen, wäre natürlich in erster Linie ein Feld für das Wirken der Massenmedien gewesen. Die Zeit dieser Diskussionen etwa um die Jahre 1963/64 herum war daher auch die Möglichkeit, mit dem ND-Experiment zu beginnen. Das ND sollte eine Tribüne des Sozialismus, der Demokratie und der Massen werden. Es kam dann tatsächlich Ende 1964 zu einem bedeutsamen Beschluß des Politbüros (was freilich, wie sich alsbald zeigen sollte, bei einigen seiner Mitglieder Bauchschmerzen verursachte), der die äußerliche, aber vor allem inhaltliche Umgestaltung des »Neuen Deutschlands« festlegte. Der Umfang der Wochenend-Ausgabe wur de durch eine erweiterte Kultur- und Wissenschaftsbeilage erhöht. Es war zwar nur eine Äußerlichkeit, aber die Einführung blauer Farbelemente brachte in der Zeit dem ND die Charakterisierung als »blaue Periode« ein. Dabei war diese Äußerlichkeit wirklich nur ein Detail. Viel wichtiger war der festgeschriebene Anteil an qualitativ besseren redaktionellen Beiträgen, vor allem aber mehr Autorenbeiträgen, die Erhöhung des kulturell wissenschaftlichen Anteils an der Gesamtzeitung, die Vergrößerung des Anteil von Leserbriefen vor allem kritischen Inhalts und nicht platter Zustimmungserklärungen.

Die eigene Qualität sollte zum Beispiel auch dadurch erhöht werden, daß alle Beiträge, auch die Leitartikel, namentlich gezeichnet wurden. Der Leser sollte die Autoren kennenlernen, sie sollten aus der Anonymität herausgelangen. Sie sollten, wie das beim Fernsehen notwendigerweise geschehen mußte, zum direkten Gesprächspartner seines Rezipienten werden. Ich habe einmal auf die Frage, wie ein guter Kommentar zustande komme, geantwortet: Wenn ich einen Kommentar schreibe, stelle ich mir immer meine Mutter vor mir sitzend vor, eine einfache Frau, der ich jetzt eine bestimmte Sache erklären will. Das muß kurz sein, weil sie nicht viel Zeit hat. Das muß plausibel sein, weil sie sich in komplizierten Dingen verheddert, und es muß logisch sein, weil die meisten Leute einfach und unkompliziert, aber logisch denken.

Vor allem auch die Beiträge namhafter Wissenschaftler haben zur Hebung des Niveaus der Zeitung beigetragen. Allerdings konnten wir ein, auch von vielen Leser der Übersicht wegen kritisiertes Übel nicht beseitigen bzw. verändern: Lange »wichtige« Reden (und deren gab es im Überfluß) mußten weiterhin im (aus Papiernot ohnehin beschränkten) Textteil abgedruckt werden. Sie nahmen nach unserer Auffassung Platz für andere, sicherlich manchmal auch bedeutendere Dinge weg. Aber da bissen wir bei wichtigen Vertretern der Parteiführung auf Granit. Merke: Die Parteiführung (nicht die Partei) hatte immer Recht ...

Vor allem änderte sich aber nicht nur Ton und Form des ND, sondern auch sein kritischer Inhalt. Und schließlich gab es – für alte »Prawdisten« geradezu eine Horrorvorstellung – eine Humorseite, deren Gestaltung in den Händen des Satirikers und »Distel«-Autors Hans Krause lag.

Diese Seite wurde freilich so ziemlich als erstes »entschärft«, als nämlich eines Tages »Der Spiegel« eine »Nachricht«, die quasi als Witz auf der Seite stand, allen Ernstes als Tatsachenmeldung aus der DDR nachdruckte. Da sie irgendeine Wirtschaftsfrage betraf, wurde sie von übereifrigen Referenten, ob seiner krankhaften Abneigung gegen Massenmedien und gegen das »blaue« ND wissend, auch Wirtschaftszar Mittag zur Kenntnis gebracht. Der schickte diese Spiegel-Meldung mit dicken Rotanstrichen an Axen mit der Anmerkung: »Das habt ihr nun von eurem Quatsch«. Fortan gab es auf wirtschaftlichem Gebiet im ND nichts mehr zum Schmunzeln, geschweige denn zum Lachen.

Daß der ND-Versuch also auf Dauer nicht gut gehen konnte, zumal die Bezirkszeitungen alsbald dem ND-Vorbild folgten, war vorauszusehen.

Noch eine Episode aus dieser versuchten Aufbruchszeit: Ähnlich, wie nach 1953 als Zeichen einer gewissen Auflockerung im Informationswesen die »Wochenpost« und »Das Magazin« gegründet wurden, die sich in der DDR-Zeit einer großen Beliebtheit erfreuten und ihre Auflagenhöhe nur wegen des permanenten (devisenbedingten) Papiermangels nicht erhöhen konnten, wurde jetzt eine Art DDR-»Spiegel« unter dem Titel »Profil« geplant. Die Abteilung Agitation im ZK, damals unter Leitung von Horst Sindermann, hatte zunächst ihr Placet erteilt, und so werkelten unter dem Dach des Berliner Verlages ein gutes Dutzend Journalisten an der Neugründung. Sie kamen aus verschiedenen Redaktionen von Tageszeitungen, Illustrierten und auch von der Sektion für Journalistik an der Leipziger Uni. Das Blatt kam über eine, dann sogar noch eingestampfte Probenummer nie heraus. Die Sache mit der Probenummer hatte wieder etwas fast Anekdotisches an sich. Auf dem Titelblatt war eine seit Monaten gefertigte, wirklich unschuldige Montage zu sehen, die eine Exportkiste zeigte, mit der in kyrillischen Buchstaben versehenen Aufschrift »Nicht stürzen«. Die dazu gehörige Titelgeschichte »Kanitversta« befaßte sich mit der Problematik des ungenügenden und etwas einseitigen Fremdsprachenunterrichts in den DDR-Schulen. Volksbildungsministerin Margot Honecker, wie ihr Mann gegen Kritik äußerst empfindlich, wetterte, nachdem sie davon erfuhr, in einem Brief an die Abteilung Agitation gegen die Art und Weise und überhaupt ... Die Probenummer war gerade erst in die Abteilung gelangt, unglücklicherweise wenige Tage nach dem Sturz Chruschtschows. Das gab natürlich bei Leuten, die stets Unheil witterten und den Klassenfeind hinter allem vermuteten, den Ausschlag. Die Nullnummer wurde gar nicht erst ins Politbüro zur Beschlußfassung weitergeleitet. Und so geriet ein Projekt, von dem ohnehin nicht sicher war, ob es jemals das Licht der DDR-Welt erblicken würde, durch einen dummen Zufall von vornherein ins Aus.

Aber nicht alles war zufällig an der langsam, aber sicher vor sich gehenden Rücknahme reformerischer Projekte. Vor allem geschah das in dem Maße, in dem auch das Neue Ökonomische System ins Schußfeld der Dogmatiker in der DDR geriet, die durch die neue sowjetische Führung unter Breshnew gestützt wurden. Hinzu kam, durch die Erkenntnis Walter Ulbrichts vor allem, daß man die Beziehungen zur Bundesrepublik, insbesondere zur SPD, die sich zur Regierungsübernahme rüstete, zunächst durch eine Große Koalition, dann nach dem Schwenk der FDP über eine sozialliberale Koalition, verbessern müsse, um den durch die westdeutsche Seite ausgeübten Druck in der nationalen Frage zu lokkern. Bei Ulbricht spielte in dieser Hinsicht in zunehmendem Maße das Trauma der Fehler der KPD gegenüber der SPD in den zwanziger und dreißiger Jahren, an denen er ja mitgewirkt hatte, eine Rolle.

Aber die sowjetische Seite hatte nach dem 1964 erfolgten Sturz Chruschtschows zunächst sich selbst, dann aber auch den anderen sozialistischen Ländern, speziell der DDR, einen strengen Abgrenzungskurs zum Kapitalismus verordnet. Andererseits begann ein später bis zur Prinzipienlosigkeit gehendes Zusammenspiel zunächst mit den USA, später auch mit Westdeutschland, weil die sowjetische Wirtschaft zwar unverändert nach alten Prinzipien lief, aber durch die zunehmende Hochrüstung an den Rand des Möglichen getrieben wurde.

Diesen Widerspruch sah Ulbricht sehr bald, und es schien, daß er, wie andere osteuropäische Parteiführer auch, sich langsam aus dem Griff der sowjetischen Vormundschaft zu lösen versuchte. Das stärkte die Dogmatikerfraktion, vor allem um Honecker, Verner und Mielke, denen die ganze Richtung nicht paßte. Sie sahen in den eingeleiteten Reformen ein hohes Risiko und stellten sich deshalb hinter Breshnews breiten Rücken. Von diesem Zeitpunkt an (1965) wurde im Grunde genommen der Sturz Ulbrichts vorbereitet.

Im Jahre 1965 fielen überhaupt zahlreiche Ereignisse zusammen, die sowohl Höhepunkte in der Entwicklung darstellten als auch, aus späterer Sicht, Tiefpunkte markieren sollten.

Ende Februar/Anfang März fuhr der Staatsratsvorsitzende Walter Ulbricht auf Einladung von Gamal Abdel Nasser, einem der großen Männer der sich in der Dritten Welt herausbildenden Bewegung der Nichtpaktgebundenen, zum Staatsbesuch in die VAR Ägypten. Es war der erste Besuch eines DDR-Staatsoberhauptes in ein nichtsozialistisches Land. Da es auf dem afrikanischen Kontinent lag und Nasser neben Ghanas Präsidenten Nkrumah dort eine gewisse Führungsrolle einnahm, schien die Reise, soweit sich das vorauseilende Medienecho überblicken ließ, eine Signalwirkung auszulösen.

Das rief natürlich Bonn auf den Plan. Die Bundesregierung drohte der VAR, auf die Hallsteindoktrin pochend, mit Vergeltungsmaßnahmen. Da die Bundesrepublik der größte Handelspartner Ägyptens war, zeigte die Drohung natürlich eine gewisse Wirkung. Die während des Besuchs eigentlich erwartete formelle diplomatische Anerkennung der DDR kam nicht zustande. Es wurden neben einer Reihe von wirtschaftlichen und kulturellen Abkommen lediglich der Austausch von Handelsmissionen (die bereits bestanden) mit einer politischen Repräsentanz unter Leitung eines Diplomaten im Botschafterrang vereinbart. De jure hatte Bonn seinen Willen erreicht. De facto die DDR ihren.

Walter Ulbricht zeigte sich jedoch auf der Rückreise mit den Ergebnissen zufrieden und entwickelte auf der »Völkerfreundschaft«, die uns, aus Akklimatisierungsgründen für den 72jährigen Ulbricht, vom jugoslawischen Hafen Dubrovnik nach Alexandria und zurück geschippert hatte, vor der Handvoll ihn begleitender Journalisten Pläne, wie die DDR dazu beitragen könnte, dem jungen, gerade unabhängig gewordenen Afrikanischen Kontinent zu helfen. Klar war, daß dabei auch das NÖSPL eine Rolle spielte. Ich sollte später noch erfahren, welche Chancen und Möglichkeiten sich daraus auch für die national befreiten afrikanischen Staaten hätten ergeben können.

Aber das für die DDR-Politik eigentlich so gut begonnene Jahr wurde dann freilich auch zu einem ernsten Jahr der Krise, wenn nicht gar zu einem entscheidenden, wenngleich die Entwicklung auf den ersten Blick nicht so sichtbar schien. Es machten sich zum Beispiel bestimmte Halbherzigkeiten bei der Durchsetzung des NÖSPL bemerkbar. Hauptziel des NÖSPL war, wie es einer der Väter, Prof. Herbert Wolf, formuliert hatte, das bisher herrschende administrative Wirtschaftssystem in ein ökonomisches umzuwandeln und eine »markt- und rentabilitätsorientierte, entbürokratisierte Wirtschaft mit leistungsbegründeter Interessiertheit« zu schaffen.

Eine marktorientierte Wirtschaft mußte aber zwangsläufig auch ein entsprechendes Lohnpreisgefüge schaffen. Und da zuckten freilich nicht nur die Gegner des neuen Systems zurück, denn bestimmte Erfahrungen, z. B. die des 17. Juni schmerzten. Und so drückte man sich, nicht ohne einen ständigen Blick auf die westdeutschen DDR-Gegner und ihr Verhalten zu werfen, um die entscheidende Frage herum. Dabei waren die Fehler der Politik, die zu den ursprünglichen Unruhen am 17. Juni 1953 geführt hatten, damals schon erkannt worden. Mit den Erfahrungen hätte man sorgsam, aber konsequent umgehen müssen.

Mit den wirtschaftlichen Experimenten mußte man eben mehr Demokratie wagen und nach einem Marsch durch eine gewisse Talsohle den Erfolg in Aussicht stellen. Im Kapitalismus wird bei solchen Dingen überhaupt nicht gezaudert, wird auch auf Demokratie keine Rücksicht genommen, wie wir jetzt nach 1990 hautnah erleben. Aber hier könnte man in bezug auf die DDR zynischerweise Karl Valentin zitieren: Möchten, haben wir schon gewollt, aber können, haben wir uns nicht getraut.

In der DDR spielten dabei zwei Dinge eine Rolle. Man sah erstens, daß die Einschnitte schmerzhaft sein würden, aber die Stimmung war nicht so, daß man die Schmerzschwelle weiter erhöhen konnte. Das traf, besonders in Anbetracht unleugbarer sozialer Erfolge, die die westdeutschen Gewerkschaften angesichts der Existenz der DDR den Kapitalisten und der Politik abtrotzen konnten, vor allem auf den Lebensstandard, sein Steigen, Stagnieren oder gar Sinken zu. Für die bundesrepublikanische Politik galt es ja nach dem Mauerbau, das Schaufenster erst recht zu füllen, um den Kessel DDR weiter unter Druck zu halten. Es sollte bewiesen werden, daß es sich im Kapitalismus besser lebt. Daß die westdeutsche Bevölkerung dadurch Vorteile hatte, ist unbestreitbar, wird aber heute, wo nach Erreichung des Zieles alle diese sozialen Errungenschaften wieder abgebaut werden, vergessen. So kann auch Geschichte ungerecht sein: Nicht die damals errungenen sozialen Besitzstände in der Altbundesrepublik, sondern ihr jetziger Abbau wird der DDR und ihren nunmehr undankbaren ehemaligen Bürgern zugerechnet.

Aber die möglichen und absehbaren Schwierigkeiten führten zweitens dazu, daß sie nicht demokratisch vorbereitet wurden, sondern daß sich letztlich eine alte deutsche Krankheit durchsetzte, die seit Kaisers Zeiten immer wieder aufbrach: Keine Experimente! Was wir haben, wissen wir, was wir kriegen, nicht! Der Witz über die mecklenburgische Landesverfassung ist eigentlich bittere Wahrheit. Bekanntlich heißt es in der Anekdote, daß die mecklenburgische Landesverfassung nur aus zwei Paragraphen besteht:

§ 1 Es bleibt alles beim alten.

§ 2 Sollte sich etwas verändern, so tritt automatisch § 1 in Kraft.

Dabei hatten sich erste Erfolge bei der Einführung des NÖSPL gezeigt. Die Akkumulation überschritt, nachdem sie bis 1963 auf 17,6 Prozent abgesunken war, 1965 wieder die 20 Prozentmarke. Die Arbeitsproduktivität stieg (bemerkenswerterweise) in Privatbetrieben auf knapp das Dreifache, in der volkseigenen Industrie verdoppelte sie sich. Die

Crux bestand allerdings darin, daß es deshalb für die Bevölkerung in Konsum und HO nicht sofort ein größeres Warenangebot gab. Trotz sich abzeichnender Schwierigkeiten wurde dennoch weiter investiert, ohne das es sofort konsumiert werden konnte. Das war volkswirtschaftlich sicher richtig gedacht, aber angesichts der wirtschaftlichen und sozialen Lage in der DDR undurchführbar. Die Decke war einfach zu kurz. Wohin man sie auch immer zog, um Blößen zu bedecken, am anderen Ende fehlte stets etwas.

Auf Dauer konnten solche wirtschaftlichen Entwicklungen nicht durch die DDR allein, nicht ohne die Sowjetunion und den RGW vonstatten gehen. Eine Regierungsdelegation von über zwanzig Spitzenfunktionären machte sich deshalb im Herbst 1965 auf den Weg nach Moskau, um formell über die Abstimmung des nächsten Fünfjahrplanes zu verhandeln. In Wirklichkeit wurde mehr versucht.

Von diesem Riesenaufgebot waren nur der damalige Vorsitzende der Staatlichen Plankommission, Erich Apel, und der Vorsitzende des Volkswirtschaftsrates, den es seinerzeit noch nach sowjetischem Vorbild gab, Alfred Neumann, mit entsprechenden Experten in Moskau verblieben. Die anderen, einschließlich des Delegationsleiters Ulbricht sowie Stoph, Honecker, Mittag, Grüneberg und Blockparteivorsitzende, soweit sie Regierungsfunktionen innehatten, und der Präsident des Nationalrates, waren für über eine Woche in die Weiten des Sowjetlandes, nach Jerewan, Baku und Kiew, geschickt worden, um überall auf vorbereiteten Meetings Reden über die deutsch-sowjetische Freundschaft zu halten.

Inzwischen begannen in Moskau die Auseinandersetzungen über die wirtschaftliche Zukunft. Apel versuchte die sowjetische Seite von der Notwendigkeit zu überzeugen, Wirtschaftsreformen im gesamten RGW durchzuführen. Allerdings hatte er da schon in den eigenen Reihen einen Gegner, in Gestalt von Alfred Neumann, bei sich. Andererseits wollten Apel und Neumann aus der Sowjetunion mehr und billigere Rohstoffe herausholen, vor allem mehr Erdöl. Dabei hatten sie offenbar nicht damit gerechnet, daß Ministerpräsident Kossygin, als sowjetischer Verhandlungsführer, genauestens über die Lage in der DDR informiert war. Zum Beispiel wußte er genau, daß die DDR, um ihre eigene Devisennot etwas zu mildern, die auf lange Jahre vertraglich, also auch preismäßig gebundenen Erdöllieferungen teilweise besonders nach Westdeutschland zu höheren, aber immer noch unter Weltmarktpreisen reexportierte. (Vielleicht erinnert man sich in der Bundesrepublik, wenn man an höchster Stelle immer wieder vom maroden Unrechtsstaat DDR spricht, auch mal daran, wieviel unmittelbaren Nutzen sie aus dessen Existenz geschöpft hat.)

Jedenfalls wurde jede Bitte um höhere Erdöllieferungen sowjetischerseits abgeschmettert. Im Gegenteil: Für den nächsten Fünfjahrplanzeitraum wurden die Erdöllieferungen sogar eingeschränkt, bis die DDR über die notwendigen Verarbeitungskapazitäten verfügte. Außerdem wurde eine Angleichung an die gestiegenen Weltmarkpreise in Aussicht gestellt. Über Wirtschaftsreformen auch nur zu reden ließ sich die sowjetische Seite überhaupt nicht ein, so daß, als wir von der großen Reise am 24. September nach Moskau zurückkehrten und Walter Ulbricht im Hotel scheinbar nebenbei bei Alfred Neumann über Ergebnisse nachfragte, er die Antwort bekam: »Wir haben eine glatte Bauchlandung gemacht.«

Natürlich wurde nach außen hin der Besuch als Erfolg gewertet, die Freundschaft und brüderliche Hilfe als erneut gestärkt hervorgehoben. Es blieb auch gar nichts anderes übrig, als die Abkommen nach dem sowjetischen Willen abzuschließen.

Allerdings gab es auch bei uns, die wir unterwegs waren, schon einige Anzeichen von Meinungsverschiedenheiten oder zumindest Unstimmigkeiten.

Als in Jerewan die obligatorische Freundschaftskundgebung im Elektromaschinenwerk »W. I. Lenin« stattfand und der geplante Sprecher aus der DDR, Ministerpräsident Willi Stoph, seine vorgefertigte Rede gehalten hatte, ergriff Walter Ulbricht, völlig unvorhergesehen und für alle überraschend, das Wort zu einer zusätzlichen Stegreifrede. Sie war aber, wie sich zeigen sollte, ganz gezielt angesetzt und ließ die Widersprüche ahnen, die zwischen ihm und seinen Gastgebern inzwischen aufgetaucht waren. Alle, auch Honecker und Mittag, waren überrascht vom »Alleingang des Alten«. Sie bemühten sich denn auch sofort, die anwesenden DDR-Journalisten darauf hinzuweisen, daß diese Rede für die Berichterstattung keine Rolle zu spielen habe. Die offizielle Rede von der DDR-Seite sei die von Stoph.

Allerdings rief mich Ulbricht nach dem Meeting in der Mittagspause zu sich und fragte, ob ich die Rede mitstenographiert hätte oder die Rundfunkleute einen Mitschnitt gemacht hätten. Als ich verneinen mußte und erklärte daß ich nur Notizen habe, wie ich sie immer anfertige, die Rundfunkleute, soweit ich gesehen hätte, ihren möglichen Mitschnitt auf Weisung von Honecker gelöscht hätten (Rohmaterial war ja auf solchen Reisen knapp), rief er Gerhard Kegel, seinen damaligen außenpolitischen Berater, zu unserer Runde hinzu. Zu dritt versuchten wir, die wichtigsten Teile der Rede, er hatte nur einen Spickzettel mit einem (indirekten) Lenin-Zitat zur Hand, auf Grund meiner stichwortartigen

Notizen und Kegels Erinnerung zu rekapitulieren. Ich schrieb aus Stichworten, Hinweisen und Bemerkungen dann einen »Wortlauttext«, den Ulbricht noch mal überlas und schließlich absegnete, mit der ausdrücklichen Weisung, daß dieser Text am nächsten Tag so im »Neuen Deutschland« zu erscheinen habe. Das Ergebnis kann man in der ND-Ausgabe vom 22. September 1965 nachlesen. Da heißt es u. a.: »Es ist nun 43 Jahre her, daß W. I. Lenin auf dem 4. Kongreß der Komintern über die nächsten Aufgaben der Sowjetmacht sprach. Am Ende seiner Rede sagte er: Die Sowjetmenschen müßten lernen, die moderne Technik, die modernen Organisationsformen zu meistern, und die Ausländer – damit waren wir gemeint – müßten lernen, eine Kommunistische Partei aufzubauen, welche die Einheit der Arbeiterbewegung und ihr Bündnis mit der Bauernschaft und der Intelligenz sichert ... Es war gar nicht einfach, diese Aufgabe, wie sie W. I. Lenin im Jahre 1922 stellte, zu erfüllen. Aber inzwischen gibt es schon ein sozialistisches Weltsystem. Die Hälfte der Bevölkerung Europas baut den Sozialismus oder den Kommunismus auf. Mit der DDR existiert ein deutscher Arbeiter- und Bauernstaat. Wir sind schon ein gutes Stück vorwärtsgekommen.«

Danach stellte er die für viele seiner Reden typische Frage:

»Was ist neu in unserer jetzigen Situation? Damals vor 43 Jahren stand vor uns die Aufgabe, den Marxismus/Leninismus zu studieren. Ihre Aufgabe, die Aufgabe der sowjetischen Arbeiter bestand darin, den Sozialismus aufzubauen und die moderne Technik zu meistern, jetzt sind wir ... ideologisch, politisch, wirtschaftlich und kulturell eng verbunden. Unsere Fortschritte und Erfolge verdanken wir zum großen Teil Ihrer Hilfe und Ihren Leistungen.

Jetzt hat unsere Freundschaft einen Stand erreicht, der erfordert, daß wir gemeinsam kämpfen, um auf wissenschaftlich technischem Gebiet die Weltspitze zu erreichen.«

Angesichts des schwierigen Standes der Verhandlungen in Moskau, die Ulbricht auch auf seiner Reise zumindest in groben Umrissen bekanntgemacht wurden, war dies schon ein ziemlich deutlicher Hinweis auf die Notwendigkeit gleichberechtigter Partnerschaft und eines Umdenkens von der, auch von Breshnew gepriesenen Massenproduktion alten Stils zu einer Wirtschaft mit modernen, der wissenschaftlich-technischen Revolution entsprechenden qualitativen Kennzeichen.

Schon in Baku hatte Ulbricht in einer ähnlich improvisierten Rede von den drei Stufen der deutsch-sowjetischen Freundschaft und Zusammenarbeit gesprochen. In der ersten, gleich nach der Oktoberrevolution, hätten die deutschen Arbeiter die Sowjetunion solidarisch unterstützt. In der zweiten Stufe habe uns die Sowjetunion vom Faschismus befreit und uns beim Neuanfang geholfen. Und in der jetzigen Etappe sei es notwendig, gemeinsam eine moderne sozialistische Gesellschaft zu errichten.

Da diese Bemerkung, die ich in meinem Bericht nach Berlin durchgegeben hatte, aber dort, aus welchen Gründen auch immer, »verlorengegangen« war, nutzte er offenbar sein Auftreten in Jerewan nun mit Nachdruck, wenn auch in etwas abgeschwächter Form, den Gedanken der Gleichberechtigung aller sozialistischen Länder in die Öffentlichkeit zu tragen.

Zu Ulbrichts Überlegungen für eine moderne Wirtschaft und mehr Demokratie war für seine innenpolitischen Gegner nun das Verdikt hinzugekommen, die Rolle der Sowjetunion nicht mehr genügend zu achten.

Aber das Jahr 1965 hatte längst nicht alle Klippen einer unguten Entwicklung umsegelt. Zunächst geriet das 1963 verabschiedete Jugendkommunique ins Kreuzfeuer einer dogmatischen Kritik, weil auftretendes Rowdytum unter manchen Jugendlichen (das Hooliganproblem internationalisierte sich und hat auch die DDR nicht verschont) den Freiheiten, die dieses Jugendkommunique für die Entfaltung jugendlicher Persönlichkeiten im Sozialismus versprach, angelastet wurde.

Im Politbüro gab es erneuten Streit über die Weiterführung des NÖSPL, wobei erstmals Günter Mittag, der mit Erich Apel zunächst wie Castor und Pollux die neuen Wirtschaftsmaßnahmen durchzusetzen versuchte, die Seiten wechselte und Erich Apel im Stich ließ. Diese miese menschliche und opportunistische Haltung Mittags, die sich später noch stärker zeigen sollte, hat wohl neben den offenkundigen Kritiken an den Mißerfolgen des NÖSPL den tragischen Selbstmord Apels am 3. Dezember 1965 ausgelöst, nachdem am 2. Dezember das Politbüro in Vorbereitung des 11. Plenums die von Erich Apel geleitete Staatliche Plankommission mit Kritik überhäuft hatte.

Wenige Tage später fand dann das berühmte 11. Plenum statt, das ursprünglich überhaupt nicht in der Hauptsache Kulturfragen berühren sollte. Aber Erich Honecker, der den Bericht des Politbüros vor dem ZK-Plenum zu erstatten hatte, wandelte angesichts der prekären Situation die thematischen Schwerpunkte in einer Sekretariatssitzung, an der Walter Ulbricht nicht teilgenommen hatte, einfach um. Er versuchte, eine in letzter Minute geänderte Rede mit ideologischen Schwerpunkten zu versehen. Er kritisierte die bisherige Durchführung des NÖSPL und griff unter Hinweis auf die Lage der Jugend (durch das Jugendkommunique!) ideologische Fragen auf, attackierte Kulturschaffende und zieh sie des Versagens. Doch er prügelte eigentlich, wie sich später herausstellte, nur den Sack. Hinter das Jugendkommunique und hinter die neue Wirtschaftsreformpolitik hatte sich Ulbricht gestellt. Er und nicht in erster Linie die Künstler waren gemeint. Aber der kulturpolitische Rundumschlag Honeckers sensibilisierte große Teile der Kulturschaffenden in einem Maße, daß das 11. Plenum als eine Veranstaltung der Parteiführung gegen demokratische Entwicklungen auf dem Gebiet der Kultur und damit im Zusammenhang auch der Jugendarbeit in die DDR-Geschichte einging. Es hat jahrelang die Jugend und Kulturszene beherrscht, ohne daß richtig klar wurde, welche Wende damit in Wirklichkeit eingeleitet wurde.

In der Überschrift dieses Abschnitts ist auch vom Fernsehen die Rede. Ich schulde dem Leser hierfür noch den Stoff.

In Bonn suchte uns eines Tages Dr. Karl-Georg Egel mit seiner Frau auf. Es ergab sich ein ungezwungenes familiär-freundschaftliches Verhältnis zwischen uns. Besonders für meine Frau war es eine willkommene Abwechslung, mit der Frau Egels näher bekannt zu werden. Er war mir von unserem Film- und Fernsehfachmann in der Redaktion, Horst Knietzsch, avisiert worden. Meine Frau und ich kannten zwar Egels Filme, wie »Genesung«, »Das Lied der Matrosen« und andere (von »Sonnensucher« habe ich erst später erfahren), hatten ihn aber persönlich noch nie kennengelernt. Nun bat er mich, ob ich ihm nicht bei einer »Ortsbesichtigung« in der Eifel behilflich sein könnte, wo er einen seiner nächsten Filme »Das vergessene Land« anzusiedeln gedachte.

Auf diese Weise kamen wir in Gespräche, die auf einem mir bis dahin völlig verschlossenen Gebiet lagen, der Fernsehdramatik. Egel meinte, ob ich nicht Themen aus meiner Korrespondentätigkeit nutzen wolle, um eventuell mit ihm gemeinsam dokumentarische Spielfilme fürs Fernsehen zu machen. Ich vertröstete ihn auf die Zeit nach dieser Korrespondententätigkeit, deren Ende ja damals noch nicht abzusehen war. Ich wollte mich einfach nicht verzetteln, was dann später doch geschah, zum Leidwesen meiner Familie, aber auch anderer Leute, die ich einmal zu den Neidern zählen möchte (der Sozialismus hat eben noch nicht den idealen Menschen geschaffen, der in der DDR schon gar nicht).

Ich mache die Sache kurz, weil mich die Szenarienschreiberei mit Egel viel Kraft und letztlich auch einen Teil meiner Gesundheit gekostet, wenngleich es mir auch zu gewissen Erfolgserlebnissen und neuen Erkenntnissen verholfen hatte.

Als erstes trafen wir uns nach meiner Rückkehr sehr oft, um über Filmthemen zu reden. Dann plötzlich, im Januar 1963, kamen wir durch einen Zufall, den das Leben lieferte, an einen Filmstoff, der eine, wie sich zeigen sollte, ziemlich explosive Dramatik enthielt, weil er politisch hochbrisant war und zu dem ich aus eigenem Erleben einiges beitragen konnte.

Es ging um dem plötzlichen und rätselhaften Tod des FDP-Bundestagsabgeordneten Wolfgang Döring, einem der Rebellen aus Nordrhein-Westfalen, der dort mit Willy Weyer, Hans-Dietrich Genscher und anderen die CDU-Regierung stürzen half, indem sich die dortige FDP mit der SPD ins Koalitionsbett legte.

Döring war es auch, der maßgeblich an der Aufdeckung des »Spiegel«-Skandals als einer Geheimdienstaffäre beteiligt war. Mit ihm hatte ich in meiner Bonner Zeit gute, fast persönlich zu nennende Kontakte. Ich habe von ihm manchen Hinweis erhalten, denn er gehörte zu den führenden Köpfen einer einigermaßen realistischen Politik gegenüber der DDR, war selbst an mehr oder weniger vertraulichen Verhandlungen mit der LDPD in der DDR beteiligt. Aber, das wurde mir aus seinen eigenen Parteikreisen mitgeteilt, er war auch ein Mann der geheimen Dienste, der, wenn man den Memoiren Erich Mendes in diesem einen Falle glauben darf, mit Sicherheit ein Mann des Amtes Gehlen war, wie der spätere Bundesnachrichtendienst damals noch hieß. Also ein interessanter und kraftstrotzender Mann, der nach einer Beratung im Bonner Privathaus des Fraktionsvorsitzenden der CDU/CSU von Brentano am 16. Januar 1963, an der auch Erich Mende, der damalige FDP-Vorsitzende, sowie Straußintimus Oberst Schmückle, damals noch Pressesprecher des Verteidigungsministeriums, später oberster westdeutscher Soldat bei der NATO, auf der Heimfahrt nach Düsseldorf plötzlich an Herzversagen starb. Es kam in der Öffentlichkeit sofort der Verdacht auf, Döring sei nicht auf gewöhnliche Weise verstorben, manche vermuteten Geheimdienstkreise, die dahinterstünden, manche Herrn Mende, der in Döring einen äußerst potenten Konkurrenten auf den Führungssessel zu befürchten hatte. Das war natürlich ein Krimithema mit politischen Hintergrund par excellence.

Wir stellten das Szenarium im Rekordtempo fertig. Ich nahm dafür meinen Urlaub, freie Abende und Nächte und die Wochenenden, denn meine Redaktionsarbeit durfte ja nicht darunter leiden.

Der Film wurde ein Erfolg, fand internationale, vor allem westdeutsche Beachtung, einerseits in Form höchst offizieller Proteste seitens Gehlens und der FDP, andererseits aber auch durch nachdenkliche Rezensionen in der Westpresse. Erich Mende, mit dem, wie ich schon beschrieb, in der Bonner Zeit zahlreiche Gespräche hatte, übte dann auch allerdings verspätete, wenn auch vergebliche Rache, indem er in seinem dritten Memoirenband mich zum Mörder Dörings machte. Als der Band im Herbst 1985 erschien, zimmerte am 14.September 1985 die »Bild«-Zeitung mit meinem und Dörings Bild die Schlagzeilen: »Toter FDP-Politiker«. Ein roter Pfeil wies auf mich: *Gab er das Gift?* Im Text behauptete »Bild«, Mende habe ausgesagt, ich sei der letzte gewesen, der mit Döring bei einem Mittagessen im Bundeshausrestaurant gesehen worden sei und der ihm möglicherweise das Herzgift ins Essen applizierte.

Das war nun so ziemlich das Dämlichste und Albernste, was mir in meiner Laufbahn nachgeworfen wurde. Zum Glück nahm mich eine Woche später sogar »Der Spiegel« (23. September 1985), sicherlich nicht aus Liebe zu mir, aber offenkundig um Mende, der zur CDU konvertiert war, eins auszuwischen, in Schutz und stellte – ohne direkt meinen Namen zu nennen – den wahren Sachverhalt dar. Denn der letzte, der Döring lebend gesehen hatte, war – wie auch in unserem Film dargestellt – u. a. Mende in der Wohnung von Brentano. Im übrigen war ich am Tage des Todes von Döring längst nicht mehr Korrespondent am Rhein und schon gar nicht, was ja hätte passieren können, in Bonn.

Freilich besteht für mich überhaupt kein Grund zu irgendwelchen Erklärungen. Aber die ganze Angelegenheit demonstriert, wie leichtfertig Medien, die wir in der ehemaligen DDR nun auch ganz legal tagtäglich genießen können, mit der Wahrheit und dem Persönlichkeitsschutz umgehen.

Egel machte dann mit mir noch mehrere Fernsehfilme (u. a. »Nachfolger«, wo es um den Heyde-Sawade-Nazi-Skandal ging) und schließlich den, wie Egel es nannte, dokumentarischen Fernsehroman »Ich – Axel Cäsar Springer«. Das war ein Thema, das mich länger als ein Jahrzehnt beschäftigt hatte: einmal ganz deutlich darzustellen, wie Manipulierung gemacht wird, wer dahinter steht, wer es ursprünglich finanziert hat und welchen verheerenden Einfluß konzerngesteuerte Medien auf die Öffentlichkeit nehmen. Wir haben dann nach den umfangreichen Recherchen auf diesem Gebiet einen Film gemacht, der nicht nur in der DDR Aufsehen erregte und nach dem ich heute noch befragt werde.

Man versucht das heute allerdings nur noch unter dem Rubrum SED-Propaganda zu verbuchen. Aber es gab in der Zeit, in der unser Springer-Film produziert und gezeigt wurde, eine breite Kampagne der westdeutschen APO und der Gewerkschaften in der Bundesrepublik gegen Springer, der die damals als gefährlich und den Bestand der Bundesrepublik (einschließlich seines Konzerns) bedrohenden 68er neben den Kommunisten zu seinen Hauptfeinden erklärt hatte. So lief der Film eigentlich auch mehr zufällig in einer Zeit über die Bildschirme, in der sich die Bundesrepublik, zu deren Symbolfigur sich Springer selbst einmal ernannt hatte, in einer Krise befand. Insofern mußte dieser Film natürlich provozieren. Daß es für mich dann auch noch persönlichen Ärger gab, will ich hier nicht weiter ausführen.

Ich habe in dieser Zeit viele Künstler kennengelernt, mit ihnen oft nächtelang diskutiert. Danach und besonders heute verstehe ich besser, als wahrscheinlich früher, welches ihre Probleme waren, die in ihren Augen – und damit schließt sich der Kreis meiner Abschweifung – mit dem 11. Plenum zusammenhingen. Ich komme dabei aber auch gleich zum nächsten Kapitel meiner Betrachtungen, dem Jahr 1968. Denn ich hatte durch diesen Film Gelegenheit, in ganz entscheidenden Stunden, im Juni 1968, in Prag zu weilen, weil dort der Springer-Film auf dem Fernsehfestival außer Konkurrenz gezeigt wurde.

Das Jahr 1968 und die verlorenen Chancen

Wenn über das Jahr 1968 gesprochen oder geurteilt wird, sieht man neuerdings in der deutschen Öffentlichkeit hauptsächlich die Ereignisse, die sich seinerzeit in der und um die ČSSR abspielten. Es wird freilich dabei, wie bei vielen geschichtlichen Abläufen dieses Jahrhunderts, ein Ereignis aus einem größeren Zusammenhang gerissen. Manches wird, absichtlich oder unabsichtlich, böswillig oder guten Glaubens, übersehen oder zumindest weniger beachtet in die historische Ecke gestellt, um das Gras der Vergessenheit darüber wachsen zu lassen.

Aber das Jahr 1968 brachte viele Zäsuren, weltweit. Wenn sich auch jetzt die sogenannte 68er Generation in vielen kapitalistischen Ländern, in denen sie einmal revoltiert hatten, weitgehend etabliert hat, zufrieden mit dem, was ihnen der Kapitalismus alles noch übriggelassen hat. Es gab für manche Politschrecks einen schnellen Übergang von der Politpubertät über parlamentarische ABM-Maßnahmen zu einem satten Frührentnertum. Dennoch ist nicht zu bestreiten, daß durch ihre Rebellion eine Reihe von Umbrüchen erfolgte. Manchen Leuten schien es, als handele sich es um polit-pubertäres Getue, als trete die damalige Jugend nur als Bürgerschreck auf, dabei zeigten sich doch deutlich die Risse im System. In den USA, in Frankreich und auch anderswo in kapitalistischen Ländern veränderten sich Dinge, an deren Unsterblichkeit seit Jahrhundertbeginn gearbeitet worden war. Umwälzungen traten in globalem Maßstab, also auch im Sozialismus ein. Und dennoch sollte man bei der Einschätzung aller betroffenen Systeme nicht vergessen, daß trotz einer Reihe von Konvergenzen in der gesellschaftlichen Entwicklung die Divergenzen überwogen: Es war schließlich Kalter Krieg. Und jede der kriegführenden Seiten mischte sich in die inneren Unruhen des anderen ein, damit sie möglichst andauern und von den jeweils eigenen Schwierigkeiten ablenken.

Deshalb kam es damals wie heute zu unterschiedlichen Einschätzungen. Aber nur auf äußere Erscheinungen hinzuweisen ist unhistorisch.

Natürlich kann kein Zweifel darüber bestehen, daß in diesem historisch zu nennenden Jahr in einer Reihe von sozialistischen Ländern schon der *Versuch*, die sozialistische Wirtschaft umzugestalten und mit ihr die sozialistische Gesellschaft zu demokratisieren, eine der entscheidendsten Niederlagen erlitt.

Aber nüchtern betrachtet, sind aus heutiger Sicht und Erkenntnis alle die Unruhen und Aufstände gegen Bestehendes einem weltweiten Reformprozeß einzuordnen, der ausgelöst wurde durch neue Entwicklungen auf wissenschaftlich-technischem Gebiet, die nicht mehr im alten gesellschaftlichen Rahmen zu lösen waren.

Das betraf eben den Kapitalismus genauso wie den Sozialismus. Es ging, global gesehen, um notwendige gesellschaftliche Veränderungen, weil die Fesseln für die sich außerordentlich rasch entwickelnden Produktivkräfte gesprengt werden mußten, oder besser: gesprengt hätten werden müssen. In *beiden* Systemen geschah das nicht. Aus unterschiedlichen Gründen.

Der Sozialismus hatte sich soviel Zwang und Einengungen verordnet, daß er einfach nicht in der Lage war, dieser Situation zu begegnen, geschweige denn sie zu meistern. Damit hat er seine eigenen Lehren, die zu Dogmen mutiert waren, und von ihm selbst immer wieder beschworene Gesetzmäßigkeiten mißachtet. Er war schlicht nicht mehr fähig, als revolutionäre gesellschaftliche Kraft zu wirken und die notwendigen Veränderungen herbeizuführen. Dort wo es Ansätze gab, wurden sie aus verschiedenen Gründen, mit verschiedenen Mitteln unterbunden.

Der Kapitalismus zeigte sich zwar flexibler oder anpassungsfähiger und konnte bestimmte Hemmnisse für die Entwicklung der Produktivkräfte beseitigen. Er konnte auch die Produktionsverhältnisse teilweise an den wissenschaftlich-technischen Fortschritt anpassen, freilich um den Preis der massenhaften Vernichtung von menschlichen und materiellen Ressourcen. Das System schaffte in der Tat einen quantitativen Sprung, aber die grundsätzlich notwendigen qualitativen gesellschaftlichen Veränderungen konnte auch er nicht bewältigen. Er wollte es auch nicht.

Global gesehen stagniert augenblicklich die gesellschaftliche Entwicklung und behindert dadurch sogar den weiteren Fortgang der wissenschaftlich-technischen Entwicklung. Man könnte das am Beispiel der Energiewirtschaft wahrscheinlich am überzeugendsten beweisen. Aber es gilt eigentlich für alle Bereiche der Wirtschaft, die sich nicht um die ökologischen Folgen ihres Wirtschaftens scheren.

Während sich, ökonomisch bilanziert, ein deutlicher Übergang zu einer Informations- und Dienstleistungsgesellschaft vollzieht, in der allerdings der Produktionssektor mehr und mehr auf menschliche Arbeitskräfte verzichten kann, wird die kapitalistische Gesellschaft mit den sich daraus ergebenden sozialen, kulturellen und Bildungsproblemen, mit der sozial verträglichen, sowohl ökonomischen als auch ökologischen Organisation einfach nicht fertig. Die sozialen und gesellschaftlichen Folgen der Versäumnisse und Halbheiten gegen Ende der sechziger Jahre in beiden Gesellschaftsordnungen sind gravierend und an der Jahrhundertwende anscheinend unlösbar. Es hat den düsteren Anschein, daß sich die Gesellschaft mehr und mehr aufzulösen beginnt. Befördert durch wahrscheinlich noch viel zuwenig beachtete soziologische Umwandlungen in den Sphären zwischen Arbeit und Arbeitslosigkeit, zwischen Freiheit und Freizeit, zwischen Erwerb und Profit.

Während in den dem Jahre 1968 folgenden zwei Jahrzehnten sich beide Seiten in ihrer Hilflosigkeit zunächst mit Inbrunst wieder dem Kalten Krieg widmeten und darin eine Lebensaufgabe sahen (mit einem so raschen Ende durch den Zusammenbruch des europäischen Realsozialismus hatte niemand gerechnet), stehen nun Sieger wie Verlierer ziemlich ratlos da und verfahren nach dem Motto: Der Herr wird's schon richten! oder: Nach uns die Sintflut!

Aber 1968 hätte weltweit die Möglichkeit bestanden, die Strukturen, auch in der Parteienlandschaft, die seit der Jahrhundertwende bestanden, aufzubrechen und beispielsweise im Bildungswesen den Muff der letzten tausend Jahre (wie es bei den 68er Studenten so schön hieß) abzustreifen. Der Sozialismus war durch die Unterdrückung der Reformkräfte dazu nicht in der Lage, obwohl er eigentlich die besseren gesellschaftlichen Voraussetzungen hatte. Der Kapitalismus fürchtete wirkliche revolutionäre Umwälzungen wie die Pest. Und so blieb systemübergreifend eigentlich alles beim alten.

Um sich die Gesamtsituation auf der Welt und nicht nur in sozialistischen Ländern vor Augen zu führen, die 1968 bestand, muß man sich nur einige Ereignisse in Erinnerung zu rufen, die einen entscheidenden Einfluß auf die Entwicklung ausübten. Insofern begann das Jahr 1968 in wohlverstandenem Sinne bereits 1967.

In Vietnam verstärkten in jenem Jahr die amerikanischen Aggressoren ihren schmutzigen Krieg. Der amerikanische Imperialismus begann sein unmenschliches Gesicht zu zeigen, unter anderem besonders deutlich dadurch, daß die brutale Entlaubungsaktion aus der Luft begonnen und damit nicht nur augenblickliches Leid unter den Zivilisten angerichtet hatte, sondern ökologische Schäden auf Jahrzehnte hinaus verursacht wurden.

Das führte zu weltweiten Protesten, die sich bis zur totalen Niederlage der USA 1975 steigerten. Vietnam wurde zum Beispiel für den antiimperialistischen Kampf, Ho Tschi Minh zum Schlachtruf für eine bessere Welt.

Im Sommer 1967 überfiel Israel Ägypten und Syrien und stoppte seine Aggression relativ schnell, nachdem es binnen sechs Tagen sein Kriegsziel erreicht hatte: Ein Ufer des Suezkanals zu besetzen und damit den Kanal als interkontinentalen Verkehrsweg zu kontrollieren, d. h., unter den obwaltenden Umständen stillzulegen. War dies eine späte Rache für die Niederlage von 1956? Oder war es die Fortsetzung der gezielten israelischen Politik, eines unübersehbaren Vormachtstrebens in der Region, die sich im Schatten oder besser: im Schutz des Holocaust, der jeden Widerstand gegen eine solche Politik zu verbieten scheint, andeutete? Denn mit dem im Sechstagekrieg eroberten Zugang zum Roten Meer erlangte Israel eine strategische Ausgangsposition für seine spätere Afrikapolitik. Die Eroberung der Golanhöhen in Syrien, um so dieses arabische Land faktisch bis Damaskus, das nun in Sichtweite geraten war, zu kontrollieren weist auf Vorherrschaftsstrategie nach Norden hin. Neben diesen sehr weitreichenden strategischen Zielen der Aktion, sollten vor allem Präsident Nasser in Ägypten und Präsident Assad in Syrien beseitigt werden, beide dem Imperialismus wegen ihrer antiimperialistischen Politik mit einer gewissen Vorbildwirkung ein Dorn im Auge. Nasser starb kurze Zeit später unter etwas mysteriösen Umständen. Assad regiert heute noch.

Aber die Welt im Nahen Osten und auch auf dem afrikanischen Kontinent war danach nicht mehr wie vorher. Der Imperialismus begann durch Stellvertreterkriege seine verlorenen Positionen im ehemaligen Kolonialgebiet zurückzuerobern. Denn seit dem afrikanischen Jahr 1960 hatten sich zahlreiche unabhängig gewordene Staaten dem Versuch zugewandt, gleichzeitig mit dem Abstreifen der kolonialen Herrschaft den Sprung in eine neue Gesellschaftsordnung zu wagen. Ob das Erfolgsaussichten versprach oder nicht. Es führte dazu, daß der Kalte Krieg sich auf den schwarzen Kontinent ausdehnte und dort bis auf den heutigen Tag heiße Phasen hat.

Die arabischen Ländern sperrten nach der Aggression von Tel Aviv allen Ländern, die Israel unterstützen, die Öllieferungen, was besonders

Westeuropa tief traf. Die einsetzende Ölkrise zeigte, wie verwundbar die hochkapitalistischen Länder waren und sind.

Da besuchte fast zur gleichen Zeit der Schah die Bundesrepublik, im Iran schon verhaßt, in dem langsam wieder an monarchistische Strukturen gewohnten Westdeutschland schon wegen seiner schönen Gattin Farah Dibah Entzücken auslösend (durch die Yellow-Press aufgeputzte Lady Dianas halfen schon immer über Alltagssorgen hinweg). Der Schah griff der kriselnden Wirtschaft durch den Erwerb von Aktien (Stahl und Automobilbau) unter die Arme. Aber sein Besuch, besonders in Westberlin, löste auch Proteste besonders unter der etwas nüchterner denkenden Jugend aus. Die ersten größeren Studentenunruhen klagten die Menschenrechte im Iran ein. Sie wurden von den auf diesem Gebiet sonst so maulhurtigen westdeutschen Politikern im Falle des Schahregimes außer Acht gelassen. Bei diesen Demonstrationen wurde der Student Benno Ohnesorg durch einen übereifrigen Westberliner Polizisten erschossen, der später vom Gericht freigesprochen wurde. Aber der Mord an Benno Ohnesorg wurde zu einem Fanal und zu einem der Auslöser der Studentenunruhen im folgenden Jahr.

Neben Ho Tschi Minh hatte die Studentenbewegung noch das Idol Che Guevara. Er wurde 1967 in Bolivien ermordet. Anlaß zu wieder neuen Protesten.

In Prag wurde dann im Februar 1968 Alexander Dubček zur sozialistischen Reformhoffnung. Er wurde zum Nachfolger des nicht nur unbeliebten, sondern in gewissem Sinne auch unfähigen KPČ-Generalsekretärs Novotny gewählt. Nicht nur in der ČSSR hofften die Menschen auf einen demokratischen Frühling, sondern auch in anderen sozialistischen Ländern.

Es gab also drei Fanale für eine weltweite Umwälzung: Ho Tschi Minh, Che Guevara und den Prager Frühling. Daß die öffentliche Aufmerksamkeit durch westliche Politiker und Medien besonders auf den letzteren Umstand gelenkt wurde, war zu erwarten. Daß es in den heutigen Sichten noch immer so ist, bleibt ein Erfolg der Geschichtsmanipulierung.

Dubček ging zusammen mit wirtschaftlichen auch demokratische Reformen sehr vorsichtig an. Hier gab es in der Anfangsphase noch eine ziemlich enge Zusammenarbeit mit der SED, obwohl das heute bestimmte Geschichtsschreiber wider besseren Wissens nicht wahrhaben wollen. Freilich war (und blieb) die SED-Führung in dieser Frage zunächst gespalten, weil es den Reformkräften und auch Ulbricht so schien, als könne man mit dem Nachbarn zu gemeinsamen Nennern gelangen. Die heutige Geschichtsschreibung will Ulbricht als einen eingeschworenen Gegner der Prager Reformen hinstellen. Das stimmt so einfach nicht.

Erst als sich der Westen massiv in die Vorgänge einzumischen begann, wurde die Lage komplizierter und näherte sich einer konterrevolutionären Situation. Als Breshnew das zum Anlaß nahm, sich seinerseits mit der Verkündung der Breshnew-Doktrin einzumischen, spitzte sich die Lage weiter zu.

Die Einmischung der westlichen Seite erfolgte insbesondere durch den amerikanischen Geheimdienst CIA und ganz offen durch die Bundesrepublik (hier spielte die Sudetendeutsche Landsmannschaft, bis auf den heutigen Tag als Wählermasse für die Konservativen wichtig, die damals Morgenluft witterte, wieder einmal eine unrühmliche Rolle). Vor allem die tschechoslowakischen Medien wurden durch zahlreiche bestehende Querverbindungen zu NATO-Ländern in geradezu umstürzlerischem Sinne beeinflußt. Ich habe das selbst in Prag erlebt, und es gibt für jeden, der sich dafür interessiert, einschlägige Literatur.

Kein Geringerer als der frühere Bonner Vertriebenenminister Theodor Oberländer, durch seine Nazivergangenheit berüchtigt, schrieb im Februar 1962 in der rechtslastigen Zeitschrift »Der Stahlhelm« (Nr. 2) Der Kalte Krieg gegen das eine oder andere sozialistische Land »wird nicht erklärt, wie ein militärischer Krieg, beginnt nicht mit einem Truppeneinmarsch, sondern er beginnt fast unsichtbar durch Publizistik, durch Infiltration, durch Spionage, ja er ist um so erfolgreicher, je weniger er auffällt, je weniger er Abwehrkräfte auf den Plan ruft ...«

Sogar die Bundeswehr gab nachweislich logistische und ideologische Unterstützung. Sie rückte mit ihrem PSK (Psychologische Kriegführung)-Bataillon aus dem Stützpunkt in Andernach an die tschechoslowakische Grenze ins bayrische Hammelburg und beteiligte sich am Krieg im Äther, der auf Hochtouren lief. In Hammelburg gab es damals auch einen Sammelpunkt tschechoslowakischer Emigranten, die in NATO-Ländern in Special Forces Groups Dienst taten. Man war schließlich im Kalten Krieg, der zu jener Zeit auch urplötzlich in einen heißen umschlagen konnte.

Als am 27. Juni 1968 in Prag das sogenannte Manifest der 2 000 Worte erschien, gab es zum erstenmal bei vielen, auch gutwilligen Kräften Bedenken und Einwände. Entgegen dem Vorgehen von Alexander Dubček, der die Reformen mit der Partei durchsetzen wollte und dafür einen großen Anklang fand, waren die 2 000 Worte gegen die Partei gerichtet. Ein Sozialismus mit menschlichem Gesicht ohne die Kommunistische Partei wurde gefordert, was großen Beifall im Westen auslöste.

Denn dies gehörte ja zu den ausgemachten Zielen des Westens im Kalten Krieg. In seinem Buch »Entwurf für Europa« hatte es Franz Josef Strauß ausformuliert: »Wir sollten daran denken, daß Polen, die Tschechoslowakei, Ungarn, Bulgarien, Rumänien usw. genauso zu Europa gehören wie die Schweiz, Holland oder Belgien. Es geht darum, durch die Einwirkung auf diese Länder in einem langfristigen Prozeß dafür zu arbeiten, daß diese Länder wieder Bestandteil Europas wenigstens erst einmal in dem Sinne werden, wie es die Bezeichnung Zwischeneuropa ausdrückt ... Das weitere Ziel ist eine europäische Föderation. Ihr werden stufenweise souveräne nationale Rechte übertragen. Die heutigen Nationalstaaten würden mit der Zeit etwa den Status der einzelnen Bundesländer des deutschen Bundesstaates erhalten.«

Und um das Arsenal der deutschen Wünsche zu ergänzen – ich erinnere nochmals an die Aktualität nach 30 Jahren –, seien noch zwei Strategen einer Bonner Europapolitik zitiert: Erstens der ehemalige Vorsitzende der Deutschen Partei und Minister in der ersten Adenauerregierung, Hans-Christoph Seebohm, ein früherer Bergwerksbesitzer aus dem Sudetenland, er stellte bereits im Sommer 1961 auf einem Treffen der Sudetendeutschen Landsmannschaft in Köln fest: »Wir werden zurückkehren in unsere angestammte Heimat. Aber es wird eine Heimat ohne Tschechen und Kommunisten sein.«

Zweitens der damalige Vorsitzende der Vertriebenenverbände, Wenzel Jaksch (SPD), er sandte an den Sudetendeutschen Tag am 1. Juni 1963 in Stuttgart ein Telegramm, in dem es hieß: »Eine kommunistische Dauerherrschaft in Böhmen bedeutet den Untergang des tschechischen Volkes. Es könnte als Sprachgemeinschaft weiterleben, aber seine Seele würde bolschewisiert. Darum sei allen gesagt, die von Europa reden: Zu einem befriedeten Europa gehört auch ein deutsches Sudetenland.«

Am 2. Juli 1968 trat dann der Vorsitzende der Sudetendeutschen Landsmannschaft, der CSU-Bundestagsabgeordnete Becher, 1938 Chefredakteur der »Zeit«, Organ der nazistischen Sudetendeutschen Partei Henleins, auf einem Landsmannschaftstreffen wiederum in Stuttgart an die Öffentlichkeit: »Ich weiß, daß es für manche kühn klingt. Dennoch stimmen viele Tschechen und Slowaken mit uns überein, wenn ich sage, die beste Form der Wirtschaftshilfe für die Tschechoslowakei wäre die Reintegration sudetendeutscher Unternehmer und Facharbeiter, wäre die Rückgliederung des böhmisch-mährischen Deutschtums in seine alte Heimat.«

Wie aktuell das doch klingt angesichts der deutsch-tschechischen Auseinandersetzungen im Jahre 1998.

In Anbetracht solcher Erklärungen und Tatsachen muß man wenigstens einmal *versuchen*, sich in die Situation der Großmacht Sowjetunion, dazu noch Führungsmacht des östlichen Bündnisses, hineinzuversetzen. Wie haben denn eigentlich die USA auf die kubanische Revolution reagiert oder auf die nun wirklich banalen Ereignisse auf Grenada, auf den Unabhängigkeitskampf in Guatemala oder Nicaragua, unmittelbar vor ihrer Tür? Man kann der Auffassung sein, daß nichts ein gewaltsames Eingreifen in innere Prozesse eines Landes entschuldigt. Aber das muß dann auch für alle gelten. Besonders auch an der Wende eines Jahrhunderts, das viele Kriege und Blutvergießen aus eben jenem Grunde erlebte.

An dieser Stelle muß ich wieder auf eigenes Erleben zurückgreifen und manche vorgefaßte Meinung zu korrigieren versuchen.

Am 27. Juni 1968, also am Tag des Erscheinens der 2 000 Worte, befand ich mich in Prag und zwar – wie schon kurz erwähnt – mit dem ersten Teil des Springer-Films, der auf dem Prager Fernseh-Filmfestival außer Konkurrenz laufen sollte. Karl-Georg Egel konnte aus gesundheitlichen Gründen nicht fahren, und so mußte ich mit einigen Schauspielern, u. a. Annekatrin Bürger und Otto Mellies, als Film-Mitschöpfer für die Repräsentation einspringen. Jetzt ist einmal unerheblich, daß damals Axel Springer, der Verleger selbst, in Prag anreiste, um auf einer Pressekonferenz gegen die Aufführung zu protestieren. Viel wichtiger war zu dem Zeitpunkt, daß mich am Tage danach der Generalsekretär der Internationalen Journalisten-Organisation (IOJ), Jiři Kubka, anrief und mich zu einer »kleinen Sekretariatssitzung« einlud. (Ich war 1967 als stellvertretender Chefredakteur des »Neuen Deutschlands« zum ehrenamtlichen Vorsitzenden des Journalistenverbandes der DDR gewählt geworden. In dieser Eigenschaft war ich, wie andere Verbandsvorsitzende vor mir auch, Vizepräsident der IOJ geworden, was in jenen Jahren mit der gewünschten internationalen Aufwertung der DDR zusammenhing. Dadurch hatte ich gleichzeitig auch sehr enge Beziehungen zum tschechoslowakischen Journalistenverband, was mir ein Urteil über die Rolle der dortigen Medien in dieser Zeit erlaubt.)

Als ich abends am Tagungsort eintraf, waren außer Jiři Kubka, der Chefredakteur des »Rudé Pravo« und Sekretär des ZK der KPČ, Oldřich Švestka, der Chefredakteur der »Prawda«, Vorsitzender des sowjetischen Journalistenverbandes und Vizepräsident der IOJ, Michail Simjanin, und der aus der DDR stammende damalige IOJ-Sekretär Sepp Fischer, der für mich auch die Dolmetscherarbeit übernahm, anwesend. Allerdings handelte es sich keineswegs um eine normale »kleine Sekretariatssitzung«, was manchmal, wenn mehrere Vizepräsidenten in Prag anwesend waren, auch üblich war.

Simjanin kam gleich zur Sache: Er sei als persönlicher Botschafter des Genossen Breshnew angereist und wolle der tschechoslowakischen Parteiführung auf diese Weise die Meinung des ZK der KPdSU mitteilen. Daß er das über Švestka tat, hing offenbar damit zusammen, daß der »Rudé Pravo«-Chef zum Kreis sowjetfreundlicher Mitglieder der KPČ-Führung gerechnet wurde und daß Simjanin von Dubèek nicht empfangen wurde, weil er tatsächlich in »geheimer Mission« in Prag war. Simjanin galt in Moskau als ČSSR-Kenner, weil er vor seiner »Prawda«-Zeit jahrelang als Botschafter der UdSSR in Prag tätig gewesen war. Der amtierende sowjetische Botschafter, Tscherwonenko, war einen Tag vor Simjanins Mission zur Berichterstattung nach Moskau beordert worden.

Simjanin sprach sehr offen. Er teilte unumwunden mit, daß die sowjetische Parteiführung die 2 000 Worte als konterrevolutionäre Plattform betrachte, von der sich die tschechoslowakische Führung distanzieren und auch weiteren konterrevolutionären Umtrieben Einhalt gebieten müsse (tatsächlich hat Dubček die Verfasser der 2 000 Worte, vor allem Ludvik Vačulik, aufgefordert, zurückhaltender zu sein, um das im Februar begonnene Reformwerk nicht zu gefährden). Simjanin drohte in diesem, im wesentlichen als Monolog geführten Gespräch den anwesenden tschechoslowakischen Genossen (Švestka und Kubka) an, daß die Sowjetunion und andere sozialistische Länder nicht tatenlos zu-sehen werden, wie die ČSSR in die Hände des Feindes gerate. Als erstes sollten die Massenmedien wieder in die Hand der Partei gelangen, der sie entglitten seien. Zum anderen müsse dem offenen Antikommunismus Einhalt geboten werden. Sollte das alles nichts fruchten, werde man sich auch zu militärischen Maßnahmen gezwungen sehen. Die Prager Genossen sollten nicht vergessen, daß im Augenblick noch zahlreiche sowjetische Manövertruppen im Lande stünden, die binnen weniger Stunden das Heft in die Hand nehmen könnten.

Die Betroffenheit war allen anzumerken. Švestka verabschiedete sich, ohne die Einladung zum Abendbrot wahrzunehmen. Er wolle mit Bilak und Dubèek zu sprechen versuchen, sagte er zum Abschied. Simjanin ging daraufhin ebenfalls, ohne sich gestärkt zu haben. Ich fragte Kubka, ob er mir sagen könne, was ich eigentlich bei diesem Gespräch sollte, die Sache mit der Sekretariatssitzung sei doch wohl nur ein Vorwand gewesen. Er sagte, daß er Simjanin von meiner Anwesenheit in Prag informiert hätte, worauf dieser meine Teilnahme gefordert hätte. Er könne sich täuschen, sagte Kubka, aber er nehme an, daß dies auch eine

Warnung an die DDR gewesen sein könnte, die in den Augen Breshnews mit ihren Reformversuchen auch schon zu weit gegangen sei. Soweit er wisse (und Kubka wußte oft eine Menge), habe es doch in einer Reihe von Fragen eine gewisse Übereinstimmung zwischen Ulbricht und Dubček gegeben. Wenn er auch den roten Preußen so entscheidende Demokratisierungsschritte nicht zutraue. Ich weiß nicht, ob sich Kubka so sehr getäuscht hatte, aber mich überkam doch ein gewisses Unbehagen. Natürlich konnte ich es deshalb nicht lassen, mich nach meiner Rückkehr am nächsten Tage in Berlin bei Ulbricht anzumelden.

Nach meinem Bericht machte Ulbricht einen ausgesprochen niedergeschlagenen Eindruck. »Wenn das so käme, würde es uns in der ganzen Entwicklung um zwei Jahrzehnte zurückwerfen«, sagte er. Er konnte oder wollte damals nicht ahnen, daß es für die gesamte sozialistische Entwicklung das Ende näher bringen würde. Ich hatte wirklich den Eindruck, daß Ulbricht versuchen wollte, das alles noch aufzuhalten. Es war wohl durch das Umfeld unmöglich. Es brachte ihm allerdings nur weitere Minuspunkte für seine weitere Regentschaft ein. Ich meine, daß man alle solche Umstände berücksichtigen muß, ehe man leichtfüßig über die Grabstellen des Sozialismus trampelt.

Um nur noch einige Beispiele aufzuführen, mit denen ich glaube beweisen zu können, daß Ulbricht nicht, wie es nach 1989, zum Teil bis heute, volltönend hieß, der Scharfmacher für den Einmarsch in die ČSSR gewesen sei. Erstens hat er sich bei dem Treffen der Parteichefs in Warschau (außer ČSSR, Jugoslawien und Rumänien) am 15. Juli 1968 außerordentlich zurückgehalten und sich lediglich auf den Nebenkriegsschauplatz der Massenmedien begeben, mit denen die DDR-Führung auch im eigenen Lande, von kurzzeitigen Erholungspausen (über die ich schon sprach) abgesehen, nie viel am Hut hatte. Zweitens war er, außer Tito und Ceauşescu, der einzige sozialistische Staatschef, der danach noch zu bilateralen Verhandlungen nach Prag fuhr, um vielleicht das Schlimmste zu verhüten. Und drittens schließlich war er es, der nach der Beratung von Čierna nad Tisou Ende Juli, nach der de facto das militärische Eingreifen von Warschauer Paktstaaten beschlossen wurde, angesichts der deutschen Geschichte um Zurückhaltung für die DDR bat.

Um so unsinniger ist es gewesen, daß nach 1989 ein solches Gezeter über DDR-Panzer in der ČSSR und gar in Prag einsetzte. Kein vernünftiger Mensch kann heute das Geschehen vom 21. August 1968 gutheißen. Aber man muß die Schuldzuweisungen auch an die richtige Adresse richten und sie nicht nutzen, die DDR-Geschichte noch mehr zu verfälschen, als es ohnehin geschieht.

Ich erinnere mich an Veröffentlichungen in deutschen Medien Ende 1989 oder Anfang 1990. Danach hatte sich eine sehr junge Pankower Pastorin, deren Name mir auch wegen ihrer Unwichtigkeit entfallen ist, erinnert, daß sie 1968, in Luckau wohnend, NVA-Panzer durch die Lausitzer Kleinstadt in Richtung ČSSR-Grenze fahren sah (Hunderte Kilometer entfernt!) und sie hilflos in Tränen ausbrach. Solche Märchen dienten trotz ihrer absoluten Unglaubwürdigkeit nur dazu, um die Massenmedien und die Stimmung anzuheizen. Da das auch weiterhin zu entsprechenden Jahrestagen, die gefeiert werden wie früher Kaisers Geburtstag, wenn auch in schon abgemilderter Form geschieht, gehört dies trotzdem zu der bis auf den heutigen Tag festzustellenden Fortführung des Kalten Krieges mit anderen Mitteln.

Natürlich gab es besonders unter jungen Leuten in der DDR Proteste gegen die militärische Unterdrückung der Prager Reformversuche. Ein Teil der ehrlich gemeinten Bürgerrechtsbewegung in der DDR stammt aus dieser Zeit. Selbst mein Sohn geriet in die Spalten der Westpresse (siehe u. a. »Die Welt«, 5. April 1969).

Viele sahen in den Prager Ereignissen ein Unrecht. Für viele war es Terror. Das war emotional verständlich. Aber diese Betrachtungsweise, nur weil sie in das antikommunistische Weltbild, durch den Kalten Krieg noch verzerrt, paßte, war oberflächlich. Was jedoch zu jener Zeit vielen Menschen, bis zu einem gewissen Grade und trotz mancher Intimkenntnisse auch mir, noch nicht in vollem Umfang bewußt war, das war die Erkenntnis, welche Chance für eine antikapitalistische Alternative in Europa damals vertan wurde.

Auf der anderen Seite des Eisernen Vorhanges war es zwar anders, aber auch nicht viel besser. Es kam zu umwälzenden Bewegungen in kapitalistischen Ländern, besonders in den USA, in Frankreich und der Bundesrepublik, weil – gerade in diesen drei großkapitalistischen Staaten deutlich – der gesellschaftliche Fortschritt enorm hinter der ökonomischen Entwicklung zurückgeblieben war. Aber auch anderswo schien die Erde zu brennen.

In den USA wurde im April 1968 Martin Luther King, der Führer der amerikanischen Bürgerrechtsbewegung, ermordet. Nicht nur die Rassenunruhen gerieten dadurch in eine neue Phase. Die Bürgerrechte wurden auch von anderen Organisationen eingeklagt, die Bewegung gegen den Vietnamkrieg erfuhr einen neuen Aufschwung, besonders nachdem das grauenhafte Massaker von My Lai bekannt wurde und das Bild von dem Saigoner Polizeichef, der auf offener Straße einen vietnamesischen Zivilisten erschoß, um die Welt ging, und nachdem die Verluste der amerikanischen Soldaten sprunghaft anstiegen.

Es schien also nur so, daß es sich hier um getrennt zu betrachtende Ereignisse handelte. In den USA war eine Bewegung aufgebrochen, die mehr Rechte für die Bürger einklagte, die im freiesten Land der Erde immer mehr den innen- und außenpolitischen Interessen und dem Machtstreben der amerikanischen Superkonzerne geopfert wurden. Der Nachfolger Kennedys, Präsident Johnson, hatte zwar als letzte Amtshandlung die Einstellung der Bombardierungen in Nordvietnam angeordnet, aber es konnte den Demokraten keinen Wahlsieg mehr bringen. Eine zunächst etwas realistischer erscheinende Einstellung zum Vietnamkrieg und das Versprechen, die Jungs wieder nach Hause zu bringen, brachten einen Wahlsieg der Republikaner. Der neue Präsident hieß Nixon, der als erstes Truppenreduzierungen und einen stufenweisen Rückzug aus Vietnam überhaupt ankündigte. Das war ein Erfolg der Friedensbewegung. Aber die endgültige Verwirklichung der Forderungen dauerte noch fast sieben Jahre. Dann erst traten die USA ihren ruhmlosen Rückzug an. Hinzu kam der Watergate-Skandal, die Telefon-Abhöraffäre oppositioneller Politiker durch Organe der Nixon-Administration, was den amerikanischen Präsidenten das Amt kostete. Martin Luther King hatte den amerikanischen Traum. Das amerikanische Trauma aber hieß für weitere Jahrzehnte Vietnam. Es schien, als könne sich das Kräfteverhältnis doch noch zuungunsten des Imperialismus verändern.

Vor allem in Lateinamerika gewann eine Los-von-den-USA-Bewegung geradezu strategische Bedeutung. Der sich zur Niederlage der USA entwickelnde Vietnamkrieg beförderte diese Bewegung wie die Unabhängigkeitsbewegung in der ganzen Welt überhaupt.

In Frankreich gingen die Studenten vorerst für eine Reform an den Universitäten auf die Straße. Der Studentenbewegung schlossen sich die Arbeiter zunächst aus Solidarität, dann aber auch mit eigenen sozialen Forderungen an. Im Mai streikten in Frankreich über 5 Millionen Arbeiter. Unter diesem Druck erklärte de Gaulle am 24. Mai 1968 die Bereitschaft seiner Regierung zu weitgehenden sozialen Reformen, einer Neuordnung des Universitätswesens, zu Lohnerhöhungen und einer Verkürzung der Arbeitszeit. Ein Rücktritt lehnte er jedoch zu diesem Zeitpunkt ab.

Aber im Schatten dieser und der Prager Ereignisse gibt Frankreich auch die Zündung der ersten französischen Wasserstoffbombe auf dem Mururoa-Atoll und die Entsendung von Truppen gegen die Aufständischen in der ehemaligen Kolonie der jetzt unabhängigen Republik Tschad bekannt. Es war wie immer, daß, wenn der Imperialismus glaubte mit anderen Ereignissen die Öffentlichkeit ablenken zu können, er fatale und gefährliche Pläne hinter dem Rücken dieser abgewandten Öffentlichkeit durchzusetzen versuchte.

Im April 1969 mußte de Gaulle dann schließlich doch zurücktreten. Arbeiter und Studenten hatten ihre Kraft und Solidarität gezeigt. Die Teilerfolge waren wichtige Signale, hatten indes nur begrenzt aktuellen Charakter. Am Wesen des Systems änderten sie leider nichts.

Die Studentenunruhen ergriffen auch die Bundesrepublik. Es ging vor allem gegen die Notstandsgesetze, gerade noch von der Großen Koalition unter Kanzler Kiesinger mit den Stimmen der SPD verabschiedet, gegen die Misere an den vernachlässigten Bildungseinrichtungen, die nicht zuletzt auch dadurch verstärkt wurde, daß durch den Mauerbau nun seit Jahren kein billiger »akademischer Nachwuchs« mehr aus der DDR eintraf und man so für die Vernachlässigung des Bildungswesens auf Kosten der DDR bestraft wurde. Die immer offeneren Meinungsmanipulationen, vor allem durch den Springerkonzer, und das Attentat auf den Studentenführer Rudi Dutschke und nicht zuletzt der Einzug von zwölf Abgeordneten der neonazistischen NDP in den Landtag von Baden-Württemberg (man sieht: Magdeburg war keineswegs der Anfang) als Zeichen einer zunehmenden Faschisierung, brachten auch in der BRD das Faß zum Überlaufen. Allerdings hatten die Studenten nicht die große frankreichähnliche Unterstützung durch die Arbeiter. Auch die Gewerkschaften hatten im Schatten der DDR ihre sozialen Dinge recht und schlecht in Ordnung gebracht. Daß es nur ein sozialer Friede auf Zeit war, ahnten die DGB-Führer damals noch nicht.

Die Außerparlamentarische Opposition (APO) wurde dann tatsächlich eine Zeitlang zu einem für die Bundesrepublik nicht unwesentlichen Machtfaktor, insbesondere auch, weil nicht nur der Neonazismus sich fast ungehindert breitmachen konnte und in den Parlamenten Platz nahm, sondern weil diese Opposition eine sozialdemokratisch dominierte Regierung an die Macht verhelfen wollte, um eine Politikänderung zu erzwingen.

Aber auch hier gab es nur Teilerfolge. Eine Bildungsreform wurde zwar zum Wahlkampfthema für 1969, eine Strafrechtsänderungsreform, die von der politischen Justiz der Adenauerzeit abrückte, wurde in Aussicht gestellt. Es war noch ein Verdienst Gustav Heinemanns, der im März 1969 als erster sozialdemokratischer Bundespräsident gewählt wurde, daß das Strafrecht wieder etwas dem eigentlichen Grundgesetz angepaßt wurde. Aber die Notstandsgesetze und der Springerkonzern blieben. Auch unter der neuen sozialliberalen Koalition, die 1969 die

Bundestagswahlen gewann und sich daran machen mußte, den Scherbenhaufen, den die CDU/CSU hinterlassen hatte, wegzuräumen.

Das traf besonders für das Gebiet der Außenpolitik zu, vornehmlich gegenüber den sozialistischen Ländern, einschließlich der DDR. Diesen Schritt wollte die alte Regierung, einbetoniert in die Hallsteindoktrin, nicht gehen. Allerdings gab auch die neue sozialliberale Regierung diese Doktrin gegenüber der DDR nicht vollständig auf. Sie modifizierte sie nur im Hinblick auf die außenpolitische Anerkennung der DDR durch Drittstaaten, nicht aber in der Frage des Alleinvertretungsrechts gegenüber den Bürgern der DDR. Sie setzte auf die Parole des amerikanischen Präsidentenberaters Brzezinski, einen Wandel in den sozialistischen Ländern durch sozialdemokratische Annäherung herbeizuführen. Deshalb konnte nach 1982 die Kohlregierung auch die von Brandt begründete sogenannte neue Ostpolitik ohne Bedenken fortsetzen.

Damit wurden – nebenbei gesagt – auch die Verträge vor allem mit Polen und der ČSSR, sowohl von 1970 als auch von 1990/91, hinsichtlich der Anerkennung ihrer Grenzen fragwürdig. Denn erstens blieb der schon an anderer Stelle erwähnte Artikel 116 GG erhalten. Zum anderen wurde ein Urteil des Bundesverfassungsgerichts, angefordert 1972 von einer Gruppe damals oppositioneller CDU/CSU-Abgeordneter, über den Fortbestand der Grenzen des Deutschen Reiches bis heute nicht aufgehoben. Es gab also in dieser Angelegenheit keine grundsätzliche außenpolitische Veränderung. Der Grund ist, wie man weiß, der gleiche, aus dem der Artikel 116 überhaupt geschaffen und ein höchstrichterliches Urteil überhaupt gefällt worden war: Es galt eben, eine wichtig Frage für die deutsche Außenpolitik unter »rechtsstaatlichen« Auspizien offenzuhalten. Auch nach 1990.

Der Sturz Ulbrichts und die Folgen

Es war bereits die Rede davon, daß sich seit etwa 1965 eine Fronde gegen Ulbricht im Politbüro gebildet hatte. Es war nicht nur die neue Wirtschaftspolitik, über die es Streit gab, weil sie keine schnellen Erfolge brachte, es war – wie schon angedeutet – auch die Auffassung, die Ulbricht seit kurzem über das Verhältnis zur Sowjetunion vertrat. Es war vor allem auch die damit in engem Zusammenhang stehende Haltung gegenüber der SPD und ihrer Führung. Nachdem sich abzeichnete, daß die Ära Adenauer zu Ende ging, schöpfte Ulbricht eine gewisse Hoffnung auf eine mögliche Überwindung des bisherigen feindseligen Verhältnisses zwischen SED und SPD. Er wußte, daß die DDR sich in ihrer politischen und ökonomischen Situation nicht weiter, als schon geschehen, gegen die Bundesrepublik abschotten konnte. Die ungelöste nationale Frage hoffte er am besten mit einer SPD-Regierung in der BRD lösen zu können, wenn hier auch noch gewaltige Hindernisse auf beiden Seiten im Weg lagen.

Nach dem Wahlerfolg der SPD bei den Bundestagswahlen 1965 wandte sich die SED-Führung an den SPD-Parteivorstand und mit einem *Offenen Brief* an die Delegierten des bevorstehenden Dortmunder Parteitages. Dabei wurde eine Reihe von Vorschlägen unterbreitet, mit Themen, über die beide Parteien im Interesse des Friedens aber auch der nationalen Belange verhandeln könnten. Im Vordergrund standen Themen wie die Verhinderung sowohl der geplanten atomaren Bewaffnung der Bundeswehr als auch die bevorstehende Annahme der Notstandsgesetze. Es sollte bei solchen Verhandlungen auch um die Aufhebung des Gesetzes über die Ausdehnung der Gerichtsbarkeit auf alle deutschen Staatsbürger gehen sowie um die Zusammenarbeit auf kulturellem, wirtschaftlichem und politischem Gebiet und schließlich um das gemeinsame Auftreten gegen den Krieg in Vietnam. Am weitestgehenden, gemessen am Stand der Beziehungen, obwohl scheinbar nur ein Randproblem, war der Vorschlag, zwischen SED und SPD einen Rednertausch zur Darlegung der gegenseitigen Standpunkte zu den genannten Fragen jeweils in einer Stadt in der BRD und der DDR durchzuführen.

Die Vorschläge gingen ganz offenkundig davon aus, daß die SPD tatsächlich früher oder später die Regierungsmacht ganz oder teilweise in der BRD übernehmen könnte, um dann nicht nur redend, sondern verändernd zu wirken.

Obwohl es Schreiben solcher Art bei allen möglichen Anlässen in den vorangegangenen Jahren gegeben hatte, die stets ignoriert wurden, kam diesmal sicherlich auch für die DDR-Initiatoren überraschend schnell eine offizielle Antwort des SPD-Vorstandes. Sie bezog sich natürlich in erster Linie auf den Vorschlag über einen Redneraustausch mit allerdings beträchtlichen eigenen Themenwünschen. Aber damit hätte man rechnen müssen, denn das lag völlig in der von der SPD verfolgten Politik des Wandels durch Annäherung. Allerdings löste die positive Antwort aus der SPD-Baracke in Bonn sofort kontroverse Debatten in der SED-Führung aus. Während Ulbricht darauf bestand, den Redneraustausch zu versuchen und in der Themenwahl zu einem Kompromiß zu gelangen, versuchte Honecker unüberwindliche Hindernisse aufzurichten. Man wußte nicht, wie man das Problem, das man selbst in die Welt gesetzt hatte, nun lösen sollte.

Es war jetzt ein Fall eingetreten, den Albert Norden einmal durch einen, in einer kleinen Journalistenrunde erzählten Rabbinerwitz charakterisiert hatte: Zwei Rabbis gehen am Strand spazieren, als ihnen zwei hübsche, junge wohlgeformte Mädchen begegnen. Sagte der eine zum anderen: Was meinste, ob wir se ansprechen? Vielleicht könnte man ... Meinte der andere: Und was, wenn se ja sagen?

Dieses »Was, wenn sie ja sagen« wurde schon aus der Routine ständiger Ablehnungen offenbar gar nicht mehr in Betracht gezogen. Nur Ulbricht blieb bei seiner Auffassung und forderte Konsequenzen aus dem gemeinsam gefaßten Beschluß über das Schreiben an die SPD.

Es begann danach eine rege Vorbereitung auf beiden Seiten. Karl-Marx-Stadt in der DDR und zunächst Essen dann aber auf Wunsch der SPD Hannover in der BRD wurden als Austragungsorte des Rednerduells vorgesehen und auch ziemlich heftig vorbereitet (was auf alle Fälle Karl-Marx-Stadt den raschen, nicht geplanten Bau einer Kundgebungshalle eintrug, die dann in eine Eislaufhalle umfunktioniert wurde, vielleicht aber schon als solche geplant worden war). Natürlich stieß das ganze Unternehmen auf nicht nur gesamtdeutsches, sondern weltweites Interesse. Beide Seiten sahen sich plötzlich gefordert, was auch die wechselseitigen Gegner des Unternehmens mobilisierte.

Da nach den Bonner Gesetzen jeder der Spitzenfunktionäre der SED wegen der entsprechenden Staatschutzparagraphen verhaftet hätte werden können, brachte die SPD im Bundestag ein sogenanntes Freistellungsgesetz ein, d. h., für die Zeit des Aufenthaltes der SED-Redner in der Bundesrepublik sollte ihnen »freies Geleit« zugesichert werden. Das war nun in der Tat etwas diskriminierend, weil eigentlich die SPD den Redneraustausch zum Anlaß hätte nehmen können, die Aufhebung des Gesetzes über die Ausdehnung der Bonner Gerichtsbarkeit für alle auch außerhalb der BRD-Grenzen lebenden deutschen Staatsbürger zu fordern. Aber soweit wagte sich die SPD, in der BRD auch zum Teil heftig kritisiert für ihren Wagemut, mit den kommunistischen Todfeinden aus dem Osten zu reden, nicht vor. Natürlich sorgte auch die Fraktion der Redneraustauschgegner innerhalb der SPD-Führung (Helmut Schmidt, Fritz Erler und z. T. auch aus persönlichen Ressentiments Herbert Wehner) für Stimmungsmache gegen einen Redneraustausch.

Innerhalb der SED-Führung sorgten die Gegner von Ulbrichts Plänen unter Führung von Honecker für entsprechende Stimmungsmache. Es begann in den DDR-Medien eine Kampagne gegen das inzwischen vom Bundestag verabschiedete Gesetz über das freie Geleit, in der DDR Handschellengesetz genannt, weil es unwürdige Bedingungen schaffe, denen sich die DDR-Politiker nicht unterwerfen dürften.

In dieser schon etwas eigenartigen Situation rief mich Werner Lamberz, damals bereits Sekretär des Zentralkomitees der SED (ohne Politbüromitgliedschaft) und Abteilungsleiter für Agitation zu sich. Zu dieser Zeit wußte ich noch nicht, daß er in der Vorbereitung des Sturzes von Walter Ulbricht die intellektuelle Rolle spielen würde. Er übermittelte mir einen Sekretariatsbeschluß, daß ich mit einer Gruppe anderer DDR-Journalisten zur Teilnahme am Dortmunder SPD-Parteitag fahren müsse, um auf der üblichen vorbereitenden Pressekonferenz mit einem Bündel Fragen insbesondere im Hinblick auf die Notstandsgesetze auftreten solle. Mit meinen Erfahrungen auf Pressekonferenzen sollte ich auch die übrigen DDR-Kollegen unterstützen. Dabei überreichte er mir eine Fragenliste, von der ich wußte, daß man ohnehin nur die Hälfte werde stellen können. Aber ich besprach das mit meinen mitreisenden Kollegen.

Um nicht in den Ruf des Subjektivismus zu geraten, zitiere ich lediglich eine westdeutsche und eine niederländische Zeitung über den Vorgang, der sich danach vor der Eröffnung des Parteitages in der Dortmunder Westfalenhalle abspielte. Die »Frankfurter Rundschau« vom 3. Juni 1966 schrieb unter der Überschrift »Die Probe fürs große Rednerduell ging schief«: »Als eine Art Vorleistung auf den Redneraustausch hatte die SPD in diesem Jahr erstmals seit dem Bau der Berliner Mauer wieder Journalisten aus der DDR eingeladen. Sie kamen in reichlicher Zahl und ergriffen die Gelegenheit beim Schopf, ihre Anwesenheit zu demonstrieren. Als der SPD-Sprecher Stallberg zu Fragen aufrief, kam schon die erste aus der kommunistischen Ecke: Ob die SPD ganz und gar die Hoffnung aufgegeben habe, daß sich doch aus dem Schlagabtausch ein Gespräch der beiden deutschen Arbeiterparteien entwickeln könnte? Brandt antwortete klar und fest, die Kommunisten sollten alle Illusionen begraben, ›die SPD könnte zum Kokettieren mit dem Tiger Volksfront verleitet werden‹.

Der nächste DDR-Vertreter war auf den Beinen: Ob die SPD nicht glaube, daß der Dialog doch durch ihre Haltung zur Notstandsfrage behindert werde, denn, so warf er leichthin in den Saal, die SPD habe schon vorab ihre Zustimmung erklärt.

In diesem Augenblick sprang Herbert Wehner auf. Bruchteile einer Sekunde rang er um Luft, dann sprudelte es aus ihm heraus, ›das ist eine dumme Redensart‹, bellte er los, besann sich und schlug einen lahmen Rückzug ein. ›Entschuldigen Sie die Unhöflichkeit nach einem guten westfälischen Landessen.‹ Der unter seiner Organisationsleitung servierte Dreiviertel-Eintopf lag ihm offensichtlich selbst schwer im Magen. Sofort packte ihn wieder die Leidenschaft: ›Ich verwahre mich gegen die Legendenbildung, die im ‚Neuen Deutschland' um die Notstandsgesetzgebung betrieben wird. Das sind Entstellungen.‹ Weder seine Lautstärke noch sein Redefluß waren zu bremsen, jeder Satz riß seine Hände auf und nieder. Die Genossen vom ›Neuen Deutschland‹ lächelten kühl überlegen. Zusatzfrage: ›Herr Wehner, werden Sie hier auf diesem Parteitag eine Offenlegung verlangen, denn offensichtlich müßten doch erst einmal einige Herren, die eingeweiht sind, über die geheimen Gesetzesvorlagen sprechen?‹

›Ja, ich bin eingeweiht‹, dröhnte Wehner zurück, ›und ich kann Ihnen sagen, daß die sozialdemokratische Bundestagsfraktion ihren drei Delegierten in dem Zwölferrat, der mit dem Bundesinnenminister diese Frage bearbeitet, einstimmig, bei einer Stimmenthaltung, das Vertrauen ausgesprochen hat.‹ Das ging am Thema vorbei und war Wasser auf die falschen Mühlen.

Erler selbst erregt, sprang Wehner bei. Auch er sprach die Redaktion des »Neuen Deutschlands« direkt an, was die Fragesteller dankbar quittierten ... Aber auch Erler wurde immer lauter ... Schließlich fühlten sich die Kommunisten stark genug, in einer Frage zu unterstellen, Barzel (damals CDU-Fraktionschef) habe die Bevölkerung der DDR als Feinde bezeichnet. (Eine Äußerung in dieser Richtung gab es tatsächlich einmal in einer Bundestagsrede Barzels, H. Cz.) Erler stellte sich nobel vor seinen Kollegen und parteipolitischen Rivalen und wies die Unterstellung zurück, wieder aber um zehn Phon zu laut, um souverän zu wirken.

›Meine Herren‹, mahnte schließlich der SPD-Sprecher Fritz Stallberg, ›wir haben nur noch wenige Minuten bis zur Eröffnung des Parteitages. Wir müssen zum Ende kommen.‹ An manchen Tischen im großen Saal hörte man ein Aufatmen.«

Die holländische Tageszeitung »Gelderlander« titelte ihren Bericht mit einer siebenspaltigen Schlagzeile: »SED gewinnt erstes Duell mit SPD« und schrieb: »Das große Gesprächsduell zwischen Ost- und Westdeutschland hat mit einem überraschenden Coup der kommunistischen Pressevertreter begonnen. Das SPD-Trio hinter dem grünen Tisch hatte vermuten können, daß ihm die Hölle heiß gemacht würde ... als Hauptgericht wurde westfälischer Haschee, ein gepfeffertes einheimisches Gericht, serviert, daß dem Bürger einen Sporn ins Blut geben muß. Bei den Ostdeutschen schien dieses scharfe Essen seine Wirkung nicht zu verfehlen. Sie überrumpelten die vollkommen verwirrten Sozialdemokraten, bei einem Muster von Dialektik, daß diese fast von ihren Stühlen fielen. Zur Bestürzung des Saales reagierten Brandt und seine Sekundanten in einer Weise, die deutlich zeigte, daß sie in die von ihnen selbst gestellte Falle gelaufen waren. Die geschulten Kommunisten, junge, kluge Kerle, die aussahen, als ob sie gerade von einem Urlaub an der Riviera zurückkamen, trafen bei ihrem ersten Schuß mitten ins Ziel. Der Vertreter des ›Neues Deutschlands‹ ließ seine Bömbchen totnüchtern und sogar mit einigermaßen Gemütlichkeit in der Stimme fallen ... Wehner und Erler benahmen sich derart, daß die westdeutschen Journalisten sich fragten, wie demokratische Parteifunktionäre, die faktisch das Alter der Starken erreicht hatten, so reagieren konnten.«

Das hört sich heute sicherlich ganz lustig an. Aber ich wurde mir später klar darüber, daß wir der von Ulbricht angestrebten Verständigung mit der SPD einen Bärendienst erwiesen und die Gegner des Rederaustausches in beiden Parteien in ihren Auffassungen nur gestärkt hatten. Andererseits wurde mir durch die Art des Auftreten und den Inhalt ihrer Antworten seitens der SPD-Führer bewiesen, welche Rolle sie im westdeutschen Staatsgefüge spielten. Da gab es eben trotz aller Einschränkungen eine durchgängige Linie von der Bewilligung der kaiserlichen Kriegskredite 1914 über die Niederschlagung der Revolution von 1918 bis zur Zustimmung zu den Notstandsgesetzen. (Was dem ND an Propaganda in Sachen Notstandsgesetze vorgeworfen wurde, traf in dieser Form überhaupt nicht zu. Die Notstandsgesetze sind schlimm genug. Und, was nicht vergessen werden darf, heute in Gesamtdeutschland noch gültig.) Ich muß das, trotz eigener selbstkritischer Haltung zu meiner damaligen Position, der historischen Wahrheit wegen festhalten. Diese Haltung der SPD hat nämlich auch unser Jahrhundert geprägt. Und nicht nur zum Positiven.

Fazit für die SED war jedenfalls damals: Handschellengesetz bleibt, weil es für die SPD das äußerste Zugeständnis sei. Notstandsgesetze würden vom Parteitag beschlossen, auch gegen innerparteilichen Widerstand, was den Redneraustausch sinnlos und damit überflüssig mache.

Fazit für die SPD: Nach dieser Pressekonferenz weiß die Öffentlichkeit, was der Redneraustausch bringen werde, kommunistische Propaganda in der Bundesrepublik. Schlußfolgerung: Er sollte besser nicht stattfinden. Aber das Mißbehagen über die gesamten SED-Vorschläge war in der SPD-Führungsspitze, wie die Reaktionen auf der Pressekonferenz bewiesen, ohnehin vorhanden. Insofern war unser Auftreten auf der Pressekonferenz zwar spektakulär, aber sicherlich nicht entscheidend für das Scheitern des Redneraustausches.

Wieder einmal suchten Vertreter beider Seiten durch gegenseitig Schuldzuweisungen, sich aus einer Situation zu stehlen, die vielleicht noch einmal das Blatt der deutschen Geschichte hätte wenden können.

Einen neuerlichen Versuch, mit der SPD in ein gesamtdeutsches Gespräch zu kommen, unternahm dann Ulbricht nochmals im Dezember 1969.

Gustav Heinemann war am 5. März des Jahres zum Bundespräsidenten gewählt worden.

Die SPD konnte nach den Wahlen vom 28. September 1969 mit der FDP zusammen, nachdem es vor den Wahlen bereits Koalitionsgespräche gegeben hätte, eine Regierung mit der sogenannten sozialliberalen Koalition bilden. Willy Brandt war Bundeskanzler, Walter Scheel Vizekanzler und Außenminister geworden. Die Regierungserklärung Brandts ließ auf Veränderungen der Ostpolitik auch gegenüber der DDR hoffen.

Am 17. Dezember schrieb Walter Ulbricht an Gustav Heinemann, gewissermaßen von Staatsoberhaupt zu Staatsoberhaupt, einen Brief, dem er den Entwurf eines Vertrages über die Aufnahme gleichberechtigter Beziehungen zwischen der BRD und der DDR beifügte.

Obwohl Heinemann den Vorschlag auf Drängen Willy Brandts aus formalen Zuständigkeitsgründen abwies, ergaben sich aus dieser neuerlichen Initiative doch erste zarte Verhandlungsbande. Sie bestanden zwar schon im Rahmen der Verhandlungen über Passierscheine für Westberliner, später auch für westdeutsche Verwandtenbesuche, die bereits zu einem Abkommen geführt hatten, aber nun auch angesichts der schnell aufgenommenen Verhandlungen Bonn – Moskau, auf deutsch-deutschem Gebiet.

Auch hier gab es wieder unterschiedliche Einschätzungen auf beiden Seiten. In der SED-Führung meldeten sich die Hardliner warnend zu Wort. Breshnew verlangte strengste Abgrenzung und sah in Ulbrichts Initiative ein Abweichen von Moskaus Wegen. Aus übrigens fast dem gleichen Grund wollte Brandt diese Verhandlungen nicht. Er vermutete hinter Ulbrichts Offerte gar einen Querschuß gegen die in Gang gekommenen Bonn – Moskauer Gespräche, die ja in der Tat zu den Verträgen von 1970 und 1971 führten.

Aber auf Druck Egon Bahrs, der hartnäckig an der Verfolgung seines bei Brzezinski entlehnten Planes festhielt, Wandel durch Annäherung zu schaffen, hat dann Brandt einem weiteren Vorschlag, der diesmal aus dem Hause des Ministerratsvorsitzenden der DDR, Willi Stoph, kam, wonach sich beide Regierungschefs zur Aufnahme von Gesprächen treffen sollten,zugestimmt. Daß Stoph zum Einlader wurde, hatte damit zu tun, daß eine Politbüromehrheit die von Ulbricht für sich selbst geplante Gesprächsführerschaft für die DDR nicht nur aus Protokollgründen abwiegelte. Das DDR-Staatsoberhaupt könne nicht mit dem Regierungschef der anderen Seite verhandeln. In Wirklichkeit waren Gewichtungen wie Gründe ganz andere. Inzwischen wurde nämlich das 14. Plenum des ZK vorbereitet, daß eine erste Abrechnung mit Ulbricht bringen sollte. Der Staatsratsvorsitzende befand sich bereits im Stadium der Ungnade und durfte nicht mehr als der Vertreter der DDR nach außen hin auftreten. Hinzu kam, daß Ulbricht gegenüber Brandt wahrscheinlich seinen geplanten Kurs durchzusetzen versucht hätte. Stoph war durch Politbürobeschluß zu binden.

Und so kam es nach zahlreichen Vorverhandlungen zwischen Egon Bahr und DDR-Staatssekretär Michael Kohl am 19. März 1970 zu dem ersten vereinbarten Treffen beider deutscher Regierungschefs in Erfurt. Ich sage hier auch wieder als Augenzeuge, daß beide Seiten sich von dem Treffen wenig erhofften. Die westdeutsche Seite, weil sie in der augenblicklichen Situation die DDR-Regierung nicht für entscheidungsfähig hielt, die DDR-Seite ihrerseits wollte damit die Ulbrichtschen Vorstellungen über ein Zusammengehen mit den Sozialdemokraten ad absurdum führen.

Das wurde nun mit einem in der bisherigen Geschichte der DDR geradezu einmaligen Vorgang erreicht. Bekannt sind die Bilder von den Demonstrationen auf dem Erfurter Bahnhofsplatz, wo dann in einer Verhandlungspause Willy Brandt am Fenster erschien und seine bekannten, in Fotos festgehaltenen Beruhigungsgesten verströmte. Die »Skeptiker«, die in der Annäherungspolitik eine »Konterrevolution auf Filzlatschen« befürchteten, schienen recht zu behalten. Ulbricht sollte bewiesen werden, daß jede Annäherung an Westdeutschland gefährlich sei, weshalb Abgrenzung zum politischen Credo erhoben wurde. (Ich will jetzt gar nicht darüber reden, daß der späte Honecker aus seiner Not, die DDR nicht weiter regieren zu können, die Tugend einer viel prinzipienloseren Annäherung machte. Das hebe ich noch für die Chronologie des Niederganges der DDR auf.) Was in dieser Situation schon empörend war, wurde durch ein Gespräch, das ich am Abend »nach der Schlacht« vor dem Hotel »Erfurter Hof« mit dem Chef des DDR-Personenschutzes, Generalmajor Franz Gold, unter vier Augen, hatte auf schlimmste Weise erhärtet. Ich kannte Gold von vielen Auslandsreisen Ulbrichts, die wir gemeinsam erlebt hatten, und er wußte, daß er mir vertrauen konnte.

Gold sagte mir auf meine entsprechende Frage, daß den Sicherheitskräften seit Tagen wohlbekannt gewesen wäre, daß es, nicht zuletzt auch durch organisierende Einwirkung von außerhalb, Pläne gäbe, mit einer Massenkundgebung Willy Brand zu begrüßen und zu huldigen. Die SED-Bezirksleitung wußte davon nichts. Dennoch sei es auf eigene Initiative am Morgen aus Sicherheitsgründen gelungen, den Bahnhofsplatz frei zu halten. Man habe in Berlin nachgefragt, ob man nicht vorbeugende Maßnahmen für zu erwartende Demonstrationen treffen solle. Der in Sicherheitsfragen sonst so pingelige Honecker, damals zuständig für diesen Bereich, ließ ausrichten, daß man nichts unternehmen sollte. Man werde es verkraften. (Jahre später hat er dann bekanntlich in Güstrow, beim Besuch Helmut Schmidts, selbst eine andere Taktik angewandt.) So kam es zu dieser Demonstration, die man – wie gesagt: sonst sicherheitsbeflissen bis zum Terror – zuließ, um Ulbricht zu beweisen, daß es gefährlich sei, den Leu zu wecken. Auch Stophs Verhandlungsweise drohte nicht zu einem Erfolg für die DDR zu führen. Er war ohnehin kein Partner für einen Mann wie Willy Brandt.

Das erfuhr ich schon auf dem Weg vom Bahnsteig, wo Stoph seinen Gast begrüßt hatte, zum Hotel, der zu Fuß zurückgelegt wurde, da ich Gelegenheit hatte (auch dank Golds Mithilfe), unmittelbar hinter den beiden Regierungschefs zu gehen und ihr Gespräch zu belauschen. Stoph versuchte besonders freundlich und deshalb auch entspannt und unbekümmert unpolitisch zu wirken.

»Wir haben Erfurt für unser erstes Treffen ausgesucht«, sagte er.

Darauf Brandt: »Eine schöne alte Stadt.«

Stoph: » Ja, es ist die traditionelle Blumenstadt.«

Darauf Brandt: »Und ein historischer und traditioneller Ort für die deutsche Arbeiterbewegung.«

Da war bei Stoph für den Rest des Weges die Luft raus.

Das Ergebnis von Erfurt ist bekannt. Das zweite Treffen, daß dann wenige Wochen später im bundesdeutschen Kassel stattfand, blieb lediglich als Ereignis, nicht wegen eines Ergebnisses in Erinnerung. Ergebnisse hatten beide Treffen nicht. Es sei denn, man leitet daraus das endgültige Aus für Ulbricht ab. Am 9. und 10. Dezember 1970 fand dann das 14. Plenum des ZK der SED statt, auf der es zum ersten Male offene Angriffe gegen die Politik Walter Ulbrichts gab. Es waren die Fragen, die schon seit langem gärten: Die Mißerfolge in der Wirtschaftspolitik, seine erfolglosen Alleingänge im Verhältnis zur Bundesrepublik, insbesondere zur SPD, und sein getrübtes Verhältnis zur sowjetischen Führung. Drei Vorgänge, die zu einer Verurteilung ausreichten.

Aber es waren jene Verdikte, die sich Honecker fast zwei Jahrzehnte später selbst leistete. Das zwingt zum Nachdenken. Das ist es auch, was man gründlich untersuchen muß, wenn man über die Ursachen des Niederganges der DDR sinniert. Da geraten Fragen wie »Stasiterror« als Ursache wirklich zum Randproblem, das sich aber natürlich agitatorisch bequemer auswerten läßt, weil es kein gründliches Nachdenken, sondern nur Nachplappern von antikommunistischen Predigten aus der großen deutschen Pfarrerschar erfordert.

Im Januar 1971 hatte sich Honecker zum Vorsitzenden des Nationalen Verteidigungsrates machen lassen. Er nahm Ulbricht das Amt ab, um den Generalsekretär aus Altersgründen zu entlasten. Das sahen damals viele ein. Aber für Insider begann damit der Machtabbau Ulbrichts und der weitere Machtaufbau des 2. Sekretärs des ZK, obwohl es diese Funktion offiziell nicht gab. Honecker, seit 1953 in Parteiintrigen erfahren, mußte natürlich Armee und Sicherheitsapparat hinter sich bringen. Für alle Fälle.

Nach dem 14. Plenum war es dann natürlich das 16. Plenum am 3. Mai 1971, das die Ablösung Ulbrichts durch Honecker perfekt machte. Formell wurde es zur Vorbereitung des VIII. Parteitages einberufen. In Wirklichkeit ging es um den lange vorbereiteten Sturz Walter Ulbrichts. Der Führungswechsel sollte nicht dem Parteitag überlassen werden. Dieser Parteitag sollte schon im Zeichen eines neuen Generalsekretärs nach dem Motto: Der König ist tot – Es lebe der König! stehen. Die neue Etappe, die man sich für die DDR vorstellte, sollte stufenlos über einen Parteitag eingeleitet werden, auf dem es keine Personaldebatten in der Öffentlichkeit mehr geben sollte.

Deshalb auch mußte vorher der alte Herrscher vom Denkmalssockel gestoßen werden. Und wie immer begann dann auch die neue Etappe mit dem Umschreiben der eigenen Geschichte. Wollte man glauben, was nach dem Parteitag zur Geschichte der DDR gesagt wurde, die sich immerhin im 22. Lebensjahr befand, so hätte man denken können, die eigentliche DDR sei erst nach dem VIII. Parteitag, wie einst Aphrodite, aus dem Schaum des Meeres bei Paphos entstiegen. Ein Vorgang, der in der deutschen Geschichte des öfteren vorgekommen ist und den wir praktisch in den angegliederten neuen Bundesländern auch wieder erleben. Er zeigt aber offenbar nur das Geschichtsverständnis deutschen Mittelmaßes.

Die angeblich von Walter Ulbricht stammende Erklärung vor den Teilnehmern der 16. Plenartagung, er folge einem Gebot seines Alters, wenn er nun »die Führung der Partei in jüngere Hände legen« möchte, klang einfach nicht nach Ulbricht. Erstens hätte der tatsächlich für eine solche Funktion zu alte Mann solches bei seiner Vergangenheit nie zugegeben. Auch wenn im nachhinein selbst seine Frau Lotte einmal erklärte, daß er freiwillig gegangen sei. Zweitens waren auch die »jüngeren Hände« inzwischen 60 Jahre und jahrzehntelang in einer alten

Apparatstruktur verfestigt, als daß man einen grundsätzlichen Wandel, wie er erhofft worden war, erwarten durfte.

Der VIII. Parteitag brachte nicht das Programm für eine moderne sozialistische Gesellschaft, sondern die populistische Verkündung eines Konsumprogrammes, das sich die DDR von vornherein nicht leisten konnte.

Die Wirtschaft selbst fiel wieder in alte Kommando-Verhältnisse zurück. Die dem Parteitag folgende Formulierung von der Hauptaufgabe, die in der »Einheit von Wirtschaft und Sozialpolitik« liege, war einfach illusionär, wenn man dabei nicht gleichzeitig die Wirtschaft und damit auch die Gesellschaft grundsätzlich ändern würde. Die verkündete ewige Preisstabilität bei Grundnahrungsmitteln, Mieten und Tarifen war tödlich.

Aber was noch viel schlimmer war: Es gab eine sich im Laufe der nächsten Jahre ins Unerträgliche steigernde Restauration des Personenkults. Ich erinnere mich, daß es schon nach dem 16. Plenum für die Medien eine verbindliche Protokolliste gab, in der festgelegt war, in welcher Reihenfolge Namen der Partei- und Staatsführung aufgezählt werden müssen. Es mußte der ganze Titel ausgeschrieben werden. Erich Honecker stand stets an erster Stelle. Als Walter Ulbricht noch lebte und seine politische Funktion auf den Vorsitz des ohnehin entmachteten Staatsrat beschränkt blieb, wurde ihm allein anhand dieser Liste klar gemacht, an welcher Stelle er rangiert: Als erstes wurde bei der Aufzählung der MitgliederPolitbüros, wenn sie an irgendeiner Veranstaltung teilnahmen, Generalsekretär Honecker genannt, danach die Mitglieder des Politbüros in alphabetischer Reihenfolge. Da U zu den letzten Buchstaben des deutschen Alphabets gehörte, war klar, daß Ulbricht stets unter »ferner liefen« einzuordnen war. Auch bei Veranstaltungen, die der Staatsrat ausrichtete, aber an denen der Generalsekretär teilnahm, mußte Honecker vor Ulbricht genannt werden. Im großen Haus achtete man derart streng auf die Einhaltung der Protokollvorgaben, daß der damals amtierende Chefredakteur Rudi Singer, der Hermann Axen 1968 in dieser Funktion abgelöst hatte (ein Fall für sich), extra einen Redakteur des Blattes abkommandierte, der nur die Protokollnachrichten auf die Richtigkeit von Reihenfolge, Namen und Titeln zu kontrollieren hatte. Dieser unjournalistische Protokoll-Wahnsinn steigerte sich dann soweit, daß streng darauf geachtet wurde, daß nicht irgend jemand öfter in der Zeitung genannt wurde als etwa Honecker. Höhepunkt war schließlich Jahre später eine ND-Ausgabe mit den Berichten über die Eröffnung der Leipziger Messe mit genau 48 Honeckerbildern in einer Nummer.

Ulbricht reagierte in seiner dann nur noch kurzen Lebenszeit (er starb 1973 während der Weltfestspiele) dadurch, daß er einfach »aus gesundheitlichen Gründen« an größeren Veranstaltungen nicht mehr teilnahm und deshalb auch auf dem VIII. Parteitag nicht anwesend war, wo Hermann Axen eine vorbereitete, aber von Ulbricht nicht gebilligte Erklärung in dessen Namen verlas.

Aber um noch einmal vorzugreifen: Der Personenkult reichte ja über das Protokoll hinaus. Jedes Telegramm, das Honecker aus dem Ausland erhielt, vor allem später, als er selbst Staatsratsvorsitzender war und diese Position wieder aufgewertet worden war, jedes Telegramm, das er verschickte, wie das zum Alltag des Büros eines Staatsoberhauptes gehörte, mußte im ND abgedruckt werden, weil es angeblich die internationale Anerkennung des Staatsmannes Honecker zeigte. Es dokumentierte schlicht ein fehlendes Selbstbewußtsein bei einer gleichzeitig unerträglich werdenden Eitelkeit. Fernsehleute, die es wissen mußten, erzählten mir einmal bei Gelegenheit, daß sich Honecker, vor allem nach späteren Staatsbesuchen, die Filme der Aktuellen Kamera nach Wandlitz schicken ließ, um sich im Kino selbst zu bewundern. Obwohl ich Honecker nur aus wenigen Begegnungen kannte, ihn dabei aber kennengelernt habe, glaube ich das aufs Wort.

Die beim VIII. Parteitag eingeführte »für das Volk verständliche Sprache« entpuppte sich sehr bald als versimpelte Sprache, als schlimmstes Mittelmaß an Gedankenführung, die dann von Jahr zu Jahr von seinem Hofstaat, mit Joachim Hermann an der Spitze, allerdings immer mehr in den Rang von Wissenschaftlichkeit gehoben wurde. Jeder Satz von Honecker wurde heiliggesprochen, und wenn er noch so schlicht war. Ganz besonders schlimm wurde das, wenn er auf wissenschaftlichen Konferenzen auftrat. Er setzte dann zu theoretischen Höhenflügen an und landete in der öden staubigen Steppe der nicht einmal mehr beherrschten Praxis. So begann Phraseologie ein theoretisches Konzept zu ersetzen.

Allein schon der Satz, der auf dem VIII. Parteitag von ihm ausgesprochen wurde (geschrieben haben ihn ja andere), wonach wir wieder zu Marx und seinem Banner zurückkehrt seien, beweist das. Er mag sich agitatorisch ganz gut angehört haben, war aber nicht nur ein schlecht gewähltes Plagiat von Rosa Luxemburgs Satz auf dem Gründungsparteitag der KPD 1918/19, der damals sehr eindeutig auf die rechten SPD-Führer gemünzt war. Der Satz war in dieser Situation auch theoretisch unhaltbar. Offenkundig wertete man die Versuche der sechziger Jahre, die doch schon etwas überholten Marxschen Thesen des 19. Jahrhunderts für das 20. Jahrhundert weiterzuentwickeln, als ein Verlassen marxistischer Positionen. Wenn das so gemeint war, dann war dieses Zurück zu Marx allerdings ein völlig unmarxistischer und undialektischer Zug, weil es gerade der Dialektiker Marx war, der zur ständigen Überprüfung und Weiterentwicklung einmal aufgestellter, auch wissenschaftlicher Thesen aufgerufen hatte. Und in der Tat – wollte man das Zurück zu Marx programmatisch auffassen, war es ein theoretischer Rückschritt mit einem schlimmen praktischen Ende. Der realexistierende Sozialismus hat dem Marxismus einen schweren Schlag versetzt, in dem er ihn nicht anwandte, sondern nur noch an- und geistlos nachbetete. In der Zeit nach dem VIII. Parteitag erhielt der Sozialismus dann tatsächlich noch mehr religiöse Züge, als er manchmal schon an sich hatte. Das Wissen um eine Sache – nach Sokrates das einzig Gute in dieser Welt – und die Suche nach neuem Wissen wurde durch den Glauben an etwas ersetzt. Nicht nur in der DDR, aber hier in besonderem Maße, weil es zu den deutschen Tugenden gehört, auch Fehler und Unsinn gründlich zu machen. Damit wurde wieder einmal das Sterbeglöcklein des Realsozialismus hörbar.

Und wenn Honecker 1983 auf der wissenschaftlichen Konferenz zum hundertsten Todestag von Karl Marx, des großen Denkers, in Berlin richtigerweise erklärte, daß der Marxismus in der Lage ist, auf alles Antworten zu finden, dann beweist das, wie unmarxistisch die SED-Führung am Ende ihrer Dienstzeit 1988/89 geworden war, als sie sprachlos wurde, keine Antworten mehr auf die Fragen des Volkes fand und dadurch mitschuldig am Untergang der DDR auf diese unrühmliche und unwürdige Weise wurde. Insofern stimme ich der These zu, daß der Untergang dieses Realsozialismus ein hausgemachtes Problem war.

Aber zunächst muß ich doch noch einmal in die Zeit des VIII. Parteitages zurückkehren. Selbst wenn es beabsichtigt war: Zu grundlegenden Veränderungen blieb nach den Erfahrungen der sechziger Jahre im Schatten Breshnews, der für die Stagnationsperiode im gesamten Sozialismus verantwortlich zu machen ist, ohnehin keine Möglichkeit. Mittag als Verräter am NÖSPL und Vater von kapitalistischer Kreditabhängkeit übernahm faktisch, nach einer »sogenannten Mittagspause« (in der er als Sekretär des ZK abgelöst und als Stellvertretender Ministerpräsident für eine Weile aus der Öffentlichkeit zurückgezogen wurde), völlig das Zepter in der DDR-Wirtschaft. Was das bedeutete, davon konnten die Kombinatsdirektoren nach den alljährlichen »Mittagspredigten« während der Leipziger Messe ihr Lied singen. Infolge einer absoluten Unkenntnis und Inkompetenz Honeckers in ökonomischen Fragen und des sich daraus ergebenden blinden Vertrauens lag alle wirtschaftliche Macht in den Händen eines Scharlatans, wie wir heute wissen. Die Zeit seiner Herrschaft, die er trotz schwerster Krankheit nicht abgab, muß als die eigentlich wirklich entscheidende Periode der Mißwirtschaft angesehen werden.

Das spürte auch Werner Lamberz, der intellektuelle Schattenmann des Putsches gegen Ulbricht, schon nach sehr kurzer Zeit. Er begann einzusehen, daß mit Honecker der falsche Mann auf den Thron gehoben worden war. Aber nicht nur im Konsum und der HO herrschte Warenmangel, Mangel herrschte vor allem auch an charismatischen Führern, die den Sozialismus in der DDR vielleicht doch noch auf einen anderen Weg als in den Realkapitalismus hätten führen können. Das Mittelmaß begann zu regieren. Damit kamen aber auch Charakterzüge für das System auf, die manches erklären könnten, was vielen heute noch unverständlich erscheint. Heinrich Mann hat in seinem Essay »Ein Zeitalter wird besichtigt« auf einen wichtigen Umstand hingewiesen, der Herrscher beherrschen kann: »Ein Mensch aber, der nichts weiß, wird jedem mißtrauen. Die Furcht, betrogen und verraten zu werden, ist das Fundament seines Tuns und Wesens.«[1]

Lamberz galt zwar als Thronfolger, bald auch schon als Hoffnungsträger, aber zum Zeitpunkt des VIII. Parteitages war er noch zu jung, vielleicht auch nicht immer richtig beraten. Etwas später, als sich beim ihm neue Einsichten einstellten, war er bei dem sich etablierten Führungskern um Honecker, Wirtschaftszar Mittag und Sicherheitschef Mielke sowie dem sich durch geistiges Mittelmaß besonders auszeichnenden Botengängers der Macht, Joachim Herrmann, schon wieder unbequem geworden. 1978 kam er auf mysteriöse Weise ums Leben.

Lamberz hatte jedenfalls schon relativ früh erkannt, daß eine Politik leerer Versprechungen, eine auf Kredit gestützte Finanzierung ungedeckter Schecks und mit kurzfristig gefüllten Schaufenstern, die mit dem Verzicht auf eine vernünftige Wirtschaftspolitik bezahlt wurden und die gewissermaßen Weihnachtsdekoration bleiben mußte, weil sie spätestens nach dem Silvesterkater wieder verschwand, die DDR nicht retten würden. Die Ödnis konnte dadurch nur schlimmer werden. Auch das überzogene und völlig über unsere Verhältnisse geplante Wohnungsbauprogramm, so gute Seiten es heute noch zeigen mag, konnte über den Grundmangel der Politik nach dem VIII. Parteitag nicht hinwegtäuschen: Auch im Sozialismus kann man auf Dauer nicht über seine Verhältnisse leben, und Wunder dauern nicht nur etwas länger, sondern waren überhaupt unmöglich. Auch im Besitze der Macht kann man nur das Machbare machen.

Über das Wohnungsbauprogramm, als sogenanntes Kernstück der Wirtschafts- und Sozialpolitik, habe ich mich manchmal mit dem dama-

---

1 Heinrich Mann: Ein Zeitalter wird besichtigt, Berlin und Weimar 1963, S. 359.

ligen Bauminister der DDR, Wolfgang Junker, mit dem mich freundschaftliche Beziehungen verbanden, bei verschiedenen Anlässen unterhalten. Er meinte, daß nun sein Traum, das Bauwesen und den Wohnungsbau der DDR endlich modernisieren zu können, nachdem er wegen seiner Forderungen jahrelang von Mittag geschurigelt worden war, in Erfüllung gehen könnte. Aber die Losung von 1972, die Wohnungsfrage bis 1990 lösen zu wollen, sei nun wohl doch ein wenig zu hoch gegriffen. Erstens wisse niemand, was »Lösung der Wohnungsfrage« eigentlich bedeutet, da waren die Anleihen bei Friedrich Engels wohl doch etwas zu oberflächlich. Und zweitens würde die Wirtschaft dadurch maßlos überfordert, insbesondere deshalb, weil zugleich stabile Mieten versprochen würden, obwohl es allein bei der auch sozialen Größe des Programms Anlaß hätte sein müssen, einer wirtschaftlichen Forderung nach wenigstens annähernd kostendeckenden Mieten nachzukommen. Wolfgang Junker, ein hochanständiger und seiner Sache, die er vertrat, geradezu ergebener Mann, hat kurz nach seiner, bei Freund und Feind viel beachteten 1990 gehaltenen letzten Volkskammerrede Selbstmord begangen. Diesen Schritt machten übrigens einige aufrechte Sozialisten, die ihre Enttäuschung über das, was jetzt über das Land kam, nicht ertragen konnten. Nicht etwa aus schlechtem Gewissen.

Als Honecker schon bald merkte, daß der Begriff von der »Lösung der Wohnungsfrage bis 1990« grundsätzliche Fragen nach der Machbarkeit überhaupt aufwarf, ließ er der These den nun auch nicht gerade klaren Begriff »als soziales Problem« beifügen. Das alles zeigt, wie wenig durchdacht die meisten politischen, ökonomischen und kulturellen Schritte in der Euphorie des VIII. Parteitag waren. Die Auffassung, man könne ein Land, eine Gesellschaft oder auch nur eine große Partei, führen wie den FDJ-Jugendverband in den fünfziger Jahren, wo mit Hau-Ruck-Aktionen manchmal etwas auf die Beine gestellt wurde, war Ausdruck einer nun zur Staatsgewalt gewordenen geistigen Mittelmäßigkeit. Wir stolperten oft über die eigenen Beine. Das konnte auf Dauer nicht gut gehen.

So weckte Lamberz erstmals bei einem Teil der SED-Führung Unmut, als er in einem Artikel in der »Einheit«, dem theoretischen Organ der Partei, im Jahre 1975 versuchte, für die ungehemmte Versprechungspolitik Honeckers Pflöcke des Realismus und der Vernunft einzuschlagen. Honecker, mit einem gewissen Instinkt ausgestattet, merkte wohl, wohin die anonyme Kritik zielte. Gekränkt in seiner Eitelkeit, die er übrigens mit vielen kleinwüchsigen historischen Persönlichkeiten teilte, sah er sich veranlaßt, kurze Zeit später, öffentlich auf dem Schweriner Bauernkongreß darauf einzugehen und, auch wieder ohne Namen zu nennen, gegen den Artikel in der »Einheit« zu polemisieren. Der nächste Konflikt um die richtigen Wege zu realen Sozialismus war angesagt. Er blieb dann innerhalb der Partei auch nach dem Tode von Werner Lamberz relevant und steigerte sich 1989 zur innerparteilichen Rebellion.

Der Sturz in ein weiches Netz

Wer sich in Gefahr begibt, kommt, nach einem alten deutschen Sprichwort, darin um. Wenn ich das jetzt einmal auf mich beziehen wollte, dann müßte ich es abwandeln und etwa sagen: Wer ungeübt und waghalsig auf ein Schlappseil steigt, braucht zumindest ein gutes Netz für einen voraussehbaren Absturz.

Ich erahnte Gefahren für mich schon längere Zeit. Ich hatte mich in Fragen der Informationspolitik, der Schaffung einer gewissen sozialistischen Pressefreiheit und auch gegen einige Personen, die mir in der Parteiführung nicht gerade eine Garantie für eine solche Politik zu sein schienen, zu weit vorgewagt und noch dazu auf das falsche Pferd gesetzt. Nicht daß ich geglaubt hatte, Ulbricht würde ewig leben, aber auf die Fortführung einiger politischer Linien, die er eingeschlagen hatte, habe ich doch gebaut und dabei auf bestimmte Personen gesetzt.

Zunächst erwischte es mich gesundheitlich. Mit vierzig Jahren erlitt ich meinen ersten Herzinfarkt. Ich hatte mir wohl etwas zuviel zugemutet, mit Redaktionsarbeit und Filme schreiben, mit zahlreichen Reisen, die nicht immer Zuckerlecken waren, und Ärger, den ich mir durch eine gewisse Vorwitzigkeit einhandelte. (Man taktiert in dem Alter noch nicht genügend, obwohl ich eigentlich, durch schon gemachte Erfahrungen gewitzigt, cleverer hätte vorgehen sollen oder müssen.) Außerdem habe ich erst später daran gedacht, daß ich mit einem genetischen Erbfehler belastet sein könnte: Meine Mutter war, obwohl sie schließlich ein hohes Alter erreichte, seit ihrem 35. Lebensjahr, wahrscheinlich auch durch einen Herzinfarkt, so genau wußte man das damals ja noch nicht, schwer herzleidend.

Mein Infarkt erwischte mich im Flugzeug Moskau – Berlin. ND hatte im Moskauer Korrespondentenbüro eine zusätzliche Sonderredaktion aus Anlaß des 50. Jahrestages der Oktoberrevolution eingerichtet. Wir wollten über die feierlichen Ereignisse berichten, die wir mit einer, in meinen Augen so im ND zum erstenmal erschienenen, ziemlich realistischen Reportageserie über alle Unionsrepubliken eingeleitet hatten. Ich leitete, inzwischen im ND stellvertretender Chefredakteur für internationale Fragen geworden, diese Moskauer Sonderredaktion.

Zwei Tage vor dem Festtag des 7. November, ich erinnere mich an einen, für Moskau außergewöhnlich warmen Novemberanfang, holte ich mir wegen dieses ungewöhnlichen Klimas eine herbe Erkältung. Am nächsten Morgen hatte ich eine Angina mit fast 40^0 Fieber. Der Arzt aus unserer bereits anwesenden Regierungsdelegation, der mich kannte, riet mir, mit dem täglich startenden Kurierflugzeug zurück nach Berlin zu fliegen. Der Aufenthalt in einem Moskauer Krankenhaus könnte, wie er sagte, dazu führen, daß ich »völlig gesund gemacht werde«, und das könne Wochen dauern. Die Besatzung der Maschine tat ihr Bestes. Für den erkälteten Fluggast heizte sie die Maschine besonders. Nach dem Kavalierstart schlug bei mir plötzlich ein Schmerz im Oberbauch zu, von dem ich Gott sei Dank nicht wußte, was er bedeutete. In Schönefeld erwartete mich ein Krankenwagen, der mich ins Krankenhaus brachte, wo man neben der Angina sofort auf die zusätzliche und schlimmere Diagnose kam. Zu damaligen Zeiten mußte man mit Herzinfarkt noch sechs Wochen fest liegen.

Eines Tages, es waren vielleicht vier Wochen vergangen, besuchte mich Werner Lamberz im Krankenhaus und bat mich, zu überlegen, ob ich nicht etwas kürzer treten müsse. Er schlug mir deshalb vor, auf dem bevorstehenden Kongreß des Journalistenverbandes (VDJ) mich zur Wahl als Vorsitzender des DDR-Journalisten-Verbandes zu stellen. Der bisherige Vorsitzende, Georg Krausz, sei für diese Aufgabe zu alt geworden und außerdem schwerkrank. Ich sollte allerdings trotzdem Stellvertretender Chefredakteur des »Neuen Deutschlands« bleiben, allerdings ohne die Beanspruchungen, die diese Position mit sich brachte, sondern vor allem nur noch als Autor. Auch im Verband würde ich, durch ein neugebildetes Sekretariat entlastet, nicht allzu vielen zusätzlichen Belastungen ausgesetzt werden. Also alles Versprechungen, die man macht, wenn man jemanden rumkriegen will. Nach einer Bedenkzeit stimmte ich zu, noch dazu, da Lamberz mit mir ausführlich über Notwendigkeiten und Möglichkeiten gesprochen hatte, die dem Journalistenverband künftig zur Verbesserung der journalistischen Arbeit und im Informationswesen der DDR zufallen würden. Ich sah tatsächlich eine Möglichkeit, daraus etwas zu machen, was mir und einer ganzen Reihe DDR-Journalisten lange vorschwebte, wenn auch die Hoffnungen nicht sehr hochgeschraubt waren und die Frage der gesundheitlichen Entlastung gegenüber einer solchen Aufgabe in den Hintergrund rückte.

Ich muß noch nachtragen, daß sich 1966, dem Jahr, in dem manches von den reformerischen Bestrebungen in der DDR zurückgenommen wurde, sich auch auf dem Gebiet der Agitation im weiteren Sinne und im »Neuen Deutschland« konkret einiges änderte. Rudi Singer, an sich ein gutmütiger, wenn auch etwas bürokratisch veranlagter Mensch, mit manchen Beulen im Parteihelm (die auch nicht alle vom Feind stammten, weshalb er oft übervorsichtig reagierte), war seit 1963 Leiter der Abteilung Agitation beim ZK. Er war vorher Chefredakteur der »Freiheit« in Halle gewesen. In seiner neuen Funktion glaubte er, im Sinne der Partei, besser gesagt, der Honecker-Fraktion, in der Führung zu handeln, wenn er besonders dem ND ein strengeres Korsett anlegen würde. Das gab Diskussionen, denen zunächst zwei Leute zum Opfer fielen: Eberhard Heinrich, der inzwischen offenbar wußte, daß Axen aus dem ND ausscheiden würde, und Überlegungen über seine Zukunft anstellte, nachdem er zum zweiten Mann nach Axen in der Redaktion geworden war, und Walter Florath, stellvertretender Chefredakteur für Wirtschaftsfragen, der aber mit Mittag über Kreuz war. Nach einer Redaktionskonferenz, auf der Singer wieder einmal über ideologische Unklarheiten in der Redaktion und ähnliches (wie oft hatte ich das nun schon gehört?) sprach, wurden Heinrich und Florath, noch zu Amtszeiten Axens und ohne daß der sich für die beiden ins Zeug gelegt hätte, von ihren Posten als stellvertretende Chefredakteure abgelöst. Florath kam zunächst zur Nachrichtenagentur ADN, Eberhard wurde als Mitarbeiter in die Abteilung Agitation gesteckt, wo ihn Singer unter seine Fuchtel nehmen wollte. Beide sollten, trotz oder wahrscheinlich wegen ihrer Verdienste um das Neue im »Neuen Deutschland« in der Anonymität verschwinden. Freilich hatte Singer seine Rechnung ohne einen Wirt gemacht, der beim Ersteigen der Laufbahnleiter zunächst durch die Förderung besonders von seiten Honeckers nicht unverdientermaßen, aber unaufhaltsam nach oben kam: Werner Lamberz.

Ich hatte schon an anderer Stelle erwähnt, daß Lamberz nach seiner Tätigkeit als Sekretär des FDJ-Zentralrates für die Leitung der Abteilung Auslandsinformation beim ZK vorgesehen war und auch diesen Posten erhielt. Im Zuge des geplanten Umbaus der Parteipresse und Abteilung Agitation, beim Abbau der zum Scheitern verurteilten Reformen, kam es zu einer Art Rochade. Als die Redaktion des ND durch die Abschiebung Heinrichs und wenig später durch den Weggang Axens, der zum Sekretär des ZK für Internationale Fragen befördert wurde, nachdem er bereits 1963 Kandidat des Politbüros geworden war, gewissermaßen wieder einmal kopflos geworden war, erfolgte die Berufung Rudi Singers zum

Chefredakteur. Auch in der Abteilung Agitation wurde, so hieß es, im Interesse der Verbesserung der Pressearbeit rochiert. Werner Lamberz wurde Sekretär für Agitation und, was schon ungewöhnlich war, gleichzeitig, als Nachfolger Singers, Leiter der entsprechenden Abteilung. Dadurch verlor Albert Norden, der als ein Anhänger Ulbrichts galt, natürlich ein wichtiges Gebiet. Lamberz erhielt aber noch nicht jene Macht, die die ZK-Sekretäre auf diesem Gebiet sonst auf sich vereinten: Er gelangte damals noch nicht ins Politbüro.

Da eine Reihe von Mitgliedern der Abteilung Agitation in die Republik geschickt wurden, zum dort nicht nur Bezirkszeitungen anzuleiten, sondern direkt zu leiten, waren einige Posten in der Abteilung vakant. Lamberz holte sich u.a. Eberhard Heinrich in seine Nähe. Er wurde in der Folgezeit dessen fast unentbehrlicher Mitarbeiter.

Rudi Singer hatte sich umsonst bemüht, durch personelle Veränderungen wieder »Ordnung« ins ND zu bringen, sondern saß nun vor der Aufgabe, die Unordnung, die er zum Teil mit geschaffen hatte, wieder zu beseitigen. Das hört sich vielleicht ein wenig verwirrend an, hatte aber, wie man noch erfahren sollte, sein System. Rudi Singer verkündigte nämlich auf der ersten Redaktionsversammlung, die er als neuer Chefredakteur leitete, gewissermaßen als seine Inauguraladresse: Ich werde erstens aus dem ND wieder ein Zentralorgan der Partei machen und nicht mehr die Spielwiese einzelner Meinungen (damit richtete er sich gegen die namentlich gezeichneten Artikel). Wir werden künftig auf die blaue Farbe, wie sie von bürgerlichen Zeitungen auch verwendet wird, verzichten und wie es einer sozialistischen Zeitung zukommt, mehr rot einsetzen. Denn, so wörtlich: Rote Politik geht über blaue Form. Damals wurde tatsächlich einige Zeit der Zeitungskopf statt mit blauer mit roter Farbe unterlegt, was natürlich scheußlich aussah. Als der Spott republikweit zunahm, das ND habe einen roten Kopf bekommen, wurde das – auch aus Ersparnisgründen – schnell wieder abgeschafft.

Es war klar, wie sich unser künftiges Verhältnis gestaltete, obwohl Singer nie Streit mit mir anfing. Es war korrekt, aber unterkühlt. Es war auch schwierig, mit Singer zu temperamentvollen Beziehungen zu gelangen. Er fürchtete eventuell Ärger, weil er wußte, daß ich zum damals immerhin noch amtierenden 1. Sekretär des ZK, Ulbricht, und auch zu Werner Lamberz einen kurzen Draht hatte. Das war natürlich alles ein wenig übertrieben, aber für einen nicht immer furchtlosen Mann, wie Singer, genügte es.

Das war die Situation bei Herzinfarkt und neuer Würde und Bürde als Vorsitzender des DDR-Journalisten-Verbandes. Singer nahm natürlich auf meine gesundheitliche Situation keine große Rücksicht. Ich wollte das eigentlich auch nicht, vor allem, weil ich meine Kollegen in der Redaktion bei Nacht- und Wochenenddiensten nicht im Stich lassen mochte. Als frisch gewählter Vorsitzender verließ ich mich tatsächlich zunächst auf das gestärkte Sekretariat des Verbandes, was sich bald als Unterschätzung der Verbandsarbeit herausstellen sollte und was ich deshalb – nicht gerade zugunsten meiner Gesundheit – aber auch bald ändern mußte.

Nun kamen noch einige andere Dinge in Gang, die sich für mich als nachteilig, wenn nicht gar in gewissem Maße verhängnisvoll erweisen sollten. Ich blieb in der Redaktion weiter auf westdeutschem und internationalem Gebiet tätig. Über mein Prager Intermezzo im Juni 1968 habe ich schon geschrieben. Über das, was danach in Prag und anderen sozialistischen Ländern folgte, ist mit unterschiedlichen Einschätzungen schon viel gesagt worden.

Klar war aber, daß die internationale Arbeiterbewegung wieder einmal vor eine Zerreißprobe gestellt worden war. Durch die Wahl Gustav Husaks zum Generalsekretär der KPČ, ein Mann, der in den fünfziger Jahren, wie sein ungarischer Nachbar im Amt, János Kádár, oder auch sein polnischer Nachbar, Władysław Gomułka, als Opfer stalinistischer Willkür im Zuchthaus gesessen hatte, war nach außen hin in der ČSSR und zum Teil auch in der internationalen Öffentlichkeit wieder Ruhe eingekehrt. Freilich, die Diskussionen über neue Wege für den Sozialismus und in der Auseinandersetzung mit dem Kapitalismus ließen nicht nach. Trotz Scheiterns der Reformpläne in den einzelnen sozialistischen Ländern war die Hoffnung nicht aufgegeben worden, doch noch eine dauerhafte Alternative zum Kapitalismus und seinem Wettrüsten, zum Kalten Krieg überhaupt zu finden. Zu den Versuchen einer innenpolitischen Konsolidierung, wie immer sie in den jeweiligen sozialistischen Ländern aussehen mochte, kamen die ernsthaften Bemühungen um das Zustandebringen eines Systems der europäischen Sicherheit und Zusammenarbeit. Dies schien in der Tat nicht nur ein europäisches Problem zu sein, sondern berührte natürlich auch die gesamte Weltfriedensbewegung, die damals mit bemerkenswerten Aktionen gegen die Kriege in aller Welt auf sich aufmerksam machte. Deshalb schien es fast logisch, daß sich die internationalen Arbeiterparteien über neue strategische Konzepte zu einigen versuchten. Dem sollte 1969 auch die Einberufung der Internationalen Konferenz der Kommunistischen und Arbeiterparteien nach Moskau dienen, auf der Breshnew freilich auch versuchen wollte, die Arbeiterparteien weltweit wieder zum Gleichschritt zu veranlassen, nachdem durch den 21. August 1968 die internationale Bewegung – bildlich und vorsichtig formuliert – außer Tritt geraten war. Und der Wunsch, das einheitliche Handeln wiederherzustellen, war in dieser Situation und angesichts der Aktivitäten der anderen Seite, verständlich. Daß viele wahrscheinlich zu Recht befürchteten, die Sowjetunion wolle wieder eine Art neue Komintern schaffen, belebte die Diskussion innerhalb der kommunistischen Weltbewegung. Das kam zum Teil auf der Internationalen Moskauer Beratung der Kommunistischen und Arbeiterparteien von 1969 zum Ausdruck, an der besonders auffallend war, daß vor allem China und Albanien, neben einer Reihe anderer Arbeiterparteien, nicht teilnahmen.

Zu meiner Überraschung wurde ich, offenbar auf Vorschlag von Walter Ulbricht, in die Beratergruppe der SED-Delegation berufen, die damals aus Ulbricht, Honecker, Matern, Ebert und Axen bestand. Zu den Beratern, das heißt auch für die Arbeit in den einzelnen Kommissionen, die die Konferenz beschloß, bestimmt, gehörten u. a. Paul Markowski (der später mit Werner Lamberz ums Leben kam), Harry Ott (später einmal Botschafter in Moskau), Werner Eberlein (der sich später als Magdeburger Bezirkssekretär wider Willen dennoch einen Namen machte) und Bruno Mahlow aus der Internationalen Abteilung des ZK. Ich wurde in die Pressekommission delegiert, die die Tageskommuniques verfaßte, und schließlich kam ich auch zu der Gruppe, die mit der Abfassung der Schlußerklärung beschäftigt war. Ich nahm selbstverständlich die Gelegenheit wahr, die in Moskau ansässigen DDR-Korrespondenten jeden Abend über den Verlauf der Sitzungen zu informieren, auch darüber, was besser nicht an die Öffentlichkeit gebracht werden sollte. Das war etwa keine Zensur, denn ich informierte ja zunächst die Kollegen umfassend. Aber es war meine Auffassung von sozialistischer Informationspolitik, daß die Journalisten mehr wissen sollten, als sie schreiben konnten, um bestimmte Vorgänge auch mit bestimmten Dingen im Hinterkopf kommentieren zu können. Das wäre, wenn man es auch in der DDR zur Regel gemacht hätte, für Leser, Hörer und Zuschauer von Gewinn gewesen. In Moskau sind wir zumindest bei diesem Anlaß zur Zufriedenheit aller ganz gut gefahren.

Anders war das schon in der Delegation. Da mich Ulbricht auch schon manchmal in Berlin zu internen Gesprächen, z. B. mit Genossen der DKP-Leitung und bei anderen Gelegenheiten, hinzugezogen hatte (weil er gewisse Vorstellungen zumindest »im Prinzip« teilte, wie sich Anfang 1968 bei einem Antrittsgespräch der neuen VDJ-Leitung bei ihm herausstellte), war ich, wie ich später erfuhr und heute mit Sicherheit weiß, Erich Honecker ein Dorn im Auge, der sich offenkundig während der Konferenz tiefer einbohrte.

Während der Moskauer Beratungen kam es im Domizil der DDR-Delegation auf den Leninbergen, wo wir alle wohnten, dann auch zu einem Zwischenfall, der Spätfolgen haben sollte. In einer Tagungspause sprach Ulbricht mit mir am Rande des Kongreßraumes im Kremlpalast über die Rede eines lateinamerikanischen Vertreters, dessen Analyse zur Lage auf dem Kontinent wirklich beeindruckend war. Er sagte mir, ich solle in Berlin bei Singer anrufen, damit diese Rede, die auf anderen Kanälen nach Berlin gelangte, am nächsten Tag auf Seite drei im ND erscheint.

Honecker, der immer mißtrauisch wurde, wenn Ulbricht mit mir sprach, fragte mich dann auch nach einer Weile, »was der Alte von mir gewollt« habe. Ich sah, unbedarft wie ich war, keinen Grund, es ihm nicht zu sagen.

Nur wurde ich stutzig, daß Honecker nach dem Mittagessen, das die gesamte Delegation immer gemeinsam einnahm, im Nebenraum über den »WE – TSCHE«-Apparat, der mit einem Zerhacker arbeitete, Berlin anrief und, wie ich dem Telefonat entnahm, mit Kurt Hager sprach, der offenbar »Stallwache« hatte. Ich wurde unbemerkt und wirklich ganz zufällig Ohrenzeuge des Gesprächs, bei dem es darum ging, Singer anzuweisen, morgen auf Seite 3 eine ganze Seite über mangelnde Angebote in DDR-Läden, z. B. über Fahrräder für Jugendliche und die vielen fehlenden tausend kleinen Dinge, zu veröffentlichen. Sie sei vorbereitet, und er selbst habe sie abgezeichnet. Das Material aus Moskau könne einen Tag später kommen.

Nun will ich ja zugeben, daß die Leute in der DDR wahrscheinlich wirklich mehr an Fahrrädern und anderen fehlenden tausend kleinen Dingen interessiert waren als an der Moskauer Konferenz, obwohl man sich von der weltpolitischen Bedeutung her lange darüber streiten könnte.

Nur, als ich am nächsten Morgen beim gemeinsamen Frühstück den von der Botschaft gelieferten täglichen DDR-Pressespiegel vortrug (Werner Eberlein tat das gleiche mit der sowjetischen Presse), fragte mich Ulbricht, warum ich seine Anweisung, den Beitrag mit der bewußten Diskussionsrede im ND auf Seite drei zu bringen, nicht ausgeführt hätte, was denn die Fahrradseite solle. Jetzt hätte ich natürlich erwartet, daß Honecker sagen würde, er habe aus dem und dem Grunde Gegenteiliges angewiesen. Er saß mir am Tisch schräg gegenüber und schaute mich kurz, wie von schlechtem Gewissen geplagt, an, um sich sofort weiter seinem Frühstück zu widmen. Ich wollte nun nicht über mein abgelauschtes Telefongespräch sprechen, was hoffentlich jeder verstehen kann, sondern sagte lediglich, daß ich persönlich mit Rudi Singer gesprochen habe und ihm Ulbrichts Weisung mitgeteilt habe.

Darauf sagte niemand etwas, nur Axen fühlte sich bemüßigt, mich regelrecht anzufahren und zu sagen, weshalb ich überhaupt nach Moskau gefahren sei, wenn ich nicht einmal einfache Weisungen des 1. Sekretärs übermitteln könne.

Ich gebe ja zu, ich hätte auf Grund eines Rippenstoßes meines Tischnachbarn Werner Eberlein, was soviel bedeutete, wie: Halt die Schnauze, die Sache stillschweigend schlucken sollen. Aber ich sah nicht ein, weshalb ich hier zum Prügelknaben für einen mir damals noch nicht in vollem Umfang verständlichen Streit werden sollte, obwohl ich andererseits wußte, daß es mit Ulbricht schon Auseinandersetzungen, aber nicht mit welchen geplanten Konsequenzen, gab. Es regte mich einfach auf, daß Honecker schwieg und daß mich Axen, der zu jener Zeit, wie ich später erfuhr, über die Putschpläne gegen Ulbricht noch nichts wußte, derart abbürstete. Mich verließ in meinem fast jugendlichen Leichtsinn aller Respekt vor Königsthronen, und ich sagte, warum ich als kleinstes Licht in der Runde kritisiert werde, wo hier drei Mitglieder des Sekretariats und fünf Mitglieder des Politbüros säßen, die sich doch einigen könnten, was ins »Neue Deutschland« gelange.

»Is gut, ja?!« sagte Ulbricht nur. Der Rest versank in Schweigen, und bei einigen Tischrundenteilnehmern, wie sich noch zeigen sollte, in ein bösartiges.

Die Konferenz ging weiter, niemand äußerte sich mehr zu dem Vorfall.

Dafür fragte mich nach meiner Rückkehr Singer, was es denn in Moskau mit mir für Ärger gegeben habe. Axen habe ganz entrüstet reagiert und Singer untersagt, mich jemals wieder auf Auslandsreisen offiziellen Charakters einzusetzen. Das ließ sich natürlich zunächst nicht durchführen, weil es eine Reihe von Ereignissen gab, die ich sowohl in meiner Eigenschaft als IOJ-Vizepräsident zu absolvieren hatte wie auch in meiner Eigenschaft als Mitglied des DDR-Komitees für Europäische Sicherheit, in das ich inzwischen auf Fürsprache der Professoren Stefan Doernberg und Max Steenbeck gewählt worden war. Da ich zeitweilig in diesem Komitee auch die Interessen der IOJ, als nicht regierungsgebundene Organisation, zu vertreten hatte, war das Reiseverbot Axens also hinfällig und konnte sich allenfalls auf Dienstreisen für das ND beziehen. Auch in solchen Fragen setzt sich mitunter die normative Kraft des Faktischen durch.

Eine gewisse Schuld an dem ganzen Vorgang lag natürlich auch, wie er später zugab, bei Werner Lamberz, der mich ebenfalls wegen des Moskauer Zwischenfalls befragte und dem ich die ganze Story erzählte.

Er war aber so anständig, sich bei mir zu entschuldigen, daß er mich in eine solche Situation gebracht habe, was ihm unangenehm sei. Er werde aber mit Axen und Honecker sprechen und die Sache aus der Welt räumen. Was er nicht tat, war, mich in die Pläne einzuweihen, die zum Sturz Ulbrichts führten. Da hatte er wahrscheinlich Bedenken wegen meiner vermuteten »Ulbricht-Nähe«, was ja später auch einer der Gründe für meinen Absturz war.

Deshalb war die Sache natürlich nicht aus der Welt, wie ich nach dem VIII. Parteitag erfahren sollte. Nach diesem Parteitag gab es wieder einen Wechsel in der Leitung zentraler Medien. Joachim Herrmann, als Staatssekretär für westdeutsche Fragen arbeitslos geworden, weil Honecker die Ulbricht-Erfindung auflöste, die noch dazu mit dem falschen Mann besetzt war, wurde Chefredakteur des »Neuen Deutschlands«, Rudi Singer wurde Vorsitzender des Staatlichen Rundfunkkomitees. Hans Modrow wurde vom Posten eines Sekretärs für Agitation bei der Berliner Bezirksleitung auf den Posten des Abteilungsleiters für Agitation gerückt, weil Werner Lamberz als neugekürtes Mitglied des Politbüros diesen Posten nun wirklich nicht mehr behalten konnte.

Zunächst aber ging alles erst einmal in den wohlverdienten Urlaub. Auch Joachim Herrmann fuhr mit seinem Chef Honecker auf die Krim. In der Redaktion begann das große Rätselraten, ob es nun auch in der Redaktion kadermäßige Veränderungen geben werde. Es war bekannt, daß es einmal zwischen Herrmann und mir enge Beziehungen gegeben habe, was zu diesem Zeitpunkt aus ganz persönlichen Gründen schon lange nicht mehr der Fall war. Aber das wußte natürlich niemand in der Redaktion. Herrmann ließ dann nach einiger Zeit den damals ersten Stellvertreter des Chefredakteurs, Hajo Herbell, zu seinem Urlaubsort kommen, wo die künftigen Kaderpläne für das ND festgezurrt wurden.

Als Herrmann zurückkam, führte er zahlreiche »Kadergespräche«, in denen es um die weitere Verwendung des/der Betreffenden ging. Die ersten zwei Wochen war ich, immerhin stellvertretender Chefredakteur, nicht dabei. Ich wurde auch sonst geschnitten, zu bestimmten Sitzungen überhaupt nicht eingeladen. Ich verbrachte, um Peinlichkeiten zu entgehen, mehr Zeit beim Verband. Aber eines Tages wurde es mir einfach zuviel. Da wir uns ja von früher gut kannten, ging ich in sein Zimmer, ohne mich formell anzumelden. Das brachte mir einen Rüffel ein, der damit endete: »Na, wenn Du schon mal hier bist ..., ich wollte sowieso mit Dir reden.«

Er fragte nach meiner Verbandstätigkeit und wie ich es denn schaffe, zwei so wichtige Funktionen unter einen Hut zu bringen. Ich hatte schon vorher einmal mit Lamberz darüber gesprochen und ihm auf die gleiche Frage etwa geantwortet: »60 Prozent meiner Arbeitskraft lasse ich in der Redaktion, 60 Prozent beim Verband. Das ist für jede der beiden Institutionen zu wenig. Für mich sind es aber 120 Prozent, und das ist ein bißchen viel.«

Lamberz hatte damals gelacht, Herrmann schien es ernst zu nehmen und sagte, das gehe in Anbetracht meiner Gesundheit wohl nicht so weiter. Man müsse das aber am besten in der Parteiführung klären. Dabei war schon alles geklärt, vor allem daß ich aus dem ND heraus sollte. Nur wußte man nicht, wie und wo man mich weiter beschäftigen sollte, denn die Tätigkeit des Verbandsvorsitzenden war ja ehrenamtlich. Deswegen hatte er offenbar ein Gespräch mit mir hinausgezögert, um mir nicht sagen zu müssen, man wisse eigentlich nicht, was man mit mir anfangen solle. Bei der Gelegenheit unseres Gespräches verriet er mir dann allerdings auch, daß ein Nachfolger eigentlich schon bereitstünde. Es war Werner Micke, ehemals stellvertretender Chef der »Jungen Welt«, den man nach dem Tode des Büroleiters von Ulbricht, Otto Schön, an dessen Stelle geschoben hatte. Er war in dieser Zeit wohl mehr Zuträger für Honecker als Zuarbeiter für Ulbricht. Nun mußte auch er untergebracht werden. Nachdem überall alte »FDJler« und »Junge-Welt«-Leute auf neue Posten kamen und Micke aus der Zeit der »Jungen Welt« und auch durch das Komplott gegen Ulbricht eng bekannt mit Herrmann war, lag eine gewisse Logik in dem Plan. Ich bat um Bedenkzeit und versprach, es im Interesse aller kurz zu machen.

Nach einem Gespräch mit Werner Lamberz, um das ich nach der Unterredung mit Herrmann nachsuchte, merkte ich, daß zwischen den beiden die Chemie nicht stimmte, was bei dem unterschiedlichen IQ auch kein Wunder war. Herrmann hatte, hinter dem Rücken von Lamberz, der eigentlich als Sekretär des ZK für Agitation Vorgesetzter des ND-Chefredakteurs gewesen wäre, bei Honecker erreicht, daß das Zentralorgan dem Generalsekretär direkt unterstellt wurde, was die bekannten schlimmen Folgen für das Blatt hatte.

Nach meiner Unterredung mit Lamberz fand dann ein offizielles Gespräch mit mir bei Lamberz statt, an dem neben Joachim Herrmann auch Hans Modrow, der neue Abteilungsleiter für Agitation, teilnahm, dem auch der Journalistenverband für die »Anleitung« zugeordnet war. Es wurde beschlossen, daß ich aus dem ND ausscheide und fortan hauptamtlicher Verbandsvorsitzender wäre. Eine Position, die mir natürlich angesichts des Vorhandenseins eines Generalsekretärs und eines Stellvertretenden Generalsekretärs des Verbandes programmierten Kompetenzärger einbrachte, der dann aber bald durch die Krankheit des Generalsekretärs eine Lösung erfuhr.

Ich war abgestürzt, aber dank Werner Lamberz, der auf eine weitere Zusammenarbeit mit mir großen Wert zu legen schien, in ein relativ weiches Netz gefallen. Der Posten war zwar ehrenwert, aber letztlich ohne großen Einfluß auf den Journalismus in der DDR. Selbst wenn ich eine gewisse Zeit glaubte, man könne das ändern.

13 Jahre beim Journalistenverband der DDR

Die deutschen Journalisten haben, seit sie die Tagesschriftstellerei zu ihrem Handwerk erkoren, schon immer versucht, sich zu organisieren. Oder sie wurden organisiert.

Aus den ursprünglich nebenberuflichen Tagesschriftstellern, die über bestimmte, ihnen bekannt gewordene »Ereignisse referierten, ab und zu über solche Ereignisse auch räsonnierten«[1], haben sich bemerkenswerterweise unter dem Druck der Zensur im 18. und 19. Jahrhundert hauptberufliche Journalisten entwickelt, die Avise, also Nachrichten und Botschaften, vervielfältigten und weiterleiteten sowie Berichte und Kommentare zum Zeitgeschehen verfaßten. Die ersten Tageszeitungen entstanden im 17. und 18. Jahrhundert. Die Journalisten, die bei ihnen arbeiteten, von Weisungen ihrer Verleger gegängelt, von der Zensur oft geknebelt, schlossen sich nach der Revolution von 1848, in der neben anderen demokratischen Rechten auch die Pressefreiheit gefordert wurde, zu »Handwerker- und Preßvereinen« zusammen. Damit wollten sie versuchen, ihre Interessen gegen die Zensur der regierenden Fürsten, alsbald aber auch gegenüber ihren Verlegern zu vertreten. Die Journalistenorganisationen wurde zum Fürsprech der Berufsjournalisten, die sich ihrerseits zum Organisator »für das Fundament für einen literarisch-politischen Massenbedarf, auf dem, nach Überwindung der staatlichen Hemmungen, eine Tagespresse aufbauen konnte, die auch für den Schriftsteller eine feste wirtschaftliche Grundlage schaffen konnte«. (Ebenda, S. 43)

Die These, daß der Journalist also nicht nur Agitator und Propagandist sei, sondern auch »kollektiver Organisator«, ist also keineswegs eine

1 S. Baumert: Die Entstehung des deutschen Journalismus, München/Leipzig 1928, S. 47.

schlimme Erfindung Lenins. Sie beruht schlicht auf Erfahrungswerten im Journalismus. Und wenn man bestimmte Dinge, die sich in der Gegenwart abspielen, genauer betrachtet, so spürt man doch selbst als Rezipient journalistischer Warenangebote die organisierende Kraft der Medien, wenn auch aus den verschiedensten Beweggründen.

So geriet die Geschichte der Journalisten, auch ihrer Berufsverbände, zum Spiegelbild der jeweils herrschenden Gesellschaft, mit dem absoluten Tiefpunkt in Deutschland zwischen 1933-1945.

Nach 1945 wurde es einfach notwendig, daß, mit dem allseits aus geschichtlichen Erfahrungen heraus geforderten Versuch, eine antifaschistisch-demokratische Gesellschaft in ganz Deutschland aufzubauen, sich die deutschen Nachkriegsjournalisten, Übriggebliebene aus der Nazizeit und der Weimarer Republik, Überlebende aus der Emigration und den Nazikonzentrationslagern sowie der junge Nachwuchs eine Organisation schufen. Mit ihr wollten sie das auch in großen Teilen der aktiven Nachkriegsjournalisten vorhandene Bestreben, diese geschichtlich unterstützen wie gesellschaftlich notwendige Aufgabe zu bewältigen

Da Berlin als alte Medienhauptstadt Deutschlands nun auch unter der Viermächte-Militär-Verwaltung stand, schürzten sich hier alle Probleme zunächst zu einem Knoten. Das galt nicht nur für die Entwicklung der Nachkriegsmedien selbst, obwohl hier bald ein Abbau der alten Rolle in Berlins einsetzte, weil durch die Spaltung sich auch die Medienstandorte nach Westen verlagerten – Hamburg – Frankfurt/Main – Stuttgart – München – Rhein/Ruhrgebiet ... Dennoch wurde nach dem Kriege zuerst hier in Berlin, von in den Ländern erfolgten regionalen Zusammenschlüssen mit zunächst geringerer und lokaler Bedeutung abgesehen, 1946 die erste größere Journalistenorganisation gegründet, der Verband der Deutschen Presse im Rahmen der Gewerkschaft 19 (Kunst und Schrifttum) im FDGB. Wie es vom FDGB hieß, sollte damit »für den Zeitungsmann die Verbindung mit dem allgemeinen Bund arbeitender Menschen« hergestellt werden.

Über die eigentlichen Aufgaben und damit den Charakter dieses Verbandes konnte zwischen Ost- und Westberliner Journalisten nie eine Einigung herbeigeführt werden. Die Ostkollegen gingen, sicherlich nicht ohne Einfluß durch die Besatzungsmacht, von einem Verband aus, der ein politisches Organ sein sollte, der demokratischen Tradition und dem antifaschistischen Erbe verpflichtet. Die Berufsorganisation sollte sich konkret um die Aus- und Weiterbildung der Neuanfänger kümmern. Die alten Nazis mußten möglichst schnell ersetzt werden. Erst in zweiter Linie ging es um gewerkschaftliche, also vornehmlich um soziale Belange.

Demgegenüber sahen die Westkollegen das Ziel des Verbandes in der Verteidigung der Standesrechte, der Pressefreiheit, die sie wieder akut bedroht sahen, und der sozialen Sicherung des Berufsstandes. Da in den folgenden Jahren auch die Medien in die Richtung künftiger Entwicklungen, von den jeweiligen Besatzungsmächten vorgegeben, gedrängt wurden, vor allen Dingen aber Sprachrohre auf beiden Frontseiten des aufkommenden Kalten Krieges wurden, kam es hier wie auf allen anderen Gebieten auch zur Spaltung der journalistischen Berufsorganisation.

So wurde im Frühjahr 1948 in Westberlin eine separate Journalistenorganisation gegründet, die sich dann allerdings schon kurze Zeit später in einen gewerkschaftlich orientierten und einen stockbürgerlichen Verband spaltete. Zunächst wurden vom »Westverband« die Beziehungen zu den inzwischen in den westlichen Besatzungszonen gegründeten verschiedenen Landesverbänden aufgenommen, mit denen eine Verschmelzung stattfand. Von westlicher Seite wurden auf diese Weise die Traditionen des Berliner Presse- oder Journalistenverbandes ausgedünnt, wie auch das alte Medienzentrum Berlin überhaupt an internationaler Bedeutung verlor.

Der östliche Verband wurde unter Einschluß der Landesverbände der sowjetischen Besatzungszone 1947 neu konstituiert. 1949 ergab sich dann noch einmal die Notwendigkeit, sich umzuformieren. Er gründete sich als Verband der Deutschen Presse nunmehr zur Gewerkschaft 17 als eigenständige Organisation im FDGB. Ich will jetzt nicht den gewerkschaftlichen Organsiationsdschungel durchforsten, man kann auch die Querelen nachvollziehen, die sich aus den unterschiedlichen Aufgabenstellungen und Wünschen der zuständigen Parteien und Behörden ergaben. (Im Osten wurden bekanntlich die Lizenzen für die Herausgabe von Zeitungen an Parteien und Organisationen vergeben, im Westen an Privatpersonen. Das ergab schon ganz unterschiedliche Konstellationen.)

Die Gewerkschaft Druck und Papier im FDGB übernahm schließlich 1950 die gewerkschaftlichen Aufgaben des Presseverbandes, der damit natürlich eine wichtige Aufgabe verlor. Für die 1952 statt der alten Länder neugebildeten Bezirke ergab sich 1953 die Notwendigkeit, Bezirksverbände zu bilden, die auf der, gewissermaßen von der Zentrale in Berlin abgewandten Seite oft ein sehr interessantes Eigenleben entfalteten. Dennoch fristete der Verband der Deutschen Presse (VDP) später, als Rundfunk und Fernsehen journalistisch immer mehr an Bedeutung gewannen, ab 1953 als Verband der Journalisten (VDJ) doch mehr ein gesellschaftliches Randdasein.

Nun bin ich weit davon entfernt, etwa ernsthaft geglaubt zu haben, man könnte dies in der DDR grundsätzlich ändern. Die Medien waren ein ideologisches Instrument der Partei und daher fest in deren Hand. Die Zeitungen der anderen Parteien waren Abbilder ihrer Blockzugehörigkeit, obwohl es anfänglich, aber auch später, ernst zu nehmende Versuche gab, ein eigenes Profil zu entwickeln, wie das auch übrigens zeitweise bei Zeitungen und Zeitschriften der Massenorganisationen zu beobachten war. Auf alle diese Dinge hatte jedoch der Verband kaum einen Einfluß, was sein Ansehen natürlich schmälerte. In der offiziellen Protokolliste des ZK der SED figurierte der Journalistenverband hinter dem Verband der Blinden und Sehschwachen und dem Verband der Nutzhundezüchter, was oft zu Witzeleien und Boshaftigkeiten Anlaß gab.

Der DDR-Journalistenverband verlegte deshalb sein Hauptaugenmerk auf Fragen der Aus- und Weiterbildung sowie auf das internationale Terrain. Besonders die internationale Arbeit gewann an Bedeutung, weil die Journalisten weltweit, in dem Maße, in dem das möglich war, für die Anerkennung der DDR warben. Besonders die Arbeit in der Internationalen Journalisten Organisation (IOJ) war dabei ein wichtiges und auch anerkanntes Betätigungsfeld. Bei der Lösung beider Aufgaben hat sich der Verband über Jahrzehnte eine ziemliche Anerkennung auch im internationalen Rahmen erworben. Dennoch hing der Verband mal an einer längeren, mal an einer kürzeren Leine der Partei, insbesondere der Abteilung Agitation. Vom Verständnis des betreffenden Abteilungsleiters hing dann die jeweilige Leinenlänge ab.

Die Ereignisse im Vorfeld und später im Schatten von 1968, also um die Zeit herum, als ich zum Vorsitzenden gewählt wurde, veranlaßten die Verantwortlichen in der DDR, in jener Zeit jedenfalls die Zügel enger anzuziehen. Das wurde schon im Zusammenhang mit gewissen gescheiterten Reformplänen, über die ich schon sprach, deutlich.

Dennoch muß man sagen, daß Lamberz offenbar vorschwebte, dem Verband im Rahmen des ohnehin bestehenden Führungsanspruches der SED eine größere, gewissermaßen eine Brückenfunktion zukommen zu lassen. Es gab darüber zahlreiche Gespräche, wobei, aus eigener Erfahrung geboren, eines meiner Anliegen darin bestand, dem Verband und damit den Journalisten selbst eine größere gesellschaftliche Rolle einzuräumen. Zu jener Zeit sah eigentlich kaum jemand, auch nicht unter den Journalisten, einen besonderen Nutzen des Verbandes. Diese Auffassung wurde seitens einiger Vertreter der Parteiführung gestützt.

Um zumindest die gesellschaftliche Rolle etwas hervorzuheben, bat ich nach Konstituierung der neuen Verbandsleitung und der Ausarbeitung eines Arbeitsprogramms um eine offizielle Unterredung bei Walter Ulbricht. In der damaligen DDR war es üblich, daß der 1. Sekretär des ZK oder der Staatsratsvorsitzende nach Kongressen von Parteien oder Verbänden deren neugewählte Leitung förmlich empfing und eine Aussprache hatte. Mit dem Journalistenverband war das nach meinen Erkundigungen noch nie passiert. Da es immer ein erstes Mal gibt, unternahm ich den Versuch. In der Aussprache, an der auch der damalige neugewählte Generalsekretär des VDJ-Zentralvorstandes, sein Stellvertreter und selbstverständlich Werner Lamberz als zuständiger Sekretär des ZK teilnahmen, habe ich nun wirklich, teilweise auch zum Ärger von Werner Lamberz, den ich ihm nicht ersparen konnte, alle Probleme des Journalismus der DDR auf den Tisch gelegt (Ulbricht kannte ja meine Meinung zu einer Reihe von Fragen ohnehin.) Ich sprach über die gesellschaftliche Rolle der Journalisten und wie sie oft von Dienststellen und höchsten Ämtern behandelt wurden. Ich scheute nicht vor Vergleichen zurück, daß wir uns manchmal vorkämen wie die Leute von den Wandertheatern im vorigen Jahrhundert. Bei deren Ankunft hätten die Dorfbewohner auch gesagt: Nehmt die Wäsche rein, die Schauspieler kommen. Wir schlugen deshalb vor, daß Betriebe, staatliche Stellen und sonstige dem öffentlichen Interesse unterworfenen Ämter und Behörden zu einer Informationspflicht veranlaßt werden müßten. Der Forderungskatalog reichte von der Einrichtung einer Verbandsinstitution, die Pressekonferenzen organisieren und als Gastgeber fungieren sollte, über funktionierende Pressestellen bei allen wichtigen Institutionen bis hin zu einer besonderen journalistischen Altersversorgung und einer spezifischen Möglichkeit gesundheitlicher Betreuung. Zu diesem Punkt legte ich Ulbricht ein von uns ausgearbeitetes Papier vor, das sich auf eine UNESCO-Statistik stützte, wonach die Journalisten von allen erfaßten Berufen am Ende einer Liste über die Lebenserwartung stünden.

Ulbricht hörte sich das alles an, wandte ein, daß dies natürlich Maximalforderungen seien, die man sich aber in der Abteilung Agitation überlegen und vielleicht schrittweise das eine oder andere verwirklichen sollte. Das war für den Augenblick nicht viel. Aber mit dem Rückenwind dieses Gespräches und mit Lamberz Hilfe wurde einiges sofort in Angriff genommen und im Laufe der Zeit tatsächlich verwirklicht. Das betraf besonders die gesundheitliche Betreuung, Urlaubsregelungen, die Schaffung von Möglichkeiten eines postgradualen Studiums u.ä. Vor allem hatten wir für die Weiterbildung erreicht, daß sie sehr qualifiziert durchgeführt werden konnte. Das verschaffte dem Verband nach innen, besonders aber auch nach außen hin eine gewisse gesellschaftliche Anerkennung. An die für uns wirklich entscheidenden politischen Fragen, nämlich die Verbesserung oder wenigstens Auflockerung des Informationswesens ging man natürlich nicht heran, schon gar nicht mehr nach dem Sturz Ulbrichts und nach dem VIII. Parteitag.

Das Ansehen des VDJ durch seine weitreichenden Aus- und Weiterbildungsmaßnahmen führte dazu, daß der VDJ im Rahmen der Internationalen Journalistenorganisation für die Ausbildung von Journalisten aus und in Entwicklungsländern mit entsprechenden Aufgaben betraut wurde. 1963 war bereits die »Schule der Solidarität« für die Ausbildung von Journalisten aus Entwicklungsländern gegründet worden. Die Fachschule für Journalistik in Leipzig (nicht zu verwechseln mit der Fakultät bzw. Sektion für Journalistik an der Uni in Leipzig, die natürlich unter staatlicher Aufsicht blieb) wurde dem Verband unterstellt. Hier wurden in einer Mischung von Fernstudium und internatsmäßigen Seminaren auch Forschungsaufträge vergeben, die sich mit der Prognostik für Medien und ihre Journalisten befaßten. Ähnliches geschah auch, aber ohne unseren direkten Einfluß, an der Universität. Immerhin versetzte die Beschäftigung mit Zukunftsfragen überhaupt den Verband in die Lage, auf seinen Weiterbildungslehrgängen sehr qualifiziert über derartige Themen zu diskutieren, was nicht immer im Interesse mancher Leute aus dem großen Haus war, weil dort soziologische Fragen wie auch Fragen von Zukunftswissenschaften nicht gerade gefragt waren. Dabei war ich in Abwandlung eines alten Lateiner-Wortes überzeugt, daß wir nicht nur für das Leben, sondern für das Überleben lernen müßten.

Mit meinen wirklich bescheidenen Möglichkeiten habe ich, manchmal oft unterschwellig, versucht, auch bei bestimmten festlichen Anlässen, wie zum Beispiel der alljährlich stattfindenden Auszeichnungen mit der Franz-Mehring-Ehrennadel, am Geburtstag des Namensgebers, der Auszeichnung mit dem J.-R.-Becher-Preis oder dem Journalistenpreis des FDGB, auf die Notwendigkeit der Bildung für die Zukunft hinzuweisen. Mal tat ich es mit Hinweisen auf die Tatsache, daß sich das menschliche Wissen (damals) in sieben Jahren erneuern muß, was für Journalisten eine besondere Verpflichtung darstellt. Mal tat ich es mit direkten Mehring-Zitaten, die oft allgemeines Staunen auslösten. So ein Zitat von Mehring aus dem Jahre 1905 trug ich anläßlich des 125. Geburtstages von Franz Mehring am 27. Februar 1971 in Anwesenheit der Politbüromitglieder Hager und Verner vor, die ja im Sekretariat des ZK, wie ich wußte, oft gegen bestimmte Reformvorschläge auf journalistischem Gebiet aufgetreten waren.

Beim Zeitungsmachen, hatte Franz Mehring 1905 in der »Leipziger

Volkszeitung« geschrieben, komme es nicht »bloß auf die paar technischen Handgriffe (an), die sich in einigen Tagen oder Wochen erlernen lassen, sondern auf ein gehöriges Maß literarischer und politischer Bildung ... Obendrein gibt es keinen sozusagen gefräßigeren Beruf als den journalistischen. Er verzettelt den Fonds von Wissen außerordentlich schnell, und wer als Redakteur nicht außer seiner Tagesarbeit noch ein paar Tagesstunden übrig hat, um von neuem einzunehmen und sich wissenschaftlich fortzubilden, der wird sehr bald auf bloße Handlanger- und Tagelöhnertätigkeit beschränkt sein.«

Wenn ich mir heute, neunzig Jahre, nachdem das Mehring geschrieben hat, dreißig Jahre, nachdem wir uns in der DDR damit beschäftigt haben, die meisten der fast einheitlichen Zeitungen im einheitlichen Deutschland ansehe, dann begreife ich, angesichts des journalistischen Unsinns, den man lesen muß, manche journalistische Überheblichkeit aus dem Westen gegenüber einer bestimmten Vergangenheit nicht. Die alte Weisheit, die Goethe in seinen Maximen und Reflexionen formulierte, gilt in abgewandelter Form auch hier, daß nämlich die Rechthaber nicht immer die Wissenden, aber immer die Bornierten sind. Einbildung steigt eben mit dem diametral entgegengesetzten Sinken der Ausbildung.

Mit einer Initiative des Verbandes – die übrigens trotz aller Vorurteile gegen die sogenannte DDR-Nostalgie seit mehreren Jahren eine Wiederauferstehung gefeiert hat – errangen wir auf dem Gebiet internationaler Solidarität ein zunächst nicht geahntes Ansehen innerhalb, aber auch außerhalb der DDR. Der Berliner Verband hatte, einem Appell der IOJ folgend, 1958 zu Solidaritätsaktionen mit den noch unterdrückten Journalisten in der Welt aufgerufen. Jeder DDR-Journalist spendete ein Tageseinkommen für den Internationalen Soli-Fond, und es wurden am Tag der Solidarität (Todestag des antifaschistischen tschechischen Journalisten Julius Fučik, der in Berlin-Plötzensee am 8. September 1943 hingerichtet wurde) Lose der Internationalen Solidaritätslotterie verkauft. Zehn Jahre später fand zum erstenmal auf dem Berliner Alexanderplatz eine Solidaritätsveranstaltung statt, auf der alle Redaktionen zu einem Ideenwettbewerb herausgefordert waren, Souvenirs zugunsten des Solidaritätsfonds zu verkaufen. Mit dem Erlös, der dann von Jahr zu Jahr stieg, wurde die »Schule der Solidarität« finanziert und später in den siebziger Jahren zu einem Institut für Internationale Journalistik ausgebaut. Sie existiert übrigens heute noch, zwar an einem anderen Ort, weil Alteigentümer das ausgebaute Grundstück beanspruchten, aber immerhin. Mit den am Berliner Alexanderplatz gespendeten Geldern wurden auch weltweit von der IOJ ausgeschriebene Objekte finanziert. Zwar wurde diese Aktion in den letzten Jahren der DDR ein wenig zu sehr kommerzialisiert, hatte aber einen immer größer werdenden Zulauf der Bevölkerung. Da ging es nicht nur um exotische Gegenstände, die von Auslandskorrespondenten oder in den Bezirken der DDR besorgt wurden, was manchmal tatsächlich Raritäten waren, für die fast jeder Preis bezahlt wurde, sondern auch um ein echtes Bekenntnis zur Solidarität mit einem deutlichen Gegenstand: Die schon erwähnte »Schule der Solidarität«, Unterstützung für ein Krankenhaus in Nicaragua, eine Druckerei mit einer hochmodernen Rotationsmaschine für Vietnam, Erholungsurlaub für verletzte oder schwerkranke Befreiungskämpfer aus Afrika oder Lateinamerika. Die DDR-Journalisten waren in der Lage, das Wort Solidarität zu einem konkreten Gegenstand zu machen, für die man finanzielle Unterstützung brauchte. Da haben wir südafrikanische Apatheidopfer unterstützt, als die im Westen noch zu einer »Mörderbande« gehörten. Nelson Mandela war in der DDR schon ein Held, als er noch im Zuchthaus des besten Verbündeten der BRD im Süden Afrikas, dem weißen Apartheidregime, saß. Er wurde zu jener Zeit noch von Leuten und Medien der BRD beschimpft, die ihn später, nachdem sich seine Ideen durchgesetzt hatten, für sich vereinnahmten, als ob sie ihn nie verteufelt, sondern ihn höchstpersönlich geradezu erfunden hätten. Was wirklich dahintersteckt, wissen wir: Das Geschäft lockt auch unter der neuen Anti-Apartheid-Regierung, und durch Freundlichtun versucht man Einfluß zu gewinnen. Das gleiche gilt übrigens auch für andere Länder.

Und wenn von der DDR-Solidarität die Rede ist, dann muß an dieser Stelle auch gesagt werden, daß sich die damalige BRD auf dem Gebiet der internationalen Solidarität nicht mit Ruhm bekleckert hat. Sie sah die Geschäfte des deutschen Imperialismus, wenn man von Entwicklungshilfe sprach. Was dem diente, wurde getan. Alles andere, vor allem die wirklich menschliche Seite, wurde vernachlässigt. Besonders von den Menschenfreunden, von den Unterstützern der Menschenrechte hinter dem sogenannten Eisernen Vorhang, von denen, die heute über die DDR zu Gericht sitzen, in der es zweifellos Unrecht gab, aber mehr Menschlichkeit als in der Alt-BRD. Das mögen heute manche Leute nicht gern hören, aber es war und ist auch heute noch so. Dabei will ich wirklich humanistisch gesinnte Einzelgänger ausnehmen, auch Organisationen, die sich um Solidarität bemühen. Aber sie sind nicht das gesellschaftliche Spiegelbild dieses oft so inhumanen Landes. Aber niemand kann die solidarische Seite, die sich in der DDR auch mit Hilfe der Journalisten herausgebildet hat, nicht mal über ihren Untergang hinaus bestreiten.

Ich will die Sache nicht zu hoch hängen, aber es kann kein Zweifel bestehen – bei allen Debatten über Pressefreiheit oder nicht, über kommandierte Völkerfreundschaft oder nicht –, ein wesentlicher Teil der DDR-Journalisten hat wenigstens versucht, eine höhere menschliche, ethische und solidarische Moral an den Tag zu legen und zu vertreten, als daß heute bei der Mehrheit der Medien des gesamtdeutschen Landes mit seinen angeblich moralischen Prinzipien der Fall ist. Mit ihrer eigenen Weiterbildung auch zum Nutzen der Gesellschaft (denn der eigene Geldbeutel konnte bei den Journalistengehältern, die es in der DDR gab, nicht die überragende Rolle spielen) und bei der Solidarität mit anderen, da mag man heute Stäbe brechen und herumgaucken, wie man will, haben die DDR-Journalisten Wertmaßstäbe gesetzt, die der heute gängigen Journalistik völlig abgehen.

Wenn in meiner vorliegenden Niederschrift kritische Worte gegen die DDR-Oberen und das von ihnen geschaffene System gefallen sind, gleichzeitig aber die zwischenmenschlichen Vorzüge, die in dieser DDR-Gesellschaft gewachsen sind, hervorgehoben werden, so ist dies keineswegs ein Widerspruch. Es ist der Versuch, auf einem kleinen Gebiet, mit einem kleinen Ausschnitt, die DDR-Wirklichkeit mit allen Zwischentönen zu widerspiegeln. Das wenigstens anzuerkennen erfordert einfach der menschliche Anstand. Ich weiß nur nicht, ob der Begriff Anstand auf der uns jetzt umgebenden Müllkippe politischer und journalistischer Belanglosigkeiten noch zu finden ist oder noch gefunden werden wird.

Bei dem Versuch, objektive Tatbestände zu schildern, darf es weder bei der einen noch bei der anderen Seite reine Schwarzweißmalerei geben. Es scheint auch nur dann ein Widerspruch zu sein, wenn man außer Acht läßt, daß Widersprüche außerdem auch zur Entwicklung einer Gesellschaft beitragen.

Es ist nur natürlich, daß eine Gesellschaftsordnung, die auf Gewinnstreben orientiert ist, vor allem auch Individualität und Ellenbogennutzung, Egoismus und Rücksichtslosigkeit mit allen ihren bis zur Kriminalität reichenden Folgen gebiert. Davon wird jedes Mitglied dieser Gesellschaft berührt, um nicht zu sagen, angesteckt. Jeder versucht, um zu überleben, sich dieser Verhaltensweise anzupassen. Das nenne ich das Wirken des Wolfsgesetzes.

Es ist ebenso natürlich, daß eine Gesellschaftsordnung, die sich Menschlichkeit und Freiheit von Unterdrückung und Ausbeutung zum Ziel setzt, menschliche, gemeinsinnige, solidarische Tugenden entwickelt, die trotz oft weitreichender Fehler und fataler Mißerfolge, trotz falscher Politikansätze und Ungerechtigkeiten zum Gesicht der Gesellschaft gehören und dadurch eine gewisse Nachhaltigkeit erlangen.

Nicht die Stasi und das von ihr geschaffene Repressionssystem war das gesellschaftlich Dominierende in der DDR, wie heute eine Minderheit behauptet, die sich mit der neuen staatlichen Unterstützung wie eine Mehrheit gebärdet, sondern es dominierte bei der Mehrheit der Bevölkerung eben der Ansatz für jene solidarischen und zwischenmenschlichen Verhaltensweisen, wie sie in der DDR eher typisch zu nennen wären und jetzt in der Ellenbogengesellschaft vermißt werden. Es wird nicht erkannt, daß die DDR-Bevölkerung, die, wie der jetzt in Berlin lebende Psychologieprofessor Leo Montado das einmal in einem Presseinterview (»Tagesspiegel«, 27. Juli 1998) feststellte, als »Betriebsfremde zur Bundesrepublik« kamen, dafür aber hätten sie ein offeneres Auge für Mängel der freiheitlichen-demokratischen Grundordnung. »Die Ostdeutschen«, sagte Montado wörtlich, »vermissen vor allem die Gemeinschaft und die zwischenmenschlichen Beziehungen, die in der DDR eine viel wichtigere Rolle spielten als in der Individualgesellschaft des Westens. Einsamkeit wird als Preis für Wohlstand kaum akzeptiert.«

Das verächtlich mit Nostalgie abzutun und zu unterstellen, die Menschen möchten die DDR, wie sie war, wiederhaben, zeugt von Ignoranz gegenüber jeder gesellschaftlichen Entwicklung, ist rechthaberisch und letzten Endes schlicht dumm.

Die DDR und die große weite Welt

Bei dem eben Gesagten bleibt natürlich das Problem, daß aus alledem, im Interesse der Schaffung einer menschlicheren Gesellschaft, nicht nur mehr zu machen gewesen wäre, sondern bestimmte Ziele auch zu erreichen gewesen wären, hätte sich die geistige Einengung, die dem Realsozialismus leider eigen war, nicht so verheerend ausgewirkt. Dennoch wurde das zu Lebzeiten der DDR, vor allem von draußen, etwas anders gesehen. Es gab bei vielen Beobachtern im Ausland bemerkenswerte Auffassungen über die DDR. Es gab vor allem auch Vergleiche zwischen der Haltung von Menschen aus der DDR und der BRD. Es gab überhaupt mehr Vergleiche zwischen den beiden deutschen Staaten der Gegenwart. Freilich ist es jetzt in Mode gekommen, die DDR mit Nazideutschland zu vergleichen. Ich weiß nicht, ob das außerhalb der westdeutschen Wählerklientel im Ausland großen Eindruck hinterläßt. Die Ausländer, und der größte Teil der Menschheit besteht ja aus solchen, ließen sich, jedenfalls nach meiner Erkenntnis zu jener Zeit, weniger von der westdeutschen Angewohnheit beeindrucken, Menschenrechte immer bei anderen verwirklichen zu wollen, als von der Überlegung leiten, ob denn die DDR für den Frieden in Europa nützlich ist oder nicht, ob möglicherweise die DDR für die Entwicklung eines »Entwicklungslandes« ein Verbündeter ist oder nicht, oder auch, ob die DDR als Handelspartner potent und geeignet ist oder nicht.

Ich habe in meiner Zettelsammlung ein Zitat des niederländischen Generals von Meyenfeldt, ehemals Chef der niederländischen Militärakademie in Breda und späterer Anhänger der weltweiten Bewegung »Generäle für den Frieden«, gefunden, in dem es heißt: »Meine Begegnungen in der DDR haben mir die Erkenntnisse vermittelt, in welchem Maße wir im Westen, unter anderem durch unsere Rüstungspolitik, zu der gespannten Situation im heutigen Europa beitragen. Vor allem haben mich die Gespräche und Begegnungen gelehrt, daß die Menschen in der DDR Frieden wollen ... sie wollen aufbauen, ihren Staat entwickeln, ihr Wohlergehen realisieren. Das tiefe Bedürfnis nach Frieden, wie es in der DDR lebt, muß Westeuropa viel deutlicher gemacht werden. In diesem Zusammenhang möchte ich sagen, daß ich froh bin, daß es zwei deutsche Staaten gibt.«

Dabei ist von Meyenfeldt weder der erste noch der einzige ausländische Politiker, der zu solchen Erkenntnissen kam. Der britische Historiker A. J. P. Taylor hatte schon 1954 im britischen Fernsehen erklärt, daß die Teilung Deutschlands ein wahrer Glücksfall für die Völker sei. Das mag in deutschen Ohren heute nicht sehr gut klingen. Aber ist eine solche Meinung, angesichts des Geschichtsverlaufs in der zweiten Hälfte unseres Jahrhunderts, wirklich solch ein Wunder?

Innenpolitisch standen diese Beobachter oft weit weg von der DDR. Aber es gab schon einige Überlegungen im Ausland über die Rolle der DDR, die man heute nicht so abtun sollte, wie es geschieht. Vor allem sollte man sie nicht mit jener Großmannssucht beantworten, wie das seit 1990 durch das zweifellos größer, vor allem aber ungezügelter gewordene Deutschland passiert, weil damit die Befürchtungen, die man durch die Existenz der DDR zertreuen konnte, zur Realität werden könnten. Genau das ist es, was Meyenfeldt meinte. Und genau das, was jetzt seit 1990, seit der Zerschlagung Jugoslawiens und anderer außen- und militärpolitischer Paforceritte geschieht, war vierzig Jahre lang durch die Existenz der DDR gebremst worden. Wer also über die DDR im nachhinein abfällig urteilt, sollte das nicht außer Acht lassen.

Zunächst sollte man ohnehin bei der Betrachtung der Jahrhundertgeschichte nicht in eine eurozentristische Sichtweise verfallen. Da gerät man, ob gewollt oder nicht, in eine gewisse Krähwinkelei. In Europa vollzogen sich in diesem Jahrhundert bedeutsame Wandlungen. Ihre Auswirkungen waren weltweit zu spüren.

Ohne Oktoberrevolution und ohne die Zerschlagung des deutschen Faschismus im Zweiten Krieg würde aber auch die Welt heute ganz anders aussehen. Es ist fraglich, ob es mit Ausnahme von Japan, das wie Deutschland als Verlierer des Zweiten Weltkrieges sich nun zu den Siegern zählen möchte, beispielsweise in Ostasien eine derartige Entwicklung nach Abschüttelung des kolonialen Jochs gegeben hätte. Nicht nur wegen des Vietnamkrieges und des Sieges eines kleinen Volkes über die amerikanische Supermacht.

Die natürlich auch von den europäischen Konzernen genutzte Chance, in den sogenannten asiatischen Schwellenländern, die ja zum großen Teil erst nach dem Zweiten Weltkrieg ihre Unabhängigkeit erreichten, zu investieren, haben zwar ungeahnte Profitraten gebracht, sie haben aber besonders zum Wachstum der trotz augenblicklicher Krise gefürchteten »kleinen Tiger« geführt. Dadurch hat sich Europa jedoch nicht nur dem ertragreichen Kapitalexport hingeben können, sondern es zog sich auch gleichzeitig Konkurrenten auf den Hals, die nun wieder schwer loszuwerden sind. In manchen dieser Länder hat das auch zu einem nationalen Selbstbewußtsein geführt, das, vor allem, wo es mit religiösem Fanatismus unterfüttert auftritt, die europäischen Herrscher doch schon mal das Fürchten lehrt.

Das gilt auch für die ehemaligen Kolonialgebiete im Nahen und Mittleren Osten, die sich zu reichen Rohstoffexporteuren, aber auch Industrieproduzenten entwickelten, sich mit beachtlichen Aktienpaketen in Westeuropa einkauften und somit auch oft, manchmal noch nicht sichtbar, Einfluß auf bestimmte Multis gewannen. Das, gepaart mit den Bestrebungen des islamischen Fundamentalismus von Jakarta, über Islamabad und Ankara bis Algier, gestützt auf weltweit über eine Milliarde Anhänger des Islams, wäre schon größeren Nachdenkens wert, als es zumindest offiziell geschieht.

Zu den Jahrhundertereignissen muß man auch die Entwicklungen auf dem lateinamerikanischen Kontinent zählen. Ich meine nicht nur, was sich – zu Jahrhundertbeginn unvorstellbar – in Kuba oder Nicaragua abspielte, sondern auch zwischen Mexiko und Rio de Janeiro oder Santiago de Chile. Es wäre, ganz am Rande bemerkt, schon einmal einer eingehenden Untersuchung wert, inwieweit nicht nur auf der Rattenlinie eingeschleuste Nazis, sondern auch das Raubkapital deutscher Unternehmer und Banken zur industriellen Entwicklung mancher dieser Länder beigetragen hat. Aber hier war die Entwicklung eines nationalen Kapitalismus im klassischen Sinne mit der Entwicklung eines Industrieproletariats verbunden. Mit allen Folgen und Schlußfolgerungen für den internationalen Kapitalismus und der internationalen Arbeiterbewegung. Es kam zu einer bedeutenden Entwicklung von kommunistischen und Arbeiterparteien mit noch revolutionären Programmen, als in Europa bestimmte marxistische Begriffe schon in den Schubladen des Vergessens verschwunden und zu dem anscheinend Unaussprechlichen geworden waren. Da in Latein- vor allem in Iberoamerika der Einfluß der katholischen Kirche fast ebenso groß war wie auf der anderen Hemisphäre der des Buddhismus und des Islam, kam es hier, von Europa mit seinen geistigen Kleingärtnersorgen kaum beachtet (zumindest nicht sehr öffentlich gemacht), sogar unter einem religiösen Dach zu revolutionären Bewegungen. Ich nenne als Beispiel nur die sich von Brasilien aus entwickelnde katholische Befreiungstheologie, die mit inquisitorischen Verdikten aus dem fernen Rom, verfaßt vom Hüter der reinen Lehre, dem deutschen Kardinal Ratzinger und seinem polnischen Papst, aufgehalten werden sollte.

Wie dann 1973 in Chile eine demokratisch gewählte Regierung mit Hilfe der USA und auch der BRD, die dort große wirtschaftliche Interessen in Gefahr sah, im Namen der Demokratie von einem faschistischen General weggeputscht wurde, gehört nicht zu den Ruhmesblättern der Leute, die sich nicht laut genug über Unmenschlichkeit, Menschenrechte, Freiheit und Demokratie äußern können.

Schließlich darf man einen Kontinent nicht vergessen, dessen ehemals kolonial abhängigen Länder in der zweiten Hälfte dieses Jahrhunderts zu großen Teilen ihre nationale Unabhängigkeit errangen, aber durch die Gebresten und Verbrechen in der Kolonialzeit ökonomisch weiter als Ausbeutungsobjekt alter und neuer Kolonialherren erhalten blieb, mit allen sozialen und ökologischen Folgen: Afrika.

Generell hören wir über diesen Kontinent wenig. Die Konzerne der alten Kolonialherren wirken im allgemeinen im dunkeln. Es sei denn, irgendwo findet etwas Spektakuläres statt, eine Hungersnot beispielsweise oder ein Völkermord, der durch den aus der Kolonialzeit weiter geförderten Tribalismus ausgelöst wurde. Dann wird in der entsprechenden Form davon Notiz genommen, wie von einem schweren Flugzeugunglück, einem Erdbeben oder einer verlorenen Fußballweltmeisterschaft.

Daß es aber schon einmal nach dem sogenannten afrikanischen Jahr 1960 Ansätze für eine andere Perspektive des schwarzen Kontinents gab, wenigstens für einige Länder, die heute wieder weit hinter einen gewissen Fortschritt zurückgefallen sind, der einmal, und mag er noch so bescheiden gewesen sein, erreicht worden war, interessiert heute anscheinend niemand mehr. Fortschritt, der nicht im Sinne deutschen Denkens war, gilt nicht. Für uns Deutsche gilt der deutsche Tellerrand, sei er nun aus Meissener Porzellan oder schlichter Plaste (ich verwende nicht das westdeutsche Unwort Plastik, weil es zwar aus dem amerikanischen übernommen wurde, aber im Deutschen begrifflich nicht richtig ist) als Orientierungsmaßstab.

Auf allen drei Kontinenten, auf denen sich in diesem Jahrhundert gewaltige Umwälzungen vollzogen, fand aber zu Lebzeiten des Realsozialismus auch die Klassenauseinandersetzung des Kalten Krieges statt. Ich will das nur an einigen Beispielen verdeutlichen, die ich so, wie ich sie zu schildern versuche, erlebt habe. Was an dieser oder jener Entwicklung fehlerhaft war, will ich nicht beurteilen, vor allem heute, wo wir alle etwas klüger sind, will es auch nicht abschätzen oder gar abschätzig beurteilen. So leicht dürfen wir uns das nicht machen.

Überall gab es nach der Befreiung vom Kolonialismus lang anhaltenden Widerstand der alten Kolonialherren, um nicht ein aktuelles Wort, wie Alteigentümer, benutzen zu müssen. Sie versuchten, sich in wirtschaftlich strategischen Positionen eisern zu halten. Oft war, um der objektiven Lage Rechnung zu tragen, auch gar keine andere Möglichkeit gegeben. Denn dort, wo die alten Kolonialherren überstürzt abzogen, brach pures Chaos aus.

Aber es kam ja noch etwas hinzu, was die ehemaligen Kolonialmächte als NATO-Partner in Afrika zu verpflichten schien: Nach dem Zweiten Weltkrieg hatten sich die beiden Supermächte USA und UdSSR herausgebildet, die nun nach alter Manier in der Weltpolitik Einflußzonen unter sich aufteilen wollten. Die einen taten es im Namen der Freiheit und Demokratie, die es weltweit zu schützen gelte, die anderen im Namen des Sozialismus, der sich nun weltweit entwickeln würde.

Wir wissen heute, und ich habe das besonders bei meinen Reisen durch einige afrikanische Länder gespürt, daß es in erster Linie aus geostrategischem Vormachtstreben der beiden Supermächte geschah. Wer glaubt, ich tue dabei der Sowjetunion Unrecht, irrt in diesem Fall. Man braucht nur in der Geschichte und Gegenwart Rußlands nachzublättern, um zu erfahren, daß der sowjetische Internationalismus oft sehr eigennützige, traditionsgebundene Ziele verfolgte, nicht anders als die USA, denen die Freiheit der anderen ziemlich egal war, wenn es um die eigenen Interessen ging.

Und was ich noch erfahren habe: Die Afrikaner waren sehr kluge Beobachter. Sie sahen im Auftreten sowjetischer Bürger, ob als Diplomaten oder als Berater in verschiedenen Bereichen, immer den Auftritt der Großmacht. Und es war etwas dran, wenn man dieses Auftreten sehr genau und nicht nur durch eine vom Proletarischen Internationalismus gefärbte Brille betrachtete. Aber die Afrikaner hatten das in ihrer Geschichte zum Überdruß erlebt. Großmächte waren nicht gern gesehen. Entsprechend war das Verhalten vieler afrikanischer Politiker. Man strebte zwar zum Sozialismus, war aber aufgeklärt genug, nicht den sowjetischen zu meinen. Vom Sozialismus hatten die Afrikaner ihre eigenen, weil von eigenen Erfahrungen geprägten Vorstellungen. Sie konnten sich aber nicht damit abfinden, daß dies unter einer einheitlichen, nämlich der sowjetischen Struktur erfolgen sollte. Es gab also eine gewisse antisowjetische Stimmung in diesen Ländern, die im wesentlichen zunächst nicht aus einer antikommunistischen, sondern aus einer Anti-Großmacht-Haltung entsprang. Andererseits wußte man, daß ohne solidarische Unterstützung aus bestehenden sozialistischen Ländern der Versuch, zum Sozialismus afrikanischer Prägung zu kommen, nicht zu machen war. Deswegen war die Hinwendung zu kleineren sozialistischen Ländern verständlich.

Natürlich wurde diese Situation auch von anderen Kräften ausgenutzt. Was früher allgemein nicht bekannt war und auf unserer Seite wegen der bestehenden ideologischen Meinungsverschiedenheiten als Tabu behandelt wurde, war das Auftreten Chinas in Afrika. Als genaue Beobachter machten die Chinesen bei ihrem, natürlich auch ihren eigenen Interessen untergeordneten Auftreten in Afrika nicht jene Fehler, die die Afrikaner z. B. an den Sowjets so kritisierten. Sie haben in den siebziger Jahren, als sie fast unbemerkt ihre Rolle als Großmacht zu spielen begannen, einen beachtlichen Einfluß auf die Entwicklung besonders ostafrikanischer Staaten, aber auch auf dem übrigen Kontinent ausgeübt. Doch sie haben versucht, den Afrikanern auch dadurch zu helfen, daß sie nicht nur als technische oder gar politische Berater oder Aufseher, vor allem nicht als Besserwisser auftraten. Beim Aufbau zahlreicher Betriebe in den verschiedensten afrikanischen Ländern oder besonders in den sechziger und siebziger Jahren beim Bau der »Tazara« (Tansania – Zambia – Railway), der berühmten Eisenbahnstrecke, die die Häfen am indischen Ozean (Daressalam) mit den an Bodenschätzen reichen Gebieten von Zambia, Simbabwe und Nord-Mosambik verbinden sollte, legten Tausende chinesischer Arbeiter, bedürfnislos und mit klimatischen Schwierigkeiten vertraut, selbst Hand an. Sie arbeiteten dabei oftmals in einem solchen, von Hause aus gewohnten Tempo, daß es den Afrikanern die Sprache verschlug. Die fragten sich manchmal ganz schlicht, ob sie sich nun deshalb von den Kolonialherren befreit hätten, um mehr als früher zu schuften. Dabei spielte allerdings die verhängnisvolle Auffassung eine Rolle, daß Sozialismus weniger arbeiten und mehr verbrauchen heißt. Die Präsenz dieser Auffassung war nach so langer Kolonialzeit zwar verständlich, aber in den afrikanischen Dimensionen nicht weniger verhängnisvoll als beispielsweise bei uns. Aber bei soviel chinesischem Direktengagement geriet auch hier das Wort Sozialismus nun von einer anderen Seite her in Mißkredit.

Es war wirklich nicht einfach, den Leuten in Äthiopien oder in der damaligen Volksrepublik Kongo-Brazzaville oder in Mosambik auf ihre Fragen, was nun Sozialismus bedeutet, vor allem wie man dahin gelangt, zu antworten. Man hörte in erster Linie auf die kleineren sozialistischen Länder, die in Afrika Entwicklungshilfe leisteten, wie Bulgarien, Polen, die ČSSR und auch die DDR. Aber auch die kubanischen Erfahrungen waren sehr gefragt. Da kam noch hinzu, daß gewisse entfernte Verwandtschaften, verursacht durch den Sklavenhandel, eine gegenseitige Verständigung erleichterten. Die Vertreter der kleinen sozialistischen Länder konnten beweisen, wie sie mehr oder weniger aus eigener Kraft, aber gestützt auf die internationale Solidarität, sich aus unterdrückten oder ehemals kapitalistischen Ländern auf eine neue Gesellschaftsordnung hin bewegen.

Ich verfalle jetzt ganz gewiß nicht in eine nationale Überheblichkeit, wenn ich mich auf das Verhältnis zwischen einer Reihe afrikanischer Länder und der DDR konzentriere, um zu zeigen, welche Möglichkeiten in diesen Jahren gegeben waren, afrikanischen Völkern zu helfen, den Weg in die vollständige Unabhängigkeit zu finden. Wenn die DDR-Außenpolitik sichtbare Erfolge aufzuweisen hatte, so lagen sie nach meiner Erkenntnis, neben der europäischen Sicherheitspolitik, besonders auf dem Gebiet der Hilfe und Unterstützung für junge Nationalstaaten und solche kolonial noch abhängigen Länder, die auf dem Wege in die Freiheit waren. Dabei waren wir ja nicht in der Lage, besonders viel materielle Hilfe zu leisten, die am willkommensten gewesen wäre.

Ich erinnere mich an ein Gespräch mit dem damaligen Informationsminister von Guinea, Behanzin, im Jahre 1973. Es ging darum, wie der Journalistenverband der DDR die sich aus einem Regierungsabkommen ergebenden Verpflichtungen zur Hilfe bei der Aus- und Weiterbildung erfüllen könnte. Es ging dabei um den Abschluß eines Vertrages, in dem beiderseits konkrete Verpflichtungen eingegangen wurden, zum Beispiel um eine jährlich festzulegende Zahl guinesischer Journalisten, die an der »Schule der Solidarität« ausgebildet werden sollten, um die Entsendung von Lehrkräften aus der DDR, die eine journalistische Weiterbildung von Rundfunkjournalisten in Conakry organisieren sollten, sowie solcher scheinbarer Kleinigkeiten wie beispielsweise die Entsendung eines Pressezeichners, der guinesischen Zeichnern und Karikaturisten Hilfe leisten sollte bei der Anfertigung von sogenannten Wandzeitungen. Sie waren in den abgelegenen Dörfern neben dem Rundfunk teilweise das einzige Kommunikationsmittel zwischen Regierung und Bevölkerung. Wegen des noch herrschenden Analphabetismus wurde dabei auf comic-ähnliche Darstellungen von Ereignissen großer Wert gelegt.

Da es in Guinea zu der Zeit keinen Journalistenverband als protokollarischen Partner gab, übernahm der Informationsminister die Rolle der anderen vertragschließenden Seite, was für uns einen hohen Grad der Verbindlichkeit bedeutete. Aber in dem Gespräch verwies der Minister auf den – wie er sagte – von der DDR aus eigener Kraft erarbeiteten Reichtum und fragte mich, ob wir uns (zu unser kleinen Delegation gehörte noch Dr. Hans Treffkorn, der spätere Direktor der »Schule der Solidarität«) nicht dafür einsetzen könnten, Guinea Lebensmittel aus der DDR zu liefern. Der anwesende Vertreter der Botschaft der DDR wurde ganz blaß, weil er nicht wußte, was ich antworten würde. Dabei war völlig klar, daß ich mich wegen mangelnder Kompetenz und Zuständigkeit dazu wirklich nicht äußern konnte. Aber ich wußte von meinen Rundgängen durch die Hauptstadt Conakry, wie die Versorgungslage aussah. Alles, was ich also sagen konnte, war, daß wir als Journalisten zwar Verständnis für die Situation im Lande hätten, aber für wirtschaftliche Hilfe nicht zuständig seien. Jedoch versprachen wir, zu Hause darüber zu berichten.

Der Informationsminister erklärte daraufhin, daß er nun allerdings erst mit Präsident Sekou Touré sprechen müßte, ob der Vertrag unterschrieben werden könnte. Er ließ uns allein in seinem Büro und kam nach zwanzig Minuten wieder, um uns mitzuteilen, daß der Präsident seine Zustimmung zum Vertrag gegeben habe. Er wurde anderntags dann auch in einem feierlichen Zeremoniell unterzeichnet.

In der Botschaft gab es natürlich eine »Auswertung«, von der ich wußte, daß sie Berlin erreichen würde, bevor wir selbst dort wieder landeten. Der Botschafter war zufällig zu einer Tagung in Berlin. Sein Vertreter, der »Charge d'affairs«, dankte uns für die Arbeit und vergaß nicht darauf hinzuweisen, daß wir ja wohl gesehen haben, wie schwer ihre Aufgabe hier sei, weil niemand allein Entscheidungen treffe. Er stammte aus dem Landkreis Pirna und sagte, an die Nachfrage des Informationsministers beim Präsidenten der Republik erinnernd, in schönem sächsisch: »In dääm Lande bewäächt sich keene Kiste, wenn der Alte nich Hauruck saacht.« Nun haben wir ja in der späten DDR Ähnliches erlebt, was nun auch nicht witzig war.

Aber ich nahm in der Botschaft doch noch einmal Gelegenheit, auf die Bitte nach Lebensmittellieferungen zurückzukommen, weil da ja eine Grundfrage aufgeworfen war und weil ich wollte, daß man über die Botschaft davon in Berlin Kenntnis nimmt. Am Abend vorher hatte es nämlich uns zu Ehren einen Pressecocktail gegeben, bei dem auch mehrere Dokumentarfilme aus der DDR für den Auslandseinsatz gezeigt wurde, die ganz frisch eingetroffen waren. Darunter war ein sehr schöner Streifen von einem Erntefest der LPG Worin, eine der ersten in der DDR, wo – in Farbe gedreht – das Getreide nur so über die Leinwand quoll und beim Erntefest sich die Tische bogen. Angesichts der Lage im Lande war das natürlich, psychologisch gesehen, ein Fehlgriff und auch sonst eine Geschmacklosigkeit. Aber darüber machte man sich zu Hause, besonders nach dem VIII. Parteitag, mit dem die Überlegenheit des Sozialismus bewiesen werden sollte, offenbar überhaupt keine Gedanken. Es sollte Erfolge der DDR zeigen. Vielleicht hätte das in Schweden oder Holland gewirkt. In Ländern wie Guinea waren sie schlicht eine Peinlichkeit.

Besonders in der Auslandspropaganda haben sich die zuständigen Stellen nach dem VIII. Parteitag manchen Ausrutscher geleistet. Ich mag das nicht ausführlich schildern, sondern will nur darauf hinweisen, daß es sich hier fast ausschließlich um Eingriffe der zuständigen ZK-Abteilung in die Kompetenzen der Diplomatie im Außenministerium handelte, die oft genug gegen solche Eingriffe protestieren mußte. Erfolglos. Aber warum eigentlich sollte es in der Außenpolitik anders sein als auf anderen Sachgebieten der Regierung? Es war oft das reine Geltungsbedürfnis, das die »führende Rolle« der Partei auf diese Weise demonstrieren sollte. Ich habe das später noch auf bittere Weise erfahren müssen, wie das große Haus zu einer Geltungsbedürfnisanstalt hinabglitt. Wie ich später erfuhr, brachte mir das alles Strafpunkte in der Strichliste der Abteilung Agitation ein, wie es heute vielleicht bei der Verkehrssünderkartei in Flensburg der Fall ist.

Auf einer anderen Afrikareise, im Frühjahr 1978, hatte ich mir wegen angeblich zu selbständigen Handelns auch wieder ein paar tiefe Beulen geholt, obwohl ich, vielleicht etwas naiv, geglaubt hatte, der DDR einen Dienst erwiesen zu haben, was sich später nun wiederum bestätigte.

Auf der Reise von Äthiopien nach Mosambik Ende Februar 1978 mußten wir aus flugtechnischen Gründen bei einer Zwischenlandung einen Aufenthalt von 48 Stunden in Daressalam (Tansania) einlegen. Dem Botschafter, einem rührigen Mann, aber eingeengt von den westdeutschen Initiativen, die damals schon von neuem Appetit auf alte »Deutsch-Ost«-Zeiten zeugten (außerdem gehörte Präsident Nyerere der Sozialistischen Internationale an, die Willy Brandt als SPD-Vorsitzender leitete), war unsere Zwischenlandung angekündigt worden. Aus gutem Grund, wie wir später erfuhren, hatte er ein hochgestecktes Programm für uns organisieren können. Wenige Stunden nach unserer Ankunft in der tansanischen Hauptstadt wurden wir vom Generalsekretär des Informationsministeriums und später auch vom Minister selbst empfangen. Der schlug uns völlig überraschend vor, in Tansania einen Journalisten-Ausbildungskurs von einem Jahr Dauer mit Lehrern aus der DDR zu besetzen. Bisher habe die Ausbildung in den Händen der katholischen Kirche gelegen. Die Regierung habe aber von der Qualität der VDJ-Lehrgänge gehört und werde, wenn wir einverstanden sind und bereit wären, morgen früh, vor unserem Weiterflug einen entsprechenden Vertrag zu unterzeichnen, alle Kosten übernehmen.

Ich muß ehrlich sagen, daß uns noch nie ein solches Angebot untergekommen war. Das Gerangel um die Kosten war dabei manchmal noch das wenigste. Nach einer Beratung mit dem Botschafter, der sofort dafür war, haben wir dem Informationsminister zugesagt. Am nächsten Morgen fand vor unserem Abflug die Unterzeichnung statt. Vorher hatte uns aber der Botschafter zum Frühstück mit der tansanischen Presse überrascht. Die hatte mit großer Schlagzeile und Bild über das Gespräch mit dem Informationsminister am gestrigen Tage berichtet. Daneben stand in genauso großen Schlagzeilen und ebenfalls mit Bild die Nachricht, daß der westdeutsche Außenminister Genscher heute in Daressalam eintreffe. Ein Zusammentreffen, das unseren Botschafter über alle Maßen erfreute und das auch erklärte, warum der Informationsminister so schnell bereit war, uns DDR-Leute zu empfangen. Tansania war damals nicht nur auf politischen Ost-West-Ausgleich bedacht (obwohl da eine unterschiedliche Wertigkeit vorlag), aber gleichzeitig war es auch der pfiffige Versuch, die Westdeutschen zu erpressen, was, wie wir später hörten, wohl auch bis zu einem gewissen Grade gelang.

In dem konkreten Fall Tansania muß ich nun allerdings auf die Zeit nach meiner Rückkehr nach Berlin vorgreifen, einfach um zu verdeutlichen, wie engstirnig manchmal Beschlüsse ausgelegt wurden, was auf anderen Gebieten freilich viel schlimmere Auswirkungen für die DDR hatte als in diese Falle, wo ja letzten Endes alles noch in die Reihe kam. Eines der hausgemachten Probleme beim gescheiterten Aufbau, aber auch für die Niederlage des sozialistischen Versuchs waren geistige Enge und Unbeweglichkeit. Ich schreibe dies wiederum nicht aus Spaß an solchen Geschichten. Es war eine für die damalige SED-Führung typische Haltung, zunächst einmal alles das, was das Politbüro nicht beschlossen hatte, auch nicht gelten zu lassen. Eigeninitiativen, mochten sie noch so gut sein, waren im Grunde nicht gewünscht, wenn sie nicht vorher in der Parteiführung beraten wurden oder sie gar gegen einmal getroffene Festlegungen verstießen. Selbst wenn das alles schon vom Leben überholt war.

In Berlin erfuhr ich nämlich nach meiner Rückkehr, daß der Botschafter natürlich freudestrahlend das Ergebnis unseres Blitzaufenthaltes nach Berlin gefunkt hatte, was bei Axen einen Wutanfall ausgelöst haben soll. Ich müsse – nach der tansanischen Presse zu urteilen – größenwahnsinnig geworden sein, mich so in den Vordergrund zu spielen. Nun mußte ich mich gegen diesen absolut albernen Vorwurf nicht verteidigen. Wer weiß, wie eine auch in diesem Land an der Leine der Regierung hängende Presse auf Anordnungen reagiert, weiß zumindest auch, daß ein ausländischer Gast, ob groß oder klein, gar nichts dafür kann, ob und wie er Erwähnung findet. Das ließ mich also kalt. Aber in der Abteilung Agitation, die für den Verband zuständig war, wurde ich vom damaligen stellvertretenden Leiter, Klaus Raddatz, offenbar weisungsgemäß, heruntergeputzt, wie ich dazu käme, mit Tansania einen solchen Vertrag abzuschließen, wo doch Tansania kein Schwerpunktland unserer Außenpolitik sei. Ich versuchte ihm zu erklären, welche Chance sich der DDR gerade dort eröffnete, ohne daß ich Gehör fand.

Klaus Raddatz war einmal ein kluger, vielleicht sogar avantgardistischer Mann auf dem Gebiet der Journalistik gewesen, solange er Chefredakteur der »Jungen Welt« war. Vielleicht sollte er, weil er in seiner journalistischen Funktion die Sympathien von Lamberz gefunden hatte, sogar mit seiner Art jugendlichen Ungestüms den Apparat des Zentralkomitees der SED beleben, in den er berufen worden war. Das hätte dem Apparat bestimmt gut getan. Aber die Beförderung von Raddatz in den Parteiapparat hat ihn wie viele, die sich in ähnlicher Lage befanden, zum Apparatschik gemacht. Da gab es offenkundig eine unzerstörbare Eigengesetzlichkeit.

Erst nach verschiedenen Interventionen in der Internationalen Abteilung des ZK und im Außenministerium wurde vom Sekretariat des ZK der SED im April 1978 beschlossen, »dem Vorschlag der Abteilungen Internationale Verbindungen und Agitation beim ZK sowie des VDJ zu folgen, und eine Gruppe von Journalisten als Lehrer, unter Leitung von

Genossen Hans Preuß, an die nationale Journalistenschule nach Tansania zu entsenden. Die Kosten werden von der einladenden Seite getragen«.

Die Aktion war dann offenbar für beide Seiten so erfolgreich, daß es nicht bei dem einen Lehrgang in Daressalam blieb. Die Genossen im ZK gratulierten sich bei jeder passenden Gelegenheit (selbst wenn ich dabei war), ein wenig schamlos, gegenseitig zum großen Erfolg, der offenbar doch, wie das Sprichwort sagt, viele Väter hat.

Um nun wieder auf die Afrikareise im Jahre 1973 zurückzukommen: Auf unserer Route zwischen Kongo-Brazzaville und Guinea machten wir auch Station in der ghanesischen Hauptstadt Accra. Ghana gehört zu den geschichtsträchtigsten Ländern des schwarzen Kontinents. Bis weit in unser Jahrhundert hinein haben sich die Hauptvölker des Landes, Ashanti und Fanti, aber auch andere traditionsreiche Stämme, gegen die Kolonialisierung gewehrt. Ghana ist und bleibt daher für die Geschichte des afrikanischen Kontinents ein Beispiel. Das Ashantireich, erst nach der Besetzung eines verhältnismäßig schmalen Küstenstriches zunächst durch Portugiesen, später durch Holländer, Schweden, Dänen, ja sogar Brandenburger und letztlich der Engländer wegen seiner schier unermeßlichen Reichtümer Goldküste genannt, bis es nach der Unabhängigkeitserklärung 1957 den alten Ashanti-Namen Ghana annahm, hat eine augesprochen afrikanische Geschichte. Ghana hat eine tausendjährige Traditionen, hier wurde lange vor Europa Eisen geschmolzen und verarbeitet, hier herrschten einst, wie etwa auch am Kongo, Könige, in ihrem Verständnis sogar demokratisch, über ein einheitliches Reich mit zahlreichen Stämmen. Hier lagern die zweitgrößten Manganerzvorkommen Afrikas, das Land nimmt den dritten Platz in der Diamantförderung in der Welt ein, seine Goldvorräte können nur geschätzt werden, und schließlich wurde das Land zur Kolonialzeit der weltgrößte Kakaoexporteur. Die eigentlich in Südamerika beheimatete Frucht wurde durch die Portugiesen auf Umwegen ins westafrikanische Land gebracht.

Die schlimmsten Erfahrungen mußte das Land aber neben dem früheren portugiesischen Kolonialgebiet Angola als Umschlagplatz für den Sklavenhandel machen. Es war das »schwarze Gold«, die Arbeitssklaven, die den Portugiesen zu größeren Gewinnen verhalf als das Ashanti-Gold, das im Boden des Landes lagerte. Man hat errechnet, daß die Portugiesen zunächst für ihre dünnbesiedelten Kolonien in Südamerika, vor allem Brasilien, aber auch für die damals spanische Karibik und später die Engländer für ihre nordamerikanischen Kolonien etwa 10 Millionen Sklaven über den Atlantik verschleppten. Obwohl der Sklavenhandel ab 1836 offiziell verboten war, dauerte das schmutzige Geschäft noch bis zum Anfang des 20. Jahrhunderts an.

Wenn wir es recht betrachten und fast täglich lesen müssen, was uns in Zeitungsberichten entgegentritt, als ein Teil der organisierten Kriminalität, ist offenbar der Menschenhandel auch heute für Händler und Schlepperbanden ein offensichtlich immer noch lohnendes Geschäft. Auch im halbwegs zivilisierten Deutschland.

Was aber Ghana nach wie vor für Afrika so interessant macht, ist die demokratische Art und Weise, wie die Unabhängigkeit des Landes errungen wurde. Natürlich gab es auch in Ghana einen jahrhundertelangen bewaffneten Abwehrkampf gegen das weitere Vordringen der (vor allem britischen) Kolonialherren in das Innere des Landes (es stand übrigens in der ganzen Kolonialzeit nie vollständig unter Kontrolle der Kolonialherrschaft, weil die großen Urwälder im Innern des Landes einfach unbeherrschbar waren). Aber die eigentliche Unabhängigkeit wurde nicht wie in manchen anderen Nachbarstaaten herbeigeputscht, sondern erfolgte auf »vorbildliche« Weise, wenn man westliche Demokratievorstellungen in jener Zeit als Maßstab anlegt. Dennoch wurde dieser demokratische Unabhängigkeitskampf, als er eine für die ehemaligen Kolonialherren und ihre Partner unbequeme Richtung nahm, rigide rückgängig zu machen versucht. Chile fand schon zehn Jahre vorher in Ghana statt.

Zur Geschichte des Ringens um Unabhängigkeit muß man dennoch einige Daten und Tatsachen anfügen, um den Beweis zur erbringen, daß es in Afrika einen durchaus demokratischen Weg aus der Rückständigkeit eines kolonial unterdrückten Landes in eine Selbständigkeit mit antikapitalistischer und auch sozialistischer Orientierung gab.

Nachdem es den Engländern bis in die zwanziger Jahre unseres Jahrhunderts nicht gelungen war, die Ashanti-Könige durch einen fast aussichtslosen Krieg im Innern des Landes zu überwinden, wurden sie zu korrumpieren versucht. Man beließ ihnen nach außen hin ihre Würde, freilich ohne eigentlich Macht ausüben zu können, zahlte ihnen ansehnliche Apanagen und stellte sie auf diese Weise ruhig. Sie durften den alten Königstitel Asantehene führen und ihr Amt weiter, freilich nur fiktiv, ausüben. 1935 wurde eine Konföderation der Ashanti-Stämme gebildet, womit die Engländer hofften, sich ihren endgültigen »Frieden« erkauft zu haben.

Nach dem Zweiten Weltkrieg, in dem ghanesische Soldaten vor allem in Asien für die Engländer gegen die Japaner kämpften, sah sich die britische Krone veranlaßt, wie anderen Kolonialgebieten auch, eine Lokkerung des Kolonialsystems und eine gewisse Unabhängigkeit im Rahmen des britischen Weltreiches als Dominion in Aussicht zu stellen. Im August 1947 wurde unter Leitung von Dr. J. B. Danqua die erste nationale afrikanische Partei der Goldküste, die United Gold Coast Convention ((UGCC) gegründet, die sich zunächst auf das nationale Kleinbürgertum und die Intelligenz stützte und deren Ziel es war, »die Autonomie des Landes in kürzestmöglicher Zeit mit verfassungsmäßigen Mitteln« herzustellen. Der erste Vorsitzende der Partei, Danqua, warb und verpflichtete den sich damals in London aufhaltenden Dr. Kwame Nkrumah, wo er die West Africans Students Union seit 1945 leitete, als Generalsekretär der Partei zu wirken.

Nkrumah, 1909 in einer Handwerkerfamilie an der Goldküste geboren, war nach dem Besuch einer Missionsschule zunächst Lehrer, studierte dann (ab 1935) in den USA, später in Großbritannien und erwarb mehrere akademische Grade. Über seine soziologischen Studien in den USA schrieb er später in seiner Autobiographie: »Ich konzentrierte mich darauf, die Formel zu finden, durch die die ganze koloniale Frage und das Problem des Imperialismus gelöst werden können. Ich las Hegel, Marx, Engels, Lenin und Mazzini (italienischer bürgerlich-demokratischer Revolutionär, Kampfgefährte Garibaldis, H. Cz.). Besonders Marx und Lenin beeindruckten mich, da ich sicher fühlte, daß ihre Philosophie fähig war, das Problem zu lösen.«

Nkrumah, der dann im Dezember 1947 in die Heimat zurückkehrte, versuchte die UGCC in eine breite Volksbewegung umzuwandeln und verwarf den nur konstitutionellen Kampf um die Unabhängigkeit. Er forderte gleichzeitig von der Partei, die Notwendigkeit aller positiven Kampfformen, einschließlich des nationalen Ungehorsams, nach dem Vorbild Ghandis in Indien, zu akzeptieren. (Dieser Kampf in Indien hatte damals gerade zum Erfolg geführt.)

Mit zu den ersten Aktionen gehörte eine Demonstration ehemaliger Soldaten des Zweiten Weltkrieges gegen die zunehmende Teuerung im Lande vor den Gouverneurssitz in Christiansborg (ein im 17. Jahrhundert von Schweden und Portugiesen gebautes Schloß, das als Trutzburg der Kolonialherren, später als Sitz der ghanesischen Staatschefs diente). Als der britische Gouverneur in die Demonstranten schießen ließ und dabei zwei hochdekorierte Kriegsveteranen getötet wurden, brach ein regelrechter Aufstand aus, der mit dem Ausnahmezustand, dem Verbot der UGCC, der Deportierung von Danqua und Nkrumah und dem Einsatz von unter britischem Befehl stehenden Truppen aus der benachbarten Kolonie Nigeria blutig beendet wurde.

Immerhin wurde nach weiteren Protesten erreicht, daß das britische Kolonialministerium eine Untersuchungskommission einsetzte, die vorschlug, die für Goldküste geltende Verfassung dahingehend zu ändern, daß die Kolonie nunmehr einen neuen Status als Kronkolonie im Rahmen des Commonwealth of Nations erhalten sollte. Es wurde ein Verfassungsausschuß gebildet, der neben britischen Vertretern vierzig Afrikaner angehörten, die sich freilich ausschließlich aus der britischen Krone ergebenen Häuptlingen und kompromißlerischen einheimischen Juristen zusammensetzte, während man die junge afrikanische Intelligenz schlichtweg überging. Kwame Nkrumah, inzwischen aus seiner Deportation zurückgekehrt, gründete am 3. September 1948 die Zeitung »Accra Evening News«, die er, nachdem es im Vorstand der UGCC zwischen ihm und einem Flügel um Danqua zu Meinungsverschiedenheiten über das weitere Vorgehen im Kampf um die vollständige Unabhängigkeit gekommen war, zur Vorbereitung der Gründung einer eigenen Partei nutzen wollte.

Als der englandhörige Verfassungsausschuß dann endlich am 20. Januar 1949 seine Arbeit aufnehmen wollte, kam es zu Massendemonstrationen von Gewerkschaftern, Kriegsveteranen, Studenten und Straßenhändlern (die einen großen Einfluß auf die Bevölkerung hatten), die ein allgemeines Wahlrecht, die freie Wahl einer Gesetzgebenden Versammlung und eine nur von ihr zu wählende Regierung verlangten. Nkrumah machte sich mit seiner Zeitung zum Sprecher dieses Volkswillens und gründete nach einer Massenkundgebung mit über 60 000 Teilnehmern am 12. Juni 1949 dann die geplante eigene Partei, die Convention Peoples Party (CCP). Im Programm dieser neuen Unabhängigkeitspartei wurde die Ausarbeitung einer demokratischen Verfassung, die sofortige Unabhängigkeit des Landes und die Vereinigung der nördlichen und südlichen Landesteile gefordert. Als sich schließlich große Bevölkerungsteile den Forderungen anschlossen, die auf einer Massenkundgebung vorgetragene Verfassung des britisch gelenkten Ausschusses ablehnte und mit gewaltlosen zivilen Ungehorsam drohte, sahen sich britische Regierungsbeamte am 5. Januar 1950 gezwungen, mit der CCP zu verhandeln und deren Forderungen zu prüfen. Als der britische Rundfunk, um die Bevölkerung zu verwirren, am nächsten Tage die Falschmeldung verbreitete, es habe eine Einigung zwischen britischer Verwaltung und CCP gegeben, brach am 8. Januar, nach Bekanntwerden der Wahrheit, ein Streik in allen lebenswichtigen Bereichen der Industrie, des Handels und des Verkehrswesens aus. Nkrumah und vierzig weitere Führer der CCP wurden daraufhin verhaftet und vor Gericht gestellt. Alle Angeklagten wurden zu Gefängnisstrafen, zum Teil bis zu vier Jahren verurteilt. Die Engländer beharrten auf dem von ihrem Ausschuß ausgearbeiteten Verfassungsentwurf und beraumten für den 8. Februar 1951 die Wahlen zu der von ihnen gewünschten gesetzgebenden Versammlung an. Nkrumah und die anderen im Gefängnis sitzenden CCP-Führer versuchten dennoch auf den Wahlkampf einzuwirken, der mit einem für die Engländer niederschmetternden Ergebnis endete. Von den der afrikanischen Bevölkerung zugestandenen 38 Mandaten der Verfassunggebenden Versammlung errang die CCP Nkrumahs allein 35 für sich. Die Briten mußten Nkrumah freilassen, nannten es freilich, um ihr Gesicht zu wahren, einen »Gnadenerweis«, in der Hoffnung, sie könnten den Führer der CCP damit ködern.

Vor dem Exekutivkomitee der CCP erklärte Nkrumah nach seiner Freilassung und angesichts des Wahlerfolges: »Wir gehen in die Regierung, um der Welt zu zeigen, daß der Afrikaner sich selbst regieren kann. Wir werden die Gelegenheit wahrnehmen, innerhalb und außerhalb der Regierung für die politische, soziale und wirtschaftliche Besserstellung des Landes zu kämpfen ... Die Autonomie ist noch nicht erreicht. Die Verfassung, unter der wir arbeiten werden, ist Lug und Trug.«

Denn trotz des gewonnenen Wahlsieges erhielt die CCP keine absolute Mehrheit des Parlaments, das insgesamt über 85 Mandate verfügte. 19 Mitglieder wurden von den Engländern ernannt. 17 besetzten englandtreue Häuptlinge, drei Mandate besetzte die Opposition (vor allem aus der UGCC) und 11 Mandate wurden von Engländern, Regierungsbeamten, Farmern und Unternehmensbesitzern direkt eingenommen. Dennoch erhielt Kwame Nkrumah 78 Stimmen bei der Wahl zum Ministerpräsidenten. Fünf Minister wurden auf seinen Vorschlag hin bestätigt, die Gesamtregierung bestand allerdings aus elf Ministern, die von den Briten mit ihren Wunschkandidaten besetzt wurden. Drei davon behielten die Engländer sogar selbst in der Hand: Militär-, Finanz- und Außenpolitik.

Dennoch war die erste Nkrumah-Regierung erfolgreich auf dem Wege zur vollständigen Unabhängigkeit, indem sie völlig legal und mit parlamentarischen Mehrheiten zahlreiche Verfassungsänderungen durchsetzte, die das Land mehr und mehr der völligen Autonomie näher brachten.

Freilich erwies sich bereits im Vorfeld der von Nkrumah angestrebten völligen Autonomie die von den Briten gestützte Opposition, besonders die ehemaligen Parteigänger Nkrumahs aus der UGCC, mit Leuten, die sich um die Befreiung bis zu einer bestimmten Etappe verdient gemacht hatten, wie Danqua und Dr. Busia, als großes Hemmnis. Sie übten vor allem, weil sie sich als wohlhabende Oberschicht etablierten, als parasitäre Nichtstuer eine verheerenden Einfluß auf die ärmeren Schichten aus. Unter der scheinheiligen Losung »Hütet unsere Traditionen« suchten sie gegen sozialistische Forderungen Nkrumahs vorzugehen. Natürlich war die Gegenlosung Nkrumahs »Wir wollen lieber Autonomie mit Risiko als Sklaverei mit Bequemlichkeit« zwar prinzipiell richtig, aber eben auch angesichts der Mentalität der Menschen unbequem und stieß deshalb auch auf Skepsis.

Zwar gewannen bei den nächsten Wahlen die CCP-Kandidaten wieder die Mehrheit, weil immer wieder die Selbstregierung in Aussicht gestellt wurde. Aber die Opposition legte bereits ihre Minen, wobei sich besonders Danqua zum Anwalt der Engländer machen konnte. Er behauptete, es sei klimatisch bedingt, wenn man keine eigene Industrie, wie sie Nkrumah vorschwebte, entwickeln könne. Man werde immer auf die Briten angewiesen bleiben, die das Land allerdings bei völliger Autonomie fallenlassen werden. Mit solchen Schreckensszenarien sollte die Mehrheit der Bevölkerung abgehalten werden, den Plänen Nkrumahs zu folgen. Dennoch gelangen der CCP auf parlamentarischem Wege grundlegende Verfassungsänderungen.

Das im Juli 1956 gewählte Parlament verfügte wieder über eine eindrucksvolle Mehrheit der CCP Nkrumahs, die allein 71 von den insgesamt 104 Mandaten erringen konnte. Noch standen für eine Mehrheit der Bevölkerung Freiheit und Unabhängigkeit »mit Risiko« über der » Sklaverei mit Bequemlichkeit«. Das neugewählte Parlament verabschiedete im Dezember 1956 eine neue Verfassung, in der die Autonomie festgeschrieben wurde, auf deren Basis am 6. März 1957 der unabhängige Staat Ghana proklamiert wurde. Damit war die ehemalige Goldküste das erste Land Schwarzafrikas, in dem sich das Volk die Unabhängigkeit erkämpfte und einen national-demokratischen Staat ausrief. Der Weg vom britischen Commonwealth-Country zu einer unabhängigen Republik Ghana war frei geworden. Im April 1960 wurde in einem Volksentscheid eine neue Verfassung durch eine übergroße Mehrheit des Volkes (1 016 000 gegen 124 000 Stimmen) angenommen. Dr. Kwame Nkrumah wurde erster Staatspräsident der Republik Ghana. Und ohne boshaft sein zu wollen: Wieso stellt sich manchmal die Bundesrepublik Deutschland als demokratisches Musterland dar, die im Gegensatz zu einem afrikanischen, von ihr nur manchmal zur Kenntnis genommenen Land, ihre Verfassung noch nie dem Volk zur Entscheidung vorlegte. Weder 1949 noch 1990. Von großen und entscheidenden Verfassungsänderungen einmal abgesehen.

Die Entwicklung Ghanas von der Kolonie zum unabhängigen Staat wurde deshalb etwas ausführlicher geschildert, weil sich der Vorgang einer geplanten und vom Volk getragenen Befreiung vom Kolonialismus hin zur Bildung eines national-demokratischen Staates auf der Basis einer Mischung von außerparlamentarischen Kampfes und parlamentarischen demokratischen Mitteln vollzog. Das hätte sogar Vorbildwirkung nicht nur für Afrika, sondern auch für Nichtafrikaner haben können. Selbstverständlich hatte Nkrumah, so wie auch andere Führer des nunmehr erfolgreichen antikolonialen Befreiungskampfes (Sekou Touré in Guinea, Lumumba in Kongo, Cabral in Bissau u. a.), Solidarität und Sympathie der sozialistischen Länder auf seiner Seite. Wenn auch, wie schon geschildert, zum Teil aus verschiedenen Gründen.

Aber in dem Augenblick, da sich zugleich eine logische Hinwendung einer Reihe von afrikanischen Ländern zu den sozialistischen Ländern in Europa, Asien oder Kuba in der Karibik als natürlichen Verbündeten vollzog, wurde der Kalte Krieg nach Afrika getragen. Die Supermächte nutzten mit ihren Bündnissen die Gelegenheit, hier im ärmsten Teil der Welt ihre »Stellvertreterkriege« zu führen. Afrika war mit dem Jahre 1960, in dem zunächst über zwanzig Staaten ihre Unabhängigkeit erhielten, zu einem Schauplatz von Auseinandersetzungen geworden, die die weltweiten Konflikte zwischen Imperialismus und Sozialismus widerspiegelten. Hier auf dem schwarzen Kontinent hätte, so wie es begann, langsam und vor allem behutsam eine beispielhafte Entwicklung stattfinden können für den Übergang der alten zur neuen Gesellschaftsordnung. Der Streit, ob man einen Übergang von feudalkolonialen Ordnungen mit einem Sprung in eine sozialistische Gesellschaft finden kann, wurde unter sozialistischen Wissenschaftlern theoretisch und hypothetisch geführt. Die Praxis wurde vom realen Kräfteverhältnis bestimmt. Der Imperialismus hatte, unter welchen Auspizien auch immer, den für das 20. Jahrhundert notwendigen gesellschaftlichen Veränderungen den Krieg erklärt. Er wurde, wie wir selbst erfahren haben, mit aller Härte geführt. Das Ergebnis sehen wir heute auf allen Kontinenten. In Afrika ist es besonders deutlich. Alles, was sich heute zum Jahrhundertende zwischen Äthiopien und Ruanda, dem Kongo und Südafrika, Nigeria und Algerien auf dem Kontinent abspielt, ist auch ein Ergebnis der Auseinandersetzungen im Kalten Krieg, letzten Endes auch des Aufstiegs und Niederganges des sozialistischen Versuchs in Europa. Der verheißungsvolle Anfang, Mitte des Jahrhunderts durch den Niedergang des Kolonialismus und sein bitteres Ende gegen die Jahrhundertwende, zeigt nicht nur die Notwendigkeiten, die unser Jahrhundert erforderte und die Möglichkeiten, die es bot, sondern auch die Grenzen, wenn es nicht grundsätzlich gelingt, das Kräfteverhältnis zu verändern. Insofern vermittelt uns die afrikanische Revolution der sechziger Jahre Lehren, die, wenn man Jahrhundertbilanz zieht, nicht vergessen darf.

Der Anlaß, so ausführlich über Ghana, das hier für verschiedene Entwicklungen in Afrika stehen sollte, zu berichten, war der Besuch der VDJ-Delegation in diesem westafrikanischen Lande 1973. Da war einerseits bereits versucht worden, die Geschichte wieder zurückzudrehen, andererseits gerade wieder ein Versuch unternommen worden, an die Traditionen der Nkrumah-Zeit anzuknüpfen. 1966 war Präsident Nkrumah während einer Auslandsreise von putschenden Generälen gestürzt worden, die mit Terror alles wieder rückgängig zu machen versuchten, was in den Jahren nach der Unabhängig mühsam und unter großen Opfern der Bevölkerung aufgebaut worden war. Die neuen Herren, von den alten Kolonialisten wärmstens unterstützt, hatten als erstes alle Berater aus sozialistischen Ländern des Landes verwiesen, zum Teil sogar umgebracht, Ghanesen, die in sozialistischen Ländern studiert hatten, wurden eliminiert, zum Teil auch physisch. Darunter befanden sich auch zahlreiche Journalisten, die ihre Ausbildung an der »Schule der Solidarität« erfahren hatten. Sie hatten sogar einen Absolventenclub gegründet, den sie über alle Fährnisse der verschiedenen Putsche hinüberretteten. Wir wurden also ziemlich feierlich empfangen.

Das Zurückdrehen eines Teils der modernen ghanesischen Geschichte war natürlich keineswegs so demokratisch vor sich gegangen wie der geschilderte Aufbau der Republik Ghana. Aber wir wissen ja aus mancherlei geschichtlicher Erfahrung in diesem Jahrhundert, das die Konterrevolution stets mit demokratischen Forderungen auftritt, sie dann aber – vorsichtig ausgedrückt – selbst arg vernachlässigt. Die Militärs hatten die jungen Ansätze einer demokratischen Entwicklung wie Unkraut ausgerupft. Die Sklaverei, noch nicht einmal für alle mit Bequemlichkeit verbunden, war wieder zurückgekehrt. Als auf Druck des immer noch selbstbewußten Volkes die auch noch korrupt gewordenen Militärs eine Zivilregierung installieren mußten, war Dr. Busia ihr Kandidat, der allerdings keineswegs die Korruption bekämpfte, sondern sie auch zum eigenen Nutzen beförderte und dazu auch noch westlichen Geschäftemachern, oft fälschlich Investoren genannt, Tür und Tor öffnete. 1972 übernahm eine Militärjunta unter Führung von Oberst Ignatius Acheampong nach einem Staatsstreich gegen das vor allem wegen der Korruption im Volk verhaßte Busia-Regime die Macht in Ghana. Er nannte sich

Vorsitzender des Nationalen Erneuerungsrates, was eine gewisse Bedeutung hatte. Acheampong gewährte mir für die Berliner außenpolitische Wochenzeitung »Horizont« ein Interview, in dem er erstmals vorsichtig andeutete, daß es darum gehe, wieder dort anzufangen, wo Nkrumah, dessen Bild in seinem Amtszimmer auf Schloß Christiansborg hing, aufhören mußte. Er hatte allerdings das Parlament auflösen lassen, weil die Busia-Partei dort über eine Mehrheit verfügte. Dieser nicht ganz glückliche Schachzug führte dann 1978 wiederum zu einem, allerdings unblutigen Militärputsch, nach dem General Akuffo für kurze Zeit die Macht übernahm. Aber alle durch Acheampong wieder in Bewegung gesetzten Reformen wurden durch Akuffo abgebrochen, so daß bald das totale Chaos herrschte. Schon knapp ein Jahr später, Anfang 1979 übernahm ein Revolutionsrat der Streitkräfte unter Führung des Fliegerhauptmanns Jerry Rawling die Macht. Als eine der ersten Maßnahmen wurden die drei ehemaligen Staatschefs, Afrifa, Acheampong und Akuffo, erschossen. Von nun an wurde das Land unumschränkt nach Gutsherrenart regiert. Denn seit 1981, da Rawling auch den letzten Versuch, das Land durch einen Zivilisten regieren zu lassen, unterband, ist Ghana ein Staat ohne geltende Verfassung, mit 40 Prozent Analphabeten, einem durchschnittlichen Zuwachs des Bruttosozialprodukts von etwa 4 Prozent, einer durchschnittlichen Inflationsrate von 30 Prozent und einer Auslandsverschuldung von 5 389 Mio. US$ im Jahr 1994 (1988: 2 270 Mio. US$). Zwar steht Ghana mit diesen Zahlen immer noch besser da als die meisten seiner Nachbarn, aber niemand kann sagen, wie seine Entwicklung verlaufen wäre, wenn sich das an ökonomischen Schätzen, an Kultur und schöpferischen Menschen reiche westafrikanische Land ungehindert seit seiner Unabhängigkeit weiterentwickeln hätte können.

Im Zusammenhang mit den Reiseerlebnissen habe ich bereits einen Vorgriff auf meine Afrikareise im Jahre 1978 getan. Ich will den Bericht darüber fortsetzen, weil sie auch viele Erkenntnisse brachte. Dieser Delegation gehörten Kurt Vogel, der Sekretär des Verbandes für internationale Fragen, sowie wiederum Dr. Hans Treffkorn an, diesmal in seiner Funktion als Sekretär der Internationalen Journalisten Organisation, in die er aus der DDR delegiert worden war.

Begonnen hatte unsere Reise in Äthiopien, wo ich einen von der DDR organisierten Ausbildungslehrgang für Journalisten eröffnete. Der Lehrgang, der erste, der im Lande stattfand, war Teil eines von Werner Lamberz geschlossenen Vertrages mit der äthiopischen Revolutionsregierung unter Mengistu Haile Mariam über die weitere Zusammenarbeit mit der DDR.

Überhaupt muß in diesem Zusammenhang etwas über die Arbeit von Werner Lamberz auf dem außenpolitischem Gebiet gesagt werden. Die äthiopischen Freunde waren an die DDR herangetreten, um sie zu bitten, nicht nur wirtschaftliche, sondern vor allem geistige Entwicklungshilfe zu leisten. Die aus den Zeiten Kaiser Haile Selassi stammende Ordnung geistig mittelalterlicher Zurückgebliebenheit sollte in einen modernen Staat mit sozialistischer Orientierung verändert werden.

Hier nun traf ich zum ersten Male ziemlich offen auf die Voreingenommenheit junger Nationalstaaten gegen die Großmacht Sowjetunion. Obwohl von dort zweifellos die größte materielle Hilfe kam, überwogen dabei allerdings Hilfeleistungen auf militärischem Gebiet, die auch der eigenen strategischen Position in diesem Raum am Horn von Afrika dienten.

Die UdSSR war schon einmal an einem direkten amerikanischen Eingreifen gescheitert, als sie sich Stützpunkte in Somalia schaffen wollte, das nach der Unabhängigkeitserklärung auch einen nationaldemokratischen Weg mit einer gewissen sozialistischen Orientierung einzuschlagen versuchte. Damals regierte im Nachbarland Äthiopien noch das reaktionäre Kaiserliche Regime des Negus. Geographisch gesehen lag gegenüber Somalia die neugegründete volksdemokratische Republik Jemen mit dem strategischen Hafen Aden. Die Sowjetunion, nicht nur im Interesse der sich dort entwickelnden Länder, sondern auch im globalstrategischen Eigeninteresse, sah die Möglichkeit, zwischen Aden und Mogadischu die Ein- bzw. Ausfahrt des Roten Meeres zu kontrollieren. Das war eine Konstellation, die die Gegenseite nicht hinzunehmen gedachte. So wurde zunächst in Somalia ein US-freundliches Regime herbeigeputscht. Die letzten Auswirkungen dieses Eingreifens wollten dann auch einmal Bundeswehrsoldaten nach 1990 bei einem ihrer ersten Out-of-area-Einsätzen beseitigen helfen. Wie blamabel und gleichzeitig schrecklich das Unternehmen ausging, ist wahrscheinlich noch in Erinnerung.

Aber nach der gescheiterten Absicht, sich in den siebziger Jahren am Horn von Afrika zu etablieren, versuchte nun die UdSSR nach der äthiopischen Revolution dort wiederum Fuß zu fassen, wozu freilich ein Hafen am Roten Meer für die strategischen Pläne fehlte. Der einzige Zugang Äthiopiens zum Meer lag beim Hafen des eritreischen Mombasa oder beim noch unter französisch-italienischer Kontrolle stehenden Hafen Djibouti (hier könnte man noch lange über die Hinterlassenschaften des Kolonialismus philosophieren). Die Eritreer führten gegen das Regime des Kaisers Haile Selassi einen harten Befreiungskampf für ihre nationale Unabhängigkeit. Darin wurden sie, solange das reaktionäre

Regime des Kaisers herrschte, auch von sozialistischen Ländern unterstützt. Nach der äthiopischen Revolution, die die gleichen gesellschaftlichen Ziele wie die eritreische Befreiungsfront verfocht, hätte es nun freilich auf der Hand gelegen, daß sich die Befreiungsfront von Eritrea mit dem Revolutionsregime in Äthiopien verbündet, um gemeinsam einen progressiven Staat aufzubauen. Die USA, Israel und eine Reihe von arabischen Staaten, jeder aus Eigeninteresse und zumeist auch im Gegeneinander, versuchten eine solche Einigung zu hintertreiben.

Die USA wollten einen sowjetischen Flottenstützpunkt am Horn von Afrika, wie schon vorher im Falle Jemen und Somalia, verhindern. Die arabischen Länder sahen Eritrea nicht als afrikanischen Staat, sondern als arabischen Vorposten eines überwiegend auch aus Moslems zusammengesetzten Landes (im Gegensatz zu den koptischen Christen in Äthiopien) an und unterstützten deshalb die Unabhängigkeit Eritreas und damit den Bürgerkrieg zwischen den beiden Nachbarn mit großen finanziellen Mitteln, die vor allem zum Waffenkauf bei den verschiedensten Händlern ausgegeben wurden. Israel wiederum sah, von jeher in Äthiopien aus historischen Gründen und wegen des großen Anteils von jüdischer Gläubigen engagiert, in einem andauernden Bürgerkrieg, dessen eine Seite von den arabischen Staaten finanziell unterstützt wurde, eine, auch militärische Entlastung vom arabischen Druck auf sein Land.

In diesem unübersichtlichen, nach menschlichem Ermessen schier unlösbaren Konflikt versuchte die DDR, konkret in der Person von Lamberz, zu vermitteln. Lamberz führte deshalb zunächst Verhandlungen mit der äthiopischen Führung. Dabei ging es um wirtschaftliche Hilfe (die DDR kaufte damals große Mengen von äthiopischen Hochlandkaffee und war bereit, materielle Hilfe in der Landwirtschaft zu leisten), um die Unterstützung bei der Suche nach einer sozialistischen Orientierung für das historisch alte, aber auch tatsächlich zurückgebliebene Land, unter anderem auch durch die Hilfe bei der Gründung einer marxistischen Partei. Lamberz verhandelte dann auch fast gleichzeitig mit der eritreischen Befreiungsfront über ein beide Seiten befriedigendes Konfliktende. Nach langen Verhandlungen waren beide Seiten schließlich zum Einlenken bereit. Nur einer der Hauptfinanziers der eritreischen Befreiungsfront war noch zu überzeugen: Libyens Präsident Ghadaffi. Die mehrmaligen Besuche von Lamberz bei Ghadaffi dienten weder einer innenpolitischen Beeinflussung, auf dem Weg des sogenannten arabische Sozialismus, noch gar, wie die damalige westliche Presse behauptete, Waffengeschäften. Die wurden ja bekanntlich von ganz anderen Leuten ausgehandelt. Es ging schlicht um die Friedensvermittlung im

Eritrea-Konflikt, so wie Lamberz einige Zeit vorher friedensstiftend im Ogadenkonflikt zwischen Somalia und Äthiopien vermittelt hatte.

Ich muß das an dieser Stelle erwähnen, nicht nur weil die Situation zeigt, welche komplizierte Situation damals herrschte. Es muß daran erinnert werden, welche weltpolitischen Probleme die Geschichte unseres Jahrhundert bewegten, die heute von manchen Leuten heruntergespielt werden, nur weil die DDR in dieser Zeit eine nicht zu unterschätzende Rolle in diesem Bereich der internationalen Politik (zum Teil auch nicht immer im sowjetischen Globalinteresse) spielte. Die Delegitimierungsversuche gegenüber der DDR gehen eben so weit, daß weltbewegende Ereignisse einfach aus der Geschichtsschreibung ausgeklammert werde. Erst als das »kommunistische Regime« in Äthiopien gestürzt war, tauchte das Land wieder für die nun gesamtdeutsche Berichterstattung auf. Daß der alte, eigentlich überwundene Konflikt zwischen Äthiopien und Eritrea wieder aufgeflammt ist, wird weder erklärt, noch wahrheitsgemäß der Konterrevolution am Horn von Afrika zugerechnet. Wozu soll man etwas erklären, wenn auch einfache Schießkrieg-Nachrichten mit weinenden Frauen und Kindern menschliche Neugier befriedigen? Man sieht, wie einfach es sich die Geschichtsfälscher von heute machen, wenn sie über diese Probleme und die Rolle der DDR oder anderer sozialistischer Staaten reden.

Unsere VDJ-Delegation war von Addis Abeba, wie schon geschildert, über Daressalam nach Maputo geflogen. Auch hier ging es für uns um das Problem, wie die DDR mit ihren bescheidenen Mitteln in diesen Ländern wirkliche Entwicklungshilfe, nämlich Hilfe zu Selbsthilfe leisten konnte.

Auf dem Rückflug von Maputo, mit einem Zwischenstop in Sambia, machten wir letzte Station in Algier, um dort ein Zusatzprotokoll zum bestehenden Vertrag mit dem algerischen Journalistenverband zu unterschreiben. Das Zusatzprotokoll enthielt unter anderem den Wunsch der algerischen Seite, einen Ausbilder aus der DDR für Bildjournalisten nach Algerien zu entsenden

Wir schrieben den 6. März 1978, und wir wußten, daß Werner Lamberz fast beim Nachbarn um die Ecke, bei Ghadaffi weilte. Wir machten noch Witze darüber, ob wir nicht schnell mal hinüber nach Tripolis fliegen sollten, um ihm guten Tag zu wünschen. Damals war mir noch nicht vollends klar, was der eigentliche Inhalt der Verhandlungen war. Heute weiß ich, daß er zum entscheidenden Gespräch über den Frieden zwischen Eritrea und Äthiopien mit dem libyschen Präsidenten in seinem Zelt zusammengetroffen war. Er wollte anschließend nach Äthiopien weiterreisen und auch mit den Führern der Eritreischen Befreiungsfront zusammentreffen, um den Erfolg seiner Mission zu verkünden: Frieden am Horn von Afrika.

Jedenfalls weckte mich am 7. März gegen vier Uhr früh Kurt Vogel in unserem Hotel in Algier. Er hielt seinen Transistorempfänger in der Hand, der ihn über schlaflose Stunden mit Nachrichten aus aller Welt hinwegtröstete. Er sagte, er habe eine schlimme Nachricht gehört, sie würde gleich wiederholt werden. So erfuhr ich in einem Hotel in Algier über Radio BBC, daß der »Kronprinz der DDR Werner Lamberz tot« war. Er sei bei Ghadaffi gewesen, aus dessen Wüstenzelt er nach Tripolis zurück wollte. Gestern Abend sei er nun beim Absturz seines Hubschraubers zusammen mit drei anderen DDR-Funktionären (wie wir später erfuhren, der Leiter der Abteilung Internationale Verbindungen beim ZK der SED, Paul Markowski, ein Dolmetscher und ein Fotograf) sowie elf Libyern, Flugzeugbesatzung und Sicherheitskräfte, tragisch ums Leben gekommen.

Wir saßen uns zunächst schweigend gegenüber. Es war nicht nur für unser Land, sondern auch für mich persönlich ein nachhaltiger Schicksalsschlag. Bis heute weiß eigentlich niemand so recht, ob es Zufall oder Absicht war. Nach Lage der Dinge war es kein Zufall. Freilich sollte nicht ernsthaft in Erwägung gezogen werden, wie man das nach der Wende von 1989 hörte, daß die böse Stasi ihre Hand im Spiel hatte, um Honecker einen Konkurrenten um die Macht vom Hals zu schaffen. Das hätte Honecker anders geregelt, wie es mit Konrad Naumann und Herbert Häber passierte.

Ich habe versucht zu schildern, wie viele Beteiligte daran interessiert waren, daß ein Frieden zwischen Eritrea und Äthiopien nicht zustande kam. Nun kann jeder selbst überlegen, wer, wenn es denn kein Zufall gewesen war, seine Hände im bösen Spiel gehabt haben könnte. Ich weiß es jedenfalls nicht. Ich kann auch nur Vermutungen anstellen. Nur eines war sicher: Eine inzwischen große Hoffnung für die DDR hatte bei einer Friedensmission sein Leben lassen müssen.

1998 waren die feindlichen Brüder immer noch nicht oder schon wieder nicht miteinander versöhnt. Es wurde, obzwar nun ganz andere Regime an der Macht, erneut aufeinander geschossen. Wie an vielen Punkten der Welt herrscht auch hier Unfrieden. Und niemand kann nun sagen, die Kommunisten seien Schuld, wie man stets maulhurtig behauptete.

Was nun das Problem Lamberz in der DDR angeht, so hat es heute überhaupt keinen Sinn zu fragen, was wäre gewesen wenn, oder wenn nicht ...?

Fest steht nur, daß für eine Reihe von Leuten der SED-Führung – um mit Schiller zu sprechen – dieser Mortimer sehr gelegen starb. Der vom VIII. und IX. Parteitag vorgezeichnete Weg der DDR (in den Abgrund) ist jedenfalls ohne ernsthafte, das heißt wirkungsvolle Kritik und ohne einen ernsthaften Versuch, doch noch etwas zu ändern, über die Bühne der Geschichte gegangen.

Ich weiß auch nicht, ob Lamberz, wäre er am Leben geblieben, Entscheidendes zu ändern vermocht hätte. Das sind alles Spekulationen. Aber vielleicht wäre uns manches erspart geblieben. Vielleicht hätte die innerparteiliche Opposition, die ja heute so gern geleugnet wird, einen Kopf gehabt. Vielleicht ... Aber Geschichte kann eben nicht vielleicht geschehen.

An jenem schlimmen Morgen in Algier fragte mich Kurt Vogel, was ich glaube, wie es weitergehen würde auf unserem Gebiet. Ich wollte mit ihm eine Wette abschließen, daß der Nachfolger auf dem Sekretärsstuhl Joachim Herrmann heißen werde, womit das Schicksal des Verbandes (über meines wollte ich nicht sprechen, obwohl ich es erahnte) besiegelt sei. Der Journalistenverband würde nie mehr diese Rolle spielen, die er in den letzten Jahren dank mancher Initiativen von Werner Lamberz spielen konnte.

Die Journalisten und die europäische Sicherheit

Die Kritik an der Innen- und Wirtschaftspolitik der DDR besteht sicher zu Recht. Nicht alle haben das Recht, sie zu üben. Aber das ist eine anderen Sache. Was unstrittig ist, das ist ihre konsequente und manchmal auch eigenständige Außenpolitik, die stets auf Sicherheit und Frieden in Europa gerichtet war. Dabei spielte die Richtschnur, daß aus geschichtlichen Erfahrungen heraus nie wieder ein Krieg von deutschem Boden ausgehen dürfe, eine entscheidende Rolle. Sie war schon im Aufruf der KPD vom Juni 1945 formuliert worden. Sie wurde nach der Gründung der DDR, durch den ersten Präsidenten, Wilhelm Pieck, gegenüber einer französischen Zeitung wiederholt und war bis zur letzten Stunde der Existenz der DDR eine wichtige Prämisse ihrer Außenpolitik. Selbst die alte Bundesregierung konnte sich der Formel nicht verschließen, weshalb auch Kohl diese Formulierung übernahm, die nun Honecker im Rahmen seiner Politik einer Koalition der Vernunft und des guten Willens ständig als Credo einsetzte. Die Friedenspolitik der DDR wird deshalb bei allen Delegitimierungsversuchen auch geflissentlich übergangen. Dabei hatte die Frage des Friedens, der Abrüstung und der Sicherheit in Europa gerade in Deutschland eine lange Tradition.

Sie wurde zunächst nicht von den früher Herrschenden, sondern von der Arbeiterbewegung aufgeworfen. Sie tauchte erstmals bei Friedrich Engels in einer Artikelserie des damaligen sozialdemokratischen Parteiorgans »Vorwärts« im März 1893 auf. Es war logisch, daß es die Arbeiterbewegung und ihre Partei war, die sich der Frage annahm. Sie mußte in der nach Bismarcks Entlassung folgenden Hochrüstungsperiode zunächst das größte soziale Interesse an der Abrüstung haben, weil Hochrüstung zu damaligen Zeiten und durch die bestehenden Kräftekonstellationen in Europa unausweichlich zum Kriege führen mußte.

Engels weist auch gleich zu Beginn seiner unter der Überschrift »Kann Europa abrüsten?« stehenden Artikelreihe darauf hin, »daß in allen Ländern die Volksklassen, die fast ausschließlich die Masse der Soldaten zu stellen und die Masse der Steuern zu zahlen haben, nach Abrüstung (rufen). Und doch hat überall die Anstrengung den Grad erreicht, wo die Kräfte ... zu versagen beginnen. Gibt es denn keinen Ausweg aus dieser Sackgasse außer durch einen Vernichtungskrieg, wie die Welt noch keinen gesehen hat?

Ich behaupte: Die Abrüstung und damit die Garantie des Friedens ist möglich, sie ist sogar verhältnismäßig leicht durchführbar, und Deutschland, mehr als ein anderer zivilisierter Staat, hat zu ihrer Durchführung die Macht wie den Beruf.«[1]

Eine von Deutschland ausgehende Abrüstungsinitiative, so sinniert Engels, könnte auch das Mißtrauen gegenüber Deutschland beseitigen, »das man für die Ursache der gegenwärtigen Kriegsgefahr hält. Dem allem würde ein Ende gemacht ... Es träte als Friedensstifter auf in einer Weise, die keinen Zweifel zuläßt. Es erklärt sich bereit, voranzugehen im Werk der Abrüstung, wie dies von Rechts wegen einem Lande zukommt, das das Signal zur Rüstung gegeben hat.« (Ebenda, S. 397 f.)

Wir wissen, wie die Geschichte dann zu Beginn unseres Jahrhunderts verlief. Die großen Friedenskonferenzen von Basel und Stuttgart konnten das Wettrüsten in Europa nicht aufhalten. Und das Nein Karl Liebknechts zu der Bewilligung der Kriegskredite der SPD 1914 im Reichstag zeigt nur das Kräfteverhältnis in dieser Frage.

Als in den dreißiger Jahren durch den deutschen Faschismus, der das Land für seine, »europäische Neuordnung« genannte Eroberung fast ganz Europa wieder hochrüstete, erneut die Kriegsgefahr vor der Tür

1 Marx/Engels: Werke Bd. 22, Berlin 1963, S. 373.

stand, legte die Sowjetunion ihr Konzept für ein »Kollektives System der europäischen Sicherheit« vor. Es kam aus dem bolschewistischen Rußland und war deshalb nicht nur für das faschistische Deutschland, sondern auch für die Westmächte von vornherein suspekt. Nur wenige Jahre später brach Deutschland seinen Krieg um die Vorherrschaft in Europa vom Zaun.

Nach dem Zweiten Weltkrieg, als der Kalte Krieg die Rüstungen, diesmal mit Atomwaffen wieder hochtrieb, hat die UdSSR mehrere Vorschläge, die Abrüstung in Europa betreffend, vorgelegt. Zu den wichtigsten gehörte zunächst einmal, nach den Erfahrungen dieses Jahrhunderts die Aufrüstung Deutschlands zu verhindern. Das wäre, wie mancher vielleicht jetzt einwenden mag, überhaupt nicht diskriminierend gewesen, wenn sich alle europäischen Länder und deren Garantiemächte, die Sowjetunion auf der einen und die USA auf der anderen Seite, angeschlossen hätten.

Aber erst als 1966 unter dem Eindruck neuer Kräftekonstellationen und entstandener Realitäten die Warschauer Vertragsstaaten – nicht das westliche NATO-Bündnis – einen konkret ausgearbeiteten Plan über ein System für Sicherheit und Zusammenarbeit auf den Tisch legten, mit einem konkreten Verhandlungsort, nämlich Helsinki, und einer konkreten Tagesordnung, konnten die NATO-Mächte nicht mehr ausweichen, zumal der Vorschlag angesichts der bestehenden Hochrüstung auch von anderen europäischen Staaten gutgeheißen wurde und Finnland seine Bereitschaft, als Gastgeber zu fungieren, erklärt hatte. Dennoch dauerte es noch Jahre, ehe mit konkreten Verhandlungen begonnen wurde.

Damals wurde klar, daß man, ohne die europäische Öffentlichkeit zu mobilisieren und so auf die Regierungen Druck auszuüben, das Verhandeln nur zögerlich in Gang bringen würde. Ich erinnere mich, daß zu jener Zeit, auf wessen Initiative es geschah, weiß ich nicht mehr genau, Wissenschaftler, Ökonomen und Historiker sowie Journalisten aus der UdSSR, Polen, der ČSSR und der DDR einen sogenannten Vier-Länder-Forschungsausschuß für Fragen der europäischen Sicherheit einberiefen, dem von DDR-Seite die Professoren Doernberg, Domdey, Hemberger und Hahn sowie Dr. Rosenberg vom Institut für Zeitgeschichte angehörten. Da der Ausschuß mit seinen Forschungen natürlich an die Öffentlichkeit treten wollte, fragte Stefan Doernberg bei mir nach, ob ich mich beteiligen wolle, erstens wegen meiner Erfahrungen mit der Bundesrepublik und zweitens für die Öffentlichkeitsarbeit. Ich sagte zu, weil mir schien, daß es notwendig sei, hier neue Wege zu beschreiten und ich mir wirklich erhoffte, daß aus einer solchen Ansammlung von wissenschaftlicher Kapazität – auch die anderen drei Länder hatten wissenschaftliche Koryphäen in den Ausschuß entsandt – auf dem Gebiet der – heute würde man sagen – Friedensforschung auch Ergebnisse herausspringen würden. Aber ich erlebte, wie aus vier sozialistischen Ländern auf einem Gebiet, das eigentlich Einhelligkeit implizieren müßte, gravierende unterschiedliche Auffassungen zutage treten können. Ich will jetzt nicht über die Rolle der einzelnen Ländervertreter, einschließlich der sowjetischen, reden. Nur das Projekt ging auch durch die Ereignisse des Jahres 1968 später ziemlich stillschweigend zu Ende. Dabei hat es doch eine gewisse Vorarbeit geleistet für eine spätere Organisation, der dann, wegen seiner von vornherein angelegten größeren Breite mehr Erfolg beschieden war. Ich meine das Internationale Komitee für Sicherheit und Zusammenarbeit in Europa, das seinen Sitz in Brüssel nahm und an deren Gründung DDR-Vertreter einen beachtlichen Anteil hatten. Das Ziel dieses Komitees war es, öffentliche Foren der europäischen Öffentlichkeit zu organisieren, auf denen außerparlamentarischer Druck auf die Regierungen ausgeübt werden sollte. Die einzelnen europäischen Länder waren als gesellschaftliche Organisationen, nämlich als sogenannte Länderkomitees im Internationalen Komitee vertreten. Das DDR-Komitee für Sicherheit und Zusammenarbeit, unter Vorsitz von Prof. Max Steenbeck, berief mich als Vorsitzenden des DDR-Journalisten-Verbandes zu seinen Mitgliedern, ich wieder in der Hoffnung, als Multiplikator wirken zu können. Ich versuchte mein Bestes zu tun, obwohl in meiner eigenen Zeitung dafür relativ wenig Raum (bis auf die notwendigen Nachrichten) gegeben wurde. Außerparlamentarische Organisationen, in unserem Falle Nichtpartei- und Nichtregierungsorganisationen, wurden auch in der DDR als vielleicht notwendige Übel betrachtet. Offenbar ein gesamtdeutsches Problem. Nur wenn in der »Prawda« sich der sowjetische Komiteevorsitzende zu dem Problem Brüsseler Komitee äußerte, konnte man erreichen, daß auch ein Vertreter des DDR-Komitees zu Wort kam. Etwas mehr Verständnis fanden wir dann bei Ernst-Otto Schwabe, dem Chefredakteur der außenpolitischen Zeitung »Horizont«, der zahlreiche Beiträge von Komiteemitgliedern bei sich veröffentlichte, wie er sich auch später als ein kritischer und aufgeschlossener Geist offenbarte. Aber das kam vielleicht einer außenpolitischen Zeitschrift auch mehr zu.

Im übrigen war die Brüsseler Initiative für mich Anlaß, eine Reihe von Aktivitäten in der Internationalen Journalisten Organisation anzuregen bzw. zu unterstützen. Nach meiner Auffassung kam den europäischen Journalisten eine besondere Verantwortung zu. Sollte das Projekt Europäische Sicherheit und Zusammenarbeit nach langen Jahren der medienmäßigen Konfrontation überhaupt Erfolg zeitigen, dann mit Hilfe von Journalisten, die sich in ihren Zeitungen auch persönlich engagieren mußten.

Es hätte damals wirklich erfolgreich sein können, denn die europäischen Journalistenvereinigungen, insbesondere der italienische und der polnische Verband, der eine in der (westlichen) Internationalen Föderation, der andere in der IOJ organisiert, engagierten sich für gesamteuropäische Journalistentreffen jährlich alternierend in Capri und Jabłonna bei Warschau. Bei diesen Treffen kam es dann manchmal zu einem sehr freimütigen Meinungsaustausch, wenn auch nie in dem Ton, der sonst in den Medien vorherrschte. Da wurde tatsächlich in erster Linie um die europäische Sicherheit gerungen und erst in zweiter Linie um die unterschiedlichen Gesellschaftsordnungen in Europa mit ihren kontroversen Auffassungen in den Fragen Freiheit und Demokratie. Damit konnte man offenbar leben. Mit einer Kriegsgefahr, wie sie latent bestand, doch wohl weniger.

Ich betrachte das alles heute auch unter dem Gesichtspunkt, was denn da eigentlich so falsch gewesen sein könnte, daß man heute bei den Geschichtsdarstellungen die Fragen der Sicherheit und Abrüstung schlicht übergeht. Wenn von Helsinki und dem Abschluß des Abkommens 1975 die Rede ist, wird meist nur noch an den Korb 3 (Informationsaustausch und Reisefreiheit) gedacht. Es wird kaum an die viel wichtigere Frage, daß mit den ersten beiden Körben Möglichkeiten für eine Abrüstung in Europa aufgeschlossen wurden, erinnert. Der Westen und seine Geschichtsschreiber sehen heute Helsinki nur als einen wichtigen Schritt dafür, dem Sozialismus in Europa eine Niederlage bereitet zu haben. Sollte das so sein, und es scheint ja so zu sein, dann zeigt sich hierin die abgrundtiefe Verlogenheit, jemals ernsthaft den dauerhaften Frieden im Auge gehabt zu haben. Vielmehr offenbart sich hier die von vornherein gehegte Absicht, mit dem KSZE-Vertrag einen Vorwand für die Einmischung gewisser Mächte in die inneren Angelegenheiten anderer europäischer Staaten vertraglich geregelt zu haben. Die Tätigkeiten der OSZE, jener Nachfolgeeinrichtung der KSZE, deuten ja denn auch in diese Richtung.

Betrachte ich einmal unter diesem Gesichtspunkt den Journalismus an der bevorstehenden Jahrhundertwende, so muß ich sagen, ohne Nestbeschmutzer sein zu wollen, es ist zum Teil schandbar, was die Menschen zu lesen bekommen und was über den Bildschirm flimmert, wenn es darum geht, Leser und Zuschauer über die Wichtigkeiten in der Welt zu informieren oder ihnen die Nichtigkeiten einer heilen Welt vorzugaukeln. Natürlich gibt es da unentwegt auch Krieg und Kriegsgeschrei, weit hinten ... Aber das dient ja schließlich nur dazu, die Leute geistig fit zu machen für mögliche Bundeswehreinsätze möglichst noch weiter hinten ... Es dient nicht dazu, die Menschen aufzurütteln, etwas dagegen zu tun, daß es so weiter geht, weil ja die Waffen, die wir auch am Standort Deutschland produzieren, zum Einsatz kommen müssen. Sie sind ja sonst das Geld nicht wert, was dafür dem Steuerzahler abverlangt wird.

Ich rede jetzt nicht über die bewußt gewählten Abwegigkeiten, über inhaltliche Fragen des schlechten Geschmacks, die Jagd nach Sensationen, die vor dem peinlichsten Intimbereich nicht haltmacht. Man sagt, die Leser und Zuschauer wollten es nicht anders. Ich persönlich glaube, sie sind von den Medien dahingehend manipuliert worden. Es gehört zu den ernsthaften Vergehen des westdeutschen Nachkriegsjournalismus, über andere Länder will ich nicht reden, daß sie die Menschen politisch entmündigt haben, indem sie die schlüpfrige Sensation über das soziale Elend setzten, die möglichst bluttriefende Kriegsberichterstattung über den Versuch, den Menschen die Notwendigkeit plausibel zu machen, in Frieden mit den anderen Menschen und auch der Natur zu leben. Die verlogenen Filme, Fotos und Texte beispielsweise über den Krieg in Bosnien, ursächlich ausgelöst durch eine total übergeschnappte deutsche Außenpolitik, schuf Feindbilder, weil die deutsche Nation nun endlich wieder daran gewöhnt werden mußte, daß deutsche Soldaten weltweit mit Waffen Frieden schaffen – Friedhofsfrieden. Dabei konnte zu DDR-Zeiten nicht oft und nicht laut genug darüber geredet und geschrieben werden, daß die sozialistischen Länder eine Welt ohne Waffen verhindern. Frieden schaffen ohne Waffen, hieß es scheinheilig. Man muß sich heute die Worte des langjährigen CDU-Verteidigungsministers Rühe auf der Zunge zergehen lassen, daß man Frieden eben mit Waffen schaffen muß. Es ist niemand mehr da, der ihm, wie noch in den siebziger und Anfang der achtziger Jahre ins Wort oder gar in den Arm fallen könnte. Die Friedensbewegung, in Ost und West verteufelt, wenn sie im eigenen Lande agierte, hat sich offenbar mit der sogenannten Wende abgewendet vom Geschehen, das immer noch geschieht. Was sagt beispielsweise Pfarrer Eppelmann heute, der gestern noch Schutzpatron der DDR-Friedensbewegung in den Kirchen vom Prenzlauer Berg und dann als zeitweiliger Abrüstungsminister die NVA der DDR für Gesamtdeutschland herunterrüstete, damit die Abrüstungsbeschlüsse die Bundeswehr nicht allzu heftig trafen? Da wird in dem Land, das einmal den Holocaust auslöste, scheinheilig von Völkermord bei anderen geredet. Da kommt nicht einmal Scham auf, geschweige denn Nachdenken. Der Fehler mancher Reporter – da tun sie es auch gewissen Politikern gleich – besteht darin, beim Denken zu reden, aber beim Reden nicht mehr zu denken.

Was der Medienmehrheit vorzuwerfen ist, das ist der absolut undemokratische Zustand, daß sie der zunächst entpolitisierten Rezipientenmasse einzutrichtern versucht, was sie zu denken habe. Heute haben wir uns offenbar, dank der Medien, fast schon wieder an den Gedanken gewöhnt, daß irgendwann und irgendwo der große Kladderadatsch losbricht. Die Fernsehkommentatoren, die über Kosovo und anderswo berichten, schreien, manchmal schon heiser geworden, Frontberichte in die Mikrofone, lassen den Zuschauer, den wahren Verhältnissen eines Schießkrieges Gott sei Dank entwöhnt, wieder durch Geräuschkulissen erschauern, die von Tontechniker eingeschnitten werden. Sie wissen auch immer, wer der Feind ist, den es zu bekämpfen gilt, selbst wenn die Tatsachen eine ganz andere Sprache sprechen. Sie gehen dabei ganz hart am Bruch des Artikel 26 des Grundgesetzes (Verbot von Völker- und Kriegshetze) vorbei, sich in diesem Falle übermütig auf den Artikel 5 (Meinungsfreiheit) berufend.

Vielleicht bin ich diesbezüglich besonders empfindlich. Aber ich habe mich, nach meinen eigenen Kriegserlebnissen und den Erlebnissen in der Gefangenschaft, eben einer Friedenspolitik verpflichtet gefühlt und bin nicht dazu kommandiert worden, alles zu tun, damit sich die Schicksale der Millionen Menschen im Zweiten Weltkrieg nicht wiederholen können.

Wir waren schon einmal weiter, wo wir Revanchisten auch Revanchisten und Kriegstreiber auch Kriegstreiber nennen durften, wenn sie denn eine solche Politik betrieben, die wieder eine permanente Gefahr für den Frieden in Europa darstellt und deren Finger nicht lang genug zu sein scheinen, um immer auf andere zu zeigen.

Wenn sich in Medien gegen solche Vorwürfe zur Wehr gesetzt wird, dann möge man mir, bitte schön, erklären, wieso man sich über Serbenterror und nicht über Kriegsverbrechen der Kroaten erregt. Weil im Generalstab zu Zagreb Bundeswehroffiziere als Berater sitzen und nicht in Belgrad? Ich hätte auch gern eine Erklärung dafür, warum Serben als Aggressoren im Kosovo beschimpft werden, wo sie nichts anderes tun, als eine Provinz zu verteidigen, die zwar auch von Albanern bewohnt wird, von denen aber der Anspruch auf ein Großalbanien kommt, frei von Serben. Dabei geht es um ein Gebiet, das da für Großalbanien reklamiert wird, auf dem das serbische Nationalheiligtum, das Amselfeld liegt, wie Kosovo Polje übersetzt heißt. Hängt die Parteinahme deutscher Medien für die albanischen bewaffneten und gut ausgerüsteten und oft gut deutschsprechenden »UČK-Freiheitskämpfer« damit zusammen, daß auch im Generalstab in Tirana deutsche Bundeswehroffiziere sitzen und als Ausbilder für die albanische Armee tätig sind, daß ein Teil der »UČK-Freiheitskämpfer« direkt aus Deutschland kommt?

Ich habe am Anfang dieses Buches gesagt, es scheint, als seien wir wieder am Jahrhundertanfang angelangt. Da war der Krieg auf dem Balkan, der begehrten Einflußsphäre des deutschen Imperialismus, als Beispiel genannt. Kann man nicht, angesichts der zum größten Teil von Deutschland veranlaßten Ereignisse in dieser Region seit Beginn der neunziger Jahre, am Ende des Jahrhunderts zu solchen Schlußfolgerungen kommen? Und was kam nach dem Balkankrieg zu Beginn des Jahrhunderts für Europa?

Nun komme mir keiner mit dem Onkel-Bräsicke-Argument, damals war doch »alles ganz anders«. Aber wer garantiert denn, daß nicht wieder »alles ganz anderes« bleibt? Nachdenken darüber wäre am Jahrhundertende, für eine wirkliche Wende beim Eintritt in das nächste Jahrhundert, doch ganz nützlich.

Vielleicht ist es das, was die vielgeschmähten Ossis mit ihren vielen Fehlern, die sie in der Vergangenheit begangen haben, auszeichnet: Sie können inzwischen Fehler erkennen und aus ihnen lernen. Die Wessis, die offenbar keine Fehler in der Vergangenheit gemacht haben, brauchen deshalb nicht zu lernen. Ein solches Gefühl mag zwar beruhigend sein, führt aber über die Lernunwilligkeit zur Lernunfähigkeit. Deshalb hat man manchmal auch das Gefühl, daß sich die westlichen Mitbürger in der Rolle des fleißigen Maulwurfs fühlen, der seinen Kindern etwas über das Leben der eigentlich unnütz herumfliegenden Vögel beibringen möchte.

Falls, was ja möglich ist, mir in dieser Hinsicht nicht alle glauben, so sollten sie einen Beitrag in der »Süddeutschen Zeitung« vom 4. August 1998, erschienen also kurz vor den letzten Bundestagswahlen in diesem Jahrhundert, wenigstens zur Kenntnis nehmen. Die Zeitung schreibt zur Wahlplattform der CDU/CSU: »Mutig wäre ein Aufruf an die Westdeutschen, eine Wende, die die Ostdeutschen ihnen voraus haben, endlich zu vollziehen. Statt dessen rufen CDU und CSU die Westdeutschen auf, mehr Verständnis für die ›andersartigen Biographien und Lebenserfahrungen der ehemaligen DDR-Bürger‹ aufzubringen. Gleichzeitig verlangen sie von den Ostdeutschen, die politische und gesellschaftliche Ordnung der Bundesrepublik anzunehmen, so als ob diese ohne Makel sei. Die Ostdeutschen wissen es besser.«

Das Ende der DDR

Das Ende der DDR habe ich 62jährig als Invalidenrentner erlebt. Seit ihrer Gründung hatte ich mich ernsthaft bemüht, das Credo dieses Staates verwirklichen zu helfen, dem Frieden und dem gesellschaftlichen Fortschritt verpflichtet zu sein. Auch wenn man es heute nicht mehr hören will oder es Nostalgie nennt, oder Vertreter solcher Auffassungen als zurückgebliebene Altlasten des Kommunismus, der vom Kapitalismus geschlagen worden sei, bezeichnet und sie entsorgen möchte: Die DDR war für mich – immer im Vergleich zum zweiten deutschen Staat, denn andere Vergleiche werden stets zu einer geschichtlichen Schieflage führen – ein Land, das dazu beitragen wollte und sollte, die Lehren aus der unseligen deutschen Geschichte dieses Jahrhunderts zu ziehen. Bis heute messe ich daher für die Geschichtsschreibung in erster Linie das, was in den *beiden* deutschen Staaten auf diesem Gebiet geschehen ist, die nach dem Zweiten Weltkrieg vom Großdeutschen Reich übriggeblieben waren. Dies sollte also zunächst die Meßlatte für beide deutschen Staaten sein, weil wir Deutschen nur so den europäischen Völkern, den Juden, den Roma und Sinti, den Slawen und anderen nichtgermanischen Leuten, überhaupt allen, die unter dem deutschen Herrenmenschentum und seiner anscheinend unersättlichen Eroberungswut zu leiden gehabt haben, beweisen können, daß wir nunmehr nicht mehr die gleichen sind, als die wir uns am Jahrhundertbeginn darstellten. Innere Ordnungen und gesellschaftliche Verhältnisse waren da zunächst für mich nur insofern relevant, wie sie zum geschichtlichen Auftrag als Lehre aus Krieg und Niederlage beitrugen oder ihn behinderten. Nach meiner eigenen Jugend und nach meinen Erlebnissen nach dem Kriege habe ich mich für den sozialistischen Staat entschieden.

Nach der Rückwende von 1989 werden ja nun verschiedene Maßstäbe angelegt, welcher der beiden deutschen Staaten die von den Alliierten in Jalta und Potsdam und von einer Mehrheit der Deutschen nach 1945 selbstgestellten entscheidenden Kriterien erfüllt hat, für die Fähigkeit einer Gesellschaft sich so zu wandeln, daß tatsächlich von deutschem Boden nie wieder ein Krieg ausgeht. Dies ist und bleibt der moralische Wertmaßstab deutscher Politik. Viele halten das für eine Selbstverständlichkeit. Aber weil die gesellschaftlichen Verhältnisse besonders in der Altbundesrepublik keineswegs so verändert und nun seit 1990 für ganz Deutschland wieder eingeführt wurden, kann man leider ruhigen Gewissens nicht sagen, daß die Einhaltung dieses Wertmaßstabes eine Selbstverständlichkeit sei.

Selbstverständlich ist leider für viele Deutschen, dank einer in diese Richtung gelenkten und gelaufenen Entwicklung, daß sie wieder die Größten, die Besten und die Wohlhabendsten sind. Das Wort Verantwortung wird lediglich gebraucht, wenn es den eigenen Nabel betrifft, den man wieder so gerne beschaut, und wenn es darum geht, in der ganzen Welt mitzumischen, vor allem sich überall einzumischen. Als Verursacher zweier furchtbarer Weltkriege müßte unsere Verantwortung darin bestehen, nun an der Spitze bei der Abrüstung auch im eigenen Lande, bei der solidarischen Hilfe für die Völker in Not und bei der Schaffung solcher gesellschaftlicher Verhältnisse zu stehen, die Frieden, Freiheit und Gerechtigkeit garantieren. Das ist vor allem deshalb so schwer, weil diejenigen (nicht als Personen, sondern als wiedererstandene Institutionen), die Mitschuld am Zweiten Weltkrieg trugen, jene Bank- und Industriekonzerne, die heute schon wieder die wirklichen Machthaber in Deutschland sind, Wahrnehmung von Verantwortung anders verstehen, als es geschichtlich notwendig wäre.

Ein Verantwortung mit diesem geschichtlichen Auftrag, wie er 1945 erteilt wurde, zu übernehmen fällt uns offenbar schwer. Es gibt ja schon Schwierigkeiten, über solche moralischen Werte wenigstens offen zu diskutieren. Nein, für dieses größer gewordene Deutschland scheint die größere Verantwortung darin zu bestehen, gleich hinter dem Weltgendarm als Hilfssheriff für Law and Order in der Welt zu sorgen.

Das Schlimmste, was sich das größer gewordene Deutschland geleistet hat, ist die Umgang mit der Sowjetunion. Nicht nur, daß der Antikommunismus in anderem Gewande neue Feindbilder schuf; nicht nur, daß Undankbarkeit im Schwange ist, wenn es darum gegangen wäre, den Russen für die kostenlose Übergabe der DDR zu danken – wovon noch die Rede sein wird; nicht nur, daß man irgendeinen selbsternannten Zaren fördert, anstatt dem russischen Volk zu helfen, nein, hier spielen in gewissem Maße bereits wieder Rachegelüste eine Rolle oder sogar Wiedergutmachungsansprüche an die von Deutschland verursachte Geschichte. Nicht einmal die nach dem Zwei-plus-Vier-Vertrag von 1990 eingegangenen Verpflichtungen, auch zur Denkmalspflege, werden eingehalten. Schlimmer, Ende 1998, als sich Rußland auf einem Tiefpunkt seiner Krise, über dessen Ursachen jetzt gar nicht geurteilt werden soll, befand, ordneten der USA-Weltgendarm und sein getreuer Knappe Deutschland an, jede Hilfe für Rußland einzustellen, wenn das geschundene Land nicht auf den Weg der reinen kapitalistischen Tugend zurückkehren werde. Dabei ist die katastrophale Lage nicht nur auf die Sünden sozialistischer Vergangenheit zurückzuführen, sondern die Schocktherapien und Roßkuren à la Dr. Eisenbarth, die nicht einmal eine gesunde Volkswirtschaft aushalten würden, haben das Land so verwüstet, wie es sich der Welt als einstige Großmacht nunmehr darstellt.

Ausgerechnet die Konzerne, von der Deutschen Bank bis zu Siemens, die Hitler auf den Thron gehoben hatten, um den Krieg gegen den Bolschewismus, der, wie Goebbels einst ausplauderte, in Wahrheit ein Krieg um die Rohstoffquellen in der Ukraine und im Kaukasus war, die dann als verprügelte Hunde 1945 bei Berlin die Wahlstatt verlassen mußten und durch Machtentzug davon abgehalten werden sollten, jemals wieder die Finger nach fremden Eigentum auszustrecken, ausgerechnet sie schlugen nach dem Desaster, das Gorbatschow angerichtet hatte, ihre Quartiere in Moskau auf, um das Land wirtschaftlich auszuplündern. Sie erreichten es bequemer als im Winter 1941. Sie begannen das Fell des im Kalten Krieg erlegten russischen Bären zu verteilen. Sie schickten »Berater«, eröffneten Filialen und spickten eine aus dem entstandenen politischen Morast aufgestiegene neue Elite mit Bestechungsgelder, um ihre Ziele zu erreichen. Weil klar war, daß Korruption in einem solchen, in geistige und materielle Verwirrung gestürzten Landes auf fruchtbaren Boden fallen würde, wurde die gesamte neue politische, wie wirtschaftliche Führungsschicht geschmiert, damit die Welt bewundern konnte, wie der Kapitalismus imstande ist, selbst heruntergekommenen Maschinen aus dem Sozialismus, wenn auch quietschend, wieder in Gang zu setzen. Der Chef der nichtstaatlichen Korruptionsaufsicht »Transparenty International« in Berlin, Peter Eigen, forderte nach eingehenden Untersuchungen seines Instituts: »Das Allerwichtigste: Deutsche Firmen müssen endlich aufhören zu bestechen. Das tun sie in Rußland in großem Maße – übrigens auch aus dem Grund, daß die Firmen hierzulande derartige Ausgaben von der Steuer absetzen können.«

Und noch etwas tut sich in aller Stille und zwar offenbar in deutsch-russischem Einvernehmen. Seit längerer Zeit gibt es ganz ernst zu nehmende Überlegungen, das Gebiet um Kaliningrad (ehem. Königsberg) in eine Sonderwirtschaftszone umzuwandeln, die mit deutscher Unterstützung ökonomisch aus- und aufgerüstet werden soll. Deutsche Firmenbüros aus Hamburg und Schleswig-Holstein sind längst tätig. Der Touristenverkehr, organisiert von der ostpreußischen Landsmannschaft, floriert inzwischen. Nun sind auch undementierte Gerüchte im Umlauf, die von der »Kalingradskaja Prawda« veröffentlicht wurden, daß die Bundesrepublik Deutschland bereit sei, den Oblast Kaliningrad für 150 Milliarden DM zu kaufen, wobei allerdings auch die 60 Milliarden DM Schulden, die Rußland in Deutschland hat, abgezogen werden sollen. Vielleicht ist das im Augenblick noch ein Traum. Aber er schürt die Angst der dorthin gesiedelten russischen Einwohner, inzwischen in der dritten Generation. Außerdem ist dem wiederentdeckten deutschen Drang nach Osten nach gewissen Anfangserfolgen alles zuzutrauen. Seit unter Gorbatschow die Rote Fahne eingezogen und unter Jelzin die Zarenfahne wieder gehißt wurde, ist den Deutschen in der nachträglichen Siegerlaune alles zuzutrauen. Warum auch nicht? Es gibt doch ein

Wählervolk, das, offenbar ohne zu murren, auch alles zu zahlen bereit scheint.

Kanzler Kohl hat Jelzin, ebenso wie vorher dessen Todfeind Gorbatschow, in herzlich erscheinenden Gesten prinzipienlos an seine Männerbrust gedrückt und mit pfälzischer Saumagen- und Weinseligkeit zum Duzfreund befördert. Was herausgekommen ist, konnte man spätestens ab dem Jahre 1998 besichtigen. Dabei haben die deutschen Berater und Wirtschaftsbosse zwar aus einem Eigeninteresse heraus gehandelt, aber immer im Schatten der neuen amerikanischen Freunde Rußlands gewirkt, weil die noch stärker waren und auch noch offener und dreister auftraten.

Bereits im Juni 1998 hatte der Direktor des Havard-Instituts für Internationale Entwicklung (HIID), eine der bekannten »Denkfabriken«, Jeffry Sachs, den unter amerikanischem Druck fungierenden Internationalen Währungsfonds öffentlich in der »New York Times« dafür kritisiert, daß er die marktwirtschaftlichen Reformen in den ehemaligen sozialistischen Ländern behindere und deshalb aufgelöst gehöre. Diskret überging Sachs freilich die Tatsache, daß er jedoch selbst als Berater an der zerstörerischen sogenannten Schocktherapie mitgewirkt hatte und später zugeben mußte, er habe zu wenig über die russischen Verhältnisse gewußt. Inzwischen werden sogar die Aktivitäten seines Instituts vom Finanzausschuß des Kongresses untersucht, weil der Leiter sich privat der Zuwendungen aus dem föderalen Fonds bedient haben soll.

Die Professorin der Georgetown University, Janine R. Wedel, hat die Rolle der USA-Hilfsprojekte und Wirtschaftsberatung bei der Privatisierung und Herausbildung der korrupten Oligarchie analysiert. Die Ergebnisse ihrer Studie sind, nach einem Bericht im Berliner »Tagesspiegel« (2. September 1998), in der Juniausgabe von »The Nation« wiederzufinden. Das Berliner Blatt stellt das folgendermaßen dar: »Janine Wedel bezeichnet die amerikanische Reformpolitik als arrogant und inkompetent. Dank der bedingungslosen Unterstützung Anatoli Tschubais sei das neue postsowjetische oligarchische System gestärkt worden. Wedels Analyse läßt wenig Zweifel daran, daß die Aktivität des HIID nicht nur die Schaffung der juristischen Rahmenbedingungen für die Privatisierung behindert und damit zur Korruption, sondern auch zu Jelzins Wiederwahl als Präsident im Jahre 1996 maßgeblich beigetragen hat. Viele Dekrete Jelzins seien in diesem Institut vorbereitet worden. Auch das Russische Zentrum für Privatisierung, das aus dem Westen Hunderte von Millionen bekommen habe, war personell eng mit dem HIID verwoben. Beide Institutionen blieben bis zuletzt das wichtigste Instrument der amerikanischen Politik der Wirtschaftshilfe in Rußland. Sie verwendeten amerikanische Steuergelder, so Wedel, um die russische Demokratie und die Wirtschaftsreformen zu deformieren.«

Der Einschub schien mir hier schon notwendig zu sein, obwohl ich zur Vorgeschichte des ganzen Desasters auch im weiteren Verlauf meines lauten Nachdenkens weiteres zu sagen habe. Denn dadurch wird der Gesamtkomplex, in der westlichen Zielstellung des Kalten Krieges, noch einmal mit umrissen. Man darf ihn einfach nicht außer acht lassen, wenn man über den Zusammenbruch des Sozialismus in Europa spricht und urteilt.

Gerade an dieser Stelle also würde ich einmal zum Nachdenken anregen wollen, ob man aus der Situation von 1989, von vielen Leuten etwas ungenau »Wende« genannt, nicht etwas Besseres hätte machen können als nur ein »Schnäppchen«, wie es Günter Grass einmal nannte, und ob es für eine wirkliche und auch notwendige politische Wende auch schon tatsächlich zu spät ist. Seit geraumer Zeit, insbesondere während des letzten Wahlkampfes vor dem fin de siècle, wird von allen Seiten über die Notwendigkeit geredet, für das nächste Jahrhundert eine neue Politik – nicht nur eine neue Regierung – zu wählen und durchzusetzen. Die Rechtsaußenseite zum Beispiel, die langjährige Regierungskoalitionspartei CSU, hat in den 98er Wahlkämpfen die alte Adenauer-Parole aus der Mottenkiste geholt: Freiheit oder Sozialismus. Das muß im Gedächtnis behalten werden, damit später nicht jemand sagen kann, er habe es nicht gewußt, wenn unter der Losung des Kampfes gegen den Sozialismus Freiheit und Demokratie in Deutschland wieder einmal ganz verschwinden.

Mich hat seit Jahren, auch nach meiner Außerdienststellung, dieses Problem, wenn auch nicht mit seinen, 1984 gar nicht absehbaren, Folgen beschäftigt. Meine Schlußfolgerung: Beide deutschen Staaten hatten Defizite bei der Lösung der geschichtlichen Aufgabe, weil sie mehr Wert darauf legten, sich im Kalten Krieg an der Seite der jeweiligen Schutzmächte und folglich im jeweiligen Militärbündnis als die besseren Deutschen zu beweisen, anstatt danach zu trachten, das Credo zu erfüllen, daß die Mehrheit des geschlagenen Volkes nach dem Zweiten Weltkrieg aufgestellt hatte. Ich sage, ohne schamrot werden zu müssen und auch ohne mich zu verbiegen, daß ich mich in der DDR sehr für die Erreichung der geschichtlichen Kriterien eingesetzt habe, bis ich merkte, daß das Produkt meiner Vorstellungen immer mehr vom Ideal abwich, daß es nicht mehr der Staat war, den ich einmal mit aufbauen helfen wollte. Das bedeutet überhaupt nicht, daß die Altbundesrepublik gute Zensuren bekäme. Das Schlimme war für mich und viele meiner Generation, daß es eben nicht nur der politische Gegner war, der die DDR ruinieren half. Dafür konnte man ja sogar Verständnis aufbringen, und deshalb haben wir gegen solche Absichten auch angekämpft. Es war in den letzten Jahrzehnten zunehmend die eigene Führung, die das Land kaputtmachen half.

Deshalb muß man dieses Land aber nicht delegitimieren, muß nicht so tun, als habe es von Anfang an unrechtmäßig existiert. Irgendwann war da mal auch von einer Fußnote der Geschichte die Rede. So einfach kann man der vierzigjährigen DDR-Geschichte nicht Herr werden. Selbst der Erfinder des Begriffs hat inzwischen bemerkt, daß es doch eine sehr lange Fußnote sein müßte. Aber das sollte man nun langsam, nach zehn Jahren der Gelegenheit des Nachdenkens und nach zehn Jahren Erfahrung mit dem, was da 1990 herausgekommen ist, einmal von allen, die sich mit der deutschen Nachkriegsgeschichte (das ist nicht nur die schlimme Geschichte der DDR einerseits oder die gute Geschichte der Bundesrepublik andererseits) befassen, auch begreifen. Langsam bestehen die Beurteiler und Verurteiler nur noch aus Giftbrodem, wenn sie über die DDR reden, und aus Honigseim, wenn es um die Alt-BRD geht. Über die Notwendigkeiten und die Möglichkeiten, die mit der DDR nach dem schrecklichen Zweiten Weltkrieg gegeben waren, spricht heute kaum mehr jemand.

Ehrlich gesagt, ich wußte auch nicht, ich ahnte nicht einmal, daß es so schlimm kommen wird mit den Brüdern und Schwestern, wie es tatsächlich kam. Natürlich habe ich mir Gedanken darüber gemacht. Nicht erst seit 1984, aber natürlich verstärkt seit der Zeit, da ich meine Beobachtungen auch etwas ungehemmter wahrnehmen konnte und sie auch – nachweisbar – äußerte.

Daher rührt wahrscheinlich auch ein gewisser Abstand, den ich seit 1984, als verständnisvolle Ärzte ihr Urteil über mein Schicksal als Rentner fällten, zur Entwicklung im Lande gewann. Abstand ist nicht als Desinteresse an dieser Entwicklung zu werten. Im Gegenteil, ich werde noch auf Dinge zurückkommen, wo ich versucht habe, trotz allem Ungemach, mich am Geschehen der letzten Jahre auf meine Weise zu beteiligen. Aber es war die plötzliche »Unabhängigkeit«, die man als Rentner besitzt, daß ich von den Ereignissen der Jahre 1989 und 1990 nicht so geschockt war wie manche meiner langjährigen Kampfgefährten und auch viele DDR-Bürger, als sie den ganzen Scherbenhaufen überblicken konnten, der da hinterlassen, vor allem aber auch geschaffen worden war.

Wie gesagt: Ich hatte schon fünf Jahre Zeit zum Nachdenken und Diskutieren. Zwar hatte ich in dieser Zeit plötzlich weniger Freunde als vorher, was manchmal schmerzte und auch für die Einschätzung des einen oder anderen Menschen, von dem ich annahm, er sei ein Freund und Genosse gewesen, Korrekturen erforderlich machte. Dennoch gab es genügend Verbindungen aus meiner früheren Tätigkeit, und auch nicht alle

Freunde und Weggefährten hatten sich ja abgekehrt, um mit einer gewissen Kenntnis und einigem Sachverstand nach Möglichkeiten zu suchen, was eigentlich zu geschehen habe.

Mein Rentnerdasein in der DDR war deshalb kein reines Nischendasein, aber mein manchmal auch lautes Nachdenken hat mir das Leben zumindest in moralischer Hinsicht nach 1989 etwas erleichtert. Allerdings nicht in materieller Beziehung, denn ich wurde trotz meiner Trennung von der Staatsnähe, die schon 1982, also zwei Jahre vor meinem Ausscheiden aus dem aktiven Berufsleben stattfand, bei meiner Ankunft im »einig Vaterland« zum Strafrentner degradiert.

Beides, der Abschied von der DDR und die Ankunft in der BRD, waren einschneidende Ereignisse, aber – wie gesagt – für mich nicht mit allzu großen Überraschungen verbunden. Höchstens mit Zorn.

Ich muß das wohl noch etwas näher erklären.

Schon bald nach dem Tode von Werner Lamberz begann für den Verband der Journalisten der DDR ein neuer Wind zu wehen. Der Ton zwischen der Abteilung Agitation und mir wurde eigenartig härter. Bei der geringsten Kleinigkeit hagelte es kritische Bemerkungen. Einmal warf mir der damalige Abteilungsleiter Heinz Geggel, über den ich mich jetzt wirklich nicht weiter auslassen will, sogar vor, ich wolle mich mit dem Verband über die Partei stellen, als es wieder einmal um eine kritische Auseinandersetzung über Fragen der Information und der Rolle der Journalisten beim Aufbau des Sozialismus ging. Ich habe da wohl manchmal ein wenig zu offen geantwortet. Der neue zuständige Sekretär, Joachim Herrmann, sprach, einer »alten Tradition« entsprechend, kaum noch mit mir. Als mir nach dem IX. SED-Parteitag eine etwas bösartige, aber von mir auch heute noch aufrechterhaltene Bemerkung über ihn entfuhr, wurde mir mit einem Verfahren vor der Parteikontrollkommission gedroht. Mein Gesprächspartner hatte eine Notiz über meine Bemerkung angefertigt. Das reichte für entsprechenden Ärger.

Als eine Delegation des IOJ-Generalsekretariats in Berlin weilte und ich bat, daß, wie es in solchen Fällen zum Protokoll gehörte, Herrmann die Delegation zu einem Gespräch empfangen möge, weil das früher so üblich war, ließ er mir antworten, was früher üblich war, werde er nicht fortsetzen, was natürlich auf den toten Lamberz zielte. Offenbar wurde er aber dann doch von anderer Seite dazu bewegt, daß er den Generalsekretär der IOJ, Jiří Kubka, und den sowjetischen Sekretär bei der IOJ, Oleg Sagladin, (Bruder des Deutschlandexperten in der Internationalen Abteilung des ZK der KPdSU und zu Gorbatschows Zeiten häufig dessen Begleiter bei den Deutschlandbesuchen oder auch Alleinverhandler in Bonn, Wadim Sagladin) zu einem Gespräch empfing. Nach der dreißigminütigen Unterredung, von denen Herrmann etwa achtundzwanzig Minuten mit einem Monolog bestritt, sagte mir Kubka beim Verlassen des ZK-Gebäudes: »Na ja, Harri, mit dem Jungen wirst Du es schwer haben.« Kubka war ein guter Beobachter und überhaupt ein kluger Mann.

Es dauerte gar nicht lange, und man setzte eine Arbeitsgruppe der Abteilung zur Untersuchung der Leitungstätigkeit beim Verband ein. Arbeitsgruppen des ZK wurden meist dann eingesetzt, wenn ein Exempel statuiert und Lehren aus diesem oder jenem Fehler für alle gezogen werden sollten. Mancher Betrieb, manche Kombinatsleitung, manche Kreisleitung oder Bezirksleitung kann ein Lied von der Tätigkeit dieser Scharfrichterbrigaden singen. Der letzte, der fast »drangewesen« wäre, war Hans Modrow 1989 mit einer Untersuchung der Dresdener Bezirksleitung durch eine Arbeitsgruppe, die Wirtschaftszar Mittag dorthin geschickt hatte. Sie wurde freilich von den Ereignissen überrollt.

Beim Verband war das noch anders. Da wurden nach fast einem Jahr Untersuchung »schwerwiegende Leitungsmängel in der Verbandsarbeit« festgestellt. In einer Unterredung bei Geggel 1981 wurde mir klar gemacht, daß ich den Verband nicht länger leiten könne. Ich dürfe wählen, ob ich abberufen werden wolle oder aus gesundheitlichen Gründen zurücktreten möchte. Ich wählte den zweiten Weg, was mir dann die Möglichkeit bot, über ein paar Nebenbeschäftigungen, darunter auch unzumutbare, meine Ärzte zu veranlassen, mich auf Grund meines wirklich inzwischen angegriffenen Gesundheitszustandes (der dann auch etwas später zu meinem zweiten Herzinfarkt und noch später zu einer Krebsoperation führte) vorzeitig in die Invalidität zu schicken. Natürlich gab es auch gleich wieder einen schon vorinstallierten Nachfolger: Es war Eberhard Heinrich, seit ND-Zeiten langjähriger Weggenosse und auch Freund. Er war durch den Absturz von Lamberz erstens arbeitslos geworden und zweitens von Herrmann für eine weitere Tätigkeit im Apparat des ZK, obwohl gewählter Kandidat des Zentralkomitees, nicht gelitten. Er übernahm 1982 die Leitung des Verbandes, der zu dieser Zeit längst völlig »entmannt« war.

Ich versuchte mich dann mit einigen journalistischen Arbeiten nützlich zu machen, schrieb mehrere Bücher, von denen nicht alle erschienen, ein paar Krimis zur Abwechslung. In der Publizistik blieb es allein beim »Horizont«, die außenpolitische Wochenschrift der DDR, bei der ich ja schon früher geschrieben hatte und dessen Chefredakteur, Ernst-Otto Schwabe für bestimmte Dinge, die ich an die Öffentlichkeit loswerden wollte, Verständnis aufbrachte. An einen Beitrag, den wir in seinem Blatt unterbrachten, erinnere ich mich noch deutlich. Es ging um eine »Entlarvung« amerikanischer Methoden bei der Beeinflussung der Politik durch die großen Konzerne. Es ging um »Denkfabriken«, die bei großen Konzernen und den von ihnen finanzierten Universitäten angesiedelt waren und die hochinteressante Forschungen anstellten und Fallbeispiele schufen, wie die amerikanische Außenpolitik in dieser oder jener Frage wirksam werden könnte. »Denkfabriken« waren für die DDR-Parteiführung ein rotes Tuch. Sie waren einer der ideologischen Hauptfeinde, weil sie mit Vordenken beschäftigt wurden. Natürlich im Sinne der amerikanischen Politik. Wir hofften indessen, mit diesem Beitrag bei interessierten Lesern die Frage zu provozieren: Warum es so etwas bei uns nicht geben kann. Damit war eine, wenn auch in einer gewissen Sklavensprache formulierte große Anfrage an die Parteiführung gerichtet, wann endlich über Zukunftsfragen nachgedacht wird, vor allem, wann Vordenken wieder eingeführt wird, was die »Wir-sind-wieder-bei-Marx«-Vertreter total abgeschafft hatten. Solche Beiträge gab es unter meinem Namen oder auch unter Pseudonym eine ganze Reihe. Auch andere Autoren fanden sich bereit, zu ähnlichen Themen zu schreiben. Ähnliches geschah dann auch in der »Wochenpost« oder in der »Freien Welt«, die sogar zu einem bestimmten Zeitpunkt eingestellt werden sollte. Aus Gesprächen mit Brigitte Zimmermann, damals noch Chefredakteurin der »Wochenpost« weiß ich auch, welche immer rüder werdenden Kritiken es aus dem Hause Herrmann wegen einer Reihe kritischer Beiträge hagelte. Es war die einzige Antwort unserer Adressaten.

Auch in einzelnen Bezirkszeitungen wurde der Ton ab 1986 kritischer. Es kam immer auf den jeweiligen 1. Sekretär der SED-Bezirksleitung an, wie weit sich die Zeitung mit kritischen Äußerungen vorwagen konnte. Oft wurden solche Beiträge, die zumeist ein breites Echo im betreffenden Bezirk auslösten, in Berlin kaum bemerkt. Es sei denn, die West-Presse griff das Thema auf. Dann schrillten in der zweiten Etage des großen Hauses die Alarmglocken, wurden Arbeitsgruppen zur Untersuchung unerhörter Vorfälle auf den Weg geschickt. Überhaupt hat sich die West-Presse, oft objektiv zugunsten der Parteiführung, in die innenpolitische Debatte der DDR gemischt und in geradezu denunziatorischer Weise oppositionelle Pflänzchen für den Zugriff durch die Staatsmacht freigelegt.

Ich behaupte heute auch gegenüber denen, die es immer noch nicht wahrhaben wollen, daß hier ganz entscheidende Positionen für eine innerparteiliche Opposition vorhanden waren, die zwar noch unter der Parteidisziplin litt, aber sich dennoch Gedanken machte, wie vor allem die zunehmende Sprachlosigkeit und das wirtschaftliche Chaos, das sich anbahnte, überwunden werden konnten. In einigen Bezirken und Kreisen, vor allem aber in den Betrieben, die sich in zunehmendem Maße mit dem Widerspruch zwischen nicht mehr bilanzierten Plänen und den tatsächlichen Anforderungen und Möglichkeiten auseinandersetzen mußten, wurden gewisse Signale verstanden.

Wenn heute der sogenannten Bürgerbewegung bescheinigt wird, den Stein für ernsthafte Veränderungen in der DDR ins Rollen gebracht zu haben, so wird dabei, aus gutem Grund, wie wir aus dem rüden Umgang mit der PDS wissen, die Rolle von SED-Mitgliedern, sogar ganzer Parteiorganisationen, die sich im Inneren bereits von der Führung und ihrer sterilen Politik zu lösen begannen, nicht nur ignoriert, sondern sogar geleugnet. Der Rücktritt von Markus Wolf Anfang 1987 war für viele, die ihn kannten, ein Signal. Die Partei war wirklich in einigen Organisationen und Regionen bereits seit dieser Zeit verstärkt, aber seit Ende 1988/ Anfang 1989 auf dem Wege, sich um eine neue Führung zu kümmern. Es geschah zunächst nicht so spektakulär und ohne Beachtung der westlichen Medien, aber wahrscheinlich hatte es auf den friedlichen Ausgang der Ereignisse mehr Einfluß als einige von westlichen Medien hochgespielte ideologische Krawallmacher, die sich Bürgerrechtsbewegung nannten.

Fast neun Jahre nach den Montagsdemonstrationen mußte ich in einer angesehenen Zeitung (»Tagesspiegel«, 7. August 1998) lesen, daß in einer Polemik gegen den Brief der PDS-Führung an Richard von Weizsäcker behauptet wird, nicht SED-Genossen seien es gewesen, die das Politbüro mit ihrer Demonstration vor dem ZK-Gebäude zum Rücktritt zwangen, und SED-Mitglieder hätten auf dem Leipziger Ring des Montags demonstriert. Hier wird auf Vergeßlichkeit gesetzt und damit schlicht Geschichte gefälscht. Denn an der Spitze gerade der Leipziger Demonstrationen zogen, bis sich eingeflogene Kräfte aus dem Westen der Demonstrationsinhalte bemächtigten, neben Kurt Masur auch Sekretäre der Leipziger SED-Bezirksleitung. Woanders war das übrigens auch so. Und zwar nicht, wie man jetzt böswillig behaupten könnte, weil sie den Zug abbremsen wollten, sondern hinter den eigentlichen und ursprünglichen Ideen der Montagsdemonstrationen standen. Bis sich eben andere Kräfte einmischten. Neun Jahre sollten eigentlich dazu führen, daß man die Geschichte mit Abstand ehrlich betrachtet. Da bleibt doch noch genügend Kritik an der SED übrig.

Wie es in der SED bis in führende Kreise aussah, wurde einmal ganz besonders deutlich, als zum Ende des Jahre 1987 eine Reihe von Bezirkssekretären im Politbüro den Aufstand probten, und den Volkswirtschaftsplan für 1988 zurückwiesen. Da war Honecker zum ersten Male hilflos, weil auch Mittag wegen seiner schweren Krankheit wochenlang nicht anwesend war. Das war die Ursache dafür, daß sich Honecker in seiner traditionellen Jahresberatung mit den Kreissekretären im Februar 1988 ebenfalls zum ersten Male selbstkritisch über einige Versäumnisse äußerte. Aber selbst die hauchdünne Chance zu einer durchgreifenden Änderung war aber vorbei, als Mittag, zwar gesundheitlich angeschlagen, aber dennoch wieder das eigentliche Zepter übernahm. Ich nehme dabei die grundsätzlichen Fehler der SED-Parteiführung überhaupt nicht in Schutz. Im Gegenteil.

Nur sollte man beim Aktenstudium im SED-Parteiarchiv, die dort immer wieder beschworene Einheit und Reinheit der Partei nicht so ernst nehmen. Zeitzeugen sind da vielleicht eine bessere Quelle für eine objektive Geschichtsschreibung. Wenn man diese auch wirklich will.

Es begann eine neue Periode, in der sich der Sicherheitsapparat mehr um die dabei auftauchenden Fragen und Personen selbst in der SED kümmerte als um die durch das beginnende Chaos langsam, aber sicher sichtbar werdenden Naziumtriebe, die offen von Westberlin nach Ostberlin und das Umland hereingetragen wurden. Es war die Zeit, in der es regelmäßig in aller Öffentlichkeit Treffen von schwarzledernen und mit SS-ähnlichen Mützen bekleideten Typen gab, die sich ungehindert auf den Straßen Ostberlins breitmachten. Bestimmte Straßenabschnitte in Pankow (z. B. Hertastraße oder Spiekermannstraße u. a.) wurden konzentriert belegt mit Leuten, die aus Haftanstalten entlassen und Ausreiseanträge gestellt hatten. Um sie besser kontrollieren zu können, hieß es. Aber es entstanden Konzentrationsgebiete mit einer Anti-DDR-Stimmung. Auf Hinterhöfen in Pankow und Prenzlauer Berg wurde am 20. April 1989 Hitlers hundertster Geburtstag gefeiert, ohne daß die sonst angeblich allgegenwärtige Staatssicherheit eingriff. Aber Genossen der SED, die sich kritisch zur eigenen Führung äußerten, wurden schon mal zur Brust genommen.

In zahlreichen Betriebs- und Wohnparteiorganisationen wurde offen über die Notwendigkeit einer Wende in der Politik diskutiert. Ich kann hier nur von mir bekanntgewordenen Beispielen ausgehen. In der Wohnparteiorganisation der SED in Pankow, der ich durch meinen Wohnsitz zugehörig war, gab es seit langem Diskussionen über die Sprachlosigkeit der Parteiführung. Ich selbst habe in mehreren Parteiversammlungen dazu Stellung genommen. Die aus gutem Grund schriftlich ausgearbeiteten Redebeiträge sind noch vorhanden.

Ich habe beispielsweise auch die Initiative ergriffen, mit der in diesem Bezirk bestehenden kirchlichen Oppositionsgruppe öffentlich ins

Gespräch zu kommen. Sie schien sehr vernünftige Auffassungen über den Fortgang der Dinge, vor allem zum Schicksal der DDR, unter besseren Bedingungen, zu haben. Natürlich waren solche Kontakte, wenn sie denn öffentlich und nützlich werden sollten, ohne Zustimmung oder wenigstens wortloses Kopfnicken der zuständigen Kreisleitung nicht möglich. Und die Kreisleitung nickte nicht mit dem Kopf, wenn die Bezirksleitung nicht ihre Zustimmung gab. (Manchmal wurde ich da an meine Erlebnisse in Guinea erinnert.) Da ich das Funktionieren des Apparates kannte, suchte ich eines Tages, Anfang des Jahres 1988 (!), den persönlichen Referenten von Schabowski, damals erster Sekretär der Berliner Bezirksleitung, auf und unterbreitete ihm das ganze Problem einschließlich einiger konkreter Vorschläge für die Durchsetzung. Ihm schien das gangbar, aber er wollte mit seinem Chef sprechen, der mich natürlich auch nicht mehr empfing, obwohl uns aus alten Zeiten (wie ich glaubte) mehr als nur Bekanntschaft verbunden hatte. Ich sollte telefonisch Bescheid erhalten. Nach einigen Tagen klingelte tatsächlich das Telefon bei mir, und der »Persönliche« erklärte das Einverständnis Schabowskis mit meinen Plänen. Er habe mich auch schon beim Kreissekretär von Pankow avisiert. Ich brauche ihn nur noch anzurufen und einen Termin zu vereinbaren.

Das Gespräch fand dann, vielleicht eine Woche später, in großer Aufgeschlossenheit statt. Als Kreissekretär kannte er natürlich die Probleme genau. Meine Vorstellungen über einen Dialog, zunächst mit einigen Personen der Opposition, dann vielleicht auch öffentliche Foren, wo man sich den Fragen der Einwohner stellen und sie, so gut man konnte, beantworten sollte, um die Unruhe aus der Öffentlichkeit zu bringen und vielleicht auch Lösungswege zu diskutieren, wurden interessiert zur Kenntnis genommen. Der Kreissekretär wollte sie anderntags im Sekretariat diskutieren und mir Bescheid zukommen lassen.

Auf diesen Bescheid warte ich noch heute. Aber ein Bekannter, den ich in der Kreisleitung hatte, erzählte mir kurz darauf, was passiert war. In der Sekretariatssitzung erhob sich Widerspruch. Es wurde vom Kreissekretär verlangt, er möge bei Schabowski anrufen, ob das wirklich »abgesegnet!« sei. Darauf habe wohl Schabowski einen seiner cholerischen Anfälle bekommen und die Vorschläge von mir für idiotisch erklärt. Ich wolle wohl die Konterrevolution unterstützen. Na, wer wollte das schon? Vor allem keine Kreisleitung. Und damit war diese Aktion »gestorben«.

Mir scheint diese Episode aus zwei Gründen erwähnenswert: Einmal zeigt es die Verunsicherung im unteren Parteiapparat, etwas tun zu wollen, um wenigstens zu versuchen aus der Sackgasse, in die man sichtlich geraten war, herauszukommen, aber nichts tun zu können, weil die stets wachsame übergeordnete Leitung es untersagte. Zum anderen freilich wirft es ein charakteristisches Bild auf die Person von Schabowski, dem neuen Liebling der neuen Bonner Götter, der zu dem damaligen Zeitpunkt nichts zu unternehmen bereit war, was eine Alternative hätte bedeuten können. Was er heute sagt, wissen wir alle wohl richtig einzuschätzen.

Natürlich war vieles, was die sogenannte Opposition zu der Zeit tat (Ich rede jetzt nicht von den ausgesprochen DDR-feindlichen Aktivitäten eines verhältnismäßig kleinen Kreises), darauf ausgerichtet, die Lage in der DDR zu verändern, im Sinne einer besseren DDR. (Ich will jetzt auch nicht darüber streiten, ob das unter den obwaltenden Umständen möglich gewesen wäre.) An eine Abschaffung der DDR haben zu dieser Zeit nur wenige gedacht, unabhängig von der Vorstellung, wie man die nationale Frage lösen könnte und müßte. Selbst ein großer Teil der entstandenen wirklichen Bürgerrechtsbewegung, jene Leute um Jens Reich, Friedrich Schorlemmer, Wolfgang Ullman, Walter Romberg und andere, wie auch die aufmüpfig gewordenen Intellektuellen, Künstler und Schauspieler wollten ja, wie sie zum Teil noch 1990 in dem Appell »Für unser Land« betonten, eine bessere DDR und nicht den gnadenlosen Anschluß an die BRD. Das kam erst später und hatte ganz andere Ursachen, über die heute des Sängers Höflichkeit hinwegschweigen möchte.

Im Interesse einer allseitigen Geschichtsdarstellung ist es aber notwendig, dieses Thema zu behandeln. Die wirklichen oder auch die sogenannten Bürgerrechtler haben gewiß in mancher Hinsicht das Faß DDR zum Überlaufen gebracht. Oft waren es auch lediglich die Ausreisebegehrenden, die auch nicht immer politische Gründe, sondern vor allem wirtschaftliche vorzuweisen hatten. Man wollte arbeiten, und die wurde damals ja noch Republikflüchtigen versprochen und meist auch gesichert, um D-Mark zu verdienen. Vom Westen wurde das alles aber unter der Rubrik »politische Flüchtlinge« subsumiert. Sie erhielten auch ungehindert Asyl, was sich dann auch auf Ausländer ausdehnte und bis heute die »Sorgen« mit den Asylanten verursacht. Damals freilich wurde der Drang nach Westen benutzt, um die Opposition, die sich in erster Linie von einem blinden Antikommunismus leiten ließ, auf eine nationale Woge zu setzen, die dann später zum anwachsenden Nationalismus beitrug.

Die Reste der alten DDR-Opposition, die nicht wußten, was sie außer der Zerstörung der DDR eigentlich wollten, wandern jetzt durch die etablierten Parteien. Sie haben eigentlich dadurch sich selbst und ihre angeblichen Ideale verraten. Da sie meist bei den Christdemokraten landeten, muß man sie vielleicht an die Bibel erinnern, wo es ein sehr passendes Gleichnis gibt (1. Buch Mose 25, 29 -34):

»Und Jakob kochte ein Gericht.
Da kam Esau vom Feld und war müde
und sprach zu Jakob: Laß mich essen das rote Gericht;
denn ich bin müde.
Aber Jakob sprach:
Verkaufe mir heute deine Erstgeburt.
Esau antwortete:
Siehe, ich muß doch sterben;
was soll mir da die Erstgeburt?
Jakob sprach:
So schwöre mir zuvor.
Und er schwor ihm und verkaufte Jakob so seine Erstgeburt.
Da gab ihm Jakob Brot und das Linsengericht,
und er aß und trank und stand auf und ging davon.
So verachtete Esau seine Erstgeburt.«

Soweit die Geschichte mit dem Linsengericht, dem Erstgeburtsrecht und dem Hunger der sogenannten Bürgerrechtler.

Warum das so war und offenbar noch so ist, kann auch erklärt werden. Eine Bewegung, die nur weiß, was sie nicht will, nämlich keine SED und keine Stasi mehr, aber nicht weiß, was sie will, es sei denn, sie hätten ernsthaft das gewollt, was sich jetzt nach zehn Jahren für die Mehrheit der ostdeutschen Bevölkerung ergeben hat, eine solche Bewegung muß einfach untergehen. Und wenn sie kein Asyl bei einer der westdeutschen Parteien gefunden haben, dann sind sie auch von der Bildfläche verschwunden. Sie glaubten, wenn sie eine alte Laube auf ihrem Grundstück einreißen helfen, sei der Großteil des Zieles, etwas zu verändern, schon erreicht. An den Bau eines neuen Hauses haben sie entweder nicht gedacht, oder sie waren unfähig dazu. Damit überließen sie das Grundstück der Verwahrlosung oder einem Immobilienhändler, der seine Geschäfte damit macht.

Die Reihe der Gleichnisse kann lang geraten, wenn man will.

Mich regt neben manchem anderen aber auch auf, wie sich gewisse Leute heute gebärden, denen es zum Teil in der DDR, wie ich aus eigener Kenntnis weiß, so schlecht nun auch wieder nicht ging. Künstler oder Schriftsteller sind zum Beispiel darunter. Sie haben nach der Wende fürchterlich geklagt, wie sie in der DDR geistig unterdrückt wurden. Ihre nach eigenen Anschauungen offenbar von der ganzen Welt erwarteten Werke durften »aus politischen Gründen« nicht erscheinen. Ich will dabei gar nicht abstreiten, daß Kunst und Kultur in der DDR geschurigelt wurden. Aber diejenigen, die teilweise bis heute am lautesten schreien, haben oft den geringsten Grund dazu.

Von bestimmten Leuten, ich denke da z. B. an einen angeblich in der DDR entsetzlich unterdrückten und in seinem Schöpfertum gehinderten Dokumentarfilmer, habe ich, seit die Freiheit auch in den östlichen Bundesländern ausgebrochen ist, noch nicht einen der zu erwartenden Dokumentarfilme gesehen.

Von einer Malerin, die als Oppositionsführerin von sich reden machte und deren Kunstwerke in der DDR angeblich wegen ihrer politischen Anklagen nicht öffentlich gemacht werden durften, habe ich trotz eines Besuches des Bundeskanzlers in ihrer kargen Wohnung noch keine Vernissage mit ihren Werken in den zehn Jahren der uns überkommenen Freiheit erlebt.

Da gibt es auch einige jüngere Schriftsteller, deren Werke angeblich die DDR-Zensur der Weltöffentlichkeit vorenthielt. Außer ein paar Zeitungsartikeln, Kurzgeschichten und Aphorismen, die von ihnen verfaßt wurden, habe ich noch von keinem zusammenhängenden Werk gehört, das sie im zensurfreien Deutschland veröffentlicht haben und das nun zur Weltliteratur oder wenigstens zur nationalen Literatur zählt.

Sollte es vielleicht oft gar nicht so sehr an der DDR-Zensur gelegen haben, sondern an der Qualität der Werke der Betreffenden, für die sich jetzt aus diesen Gründen auch kein Filmverleih, kein Sponsor oder Verleger findet? Vielleicht haben sie inzwischen entdeckt, daß die Zensur heute ein anderes Gesicht hat: Die Überlegung des Verlegers, ob das Werk Gewinn einspielt oder nicht. Und schlechte Bücher oder Filme oder Bilder verkaufen sich eben nicht in einer Ordnung, in der alles zur Ware wird. Auch die Kunst. Und die hat entweder ihren Preis oder nicht. Allenfalls kann sie bei einigermaßen Wohlverhalten noch einen Preis bekommen.

Ein allseits bekannter Moritatensänger, der des öfteren die deutschdeutschen Grenzen gewechselt hat, bringt eigentlich Zusammenhängendes auch nicht mehr zustande, heimst dafür aber regelmäßig den einen oder anderen Literatur- oder sonstigen Preis ein, damit er seinen, zwar etwas früh erreichten Lebensabend in seiner, nach der Ausweisung aus der DDR für über 300 000 DM erworbenen Villa in Hamburg finanziell absichern kann. Ich gönne ihm jeden Preis. Aber natürlich ist es da wie mit einem geflügelten Wort aus dem Zweiten Weltkrieg: Bomben und Orden treffen immer die Unschuldigen.

Allerdings habe ich bei einem Preis den Kopf geschüttelt. Vor allem über die Jury. Der Mann ist bekannt für seine fäkalienreiche Sprache. Und ausgerechnet der erhielt den Eduard-Mörike-Preis. In Meyers Neuem Lexikon las ich über Mörike: »Viele seiner Gedichte, ausgezeichnet durch sprachliche Schönheit und schlichte Volkstümlichkeit (großenteils vertont von Hugo Wolf), gehören zum Wertvollsten unseres literarischen Erbes ...«

So könnte man sich jetzt außerdem, zehn Jahre nach der Rückwende, über dies und jenes aufregen, was da plötzlich in die Politik des vereinten Deutschland geraten ist. Aber Leute wie Nooke, Barbe, Lengsfeld und ähnliche richten sich eigentlich selbst.

Bleibt nur die ernsthafte Frage: Was und wer führte den Untergang der DDR herbei? Auch hier bringt uns eine undifferenzierte Schwarzweißmalerei nicht sehr viel weiter. Es ist zwar bequem, aber auch unhistorisch. Das Ende der DDR war von außenpolitischen Faktoren genauso programmiert wie von innenpolitischen. Wahrscheinlich waren die außenpolitischen Faktoren sogar die entscheidenden für den Zeitpunkt.

Der ehemalige sowjetische Botschafter Juli Kwizinski äußerte sich 1993 in einem Presseinterview: »Ich vermute sehr, daß nach dem Gorbatschow-Besuch (im Sommer 1989 in Bonn, H. Cz.) etwas stattgefunden hat, vor allem zwischen der Bundesrepublik und Ungarn, vielleicht unter Teilnahme der Amerikaner. Denn das Ganze fing doch mit der Grenzöffnung in Ungarn an, wo man sehr stark an einer finanziellen Spritze aus Deutschland interessiert war.« (»Berliner Zeitung«, 20./21. März 1993)

Aber es begann natürlich schon früher. Nächst der westlichen Zielsetzung des Kalten Krieges, die Politik des Rollback, des Zurückrollen des Sozialismus, zu betreiben, muß als ein ganz entscheidender außenpolitischer Faktor die Wandlung der Sowjetunion nach der Wahl Gorbatschows zum Generalsekretär der KPdSU in Betracht gezogen werden. Es gehört natürlich auch zur Grundhaltung der Sowjetunion gegenüber der DDR, von der schon die Rede war. Der bereits erwähnte Botschafter Kwizinski hat in dem Interview mit der »Berliner Zeitung« nämlich auch gesagt: »Das Entscheidende aber war, daß zu diesem Zeitpunkt in der UdSSR bereits öffentlich und von hoher Stelle die Machbarkeit des Sozialismus, die Berechtigung der sozialistischen Ideale angezweifelt wurden. Für die DDR war das das Todesurteil, denn wenn der Sozialismus nicht aufzubauen ist, dann war die DDR selbst ein Fehler.«

Haben also diejenigen Recht, die da sagen, der Sozialismus war eine geschichtliche Fehlleistung seit 1917, also von allem Anfang an? Das stimmt natürlich nicht. Ich habe schon versucht, darauf hinzuweisen, daß die Revolution von 1917 und die Möglichkeiten, die sich daraus ergaben, eine gesellschaftliche und historische Notwendigkeit waren. Das bleibt auch meine Meinung, mit der ich ja nicht allein stehe. Natürlich ist es bei einer Beerdigung stets so, daß es unter den Teilnehmern Leute gibt, die es eigentlich schon immer gewußt hätten, daß der Tod des Verblichenen eintreten müßte, bei den vielen Leiden, die er hatte. Und sicherlich hatte der Tod des realen Sozialismus viele Krankheiten zur Ursache, von denen auch viele wußten. Aber deswegen muß die Idee, die den Toten beflügelte, noch lange nicht tot sein. Am Grabe stehen ja nicht nur die bösen Nachbarn, die nun händereibend sagen: Endlich ist er tot, der Lump. Nein, da gibt es auch jene Nachkommen, die sagen, wir werden es wieder versuchen, weil die Idee richtig war, nur so, wie es gemacht wurde, mußte es vielleicht schiefgehen. Um aus der Mystifikation herauszukommen: Die gesellschaftliche Notwendigkeit, eine neue gerechte, menschlichere sozialistische (im Sinne des Wortes) Ordnung aufzubauen, bleibt bestehen. Wie immer man sie nennen mag. Mir ist noch kein besseres Wort, zwar verpönt und vielleicht auch geschändet, als Sozialismus dafür eingefallen. Für mich steht es nicht im Widerspruch zu Freiheit und Demokratie, weshalb beispielsweise die Alternative eines gewissen Herrn Waigel, Freiheit oder Sozialismus, lediglich eine überholte Wahllosung ist, die uns schon 150 Jahre begleitet.

Was nun das konkrete Ende der Sowjetunion und aller, die an ihrer Nabelschnur hingen, angeht, kann man im nachhinein selbstverständlich ebenfalls sagen, man habe es eigentlich schon immer gewußt. Da wäre schon wichtig, Zeitpunkte oder Ereignisse zu benennen, die das belegen.

Zum Beispiel war das Umdenken in der Sowjetunion, das nach dem Tode Breshnews 1982 durch seinen Nachfolger Andropow initiiert wurde, zunächst ein für den weiteren Aufbau des Sozialismus gesellschaftlich notwendiger, wahrscheinlich auch noch möglicher Prozeß. Daß er in Wahrheit zu spät kam, wissen wir heute. Aber wann und durch wen hätte es geschehen müssen? Für Antworten ein weites Feld.

Die Periode der Stagnation unter Breshnew mußte in den Augen seiner Nachfolger überwunden werden, wenn der Sozialismus überhaupt noch eine Chance haben wollte. Der Kalte Krieg mit seinem Wettrüsten hatte das Ziel, die Sowjetunion totzurüsten, fast erreicht, als Breshnew starb. Aber mit den wirtschaftlichen Einbrüchen, die sich aus dieser Tatsache ergaben, gab es auch einen Einbruch in der gesellschaftlichen Entwicklung. Der aber konnte nur überwunden werden, wenn man entweder den Repressionsapparat verstärkte, um die wachsende Unzufriedenheit weiter zu einzudämmen, oder durch tiefgreifende gesellschaftliche Reformen, die mit einer friedlichen Entwicklung der Wirtschaftskräfte einhergehen mußten. Die Erfahrung des Jahres 1968 hat auf den Zusammenhang von Wirtschafts- und demokratischen Reformen aufmerksam gemacht. Und natürlich erhebt sich die Frage, ob denn eine Wandlung, die letztendlich zu einer Stärkung des Sozialismus hätte führen müssen, vom Gegner im Kalten Krieg hingenommen worden wäre. Sie wollten den Sozialismus beseitigen und ihn nicht stärken, selbst wenn es auf demokratische Weise geschehen wäre. Ich weiß zum Beispiel auch nicht, wie man mit den Prager Reformkräften umgegangen wäre, wenn es trotz alledem damals zu einer ins Auge gefaßten sozialistischen Marktwirtschaft und einem Sozialismus mit menschlichem Antlitz, was seinerzeit so sehr im Westen bejubelt worden ist, gekommen wäre.

Immerhin: Der neue Generalsekretär des ZK der KPdSU, Juri Andropow, langjähriger Chef des sowjetischen Geheimdienstes, der sein dort erworbenes Wissen für eine Erneuerung der Politik einzusetzen versuchte, hat, bereits schwerkrank, nach seiner Wahl festgestellt, daß es gelte, die sich über Jahrzehnte angestauten schwerwiegenden wirtschaftlichen Probleme, strukturellen Fehlentwicklungen und neuen Widersprüche durch eine neue Politik zu überwinden. Er war, obwohl selbst noch zur älteren Generation gehörend, der erste führende sowjetische Politiker, der darauf aufmerksam machte, daß in der sowjetischen Bevölkerung, nicht aber in der Partei und ihrer Führung, ein Generationswechsel stattgefunden habe, denn zwei Drittel der Bevölkerung seien in der Nachkriegs-Sowjetunion geboren und deshalb nicht mehr mit Kriegs- oder Vorkriegsideen zu gewinnen. Schon das war ein Umstand, der zu einschneidendem Umdenken und noch mehr Umlenken hätte führen müssen. In der Tat hat Andropow das Problem nicht nur erkannt, sondern auch Wege zu ihrer Überwindung gewiesen. Er konnte seine Überlegungen nicht verwirklichen, weil er bereits nach zwei Jahren Amtszeit, 1984, verstarb.

Was danach kam, war ein Kompromiß der alten Kräfte im Politbüro mit den jüngeren, die Andropow herangezogen, aber noch nicht genügend mit seinen Ideen ausrüsten hatte können. Der Kompromiß hieß Tschernenko und war für das Land nur eine Fortsetzung der Katastrophenpolitik mit anderen Mitteln. Auf vielen Gebieten nicht einmal das. Kurzfristig zwar, denn auch er starb nur nach kurzer Amtszeit im Jahre 1985, aber es reichte aus, um die Schwächen der zweiten Supermacht vollends zu offenbaren.

Die Katastrophe bestand darin, daß in dieser Zeit wieder alles in die Stagnation zurückfiel, nichts geschah, was die Beweglichkeit einer Großmacht auf neuen Wegen hätte befördern können. Dazu kam, daß danach ein zwar von Andropow ausgewählter, aber mehr ehrgeiziger als erfahrener Politiker auf den höchsten Posten der sozialistischen Supermacht gesetzt wurde: Michail Gorbatschow. Zwar hatte er sich ein bestimmtes Grundwissen der neuen Ideen Andropows angeeignet. Aber es war noch unverdaut. Er war deshalb nicht in der Lage, dieses Wissen logisch anzuwenden und umzusetzen. Vielleicht wollte er es auch gar nicht. Was er tat, mußte auch angesichts des sich verstärkenden amerikanischen Drucks Stückwerk und deshalb für eine weitere sozialistische Entwicklung unwirksam bleiben.

Das wird ganz deutlich, wenn man einmal die Lebenserinnerungen des 40. USA-Präsidenten Ronald Reagan liest, des Mannes, der den Militärindustriellen Komplex (MIK), wie kaum ein Präsident vor ihm, so heftig vertreten hat, der auf Kosten des amerikanischen Sozialstatus mit seiner von den sogenannten »Reaganomics« ausgearbeiteten katastrophalen Wirtschaftspolitik vor allem auf Hochrüstung setzte.

»Reagan war ein ideologischer Präsident, der die USA und fast die ganze Welt ins Desaster führte«, urteilte der bekannte Chryslermanager Lee Iacocca in seinen Lebenserinnerungen über seinen amerikanischen Traum.

Reagan war der Mann, der die Losung verwirklichen wollte, die Sowjetunion totzurüsten, und dabei – wie Iacocca und sicherlich auch andere begriffen – sein eigenes Land an den Rand des wirtschaftlichen Ruins trieb. Er war der Mann, der nach Breshnews Tod vor dem Jahreskongreß der Nationalen Evangelischen Vereinigung in Orlando erklärte: »Die Wirklichkeit verlangt, daß wir Frieden durch Stärke finden müssen. Ein Einfrieren (der Rüstungen) würde die Sowjetunion für ihre gewaltige, noch nie dagewesene militärische Aufrüstung belohnen. Es würde die erforderliche und lange überfällige Modernisierung der Verteidigung der Vereinigten Staaten verhindern und unsere überalterten Streitkräfte stetig verwundbarer machen.«[1]

Das war die bewußt ausgesprochene Unwahrheit, weil zu jener Zeit die Sowjetunion sicherlich hochgerüstet war, aber auf Grund der wirtschaftlichen Situation niemals in der Lage gewesen wäre, Krieg zu führen (und wo sie es, wie in Afghanistan, tat, eine schmähliche Niederlage erlitt). Es war die gleiche Unwahrheit, die von den Nazis zur Begründung ihres Überfalls von 1941als Präventivmaßnahme angeführt wurde. Die UdSSR konnte vor allem für die USA und das NATO-Bündnis gar keine ernsthafte Bedrohung darstellen.

---

1 Ronald Reagan: Erinnerungen. Ein amerikanisches Leben, Berlin-Frankfurt/Main, S. 597

Zu jener Zeit war aber bereits der Auftrag erteilt, das zerstörerischste Kriegspotential zu schaffen, das es bisher gab: Das harmlos klingende SDI (Strategic Defense Initiative), das dann unter dem etwas plausibleren Namen Sternenkriegsprogramm in die Geschichte einging, weil es den Weltraum für die Stationierung von atomaren Waffen nutzen oder besser: mißbrauchen sollte.

Die Erinnerungen Reagans sind auch in anderer Hinsicht entlarvend, weil sie zeigen, auf welch abenteuerliche Weise (für einen Staatsmann einer Großmacht) er auf die Idee gebracht worden ist, dieses Rüstungsprogramm anzuweisen. Es waren nicht die bedrohlichen Tatsachen durch die andere Supermacht selbst, sondern das Horrorszenario eines Hollywood-Spielfilmthrillers, »Der Tag danach«, wo sowjetische Atomraketen eine amerikanische Stadt zerstören. Das habe ihn zum SDI-Programm angeregt (nachzulesen in den Erinnerungen S. 616 f.).

Nun muß man nicht darüber streiten, inwieweit das überhaupt so stimmt und inwieweit der MIK auf solche gefährlichen, aber profitablen Lösungen drängte. Zumindest hat der frühere Hollywood-Schauspieler sein Metier gut in Szene zu setzen versucht. Aber daß (und wie) er in seinen Erinnerungen der Öffentlichkeit anvertraut, wie weltbewegende Entschlüsse eines USA-Präsidenten zustande kommen, ist nun wirklich eine amerikanische Geschmacksfrage.

Aber die dahinter verborgene Bedrohungslüge sprach Reagan unter Anrufung Gottes aus, denn der Präsident war auch noch ein frommer Mann. In der gleichen Rede prägte er, von seiner Kreuzzugsidee gegen den Kommunismus so besessen wie einst McCarthy, noch ein anderes schlimmes Wort, das half, den Kalten Krieg einem neuen Höhepunkt entgegenzutreiben.

»Lassen Sie uns für die Errettung all jener beten«, sagte der amerikanische Präsident, »die in der totalitären Dunkelheit leben – daß sie die Freude des Wissens um Gott entdecken mögen. Aber bis sie das tun, seien wir uns bewußt, daß sie, indem sie den Vorrang des Staates predigen, seine Allmacht über den Menschen auf Erden anstreben, der Brennpunkt des Bösen in der modernen Welt sind ...« (Ebenda)

Sternenkrieg gegen das Reich der Bösen – das war die Losung für die neue Etappe des Kalten Krieges. Reagan gab zu, daß er für diese Rede auch in seinen eigenen Reihen Kritik erhielt.

»Obwohl eine Menge liberaler Geister über meine Rede in Orlando hergefallen sind und behauptet haben, sie zeige, daß ich ein rhetorischer Revolverheld wäre, der eben so leichtfertig wie gewissenlos einen Krieg mit der Sowjetunion provoziere, hielt ich die ›Reich-des-Bösen‹-Rede und ähnliche in voller Absicht so und nicht anders.« (Ebenda)

Aber die nicht unberechtigte Kritik kümmerte ihn wenig. Es war das bewußte Auftreten des amerikanischen Präsidenten, der sich angesichts der Schwächen, die sich in der Sowjetunion nach dem Tode Breshnews deutlicher denn je offenbarten, alternativlos auf die Rolle des absoluten und einzigen Weltgendarms USA vorbereitete. Er tat das mit der Arroganz der Macht, die die Vereinigten Staaten durch die Schwächung der Sowjetunion auf wirtschaftlichem und damit auch politischem Gebiet immer deutlicher demonstrierten. Die brüske Ablehnung der sowjetischen Vorschläge, die durch Andropow und Tschernenko in der Nach-Breshnew-Zeit unterbreitet wurden, war von Reagan vielleicht aus der Überlegung heraus formuliert worden, daß es sich nur um »Übergangspäpste« handeln würde, ganz sicher aber als Demütigung von Staatsmännern einer immerhin Noch-Großmacht und ehemaligen Kriegsverbündeten gedacht. Reagan unterhielt zwar einen regen Briefwechsel mit Andropow und später auch mit Tschernenko, kam aber zu dem doch sehr anmaßenden Urteil: »In meinen Augen hatten die Sowjets immer noch nichts getan, womit sie sich eine Einladung zu einem Gipfeltreffen *verdient* hätten.« (Ebenda, S. 594, Hervorhebung von mir, H. Cz.)

Wie sich Reagan das »Verdienen« seitens der Sowjetunion vorstellte, muß dann aber doch durch Gorbatschow bewiesen worden sein, denn mit ihm nahm der amerikanische Präsident nicht nur sofort den brieflichen Kontakt auf, als der im März 1985 als Nachfolger von Tschernenko auf die Bühne der Weltgeschichte trat, von der er dann nach geleisteter Mohrenschuldigkeit von Jelzin wieder hinuntergefegt wurde, sondern lud ihn gar alsbald zu einem Gipfeltreffen ein. Reagan sah in Gorbatschow eine »ganz andere Art von Sowjetführer«, hat dessen internationale Unerfahrenheit und seine innenpolitischen Schwierigkeiten genutzt, um in mehreren Briefen an Gorbatschow und bei Gesprächen zwischen den Außenministern Shultz und Schewardnadse sich nun ganz offen in die sowjetische Innenpolitik und auch in die Außenpolitik einzumischen.

Man mag zur Innen- wie auch zur Außenpolitik der damaligen Sowjetunion gestanden haben, wie man will. Die Begehren oder Forderungen der USA waren schlicht unziemlich und nur von der anmaßenden Absicht geprägt, zur alleinigen Führungsmacht in der Welt aufzusteigen.

Aber Gorbatschow wich zurück. Und nun braucht man nur noch ein Kalendarium der Ereignisse anzuführen, um zu sehen, wohin die Reise ging.

19. November 1985: Erstes Zusammentreffen von Reagan und Gorbatschow in Genf mit dem Beschluß, die 1969 begonnenen und zwischenzeitlich immer wieder unterbrochenen amerikanisch-sowjetischen

Abrüstungsgespräche weiterzuführen, die unter dem Namen SALT (Strategic Arms Limitation Talks) in die Geschichte der Abrüstungsverhandlungen eingingen.

10. bis 12. Oktober 1986: Treffen in Reykjavik, das angeblich ohne Ergebnisse verlaufen sei. Im nachhinein hieß es, wenn man den Briefwechsel, der sich anschloß, aufmerksam verfolgt, daß man sich in vielen wichtigen weltpolitischen Fragen »nähergekommen« war. Bundeskanzler Kohl, offenbar vom USA-Präsidenten zu dem Zeitpunkt noch nicht richtig informiert, verglich nach dem »Mißerfolg« von Reykjavik Gorbatschow in einem Interview mit »Newsweek« mit Goebbels, was zunächst zu einer westdeutsch-sowjetischen Verstimmung führte, später aber der Männerfreundschaft zwischen beiden keinen Abbruch tat.

Anfang Juni 1987 besuchte der amerikanische Präsident Westberlin und hielt seine damals aufsehenerregende Rede am Brandenburger Tor, die sogar Eingeweihte überraschte und erst aus heutiger Sicht voll verständlich wird. Seinen »Erinnerungen« zufolge sagte Reagan damals: »... Südlich der Ostsee schneiden diese Schranken durch Deutschland hindurch einen Riß aus Stacheldraht, Beton, Hundelaufanlagen und Wachttürmen. Weiter im Süden mag es keine sichtbare augenfällige Mauer geben, aber es bleiben trotzdem noch die bewaffneten Wachposten und Kontrolltürme ... Solange das (Brandenburger) Tor zu ist, solange wird diese Mauer als Wunde fortbestehen; es ist nicht die deutsche Frage allein, die offenbleibt, sondern eine Frage für die gesamte Menschheit. Aber ich bin nicht hergekommen, um zu lamentieren ... Jetzt wird der Sowjetunion auch allmählich die Bedeutung der Freiheit klar. Aus Moskau ist viel von einer neuen Politik der Reform und der Offenheit zu vernehmen ... Wir begrüßen Veränderung und Öffnung, denn wir sind der Ansicht, daß Freiheit und Sicherheit – das Vorrücken der Menschenrechte – die Sache des Friedens nur vorantreiben kann. Es gibt ein Zeichen, das die Sowjets geben könnten, das unmißverständlich wäre und die Sache von Freiheit und Frieden auf dramatische Weise vorantreiben würde. Generalsekretär Gorbatschow, wenn Sie nach Frieden streben, wenn Sie Wohlstand für die Sowjetunion (!) und für Osteuropa wünschen, wenn sie die Liberalisierung wollen, dann kommen Sie hierher zu diesem Tor! Mr. Gorbatschow, öffnen Sie dieses Tor! Mr. Gorbatschow, reißen Sie die Mauer nieder!«

Es war schon ein bemerkenswerter Wechsel in den Worten von USA-Präsident Kennedy, der 1963 vor dem Schöneberger Rathaus ausgerufen hatte: »Ich bin ein Berliner«, und den unmißverständlichen Forderungen Reagans vierundzwanzig Jahre später.

Zum 70. Jahrestag der Oktoberrevolution am 6. November 1987 hielt Gorbatschow die Festrede, die Reagan offenbar besonders gefiel, denn der amerikanische Präsident zensierte diese Rede mit guten Noten: »Wir erhielten immer mehr Beweise dafür, daß Gorbatschow mit der Einführung grundlegender ökonomischer und politischer Reformen ernst machte. Die ersten freien Wahlen in der Sowjetunion waren geplant; Unternehmer wurden offiziell ermutigt, in der Sowjetunion aktiv zu werden, und am siebzigsten Jahrestag der Russischen Revolution ritt Gorbatschow eine scharfe Attacke gegen Stalin, die den Weg für eine neue Freiheit der Untersuchungen der sowjetischen Vergangenheit und ihrer Fehler eröffnete.

Es gab zaghafte Anzeichen dafür, daß die ›stille Diplomatie‹ mit Gorbatschow funktionierte ...« (Ebenda, S. 729)

Am 8. Dezember 1987 unterzeichneten Reagan und Gorbatschow in Washington den INF-Vertrag über die Abschaffung der bodengestützten Mittelstreckenraketen und ihrer Atomsprengköpfe. Aber, daß die USA auf SDI verzichten würden, wie es bislang als sowjetische Vorbedingung aller weiteren Abrüstung galt, hatte Gorbatschow trotz weiterer freiwilliger und einseitiger Abrüstungsschritte nicht erreicht. Gorbatschow ging es wie einem Pokerspieler, der kein Bargeld mehr zum Einsetzen hat und als Pfand Zugeständnisse auf Schuldscheine schreibt, die irgendwann eingelöst werden müssen, während sein Partner im Millionenspiel die Gewinne relativ mühelos einkassiert.

Daß Reagan allerdings die USA auch an den Rand ihrer Möglichkeiten getrieben hat, beweist unter anderem der Börsenkrach vom 19. Oktober 1987, der Kursverluste für die Aktien brachte, wie sie – nach Reagans eigenen Angaben – an einem Tage und in dieser Höhe das letzte Mal 1914 zu verzeichnen gewesen sind.

Aber 1988 liest Reagan das Buch »Perestroika« von Gorbatschow und schreibt in seinen Erinnerungen entzückt: »Es war ein Epitaph: der Kapitalismus hatte über den Kommunismus gesiegt.« (Ebenda, S. 747)

Reagan schreibt, nachdem er schon nicht mehr Präsident ist (am 8. 11. 1988 wurde George Bush, sein bisheriger Vize, zum 41. Präsidenten der USA gewählt), sehr selbstbewußt über die Erfolge seiner Politik, in diesem letzten Amtsjahr 1988, die Triumphe der Freiheit seien: Afghanistan ist frei (wie soll man jetzt angesichts der Ereignisse zehn Jahre später darüber denken, nachdem die von der CIA ausgebildeten »Rebellen« sogar eine antiamerikanische Haltung einnehmen?), Nicaragua ist wieder demokratisch (weil die Sandinisten das Blutvergießen, das Reagan persönlich mit seiner Iran-Contra-Affäre vergrößert hatte, beendeten?), Polen befreit sich vom Kommunismus. Der Sozialismus in Europa bröckelt überall zusammen.

Im Herbst 1988 wurde der langjährige CIA-Abteilungsleiter Vernon Walters, mit über 70 Jahren, zum USA-Botschafter in Bonn ernannt. Er galt als »Trouble Shooter«. Er war in Italien, als nach dem Krieg die KPI vor einem Wahlsieg stand, und griff mit offenen Drohungen des Entzugs amerikanischer Hilfe zugunsten der katholischen Partito Demokrazia Cristiana (DC) in den antikommunistischen Wahlkampf ein. Walters war in Griechenland, als die »schwarzen Obristen« gegen die Demokratie putschten, und in Chile, als Allende ermordet wurde. Er war bei der »Nelkenrevolution« in Portugal, und er war der amerikanische Sonderbotschafter beim Vatikan als es darum ging, mit dem polnischen Papst die hundert Jahre vorher von den USA abgebrochenen diplomatischen Beziehungen zum Kirchenstaat zwecks größerer Einflußmöglichkeiten auf den Vatikan, wiederaufzunehmen. Nun also wurde er aus der Rente geholt und als Botschafter nach Bonn geschickt. Offenkundig sollte, nach den vielen Präliminarien, jetzt die Schlacht um Deutschland beginnen. Der schon vorher zitierte sowjetische Botschafter in Bonn, Kwizinski, wies ja in seinem Zitat über die Grenzöffnung in Ungarn auf die amerikanische Teilhaberschaft an dem Unternehmen hin.

Welche Rolle Walters in dieser Zeit spielte, deutete auch der ehemalige außenpolitische Berater von Bundeskanzler Kohl, Horst Teltschik, zwischenzeitlich Vorstandsmitglied beim Bertelsmann-Konzern und jetzt Vorstandsmitglied bei BMW, in seinem Buch »329 Tage« an:

»Donnerstag 16. November 1989:

Am frühen Nachmittag unterrichte ich im Bundeskanzleramt den amerikanischen Botschafter Vernon A. Walters über die Ergebnisse der Polenreise des Bundeskanzlers und über seine Beurteilung der Lage in der DDR. Walters hat sich, seitdem er in Bonn ist, als großer Freund der Deutschen erwiesen. Offen, direkt und unkompliziert spricht er Probleme an und sucht nach pragmatischen Lösungen, die beiden Seiten (?) helfen sollen. In einem langen und abwechslungsreichen Leben, als Offizier, Stellvertreter von George Bush (der zu dieser Zeit frisch gewählter Präsident der USA ist, H. Cz.), beim CIA und Diplomat hat der alte Haudegen, der acht Sprachen spricht, Gelassenheit gelernt ... In diesen schicksalhaften Tagen zeigt sich, daß wir uns auf ihn verlassen können. Walters erzählt, daß er Freitagnacht (nach der Maueröffnung) auf der Glienicker Brücke zwischen Berlin und Potsdam gestanden hat. Vier Kriege habe er als Soldat miterlebt, doch so viele Männer wie in dieser Nacht habe er nie vorher weinen sehen. Da habe er gewußt, daß dies mehr sei als ein Wiedersehen; eine Familie habe wieder zusammengefunden. ›Deshalb‹, so betont er mit Emphase, ›glaube ich an die Wiedervereinigung. Wer sich gegen sie ausspricht, wird politisch hinweggefegt werden.‹ Diese Einschätzung hat der US-Botschafter auch seinem Präsidenten mitgeteilt.«[1]

Nur zur Erinnerung: Wenig später wurde die Losung auf den DDR-Straßen von »Wir sind *das* Volk« in »Wir sind *ein* Volk« umgewandelt. Scheinbar stillschweigend. Zum Teil so stillschweigend, daß die Träger der neuen Transparente es selbst nicht immer merkten. Manchmal gibt es eben »Zufälle«, die Geschichte machen.

Nach diesem mehr außenpolitischen Exkurs muß ich aber doch noch einmal auf die innere Situation in der DDR zurückkommen, soweit sie die Haltung und Politik Gorbatschows betrifft. Die schwierige innenpolitische Situation in der DDR, die nach gewissen spektakulären Anfangserfolgen (durch Verzehr wirtschaftlicher Grundsubstanz und auf Kredit) nach dem VIII. Parteitag der SED entstanden war, hatte die SED-Parteiführung mehr und mehr dazu verleitet, innenpolitisch entweder Sprüche zu klopfen oder zu schweigen. Von Zeit wurde die Statistik bemüht, um zu beweisen, daß eigentlich alles besser geworden sei. Die Glaubwürdigkeit wurde dabei langsam, aber stetig verspielt, weil die Bevölkerung an der Basis die Ergebnisse sehen wollte.

Über die Außenpolitik in dieser Zeit, in die sich Honecker flüchtete, will ich jetzt nichts sagen. Sie war zweifellos vernünftig, weil die propagierte Koalition der Vernunft und des guten Willens angesichts der Hochrüstungspolitik, die auch für den Nachbarn Bundesrepublik (NATO-Doppelbeschluß u. ä.) den einzig richtigen Ausweg aus dem Hochrüstungsdilemma darstellte. Gleichzeitig diente sie aber dazu, wie es so oft in der Politik geschieht, durch außenpolitische Aktionen von innenpolitischen Schwierigkeiten abzulenken. Zudem war sie allzusehr von den Eitelkeiten des SED-Generalsekretärs und Vorsitzenden des Staatsrates geprägt.

In dieser Zeit nun weckten Gorbatschows Worte vom neuen Denken, von Perestroika und Glasnost Hoffnungen in der DDR, vor allem auch in der Parteibasis selbst. Die SED-Mitglieder waren es bisher gewöhnt, daß Änderungen in der sowjetischen Politik umgehend nachvollzogen wurden, nach dem Motto: Von der Sowjetunion lernen – heißt siegen lernen. Da es Reformgedanken waren, die diesmal offiziell aus der UdSSR und nicht aus einem beliebigen Lande (z. B. Polen oder ČSSR) kamen und

1 Horst Teltschik: 329 Tage – Innenansichten der Einigung, Berlin 1991, S. 32.

noch dazu in die Vorstellungen vieler SED-Mitglieder paßten, wurden diesen Gedanken Gorbatschows geradezu Huldigungen zuteil. Das war auch anfangs schon ein wenig übertrieben, aber in der Tat hätten, bei vernünftigem Herangehen, manche Dinge in der Politik des Sozialismus grundlegend verändert werden können.

Aber nun kamen in dieser Situation, ausgerechnet von der Parteiführung, die einst Ulbricht des Antisowjetismus geziehen hatte, harte Töne gegen den neuen sowjetischen Kurs. Natürlich mußte sich die DDR-Führung letzten Endes dem sowjetischen Druck beugen und die anfänglich verschwiegenen, zumindest aber gekürzten Reden Gorbatschows als Bücher herausbringen und z. T. im »Neuen Deutschland« abdrucken (insofern wandte der Antistalinist Gorbatschow seinem Verbündeten DDR gegenüber selbst stalinistischen Druck an).

Aber die Abneigung gegen die gorbatschowschen Reformideen und sein neues Denken war so groß, daß sich die SED Führung zum Teil offen gegen diesen Kurs wandte. Dazu gehörten der Ausspruch des Politbüromitglieds Hager über den Tapetenwechsel beim Nachbarn, den man nicht mitmachen müsse oder die Auffassung, die öffentlich verbreitet wurde, die Perestroika hätten wir längst hinter uns, und mehr Glasnost, als es ohnehin bei uns gäbe, könnten wir uns angesichts des in Hautnähe befindlichen Gegners nicht leisten. Dazu gehörte ferner das Verbot der sowjetischen Zeitschrift »Sputnik«, das selbst in den Reihen der Partei nicht nur auf Unverständnis, sondern auf offenen Unmut stieß. Es gab nunmehr nicht nur einen größer werdenden Spalt zwischen Partei und Bevölkerung, sondern auch zwischen Führung und Mitgliedschaft der Partei. Es bildete sich eine mehr oder weniger offene innerparteiliche Opposition gegen Honecker und vor allem gegen Mittag heraus, die sich auf verschiedene Weise bemerkbar machte und sich schließlich im Oktober, unmittelbar nach dem 40. Jahrestag der DDR, Luft machte.

Über die wirklichen Ursachen der Haltung der SED-Führung gegenüber Gorbatschow kann man im Grunde nur spekulieren. Am wahrscheinlichsten sind zwei Gründe. Erstens, daß sich die SED-Führung in sowjetischen Augen hart an der Grenze des Erlaubten zum, wenn auch inzwischen wegen der Kredite und anderer zweifelhafter Zusammenarbeit allseits umschmeichelten Klassenfeind bewegte. In Bonn wurde 1987 sogar ein Staatsbesuch Honeckers arrangiert, der das Selbstbewußtsein der alten SED-Führung zunächst steigerte, vor allem weil er ursprünglich auf sowjetischen Druck hin mehrmals verschoben worden war. Dennoch glaubte die SED-Führung sich angesichts der Stimmung in der Bevölkerung keine größeren demokratischen Freiheiten, keine

Öffnung leisten zu können, weil man befürchtete, daß damit alles außer Kontrolle geraten würde, wie es sich dann auch durch die Ereignisse nach Öffnung der ungarischen Grenze und den Ereignissen in der Prager Botschaft der BRD bestätigte. Alle Versuche, die Zügel etwas zu lokkern, mußten angesichts der gegen Ende der achtziger Jahre angeheizten Stimmung zu einem Durchgehen der Pferde führen. Die widerspruchsvolle, um nicht zu sagen, prinzipienlose Politik des Einerseits und Außerdem ließ keine Demokratisierung von Wirtschaft und Gesellschaft zu, wenn man nicht einen grundlegenden Wandel vollziehen wollte. Das wollte man nicht, zumal diese Führung dazu auch nicht in der Lage war, denn ihre Sprachlosigkeit rührte von einer Konzeptionslosigkeit her, die auch nicht durch eine repressive Haltung gegenüber der eigenen Bevölkerung zu ersetzen war. 1987 und 1988 war bereits klar, daß der Karren an die Wand gefahren war. Nur Staatsbesuche des Staatsratsvorsitzenden in fremden Ländern schienen dem Land einen matten Glanz zu verleihen. Besuche von Schmidt und Wehner, Strauß, Schäuble und Seiters, Rau, Engholm und Späth bei Erich Honecker waren Versuche beider Seiten, eine heile Welt vorzuweisen. (Weshalb der Widerwille einiger dieser Leute gegenüber der ehemaligen DDR-Führung heute auch so geheuchelt ist.) Jede der beiden Seiten befürchtete eine Explosion, ausgelöst durch Gorbatschow. Aber keiner wollte das, weil niemand wußte, wie sich das gesamtdeutsch auswirken würde, da auch die Bundesrepublik zu dieser Zeit in einer Krise steckte.

Der zweite und meines Erachtens nach wichtigste Grund für die Anti-Gorbatschow-Haltung lag ganz offensichtlich darin, daß der SED-Führung bekannt wurde, welchen Preis Gorbatschow seit Reykjavik für Zugeständnisse der Amerikaner in der Abrüstungsfrage zu zahlen bereit war: Nach dem sichtbar bevorstehenden Ausbrechen Polens und Ungarns aus der ohnehin locker gewordenen sozialistischen Phalanx war zwischen den Großmächten offenkundig Einmütigkeit darüber hergestellt worden, die DDR als Verhandlungsmasse anzubieten, auch um so den angeblich ständigen Unruheherd der sogenannten deutschen Frage in Mitteleuropa aus der Welt zu schaffen. Es war deutlich geworden, daß vor allem die USA und die kleineren europäischen NATO-Partner nationale Bestrebungen für die deutsche Einheit in ein europäisches Bett kanalisieren wollten. (Frankreich und Großbritannien waren da etwas zurückhaltender.) Die SED-Führung hatte erkannt, daß damit der Untergang der DDR herbeigeführt wurde und auch – es gab ja nicht nur falsche Gedanken in den Köpfen des Politbüros – eine unerträgliche Großmachtrolle Deutschlands heraufbeschworen würde. Freilich konnte die DDR-Führung diese Erkenntnis nicht mehr in eine Politik umsetzen, die diese Entwicklung hätte verhindern können. Insofern war die Politik- und Sprachlosigkeit der DDR-Endzeit ein ganz entscheidender Nagel zum Sarg für das Land, das sich einmal der Zukunft zugewandt hatte.

Hinzu kam, daß die wirtschaftliche Lage in der Sowjetunion auch die DDR-Wirtschaft in immer größere Schwierigkeiten brachte. Umgekehrt war das freilich nicht anders, obwohl der eigentliche Zusammenbruch der auf Gegenseitigkeit aufgebauten Wirtschaftsbeziehungen erst mit dem 1. Juli 1990 kam.

Also: Die etwas freundliche Hinwendung der DDR-Führung nach Westdeutschland, bei der man nicht einmal mehr Kritik in den Medien an bestimmten, sonst im Schußfeld der Agitation stehenden Politikern, wie Strauß oder Wehner, zuließ, u. a. um günstige Kredite zu erhalten, die die DDR-Wirtschaft retten sollten, stürzte sie freilich in Wahrheit in immer größere Schwierigkeiten. Der nach Ulbrichts Versuchen von den einstigen Gegenspielern wieder aufgenommene Dialog mit der SPD, der mit dem ungeliebten Papier einer gemeinsamen Erklärung zu Sicherheit und Ideologie endete, hatte natürlich einerseits in der Sowjetunion Mißtrauen ausgelöst, andererseits in Bevölkerung und Partei der DDR falsche Vorstellungen geweckt. Das sich zuspitzende Verhältnis zwischen DDR und Sowjetunion war also beiderseitig verschuldet und hat nicht zuletzt dazu beigetragen, daß die DDR von Gorbatschow mit etwas leichterem Herzen geopfert wurde, vor allem aber, daß sich die Sowjetische Armee diesmal konsequent aus den Querelen auf deutschem Boden herausgehalten hat.

Jedenfalls wurde besonders in der zweiten Hälfte der achtziger Jahre mit ihrem Höhepunkt 1989 nicht ein Beweis für die Unmöglichkeit, den Sozialismus in Europa zu errichten, geliefert, sondern für die Konzeptionslosigkeit, besonders seit dem VIII. Parteitag der SED, eine solche Aufgabe mit Aussicht auf Erfolg zu lösen.

Bleibt für den Chronisten schließlich noch die Frage, welches die Hauptursachen für den Zusammenbruch des Realsozialismus in der DDR waren. Zunächst muß ich zum wiederholten Male sagen, damit es nicht in Vergessenheit gerät: Es darf nicht außer acht gelassen werden, daß dieser Zusammenbruch kein isoliert zu betrachtender Vorgang war. Mit der Gorbatschowschen Absage an den bisher bekannten Sozialismus und schließlich an das sozialistische Staatsgebilde Sowjetunion, mit den Wandlungen zunächst in Polen, dann in Ungarn, der Tschechoslowakei und schließlich auch den anderen europäischen sozialistischen Ländern auf mehr oder weniger dramatische Weise wäre natürlich die DDR als

Insel der Seligen nicht von Bestand gewesen. Ohne eine funktionierende Sowjetunion konnte die DDR nicht weiterexistieren. Die Gorbatschowsche Abkehr vom bisher realexistierenden Sozialismus war, wie Kwizinski sagte, der Tod der DDR.

Die Tatsache vom europaweiten Zusammenbruch des Realsozialismus sowjetischer Prägung hat natürlich Theoretiker aller Länder und Weltanschauungen in der Aussage vereinigt, daß der Sozialismus von Anfang an eine Fehlgeburt war, so wie die Staaten, die sich der Sozialismus schuf, dieser Logik folgend, von Anfang Unrechtsstaaten waren. Das war die Basis für alle dann folgenden Schritte zu den Delegitimierungsversuchen, um die Geschichte für den Fortbestand der kapitalistischen Gesellschaftsordnung gerade jetzt an der Jahrhundertwende zurechtzubiegen.

Beschränken wir uns aber trotzdem auf die Gründe, die besonders für den Zusammenbruch der DDR eine Rolle spielten, so komme ich zu drei mir als wesentlich erscheinenden Feststellungen:

Erstens hat die sozialistische Wirtschaft so, wie sie praktiziert wurde, insgesamt versagt. Sie hat es beispielsweise nicht fertiggebracht, eine der Kernfragen für ein sozialistisches Wirtschaften, die Frage des Eigentums im notwendigen Sinne neuer gesellschaftlicher Verhältnisse zu lösen. Natürlich kann man dem französischen Anarchisten Proudhon folgen, der davon sprach, daß Eigentum Diebstahl sei. Dafür hat ihn Marx schon kritisiert, obschon damit ein wunder Punkt in der Eigentumsfrage berührt wurde. Schließlich wird Eigentum immer dann gebildet, wenn eine Aneignung von Waren und Gütern stattfindet. Rechtmäßig oder, wie wir aus der Realität wissen, auch unrechtmäßig. Das Eigentum, also die Aneignung von Produktionsmitteln beispielsweise, bestimmt, wie wir spätestens seit Marx wissen, nicht nur die Produktionsverhältnisse, sondern auch die gesellschaftlichen Verhältnisse. Und genau hier hat es keine klaren Verhältnisse gegeben, um im Wortspiel zu bleiben. War es Volkseigentum? War es Staatseigentum? Wer war der Staat? War das Volk der Staat? War es die »führende« Partei? War es die vom Volk oder der Partei bestimmte Exekutive? Ich weiß, daß dies für einige Staatsrechtler und Ökonomen etwas kurz geschlossen wirkt. Aber ich muß diese Fragen stellen, auch etwas verkürzen, um auf Aussagen zum Versagen des Sozialismus zu kommen. In jedem Fall sind die Antworten endgültig noch nicht gegeben. Deshalb würde ein sachlicher wissenschaftlicher Streit darüber in jedem Fall nützlicher sein als die schlichte unwissenschaftliche und verallgemeinernde Verdammung, wie wir sie jetzt erleben. Es konnte in der Tat nicht so bleiben, wie es war, aber es mußte auch nicht so kommen, wie es ist.

Eins scheint mir an dieser Jahrhundertwende jedoch klar zu sein: Es mußte in diesem Jahrhundert der Versuch unternommen werden, das Dilemma, in dem die bürgerlich-kapitalistische Gesellschaft steckt, zu beenden. Der Versuch mit dem realen Sozialismus nach dem sowjetischen Modell ist gescheitert. Aber kein Wissenschaftler gibt sich damit zufrieden, daß, wenn ein Versuch scheitert, vor allem wenn er überzeugt ist, daß die Notwendigkeit besteht, ihn erfolgreich beenden zu müssen, ihn mit den gewonnenen Erfahrungen zu wiederholen.

Selbst die Wahlpropaganda des Jahres 1998 ging in allen Parteien davon aus, daß es einen Politikwechsel und nicht nur einen Regierungswechsel geben muß. Es muß also etwas faul sein im Staate, wenn der Politikwechsel so dringend ins Haus steht. Und wir werden sehen, wie die Wahlsieger des Jahres 1998 das Problem angehen werden. Ich fürchte, es wird noch keine prinzipielle Änderung geben ...

Um auf die DDR zurückzukommen und dennoch beim Thema zu bleiben: Hier hätte man jedenfalls viel differenzierter an diese Frage herangehen und beispielsweise zwischen den Eigentumsverhältnissen einer alles beherrschenden Großbank und einem, für die Innovation und Kreativität einer funktionierenden Volkswirtschaft entscheidenden Mittelstand besser unterscheiden müssen. Ansätze, den Mittelstand zu fördern, waren immer wieder einmal gemacht worden. Aber, um nur ein Beispiel zu nennen, allein die sozialistische Steuergesetzgebung hat solche Anläufe immer wieder illusorisch gemacht. Ich will keine Grundsatzurteile fällen, aber was man mit Steuern alles regulieren oder deregulieren kann, zeigt uns das kapitalistische System. Ökonomen müßten das Versagen des Sozialismus auf diesem Gebiet genauer definieren, um eventuell Schlußfolgerungen daraus zu ziehen.

Die in der DDR ungeklärte Eigentumsfrage konnte vor allen Dingen auch kein Eigentümerbewußtsein schaffen, keine Einstellung zu der Frage, wem was auf welche Weise gehört und wen es wozu verpflichtet. Nicht nur deshalb, aber vor allem dadurch erhielt die Wirtschaft keine Effizienz. (Obwohl ich dieses Wort aus dem deutschen Sprachschatz streichen und durch ein menschlicheres Wort ersetzen würde. Seit Auschwitz klingt das Wort Effizienz schrecklich unmenschlich.)

Oder: Die Geldwirtschaft wurde allein durch die Enteignung der Banken nicht zu einem Kontrollinstrument, sondern allenfalls zu einem Planungsinstrument umfunktioniert. Das Geld spielte nicht nur nicht die notwendige volkswirtschaftliche Rolle zum Beispiel als Anreiz, es spielte in der Wirtschaft faktisch überhaupt keine Rolle. Wenn keins mehr da war, hat man es gedruckt. (Nicht ganz so einfach, aber nur, um das Dilemma zu verdeutlichen.) Natürlich hing eine gewisse Auffassung, daß das Geld in der DDR nicht viel wert war, auch damit zusammen, daß es durch die Planwirtschaft keine produktivitätsanspornende Warendekke gab. Auf gut deutsch: Es gab keinen befriedigenden Binnenmarkt. Die Leute konnten sich für ihr oft hart verdientes Geld nichts kaufen oder nicht das kaufen, was sie wollten, weshalb sie sich nicht mehr in dem Maße anstrengten, das für eine Produktivitätserhöhung notwendig gewesen wäre.

Es gab im realexistierenden Sozialismus überhaupt keinen Markt. Nun weiß ich natürlich, daß im Kapitalismus der freie Markt zum Götzen geworden ist, der, wie wir heute alle spüren können, letztlich zum Chaos führt. Ein geregelter sozialistischer Markt, über den natürlich nachgedacht worden war, hätte aber unter anderem mindestens eines zur Voraussetzung gehabt: Daß ihn alle sozialistischen Partner einführen. (Weshalb u. a. der Rat für Gegenseitige Wirtschaftshilfe gegründet wurde, ohne jemals richtig zu funktionieren, schon gar nicht als sozialistischer Weltmarkt.)Voraussetzung wäre aber auch gewesen, daß der bestehende kapitalistische Weltmarkt zur Kooperation bereit gewesen wäre. Wissend, daß hier die Schwachstelle sozialistischer Wirtschaftspolitik lag, wurden Kooperationen, selbst wenn sie möglich gewesen wären, hintertrieben, wurden Embargos verhängt und der Wirtschaftskrieg zum Hauptschlachtfeld der Auseinandersetzung im Kalten Krieg gemacht.

Aber auch wenn man die äußeren Umstände einmal beiseite läßt, die keineswegs unmaßgeblich für das Scheitern des Sozialismus waren, hatte der Sozialismus selbst kein sozialistisches Wirtschaftskonzept. Versuche wie Reformen in der ČSSR oder der DDR scheiterten an Dingen, die ich bereits geschildert habe. Mit der Hochrüstung, die keineswegs damit zu begründen ist, daß der Sozialismus sie zum Zwecke der Welteroberung nutzen wollte, sondern die ein mitentscheidendes Feld des Kalten Krieges war, wurde die Lage natürlich arg verschlimmert.

Insgesamt aber muß man sehen, daß der Sozialismus den von ihm angenommenen Wettbewerb mit dem Kapitalismus maßgeblich auf dem Felde der Wirtschaft verloren hat. Jede alternative Politik zum Kapitalismus müßte daher auf dem Gebiet der Wirtschaft einsetzen.

Zweitens: Ein weiterer entscheidender Grund für das Versagen des Sozialismus in der DDR lag in seinem Demokratiedefizit. Ich meine hier nicht – weil von DDR-Historikern darauf oft und gern und zwar zu Recht hingewiesen wird – eine gewisse innerbetriebliche Demokratie, die jedes kapitalistische Mitbestimmungsrecht aus dem Felde geschlagen hat. Ich meine hier aber auch nicht die platte Auffassung von Demokratie, daß jeder an jeder Stelle alles sagen kann, was er will. Wenn ich meine eigenen Erfahrungen betrachte, konnte man das bis zu einem gewissen Grade auch in der DDR. Und »bis zu einem gewissen Grade« gilt ebenfalls in der vereinigten Bundesrepublik Deutschland. Alle Menschen sind gleich, aber es gibt eben auch in der Demokratie gleichere. Aber das alles bleiben Marginalien angesichts der Probleme, um die es eigentlich geht.

Wenn von Demokratie die Rede ist, meine ich vor allem die Demokratie, die dem Ursprungswort entspricht, das heißt Herstellung der Volksherrschaft, die eine weitgehende Mitbestimmung im Staate gewährleistet. Dazu ist allerdings in hohem Maße die Informationsfreiheit (bis an die Grenze des Staats- und auch Persönlichkeitsschutzes) und damit Pressefreiheit gemeint. Auch hier geht es nicht um die verballhornte Pressefreiheit, die wir nun tagtäglich mit der Yellow-Press erleben. Es geht wirklich um mehr. Nur der in allen wesentlichen wirtschafts-, kultur- und gesellschaftspolitischen Fragen informierte Bürger ist in der Lage, den gesellschaftspolitischen Anforderungen zu genügen, wie sie der Übergang von der Industriegesellschaft zur sogenannten Informations- und Dienstleistungsgesellschaft – einem Entwicklungsprozeß, in dem wir uns seit Jahrzehnten befinden – erfordert. Die Informationen muß der Bürger erhalten, weil nur sie ihn zur demokratischen Mitbestimmung befähigen. Demokratische Mitbestimmung, besteht nicht nur in der sogenannten parlamentarischen Demokratie, wo man alle vier Jahre zur Wahlurne geht, wo dann oft ganz zweifelhafte Mehrheiten entstehen, sondern in der Form der Einbeziehung aller Bürger, soweit sie das wollen, in die verschiedenen gesamtnationalen oder auch nur regionalen Entwicklungsprozesse. Das würde neue Formen auch außerparlamentarischer demokratischer Mitbestimmung notwendig machen. Das gab es auch in der DDR nicht, wenn man von zu Äußerlichkeiten abgesunkenen Absichten absieht. Denn zu grundsätzlichen Entscheidungen konnten die Bürger auch in der DDR nicht viel beitragen. Von Kleinigkeiten einmal abgesehen. Es fehlte der demokratischen Freiheit vor allem die Informationsfreiheit.

Aber die ist heute natürlich auch nicht nur dadurch gewährleistet, daß wir in einer parlamentarischen Demokratie mit einem Grundgesetz leben. Denn wenn man schon ein Adjektiv benutzen muß, um einen Begriff zu erklären, dann schränkt man natürlich diesen Begriff von vornherein ein. So jedenfalls ergibt es sich aus der einfachen Semantik. Das gilt natürlich auch für den Begriff der sozialistischen Demokratie. Eine Spitzenleistung auf diesem Gebiet war übrigens ja wohl der Begriff Volksdemokratie.

Aber Demokratie muß man verstehen in des Wortes wahrer Bedeutung. Sie war – ich wiederhole es – in der DDR nicht gegeben, auch wenn man berücksichtigt, daß man verbal den Begriff breiter faßte, als das in der parlamentarischen Demokratie geschieht.

Es gab zum Beispiel einmal eine Losung, die, inhaltlich gesehen, weitgehend den Begriff der Demokratie erfaßte, auch wenn sie wegen ihrer letztendlichen Mißachtung mit Witzen garniert wurde. Sie lautete: Arbeite mit, plane mit, regiere mit! Wenn dies verwirklicht worden wäre, hätte es jede parlamentarische Demokratie in den Schatten gestellt. Aber es war eben leider nur eine Sprechblase. Vielleicht gut gemeint, aber nicht genutzt.

Vielleicht ist eine Diskussion über Demokratie, die diesen Namen auch verdient, noch gar nicht richtig begonnen worden. Um ein Berliner Witzwort – ich glaube, es stammt in der Urform von Adolf Glassbrenner – abzuwandeln: Mit der heutigen Demokratie is et wie mit een scheenet Meechen. Hibsche Beene, strammer Busen, tolle Fijur, aber det Luder hat'n Ast.

Niemand wird mir, gerade angesichts dessen, was wir im letzten großen Wahlkampf dieses Jahrhunderts erlebten, erklären können, worin dabei die Demokratie bestand und was dabei an Demokratiegewinn herauskam. Jedenfalls sollten nicht so leichtfertig Urteile über das, was man Demokratie nennt und was Demokratie ist, gefällt werden, vor allem wenn man im Glashaus sitzt.

Ich weiß, daß auch diese Bemerkung von vielen Seiten kritisiert werden wird. Auch von einer Seite, die mir nahesteht. Überzeugend wäre das für mich noch nicht. Wenn man behauptet, die heutige Bundesrepublik repräsentiere die bisher beste deutsche Demokratie, weil sie zum Beispiel eine sehr demokratische Verfassung habe, dann muß ich – widerborstig, wie ich nun mal bin und auch immer war – auf eine solche Behauptung antworten.

Die ursprüngliche Verfassung der DDR von 1949, die sogar, im Gegensatz zum Grundgesetz, zur Volksabstimmung gestellt wurde, war expressis verbis eine sehr demokratische Verfassung, genau wie es die ursprüngliche Verfassung der Bundesrepublik war. Aber erstens ist es in der DDR nicht bei dieser demokratischen Verfassung geblieben. Es gab in den sechziger und dann noch einmal in den siebziger Jahren zwei gründlich veränderte Verfassungstexte. Jede war für die Demokratie schlechter als die vorangegangene. Von den ursprünglichen demokratischen Grundsätzen ist wirklich Wesentliches verlorengegangen. Ich muß nicht Einzelheiten nennen. Jeder Kenner der DDR weiß, was gemeint ist.

Aber nun zu sagen, die Verfassung der Bundesrepublik ist nach wie vor so gut und demokratisch wie das 1948 am Herrenchiemsee entworfene und im Mai 1949 von der Mehrheit des Parlamentarischen Rates beschlossene Grundgesetz (zum Begriff »Verfassung« konnte man sich ja bis heute offiziell nicht durchringen), der lebt in einem Irrglauben oder verschleiert absichtlich die Tatsachen. Zwischen 1951 und 1983 gab es fünfunddreißig zum Teil ganz gravierende grundsätzliche Änderungen des Grundgesetzes, einschließlich bei den Grundrechten. Sie haben eine völlig neue und zwar auch schlechtere Verfassung hinterlassen, als sie 1949 verabschiedet wurde. Die seit 1990 erfolgten zehn weiteren Grundgesetzänderungen waren nicht nur durch die deutsche Einheit und bestimmte Notwendigkeiten verfassungsändernden Charakters geboten. Da gab es auch noch weitergehende einschneidende Änderungen wie beim Asylrecht und die Änderungen wegen des großen Lauschangriffes, die das Grundrecht auf Unverletzbarkeit der Wohnung einschränkten und den demokratischen Inhalt dieser Verfassung nicht besser machten. Und es steht zu befürchten, das dies munter so weitergeht, wenn wir nicht wirklich einen Politikwechsel erzwingen.

Sebastian Haffner, der deutsch-britische Publizist mit seiner sehr klaren Sicht auf die deutschen Dinge hat einmal gesagt, daß die 1949 erfolgte Beschlußfassung über das Grundgesetz der Termin war, von dem an zu den Grundrechten der Bürger nichts mehr hinzukam, sondern die Abzüge begannen.

Warum hat man 1989/90 eigentlich die durch den Artikel 146 GG gegebene Gelegenheit nicht genutzt, dem einheitlichen Deutschland eine wirklich neue, aus den vierzigjährigen Erfahrungen zweier deutscher Staaten geborene demokratische Verfassung zu geben? Eine Flickwerkkommission des Bundestages fügte Änderungen ein, die sich aus der Situation ergaben, aber ansonsten wurde den Ostbürgern das von Notstandsgesetzgebung, Eingriffen auf Persönlichkeitsrechte, Strafrechtsänderungen und anderen undemokratischen Einschnitten zerfledderte Grundgesetz übergestülpt. Aber da diese Ostbürger nun Bürger dieses Staates sind, haben sie auch diese Verfassung zu respektieren. Das mag für manchen hart sein, ist aber unumgänglich, wenn er sich nicht wegen Verfassungsbruches anklagen lassen will. Wenngleich nicht jeder Verfassungsbruch, der von anderer Stelle als von einfachen Menschen begangen wird, gesühnt wird.

Natürlich gibt es auf dieser Welt schlechtere Verfassungen. Aber ich muß doch, weil ich noch nicht die schlechteste Verfassung erwischt habe, nicht jeden Sonntag in der Kirche eine Kerze anzünden oder auch sonst dauernd meine Dankbarkeit für diese Verfassung äußern. Im übrigen sähen ich und mit mir sicherlich auch viele andere deutsche Landsleute gern, wenn diese Verfassung dann wenigstens auch in allen ihren

Teilen durchgesetzt würde. Ich warte, um nur ein Beispiel zu nennen, auf den Augenblick, wo der Artikel 15 GG (Sozialisierung) verwirklicht wird, angesichts der unerträglich zunehmenden Allmacht der Banken, die den Artikel 14 Abs. 2 GG ständig ungestraft verletzen.

Und daß die Möglichkeit besteht, auch in der parlamentarischen Demokratie die Verfassung wieder rück-zu-demokratisieren, ist doch wohl unbestritten und kann nicht als undemokratisch oder als Angriff auf die Verfassung bezeichnet oder gewertet werden.

Diese Bemerkung habe ich mir gestattet, nicht nur, weil ich glaube, daß Verfassungsfragen Machtfragen sind, sondern, weil das Beispiel DDR zeigt, wohin es führt, wenn Verfassungsrechte und Demokratie zu Worthülsen verkommen. Die ehemaligen DDR-Bürger wissen, daß sie vierzig Jahre lang bestimmte Werte der Demokratie in des Wortes ursprünglicher Bedeutung entbehren mußten. Die meisten Bundesneubürger aber wissen offenbar noch nicht, daß sie sie auch jetzt noch nicht errungen haben. Man sollte nicht nur immer über die DDR urteilen, sie verurteilen, sondern sie als Beispiel nehmen, wie man es nicht machen sollte, wenn man einen Politikwechsel in diesem Lande für das kommende Jahrhundert will.

Spätestens hier muß ich eine Einfügung machen. Es gibt die Auffassung, auch bei mir politisch Nahestehenden, daß man das, was in der DDR geschah, nicht laufend mit der Altbundesrepublik vergleichen sollte. Der Vergleich ist nun einmal nicht nur ein hinkender Geselle schlechthin, sondern der Vergleich macht auch, wie Gogol es einmal formulierte, das eigentlich Verständliche noch klarer.

Die DDR wird ständig in propagandistischer Verzerrung mit der Zeit zwischen 1933 und 1945 verglichen. Allein, wenn man die Ereignisse, die in diesen zwölf Jahren die Weltgeschichte bestimmten, mit der vierzigjährigen Existenz der DDR vergleicht, wird man objektiverweise feststellen müssen, wie unstatthaft solche Vergleiche sind. Hier hält man sich an Äußerlichkeiten fest, verwechselt aber die Grundpositionen. Für meine Begriffe wären Vergleiche zwischen Bundesrepublik und DDR, die beiden 1945 den gleichen Ausgangspunkt hatten, statthaft. Wenn schon Vergleiche zur Nazizeit herangezogen werden, dann müßte die Bundesrepublik freilich sehr viel schlechter abschneiden, weil die Nazifinanziers und die Nazidiener in der werdenden Bundesrepublik eine sehr bestimmende Position einnahmen und damit trotz demokratischem Grundgesetz den Charakter dieser Bundesrepublik und ihre politischen Ziele viel eher prägten, als das etwa in der DDR der Fall war. Auch die Totalitarismus-Theorie kann darüber nicht hinwegtäuschen. Im Gegenteil, sie ist lediglich ein Versuch, die Ursachen des Faschismus, seine ökonomischen Grundlagen, die im Kapitalismus liegen, zu vertuschen. Also wenn Vergleiche, dann muß es sich auch um Vergleichbares handeln.

Drittens: Die DDR war nicht in der Lage, die »nationale Frage« zu lösen. Die Lösung hätte vielgestaltig sein können. Freilich müßte man erst einmal definieren, worin die nationale Frage in Deutschland eigentlich bestand. War es die Wiedervereinigung des durch den von Deutschland ausgelösten Krieg und seinen Folgen geteilten Landes? Dann hätte eine Lösung sehr viel früher geschehen können als 1990. Da stand aber zweierlei im Wege.

Einmal: Bis auf den heutigen Tag scheint für gewisse Leute immer noch nicht endgültig geklärt, was alles zum geteilten Nachkriegsdeutschland gezählt wird. Ich erinnere mich an Riesenplakate der Landsmannschaften, von den großen Parteien nicht nur geduldet, sondern durch ihre Teilnahme an den entsprechenden Veranstaltungen auch unterstützt, auf denen eine Vorkriegs-Deutschlandkarte aufgezeichnet war, durch die zwei Risse gingen. Einmal war die DDR abgeteilt, die man damals Mitteldeutschland nannte. Der zweite Riß trennte jene Landesteile ab, die, zusammengefügt, Deutschland in den Grenzen von 1937 zeigte. Dazu der Text: Deutschland dreigeteilt? Niemals!

Zum anderen: Die Spalter Restdeutschlands in zwei deutsche Staaten saßen, wie der Verlauf der Geschichte beweist, in Bonn. Natürlich hatten sie ihre Politik darauf ausgerichtet, Verlorenes nicht für immer preiszugeben, sondern es sich wieder zu holen. Aber das sollte nur von einer Position der Politik der Stärke her geschehen. Die entsprechenden Zitate führender westdeutscher Politiker sind in jeder Bibliothek nachzulesen. Aber immer ging es in den Köpfen dieser Politiker nicht um Wiedervereinigung, sondern »um die Befreiung verlorener Gebiete«, wie es Adenauer formuliert hatte. Wenn auch Adenauer selbst nichts an Ostelbien und den Kartoffeläckern rund um Berlin gelegen war, die Kräfte, die hinter ihm standen, wollten niemals auf das verzichten, was ihnen genommen worden war. Sie wußten, daß ihnen mit einer Wiedereinverleibung der DDR, trotz propagierter Pleiten und Pannen, ein erhebliches Stück Macht und Größe zuwachsen würde, um ihre alte Führungsrolle in Europa wieder spielen zu können. Da konnte man sich Zeit lassen. Man mußte nur den DDR-Bürgern, je unzufriedener sie mit ihrer Lage in der DDR wurden, desto vielversprechender, eine Rübe, genannt Wiedervereinigung, mit dem Deutschmark-Gebiet an die Deichsel hängen. Diese Vereinigung nach ihrem Willen war für die Macht an Rhein und Main die Lösung der deutschen, der für sie noch offenen Frage. Das war das nationale Konzept in Bonn, nach der abgewandelten Losung Poincarès: Immer daran denken und immer darüber reden. Demgegenüber hatte die DDR kein machbares nationales Konzept. Wiedervereinigung auf der vom Westen immer geforderten Basis von freien Wahlen war 1952 von der Sowjetunion akzeptiert worden und wäre auch im Sinne der Potsdamer Abmachungen gewesen. Sie war in der Zeit bis etwa 1953 sogar möglich, aber scheiterte an Bonn. Natürlich war dieses Konzept angesichts des Kräfteverhältnisses der Parteien in Deutschland bei der SED-Führung nicht geliebt. Es hätte ihr aber angesichts des sowjetischen Vorherrschaftsdrucks kein Widerstand genutzt, wenn besonders Adenauer, der damalige Kanzler, ihr nicht auf seine Weise entgegengekommen wäre.

Danach gab es von seiten der DDR den mehr propagandistischen, und wie man von vornherein wußte, unrealistischen Vorschlag, die Wiedervereinigung herzustellen, wenn Westdeutschland sozialistisch sein würde. Das war einfach nicht ernst zu nehmen.

Der Konföderationsgedanke, der in den späten fünfziger Jahren aufkam, wäre schon eher eine Möglichkeit für eine langfristig geplante Annäherung und schließlich einer irgendwie gearteten Einheit gewesen. Aber auch dieser Vorschlag scheiterte wiederum am Widerstand Bonns, obwohl inoffiziell sogar Adenauer einmal einen Emmissär in Gestalt seines Finanzministers Fritz Schäffer von der CSU (als Privatbesucher bei seinem Schulfreund Vinzenz Müller von der NDPD der DDR) nach Berlin schickte, um nähere Umstände erkunden zu lassen.

Dann kam nach der Betonierung der Spaltung der Gedanke auf, sich auf eine Nation in mehreren Staaten zu beschränken. Da schwang der Gedanke an eine nationale Mehr-Staaten-Lösung, vielleicht sogar inklusive Österreichs, mit. Das hatte weder im Volk noch in der übrigen Öffentlichkeit genügend Resonanz. Es wäre zwar auch im Interesse der europäischen Sicherheit möglich, aber durch die ablehnende Haltung des Westens eben nicht machbar gewesen. Schließlich kam nach dem VIII. Parteitag die Idee von der Nation DDR auf. Das war ein Nonsens, wie vieles, was diesem Parteitag folgte.

Es hätte also viele Möglichkeiten gegeben, aber nur, wenn es dem starken Nachbarn gefallen hätte. Je mehr sich jedoch das Kräfteverhältnis in den achtziger Jahren zuungunsten der DDR verschob, je größer wurde allerdings das nationale Getöse. Auf beiden Seiten. Mit unterschiedlichem Erfolg. Schon über die Begrifflichkeit von der »deutschen Frage« und ihrer Lösung gab es ja unterschiedliche Auffassungen. Für die Bundesrepublik lag die Lösung der »deutschen Frage« nur in der Wiedervereinigung nach Bonner Vorstellungen. Die DDR-Politik sah zu

Recht in der Lösung der deutschen Frage die Absicht, für immer auszuschließen, daß Deutschland jemals wieder zu einer Vorherrschaftsstellung in der Mitte Europas gerät, sondern ein Zentrum friedlicher gesamteuropäischer Entwicklung wird. Das traf auch auf Zustimmung in weiten Teilen Europas. Man muß nur noch einmal nachvollziehen, was der französische Präsident Mitterrand bei seinem DDR-Besuch selbst noch zu Beginn des Jahres 1990 gegenüber dem damaligen DDR-Ministerpräsidenten Modrow äußerte oder was die ehemalige britische Premierministerin Margret Thatcher in ihren Memoiren über die Gefahr eines vereinigten Deutschlands geschrieben hat. An einer Stelle ihrer Memoiren geht die »eiserne britische Lady« von der Selbstberuhigung vieler West- wie neuerdings auch Osteuropäer aus, daß Deutschland, eingebettet in ein einheitliches Europa nun keine Gefahr mehr darstellen würde. Aber, so warnt Frau Thatcher: »Es ist doch wahrscheinlich, daß Deutschland in einem solchen Gefüge die Führungsrolle einnehmen würde, denn ein wiedervereinigtes Deutschland ist schlichtweg viel zu groß und zu mächtig, als daß es nur einer von vielen Mitstreitern auf dem europäischen Spielfeld wäre.

Überdies hat Deutschland sich immer auch nach Osten hin orientiert, nicht nur in Richtung Westen, obwohl es dabei heute mehr um wirtschaftliche Expansion als um kriegerische territoriale Eroberungen geht.«[1]

Aber die führenden Parteien der Bundesrepublik, die CDU/CSU, versuchten ihre Position dadurch durchzusetzen, indem sie sich fatalerweise den in Deutschland offenbar nicht auszurottenden Nationalismus zu Hilfe holten und damit die Ultrarechten förderten. Nun beklagen manche Politiker den Zustand am rechten Rand. Daß im Osten Deutschlands nach 1989 diese Tendenzen nachhaltiger wurden (als die im Westen ohnehin vorhandenen rechtskonservativen Kräfte), ist nicht dem Schuldkonto der SED anzurechnen, wenn sie auch manchmal diese Tendenzen zu unterschätzen schien. Schon gar nicht kann die PDS damit belastet werden, obwohl die PDS nun für alles, was über das Land kam, verantwortlich gemacht werden soll. Das erinnert mich übrigens manchmal an den Witz zur Nazizeit, wo jemand seinem Nachbarn erklärt, daß an allem, was dem Deutschen Reich widerfährt, die Juden und die Radfahrer schuld seien. Darauf die Gegenfrage: Wieso die Radfahrer?

Es ist die Schuld Bonns, daß der seit Bestehen der Bundesrepublik geduldete und geförderte Rechtsradikalismus, der nach 1989 im Osten

---

1 Aus Margaret Thatcher: Memoiren, Düsseldorf 1993, zitiert nach: »Der Spiegel«, Nr. 41/93.

aufblühte, weil dort Neuland in einem ganz anderen als dem scholochowschen Sinne unter den Pflug genommen werden konnte. Wenn man ständig mit dem Antikommunismus-Schlägel auf die nationalistische Pauke haut, dann fördert das diese Kräfte, ob man will oder nicht. Mit der SED oder der ebenfalls verteufelten PDS wollten sie nichts zu tun haben, deshalb kam Antikommunismus an. Andererseits hat ihnen die Kohl-CDU selbst die letzten Existenzmöglichkeiten genommen, deshalb galt auch dieser Partei nicht ihre Sympathie. Da hatten es die nationalistischen Rattenfänger, die, wie die Herren Schönhuber und Frey, wieder einmal aus München kommend, über den Osten ausschwärmten, mit nationalistischen und populistischen Parolen leicht, in die geschorenen Schädel der von zwei Seiten enttäuschten Jugendlichen hineinzukommen.

Um auf den Ausgangspunkt zurückzukommen: Auch weil es keine national verständliche und überzeugende Politik in der DDR gab, hatten es die Nationalisten aus dem Westen leicht, hier einzudringen und Unheil anzurichten. Aber es gehört eben zu den geschichtlichen Verfälschungen, daß die Hauptursachen für die nazistischen Entgleisungen im Osten der DDR-Vergangenheit anzulasten sind. Das macht sich für die Tagespropaganda ganz gut, wenn man sein Soll an DDR-Beschimpfung erledigen muß. Mit der historischen Wahrheit hat es nichts zu tun.

Dabei muß man doch noch ein generelles Wort zum Begriff des »Nationalen« im Denken unseres Volkes äußern. Die Zurückhaltung der SED, die nationale Frage allzu deutlich auf ihr Banner zu schreiben, resultierte natürlich auch aus den Erfahrungen der Geschichte, auf die die Politiker der Bundesrepublik keine Rücksicht nahmen, aber natürlich ebenso aus einer internationalistischen Grundhaltung der Arbeiterbewegung.

Man hält den vernünftigen Leuten, die in Deutschland vor Nationalismus warnen, immer wieder vor, sie seien antinational. Vaterlandslose Gesellen. Man solle sich, so hört man immer wieder, doch einmal die europäischen Nachbarn betrachten, wie Franzosen, Polen, Ungarn Tschechen, Italiener, die ihren Nationalstolz öffentlich machen. Sind wir Deutschen denn schlechter, fragt man. Dürfen wir Deutschen keinen Nationalstolz zeigen?

Diese Kritiker lassen zumeist außer acht, daß andere Völker ihren Befreiungskampf von der Fremdherrschaft immer unter einem nationalen Banner geführt haben. Für sie ist die Nation ein Ziel gewesen, oder im anderen Falle, wie Frankreich, war die Nation ein Stück gewachsener Geschichte. Auf beides kann Deutschland nicht verweisen. Unter dem Rubrum der deutschen Nation, die nichts weiter war als die Schweißnaht, die das Herrenvolk zusammenhielt, das in der Geschichte bislang danach strebte, andere, »minderwertigere« Nationen zu beherrschen, gedieh hier kein gesundes Nationalbewußtsein, sondern nur Nationalismus. Daß wir uns davon noch nicht gelöst haben, beweisen die ausländerfeindlichen Exzesse, oft genug gefördert von der offiziellen Ausländerpolitik der Bundesrepublik wie von den rechten Sprüchen: »Ich bin stolz, Doitscher zu sein« oder »Deutsche Arbeit nur für Deutsche«. Dazu gehören auch meine Erlebnisse in der ersten Zeit der Kriegsgefangenschaft, über die ich geschrieben habe.

Wir bekommen es einfach nicht fertig, ein normales Nationalbewußtsein sichtbar zu machen, ohne das Mißtrauen der anderen zu wekken. Wir sollten uns also um Normalität bemühen und nicht stets ausgerechnet das ohnehin fragwürdige Außergewöhnliche an uns in den Vordergrund stellen. Darin glichen sich allerdings BRD und DDR fast aufs Haar. Beide waren die »Größten« im jeweiligen Lager.

Sosehr es also zutrifft, daß eine der Ursachen für den Untergang der DDR auch in einer fehlenden schlüssigen nationalen Politik lag, sosehr trifft aber auch zu, daß durch die Vereinigung dieser beiden Staatswesen mit typisch deutschen mentalen Fehlern Nachdenken über Veränderung angesagt sein sollte, wenn wir nicht wieder in eine Ecke geraten wollen, in der wir dann am internationalen Pranger stehen. Es heißt da etwas vorlaut, Deutschland habe wieder Verantwortung, Respekt und Anerkennung. In der deutschen Außenpolitik wird aber wieder einmal Verantwortung mit Egoismus, Respekt mit Furcht und Anerkennung mit Mißtrauen verwechselt. Wir sollten aufpassen.

Die Übergangsperiode

Mit dem Begriff von der Übergangsperiode hatten wir in der DDR so unsere Probleme. Die Übergangsperiode vom Kapitalismus zum Sozialismus und ihre Schwierigkeiten mußten für vieles herhalten, was nicht funktionierte. In der DDR gab es wenigstens darüber noch Witze. Heute gibt es keine, weil wohl niemand in dem, was jetzt nach der Rückwende von 1989 wieder Übergangsperiode genannt wird, etwas zum Lachen sieht und weil Witze auch etwas Geist erfordern. Beides scheint abhanden gekommen zu sein. Wie dem auch sei. Zu den bekannten DDR-Witzen gehörte auch der: Treffen sich zwei DDR-Bürger. Fragt der eine den anderen: Was ist? Du bist noch hier? Wolltest du nicht nach drüben abhauen? Antwortet der andere: Ach, weißt du, ich wollte die Übergangsperiode nicht zweimal durchmachen.

An sich ist ein Witz, den man erklären muß oder möchte, kein Witz mehr. In diesem Falle ist ein erklärendes Wort doch nötig, weil hier, so negativ es scheint, eigentlich eine für die DDR-Politik positive Seite zum Ausdruck kam. Der Mann war ja offenbar überzeugt, daß der Sozialismus auch nach Westdeutschland kommen würde. Ein positiver Witz also über die negativen Seiten des Sozialismus. Auch das gab es.

Ich muß es mir einfach versagen, nunmehr die Geschichte des Wandels, wie sie seit 1989 einsetzte, enzyklopädisch darstellen zu wollen. Einmal sind bereits viele Seiten in vielen Büchern darüber vollgeschrieben worden, die meines Erachtens sachlich viel Richtiges und Nachdenkenswertes, aber natürlich auch viel Unsinn enthalten.

Das eine muß ich nicht bestätigen, daß andere will ich nicht widerlegen. Es würde daraus eine endlose Geschichte.

Vielleicht muß aber doch einiges herausgegriffen werden aus dem Geschehen, weil es den weiteren Weg von Millionen Menschen vorzeichnete und weil es einfach zur Jahrhundertgeschichte gehört.

Der größte Raub fand als Schnäppchenjagd, wie Günther Grass es bezeichnet hatte, am DDR-Volkseigentum statt. Es ist ja wirklich nicht so, wie es uns eine unaufhörlich unselige Propaganda weismachen will, daß die DDR nur ein marodes nichtsnutziges Wesen war, das man eben nur niederwalzen und unterpflügen konnte, um ein paar Blumenrabatten für die blühenden Landschaften anzupflanzen. Von den in einer UNO-Statistik erfaßten 130 Staaten hatten 1987 110 Staaten ein niedrigeres Bruttoinlandsprodukt als die DDR. Es gab durchaus funktionierende, modern ausgerüstete Betriebe, die entweder aus Konkurrenzgründen plattgemacht oder klammheimlich geschluckt wurden. Auch war die DDR kein Transferland, das zunächst nur am Infusionstropf hing. Das Institut für Wirtschaftsforschung in Halle hat eine Berechnung über westdeutsche Vereinigungsgewinne vorgelegt. Für 1997 lauteten die Zahlen in dem Bericht: »Der Vereinigungsgewinn übersteigt die Transferzahlungen, die Westdeutschland zugunsten Ostdeutschlands leistet in einer Größenordnung von 150 Millionen DM ... Außerdem verdanken zwischen ein und zwei Millionen Arbeitsplätze in Westdeutschland ihren Ursprung der deutschen Vereinigung.«

Dann kamen die unzähligen kleinen, wenn auch schlimmen Durchstechereien, vom Dorfbürgermeister, der mit seiner Sippe als Neuling aus irgendeinem alten Bundesland kam und nun den Alteingessenen zeigen wollte, was eine Westharke ist, sich und seine Familie bereicherte, einschließlich der Daheimgebliebenen, um dann über Nacht mit der Gemeindekasse zu verschwinden, über den XY-Konzern (Namen können seitenweise nachgereicht werden), der sich als Alteigentümer gebärdete, Fördermittel, die Herr Waigel als die Aufbau-Ost-Milliarden den wütenden Steuerzahlern in Ost und West aus der Tasche zog, für im Westen gelegene Tochterunternehmen mißbräuchlich nutzte, bis zum großen Treuhand-Betrugsunternehmen. Die Liste solcher Vorkommnisse ist lang und immer mehr sogar gerichtsnotorisch. Der ganz große Betrug, der an den einfachen DDR-Bürgern geübt wurde, in dem man verhökerte, was sie als ihr Eigentum ansahen, bis hin zum Raub ihrer freiwilligen Altersvorsorge (die man heute allen jungen Leuten empfiehlt), das soziale Los, das viele, mir scheint, eine sehr große Minderheit, traf, die Auspowerung eines Landes, deren Bürger sich vierzig Jahre um ein anständiges und besseres Leben bemüht hatten, die bornierten Auftritte derer, die hier plötzlich das Kommando wie in einem Besatzungsgebiet oder Generalgourvernement übernahmen, noch bevor die Vereinheitlichung des Landes beschlossene Sache war, der sogenannte Einheitsvertrag selbst, einseitig nach den Mustern, die schon seit Jahrzehnten in den Schubladen des Forschungsbeirates für die deutsche Wiedervereinigung für den Tag X bereitlagen, die wir zwar kannten, aber nie glaubten, daß sie eines Tages Wirklichkeit würden – das alles ist nach wie vor schlimm. Die Auswirkungen reichen aber trotz vieler Vereinigungsgewinnler bis in die alten Bundesländer.

Es ist ja nicht nur so, daß die Gewerkschaften seit 1990 nicht mehr ihre Lohn- und Gehaltsforderungen, wie vor dem Zusammenbruch der DDR fast mühelos, durchsetzen können. Sie werden sogar zum Lohnverzicht aufgefordert, ohne daß sich großer Protest rührt, weil die DDR als soziales Korrektiv weggebrochen ist, auf das man bis 1989 doch noch Rücksicht nehmen mußte. Man macht bewußt die neuen Länder zum Übungsfeld für den weiteren Sozialabbau. Zunächst hieß es, daß es keine Westlöhne im Osten geben könne, weil die Produktivität nicht an das Westniveau heranreicht. (Mieten und Preise haben das Westniveau allerdings nicht nur erreicht, sondern zum Teil schon überschritten.) Das wurde von den Wessis teilweise noch mit Beifall bedacht, denn der allgemeinen Auffassung entsprechend müßten die etwas fauleren Ossis erst einmal arbeiten lernen. Inzwischen, vielleicht schon etwas zu spät, erfahren die Westkollegen, daß das Geschehen, das sie im Osten noch etwas wohlgefällig betrachteten, auf sie zurückschlägt. Langsam wird die Gefahr sichtbar, daß die Westlöhne und Gehälter auf das Ostniveau abgesenkt werden. Natürlich werden sie immer noch bevorzugt. Aber das haben sie sich, nach ihrer Meinung, vielleicht als Sieger im Kalten Krieg und bei den Stammtischreden auch verdient. Dennoch begann mit der Einverleibung der

DDR der große Sozialabbau in ganz Deutschland, mußten die westdeutschen Arbeiter, die ihnen bis 1989 ausgeschütteten Tantiemen aus Kalten-Kriegs-Gewinnen der Banken und Konzerne jetzt wieder zurückzahlen.

Aber das alles geschah stillschweigend, ohne großen Widerstand. Dabei scheute man sich nicht, immer wieder an den Arbeiteraufstand vom 17. Juni 1953 gegen das DDR-Unrechtsregime zu erinnern, ohne gleichzeitig die Frage aufzuwerfen, warum eigentlich jetzt im Prinzip das Gleiche geschieht mit Produktivitätsdruck, Lohnkürzungen und sogar monatelang nicht gezahlten Löhnen und dennoch kein Gedanke an Widerstand aufkommt. Natürlich brauchen die Arbeiter keine Angst mehr vor sowjetischen Panzern zu haben. Wovor haben sie aber sonst Angst, daß sie kaum den Mund aufmachen? Es herrscht doch Freiheit und Demokratie. Warum demonstrieren sie nicht ihre Kraft, von der immer die Rede ist? Ist es vielleicht die drohende Arbeitslosigkeit, die sie auch für geringeren Lohn am Arbeitsplatz ausharren läßt? Schon bei Marx spielte die Arbeitslosen-Reservearmee für die verschärfte Ausbeutung eine Rolle. Sind es die Überziehungskredite der Banken, die ihnen, allerdings gegen beachtliche Zinsen, vorschießen, was ihnen die Unternehmer unrechtmäßig vorenthalten, die sie vielleicht murrend, aber doch ausharren lassen, aus Furcht es könnte noch schlimmer kommen? Und ist es nicht für viele schon schlimmer gekommen, wenn Mieten und Kreditraten nicht mehr bezahlt werden können und die Banken die Konten sperren? Was dann folgt, kann man in Obdachlosenasylen besichtigen. Man könnte, wenn man sprachlich genau das Geschehen aufgliedert, auch von einer Art subtilen Terrors sprechen, oder wie soll sonst die Angst vor noch Schlimmeren als Ratgeber für die Zurückhaltung benannt werden?

Natürlich nennt das niemand Terror. Die Betroffenen werden sogar darauf hingewiesen, daß dies alles ein demokratischer Vorgang sei. Denn der Gesetzgeber, das ist das demokratisch gewählte Parlament, hat es so und nicht anders beschlossen. Wie oft haben wir das gehört, wenn wir irgendwo Beschwerde führen wollten, und der kleine Schalterbeamte antwortete: Sie haben ja recht, aber der Gesetzgeber hat das so beschlossen.

Im übrigen hat jeder Betroffene doch die Freiheit, seine Lage selbst zu ändern. Sagt ihm die Fernsehwerbung nicht täglich, daß es schön ist, Millionär zu sein, wenn man denn im Lotto gewinnt? Oder man besehe sich unsere Fußballer. Klinsmann überlegt sich mit vierunddreißig Jahren und 50 Millionen auf der hohen Kante, ob er denn nun noch weiterkicken oder sich zur Ruhe setzen und seinem Kind widmen soll. Steffi Graf, Boris Becker und ... und ... und. Millionäre aus eigener Kraft, soweit das Auge reicht. Junge Unternehmer, die eine Marktlücke fanden, sind nun plötzlich Weltmarktführer und ergo Millionäre. Gewiß. Aber selbst gute Beispiele nutzen dem armen Mann nichts. Es ist die dumpfe Philosophie, das Hoffen und Harren, die Tellerwäscher zu Narren macht, weil sie mit dem Märchen gefüttert werden, daß es auch schon Tellerwäscher gab, die Millionäre wurden. Die Philosophie stammt aus Amerika, wie vieles, was uns jetzt auch überkommt und nichts weiter ist als eine sedierende Droge.

Aber die Wahlversprechungen 1990 waren offenbar so verlockend, daß man die Herren mit den ungedeckten Schecks wählte, die die D-Mark versprachen, das Wundermittel gegen alle Last und Frust. Endlich war sie gekommen, nach der sich Millionen so lange gesehnt hatten, als Erlösung von allen Übeln. Obwohl Fachleute schon damals darauf hinwiesen, daß es volkswirtschaftlich Unsinn war, die Währungsunion so durchzupeitschen, wie es denn geschah. Ein Mann, der es genau wissen mußte, was kommen mußte, Bundesbankpräsident Pöhl, trat zum Beispiel sogar zurück. Sturzgeburt nannten es die einen, Wahlspeck die anderen. Schädlich war es für fast alle. Natürlich gab es Gewinner. Aber die Mehrheit hat heute noch unter dem Hasardspiel zu leiden, wenn auch die meisten schon vergessen haben, wo die Ursachen liegen. Der Staat hat sich des Wahlerfolges einer Partei (der führenden?) wegen so sehr verschuldet, daß unsere Enkel noch gezwungen sein werden, zurückzuzahlen. Die nächste Wahl 1994 wurde dann schon etwas vorsichtiger angegangen. Dennoch viele fielen wieder auf die Wahlversprechen herein. Und 1998?

Ich wußte, was durch »freie Wahlen« auf uns zu kommt. Ich hatte fast alle Wahlkämpfe seit 1954 in der Bundesrepublik miterlebt. Und ihre Folgen. Jedesmal fand ich das Wort des Parlamentsgegners Bismarck bestätigt, wonach nie so viel gelogen wird wie nach einer Jagd, während einer Beerdigung und vor einer Wahl. Aber für manche ist eben – ich sage es ohne Häme – der Traum von freien Wahlen in Erfüllung gegangen. Vierzig Jahre lang wurde das Banner mit dieser Losung geschwungen. Vierzig Jahre lang Millionen genasführt, wie man heute weiß. Denn heute gibt es das, was man als freie Wahlen propagierte, aber immer weniger gehen hin oder wählen falsch, wie man plötzlich entdeckt. Also doch nicht das demokratische Heilmittel?

Es gibt offenbar ein tiefsitzendes psychologisches Problem, das hier – so meine ich – eine Rolle spielt. Früher in der DDR war man aufmüpfiger, weil man drohen oder sich entschließen konnte, in den Westen zu gehen, wo man glaubte, daß alles besser sei, und in materieller Hinsicht vielleicht auch war, wenn gewisse Voraussetzungen erfüllt waren. (Ich kenne ungezählte Fälle, wo die Leute, die in die Freiheit strömten, in ihr umkamen.)

Aber heute gibt es keinen »Westen« als Drohmittel oder auch nur scheinbaren Ausweg mehr. Er ist zu uns oder über uns gekommen. Wir sind angekommen, wo viele immer schon mal hinwollten. Endstation.

Der altgediente niedersächsische Sozialdemokrat Peter von Oertzen schrieb in einer Rezension zu dem Buch »Kolonialisierung der DDR«: »Für 62 Millionen BRD-Bürger hat sich so gut wie nichts geändert, für 17 Millionen DDR-Bürger hat sich alles geändert. Sie haben zum vereinigten Deutschland nichts Eigenes beitragen dürfen – außer der Fähigkeit, sich an das Westmodell anzupassen. So etwas heißt zu recht Kolonialisierung.«

Wenn man jung ist, überlegt man sich vielleicht noch auszuwandern, noch weiter nach Westen, in jene Richtung, in der übrigens alle Völkerwanderungen zogen. Manche tun das auch. Und sicherlich gibt es wieder einen Teil, der es zur eigenen Zufriedenheit tut. Vom Rest hört man ohnehin nichts mehr.

Es scheint, als gäbe es mit dem Zusammenbruch des Sozialismus nichts Besseres mehr zu gewinnen als das, was man hat, selbst wenn es immer weniger wird, den Überfluß für einige wenige, dargestellt in den Wartezimmer-Illustrierten. Aber Überfluß bei wenigen ist noch kein Wohlstand für alle. Obwohl das, was man selbst hat, manchmal arg wenig ist, denken viele nicht mehr an Veränderungen, weil es vermeintlich und in der offiziellen Propaganda so beschrieben, das Zurück zu dem wäre, was man hatte. Das ist wie die Drohung mit dem schwarzen Mann, für ungezogene Kinder. Das will man nun auch nicht.

Es herrscht bis zu einem gewissen Grade Ruhe. Ruhe als erste Bürgerpflicht bedeutet aber in unserer Zeit nichts weiter als Stillstand. Und das freut die Oberen, weil sie sich keine Gedanken machen müssen, wie man die Entwicklung gesellschaftlich wieder in Bewegung setzt, während sie technisch längst über uns hinwegrollt. Da gleichen sich übrigens Endzeit-DDR mit der Endzeit-BRD. Wenn es aber ohne Veränderungen in der Gesellschaft nur noch Stillstand gibt, heißt das in Wahrheit Rückschritt. Was das wirklich bedeutet, für das Land und seine Menschen, ist schwer zu schildern.

Bei vielen Menschen reicht dafür auch die eigene Phantasie nicht mehr. Sie wurde ja abgetötet, durch das Phantastische, das ihnen täglich durch die geistig gleichgeschalteten Medien vorgesetzt wird. Phantasie scheint viele nur noch bei Gameboy- und Computerspielen in den dort gesetzten Grenzen zu beflügeln. Das fängt im Kindesalter an. Schon heute werden etwa zehn Prozent der schulpflichtig gewordenen Kinder von der Einschulung zurückgestellt, weil sie sprachlich unterentwickelt sind. Ärzte verweisen auf Fernsehen und Computerspiele als Schuldige.

Die Fragen nach einer anderen, vielleicht besseren, nach anderen Wertmaßstäben, als nur dem materiellen Reichtum gemessenen Zukunft scheint sich durch die Gegenwart zu erledigen. Ich glaube, daß es in Deutschland noch nie sowenig wirkliche Zukunftsideen gab, wie das heute der Fall ist. Nicht umsonst fordern die Regierenden selbst, daß es endlich einen Ruck geben müßte. Aber sie selbst sitzen untätig im Wege und machen damit den Ruck unmöglich. Zwar haben alle erkannt, daß etwas geschehen muß. Aber niemand rafft sich ernsthaft auf. Der Wahlkampf 1998, wo jeder das nächste Jahrhundert beschwor, ist das typische Beispiel dafür gewesen, wie hilflos wir geworden sind.

Kaum jemand vermag die Zukunft konkret zu definieren, geschweige denn die Aufgaben, um zu ihr zu gelangen, zu formulieren.

»Zukunftsvorsorge«, sagte der frühere baden-württembergische Ministerpräsident Lothar Späth, den sich Kanzler Kohl als letztes Aufgebot in sein Wahlteam 98 holte, »hat Vorrang vor Gegenwartsbefriedigung und Vergangenheitsbewältigung.«[1] Damit ist hoffentlich nicht die einfache Reihenfolge gemeint, sondern der Zusammenhang der Dinge in ihrer Abfolge. Aber während sich überhaupt nur noch wenige mit der Zukunft befassen, beschäftigt viele immer noch die Gegenwart allenfalls als Bewältigung der Vergangenheit von anderen. Dabei sollte man bedenken, daß Bewältigung den gleichen Wortstamm hat wie Gewalt oder verwalten oder vergewaltigen, nämlich walten, und das bedeutet, aus dem Mittelhochdeutschen kommend, herrschen. Die Herrschenden walten und verwalten, ab und zu vergewaltigen sie auch etwas, aber sie bewältigen eigentlich gar nichts.

Ein Beleg dafür ist die unselige Denkmals- und Gedenkstättendiskussion, die jetzt zum Jahrhundertende geführt wird. Das ist nicht nur eine Frage, wie man mit einer so sensiblen Sache umgeht. Es sagt auch etwas darüber aus, wie weit das deutsche Geschichtsbewußtsein ausgebildet ist oder nicht. Damit wären wir freilich wieder bei unseren nationalen Gegebenheiten, die vor allem Unebenheiten sind. Monumentaldenkmäler sind geplant und werden gebaut. Kostenaufwendig und in Ausmaß und Form überflüssig. Da fließt Geld, das für Gedanken an die Zukunft fehlt.

Nicht, daß wir die Vergangenheit vergessen sollten. Im Gegenteil. Aber ich glaube, hier spielt ein besonderes Schuldverdrängungssyndrom eine Rolle: der Holocaust. Wir glauben, wir müßten ein besonders großes Denkmal zur Erinnerung an die Untaten der Nazis an den Juden bauen. Derweil zählen die großen deutschen Banken und Versicherungs-

1 Lothar Späth: Wende in die Zukunft, Reinbek 1989, S. 28.

konzerne noch das Geld und das Gold, das sie von KZ-Opfern (übrigens nicht nur Juden) in ihren Tresoren verwaltet haben, reiben sich die Hände über die Zinsen, die sie dafür einstrichen. Und während man vergessen machen will, daß der bedeutendste Bankier Hitlers und Adenauers, Hermann Abs, von diesem Gold auch persönlich partizipierte, tüftelt man über Monumente nach, die geradezu symbolhaft wie überdimensionale Panzersperren aussehen. Möglichst groß, möglichst teuer, damit man den Opfern beweisen kann, wie groß unser amtliches Bedauern ist. Hauptsache der Scheinheiligenschein strahlt hell genug.

Aber die Opfer würden wir doch wohl viel besser ehren, wenn wir alles tun, um die Zukunft besser zu gestalten. Doch das Auseinanderdenken von Vergangenheitsbewältigung und Zukunftsgestaltung bringt uns um alles. So verhindert man jedenfalls nicht, daß die Vergangenheit eines Tages wieder Zukunft wird. Im Gegenteil. Wir investieren im Gegensatz zu den Denkmälern nicht sehr viel in die Zukunft, es sei denn, man sieht das Milliardengrabmonument des Berliner Regierungsviertels oder den Potsdamer Platz als Denkmäler für die Zukunft an. Unsere Nachkommen werden eines Tages davor stehen, wie wenn sie Disneyland besuchen, und allenfalls fragen: Wer hat denn das gemacht?

Die Vergangenheit haben wir, wie es für Beobachter aussehen könnte, verwunden. Die Zukunft scheint verbaut. Deshalb sind so viele mit der Gegenwart zufrieden. Wir sind angekommen im gesellschaftlichen Stillstand. Wir rackern uns zwar tagtäglich ab wie weiße Mäuse in der Tretradtrommel oder wie besonders Gesundheitsbewußte auf dem Fahrradergometer, freuen uns über die zurückgelegte Zeit und Kilometer auf dem Tacho. Aber wir kommen keinen Meter von der Stelle.

Die innenpolitische Situation schafft derweil Gelegenheit für die Außen- und Militärpolitiker, ruhelos zu agieren. Noch nie in ihrer hundertjährigen Existenz hat die deutsche Nach-Bismarck-Außenpolitik so viel Zeit und Ruhe gehabt, an ihren neuen Vormachtplänen zu stricken, wie heute an der Wende zum 21. Jahrhundert. Immer gab es bislang Widerstand, und sei er noch so gering und daher nicht immer wirkungsvoll gewesen. Selbst die SPD und die Grünen stimmen diesmal von vornherein für die geistigen und materiellen Kriegskredite. Es gibt keine deutschen Intellektuellen im Exil, die die Pläne wenigstens im Ausland anprangern, wenn sie sich schon nicht mehr im Innern trauen. Nein, es herrscht schon vor der großen Schlacht Friedhofsruhe. Alles wird mit dem Argument NATO und Europa abgedeckt. Und ein sozialistisches Regulativ oder Korrektiv, das wenigstens Zurückhaltung erzwingen könnte, ist nicht mehr vorhanden.

Man sagt uns heute, es habe gegolten, die kommunistische Gefahr zu bannen, damit es nicht zum Kriege komme. Man muß sich nicht immer wieder mit diesem Unsinn auseinandersetzen. Dennoch bleibt zu fragen: Ist denn durch den sozialistischen Zusammenbruch in Europa die Gefahr von Kriegen gebannt? Gibt es seit 1989 wirklich weniger Kriege auf dieser Welt? Zündeln nicht zuletzt die etwas übermütig gewordenen deutschen Außenpolitiker und scheinbar arbeitslosen deutschen Militärpolitiker unentwegt in verschiedenen Teilen der Welt, bauen neue Feindbilder auf, immer bestrebt unter dem Motto: Frieden schaffen mit neuen Waffen. Irgendwo wird immer wieder ein neuer Feind ausgemacht, zu dessen Zügelung man neue Waffen ausprobieren muß und um der Rüstungsindustrie, die schon verloren geglaubten Profite zu sichern. Sicherung von Arbeitsplätzen wird das zwar genannt, und wer will schon in diesen schweren Zeiten Arbeitsplätze gefährden?

Natürlich gäbe es bei einigem Nachdenken da schon Auswege. Aber Nachdenken? Alte deutsche Militärweisheit: Das Denken überlassen Sie gefälligst den Pferden, die haben einen größeren Kopf.

Das alles – Innenpolitik wie Außenpolitik im größer gewordenen Deutschland – ist auch schon beschrieben worden. Man kann es sogar Tag für Tag in den Zeitungen nachlesen. Nicht anklagend, sondern eher besänftigend und verständnisheischend. Was es aber für die europäische Geschichte, die mit dem Jahrhundertwechsel in eine neue Etappe eintreten soll, bedeutet, hat sich in den ersten zehn Jahren mit dem neuen deutschen Einheitsstaat schon angedeutet. Es ist bei weitem noch nicht in seinem ganzen Umfang deutlich geworden. Da muß man der Frau Thatcher in dieser Hinsicht doch schon recht geben, mit ihrer Bedrohungsweissagung.

Ich nenne nur ein paar Punkte, die uns in ganz Europa im neuen Jahrhundert beschäftigen und hoffentlich nicht in den großen irgendwie und irgendwann absehbaren Crash treiben werden.

Erstens: Die deutsche Außenpolitik ist durch den Zuwachs in eine gefährlich werdende Vormachtstellung marschiert. Ich will nicht zum hundertsten Male das Beispiel Jugoslawien anführen, wo der schon kurz nach der Schaffung des größeren Deutschland auch der Größenwahn ausbrach, auf dem Balkan eine den Deutschen gefällige Ordnung zu schaffen, gegen den Willen der meisten Europäer. Die wurden schon durch den möglich gewordenen deutschen Druck dazu gezwungen. Nachdem der voraussehbare Krieg jeder gegen jeden ausgebrochen war, begann die Suche nach Schuldigen. Genscher trat vorsichtshalber zurück, damit er nicht für das geradestehen muß, was er angerichtet hatte. Der ehemalige Pullacher Spionagechef, Kinkel, machte danach die offizielle deutsche Außenpolitik, die entsprechend seiner Vorbildung aussieht. Man muß nur einmal die deutsche Medienberichterstattung betrachten, um zu ahnen, wohin der Hase läuft. Da werden während des Bosnienkrieges ununterbrochen die Serben aller möglichen Kriegsverbrechen beschuldigt. Über die viel schlimmeren Henker bosnischer Moslems, die Kroaten, wird geschwiegen. Serbien muß sterbien, steht unsichtbar, aber deutlich genug auf dem Banner der einrückenden Bundeswehr. Da wird im August 1998 ein Berichterstatter des ZDF von den zuständigen jugoslawischen Behörden aus dem Kosovo mit der Begründung ausgewiesen, er habe Kosovo-Albaner angestiftet, Häuser anzuzünden, damit er Originalaufnahmen vom »Kriegsgeschehen« drehen kann. Wenn der Mann nicht schon seit Beginn des Bosnienkrieges in unverschämter Weise Kriegshetze über sein Mikrofon abgelassen hätte, könnte man an der Entscheidung der jugoslawischen Behörden vielleicht Zweifel hegen. Aber wer so wie dieser Mann redet, der steckt auch Häuser an. Diesem Mann traue ich alles zu, damit er zu seinem Reality-TV kommt. Fälschungen auf diesem Gebiet gibt es zuhauf. Ich habe an anderer Stelle auch schon darauf hingewiesen. Was aber tut das deutsche Außenministerium? Nicht etwa gewarnt durch eine Serie von Falschberichten aus dem Balkankonflikt, zuletzt einer schier unglaublichen Ente ausgerechnet in der TAZ über angebliche Massengräber albanischer Zivilisten im Kosovo, die selbst eine EU-Kommission bestritt – nein, der deutsche Außenminister bestellt den jugoslawischen Geschäftsträger ins Auswärtige Amt und läßt, wie der Nachrichtensprecher der ARD am gleichen Abend meldet, »dem jugoslawischen Vertreter durch den Staatssekretär im Auswärtigen Amt die Leviten lesen«. Das ist die Sprache, die sich die deutsche Außenpolitik und die deutschen Medien wieder leisten. Wer wundert sich da noch über Ausländerfeindlichkeit und deutsche Überheblichkeit? Ausländer raus, mit Ausnahme von deutschen Fußballfeldern.

Es bezieht sich auch auf Forderungen gegenüber der Tschechischen Republik, gegenüber Polen und anderen. Gerade die im Wahlkampf 1998 entbrannte Auseinandersetzung zwischen dem polnischen Sejm und dem Deutschen Bundestag über Rechte der Deutschen in Polen lassen Böses ahnen. Und schon macht sich 1998 der amtierende deutsche Innenminister Kanther auf den Weg an die Ostgrenze Polens, ob die denn gegenüber Weißrußland und der Ukraine auch den deutschen Sicherheitsbestimmungen entspräche. Da begibt sich der deutsche Verteidigungsminister Rühe nach Polen, um dort noch vor Beitritt des Landes zur NATO deutsch-polnische Soldatenvereidigungen als Muster deutsch-polnischer Zusammenarbeit zu würdigen. Zur gleichen Zeit machen ein paar Wilde den Beitritt Polens zur EU davon abhängig, ob deutsche Rückkehrer wieder zu dem Hab und Gut gelangen, das sie vor dem Krieg besaßen, den sie mit anstifteten.

Man muß sich das, was sich die Herrschenden in Deutschland unter einem guten deutsch-polnischen Verhältnis vorstellen, einmal auf der Zunge zergehen lassen, um zu begreifen, wie weit wir schon wieder sind.

Der Umgang mit unserem unmittelbaren Nachbarn an Oder und Neiße auf diese Weise war zu befürchten. Das war, um eine persönliche Anmerkung zu machen, auch der Grund, weshalb ich mich Ende 1989 Anfang 1990 der Initiative von DDR-Absolventen polnischer Hochschulen und anderer mit Polen verbundener (damals noch) DDR-Bürger anschloß, eine Gesellschaft in den Traditionen der Hellmut-von-Gerlach-Gesellschaft zu gründen. Es gab nach 1971 eine Vielzahl deutsch-polnischer Gesellschaften in der alten Bundesrepublik, die sich vor allem um Städtepartnerschaften bemühten. In der DDR hatte, wie ich schon schilderte, die alte Nachfolgerin der 1948 gegründeten Hellmut-vonGerlach-Gesellschaft ihre Existenz verloren. Ich hatte allerdings 1983 auf Wunsch vieler polnischer Freunde und auch DDR-Anhänger einer deutsch-polnischen Freundschaftsgesellschaft bei der Leitung der Liga für Völkerfreundschaft angefragt, ob nicht angesichts der Situation in Polen die Wiedergründung einer Nachbarschaftsgesellschaft DDR-Polen notwendig wäre. Ich geriet dabei natürlich in den Verdacht, konterrevolutionäres Treiben in die DDR importieren zu wollen. Der damals amtierende Generalsekretär der Liga ließ mich das deutlich wissen.

Nach sechs Jahren, nach der Ablösung der alten SED-Führung, gelang es dann doch noch. Dabei ging es in erster Linie um die Frage, wirklich gute Nachbarschaftsbeziehungen herzustellen, die sich auch auf das zum Gründungszeitraum im April 1990 schon abzeichnende einig deutsche Vaterland und seine zu erwartende Politik einzustellen hatten. Denn nächst den rechtsradikalen Organisationen waren es auch die Landsmannschaftsorganisationen, die sich bereits in der Übergangsperiode lautstark zu Wort meldeten. Die gesamtdeutsche Grenze an Oder und Neiße versprach ja trotz der Verträge von 1990 und 1991 zu einer heißen Grenze zu werden. In Polen, besonders bei den neuen herrschenden antikommunistischen Kreisen, die sofort von der Altbundesrepublik unterstützt wurden, herrschten Optimismus und Euphorie über das künftige Gesamtdeutschland. Die DDR war von Polen, genau wie in der Altbundesrepublik, zu Delegitimierung verurteilt worden, ohne zu berücksichtigen, daß die DDR es war, die als erste die Grenze an Oder und Neiße anerkannte und sie auch gegen solche Kräfte sichern half, wie sie sich jetzt zum Erstaunen und Ärger der Polen mit ihren Forderungen und sehr unverschämten Begründungen zu Wort melden. Dabei bedienen sich die für die neuerliche Verschlechterung des deutsch-polnischen Verhältnisses Verantwortlichen immer offenerer und unverschämterer Töne. Am sogenannten Tag der Heimat im September 1998 stellte die CDU-Bundestagsabgeordnete und Vorsitzende des Bundes der Vertriebenen, Erika Steinbach, Jahrgang 1943, aus Frankfurt/Main in Berlin im direkten Umfeld des zwar unbeachteten Jahrestages des Überfalls auf Polen die doch mehr als unverschämte Forderung auf, daß Polen und Tschechien nicht eher in die EU aufgenommen werden dürften (über die NATO-Aufnahme sagte sie bemerkenswerterweise nichts), bevor sie an den Vertriebenen Wiedergutmachung geleistet hätten. Nun will ich der Dame nicht die Gnade ihrer späten Geburt vorwerfen, daß sie am 1.September 1939 noch nicht auf der Welt war und daß sie die Vertreibung aus Westpreußen (ehemals Polen) als zweijähriges Baby nur im Unterbewußtsein erlebte und Näheres aus Erzählungen erfuhr, später im Geschichtsunterricht an bundesrepublikanischen Schulen auch nicht die wahren Sachverhalte erlernte – nein, dafür kann Frau Steinbach nichts. Aber daß sie jetzt als langjährige Nutznießerin bundesrepublikanischer Privilegien derartige Sätze absondert, das kann man ihr schon zum Vorwurf machen. Ich sehe jedenfalls keine mildernden Umstände wegen jugendlicher Unzurechnungsfähigkeit. Unkenntnis der Geschichte sollte auch hier nicht vor Strafe schützen. Es ist schlimm, daß der Bund der Vertriebenen sich inzwischen als Folge der deutschen Einheit bis an die Oder-Neiße-Grenze vorgearbeitet hat. Genau das meine ich, wenn ich mich mit polnischen Freunden unterhalte, über eine gewisse Notwendigkeit, die für die DDR bestand, als Riegel zu dienen zwischen dem wiederentstandenen Polen und der Altbundesrepublik mit ihren alten Ansprüchen an das leidgeprüfte Nachbarland. Man muß sich einfach einmal vorstellen, was sich ohne die DDR vierzig Jahre lang an der deutsch-polnischen Grenze und vielleicht darüber hinaus abgespielt hätte. So wie die SPD heute behauptet, daß es ohne ihre neue Ostpolitik keine, wie immer eingetretene Vereinigung der beiden deutschen Staaten gegeben hätte, so behaupte ich, daß es ohne den Faktor DDR gar keine neue Ostpolitik der SPD, die dann mit Zufriedenheit von der CDU übernommen wurde, in die Wege geleitet worden wäre. Was ohne die DDR jetzt noch immer gegenüber Polen geschehen könnte, hat Frau Steinbach gezeigt.

Die DDR-Gesellschaft für gute Nachbarschaft mit Polen, die während der Wendezeit gegründet wurde, machte es sich deshalb zur Aufgabe, die nun bald gesamtdeutsche Außenpolitik gegenüber Polen sehr kritisch zu begleiten, auch oder gerade angesichts der Grenzverträge, in denen es, für deutsche Vertragsabschlüsse dieser Art, wieder offene Fragen gab, die durch einen gegenseitigen Briefwechsel zunächst beiseite gelegt, aber, wie man inzwischen erfahren mußte, keineswegs vergessen wurden.

Die Schilderung dieser und vieler anderer Tatbestände, die noch angeführt werden könnten, zeigt, wie kompliziert das ganze Vorhaben deutsche Einheit auch im europäischen Rahmen ist. Der Zug der deutschen Einheit scheint auch nach zehn Jahren noch nicht recht in Fahrt kommen zu wollen, weil er vielleicht auch zuviel Dampf fürs Pfeifen und Tuten verbraucht. Das wird wahrscheinlich auch noch solange bleiben, wie es sich der Staat Bundesrepublik Deutschland glaubt leisten zu können, ausgerechnet als vermeintliche Führungsmacht ohne eine europäisch übliche Normalisierung gegenüber sozialistischen Kräften, aber mit einem rechtsradikalen Übergepäck nach Europa marschieren zu wollen.

Bleibt nun aber doch die Frage: Was soll werden? Es geht ja an der Jahrhundertwende nicht nur um den deutschen Zug. Es geht um die Zukunft der Menschheit und – wollen wir bescheiden bleiben – um den Beitrag, den wir Deutschen dazu leisten können, wenn wir endlich mal von unserem hohen Roß heruntersteigen. Denn alles, was uns angeblich oder tatsächlich bei den anderen Völkern auszeichnet, wird im neuen Jahrhundert gebraucht werden, wenn wir nicht noch einmal, wie im ablaufenden Säkulum mehrfach, versagen wollen.

Wende vorwärts?

Wie soll man eine Geschichtsbetrachtung beenden, wenn man sie mit einem Blick zurück im Zorn begonnen hat? Am besten wohl mit einem Blick nach vorn. Das 20. Jahrhundert hat sich in gewissem Sinne als Lehrstunde in der Menschheitsgeschichte offenbart und gezeigt, wie wissenschaftlicher Zuwachs gesellschaftlich verkommen kann. Anstatt das Allgemeinwohl der Menschheit zu befördern, scheint es fast schon realistisch, daß ihr Untergang durch das Wachstum beschleunigt werden könnte. Sollte Bernard Shaw recht behalten, daß man sich Zeit, an die Zukunft zu denken, erst dann nimmt, wenn man keine mehr hat? An die Zukunft zu denken sollte auch nicht nur als gute Gelegenheit angesehen werden, lediglich die Gegenwart zu verbessern. Wir wissen inzwischen auch, daß beim Versuch, die Geschichte zurückzudrehen, sehr viel unter die Räder oder ins Getriebe gekommen ist. Also, was nun, nachdem wir die Vergangenheit zwar immer noch mit verschiedenen Augen betrachten und die Gegenwart mit unterschiedlich gemischten Gefühlen erleben? Natürlich verfällt man in die Gefahr, wenn man an die Zukunft denkt, utopische Vorstellungen zu entwickeln. Aber das ist keine Schande. Vor allem muß man sich bewußt sein, daß mit jedem Schritt vorwärts auch unser Horizont, nach dem wir streben, weiter wandert.

Bleiben wir also zunächst in der Realität der Gegenwart. Jahrhundertwende hin, Jahrhundertwende her. Es geht, wenn man nach diesem wirklich bewegten und bewegenden Jahrhundert nach vorn blicken will, nicht um das Festhalten an einer kalendermäßigen Wende. Mit dem Abreißen eines Kalenderblattes allein wird sich gar nichts ändern. Vor einer solchen Illusion hat uns allein schon der Ausgang der Bundestagswahlen 1998 gewarnt. Ich habe meine Meinung dazu bereits am Anfang dieses Buches dargelegt. Über Nuancen will ich nicht streiten.

Die gesellschaftlich notwendige Wende wird also nicht von einem Wahlsonntag und einem einzelnen Wahlergebnis abhängen, sondern immer davon, was man daraus macht. Sie wird auch nicht in einer Sylvesternacht mit einer nun zufälligen runden Jahreszahl beginnen. Eine Wende kommt, wenn sie objektiv notwendig und subjektiv möglich ist. Das kann wie ein Orkan über uns kommen, der alles Alte hinwegfegt. Wir sollten uns in unserer angesessenen, keineswegs ausgesessenen Saturiertheit nicht einbilden, daß solches nicht geschehen könnte, und daß uns gar eine durch immer neue Rüstungsausgaben gestärkte Bundeswehr davor bewahren könnte. Was Armeen vermögen oder nicht vermögen, wenn es sich um gesellschaftliche Wandlungsprozesse handelt, die die Armeen als Teil des Volkes mitbetreffen, auch wenn sie von außen beeinflußt werden, haben wir erlebt. Es sei denn, die Armee entwickelt sich unter rechtem Einfluß derart zu einem Staat im Staate, daß sie eines Tages die Demokratie wegputscht. Da sollte man nie nie sagen. Ich könnte mir doch schon Situationen vorstellen, wo die Bundeswehr mit Unterstützung des herrschenden Finanzkapitals sich in einer Situation sieht, das Vaterland retten zu müssen. Alles schon dagewesen. Und niemand soll sagen, daß ausgerechnet in Deutschland die Demokratie in rund fünfzig Jahren so gefestigt ist, daß dies nicht passieren könnte. Da können wir nur das Beste hoffen. Aber in der Politik, so wie sie sich zur Jahrhundertwende weltweit darstellt, muß man auch immer das Schlimmste befürchten. Nach den Bundestagswahlen von 1998 fragte die »Frankfurter Allgemeine Zeitung« in einem Leitartikel: »Werden sich Sozialdemokratismus und Ökopazifismus jetzt für lange Zeit lähmend über Deutschland legen?«, um zu antworten: »Man muß und kann hoffen, daß der Erfolgsdruck und ökonomische Realitäten ideologischen Veränderungswillen in Schach halten.«

Und wenn nicht? Was dann?

Eine gesellschaftliche Wende nach vorn kann tatsächlich herbeigeführt werden mit einer Politik zielgerichteter politischer Schritte und Veränderungen. Sie zu bewerkstelligen bedarf es einer Übereinstimmung von Notwendigkeit und Möglichkeit und vor allem einer zum Konsens fähigen politischen Mehrheit im Volk. Das neue Jahrhundert, zumindestens sein erstes Jahrzehnt, wird von gesellschaftlichen Kompromissen geprägt werden müssen, oder wir werden es nicht unbeschädigt überstehen. Freilich: Kompromisse können auch ihre Grenzen haben. Das ist dann der Fall, wenn das Nachgeben ein Vorwärtskommen in den gesellschaftlichen Fortschritt verhindert und jenen Kräften, die am Überkommenen hängen, die Möglichkeit gibt, ihr Beharrungsvermögen weiter in Politik umzusetzen, die zwangsläufig zur Katastrophe führt.

Und wenn wir es uns noch so schön zu reden versuchen, wir haben mit Beben zu rechnen, deren Epizentrum zwar diesmal aller Voraussicht nach nicht in Deutschland liegen wird, dessen Ursachen aber auch diesmal in Deutschland zu suchen sein würden.

Zunächst, vor allem nach den Wahlergebnissen von 1998, die ja der Entwicklung eine neue Richtung geben könnten, wird es heißen, man müsse nun endlich grundlegende Reformen beschließen und auch durchführen. Allerdings scheint mir Vorsicht geboten. Es ist zu hinterfragen, wie es so schön neudeutsch heißt, was denn darunter zu verstehen ist. Es wird doch seit geraumer Zeit gerade mit dem Begriff der Reformen soviel Mißbrauch getrieben, daß das Wortgeprassel, wenn überhaupt, dann eine bedrückende inflationäre Wirkung zeigt. Kein Redner kommt mehr ohne diese Vokabel aus. Viele nehmen das Gerede kaum noch ernst. Jede Veränderung, auch wenn sie nach rückwärts gerichtet ist, das heißt Positionen verläßt, die schon einmal erstritten waren, wird Reform genannt, ohne daß im konkreten Falle erklärt wird, was an irgendeiner Sache nun das reformatorische Charakteristikum ist. Wenn jemand irgendeine Änderung nicht beschreiben kann oder sie hochspielen will, nennt er sie Reform. Dabei wird der eigentlich positive Charakter einer Reform oft schamlos zumeist ins Gegenteil verkehrt. Man denkt: Die Leute werden das politische Dörrgemüse schon fressen, wenn es ihnen oft genug vorgesetzt wird. Ideologisches Fastfood oder wie im Märchen – die Täuschung mit des Kaisers neuen Kleidern.

Der Begriff Reform ist außerdem durch den marxistisch gebrauchten und auch mißbrauchten Begriff vom Reformismus ziemlich diskreditiert, so daß zu überlegen wäre, ob nicht wenigstens zu einem sparsameren Umgang mit diesem allenfalls evolutionären Begriff übergegangen werden sollte, oder, was noch deutlicher wäre, ob der Begriff der Reform nicht nur dann benutzt werden sollte, wenn man sich bewußt ist, daß Reformen etwas verbessern können, ohne grundlegende Veränderungen am Bestehenden vorzunehmen. Das wäre dann ehrlicher.

Und Ehrlichkeit sollte wieder zu einer Haupttugend der Politik im neuen Jahrhundert werden. Denn vom Bürger nur zu verlangen, er könne ruhig an diese Ehrlichkeit glauben, ist nach den Erfahrungen des auslaufenden Jahrhundert vielleicht zuviel verlangt. Überdies erinnert mich die Sache mit dem Glauben an eine Begebenheit in den Chassidischen Geschichten, die ja voller Weisheiten sind.

»Eine Frau kam zu ihm (dem Rabbi Naftali von Ropschütz) um Hilfe und flehte ihn an, ihr zu versprechen, daß die Hilfe bestimmt kommen werde.

›Hab Vertrauen‹, sagte Rabbi Naftali, ›dann wird die Hilfe gewiß kommen.‹

›Rabbi‹, rief die Frau, ›in der Thora steht es anders! Beim Auszug aus Ägypten, da die Juden am Meere waren, heißt es erst: Und Gott half Israel aus der Hand des Ägypters, und danach: Und sie glaubten an Gott und Mosche. Versteht Ihr: Erst hat Gott geholfen, dann erst überkam Israel der Glaube.‹«[1]

Allerdings: Versucht man ernsthaft Reformen als eine Möglichkeit zu nutzen, Veränderungen im Sinne gesellschaftlichen Fortschritts herbeizuführen, so müssen sie natürlich auch so angelegt sein und dürfen nicht als Tarnnetz für eine Verschlechterung, auf welchem Gebiet auch immer, dienen. Es ist ja wohl ein Unterschied, ob man z. B. für eine sicherlich notwendige Steuerreform einen Entwurf des Unternehmerverbandes als Vorlage nimmt oder einen von den Gewerkschaften vorgetragenen. Hier wird also ein echter Kompromiß notwendig sein, oder es wird sich das Recht des Stärkeren durchsetzen. Beim gegenwärtigen Kräfteverhältnis in diesem Lande ist nicht schwer zu erraten, was dabei herauskäme. Zumindest wäre, wenn der Unternehmerentwurf zum Tragen käme, der demokratische Charakter der Reformen nicht gewährleistet. Unterneh-

---

1 Chajim Bloch: Chassidische Geschichten, verfaßt September 1929, deutsche Neuauflage Wiesbaden 1996, S. 83.

merinteressen sind nicht zwangsläufig identisch mit demokratischen Interessen. Darauf aber müßte geachtet werden. Grundsätzlich wird uns, vorbehaltlich aller plötzlichen Wendungen, nichts anderes übrigbleiben, als den mit allen Vorbehalten gepflasterten Weg von wirklichen Reformen zu gehen. Sonst bewegt sich möglicherweise gesellschaftlich gar nichts. Wir müssen nur darauf achten, daß weitere gesellschaftliche Kehrtwendungen ausgeschlossen werden, und auch beachten, daß der langwierige evolutionäre Weg über Reformen nicht immer gangbar sein wird, weil die tatsächliche Entwicklung schneller verläuft, als es Reformer ertüfteln können.

Aber ausschließen sollte man ihn nicht.

In einer Zeit, in der Ideologien angeblich nicht gefragt sind (weil sie im Sinne des griechischen Ursprungswortes Vernunft und dementsprechendes Denken voraussetzen?), in einer Zeit, in der Pragmatismus, das Von-der-Hand-in-den-Mund-Leben die bequemste Art ist, zu versuchen, mit den Widrigkeiten und Gegebenheiten des täglichen Lebens fertigzuwerden, in einer solchen Zeit darf man kein Mirakulum, auch nicht am Anfang eines neuen Säkulums erwarten.

Da ich mich gern mit Beispielen verständlich mache: Wieso soll nach den 98er Wahlen und zur Jahrhundertwende plötzlich die Arbeitslosigkeit – zu Recht als soziale Geißel erkannt – auch von einer rotgrünen Regierung erfolgreicher bekämpft werden können, wenn sie unter der Regierung Kohl sechzehn Jahre stetig, zum Teil sprunghaft, anwuchs, wenn nicht gleichzeitig auf die *Ursachen hingewiesen*, vor allem aber die *Ursachen bekämpft* werden, was bisher tunlichst unterlassen wurde? Nur mit Steuer- und Abgabenregelungen wird das im großen Maßstab nicht möglich sein. Wenn man das gewollt und gekonnt hätte, dann wäre mancher Familie doch jahrelange Sorge und auch Leid erspart geblieben. Die Ursachen der Arbeitslosigkeit sind doch europaweit, um nicht zu sagen, weltweit, nicht nur konjunktureller, sondern struktureller Art. Der wissenschaftliche Fortschritt, der sich immer rascher vollziehende Übergang von der alten Industriegesellschaft zur Informations- und Dienstleistungsgesellschaft – etwas vereinfacht: Von der Schornsteinindustrie zur computergesteuerten Fertigung – verringert durch die Rationalisierung, Automatisierung und Computerisierung menschliche Arbeitsplätze im produzierenden Bereich der Wirtschaft oft bis zur Nullmarke. Das ist ein Faktum. Im Dienstleistungsbereich, bis in die Kommunen hinein, werden sicherlich nicht genau so viele Arbeitsplätze geschaffen werden, wie verloren gehen. Obwohl natürlich ein beachtliches Mehr als bisher möglich wäre. Auch das ist ein Faktum. Also werden wir in Zukunft mit dieser Gewißheit umgehen und leben, gleichzeitig aber versuchen müssen, gewisse Tatbestände zu schaffen, die wenigstens eine *soziale* Lösung des Problems ermöglichen. Deshalb sollte klar sein, daß heute kein Politiker eine Vollbeschäftigung im klassischen Sinne versprechen kann. Wer es dennoch tut, erliegt bestenfalls einer Selbsttäuschung und ist schlimmstenfalls ein Scharlatan.

Was freilich gesellschaftlich notwendig ist, das bleibt die Aufgabe, die unumgängliche neue wissenschaftlich-technische Situation in eine sozialverträglich gesellschaftliche Übereinstimmung zu bringen. Darin liegt das Problem, das aber die Populisten, die in Wahlkämpfen von der Beseitigung der Arbeitslosigkeit reden, nicht sehen, weil sie es nicht sehen können oder nicht sehen wollen. Es gibt viele Möglichkeiten, die weniger gewordene gegenständliche Arbeit gerechter zu verteilen, von der Verkürzung der Arbeitszeit über Teilzeitbeschäftigung bis hin zur Verkürzung der Lebensarbeitszeit u. a., Vorschläge dafür gibt es in Fülle.

Die auf die Straße Geworfenen trifft ja keine Schuld am technischen Fortschritt, dessen Opfer sie nun geworden sind. Fortschritt ist überhaupt nicht eine Frage von Schuld, sondern von notwendiger Entwicklung. Schuldig zu sprechen ist allenfalls die unmenschliche Art und Weise, in der das geschieht. Der Kampf gegen den Sozialismus wurde oft unter dem Banner »Kampf gegen die Unmenschlichkeit« geführt. Nach zehn Jahren müssen wir erkennen, daß der Sozialismus, wie er war, zwar verschwunden ist, Unmenschlichkeit ist aber trotzdem weltweit geblieben. Also sollte man tunlichst nicht immer wieder nur den Sozialismus mit Unmenschlichkeit gleichsetzen.

In dieser Erkenntnis müßte die Verantwortung des Staates einsetzen. Denn der Staat ist zwar nicht das Vaterland, wie Romain Rolland einmal sagte, sondern nur sein Verwalter. Zur Tätigkeit eines Vaterlandsverwalters sollte es aber gehören, für alle Bürger dieses Vaterlandes zu sorgen, sie vor Unmenschlichkeit zu schützen. Dafür wird er auch mit Hilfe von Steuergeldern von seinen Bürgern erhalten oder besser: ausgehalten. Daß die Wirklichkeit anders aussieht und daß beispielsweise Marx und Engels, auch Hegel und Alexander von Humboldt und erst recht die alten Griechen und Römer eine spezifische Meinung zum Staat hatten, zeigt schon, daß seine Rolle nicht unumstritten ist, zumal wenn er sich bestimmten Kreisen des Vaterlandes mehr zuwendet als anderen.

Aber wirklich wahrgenommene Verantwortung des Staates für einen beträchtlichen Teil seiner Bürger, also für die Ärmeren, die sozial Schwachen, unter anderem eben die Arbeitslosen, müßte beispielsweise darin liegen, daß er den vorhandenen Reichtum und auch die vorhandene Arbeit – und von beiden ist ja eine Menge vorhanden – gerechter verteilt. Es wäre schon eine der Staatsaufgaben, diese Ungerechtigkeiten weitgehend aufzuheben, ohne etwa in stupide Gleichmacherei zu verfallen.

Von der Wirtschaft, die man immer vorschiebt, kann man das nicht verlangen. Die denkt an sich und ihren Profit, aber nicht über ihren goldenen Tellerrand hinaus. Der Staat muß das Geld eintreiben, das für die gesamtstaatliche Lösung gesellschaftlicher Fragen notwendig ist. Und zwar dort, wo es sich gehäuft befindet. Durch Sparen am falschen Ende löst man das Problem nicht. Durch Sparen wird nur reich, wer ohnehin schon genug Geld hat.

Wenn man nun, nach jahrzehntelangem Nichtstun sagt, mit der Jahrhundertwende wird alles anders, dann ist das nichts als eine faule Wahlausrede. Das erinnert an den Säufer, der Sonntagabend seine letzte Mark für einen Schnaps hinlegt und sagt: Ab Montag wird alles anders.

Ich will noch bei den negativen Seiten des gegenwärtigen Staatsverständnisses bleiben, das sich ändern muß, wenn sich gesellschaftlich etwas ändern soll. In den letzten Jahren, in denen der Neoliberalismus um sich griff, wird ja eine immer stärkere Abkehr des Staates von seinen Aufgaben als »Vaterlandsverwalter« sichtbar. Dabei sind jene Leute, die heute vorgeblich Neoliberalismus wollen, ausgesprochen antiliberal, wie der SPD-Politiker Erhard Eppler in seinem Buch »Die Wiederkehr der Politik« feststellte. Es wird beispielsweise mit dem Brustton der Überzeugung immer wieder gesagt, der Staat sei nicht für die Wirtschaft verantwortlich. Wirtschaft findet in der Wirtschaft statt. Aber die Wirtschaft, wo jeder für sich und oft gegen die Gesellschaft wirtschaftet, hinterläßt soviel Chaos, Elend, Kurzsichtigkeit, Egoismus und im übertragenen Sinne auch Müll, ohne daß sich irgend jemand dafür verantwortlich fühlen müßte. Die Wirtschaft tut es nicht, denn sie produziert und reproduziert für ihren eigenen Profit. Aber Chaos-, Elends- und Müllbeseitigung muß sein, wenn die Gesellschaft nicht darin ersticken soll. Da muß nun nolens volens der Staat eingreifen, um das, was die Wirtschaft anrichtet, wieder in Ordnung zu bringen.

Um das zu können, braucht er natürlich Geld. Aber es geht auf Dauer nicht, daß er für Aufgaben, die auch der Gesamtwirtschaft dienen, Schulden machen und dafür Zinsen zahlen muß, während er andererseits bei den kleinen Leuten anfängt, Sparprogramme aufzulegen, mit dem Hinweis, sie mögen selbst Vorsorge treffen, damit die Wirtschaft florieren kann. Das hat mit Marktwirtschaft nichts zu tun, das ist Subventionspolitik durch eine Umverteilung von unten nach oben. Überdies: Wer Schulden macht, muß nicht nur horrende Zinsen zahlen (1998 waren es 180 Milliarden DM allein an Zinsen, ohne Schuldentilgung), sondern begibt sich auch in eine immer größer werdende Abhängigkeit vom Gläubiger. Der Gläubiger kann Bedingungen stellen, die so weit führen, daß er schließlich regiert und immer noch mehr Einfluß auf den Staat nimmt, den er zwar nicht will, aber doch für seine Zwecke gern mißbraucht.

Das ist ein ruinöser Kreislauf. Er hat wie eine wuchernde Krebskrankheit übrigens bereits große Teile der Gesellschaft erfaßt. Kaum bemerkt, aber für jedermann zu spüren. Jeder hat Schulden: Der Staat, die Länder, die Kommunen, das Handwerk, die mittelständischen Betriebe, die privaten Haushalte. Das Vorstellungsvermögen reicht für den normal Sterblichen nicht aus, wenn dieses, auf Schuldenstelzen stehende Gebäude eines Tages zusammenbricht.

In Asien haben wir eine Kostprobe erlebt, welche Auswirkungen das für die einzelnen Länder, aber auch global hat. In Rußland, wo man mit bornierter Brachialgewalt Reformen im Sinne einer brutalen Rekapitalisierung durchzusetzen versuchte, ist das Ergebnis Not und Elend der Massen und plötzlicher unermeßlicher Reichtum für wenige, was zu sozialen Spannungen führen wird, deren Ausbruch, wenn es so weitergeht, man nicht verhindern können wird. Natürlich ist man schon dabei, ein neues Feindbild, einen Schuldigen auszumachen: die Kommunisten. Sie seien eben nicht lernfähig. Ja, was sollen sie denn lernen in dem Chaos, das von der äußeren Konterrevolution angerichtet wurde? Da wird wieder der Antikommunismus hochgepeitscht, was nicht nur töricht ist, sondern auch ein Beweis dafür, daß die Bourgeoisie immer noch schlaflose Nächte und Alpträume wegen des in Europa seit 150 Jahren umgehenden Gespenstes hat.

Das ist bei uns nicht anders. Wer auch nur den *Versuch* unternimmt, den Herrschenden in den Arm zu fallen, wenn sie Schaden anrichten und den gesellschaftlichen Fortschritt hemmen, wird ausgegrenzt. Wir müssen deshalb aufhören, jedem Druck nachzugeben, der uns von weltanschaulichen Überzeugungen, wonach es eine bessere als die kapitalistische Ordnung geben müßte, trennen soll. Wir haben doch einiges in der Geschichte erlebt. Warum sollen nur die einen aus ihr lernen? Warum nicht alle? Wenn man aus Unglücken, an denen unsere Geschichte reich ist, nicht lernt, muß mit eventuell unabsehbaren Folgen gerechnet werden. Also muß man mit dem Lernen und dem Verändern dort beginnen, wo der Ursprung des Unglücks liegt.

Der Vaterlandsverwalter darf um den Preis des totalen Chaos die Wirtschaft sich nicht selbst überlassen. Ein gewisses Maß an staatlicher Planung und Kontrolle wird vor allem angesichts der komplizierter werdenden, vernetzten und für den einzelnen immer unübersichtlicher werdenden Entwicklungen einfach lebensnotwendig.

Das gilt meines Erachtens also besonders für die Informations- und Dienstleistungsgesellschaft, in die wir bereits eingetreten sind. Wir tun uns so schwer damit, weil wir mit einem alten gesellschaftlichen Verständnis an eine in die Zukunft gerichtete Gesellschaft herangehen. Auch die Umstellung von der Manufakturperiode auf die maschinelle Produktion war kompliziert und hat ein anderes gesellschaftliches Denken, zum Beispiel die Aufklärung, vorausgesetzt und trotz vieler Widerstände auch erzeugt. Dazu waren aber revolutionäre Umgestaltungen auch in der Gesellschaft notwendig. Die Furcht mancher Politiker, daß es Leute gibt, die einen anderen Staat wollen, ist nur geheuchelt. Sie haben längst einen anderen Staat geschaffen. Sie haben sogar schon einen Namen gefunden: die Berliner statt die Bonner Republik. Es merkt offenbar niemand, was wirklich dahinter steckt. Das, was sie den »Linken« unterstellen, um ihnen drohen zu können, das wurde in Wahrheit, aber unter anderen Vorzeichen schon geschaffen. Scheinbar unmerklich. Doch seit 1990 leben wir in einer anderen Republik. Und die haben nicht die »Kommunisten« geschaffen.

Und es ist wieder nicht die gewünschte demokratischer gewordene Republik, nicht der richtige Staat, der notwendige Vaterlandsverwalter, der gute Hirte, die demokratische Exekutive einer wahrhaft demokratischen Gesellschaft – wie immer man es nennen will, die in der neuen Republik regieren möchte. Von dieser eigentlichen Funktion wurde der Staat immer weiter abgerückt. Diejenigen, die das bewerkstelligt haben, tragen in Wirklichkeit das Stigma mit sich herum, den Staat zum Schaden des Volkes verändert, eben einen anderen Staat, und damit bereits eine andere Republik, als ursprünglich geplant, geschaffen zu haben.

Ohne mich in der Theorie vereinzeln zu wollen und auch zu können, müssen wahrscheinlich doch einige Worte über das Wesen der Informationsgesellschaft verloren werden. In der Informationsgesellschaft wird es durch die neuen technischen Möglichkeiten, die in den letzten Jahren entstanden sind, zu einer höchstmöglichen Umsetzung der Informationstheorie in die gesellschaftliche Praxis kommen. Bekanntlich befaßt sich die Informationstheorie mit den Gesetzmäßigkeiten der Informationsvermittlung und ihrer Verarbeitung. Das ist nichts grundsätzlich Neues. Neu ist heute, daß die höchstentwickelte Technik Prozesse erlaubt, die die Anwendung der Informationstheorie in neuen größeren Zusammenhängen möglich macht. Die Weiterentwicklung in allen Wissenschaften wäre heute ohne die technisch immer perfekter werdende Anwendung der Informationstheorie nicht mehr möglich. Durch eine Vernetzung der Informationen werden Möglichkeiten geschaffen, neue Prozesse auf allen Wissenschaftsgebieten zu erkennen, zu untersuchen und weiterzuentwickeln. Das ist nicht nur für die alten exakten Wissenschaften wichtig, sondern auch für alte und neue Gebiete der allgemeinen Wissenschaften, von der Medizin bis zu Bio- und Genetikforschung. Das setzt nicht nur einen höheren technischen Standard voraus, sondern vor allem größeres Wissen und damit höhere Bildung, wozu man auch einen gewissen hohen Stand an Allgemeinbildung voraussetzen muß. Die Informationsgesellschaft ist also wesentlich mehr als eine Multimedia-Gesellschaft, so wie sie sich augenblicklich z. B. im Fernsehen darstellt und die sogar dazu beiträgt, Bildung und Wissen bis an die Grenze des Analphabetismus hin einzuschränken, indem sie alles versimpelt und zur platten Unterhaltung herabstuft. Womit nichts gegen eine gute Unterhaltung gesagt sein soll. Aber es ist ein Irrtum, wenn das Instrumentarium der Multimedia- und Informationsgesellschaft verwechselt oder gleichstellt wird mit den einschaltquotengeilen privaten Fernsehsendern, die ständig das kulturelle Niveau nach unten zerren, die zwischen ihrer Hauptbeschäftigung, der Ausstrahlung von Werbefilmen, Uralt-Seifenopern laufen lassen, Gelächter aus Konserven einblenden, wenn es einem Comedieproduzenten in die Regie paßt, und natürlich stundenlang Sportsendungen überträgt, egal was, ob Tennis oder Fußball, Hauptsache Werbung läuft mit. Das einzig Positive an den vielen Sportsendungen, daß sie den Weg zum Sportplatz ersparen und daß wir sehen können, Deutschland ist (wenigstens auf diesem Gebiet) gar nicht so ausländerfeindlich, wie ihm immer vorgeworfen wird.

Dabei könnte die Werbung durchaus zur Entwicklung der Informationsgesellschaft beitragen, wenn sie tatsächlich diesem Zweck und nicht der Profijagd untergeordnet wäre. Aber der Beweis, der für die Werbung durch hohe Einschaltquoten erbracht werden soll, daß das entsprechende Programm mehr Leute anzieht und daher beliebter ist als andere, ist schlicht und einfach absurd. Dann könnte das Arbeitsamt von Castrop-Rauxel, weil es vielleicht 300 000 Besucher monatlich aufweisen kann, behaupten, daß es beliebter ist als die Städtischen Bühnen von Wanne-Eickel, die monatlich nur 3 000 Besucher haben.

Nein, die Informationsgesellschaft stellt ein wenig höhere Ansprüche an Bildung und Wissen, als sie gegenwärtig durch die staatlichen Streichungen von Geldern möglich geworden sind. Dabei sollte das Fernsehen nicht unterschätzt werden. Es ist ein bedeutendes Instrument zur Informationsvermittlung. Wenn es kurz vor der Jahrhundertwende weltweit schätzungsweise 800 Millionen Fernsehgeräte gab, und man rechnet für jedes Fernsehgerät im Durchschnitt fünf Zuschauer (in manchen Gegenden sind es sicherlich noch mehr), dann kann man davon ausgehen, daß vier Milliarden oder zwei Drittel der Menschheit täglich vom Informationsfluß oder Desinformationsfluß des Fernsehens erreicht werden. Da dies auch von Analphabeten aufgenommen werden kann, ist leicht errechenbar, welchen Nutzen oder Schaden das Fernsehen, zum Teil konkurrenzlos, anzurichten imstande ist und welche Verantwortung deshalb andererseits auf ihm lastet.

In dem Zusammenhang muß doch noch einiges zur Rolle der Massenmedien in der Informationsgesellschaft gesagt werden. Wie müßte es meiner Meinung nach weitergehen mit der möglichst umfassenden, aber doch noch zu bewältigenden Information des Bürgers in der Informations- und Dienstleistungsgesellschaft?

Der versierte Bürger, der über entsprechende Möglichkeiten und Fähigkeiten verfügt, kann sich selbst über das Internet weltweit eine Unmenge von Informationen besorgen. Aber erstens verschafft ihm dieses aufwendige Unternehmen zwar viele, aber trotzdem auch nicht alle Informationen, die ihn interessieren würden, und zweitens kann er diesen Informationsüberfluß überhaupt nicht verarbeiten. Man kann einwenden, daß er immerhin die Möglichkeit hat, das ihn Interessierende herauszufinden. Wenn man das verallgemeinert, werden wir nicht den allseitig informierten Staatsbürger haben, der die Geschicke des Staates mit beeinflussen kann, sondern allenfalls den – Verzeihung – Fachidioten. Möglich, daß einer bestimmten Staatsform diese Qualifikation für einen Bürger ausreicht. Vielleicht ist sie sogar wünschenswert. Aber wir werden als Demokratie scheitern, wenn wir, um nur ein Beispiel zu nennen, in einer einseitig orientierten Informationsgesellschaft diktatorischen Versuchen erliegen, die Gesellschaft politisch und geistig zu vereinheitlichen. Das gab es schon. Gerade eine so hohe fachliche Ansprüche stellende Gesellschaft braucht den allseitig gebildeten, politisch denkenden und demokratisch gesinnten Staatsbürger.

Hier erhalten die Bildungsstätten, Schulen wie Universitäten und andere Einrichtungen sowie die Massenmedien neue Aufgaben, die weit über die bisherigen hinausgehen und ein größeres Verantwortungsgefühl erfordern. Aber das erreicht man nicht durch kapitalistische Privatisierung, wo verständlicherweise nur nach der Gewinnspanne gefragt wird, sondern durch eine gewisse Obhut des Staates. Das gilt bis zu einem bestimmten Grade auch für die Massenmedien. Es wird noch komplizierter werden, wenn beispielsweise in nicht allzu langer Zeit Internet und Fernsehen technisch miteinander verschmelzen.

Da wird es zwei Probleme geben. Einmal wird die Gefahr der Monopolisierung zunehmen, denn dann wird es keine kleinen Anbieter mehr geben, sondern nur noch wenige große, wenn nicht überhaupt nur ein oder zwei. Monopolisierung im Informationswesen aber heißt automatisch Einschränkung der Informationsfreiheit. Hier bliebe keine andere Möglichkeit als eine wie immer geartete staatlich Regulierung. Da muß kein Aufschrei erfolgen, daß damit die Pressefreiheit eingeschränkt würde. Ob eine demokratisch legitimierte Regierung als Sachwalter von Staatsinteressen hier eine Aufsichtspflicht ausübt oder ein einzelner, keiner Kontrolle unterliegender Privatmann (Privatunternehmen), ist ja wohl doch ein Unterschied, an dem sich höchstens der Privatunternehmer stoßen würde. Das notwendige Regulativ des Staates hat offenbar selbst Bundespräsident Herzog entdeckt. Anläßlich einer der vielen Preisverleihungen, mit denen er beschäftigt ist, wies er im Herbst 1998 auf das Problem mit der ihm eigenen und natürlich auch zustehenden Verniedlichung hin, indem er blumenreich die Frage aufwarf, ob wir bei aller Informationsfreiheit »Nebengeräusche zulassen wollen oder nicht«.

Das zweite Problem wäre ein rein technisches. Allein was die Informationsflut des Internet bietet, wird, wenn es nicht völlig neue technische Entwicklungen geben wird, zum Informationshemmer statt -förderer. Als im Herbst 1998 der amerikanische Senat beschloß, die Anklagen gegen Präsident Bill Clinton über das Internet zu veröffentlichen, wurde faktisch ein neuer Schritt ins Informationszeitalter getan. Aber es zeigte plötzlich auch die Grenzen auf, die zumindest im Augenblick gesetzt sind.

Für den Journalismus bedeutet das »virtuelle Ereignis des Jahrzehnts« den Eintritt in eine neue Phase, erklärte Christopher Fiola vom American Press Institute. Die Bürger seien nicht mehr auf traditionelle Medien angewiesen, um sich ein Urteil in einem so schwerwiegenden Prozeß, wie in einem Amtsenthebungsverfahren, zu bilden.«

Freilich ist das eine etwas vorlaute Klage, denn noch sind erstens nicht alle Bürger (vor allem in der weiten Welt) in der Lage, sich ins Internet einzuklinken, und es wird bis zur weltweiten Nutzung noch eine geraume Weile vergehen, daß angesichts von 6 Milliarden Erdbewohnern nicht nur Privilegierte dieses Medium nutzen können, und zweitens hat schon der erste Run auf den neuen Informationsservice gezeigt, wie eng im Augenblick noch die technischen Grenzen sind. In die Internetdatenbahn kann man zwar viel hineinstopfen und kann massenweise versuchen, sich dieser Information zu bemächtigen, aber es geschieht mit dem Erfolg, der uns nun fast täglich schon auf unseren Autobahnen begegnet. Wir stehen bei allzu großem Verkehrsaufkommen, also Nachfragen, eine bestimmte Datenbahn zu nutzen, im Stau. Das kostet schon auf der Autobahn Zeit, Geld und Nerven. Aber Stau im Internet verursacht nicht nur Kosten, sondern, wenn es um wichtige Dinge geht, natürlich Informationsverlust. Denn auch im Internet behält eine alte Medienweisheit ihre Gültigkeit: Nichts ist so überholt wie eine Nachricht von gestern. Das galt nun zwar nicht für die bisher größte Peepshow, da bildeten sich geduldige Schlangen, weil das Gezeigte auch am nächsten Tag noch reizte. Aber es kann sich mit zunehmender Nutzung des Internets ja auch einmal um etwas weltweit Wichtigeres drehen, das mit der Stunde Wartezeit an Bedeutung verliert.

Im Gegensatz zum Internetsurfer, der sich nun normalerweise seine Informationen nach dem Zufallsprinzip eigener Bedürfnisse sammelt, bleibt für die weltweit vorhandene Mehrheit der Informationsrezipienten nur die Möglichkeit, es mit von den Massenmedien ausgewählten Informationen vorlieb zu nehmen. Eine Auswahl ist natürlich in jedem Falle notwendig, weil niemand die täglich anfallende Informationsflut aufnehmen, geschweige denn verarbeiten kann. Also wird für Otto Normalverbraucher ein Filter zwischen Informationseingang und -weitergabe geschaltet, nach dem Motto: Die wichtigen (ob gut oder schlecht) ins Töpfchen, die unwichtigen (manchmal aber nicht uninteressanten) in die gelbe Tonne. Diesen Filter haben die Medien besetzt. Sie entscheiden also, was für den Bürger für wichtig und unwichtig gehalten wird. Schon das allein bürdet den Medien eine große Verantwortung auf. Denn mit der Auswahl von wichtig oder nicht wichtig, was auch oft heißen kann: Gut oder schlecht, bilden die Medien Meinungen und können sie manipulieren.

Aber die Medien selbst unterliegen auch in einer parlamentarischen Demokratie, mit einer weitgehenden Pressefreiheit, einer Vorfiltereinrichtung, die von Staatsinteressen, Unternehmerinteressen, Verlegerinteressen, in den seltensten Fällen von Leser-, Hörer- oder Zuschauerinteressen gesteuert wird. Am besten trifft es sich, wenn alle Interessen übereinzustimmen scheinen. Angenommen: Die deutsche Fußballnationalmannschaft siegt im Land X.

Aber das ist schon anders, wenn es beispielsweise um die Frage geht, was ist gestern in der russischen Duma passiert? Oder in der Bundeswehr gibt es einen Neo-Nazi-Skandal. Oder ein Politiker – Regierungsvertreter – Oppositioneller – Gewerkschaftsfunktionär – Unternehmer – ausländischer Staatsmann – (Nichtzutreffendes streichen) hat sich zu einer bestimmten Frage in dieser oder jener Richtung geäußert, dann wird die Auswahl in der Sache und in der inhaltlichen Wiedergabe schon kompliziert, um nicht zu sagen, parteiisch. Allein durch das Weglassen bestimmter Fakten oder die Wortwahl für bestimmte Dinge ergeben sich bereits Wertungen des Ereignisses. Und je nach politischer Auffassung des Verlegers oder Herausgebers, die sich natürlich auch nach der Meinung und Auffassung seiner Freunde in Partei und Regierung richtet, steuert er direkt oder indirekt den Meinungsbildungs- oder auch Manipulierungsprozeß. Ich erwähnte schon in einem anderen Zusammenhang, wie die Meinungsmache bei den in der Hauptstadt akkreditierten Korrespondenten funktioniert. Dazu kommen ganz subtile Beeinflussungen, die von der Einladung zum Mittag- oder Abendessen zu ganz »privaten« Kontakten reichen. Bei solchen Gelegenheiten versucht der Journalist zunächst Neues zu erfahren, was ihm oft gelingt, weil der Gesprächspartner aus dem Bundespresseamt oder einem bestimmten Ministerium ihm irgendeine Neuigkeit, einpackt in »ganz persönliche Vorstellungen« von dieser oder jener Angelegenheit mitteilen will. Das nimmt dann auch langfristig Einfluß auf die Herausbildung von Meinungen. Die aktuelle Steuerung erfolgt über Nachrichtenagenturen, die bestimmte Nachrichten mit einem Codewort versehen, das dem Eingeweihten verrät, von welcher Wichtigkeit die entsprechende Information zu sein hat. Am nächsten Morgen wundert man sich, daß die Zeitungen nicht nur fast gleichlautenden Texte von einem bestimmten Ereignis veröffentlichen, weil es sich um fast unveränderte Agenturmeldungen handelt, sondern manchmal zumindest in der Tendenz gleichartige Überschriften.

Man könnte also stundenlang aus der Schule plaudern, worin der Unterschied zwischen den rigiden Anweisungen der Abteilung Agitation beim ZK der SED und den subtilen Empfehlungen der verschiedensten Institutionen zwischen Bundespresseamt und Herausgeberzimmer liegen. Sie werden immer nach unten weitergegeben und erreichen so den Verbraucher.

Worauf es mir ankommt, ist, festzustellen, daß sich mit der Veränderung der Produktivkräfte und Produktionsverhältnisse auch die Bildungs- und Informationsverhältnisse ändern müssen. Zu einer Informationsgesellschaft gehört vor allem eine informierte Gesellschaft und keine manipulierte. Darin liegt die Verantwortung der Medien im nächsten Jahrhundert. Wenn sich da nichts von allein ändern sollte, muß man zumindest darüber diskutieren, wie die Medienverhältnisse den gesellschaftlichen angepaßt werden könnten. Die Medien müssen mehr, als sie es im ablaufenden Jahrhundert sein wollten, zu demokratischen Kontrollinstanzen der Institutionen, ob staatlich, wirtschaftlich oder kulturell, werden. Das heißt nicht, im moralischen Dreck mancher Leute herumzustochern, sondern Vermittlung von Verstößen gegen gesamtgesellschaftliche Interessen. Sie müssen dem Leser, Zuschauer und Hörer ein objektives Bild vom Ablauf der Ereignisse, kommunal, regional, national und global, vermitteln. Die Meinung muß sich der Rezipient auf Grund seiner erworbenen Bildung aus den vermittelten Informationen selbst erarbeiten können. Die Sprache der Medien, die teilweise noch aus der Zeit des Kalten Krieges stammt, muß entrümpelt und für die neuen Aufgaben versachlicht werden. Das wird nicht leichtfallen. Aber es gibt verschiedene Versuche mit Schülerfernsehen und Schülerzeitungen, wo das zunächst zum Pflichtfach gemacht werden sollte. Vielleicht gelingt uns der Schritt zu den neuen Notwendigkeiten im Informationswesen, wenn wir uns generell von den geistigen, in manchen Fällen auch personellen Altlasten in den Medien entsorgen und auf die nachwachsende Generation vertrauen.

Das freilich setzt eine neue Orientierung im Bildungswesen voraus. Meinetwegen kann man das auch, um die inflationäre Benutzung des Begriffes noch zu erweitern, Bildungsreform nennen. Man hat z. B. als eine der ersten Maßnahmen, als die westdeutsche Ordnung über den Osten kam, in den neuen Bundesländern das Bildungswesen der DDR radikal beseitigt. Daß das unklug war, bei allen Mängeln, die dieses Bildungswesen aufwies, zeigt sich schon jetzt, nach wenigen Jahren. Man hätte, bevor man das Alte zerstört, auch auf diesem Gebiet überlegen sollen, was erhaltenswert gewesen wäre, und in das Bildungswesen der Alt-BRD einbauen müssen. Da geht es nicht um Nostalgie, sondern um Erfahrung. Man hat sich bei den Plattmachern im Bildungswesen nicht erinnert, daß sich z. B. schon im Sommer 1956, der gewiß auf dem Gebiet der Bildung anerkannte SPD-Politiker und kommunistisch garantiert nicht verseuchte Prof. Carlo Schmidt in einer bildungspolitischen Debatte des Bundestages für eine ernsthafte Prüfung des DDR-Schulwesens aussprach und zu überlegen gab, ob man nicht solche wesentlichen Elemente, wie den polytechnischen Unterricht, auch in der Bundesrepublik einführen sollte. »Der Spiegel« schrieb am 20. Mai 1969: » Jeder 13jährige DDR-Schüler hat bereits so viele Berufs- und wirtschaftskundliche Erfahrungen, wie sie heute in der Bundesrepublik nicht einmal ein Abiturient besitzt.«

Man ringt heute im Bildungswesen um eine Annäherung von praxisnahem Studium, Forschung und rascher Überleitung in die Produktion. Das war in der DDR gang und gäbe. Daß es nicht immer funktionierte, hatte andere Ursache als die vorhandene Bildungsgesetzgebung. Aber das alles wurde mit eisernem Besen weggefegt. Jetzt stellt sich heraus, daß man eigentlich das Fahrrad neu erfinden müßte. Denn ohne allgemeine polytechnische Bildung, ohne praxisnahes Studium wird man die Aufgaben, die vor Wirtschaft und Gesellschaft stehen, nicht lösen können.

Auch hier könnte man Verallgemeinerungen treffen. Alles, auch das Bildungswesen *mußte* im Osten verändert werden. Dagegen glaubte man im Westen nichts verändern zu brauchen. Jetzt stellt sich auch hier heraus, daß nicht alles so bleiben kann, wie es war. Das schon erwähnte kolonialistische Denken wird aber jetzt dazu führen, daß man das Bildungswesen ändert, demzufolge auch im Osten wieder ändert. Die Bürger der neuen Bundesländer müssen sich ununterbrochen ändern, während der Westen des Landes sich dagegen sträubt und viel Energie aufwendet, um zu beweisen, daß und warum etwas nicht geht. Dadurch wird Geld verschwendet und Zeit verloren. Insofern werden die Im-sich-ständig-ändern-müssen trainierten Menschen im Osten sich eines Tages als die flexibleren Kräfte erweisen und mit anderen Einstellungen an notwendige Veränderungen herangehen als die zwar arbeitsamen, aber denkfaul gewordenen Brüder und Schwestern im Westen. Das kann Folgen haben. Bildung schafft Wissen. Wissen ist Macht. Aber es erfordert Denken und macht auch Arbeit, zu Wissen zu gelangen. Beides, Denken und Arbeiten, ist auf dem besten Wege, den Deutschen verloren zu gehen.

Es wird zum Jahrhundertende gesagt, nicht der Staat, sondern jeder einzelne Bürger ist für seine soziale Sicherheit, beispielsweise im Krankheits- wie im Rentenfall verantwortlich. Gesundheits- und Zukunftsvorsorge sei Sache eines jeden. Natürlich können sich die Menschen nicht allein auf gesellschaftliche Hilfe verlassen. Das haben sie im übrigen bisher auch nicht getan, sondern Monat für Monat durch die Rentenversicherungsbeiträge, die ihnen vom Lohn abgezogen wurden, zu ihrer eigenen Zukunftssicherung beigetragen. So sah es der sogenannte Generationenvertrag vor. Freilich hat der Arbeitgeber auch seinen Beitrag dazu geleistet, weil er ja die Arbeitskraft für sich ausnutzen konnte. Nun möchte man am liebsten diesen Unternehmeranteil einsparen, um die Lohnkosten zu senken, sprich, die Profitaussichten zu erhöhen. Der abhängig Beschäftigte soll somit, obwohl sein Unternehmer durch ihn und auf Kosten seiner Gesundheit und Lebenserwartung Gewinne abschöpft, möglichst allein seine Gesundheits- und Altersvorsorge bestreiten. Allenfalls gönnt man ihm noch eine staatlich fixierte Krankenkassenzuzahlung oder Mindestrente. Auf diese Weise wird Entsolidarisierung gefördert. Jeder Ameisen- oder Bienenstaat ist da sozialer und mithin menschlicher.

Die Aufzählung von Zuständigkeiten und Aufgaben, denen sich der Staat sukzessive entledigt, könnte über Bildung, Kultur, Umwelt, ja über fast alle gesellschaftlichen Bereiche fortgesetzt werden. Klassische staatliche Institutionen, wie Post, Eisenbahn, Telefon, Gefängnisse, Krankenhäuser, Schulen, Theater, Kindergärten, Straßenbau, öffentlicher Nahverkehr u. a., werden mehr und mehr der Privatisierungswut unterworfen. Mit welchen Folgen, muß nicht im einzelnen geschildert werden. Sie sind schon jetzt täglich an den kostendeckenden, sprich, gewinnbringenden Preisen oder den Pleiten zu erkennen. Also stehen hier mit Blick auf das neue Jahrhundert, in dem sich zunächst zusätzlich zu allem anderen Unbill die demographischen Verhältnisse ändern werden, grundlegende Änderungen, meinetwegen zunächst auch nur dorthin führende Reformen ins Haus. Man wird nicht umhinkönnen, im Hinblick auf Höchstprofite einerseits und öffentliche Kassenlöcher andererseits, bestimmte Eigentumsverhältnisse zu überprüfen, der gesellschaftlichen Entwicklung anzupassen, indem man den Widerspruch zwischen gesellschaftlicher Produktion und privater Aneignung dort, wo es sinnvoll ist (und es wäre an vielen Stellen sehr sinnvoll), beseitigt oder wenigstens vermindert. Ich halte das für eine der entscheidenden Aufgaben der Ökonomen des nächsten Jahrhunderts. Übrigens sind Vorarbeiten dafür bekanntlich geleistet. Aber das bedarf staatlicher Lenkung und Planung, ohne etwa in die starre Staatliche Planung, an der u. a. der Sozialismus in Europa zugrunde ging, zurückzufallen. Es gibt ja vielleicht ein Zwischending von Staatlicher Plankommission des ehemaligen sozialistischen Landes X und beispielsweise dem japanischen MITI, einem ziemlich verbindlichen staatlichen Zukunftsplanungsinstrument. Der zu erwartende Hinweis, daß das japanische MITI die Krise auch nicht verhindern konnte, ist so geistreich wie der Hinweis auf die staatliche Plankommission, die den ökonomischen Zusammenbruch herbeiführen half. Natürlich kann man mit beiden scheitern, wenn man sie falsch einsetzt. Aber vielleicht kann man sie vernünftig und logisch einsetzen, möglicherweise gibt es auch etwas dazwischen? Der Staat kann und darf sich aus der Wirtschafts- und Sozialpolitik nicht heraushalten. Bis jetzt versucht er es in zunehmendem Maße. Aber das führt letzten Endes zu sozialer Mißwirtschaft.

Wofür wäre der Staat sonst noch da? Für die Außenpolitik? Was ist denn das heute? Wenn der Kanzler ins Ausland reist, nimmt er einen Schwarm von Industrie- und Bankkapitänen mit und betätigt sich als Handlungsreisender, froh, wieder einen Auftrag für die deutsche Großindustrie eingeheimst zu haben. Oder die deutsche Außenpolitik versucht, trotz der eigenen mißlichen Erfahrungen im vergangenen letzten Jahrzehnt des zwanzigsten Jahrhunderts, anderen Staaten die deutsche (auch nicht funktionierende) Ordnung überzustülpen. Das aktuellste Beispiel für den Mißerfolg solcher Eingriffe in das Leben anderer Staaten sehen wir in Rußland. Wir richten Unheil an und wollen es dann nicht gewesen sein. Wenn schiefgeht, was schiefgehen muß, wie im Falle Rußland, dann können wir, wenn wir uns zunächst massiv und kommandierend eingemischt haben, uns nicht einfach, wie auch in der Innenpolitik, davonschleichen. Sollte das nach dem Jahr 2000 so weitergehen, dann beweisen wir der Welt, daß wir zum drittenmal innerhalb von hundert Jahren versagen, weil wir unfähig sind, Lehren zu ziehen und zu beherzigen. Ich schreibe das nur, weil der neue Kanzler Schröder gesagt hat, es werde in der Außenpolitik eine Kontinuität geben. Ich will nicht hoffen, daß das so stehen bleibt. Sonst: Gute Nacht, mein Fürst ...

Für die Sicherheitspolitik ist der Staat verantwortlich, heißt es. Die innere Sicherheit nimmt zunehmend ab. Die Menschen werden durch aufkommende Gewaltbereitschaft immer mehr verunsichert. Man redet zwar, besonders in Wahlkampfzeiten, über die Notwendigkeit, die innere Sicherheit zu verstärken. Daß das Geld kostet, ist in dem Moment, da Sprechblasen, buntschillernd wie Seifenblasen aufsteigen und schließlich auch so zerplatzen, nicht wichtig. Dabei leistet sich der bisherige Staat soviel Widersinniges. Man baut zwar für teures Geld Hochsicherheits-Gefängnisse, führt aber aus »menschlichen Gründen« des Strafvollzuges selbst für Schwerstverbrecher Freigänge ein, die dann in den meisten Fällen prompt zum Rückfall führen. Man beschließt zwar auch immer neue Gesetze. Dabei würde die Durchsetzung des einen die Abfassung des anderen ersetzen und so die Staatsbürokratie wesentlich übersichtlicher machen. Sicherer wird das Land vor allem deswegen nicht, weil die Grundstrukturen dieses Staates geradezu zu Kriminalität und Gewaltbereitschaft verleiten. Auch hier wäre also Nachdenken und nicht Nachschenken nötig.

Bliebe die äußere Sicherheit. Aber sie ist doch nachweisbar nicht mehr in dem Maße gefährdet, daß es solcher materieller Anstrengungen bedürfte, wie wir sie erleben. Der internationale Terrorismus ließe sich durch Bekämpfung der Ursachen niederhalten, vor allem aber durch ein strikt eingehaltenes Waffenembargo, das immer wieder staatlich sanktioniert oder durch profitgierige Waffenhändler auch illegal unterlaufen wird. Man legt den Waffenhändlern nicht das Handwerk. Eher überlegt man, wie die Folgen des Gewerbes zu bekämpfen sind, indem man eine waffenstarrende Bundeswehr irgendwohin schickt, die aber erwiesenermaßen nichts weiter ausrichten wird, als neuen Schaden anzurichten. Wenn

Deutschland seine Außenpolitik tatsächlich neu überdenken würde, dann käme auch zu anderen Ergebnissen. Vor einiger Zeit las ich in einer Zeitung folgende Sätze: »Fraglos war das Ende des Kalten Krieges für viele mit der Hoffnung verbunden, bedrohliche Krisen und Konflikte endlich hinter sich zu haben. Diese Hoffnung war verständlich, aber nur ein Traum. Sie zeugte mehr von der verständlichen Fixierung auf das, was zuvor das Ost-West-Verhältnis genannt worden war, als von der Einsicht, in das weltweit vorhandene Konfliktpotential.« (»Tagesspiegel«, 30. August 1998)

Wenn sich also die deutsche Außenpolitik, nachdem der Ost-West-Konflikt beendet ist, statt immer neue Feindbilder zu schaffen, um seine Muskeln spielen lassen zu können, auf Konfliktvermeidung und Ursachenbeseitigung konzentrieren würde, sähe es in der Welt etwas besser aus. Man muß doch nun wirklich nicht jeden gefährlichen außenpolitischen Unsinn der USA nachmachen, nur weil man Großmachtträumen nachhängt. Das Konfliktpotential besteht in der Zweiteilung der Welt in Arme und Reiche, so wie das auch in der einzelnen Gesellschaft der Fall ist. Hier muß zur Überwindung dieses Gegensatzes Politik einsetzen, wenn sie sich den Namen verdienen will. Es sei denn, man bereitet sich auf etwas vor, von dem ich weiter oben schon sprach.

Passiert das alles nicht, bleibt nur noch übrig, daß dieser Staat zum reinen Selbstzweck verkommt und wie ein Moloch Unsummen an Volksvermögen verschlingt, aber es kommt – um ein Kohlwort zu mißbrauchen – nicht einmal hinten was raus.

Wollte man zynisch sein, könnte man gleich vorschlagen, daß ab Jahrhundertwende die eigentlich Mächtigen im Staat, die Industrie- und Bankkonzerne, gleich selbst eine Regierung von Wirtschafts- und Finanzfachleuten bilden, in Deutschland vielleicht mit den Herren Hundt, Henkel, Stihl, Piech, Schrempp, Kopper und anderen an der Spitze, dann auch mit einem möglichst kleinen Verwaltungsapparat, weil eine große Verwaltung die Profite schmälert? Die ohnehin bestehenden privaten Sicherheitsdienste könnten die Polizei ersetzen Warum schafft man also den sich anscheinend langsam selbst überflüssig machenden, geldverschlingenden Staat nicht gleich einfach ganz ab? Irgendwer hat ohnehin einmal gesagt, daß man den Staat leiten müsse wie ein Konzernunternehmen. Also: Hic Rhodos – hic salta.

Natürlich wird das nicht gehen, obschon es Theorien dafür gibt und obwohl die wachsende Globalisierung die Rolle der Nationalstaaten, wie überhaupt der Macht auch von dieser Seite her einschränken wird. Eine überlegenswerte These hat der amerikanische Futurologe Alvin Toffler für den Jahrhundertwechsel aufgestellt. und das hängt nicht mit dem Kalender, sondern mit der globalen Entwicklung zusammen, die zufällig auf diesen Zeitpunkt fällt: »Wir leben in einer Zeit, in der die gesamte Machtstruktur, die die Welt bisher zusammenhielt, in Stücke geht. Eine radikal andere Machtstruktur bricht sich Bahn. Und dies geschieht auf allen Ebenen der menschlichen Gesellschaft.«[1]

Also, wie soll es weitergehen? Ich zweifle daran, daß man diese Frage ad hoc beantworten kann. Man kann Fragen aufwerfen, die die Fachleute beantworten müssen. Aber es sollten bitte nicht die »Fachleute« sein, die uns gestern in den Schlamassel geführt haben und begründeten, warum dies nötig war, sondern Leute mit neuen Ideen. Wahrscheinlich sind die Probleme auch nur noch zu lösen, indem man nicht x-beliebige Politiker an die Spitze von Ministerien stellt, sondern wirkliche Fachleute. Warum also nicht, solange der Kapitalismus existiert, einen jungen Unternehmer an die Spitze eines gebündelten Wirtschafts- und Finanzministeriums setzen, vielleicht mit einem Staatssekretär aus der Wirtschaftswissenschaft und einem aus den Gewerkschaften an seiner Seite. An die Spitze eines Ministeriums für Bildung und Forschung gehörten ein Pädagoge und ein Naturwissenschaftler, an die Spitze des Gesundheitsministeriums ein Mediziner, möglichst mit Klinikerfahrung. Man könnte die Auflistung fortsetzen. In der neuen Gesellschaft muß man damit aufhören, Ministerposten nach Parteienproporz und Regionalansprüchen auszuwählen und zu besetzen. Statt dessen sollten sach- und fachkundige Leute für Ministerämter eingesetzt werden. Deshalb sollten Regierungsmitglieder auch nicht mehr dem Parlament angehören, dem sie eigentlich rechenschaftspflichtig sind. Es ist ohnehin ein Witz der parlamentarischen Demokratie und ein Vergehen gegen die so gepriesene Gewaltenteilung, daß sich Minister als Abgeordnete selbst kontrollieren, daß sie manchmal ohne einen Hauch von Ahnung die Ressorts wechseln können, wie andere Leute das Hemd. Freilich steht dem immer ein eingespielter Beamtenapparat zur Seite. Aber auch das ist eine Crux. Der eingespielte Apparat ist so »eingespielt«, daß er Veränderungen meist im Wege steht. Wichtige Untersuchungen und Ausarbeitung von Plänen werden heute ja ohnehin von »Sachverständigen«, Gutachtern und Beratungsfirmen für viel Geld erledigt. Wozu dann eigentlich viel Geld für Beamte im Staatsapparat ausgeben? Warum holt man die Fachleute nicht gleich in die entsprechenden Ministerien? Im Augen-

---

1 Alvin Toffler: Machtbeben – Wissen, Wohlstand und Macht im 21. Jahrhundert, Düsseldorf 1990, S. 22.

blick sind wir auf dem Wege, auch die eigentliche Arbeit der Regierung zu privatisieren. Hier wäre also zumindest eine grundlegende Verwaltungsreform im Sinne von Erneuerung notwendig. Das erfordert ein völlig neues Denken, zu dem viele Berufspolitiker im Augenblick offenbar nicht mehr fähig sind.

Ob angesichts der Globalisierung aller wichtigen Probleme eine grundlegende Wende in einem einzelnen Land begonnen werden kann, gewissermaßen als Initialzündung, ist fraglich, obwohl woanders auch anders und zwar etwas erfolgreicher regiert wird. Vielleicht kommt der Schub, wenn unsere neue sozialdemokratisch geführte Regierung sich, etwas bei anderen Sozialdemokratien Europas abguckt. Zwar hat der neue Bundeskanzler den Wählern vor und nach den Wahlen versprochen: »Wir werden nicht alles anders machen, aber vieles besser«, aber damit auch angedeutet, das grundlegend anderes von der Regierung 2000 nicht zu erwarten ist.

Falls die Veränderungen als Orkan daherkommen, wie ich das schon andeutete, kämen sie mit Gewißheit von außen. Eine sozialistische Weltrevolution, durch ein Beispiel exportiert, das man zwischen China und Kuba suchen könnte, wird es nicht sein, weil es nie ernst zu nehmende Vorstellungen gab, die sozialistische Revolution von außen in andere Länder zu tragen. Selbst das Trachten Stalins nach dem Zweiten Weltkrieg, besetzte Gebiete zu sozialistischen Ländern zu protegieren, waren, wie ich schon zu erklären versuchte, Teile einer eigenen imperialen Strategie, die den Spatzen in der Hand nutzte, um sie durchzusetzen. Der Griff nach anderen Ländern, um die kommunistische revolutionäre Bewegung dort zu unterstützen, war nie erfolgreich, weil sich eine revolutionäre Situation nicht nur von außen gestützt, sondern vor allem aus innerem Antrieb ergeben muß. Daß so etwas zusammenfallen kann, steht auf einem anderen Blatt. Aber das Schreckgespenst von der Weltrevolution, die, von der Sowjetunion aus angezettelte, gehörte wohl eher zu den antikommunistischen Horrorszenarien, die man auf Theorien einzelner Leute begründete, die sich auch Kommunisten nannten. Sie wären nie zu verwirklichen gewesen. Heute weniger denn je.

Allerdings wird man sich daran gewöhnen müssen, daß es in dem Maße wieder Überlegungen für sozialistische Perspektiven geben wird, je mehr der Kapitalismus sein Versagen offenbart. Und das tut er nun weithin sichtbar. Man sieht ja in den ehemals sozialistischen Nachbarländern, daß es nach siebzig Jahren versuchter, wenn auch mißlungener Aufklärung nicht ohne bestimmte Rückgriffe auf sozialistische Ideen geht. In Deutschland ist offenbar so etwas schon gar nicht mehr denkbar. Lieber wollen wir unseren alten Kaiser Wilhelm wieder haben, als das

Wort Sozialismus nur in den Mund zu nehmen, ohne ihn anschließend zu spülen.

Zu den Möglichkeiten der Wende von außen muß man auch die Versuche religiöser Eiferer, Scientology, Moonsekte, islamische Fundamentalisten rechnen, die schleichend, einer geistigen Völkerwanderung gleich, daherkommen. Daß dies eine latente Gefahr einer ganz anderen Art von Weltveränderung darstellen könnte, ist freilich nicht auszuschließen. Zweifellos gibt es hier Gefahren für den Frieden und auch im allgemeinen, weil man erstens nicht mit dem Freiheitsbegriff ins reine kommt, und zweitens, was die islamitische »Gefahr« angeht, die sogenannten Industrieländer in beachtlichem Maße zu deren militärischen Aufrüstung beigetragen haben. Darin könnte tatsächlich eine Gefahr bestehen. Wer hat denn die Ausrüstungen für Giftgasfabriken und Raketenwerke in islamische Ländern geliefert. Von wem stammt das Know-how der Atombomben in Indien und Pakistan? Nach einer ehrlichen Beantwortung dieser Fragen, mit allen sich daraus ergebenden Konsequenzen, kann man dann nach weiteren Schuldigen suchen und sie mit politischen Mitteln bekämpfen. Aber nicht Brandstifter sein und dann nach der Feuerwehr rufen, die man dann selbst noch sein möchte, um die Löschkosten abkassieren zu können.

Dennoch muß man auch die sozialen Ursprünge der fundamentalistischen Bewegung erkennen, die ein religiöses Aufbäumen gegen die weltliche Ungerechtigkeit ist. Ob es erstrebenswert ist, die sozialen Fragen so zu lösen, wie es beispielsweise der islamische Fundamentalismus mit der engen Auslegung des Koran angeht, ist natürlich mehr als fraglich. Aber daß es auch hier im Grunde genommen um eine gerechtere Welt geht, ist kaum zu bestreiten. Nur haben es Religionen an sich, daß sie sich im Laufe der Entwicklung selbst verfälschen. Das gilt für das Christentum ebenso wie für den Islam.

Bei den Sekten ist das allerdings, so meine ich, etwas anders. Hier sollen religiöse Strukturen vorgetäuscht werden, die diktatorische Macht für mitunter sehr weltlich denkende Gurus schaffen. Allein was sich auf diesem Gebiet andeutet, wie bestimmte Sekten wirtschaftliche und politische Machtpositionen zu erobern oder zu unterlaufen versuchen, ohne die eigentlichen, auf Ausbeutung beruhenden sozialen Strukturen zu verändern, läßt Schlimmes ahnen. Was wird, wenn der nächste oder übernächste amerikanische Präsident John Travolta, bekannt als Streiter für die Scietology-Sekte, hieße? Was wenn dann Amerika weiter Weltführungsmacht bliebe? Ob da deutsche Nibelungentreue hilft oder eine noch so hochgerüstete Armee, ist äußerst fraglich.

Eine weitere gefährliche Möglichkeit, die sich auch noch andeutet, wären rechtsradikale Entwicklungen. Ansätze gibt es von Frankreich über Deutschland und Österreich bis nach Rußland. Diese Bewegung ist zweifellos gefährlich. Ob eine neofaschistische Bewegung in Deutschland freilich, angesichts der geringen Substanz, die diese Kräfte außer ihrer Großsprecherei und Gewaltbereitschaft augenblicklich zu bieten haben, heute noch einmal, wie 1933, erfolgreich sein könnte, ist zweifelhaft. Das zeigte auch das Wahlergebnis von 1998. Denn zumindest in Deutschland ist alles für den deutschen Imperialismus auf »demokratischem Wege« erreicht worden, was durch die Installation Hitlers 1933 erst über einen diktatorischen Weg geleitet werden mußte. Die Rechten könnten nur im Falle eines Militärputsches, über dessen Möglichkeit man natürlich auch spekulieren kann, für die Innenpolitik eine Rolle spielen.

Falls die gesellschaftliche Wende schließlich in kleinen reformatorischen Schritten dahergetrippelt kommt, wird ein ständiges Diskutieren über Machbarkeit und Nichtmachbarkeit der einen oder anderen Veränderung anheben. Die Linken werden sich über diese Frage leider entzweien. Die Demokratie würde möglicherweise ihre Kinder ersticken, selbst wenn es Wunschkinder wären.

Also kein Ausweg?

Es bleibt die Frage, wie man dann die im neuen Jahrhundert auf uns zukommenden Aufgaben, die sich ja heute schon im Schoße des alten andeuten, schrittweise lösen kann. Es wird notwendig sein, in eine solche Debatte die Gesamtheit der Bevölkerung einzubeziehen. Gordische Knoten sind heute nicht mehr von einem einzelnen zu lösen, schon gar nicht auf die Weise, wie sie durch die Mythologie überliefert sind. Will man aber die Bevölkerung in diesen Prozeß einbeziehen, der ja ein demokratischer sein soll, muß man einen ehrlichen Kassensturz machen, das heißt, man muß offen informieren, was warum so und nicht anders ist. Information in der Informationsgesellschaft sollte eigentlich selbstverständlich sein. Aber der Inhalt der Informationen ist noch nicht definiert. Hier geht es ja nicht um das Innenleben der High Society, hier geht es um das Innenleben unserer demokratischen Gesellschaft. Da würden wir mit Sicherheit auf Dinge stoßen, bei denen man sofort sagen wird, warum das nicht schon längst geändert wurde. Wir würden darauf stoßen, daß das Notwendige längst machbar gewesen wäre, wenn man rechtzeitig heilige Kühe der kapitalistischen Gesellschaft geschlachtet und sie nicht auf Kosten des Volkes durch- und fettgefüttert hätte. Die meisten dieser Dinge sind der Bevölkerung doch ohnehin bekannt. Sie sind es auch, die jene Politikverdrossenheit auslösen, mit der resignativen Haltung, sowieso nichts ändern zu können.

Ohnehin machen bislang die Parteien, zum Teil auch hier Staat im Staate, alles unter sich aus. Sie sind schon seit dem ersten Jahrzehnt des ablaufenden Jahrhunderts aus Kampfparteien um bürgerliche Rechte und Freiheiten oder sozialistische Ziele zu Wahlvereinen geworden. Die großen Parteien, nachdem sich amerikanischer Wahlkampfstil neuerdings auch hierzulande eingeschlichen hat, mutierten gar nur noch zu Kanzlerwahlvereinen. Nicht einmal demokratisch zu wählende Volksvertreter sind wichtig, sondern offenbar nur noch ein Kanzler, der nach dem Grundgesetz die Richtlinien der Politik zu bestimmen vermag (Art. 65 GG). Der Wähler findet heute kaum noch denjenigen, dem er seinen Wählerauftrag übergab. Deshalb zeigt sich die Politikverdrossenheit vor allem auch in einer Parteienverdrossenheit. Wenn heute in allen Parteien beklagt wird, daß es kaum noch jungen Nachwuchs gibt, so hängt das vielleicht auch damit zusammen, daß die Parteien, weil sie selbst veraltet sind, jungem Nachwuchs nicht den nötigen Freiraum gewähren und in ihren Strukturen und nach ihrem Wesen noch aus dem 19. Jahrhundert stammen. Ein besonderer Anachronismus nach dem Anbruch des 21. Jahrhunderts. Man muß nur einmal den Weltbevölkerungsbericht von 1998 über die globale demographische Entwicklung lesen (UNO Verlag, Bonn), um zu entdecken, daß die Menschheit nicht nur älter werden wird, sondern die Zahl der jungen Leute vor allem in den Entwicklungsländern ansteigen wird. Beide Faktoren erfordern ein radikales Umdenken, auf allen gesellschaftlichen Gebieten.

Vor allem in Deutschland wäre ein solcher Prozeß notwendig, diesmal wirklich um Verantwortung im globalen Maßstab wahrzunehmen. Denn so, wie die Dinge jetzt liegen, werden die Parteien, wenn man genau hinschaut, ihrem Verfassungsauftrag kaum noch gerecht, der da lautet: »Die Parteien wirken bei der politischen Willensbildung des Volkes mit.« (Art. 21 Abs. 1. GG) Die Frage ist nur, können sie überhaupt diesen Verfassungsauftrag bei den gegenwärtigen Strukturen und selbstformuliereten, oft parteiegoistischen Aufgaben gerecht werden? Von der Mitwirkung an einer, ursprünglich in den fünfziger Jahren gedachten Willensbildung kann, betrachtet man einmal allein das sich stets wiederholende Wahltheater, kaum noch die Rede sein. Die Parteien mißbrauchen, wie das besonders bei der CDU/CSU 1998 der Fall war, ihre augenblicklich verfügbare Regierungsmacht, um den politischen Gegner zu bekämpfen oder auszugrenzen. Die Politik *einer* Partei wird zur staatstragenden erhoben. Das Ergebnis kennen nun ehemalige DDR-Bürger besser als Altbundesbürger, denn: Inhaltlich kann man ja wohl nicht darüber streiten, was denn die in eitler Selbstbegeisterung formulierte Hauptwahllosung, daß Kohl »Weltklasse – Deutschland« darstelle, zur politischen Willensbildung beitragen könnte. Allenfalls Nationalismus. Andere Parteien, die nach der Macht strebten, präsentierten Köpfe, die in einer neuen Regierung sitzen sollen. Was sogenannte Seiteneinsteiger zur Willensbildung beizutragen hatten, war substantiell sehr mager. Inhaltlich konnte ohnehin kaum etwas zur Willensbildung beitragen, das Parteiengezänk schon gar nicht.

Es sei denn, man bezeichnet die Abkehr der Bürger von den Parteien, die sich auch in einer inflationären Zahl von Gründung kleiner und kleinster Parteien zeigte, als Ziel einer solchen Willensbildung.

Aber vielleicht geht es dem Bürger in der Informationsgesellschaft selbst gar nicht mehr so sehr um zugeteilte Willens- oder Meinungsbildung als vielmehr, wie ich schon mehrfach betonte, um mehr Informationen für selbständiges Nachdenken. Wenn der gebildete Bürger über genügend Informationen verfügt, kann er sich auch seine Meinung bilden. Meinungsbildung durch die Parteien führt heute in der modernen Gesellschaft möglicherweise doch nur in das Dickicht der parteigeprägten Meinungen des Einer-gegen-den-anderen und nicht zum notwendigen Miteinander in einer von Grund auf demokratischen Gesellschaft.

Die Gesellschaft müßte sich also möglicherweise angesichts der eingetretenen Entwicklung anders organisieren als in den zum Teil 150 Jahre alten Parteien. Diese Parteien versprechen nach altem, aber unbewährtem Strickmuster »Bündnisse für Arbeit« oder »Stabilitätspakte«. Aber eine Regierung, die mutwillig auf die direkte Mitarbeit des Volkes in einer Volksherrschaft (Demokratie) verzichtet und statt dessen Bündnisse und Pakte mit dem eigenen Volk abschließen will, wie mit einer fremden Macht, die man dann einhalten kann oder auch nicht (was in der Außenpolitik früher des öfteren schon ein Grund zur Kriegserklärung war), verdient es nicht einmal »Vaterlandsverwaltung« genannt zu werden. Sie ist schlicht unfähig und untauglich und damit eigentlich überflüssig.

Wenn sie sich in Beiräten Rat holt oder beispielsweise den Verbänden, die freilich *alle Interessengruppen* vertreten, ihren politischen Einfluß auf die Politik über eine Art Runden Tisch gewährleistet, dann wäre das ein qualitativ neuer Schritt in eine Politik, die sich demokratisch versteht. Man brauchte dafür nicht einmal die gegenwärtig gültige Verfassung zu ändern. Man müßte nur den Artikel 20 des Grundgesetzes durchsetzen, in dessen 2. Absatz es heißt: »Alle Staatsgewalt geht vom Volke aus. Sie wird vom Volk in Wahlen und Abstimmungen und durch besondere Organe der Gesetzgebung, der vollziehenden Gewalt und der Rechtsprechung ausgeübt.« Hier könnten Volksbefragungen, Volksabstimmungen, Volksentscheide, Runde Tische durchaus verfassungskonform untergebracht werden, anstatt darauf zu setzen, die Bevölkerung nur alle vier Jahre an die Wahlurne zu treiben, die Wahlergebnisse dann auch noch, wie gehabt, durch Koalitionsbildungen zu verfälschen.

Hier gehört aber noch eine Anmerkung eingefügt: Da ist die ständige Klage über die nach einem Dezennium noch nicht erreichte innere Einheit. Da gibt es auf beiden Seiten der ehemaligen beiden deutschen Staaten gegenseitige Schuldzuweisungen. Aber wie das bei der gegenwärtigen Lage der Nation ist, bleibt die Schuld an den ehemaligen DDR-Bürgern hängen. Da die altbundesrepublikanische Politik und Geschichtsschreibung davon ausgeht, daß sie die alleinige Wahrheit vertritt, weil sie ja ihre Überlegenheit im Kalten Krieg unter Beweis gestellt hat, werden wir wohl nicht so schnell zu einer Übereinstimmung der Meinungen kommen. Der Riß wird bleiben. Das hat überhaupt nichts mit Nostalgie zu tun. Wahrscheinlich trauern die Westbürger den schönen fünfziger bis achtziger Jahren viel mehr nach als die Ostbürger. Das hat etwas mit der Borniertheit zu tun, mit der die politische Diskussion in diesem Lande geführt wird. Ich bin zum Beispiel seit Jahren Bezieher der Zeitschrift »Das Parlament«, herausgegeben von der Bundeszentrale für politische Bildung. Mich interessieren die darin veröffentlichten Texte der Bundestagsdebatten, aber auch die streitbaren, manchmal aber allerdings die unbestreitbar einseitigen Beiträge zur politischen Bildung. Was ich an der Zeitschrift beklage, ist die allgemeine Tendenz, ostdeutsche Autoren, es sei denn, sie kommen aus der sogenannten Bürgerbewegung, fast völlig auszuklammern. Es gibt in dieser Zeitung für politische Bildung, mit offenkundigem CDU-Drall und mit öffentlichen Mitteln finanziert, keinen demokratisch geführten Streit über die deutsche Politik nach 1989, es gibt keine alternativen Diskussionen über Geschichte, Gegenwart und Zukunft Deutschlands. Es gibt ein Strickmuster, wenn es gegen die PDS geht oder gegen imaginäre Altkommunisten. Insofern hat dieses Blatt für mich leider als Zeitschrift für politisch und demokratische Bildung nicht die Vorbildwirkung für eine zu führende Diskussion über politische Meinungsbildung. Ich will das auch an einer beliebig gewählten Ausgabe deutlich machen. Es ist die thematische Ausgabe zur politischen Bildung vom 28. August 1998. Von den ausgewiesenen 42 Autoren dieser Ausgabe stammt nur einer aus der ehemaligen DDR und der heißt Friedrich Schorlemmer. Nun habe ich überhaupt nichts gegen Schorlemmer. Im Gegenteil. Ich mag ihn mehr als inzwischen manchen westdeutsche Politiker. Aber das kennzeichnet schon die eindeutige Schieflage zu dem Thema, zu dem sicherlich einige Intellektuelle, Professoren, Journalisten u. a., die in der DDR tätig gewesen sind und heute vielleicht doch zu neuen Überlegungen gekommen sind, etwas hätten beitragen können. Aber wenn bereits auf der ersten Seite, in einer Art Leitbeitrag vom Geschäftsleitungsmitglied der Konrad-Adenauer-Stiftung, Günther Rüther, die Richtung vorgeben wird, wie man die Frage »Was gefährdet die innere Einheit der Deutschen?« zu beantworten habe, dann weiß ich, daß diese innere Einheit nicht so schnell zustande kommen wird. Wenn da behauptet wird, die Verhaltensweise der Ost- wie der Westdeutschen verfestige sich immer noch, aber als Schuldige nur die PDS gefunden wird, weil sie darauf hinarbeitet, »eine spezifische ostdeutsche Identität zu kultivieren. Dazu gehört die Beschwörung ostdeutscher Interessen ebenso wie die apokryphe Behauptung, eine ›Verwestlichung‹ der neuen Länder verhindern zu müssen«, dann ergibt sich für mich ein bewußtes Festhalten am Geschichtsbild, wie es in der Alt-BRD während des Kalten Krieges entstand.

Solche Formulierungen sind bedrückend einseitig und keine Basis für eine sachliche Diskussion, sondern dienen dazu, die Voreingenommenheit der Altbundesbürger gegen den ungeliebten Osten zu befördern. Wenn man beispielsweise den politischen Unsinn, der gelegentlich, besonders zu Wahlzeiten, aus Bayern ins Land schwappt, ernst nimmt, wo sich die CSU beispielsweise als »regionale Interessenvertretung« bezeichnet, warum sollte es dann in der Tat, bei der unterschiedlichen Entwicklungslage, nicht auch spezifische ostdeutsche Interessen und eine entsprechende parlamentarische Interessenvertretung geben? Daß die Berücksichtigung der Ostinteressen und nicht die im Strammstehen entgegengenommene Oktroyierung einer ausschließlichen Westmeinung für die Demokratie und Einheit im Lande anders bewertet wird, ist schlicht unverständlich. Wenn also so weitergemacht wird bei dem Versuch, die innere Einheit herzustellen, wenn nur die Altbundesinteressen und nach 40jähriger DDR-Zeit nicht auch in dieser Zeit herangewachsene Interessen der östlichen Bundesbevölkerung (die noch dazu rüde zerstört wurden) berücksichtigt werden, wenn die neuen Bundesländer in Statistik und Wirtschaft immer noch als Sondergebiet behandelt werden, dann wird diese Generation die innere Einheit nicht mehr erleben. Und zwar nicht durch Schuld unbelehrbarer Ossis.

Vielleicht kann man dann noch auf unsere Urenkel hoffen. Aber was denen heute an politischer Bildung beigebracht wird, läßt mich auch nicht besonders optimistisch in die Zukunft sehen. Sie sind schon die Schmuddelkinder der Nation. Je jünger die Leute sind, die in die neue Gesellschaft hineinwachsen, desto schwieriger wird neuerdings eine Verständigung über das, was mal Zukunft genannt wurde. Zukunft ist, Geld zu machen. Wie auch immer. Da wächst möglicherweise eine Generation heran, die nur noch das Singledasein kennen und schätzen. Schon die Enkel möchten ja kaum noch etwas von den Alten hören, schon gar nicht, was nach Lehren klingt. Im Gegenteil, sie wollen ihren Großeltern erklären, was die alles falsch gemacht haben. Vielleicht erweist sich das einmal als richtig, aber im Moment, so glaube ich wenigstens, verstärkt das jenes Gefühl unüberbrückbarer Gegensätze zwischen Alt und Jung.

Man muß der Jugend deshalb nicht mit Belehrungen kommen, sondern ihr Arbeit geben, ihnen so früh wie möglich Verantwortung übertragen, nicht, wie es sowohl in der DDR als auch in der Bundesrepublik geschah, daß mindest immer eine Generation übersprungen wird, wenn es ums Mitdenken, Mitmachen und Mitregieren ging. Mit Recht wurde zu DDR-Zeiten über die Gerontokratie geurteilt. Wie alt war Adenauer, als er Bundeskanzler wurde? Wie alt Kohl, als er 1998 zum vierten Male für eine weitere Legislaturperiode antreten wollte?

Dabei wird die erste Nachkriegsgeneration, die sogenannte Aufbaugeneration zur Jahrhundertwende biologisch abtreten müssen. Was hinterläßt sie im Westteil (der Ostteil ist mangels Masse nicht erfaßbar)? Ein vererbbares Geld- und Immobilienvermögen von fast 11 Billionen DM und damit die Aussicht, das Hunderttausende, wenn nicht mehr, steuerfrei, ohne je einen Finger gerührt zu haben oder noch einmal zu rühren, als Millionäre der Gesellschaft trotz ihres Reichtums auf der Tasche liegen werden. Was aber noch schlimmer ist, sie hinterläßt eine Demokratie, vom 20. Jahrhundert nicht zum besten geprägt und unvorbereitet auf das 21. Jahrhundert.

Die Lösung könnte wirklich in einer neuen modernen Form der Demokratieausübung bestehen. Ich sprach schon von einer möglichen künftigen Rolle Runder Tische, oder wie man solche Institutionen auch immer taufen mag. Runde Tische, und nicht irgendwelche Lobbyisten, könnten Gesetzesentwürfe vorlegen, die im Interesse der Bürgervertretungen im Konsens erarbeitet wurden. Das wären dann Vertretungen, die, solange die Gesellschaft so und nicht anders strukturiert und konstruiert ist, von den Unternehmer- und Handwerkerorganisationen über die Gewerkschaften bis zu Frauen-, Jugend- und Sportvereinigungen Anstöße für die Politik geben könnten. Der bezahlte und zahlende Lobbyismus wäre dann überflüssig. Die bisher Lobbylosen hätten dann aber endlich auch eine Vertretung. An Runden Tischen könnten nicht Minderheitsentscheidungen (beispielsweise auch durch den undemokratischen und verfassungswidrigen Fraktionszwang, der ohnehin permanent gegen Art. 38 Abs. 1.2 GG verstößt) in parlamentarische Mehrheitsbeschlüsse umgewandelt werden.

Dabei käme auch den Gewerkschaften in Deutschland und darüber hinaus in Europa eine besondere Rolle zu. Während sich das Industrie- und Bankkapital europaweit und weltweit für eine Zusammenarbeit organisiert, bleiben die Gewerkschaft national noch schön unter sich. Von festlichen Anlässen einmal abgesehen. Die beiden deutschen Wirtschaftsjournalisten Hans-Peter Martin und Harald Schumann befassen sich in ihrem Buch »Die Globalisierungsfalle« ausführlich mit den Auswirkungen der Globalisierung auf Demokratie und Wohlstand. Sie stellen dabei einen Forderungskatalog für ein notwendiges Gegensteuern auf, von dem später noch einmal die Rede sein wird. Aber sie üben darin heftige Kritik an dem bisherigen Verhalten der Gewerkschaften in ganz Europa.

»Das größte Versäumnis von Europas Gewerkschaftsfunktionären«, so schreiben sie, »war ihr bisheriger Verzicht auf den Aufbau einer schlagkräftigen EU-Organisation. Nur darum gibt es keine funktionierenden europäischen Betriebsräte, nur darum lassen sich die Belegschaften der Betriebe in verschiedenen Ländern gegenseitig ausspielen. Würden die Arbeitnehmervertreter ihre Kleinstaaterei beenden, wäre es mit der Übermacht der effizient organisierten Unternehmenslobby im Brüsseler Gesetzgebungsverfahren vorbei, und die EU-Sozialpolitik könnte Gestalt annehmen.«[1]

Es steht außer Frage, daß für einen demokratischen Wandel, der für das kommende Jahrhundert ansteht, angesichts einer mehr und mehr schwindenden Rolle der bisherigen politischen Parteien, die Gewerkschaften als immer noch größte Organisation lohnabhängig Beschäftigter eine größere Bedeutung als bisher erlangen muß. Schließlich hat ihr verändertes Verhalten auch zu dem beklagenswerten Mitgliederschwund beigetragen. Natürlich wird das schwer werden in der Informations- und Dienstleistungsgesellschaft, in der Arbeitsplätze durch zunehmende Heimbeschäftigung auch immer mehr vereinzelt werden und ein solidarisches Zusammenstehen, wie früher in Großbetrieben der Schornsteinzeit, immer komplizierter wird. Aber hier müssen sich, wenn sie weiterhin eine entscheidende Rolle in der demokratischen Gesellschaft des 21. Jahrhunderts spielen wollen, die Gewerkschaften mehr einfallen lassen als bisher. Auch auf nationaler Ebene könnte dann im europäischen Rahmen einiges geschehen, um die Politik wieder aus ihrer gegenwärtigen Erstarrung zu lösen.

---

1 Martin/Schumann: Die Globalisierungsfalle – Angriff auf Demokratie und Wohlstand, Reinbek 1998, S. 334.

Das Elend der Globalisierung

Natürlich wird die sich weiter ausdehnende Globalisierung von Wirtschaft und Politik die Probleme nicht einfacher machen. Wir werden zunächst einmal darauf stoßen, daß die Globalisierung, von der immer geredet wird, wirtschaftlich längst über uns gekommen ist. Wir spüren ihre Folgen an den sich wellenförmig fortpflanzenden Erschütterungen, die solche Beben wie in Südostasien oder Rußland auslösen. Mit der Globalisierung sind nicht nur neue Profitquellen aufgesprungen, sondern jede Erschütterung irgendwo in der Welt hat durch ihre globale Vernetzung auch weltweite Folgen. Das trifft insbesondere zu, wenn, wie im Falle Rußland, die großen und entwickelten Industriestaaten diktieren, was, z. B. durch eine rasche, um nicht zu sagen, überstürzte Privatisierung zu geschehen habe, aber selbst keine Ahnung davon haben, wie in einem solchen Lande, mit einem siebzigjährigen sozialistischen Versuch, von heute auf morgen Markwirtschaft kapitalistischer Prägung eingeführt werden kann. Eine Institution von gestern, wie der Internationale Währungsfonds, kann ernsthaft nicht mehr Ratschläge für morgen geben wollen. Das Zauberwort Reformen ist da so wirkungsvoll wie das Abrakadabra eines Schaustellers auf einem kleinstädtischen Rummelplatz. Die Losung: Erst Reformen – dann Hilfe, noch dazu, wenn man nicht deutlich sagt, was darunter zu verstehen ist, kann tödlich sein, wie man gerade jetzt an der Jahrhundertwende spürt. Vielleicht will man das sogar im eigenen Profitinteresse. Aber das wäre so entlarvend und gefährlich, daß ganz schnell und vielleicht auch radikal Abhilfe geschaffen werden müßte.

Also muß Globalisierung auch durchdacht angegangen werden. Man kann sie nicht den Industrie- und Bankkonzernen überlassen, selbst wenn sie einmal die Vorreiter waren. Denn der Drang nach Globalisierung ist ja älter als das aktuelle Gerede darüber. Der Welthandel wäre ohne globales Denken und ohne globale Ausmaße nicht denkbar. Grenzüberschreitenden Kapitalfluß gibt es, seit es ein imperialistisches Stadium des Kapitalismus mit dem Kapitalexport als Merkmal gibt. Die Globalisierung war schon Mittel zum Zweck, als Ford und General Motors anfingen, ihre Autos außerhalb der USA-Landesgrenzen zu bauen, dort nämlich, wo sie vielleicht billiger produziert wurden, vor allem aber, wo man sie verkaufen wollte. Dazu wurden dann Betriebe weltweit übernommen. Was jetzt Daimler und Chrysler machen, hat General Motors in den dreißiger Jahren schon bei Opel Deutschland ausprobiert. Die Globalisierung hat also eingesetzt, als zu Beginn des zwanzigsten Jahrhunderts die großen Industriestaaten mit dem

Kapitalexport begannen. Die Globalisierung wurde in gewissem Maße auch notwendig, als zum Beispiel Erdöl weit entfernt vom Verbraucher gewonnen wurde und sich Erdölkonzerne eine gewisse Monopolstellung weltweit verschafften oder sich zumindest die Welt unter sich aufteilten.

Die Globalisierung war auch schon eines der Mittel zum Zweck, als sich die amerikanischen Truppen nach dem Zweiten Weltkrieg nicht mehr aus Europa und Asien zurückzogen, dem Sternenbanner dann der verstärkte Drang der Industrie- und Bankkonzerne folgte und das wirtschaftliche und militärische Stützpunktsystem der USA weltweit ausgebaut und verfestigt wurde.

Aber schon am letzten Beispiel ist besonders deutlich sichtbar, daß der Globalisierungsprozeß, der objektiv bereits im Gange ist, von Anfang an von *einer* Macht zum Ausbau *seiner* Vormacht mißbraucht wurde. Und dies bringt eo ipso die latente Gefahr von Konflikten und Auseinandersetzungen mit sich. Denn es meldet sich sofort die Konkurrenz als Mitesser zu Wort. Der Streit zwischen Boeing und Airbus zeigt, wie weit das gehen kann. Die Fusion von Daimler-Benz und Chrysler wird da keine grundlegende Abhilfe schaffen. Will man also ernsthaft über die Globalisierung einer für die Zukunft gewendeten und veränderten Welt sprechen, muß man das Problem der Machtverhältnisse in dieser Welt offen stellen. Da gibt es nun die Vertreter der bisherigen »westlichen Welt«, die die Maßstäbe für Demokratie und menschliche Werte, für Menschlichkeit überhaupt und für Recht oder Unrecht zu setzen versuchten. Am Ende des Kalten Krieges, nach Wegfall des »Ostens«, benutzen sie nun für sich die Vokabel von der » globalen Verantwortung«. Der Münchener Soziologieprofessor Ulrich Beck bemerkt nicht ganz ohne Triumph, obwohl er die Folgen eines solchen Herangehens ahnt: »Zum ersten Mal verfügt heute der Westen über alle Trümpfe und ein freies Feld, um seine Deutungen universeller Werte durchzusetzen.«[1] Die Bedenken kommen Beck, weil die »alten Regeln und Grenzziehungen zwischen Innen- und Außenpolitik längst ausgehebelt sind. Der Westen und die supranationalen Organisationen regieren unter den Fahnen der Sicherung und des freien Welthandels in die ehemals inneren Angelegenheiten anderer Staaten hinein. Im Zuge der neuen Sprache wirtschaftlicher und ethischer Globalisierung werden die Souveränitätsrechte der nationalstaatlichen Moderne entkernt und dem Zugriff globaler Verantwortung geöffnet.« (Ebenda)

---

1 Aus »Politik und Zeitgeschichte«, Beilage zur Wochenschrift »Das Parlament«, 11. September 1998, S. 10.

Hier ist mit Westen vor allem dessen bisherige Führungsmacht USA gemeint, zu der sich dann als europäische »Führungsmacht« die Bundesrepublik auf den Beifahrersitz drängelt. So sehr im Augenblick das ökonomische Kräfteverhältnis für ein solches Fahrerduo des Globalexpresses zu sprechen scheint, so unwahrscheinlich wird es sein, daß dieses Gefährt auf Dauer fahrtüchtig bleibt. Mit der ungewöhnlichen Auswirkung der krisenhaften Erschütterungen in Asien und Südamerika auf die amerikanische Wirtschaft, mit der geradezu masochistischen Selbstentmachtung des amerikanischen Präsidentenamtes, mit den willkürlichen, völkerrechtswidrigen und außerdem noch mit offenbar falscher Zielbegründung gestarteten Rache-Raketen-Schlägen anläßlich der terroristischen Attentate auf USA-Botschaften gerät die Führungsmacht des Westens ins Schlingern. Es wird immer notwendiger, solchen Auffassungen von globaler Verantwortung einzelner Staaten entgegenzuwirken.

Die Völker, gleich wo, werden sich mit zusätzlichem Selbstbewußtsein wappnen und sich gegen solche Anschläge von vormachtssüchtigen Kräften zur Wehr setzen. Da bleibt die Frage an die Globalstrategen: Ändern sie ihre Ansprüche und ihre bornierte Politik oder riskieren sie, was nach Lage der Dinge zum Beispiel auf dem Rüstungssektor, möglich ist, eine globale Auseinandersetzung? Dies alles kann angesichts des Vorhandenseins von Atomwaffen auf fast allen Kontinenten nicht ernsthaft in Erwägung gezogen werden. Also müssen sich diejenigen, die vorgeben, globale Verantwortung übernehmen zu wollen, auf eine Position zurückschrauben, die globale Politik ohne Hintergedanken möglich macht.

Auf einen wichtigen Punkt ganz anderer, aber nicht zu übersehender Art macht der New Yorker Soziologe Richard Senneth aufmerksam: »Die Art, wie da ein struktureller Wandel erfolgt, berücksichtigt keine sozialen Überlegungen. So ist es nicht verwunderlich, daß die gewöhnlichen Menschen, die in diesem neuen Kapitalismus arbeiten, zutiefst desorientiert sind davon.« (»Süddeutsche Zeitung«, 28. September 1998)

Und der Vorsitzende der Kommunistischen Partei Rußlands, Sjuganow, warnte anläßlich der Krise um Präsident Jelzin gegen Ende des Jahres 1998 in einem »Spiegel«-Gespräch: »Die unteren Schichten wollen nicht so weiter leben, die Oberen können nicht so weiter herrschen.« Der Westen samt Kanzler Kohl habe Jelzin geholfen, »das Land zu plündern und zugrunde zu richten«. Sjuganow drohte für den Fall von Massenunruhen, »daß Millionen Flüchtlinge aus Rußland Europa überfluten« würden. »Dagegen hilft keine NATO.« (»Der Spiegel«, 5. Oktober 1998)

Es gäbe also eine Menge zu bedenken, wie man den unaufhaltsamen Globalisierungsprozeß dennoch in den Griff bekommt, so daß er nicht von einzelnen mißbraucht und möglichst allen oder wenigstens den meisten nutzt. Vor allem muß es aufhören, daß *ein* Land, und mag es sich noch so stark und wichtig gebärden, die Herrschaft über die ganze Welt oder über bestimmte Kontinente auszuüben versucht. Globalisierung heißt nicht Monopolisierung, sondern heißt auch, weltweit mehr Demokratie zu wagen. Ich weiß, daß gewisse Patentdemokraten glauben, der Rest der Welt sei nicht ganz so demokratisch wie sie selber, weshalb man diesen Rest an die Hand nehmen und dorthin führen müsse, wo man ihn hinhaben will. Das wird nicht klappen.

Hier böte sich in erster Linie die UNO an, als ein Versuch, eine Art Weltregierung zu bilden. Man wird natürlich sofort sagen, daß die UNO, in der zweiten Hälfte des 20. Jahrhunderts gegründet und tätig gewesen, bisher kaum etwas bewegt hat. Natürlich ist das so. Aber es sollte ja erstens ursprünglich nicht so sein und zweitens kann man das ändern, indem man die Statuten der UNO auf dieses neue globale Ziel dieser Institution ausrichtet.

Die UNO ist ohnmächtig geworden, weil vor allem die im Sicherheitsrat befindlichen Großmächte sich im Kalten Krieg gegenüberstanden und die Weltorganisation je nach Lage der Dinge für ihre Vormachtbestrebungen auszunützen versuchten. Die UNO ist heute noch ohnmächtig, weil sie von der einen, übriggebliebenen Supermacht, obwohl sie ihre Beiträge nicht zahlt, für ihre politischen Ziele mißbraucht wird und nicht im Sinne einer, die Dinge regelnden Weltorganisation tätig werden kann. Solange die Weltmacht USA bestimmt, was in der UNO geschieht oder an ihr vorbei ihre Politik betreibt, solange ist sie natürlich kein Organ, das neutral militärische, politische, wirtschaftliche und auch ökologische Konflikte lösen kann. Das würde auch nicht dadurch geändert, daß sich Deutschland auf den dritten europäischen Platz im Sicherheitsrat drängelt, während Krisengebiete, wie Nahost, Afrika oder Lateinamerika, überhaupt nicht vertreten sind. Die geplante UNO-Reform muß in diesem Sinne stattfinden und nicht im Sinne, die Rolle der Großmächte gegenüber den Kleinen noch zu stärken.

Möglicherweise kommt auch der Einwand, daß das Beispiel der Bürokratie von Brüssel, für Europa gesehen, eigentlich auch schrecken könnte. Aber niemand zwingt die Weltorganisation, wenn denn der Wille der über 150 Mitglieder es so will, Fehler anderer internationaler Behörden nachzumachen. Und wenn noch einmal die Kategorie Reformen bemüht werden soll: Auch Brüssel und seine Bürokratie wird sich noch reformieren, d. h. ziemlich grundlegend ändern müssen, wenn sich in dem europäischen Zusammenwachsen mehr als bisher bewegen soll. Da muß vor allem die Rolle des Europäischen Parlaments gegenüber der Europäischen Kommission (Regierung) und einzelnen nationalen Regierungen gestärkt werden.

Der fortdauernde Widerstand gegen eine durchaus denkbare und bei gutem Willen aller auch machbare Idee mit der UNO als einer Weltordnungsmacht würde doch nur beweisen, daß man die Welt, wie sie am Ende des zwanzigsten Jahrhunderts geworden ist, gar nicht ändern will. Da gibt es zwar ein wortreiches Geplapper über alle möglichen Zukunftsaussichten und Veränderungen. Aber wenn es an die Substanz bestehender Verhältnisse geht, und das müßte in diesem vorgedachten Falle so sein, dann hängt man am Überkommenen.

Natürlich müßte sich die Weltmacht USA auch von bisherigen alleinigen Führungsansprüchen in der Welt lösen. Das wird natürlich zum größten Hemmnis bei gedachten weltweiten Veränderungen werden. Aber die global sichtbare Krise am Ende des Jahrhunderts zeigt, wie verwundbar diese Weltmacht trotz ihrer vermeintlichen Stärke ist. Ob da nicht andere Mächte mehr Nutzen aus der Krise ziehen, steht noch nicht fest. Insofern wäre ein Verzicht einer einzigen Macht auf bisherige Alleinführungspositionen bei gleichzeitiger globaler Lösung des Problems durchaus vorstellbar.

Wenn der Dorfgendarm abgelöst wird, muß die Gemeinde nicht in Unordnung verfallen, wenn eine andere Ordnungsmacht in Aussicht steht. Die Sache mit den gotteseigenen, auserwählten und Herrenvölkern hat bekanntlich in der langen Menschheitsgeschichte nicht immer die beste, sondern meist eine ungute Rolle gespielt.

Daß ein so großes und mächtiges Land wie die USA weiterhin eine wichtige Rolle in der Weltpolitik spielen muß, ist selbstverständlich, wie das freilich auch anderen großen und zukunftsträchtigen Ländern und Kontinenten zukommt: Europa, das sich vereint, aber in dem bestimmte Länder dann auch auf besondere Führungsansprüche verzichten müßten, wäre ein solcher Faktor. Er reicht freilich nicht für drei Sicherheitssitze aus. Asien besteht nicht nur aus den Großmächten Japan, China oder Indien. Gerade dieser Kontinent hat mit den sogenannten Tigerstaaten gezeigt, welche Ressourcen und Möglichkeiten es gibt. Er könnte allerdings bei einem althergebrachten Herangehen der sogenannten großen Industriestaaten natürlich auch neue Probleme schaffen. Der lateinamerikanische Subkontinent mit seinen riesigen Möglichkeiten wird neue Fragen aufwerfen, nicht nur für die industrielle, sondern auch für die gesellschaftliche Entwicklung. Dort ist die politische Machtfrage des Wer-Wen überhaupt noch nicht entschieden. Und da ist nicht zuletzt Afrika, der schwarze Riese, der aber erst auf die Beine gestellt werden müßte, ohne daß man ihn bis zu einem solchen Zeitpunkt diskriminiert. Wie sich in immer kürzeren Zeitabständen zeigt, sind hier blutige Kriege am ehesten möglich. Der Rest der Welt tut so, als gingen ihn die Vorgänge dort nichts an. Waffenhändler ausgenommen.

Der Prozeß einer globalen politischen Entwicklung, die ja Annäherung voraussetzt und trotzdem Nichteinmischung in bestehende und wahrscheinlich auch noch lange bestehen bleibende innere Angelegenheiten einzelner oder auch der sich von der Basis her zusammenschließenden Völker, wird lange dauern. Die Übergangsperiode muß in der friedlichen Koexistenz der immer noch verschiedenen Zukunftsauffassungen und der Annäherung sozialer und ökologischer Verhältnisse bestehen.

Ein Traum? Vielleicht. Aber jeder grundsätzlich andere Weg führt in die globale Katastrophe. Manchmal hat man den Eindruck, daß ihn, wie in der Geschichte schon oft, die vor der Ausweglosigkeit stehenden Politiker geradezu herbeisehnen.

Wenn man das nicht will, muß man den weltweiten Prozeß schrittweise anzugehen versuchen. Das bedeutet nicht immer ein Schritt nach dem anderen. Sondern es kann auch heißen, mehrere Schritte an verschiedenen Stellen zu gehen. Nur müssen es immer Schritte in die richtige Richtung sein.

Vor allem muß man den komplizierten Problemen begegnen, die sich bei einer globalen Betrachtung der Dinge bemerkbar machen. Wir haben doch – um ein gravierendes Beispiel zu nennen – das Phänomen zu verzeichnen, daß die Länder mit der weltweit höchsten industriellen Produktivität zwar auch verständlicherweise den höchsten Durchschnittsreichtum, aber den geringsten Bevölkerungszuwachs aufzuweisen haben. In den armen Regionen wächst weder Produktivität oder gar Reichtum in dem gleichen Maße, dafür aber Bevölkerungszahlen und Armut.

»In den am wenigsten entwickelten Ländern sind 43 Prozent der Bevölkerung unter 15 Jahre alt. In 71 Ländern mit hoher Fertilität sind mehr als 40 Prozent der Bevölkerung jünger als 15 Jahre. Mehr als die Hälfte der globalen Zunahme der Jugendlichen seit 1980 fiel auf Südafrika südlich der Sahara«, heißt es in dem Weltbevölkerungsbericht 1998 der UNO (UNO Verlag, Bonn) in den Industrieländern sinkt der Anteil der Jugendlichen im Verhältnis zum Anwachsen der älteren Generation.

Das Zusammenfallen solcher entgegengesetzter »Wachstumsfaktoren« wird Begehrlichkeiten wecken, die nicht mit Gewalt zurückgedrängt werden können, sondern auch hier sind Überlegungen international wie auch im nationalen Maßstab notwendig, die auf gewisse notwendige Umverteilungen hinauslaufen. Eine sich wieder mehr solidarisierende Welt wird notwendig werden, oder die Völker werden sich ihren Anteil am

Weltreichtum dort holen, wo er sichtbar zur Schau gestellt wird. Das könnte dann der schon angedeutete Orkan von draußen werden.

Bereits diese Aufzählung zeigt, daß man sich mit ziemlicher Sicherheit für das nächste Jahrhundert, wenn nicht für länger, darauf einrichten muß, neue Gedanken über das Zusammenleben und Zusammenarbeiten der Völker und Staaten und Pläne für ihre Verwirklichung auszuarbeiten.

Vielleicht wird man zunächst die Kontinente zusammenführen müssen, in denen die einzelnen Nationen dann eine ihnen angemessene Rolle spielen. Anfänge sind ja auf allen Kontinenten schon gemacht, nur funktionieren sie nicht, weil immer eine oder mehrere Mächte da sind, die auf einen Führungsanspruch pochen. Dabei wäre es denkbar, daß innerhalb der Nationen, deren Rolle möglicherweise ohnehin zurückgedrängt werden wird, größere Regionen, als beispielsweise die bisherigen Bundesländer in Deutschland, gebildet werden könnten. Diese Regionen könnten durchaus, wenn kontinentale Konflikte verschwunden und nationalistische Ansprüche überwunden sind, auch bisherige nationale Grenzen überschreitend, wirksam werden.

Innerhalb dieser Regionen kämen dann aber den kommunalen Einheiten eine größere Verantwortung und Selbstverwaltungsrechte zu, als das bisher der Fall ist.

Ich komme dem verständlichen Einwand entgegen, daß dies ja wohl alles Zukunftsmusik ist, für die es bislang weder Noten noch einen Text gäbe. Das stimmt zwar. Aber wenn wir nicht irgendwie und zwar möglichst rasch anfangen, uns darüber Gedanken zu machen, dann werden wir von den Tagesfragen aufgefressen, dann wird es nie etwas werden mit einer sich den ökonomisch und ökologisch, politisch und kulturell veränderten Verhältnissen angepaßten neuen, auch sozial gerechten Gesellschaftsordnung, die eigentlich alle wollen und versprechen. Nur an deren Verwirklichung traut sich so recht niemand heran, weil es immer für irgend jemandem Einschnitte geben muß und wird.

Es ist nur die Frage, wie lange eine Minderheit mit Privilegien des Reichtums einer Mehrheit mit sozialer Armut weltweit ihren Willen noch aufzwingen kann. Da muß ein wirklicher Wandel erfolgen. Ohne einen solchen Wandel muß man befürchten oder kann sogar fest damit rechnen, daß sich das Problem auf explosive Weise löst. Der Kessel der Weltprobleme steht, nicht zuletzt durch die bornierte Politik der führenden Industrienationen, unter einem starken Druck. Da sind Armeen, seien sie noch so hochgerüstet, die falschen Kesselwärter.

Im Gegensatz zu bisher Gesagtem, daß Kalenderdaten zufällig und für Entwicklungen nicht ausschlaggebend sind, würde ich in diesem

Falle, da es sich um eine geplante Entwicklung handeln müßte, fragen, warum angesichts der drängenden Zeit für die Lösung gesellschaftlicher Probleme nicht das Jahr 2000 als Beginn erster Schritte anzusetzen wäre, statt in eine Endzeitstimmung zu verfallen?

Ich möchte einmal an zwei Beispielen demonstrieren, wie das einerseits von der globalen, also der großen, als auch von der kommunalen, also der kleinen Seite gleichzeitig begonnen werden könnte, um scheinbar utopischen Vorstellungen einen rationalen Kern geben zu können.

Eine Art Muster für eine notwendig, global geplante und global durchgeführte Zusammenarbeit (ohne vordergründige Suche nach daraus entstehenden Profitquellen) wäre der Versuch, die katastrophale Welternährungsfrage einer Lösung zuzuführen. Es gibt auf der einen Seite eine um jährlich etliche Millionen zunehmende Weltbevölkerung, deren Zahl inzwischen die sechs Milliardengrenze überschritten hat, und die ernährt werden will. Denn inzwischen hungern weltweit, von der Statistik erfaßt, konstant etwa 500 Millionen Menschen. Zehntausende sterben täglich den Hungertod. Die Zahl der in relativer Armut Lebenden ist nicht bekannt. Sie ist auch schwer erfaßbar, wie der 1998 im Wahlkampf entbrannte Streit in Deutschland zu diesem Thema zeigt. Tatsache ist jedoch, daß weltweit die Zahl der jährlichen Hungertoten wächst. Während bestimmte Kreise einen für normal denkende Menschen langsam kaum noch zu begreifenden Kampf um das ungeborene Leben führen, sterben immer mehr Geborene in Kriegen, durch zum großen Teil vermeidbare Naturkatastrophen, durch Seuchen und durch Hunger.

Um nur einen Augenblick beim Hunger in der Welt zu bleiben: Zwischen 1950 und 1980 stiegen die Weltgetreideerträge um jährlich durchschnittlich drei Prozent, was ungefähr der Zunahme des Bevölkerungswachstums entsprach. Während die Wachstumsraten der Bevölkerung in der Zeit zwischen 1980 und 1990 etwa gleich blieben, sank in diesem Zeitraum das Wachstum des Weltgetreideaufkommens auf ein Prozent. Der de facto-Rückgang der Weltgetreideproduktion führte schließlich dazu, daß 1996 die Weltvorräte an den Hauptgetreidesorten auf einem besorgniserregenden Tiefstand anlangten. Zu diesem Zeitpunkt lagerten weltweit in Silos nur noch Vorräte für 49 Tage des angestrebten Weltverbrauchs. Ich muß nicht schildern, was das für den Katastrophenfall bedeuten würde und welche profitablen Möglichkeiten die Spekulanten an der Weltgetreidebörse daraus schöpfen.

Hauptursachen des Rückganges der Weltgetreideproduktion waren:

– in Europa der Verlust an Ackerfläche durch Straßen- und Gebäudebau sowie die Prämierung für stillgelegte Ackerflächen;

– in Nordamerika waren es Bodenerosion und Landschaftszerstörung, sowie Stillegung von Anbauflächen, um Preise für Weizen und Mais hoch zu halten;

– in Südamerika ist der sogenannte Wanderanbau mitschuldig, vor allem mit den sich durch die Brandrodungen in doppelter Hinsicht verschlechternden Umweltbedingungen – zum einen wird der Regenwald zerstört, was neue klimatische Verhältnisse schafft, und zum zweiten versteppt der Boden nach zwei bis drei Ernten, weil die Brandrodung mit anschließendem Getreideanbau oder Schaffung von Weideflächen keine Humusbildung zuläßt. Anfangs gute Ernten schrumpfen auf minimale Erträge. Die Brandkarawane zieht deshalb weiter;

– in Asien, wo der durchschnittliche Ertrag durch Züchtung ertragreicher Hybridgetreidesorten, besonders bei Reis, in den letzten Jahrzehnten noch stieg, was den Hunger in den volkreichsten Ländern bekämpfen half, gab es dennoch zunehmend witterungsbedingte Mindererntén;

– in Afrika versteppen und versalzen durch falsche Bewässerung riesige Anbaugebiete, so sie denn überhaupt noch vorhanden sind.

Diese katastrophale Entwicklung wird andauern, wenn nicht die Sünden, die erkannt sind, beseitigt werden. Ich nehme einmal als Beispiel Afrika. Natürlich haben diejenigen zum Teil recht, die da sagen, die Hungersnot beseitigt man nicht grundsätzlich, indem man nur Getreide liefert, sondern in dem man Hilfe zur Selbsthilfe leistet. Aber das ist nur eine Teilwahrheit. Vor allem bringt es wenig Nutzen, wenn man solche Entwicklungshilfeprogramme kleinen, auf Spenden angewiesenen privaten und auch gesellschaftlichen Organisationen oder gar nur Einzelpersönlichkeiten überläßt. So großartig und anerkennenswert solche Einsätze sind, werden sie jedoch nie mehr als ein Tropfen auf den heißen Stein darstellen. Zunächst ist erste Hilfe in größerem Maßstab ohnehin auf Jahre hinaus notwendig, wenn die Leute bis zum Betreiben einer normalen Landwirtschaft nicht weiter verhungern sollen.

Da stehen die Europäer, vor allem die ehemaligen Kolonialmächte nicht vor einträglichen Geschäften, sondern in einer erheblichen Bringeschuld. Sie tragen ein gerüttelt Maß Schuld daran, durch Raubbau, Waldrodungen und Monokulturen den Kontinent so verwüstet zu haben, wie er sich außerhalb von Touristenzentren in weiten Teilen darbietet.

Zum anderen: Wie leistet man denn Hilfe zur Selbsthilfe? In erster Linie dadurch, daß man Afrika nicht zur Errichtung billig produzierender, ökologisch katastrophaler Industriegebiete mißbraucht und seine Bodenschätze für ein Trinkgeld ausbeutet, sondern beispielsweise seine Landwirtschaft in großem Maßstab (nicht nur für holländische Blumenzüchter) auf einen modernen Stand bringt. Das könnte dadurch geschehen, daß man den nützlichen und machbaren Versuch unternimmt, ganze Wüstenstriche zum Beispiel durch Brunnenbohrungen zu bewässern. Geologen haben längst nachgewiesen, daß sich unter der Sahara riesige Süßwasserbecken befinden Aber was nutzt die Erkenntnis, wenn man sich nicht einigt, wie man das Wasser ohne die notwendige Energie an die Erdoberfläche bringen soll? Dieselaggregate reichen da nicht aus und sind außerdem nicht sehr umweltfreundlich. Aber es wäre doch durchaus vorstellbar, daß sich Teile der Rüstungsindustrie der ohnehin notwendigen Konversion unterwerfen, ohne Arbeitsplätze zu verlieren, auf ein neues innovatives Gebiet begeben und beispielsweise Brunnen in der Wüste bauen. Damit sind nicht solche Versuche gemeint, wie sie die Bundeswehr blamablerweise in Somalia unternahm, sondern ein systematischer Versuch, der Natur jene fruchtbaren Gebiete zurückzugeben, die ihr die Menschheit durch Raubbau einst einmal genommen hat.

In Verbindung mit dem Bau einer modernen Wasser- und Energieversorgung in Afrika könnten durchaus Arbeitsplätze in Deutschland und Europa erhalten, wenn nicht gar noch geschaffen werden. Dies nur ein Hinweis für diejenigen, die stets, wenn im Ausland etwas geschaffen wird, an den Standort Deutschland denken.

Die Raumfahrtindustrie, die ja als Zukunftsindustrie gilt, könnte beispielsweise, statt aufwendige Mars- und Venusobjekte zu projektieren, zu ihren ohnehin kreisenden oder stehenden Nachrichten- und Spionagesatelliten, satellitengestützte Elektrizitätswerke in den Weltraum transportieren, die das Sonnenlicht zu Laserstrahlen bündeln und auf bestimmte Punkte der Erde, beispielsweise in die Sahara oder andere Gebiete senden, und sie in dann in Brauchelektrizität umwandeln. Das sind keine, wie man glauben könnte, Science-fiction-Vorstellungen.

Die Raumforschung ist viel weiter, als es allgemein bekannt ist. Die eben geschilderte Möglichkeit beschäftigt die Raumforschung theoretisch und auch ganz praktisch mindestens seit den achtziger Jahren. Die Sowjetunion war auf dem Gebiet schon weit fortgeschritten, aber heute, wo sie zur Marktwirtschaft geprügelt werden soll, ist natürlich kein Geld mehr da. Anderen, wie NASA und ESA, fehlt möglicherweise nicht in erster Linie das Geld, sondern vor allem die Zustimmung der großen Energiekonzerne, die, wie wir ja aus Deutschland mit seiner in den Kinderschuhen befindlichen Solartechnik und der Windkrafternergie-Erzeugung wissen, sich aus Profitgründen besonders hartnäckig gegen jede Erzeugung von erneuerbarer Energie wendet. Lieber führen sie Ölkriege am Golf, in Afghanistan oder anderswo, lieber kleben sie am

Atomstrom mit allen seinen seit Harrisbourgh und Tschernobyl sowie seit den Atommüll-Castor-Transporten sichtbar gewordenen Gefahren, als daß sie sich zu umweltfreundlicher und letzten Endes billigerer Energieerzeugung entschließen. Hier verhindert der Konzernegoismus wissenschaftlich-technischen Fortschritt, wie der schwedische Zündholzmonopolist Kreuger dereinst das Patent des ewigen Streichholzes. Um diesen Anachronismus zu überwinden, könnten natürlich staatliche Maßnahmen helfen, die mit Hilfe der Weltorganisation den einzelnen Kontinentalbehörden oder auch nationalen Regierungen die Ermächtigung erteilten, diese Energiekonzerne zu verstaatlichen, um sie übergeordneten Interessen, nämlich »dem Wohle der Allgemeinheit« unterzuordnen. In der Bundesrepublik wäre das auf Grund des geltenden Grundgesetzes (Art. 14 Abs. 2. 2) sogar ohne irgendeine Zustimmung von außen möglich.

Könnte man solche Projekte im Rahmen der Globalisierung weltweit anpacken? Natürlich.

Aber Geldfragen sind auch Machtfragen. Wenn die Macht es will, ist das Geld auch auftreibbar, wie man unschwer an Rüstungsprojekten, wie dem Jäger 2000 und den neuen Panzerfahrzeugen, die bei bundesdeutschen Rüstungskonzernen in Auftrag gegeben wurden oder am Bundeswehreinsatz in Jugoslawien, erkennen kann.

Geld spielt eigentlich in allen Lebensbereichen eine Rolle. Das ist so, seit es die Warenproduktion gibt, die ihren Wert im Preis, also in Geld ausdrückt. Über Geld gibt es ungezählte Spruchweisheiten, die freilich meist nur einen Sinn ergeben, wenn man es besitzt. Wer kein Geld besitzt, ist nicht nur arm, sondern auch ohnmächtig.

Das geht nicht nur dem einzelnen Menschen oder den Staaten so. Das gilt – um zu einem weiteren echten Reformthema zu kommen – zum Beispiel auch für die am dichtesten zwischen Mensch und Staat liegenden staatlichen Organisationen, die Kommunen. Eine wichtige Form der Demokratieausübung erfolgt unbestritten in und über die Kommunen. Die Kommune ist die kleinste staatliche Einheit, in der die Bürger ihre Rechte innerhalb der Gemeinschaft wahrnehmen können, aber auch ihren unmittelbaren Pflichten gegenüber dieser Gemeinschaft leisten müssen. Hier wird in einer wahrhaften Demokratie Volkswille und Volksmacht oder -ohnmacht am deutlichsten sichtbar.

Die Kommunalbewegung zwischen dem 11. und 13. Jahrhundert führte zur Unabhängigkeit vieler Städte und Gemeinden von der Feudalherrschaft und damit zu den ersten bürgerlich-demokratischen Freiheiten für ihre Bürger. Die revolutionäre französische Kommune nach der

Französischen Revolution von 1789 war der Versuch, Selbstverwaltung gegenüber der absolutistischen Herrschaft zu erringen, war also ein demokratischer Teil dieser französischen Revolution. Die Pariser Kommune, revolutionärer Kern gegen die deutsch-französische Konterrevolution nach dem deutsch-französischen Krieg von 1870/71, bildete sich zunächst in der Kommune Paris. Später gab es Kommunarden auch in anderen französischen Städten, weil die Kommunen Keimzellen der Demokratie darstellten, was schon in der griechischen Antike so war. Und auch der geschmähte Kommunismus hat in der kommunalen Gemeinschaft seinen demokratischen Wortursprung. Wollen wir also unsere Gesellschaft gemeinschaftlicher, demokratischer und gerechter machen, dann sollten wir mit einer tiefgreifenden Erneuerung in der Kommunalpolitik beginnen.

Es gerät hier noch ein weiterer Aspekt ins Blickfeld. Die Kommune – die Stadt oder die Gemeinde –, in der man ständig lebt, ist im eigentlichen Sinne die Heimat, das konkrete Stück des sogenannten Vaterlandes, mit dem man sich am ehesten im nationalen Rahmen identifiziert. Wenn manchmal festgestellt wird, daß es uns Deutschen an einem gesunden Nationalbewußtsein fehlt, daß wir insofern leicht dem Nationalismus anheimfallen, so liegt das auch dran, daß es nicht überall ein ausgeprägtes Heimatbewußtsein gibt. Heimatbewußtsein kann auch politisch mißbraucht werden, wenn man an die Landsmannschaften mit ihren neuerdings wieder vorgetragenen revanchistischen Forderungen denkt. Dieses absichtlich mißbrauchte Heimatbewußtsein ist nicht gemeint. Heimat kann nicht vom Geburtsort, sondern nur vom Lebensort abgeleitet werden. Da nützen auch keine geschichtlichen Ausflüge. Man kann seine Heimat natürlich auch verlieren. Aber dann ist Ursachenforschung gefragt. Heimat ist sprachlich aus dem Althochdeutschen Heim, Wohnung, Wohnstatt und nicht vom Geburtsort abgeleitet. Wenn man Geburtsorte zu Heimatorten mit Besitzansprüchen erklären will, gäbe es ein ganz schönes geographisches und ethnographisches Durcheinander. Wenn dann auch noch alle möglichen Ansprüche geltend gemacht werden, ist das schlicht kolonialistisch gedacht.

Die Globalisierung wird die Menschen immer mehr durch die ganze Welt treiben. Sei es als Touristen, sei es als Arbeits- oder auch Führungskräfte (ich schließe militärische Ausflüge einmal bewußt aus). Da erwächst, wenn es positiv genutzt wird, ein gewisses Heimatgefühl. Man sehnt sich ab und zu danach. Da entsteht dann möglicherweise die Notwendigkeit, den gesunden Zusammenhang zwischen nationalem Bewußtsein und internationalistischem Denken herzustellen. In einer globalen Welt des neuen Jahrhunderts könnten Heimatbewußtsein und ein gesundes Nationalbewußtsein den für die Globalisierung notwendigen

Internationalismus tatsächlich möglich machen. Hier liegt auch ein Arbeitsfeld für die neuen Medien in einer Informationsgesellschaft. Prof. Dr. Wolfgang Bergsdorf, langjähriger Leiter der Kulturabteilung des Bundesinnenministeriums, forderte zum Versuch auf, »mit Hilfe multimedialer Dienste zunächst auf kommunaler Ebene die Bürger stärker als bisher an der politischen Entscheidungsfindung zu beteiligen. Die Ergebnisse und Erfahrungen mit solchen Experimenten können dann eine Diskussion ermöglichen, wie unsere repräsentative Demokratie die neuen technologischen Möglichkeiten für neue Formen der politischen Kommunikation nützen kann. Es ist denkbar, daß die neuen Technologien zur Revitalisierung des Bürgerengagements beitragen können. Schon heute läßt sich beobachten, daß die Menschen auf das Leben in der Totalen, auf die Globalisierung, die die neuen Technologien anbieten, mit einer Hinwendung zum Regionalen und Lokalen reagieren.«[1]

Ich versuche es also wieder mit einem Beispiel, diesmal vom anderen Ende her, den Kommunen, die auf das Bürgerengagement mehr angewiesen sind, als irgendeine andere staatliche oder privatwirtschaftliche Stelle.

Das erste Beispiel, die Bewässerung afrikanischer Wüsten hat auf den ersten Blick scheinbar nichts mit der Kommunalpolitik zu tun. Indessen ist der Geldmangel allgegenwärtig, außer dem weltumsegelnden, vagabundierenden Kapital, dessen Weg, wenn man Lust hat oder interessiert ist, per Computeranschluß im Internet verfolgen kann. Die schnelle Information darüber, wo sich gerade das am meisten Profit abwerfende Kapital befindet, ist ein Bestandteil des Wirkens der Informationsgesellschaft. Aber wegen des trotzdem für produktive Zwecke bestehenden Geldmangels des überschuldeten Staates kommt es zu den für einen Laien absurdesten Maßnahmen. Statt das Geld dort zu holen, wo es unproduktiv, aber spekulativ hin und her geschoben wird, für die Gesamtgesellschaft also nutzlos ist, will man immer wieder dort einsparen, wo ohnehin nichts zu holen ist.

Ich rede jetzt nicht nur von Zuzahlungen auf dem Gebiet des Gesundheitswesens, über Soli-Abgaben, Notopfer und sonstige Bettelgroschen, die der Staat seinen Bürgern abverlangt. Dem einzelnen Bürger werden sie teilweise direkt aus der Lohntüte genommen, teilweise auch, unter Androhung mit den Gerichtsvollzieher, eingetrieben. Während Millionenbetrüger fast ungeschoren davonkommen, wenn sie ihre nicht unbeträchtlichen Abgaben an den Staat in geheime Kanäle ins Ausland verschwinden lassen, wird bei den einfachen Leuten nach dem berüchtigten Motto verfahren, wonach man die Kleinen hängt und die Großen laufenläßt.

---

1 Wolfgang Bergsdorf in: »Das Parlament«, 25. September 1998.

Von alledem soll im Augenblick nicht die Rede sein, obschon es sich um beachtliche Summen handelt, die dem armen Staat verlorengehen. Hier könnte und müßte ohnehin eine Regelung geschaffen werden.

Die Rede soll vor allem von den Gemeinden sein, die für bestimmte Aufgaben finanziell zuständig sind, denen man aber die Finanzen derart beschneidet, daß sich besonders in den neuen Ländern, die sich noch kein Fettpolster zulegen konnten, zu dem geschichtlich einmaligen Vorgang gekommen ist, daß Kommunen, bis hin zu Großstädten Pleite gehen. Dabei könnte eine funktionierende Kommunalwirtschaft Hunderttausende von Arbeitsplätzen schaffen.

Notwendig wird es sein, möglicherweise die Frage der Selbstverwaltung der Gemeinden, die übrigens im Grundgesetz nicht geregelt ist, sondern allenfalls in Länderverfassungen berührt wird, grundsätzlich, meiner Meinung nach, auch *grundgesetzlich*, neu zu regeln.

Die Selbstverwaltung der Gemeinden, der kleinsten Einheit in der demokratischen Mitbestimmung, sichtbar zum Ausdruck zu bringen, würde voraussetzen, daß den Gemeinden auch die nötigen Mittel zur Verfügung stehen, so wie für die Verwaltung des Bundes und der Länder genau die Mittel spezifiziert und in den jeweiligen Verfassungen bzw. den ausführenden Gesetzen festgeschrieben sind. Am unklarsten ist das bislang bei den Kommunen geregelt. Hier kann auch finanziell jede übergeordnete Behörde hineinwirtschaften, und deren gibt es ja viele bei der herrschenden Bürokratie. Das sollte gesetzlich geändert werden. Die Kommunen haben umfangreiche Aufgaben und Pflichten. Aber gerade bei ihnen wird, wenn Bund und Länder nicht weiter wissen, noch draufgesattelt. Die Rechte der Gemeinden müßten, wenn sich auf einem solch entscheidenden Gebiet wie der Kommunalpolitik mit allen ihren wirtschaftlichen, ökologischen und kulturellen Verzweigungen grundsätzlich etwas ändern soll, gesetzlich neu festgelegt werden. Vor irgendwelchen anderen sogenannten Reformen, die man seit Jahren beschwört, sollte eine grundlegende Kommunalreform, die wirklich eine Erneuerung sein müßte, eingeführt werden.

Es wäre dabei durchaus möglich, eine der verschiedenen Eigentumsformen, die garantiert sind, nämlich das kommunale Eigentum, auszuweiten und als allein der Gemeinde zustehende finanzielle Quelle zu nutzen. Wie schwierig das ist, zeigt allein das in manchen Orten bestehende Durcheinander in der Energieversorgung, wo die großen Energieerzeuger den Gemeinden die eigene und billigere Stromversorgung abdrehen, um ihren teueren Strom absetzen zu können, der Straßenbau, die Wasserwirtschaft, wo gerade im Osten nach der Wende Abwasserbetriebe von Ausrüstern übervorteilt und zum Schaden der Verbraucher in den

Ruin getrieben wurden, während die in den alten Bundesländern sitzenden Hersteller moderner Abwasseranlagen einen profitablen Fischzug unternahmen. Das gleiche gilt für den Handel, für Teile des Mittelstandes, vor allem des Handwerkes, die samt und sonders unter kommunaler Regie und damit auch deren Finanzhoheit stehen könnten, statt Fronarbeit bis zur Pleite für den Bundesfinanzminister oder die Länderfinanzminister zu leisten. Das gilt für Immobilien und Wohnungsbau, wo gerade im Osten Immobilienhaie und Baukonjunkturritter aus dem Westen sich in den Gemeinden breitmachten und zu alledem noch sogenannte Fördermittel abzockten. Die Gemeinde verkauften im guten Glauben oft Land, ihr Tafelsilber, zu Spottpreisen, verschafften Spekulanten zum Teil noch steuerbegünstigte Gewinne und blieben dann oft auf den künstlichen Brachen und Trümmerhaufen sitzen. Natürlich lag das auch mit an den Übergangsverhältnissen, die oft unter der Regie ortsfremder Kommunalbeamter mißbraucht wurden. Aber geregelt ist im Sinne einer fruchtbaren Gemeindeentwicklung immer noch nicht sehr viel. Das gilt übrigens im gleichen Maße, wenn auch nicht so rüde, für die Gemeinden im Westteil des Landes. Hier wäre schnelle Abhilfe die beste Hilfe.

Das gleiche erleben wir auch in Umweltfragen, wie der Müllentsorgung oder beim Aufbau riesiger Recyclinganlagen mit steuerbegünstigten Fördermitteln, die dann, wenn der Geldstrom nicht mehr fließt, mit der Kasse unter dem Arm verlassen werden. Die Kommunen bleiben als Trauergemeinde zurück. So etwas gehört auch in einem Staat mit freier Marktwirtschaft geregelt und nicht dem sich selbst regulierenden Markt überlassen. Selbstregulierung durch den Markt führt in der Kommunalpolitik meist zum Chaos und zu Pleiten.

In den Gemeinden finden auch die sozialen Mißstände ihren Kulminationspunkt. Lukrative Steuerbeiträge fließen größtenteils an Bund und Länder ab. Sozialausgaben müssen hingegen aus einer immer schmaler werdenden Gemeindekasse finanziert werden. Gesetzlich vorgeschriebene Zuschüsse werden gestrichen. Jugend, Bildung, Breitensport und Kultur liegen den Gemeinden auf der Tasche und verkommen größtenteils, wenn ihnen nicht das Glück ortsansässiger oder wenigstens ortsnaher Sponsoren ins Rathaus steht.

Es gibt genug Beispiele, um deutlich zu machen, daß es hier grundlegender Änderungen bedarf, wenn die Wurzeln unseres Volkes nicht verdorren sollen, während man erwartet, daß in der globalen Wipfelhöhe große Blütenträume reifen. Soviel Widerspruch verträgt der beste Baum nicht. Dabei muß klar sein, daß wir der Globalisierung von Politik und Wirtschaft nicht entgehen werden können, der Kommunalisierung von Politik und auch Wirtschaft dürfen wir nicht entgehen oder auch nur ausweichen.

Die PDS-Bundestagsabgeordnete, Christa Luft, Wirtschaftsministerin im Kabinett Modrow 1989/90, hat in ihrem Buch »Abbruch oder Aufbau« sehr viel sach- und fachkundiger, als ich es kann, die Lage der Kommunen, deren zum Teil vereinigungsbedingt auch kriminellen Ursachen und notwendige wie auch mögliche Veränderung beschrieben. Es ist ihr unbedingt zuzustimmen, wenn sie schreibt: »Die Erfahrungen des Sisyphos macht, wer Massenarbeitslosigkeit bekämpfen, Bürgernähe befördern und regionale Wirtschaftsverflechtungen forcieren will, ohne die Kommunen zu stärken. Auch wird sich mit dem Bedeutungsverlust der Nationalstaaten, die Identifikation der Bürger mit der Region, in der sie leben, intensivieren.«[1]

Wenn nicht erkannt und begriffen wird, daß Kommunalpolitik am unmittelbarsten auf die Bürger wirkt, an der sie selbst aber auch am unmittelbarsten mitwirken können, wird Politikverdrossenheit weiterwirken, trotz aller Schönredereien. Hier müßte der Gesetzgeber, von dem sonst soviel die Rede ist, wenn es der Bürokratie darum geht, dem Bürger Rechte vorzuenthalten, regelnd eingreifen. Kommunalwirtschaft sollte eine entscheidende Stütze der Selbstverwaltung und damit der Demokratie sein. Dann würde sich auf regionalem Gebiet bald das zeigen, was immer mit vielen schönen Worten gefordert wird, Unternehmertum, das auch erfolgreich etwas unternehmen kann, Innovationsbereitschaft, mit der auch wirklich etwas erneuert wird und Kreativität, mit der echtes Schöpfertum ausgelöst wird. Man muß nur den Worten auf ihren Ursprung nachgehen, um das zu erreichen, was sie ausdrücken und keine Sprechblasen bleiben.

Daß sich dann die Gemeinden in freier Selbstverwaltung um die Dinge kümmern, die in ihrer Reihenfolge am wichtigsten sind, würde sich logisch ergeben. In freier Selbstbestimmung und Selbstverwaltung würde auch die Massenarbeitslosigkeit anders angegangen werden, wie Christa Luft zu Recht feststellt. Administrative und finanzielle Bevormundung hat schon immer zu Fehlentwicklungen geführt. Nicht erst in der DDR.

Ich denke da an die hübsche Geschichte in dem Roman über den Magister Sebaldus Nothnagel von Friedrich Nicolai, der vielleicht als Romancier nicht so bekannt wurde wie als königlicher Berliner Buchhändler und Verleger. Es liest sich fast wie ein aktueller Zeitungsbericht, wenn es dort heißt: »Man muß nämlich wissen, daß in der fürstlichen

---

1 Christa Luft: Abbruch oder Aufbruch? Warum der Osten unsere Chance ist, Berlin 1998, S. 104.

Residenzstadt ein paar Jahre vorher fünf Straßen nebst einer kleinen verfallenen Kapelle abgebrannt waren. Die Einwohner trugen auf die nachdrückliche Ermahnung des Superintendenten zum Bau der Kapelle, welche viel vergrößert und verschönert aufgebauet werden sollte, so reichlich bei, daß sie freilich kein Geld übrigbehielten, zu einer Hauskollekte etwas herzugeben, die der Bürgermeister veranlasset hatte, um von deren Ertrage einige gemeine Feuerspritzen anzuschaffen, weil bloß aus Mangel derselben das Feuer soweit um sich gegriffen hatte. Noch weniger kehrten sie sich an die leichtsinnigen Reden des Bürgermeisters, der öffentlich sagte, daß man vor allen Dingen den abgebrannten Einwohnern beispringen müsse und daß es überhaupt unnötig sei, die Kapelle wieder zu bauen, da andere Kirchen genug in der Stadt wären, noch weniger sie zu vergrößern, solange die Häuser der Einwohner, zu deren Gebrauche die Kapelle dienen sollte noch in der Asche lägen.«[1]

Die Moral des Beispiels muß nicht erläutert werden, ist aber im übertragenen Sinne hochaktuell.

Ich habe auf zwei Dinge hingewiesen, die scheinbar weit auseinander liegen, die Globalisierung von Wirtschaft und Politik und die Ordnung einer bürgernahen und dennoch sich selbsttragenden Kommunalpolitik. Beide Probleme müssen im neuen Jahrhundert gelöst werden und zwar auf menschliche, das heißt sozial verträgliche Weise.

Zu den Standardlosungen der Politiker gehörte im Wahlkampf 98 die Bekämpfung der Arbeitslosigkeit. Ich habe schon versucht nachzuweisen, daß dies so einfach nicht werden wird. Wichtig wäre vor allem, nächst der Schaffung von möglichen Arbeitsplätzen die Auswirkungen der Arbeitslosigkeit zu bekämpfen. Dazu gehört natürlich auch die Binsenwahrheit, anzuerkennen, daß ein Arbeitsloser nicht mehr Geld einnehmen darf als ein Arbeitender. Aber das ist eine bundesdeutsche Altlast aus der Zeit des Kalten Krieges, wo man zeigen wollte, daß in der Altbundesrepublik ein Arbeitsloser immer noch mehr Geld hat und besser leben kann als ein Arbeiter in der DDR. Damit wurde bekanntlich eine absurde Propaganda getrieben, deren Auswirkungen heute bejammert werden. Also müssen hier Bereinigungen geschaffen werden, die nicht zu Lasten der Ärmsten gehen dürfen.

Das würde die ohnehin bestehende Armut fördern. Allerdings muß man zunächst einmal den Begriff Armut definieren, womit ja manche Leute ihre Schwierigkeiten zu haben scheinen, besonders was Deutsch-

1 Friedrich Nicolai: Leben und Meinungen des Herrn Magisters Sebaldus Nothnagel, Frankfurt/Main 1986, S. 36/37.

land angeht. In dem Berliner »Tagesspiegel« las ich: »Wirklich arm sind in Deutschland nur wenige, wenigstens weniger als in anderen Industrieländern. Wie viele es genau sind, wissen wir nicht, ob es mehr werden, auch nicht. Was wir wissen, ist allerdings, daß in einer so sündhaft reichen Gesellschaft jeder Arme einer zuviel ist. Dagegen kann der Staat etwas tun, wohl auch mehr als jetzt, vor allem in der Bildung. Der Staat kann Armut nicht verhindern, aber er kann und muß Auswege eröffnen und Aufstiege ermöglichen.« (»Tagesspiegel«, 28. August 1998)

Während ich dem ersten Teil des letzten Satzes nicht kritiklos folgen kann, ist der zweite Teil unbestritten, denn noch schlimmer als die materielle Armut ist für die Zukunft die geistige.

Aber zunächst: Die Frage, wann man in Deutschland arm ist und wann nicht, ist eine Frage der Definition. Mit der Statistik kann man beispielsweise Durchschnittswerte errechnen. Aber während am oberen Ende des Durchschnitts mancher schon nicht mehr weiß, was er essen soll und deshalb einen Hungertag einlegt, kann es durchaus sein, daß am unteren Ende der Statistik Leute leben, die fasten müssen, weil sie nichts zu essen haben. Natürlich gibt es in Deutschland keine Hungerbilder, wie man sie im Fernsehen aus dem Sudan sehen muß. Aber man muß die Meßlatte der Armut immer am vergleichbaren Objekt anlegen.

In Deutschland gibt es nach Angaben des Wirtschaftsmagazins »Capital« vom Herbst 1998 225 000 Vermögensmillionäre. Sie hätten sich seit 1990 etwa verdoppelt. (Was vielleicht auch zum Nachdenken anregen sollte, woher der plötzliche Reichtum bei einigen wenigen nach der staatlichen Vereinigung gekommen ist.) Auch die Zahl der Einkommensmillionäre sei seit dieser Zeit gewachsen. 1989 wurden 17 000 gezählt. 1996 seien es genau doppelt so viele gewesen. Dazu kommen nach anderen offiziellen Angaben etwa zwei Millionen Haushalte mit einem monatlichen Einkommen zwischen 10 000 und 35 000 DM. Angesichts der Einwohnergesamtzahl von über 80 Millionen eine respektable Minderheit, die Deutschland als ein reiches Land ansehen läßt, was es natürlich auch ist. Aber in Deutschland gab es 1998 rund eine Million Menschen ohne Obdach. Nach einer gewerkschaftlichen Berechnung leben fünf Millionen Menschen unterhalb der mit monatlich 1 800 DM gezogenen Armutsgrenze. Eine schon etwas größere Minderheit. Aber was dazwischen liegt, ist tief gestaffelt. Die Mehrheit kann sich jedenfalls nicht den Besserverdienenden oder Reichen zuzählen. Solche Vergleiche schärfen die gesellschaftlichen Konturen dieses Landes.

Natürlich kann man sagen, in manchen Ländern liegt die Armutsgrenze bei 1 Dollar pro Tag. Aber erstens kann ja *unter* 1 800 DM auch

300 oder 500 DM bedeuten, da kommt man dem Tagesdollar schon näher. Und zweitens bleibt die Frage, wieviel einheimische Einkommensmillionäre es in dem Ein-Dollar-Armuts-Land gibt, drittens könnte man fragen, wieviel der durchschnittliche Lebensunterhalt im Vergleich ausmacht.

Um die Armutsfrage richtig zu beantworten, muß man einmal betrachten, wie sich die Schere zwischen Armen und Reichen, man kann auch sagen, Mehr- und Wenigerverdienenden, in Deutschland ständig weiter öffnet. In einem Memorandum legte im Sommer 1998 eine »Arbeitsgruppe Alternative Wirtschaftspolitik« dazu Zahlenbeispiele aus den Jahren 1991 bis 1997 vor: »Während die Arbeitnehmereinkommen brutto um 19 Prozent zunahmen, stiegen die Einkommen aus Unternehmertätigkeit und Vermögen mit 37 Prozent fast doppelt so stark.

Die bisherige Steuer- und Abgabenpolitik hat diese Schieflage noch vertieft. Während den Arbeitnehmern inzwischen nur noch knapp zwei Drittel ihrer Bruttoeinkommen verbleiben, sind es bei den Unternehmenseinkommen neun Zehntel.

Im Ergebnis nahmen die Nettoarbeitseinkommen nur um 9 Prozent zu; die Nettoeinkommen aus Unternehmertätigkeit und Vermögen stiegen mit 49 Prozent mehr als fünfmal so stark.

Nach Abzug der Preissteigerung (17 Prozent) sanken die Löhne und Gehälter netto um 8 Prozent, die Gewinne stiegen um 32 Prozent.« (Nach: »Neues Deutschland«, 9. September 1998)

In diesem Zusammenhang könnte man noch viele Fragen stellen. Aber alle voraussehbaren regierungsamtlichen Antworten darauf können nicht darüber hinwegtäuschen, daß auch die vergleichbare Armut in Deutschland angesichts des beachtlichen Reichtums des Landes unverhältnismäßig hoch ist. Ich halte es zum Beispiel für ein Zeichen übermütiger Dekadenz, wenn Armbanduhren ihres Schmuckwertes wegen für 180 000 DM oder gar Füllfederhalter mit Brillantenbesatz für schlappe 200 000 DM öffentlich in Geschäften ausgestellt oder in Anzeigen angeboten werden, weil es sicherlich auch Käufer dafür gibt. Mich erinnert das ein wenig an die zunehmende Dekadenz und Reichtumsvergeudung im untergehenden Rom. Aber Überfluß für einige ist – wie schon gesagt – noch kein Wohlstand für alle.

Daß dies die ehemalige CDU-Familienministerin, Frau Nolte, während des 98er Wahlkampfes natürlich anders sah, ist bis zu einem gewissen Maße verständlich, wenn man für derart Parteipolitik überhaupt noch Verständnis aufzubringen vermag. Sie darf sich ja zu den Besserverdienenden zählen. Das trübt ohnehin oft den Blick für die Realität.

Aber das beweist auch, daß die Dame längst nicht mehr nicht auf diesen Posten gehörte, weil sie sich abgehoben vom wirklichen Leben in Deutschland aufhielt und bewegte. Es beweist auch, daß sie aus dem Untergang der DDR nichts gelernt hat, wo bis zum Schluß schöngefärbt wurde. Aber vielleicht glaubte sie, daß gesellschaftlicher Niedergang im Kapitalismus anders stattfindet. Dieser Niedergang würde nicht nur anders aussehen. Er wäre wesentlich schlimmer.

Aber immer wieder muß ich darauf hinweisen, daß die Armutsdiskussion bei uns auf einem anderem Niveau geführt wird als in den Entwicklungsländern. Wir sind, wie Richard von Weizsäcker es beschrieb, »eine auf Augenblicksvorteil bedachte Wohlstandsgesellschaft«. Aber soll man nicht zornig werden, wenn man einmal über den Tellerrand hinausschaut und von geradezu unmenschlichen Zahlen erfährt? Da wird in einem Bericht des UNO-Entwicklungsprogramms (UNDP) festgestellt, daß eine grundsätzliche Gesundheitsfürsorge und eine Ernährungssicherung für 13 Milliarden Dollar zu haben wäre. Um eine vergleichbare Größe anzuführen: Das sind vier Milliarden Dollar weniger, als die US-Amerikaner und Europäer für Hundefutter ausgeben.

Es gäbe noch viele solcher erschreckenden Angaben, die beweisen, daß die Armutsbekämpfung zusammen mit der Ursachenverhütung zu Beginn des neuen Jahrhunderts zur Aufgabe Nr. 1 erklärt werden muß. Und eben nicht nur irgendwo, sondern konkret in Deutschland.

Da taucht natürlich wieder die Frage auf, woher das Geld nehmen, das für die Lösung solcher inzwischen derart angewachsenen Probleme nötig wäre.

Und da muß zunächst der Staat einmal nachdenken, was er jahrelang falsch gemacht hat, daß es zu solcher Disproportionalität gekommen ist. Ein bestimmter, nicht mehr näher zu benennender Ex-Wirtschaftsminister, der seinen IQ derart im Gesicht mit sich herumgetragen hat, daß man von ihm auch keine klügeren Sätze hören konnte, wie: Wirtschaft findet in der Wirtschaft statt, müßte jetzt, gemessen an seinem geistigen Horizont, eigentlich antworten: Mißwirtschaft wird durch Mißwirtschaft erledigt. Aber das Schlimme ist ja, daß solche Leute nie für den Schaden, den sie anrichten, auch materiell zur Verantwortung gezogen werden.

Natürlich muß Geld herbeigeschafft werden, um den gröbsten Auswirkungen der Armut entgegenzuwirken, neue Armut zu verhindern und darüber hinaus noch ein Zukunftskonzept für die gesamte Gesellschaft zu finanzieren. Das ist nicht die Quadratur des Kreises, sondern das nüchterne Nachdenken darüber, wie das überreichlich vorhandene Geld dort eingesetzt wird, wo es nicht Profit für einzelne, nicht satt zu bekommende Schmarotzer, sondern Profit für die Gesamtgesellschaft abwirft. Ich weiß nicht, und es wird auch schwer genau zu bilanzieren sein, wieviel deutsches Geld täglich durch weltweite Börsengeschäfte hin und her wandert, ohne daß es langfristig investiert wird oder Gewinne für die Gesellschaft abwirft, sondern nur einzelne Spekulanten bedient.

Selbst die Kirche, in Kapitalfragen sonst aus naheliegenden Gründen nicht pingelig, sieht neuerdings Börsenspekulationen kritischer. Der Vorsitzende des Rates der Evangelischen Kirche, Manfred Kock, hat im Herbst 1998 in einem Zeitungsinterview (»Handelsblatt«) sehr deutlich formuliert: »Ein großer Teil der Gelder, die an der Börse gehandelt werden, dienen nicht dazu, dem Unternehmen Kapital zu beschaffen. Vielmehr soll durch das Kalkulieren von Entwicklungen und durch das Eingehen von Risiken an den Schwankungen etwas verdient werden. Das nennt man Spekulation.« Bei dieser Art des Eigentumszuwachses gehöre es sich aber, daß man dafür wenigstens Steuern zahlt. »Ich kann mir keine künftige Wirtschaft vorstellen, bei der das Geld nur um des Geldes willen arbeitet.«

Manfred Kock hat zwar nicht versucht, wie Christus, die Händler aus dem Hause seines Vaters zu vertreiben. Wenn man darüber im Mattäus-Evangelium nachliest, empfindet man das ja auch als richtige (neudeutsch) Action. Soweit geht Kock nicht. Aber immerhin.

Der Schweizer Manager, Erfinder der Swatchuhr und damit Retter der Schweizer Uhrenindustrie, Nicolas G. Hayek, charakterisierte die Börsianer in einem Presseinterview: »Ich habe gewisse Vorbehalte gegenüber unserem internationalen Börsensystem. Für mich sind Broker, Börsianer, Analysten, die den ganzen Tag vor dem Bildschirm hocken, im Grunde keine adäquaten in Industrie und Vertrieb erfahrenen Gesprächspartner.« (»Tagesspiegel«, 31. August 1998)

Auf gut deutsch: Sie sind für Innovationen in der Wirtschaft völlig ungeeignet. Generell: Soweit die Börse in dem Maße, wie sie augenblicklich agiert, überhaupt nötig ist, sollte man sie zumindest unter staatliche Aufsicht stellen und die spekulativen Tagesgewinne der Staatskasse zufließen lassen. Das würde ja nicht die kleinen Anleger treffen, auch nicht das notwendige Kapital für die Großindustrie und ihre Investitionen. Es sollte und müßte die berufsmäßigen Spekulanten treffen, die ganz sicherlich unter den Einkommensmillionären zu finden sind, und eventuell die Großbanken, die ebenfalls beträchtliche Kapitalsummen durch Spekulationen dem Investitionsbereich entziehen. Statt dessen legen sie Millionensummen in Derivaten an, die vielversprechend sein können, aber auch, wie es im internationalen Bankgeschäft geschehen ist, zu Millionenpleiten führen. Um das zu verhindern, sollte auch ein Teil der Banken verstaatlicht werden, um die Gewinne nicht zu verspielen. (Soll doch die Deutsche Bank einmal auflisten, wie viele Millionen [Peanuts] sie durch spekulative Geschäfte in den letzten Jahren verloren hat, die sie dann auch noch als Verlust von der Steuer absetzen konnte, also zweimal raubte.)

Vielleicht würde eine Verstaatlichung von einigen Großbanken einigen Großverdienern Schmerzen zufügen. Aber dieser Schmerz wäre gesamtgesellschaftlich zu ertragen, wenn dadurch Millionen aus der (verhältnismäßigen) Armut gerissen würden und entsprechend Arbeitsplätze geschaffen würden. Man muß ja nicht, wie in Japan, Banken erst verstaatlichen, wenn sie Pleite gemacht haben, sie dann mit Steuergeldern sanieren, um sie später, wenn sie wieder gewinnträchtig geworden sind, erneut zu privatisieren. Man sollte an die Verstaatlichung oder Teilverstaatlichung schon denken, wenn sie Gewinne abwerfen, damit diese Gewinne nicht in die Taschen steuersparender Millionäre fließen, sondern dem Gemeinwohl zugute kommen. Überhaupt sollte man in diesem Zusammenhang überlegen, ob der Staat immer erst dann dirigierend eingreifen sollte, wenn die Pleite da ist, sondern vielleicht schon früher. Das widerspräche keineswegs den Prinzipien sozialer Marktwirtschaft, allenfalls denen einer neoliberalistischen.

Überdies sollte man daran erinnern, daß zur Zeit des Wirtschaftswunders, nämlich bis 1958, auch in der Bundesrepublik staatliche dirigistische Maßnahmen z. B. bei Kapitalverkehrskontrollen und Devisenbewirtschaftung die Banken kontrollierten. Vielleicht kann man, wenn es möglich war, die 1954 beschlossene Lohnfortzahlung für Arbeiter im Krankheitsfalle vierzig Jahre später aus wirtschaftlichen Gründen wieder rückgängig zu machen, auch solche Zügellosigkeit, wie sie bei den privaten Banken entstanden ist, durch staatliche Kontrollmaßnahmen wieder korrigieren. Anderen, wie z. B. der russischen Wirtschaft, empfiehlt man, wie es der Commerzbankchef Kohlhaussen tat, eine »staatliche gelenkte Devisenbewirtschaftung«. Da komme keiner mit der Ausrede, daß es eben woanders anders sei. Gerade in Rußland wurde ja das deutsche Modell gepriesen. Die globale Vernetzung kann uns ganz schnell bei unserem Übermut einen Dämpfer versetzen. Und vor allem gilt, daß es hier das Gemeinwohl fördern würde.

Der amerikanische Ökonom James Tobin hat sogar die Erhebung einer Umsatzsteuer auf den Devisenhandel und auf Eurokredite an nichteuropäischen Banken vorgeschlagen, um die Kapitalflucht zu verhindern. Dadurch könnte, so die bereits erwähnten deutschen Wirtschaftsjournalisten Hans-Peter Martin und Harald Schumann, »der volkswirtschaftliche Schaden durch spekulativ verursachte Wechselkursschwankungen erheblich vermindern (werden) ... Die Devisensteuer erschließt zudem dringend benötigte Einnahmequellen für die Unterstützung jener Länder des Südens, die auf den globalen Märkten nicht mithalten können.«[1]

Vielleicht könnten auch kleine Anleger bewegt werden, statt auf spekulatives Kapital zu setzen, beispielsweise Kommunalobligationen zu erwerben, um die Kommunen, die ohnehin entschuldet werden müßten, finanziell zu unterstützen. Sie würden dadurch Mitbesitzer am Kommunaleigentum, mit mehr Mitspracherecht, als sie das als Kleinaktionäre bei Großkonzernen besitzen.

Beim Stichwort Entschuldung komme ich ohnehin noch auf eine gemeinnützige Geldquelle, die in die falschen Taschen fließt. Fast alle Ostgemeinden, Wohnungsbaugesellschaften, Landwirtschaftliche und Handwerkliche Genossenschaften, die recht und schlecht die DDR-Zeit überlebt haben, sind »verschuldet« und müssen dafür an völlig unbeteiligte Banken Zinsen zahlen und irgendwann auch amortisieren, weil sie zu DDR-Zeiten staatliche Kredite zugewiesen bekamen, um bauen und investieren zu können. Nun kamen die kapitalistischen Buchhalter der westdeutschen Großbanken und erklärten, wir haben die DDR-Banken übernommen. Gewinne gab es da nicht viele. Aber Verbindlichkeiten waren vorhanden. Also sind wir jetzt die Gläubiger. Man findet so schnell gar keinen Begriff, um diese Unverschämtheit zu verdeutlichen. Die Kredite waren Volksvermögen. Keine westdeutsche Bank hat auch nur einen Pfennig dazu gezahlt. Aber mit der feindlichen Übernahme der Banken wechselten auch die Bücher. In den Büchern standen Kreditschulden für diesen und jenen Betrieb oder Ort. Die hätten logischerweise mit dem Erlöschen des Staates DDR auch gelöscht werden müssen, allenfalls als ehemaliges Volksvermögen zur Lösung wirtschaftlicher Probleme in den östlichen Bundesländern eingesetzt werden dürfen. Die Leidtragenden sind ohnehin die einfachen Menschen der DDR gewesen, die das mit ihren Steuergroschen und auch mit Niedriglöhnen finanziert hatten. Aber nicht doch im Kapitalismus! Gläubiger waren plötzlich westdeutsche Banken, die sich dadurch Milliarden auf die Seite schafften und seitdem Zinsen, die mal gestundet werden, mal auch nicht, was dann zu Zahlungsunfähigkeit führte oder auch nicht, einkassieren, in der Hoffnung, auch noch die imaginären Kreditsummen, für die nun der Staat bürgt, zu vereinnahmen. Ist es denn Zufall, daß bei den Großban-

---

1 Martin/Schumann: Die Globalisierungsfalle, S. 332.

ken gerade nach der Vereinnahmung der DDR die Gewinne so sprunghaft anstiegen?

Mit den Ergebnissen solchen Verhaltens läßt sich dann natürlich die marode DDR als Schreckbild sozialistischer Mißwirtschaft an die öffentlichen Wände malen. Aber solche Kriminalität gehört eigentlich vor den Staatsanwalt, denn hier geht es um Eigentumsdelikte von größtem Ausmaß. Auch das wäre allein schon ein Grund, die betreffenden Banken zu verstaatlichen, weil sie arglistig und vorsätzlich in erheblichem Maße gegen das Grundgesetz Artikel 14, Abs. 2 verstoßen, weshalb sie gemäß Artikel 14, Abs. 3 und Artikel 15 GG verfassungsgemäß und völlig in Übereinstimmung mit der Gesetzgebung enteignet und verstaatlicht werden könnten. Das würde höchstens im kleinsten Kreise der Betroffenen Aufsehen erregen, sonst wahrscheinlich nur auf Zustimmung stoßen, weil derlei Maßnahmen auch in anderen Ländern durchaus üblich sind. Über die unrechtmäßige Bereicherung am Raubgut der Nazis soll hier gar nicht gesprochen werden, obwohl es bei der Überlegung von Verstaatlichungen auch eine Rolle spielen müßte.

An eine weitere Tatsache muß man in dem Zusammenhang erinnern. Als die West-Alliierten 1948 die separate Währungsreform einführten, gab es für sie drei unverrückbare Grundsätze. Das war der Währungsschnitt eins zu zehn, das Ausklammern Westberlins und die Streichung der Staatsschulden des Deutschen Reiches. Wenn auch diese drei Essentiells teilweise unterlaufen wurden, so zeigt doch der letzte Punkt, daß sich auch die West-Alliierten durchaus über die Folgen der Übernahme von Altschulden im klaren waren.

Wenn ich außerdem in zunehmendem Maße lesen muß, wieviel leitende Banker aus den Chefetagen großer Geldinstitute wegen aller möglicher Vergehen und Delikte von der Untreue über die Steuerhinterziehung bis zum Diebstahl verhaftet und teilweise auch vor Gerichte gestellt wurden, so ist das für mich nicht nur ein Zeichen, daß der Rechtsstaat doch noch funktioniert, sondern wirft auch die zusätzliche Überlegung auf, inwieweit die Banken ein Teil krimineller Vereinigungen sind. Auch das wäre ein weiterer Grund, ihre Verstaatlichung ins Auge zu fassen.

Man sieht, Geldquellen, die bisher in dunklen Kanälen versickerten, könnten durchaus für gesellschaftliche, soziale, ökologische, kulturelle und sonstige, bisher angeblich nicht zu finanzierende Objekte umgeleitet werden. Eine treffliche Aufgabe für alle, die im nächsten Jahrhundert alles besser machen wollen.

Nun müssen Geldquellen natürlich nicht nur aus diesem Bereich geöffnet werden. Zu den notwendigen Maßnahmen, mehr Gerechtigkeit in der Gesellschaft herzustellen, gehört auch die Steuergerechtigkeit. Zweifellos muß es eine Steuerreform geben, aber nur eine, die Steuergerechtigkeit herstellt. Eine sozial gerechte grundlegende Steuerreform müßte zunächst zu einer rigorosen Vereinfachung des Steuerrechtes führen. Es muß das geradezu erotische Verhältnis vieler Vermögender zum Geld, das sie immer wieder zur Vergewaltigung selbst des heute großzügigen Steuerrechts verführt, beseitigt werden.

Wer Einkommen bezieht oder Vermögen besitzt, zahlt dafür direkte Steuern, nach einem zu berechnenden Satz, mit Unter- und Obergrenzen, worüber man sich sicherlich einigen kann. Im Grundsatz darf es auch keine Ausnahmeregelungen geben. Dazu gehört die Vermögenssteuer generell und die auf Immobilien erhobene im besonderen. Wieso gibt es derartige Obergrenzen bei Steuersätzen für Immobilien, wenn die Immobilien ursprünglich schon mit Steuererleichterungen errichtet wurden? Sicherlich war der steuerliche Anreiz eine Zeitlang konjunkturfördernd. Aber warum sollen auch dann keine Steuern mehr für Vermögensbesitz gezahlt werden, wenn durch übermäßig großzügige Abschreibungen die Kreditschuld längst getilgt wurde? (Ich nehme selbstverständlich kleine Eigenheime, die sich die Besitzer oft vom Munde abgespart haben aus.)

Zu den steuerreformerischen Überlegungen sollte auch die Erbschaftssteuer gehören. In den nächsten Jahren warten nach Angaben der Deutschen Postbank, wie schon erwähnt, etwa 2,2 Billionen DM darauf, vererbt zu werden. Wieso sollen Erben für ihnen mühelos zufließendes Vermögen von einer bestimmten Größenordnung an keine Steuern zahlen? Dazu gehört beispielsweise auch die Möglichkeit, die Kirchensteuer von der staatlichen Steuer absetzen zu können. Wer sich unter den Kirchensteuerzahlern noch an bestimmte Bibelstellen erinnern kann, der weiß, daß Christus auf bestimmte Nachfragen hin erklärte, gebet dem Kaiser, was des Kaisers ist und Gott, was Gottes ist (nachzulesen im Matthäus Evangelium, 22. 21).Wieso kommt durch die geltenden Steuerregelungen ein Nichtchrist oder Andersgläubiger dazu, die Kirchensteuern der Anhängerschaft christlicher Kirchen mitzutragen? Zu den unerträglichen Ausnahmeregelungen gehören auch Bestechungsgelder, denn selbst die können von der Steuer abgesetzt werden, wenn sie die seitenlangen Begründungen erfüllen. Dazu gehören Aufwands- und Werbekosten, um nur noch zwei weitere krasse Beispiele zu nennen. Wieso soll der Staat, also der einfache Steuerzahler, Essen und Trinken bei Geschäftsessen oder sonstige aufwendige Kosten für Unternehmer, Geschäftsleute, Beamte und leitende Angestellte bezahlen, die sich dann oft auch noch gegenseitig bewirten und die ohnehin höhere Einkommen haben, als ein Arbeiter, der solchen Aufwand nicht betreibt, weil er ihn gar nicht betreiben kann? Dazu gehören Fahrkostenpauschalen und die steuerliche Absetzbarkeit für irgendwelche Ausgaben, die irgendwann unter Lobbydruck einmal eingeführt wurden. Dazu gehören auch die unmöglich hochgeschraubten Vergütungen, Übergangsgehälter und Renten für Politiker, die aus dem Amt scheiden.

Das sind Milliardensummen, die dem Staat verlorengehen, nur weil irgendwann einmal begonnen wurde, Ausnahmefälle zu konstruieren, die dazu führten, daß manche Besserverdienenden, bis hin zu Millionären, die manchmal bei einer raffinierten Steuerberatung sogar nicht nur keine Steuern zahlen, sondern auch noch Gelder aus dem Staatssäckel zurückerstattet bekommen. Beispiele gibt es zuhauf. Man kann sie in den Medien nachverfolgen, wo sie offengelegt werden, ohne daß sie bei den Betroffenen Scham auslösen oder gar den Staatsanwalt zum Eingreifen veranlassen.

Das gleiche gilt für die sogenannte Werbepauschale, die in geringem Maße sogar jedem gewährt wird, der eine Einkommensteuererklärung ausfüllen muß. Werbekosten muß der Betrieb erwirtschaften, sonst kann er sich keine Werbung leisten. Wieviel mittlere und Kleinunternehmen müssen auf Werbung verzichten, weil sie sich es nicht leisten können, trotz Werbekostenpauschalen. Und was soll dann noch die Verbindung von Energie- oder Chemieriesen?

Es entfielen irrsinnig hohe Kosten für diese Werbung, die im Grunde der Staat bzw. der Steuerzahler berappen muß, die riesige Waldflächen für die absolut unnütze Papierflut sterben lassen, die sowieso im Müll landet, dessen Beseitigung dann auch wieder bezahlt werden muß. Die Allgemeinheit würde Nutzen ziehen, wenn Werbung nicht steuerlich *ent-*, sondern *belastet* würde. Natürlich wird die Werbeindustrie aufschreien, daß Arbeitsplätze gefährdet würden. Aber wenn der Staat auf Umwegen der Werbung solche Arbeitsplätze ohnehin finanziert, dann kann er es auch direkt tun, wenn den klugen Leute der Werbeindustrie etwas Klügeres einfallen sollte, als das, was sie jetzt im Fernsehen, an Plakatwänden oder Anzeigen produzieren. Ich bin nicht gegen Werbung. Ich bin nur dagegen, daß sie der Steuerzahler finanziert. Also hier wäre Kreativität und Innovation der Werbeindustrie gefragt, wie man das lösen kann. Das bisherige Verfahren sollte eingestellt werden.

Das gilt insbesondere, und damit könnte man ja beginnen, für die Alkohol-, Nikotin-, Arzneimittel- und sonstige überflüssige, wenn nicht gar gesundheitsschädliche Werbung. Da nutzen auch kleine Fußnoten nichts, die mitteilen, was der Gesundheitsminister dazu meint. Der klagt gleichzeitig über zu hohe Ausgaben für die Gesundheit und wirft den

Kranken quasi vor, sie verschleudern Staatsgelder. Die Kosten für die Gesundheitsfür- und vorsorge trägt nämlich bislang auch der Beitragszahler, der zusätzlich auch noch die Werbung für die Krankmacher bezahlen muß. Daß in Skandinavischen Ländern, man sollte es angesichts der Erzählungen kaum glauben, der Pro-Kopf-Alkoholverbrauch (zwischen 6,7 und 3,7 Liter reinen Alkohols) um zum Teil über die Hälfte niedriger ist als in Deutschland (10,7 Liter) wird u. a. auf die geringere Werbung und die höheren Alkoholsteuern zurückgeführt.

Wenn man also wenigstens einmal beginnen würde, dieses Dickicht des für manche Leute sehr profitablen Hin- und Herschiebens von Steuergeldern zu lichten, wäre ja schon ein erster Schritt getan. Wenn dann damit gedroht werden sollte, daß dadurch zum Beispiel die Sponsorentätigkeit für den Sport, insbesondere Tennis, Fußball und Formel 1-Rennen eingestellt werden müßten, kann man hier auch nur antworten, daß sich die Sportler auf den Sport konzentrieren sollten, der dann auch staatlich gefördert werden sollte, wenn er ein Teil der Kultur und Gesundheitsvorsorge ist, wenn eine Parität von Massen- und Leistungssport gewahrt wird. Tennis ist entweder elitär, dann soll jeder sein Vergnügen selbst bezahlen, aber den Steuerzahler höchstens auf dem Tennisplatz per Eintritt zur Kasse bitten. Wenn Tennis als Massensport angesehen werden soll, dann gelten für diese Sportart Regeln wie für alle anderen.

Bayern München muß nicht unbedingt, um Gewinne zu machen und Steuern zu sparen, an die Börse gehen. Der Verein gehört aufs Fußballfeld und nicht aufs Börsenparkett. Oder wollen wir noch darauf warten, daß die Millionäre des FC Hollywood, die sich als Fußballer verkleiden und nur spielen, wenn sie Lust haben, ihnen der Trainer gefällt und sie mit dem Rolls Royce vorgefahren werden? Auf den Formel 1-Zirkus könnte durchaus verzichtet werden, besonders wenn man sich die sportlichen Entgleisungen des deutschen Idols Schumacher, mit ständigem, steuersparendem Auslandswohnsitz, betrachtet, die Unfälle und ihre Kosten zählt, die auch indirekt (Nachahmetrieb bei jungen Autofahrern, der dann an Laternenmasten und Alleebäumen endet) entstehen. Wenn Automobilfirmen neue Hochleistungsmotoren züchten wollen, die angesichts der Umweltschäden, die wir zu beklagen haben, ohnehin überflüssig sein sollten, dann sollen sie das nicht mit Menschenversuchen und Sponsorenwerbung, sondern auf eigene Kosten machen. Die Gewinne sind hoch genug. Und Sponsoren könnten ihr Geld für bessere Anlässe ausgeben. Wenn es nämlich eines Tages beispielsweise bei Formel 1 zur großen Katastrophe käme, die nach Lage der Dinge durchaus abzusehen ist, dann will es sicherlich wieder niemand gewesen sein.

Die Liste, wie und wo man Steuern einsparen oder eintreiben könnte, ist also selbst für einen finanzpolitischen Laien sehr lang. Sachverständige könnten da noch viel exaktere Vorgaben machen. Ohne die inflationäre Zahl von Ausnahmebestimmungen wären auch die aufwendigen Steuererklärungen überflüssig. Es könnten sehr klare Steuerverhältnisse geschaffen werden.

Natürlich sollten auch die Verbrauchersteuern, eine wichtige Einnahmequelle des Staates, differenzierter als bisher veranlagt werden. Luxus- und Genußgüter, vom Sekt bis zur Zigarette, dürften, mit der gleichen Begründung wie auch bei der Werbeeinschränkung, höher besteuert werden als Grundnahrungsmittel. Das gleiche gilt für allgemeine Gebrauchsgüter. Wer sich eine 100 000 Mark-Uhr leisten kann, der kann auch einen höheren Mehrwertsteuersatz entrichten als der Jugendliche, der sich nur eine Billiguhr leisten kann. Warum soll ein Luxuswagen der 500 000 Mark-Klasse eigentlich auch nur 16 Prozent Mehrwertsteuer kosten wie ein Gebrauchtwagen für viertausend Mark? Wichtig wären auch Regelungen für Zweckbindungen für Steuern. Die schon erwähnten Wirtschaftsjournalisten Martin und Schumann schlagen in ihrem bereits zitierten Buch sogar vor: »Kapitalgewinne auf seiten der Unternehmen lassen sich im weltweiten Wettbewerb nicht straflos über dem Weltdurchschnitt besteuern. Dies würde nur die Preise für Europas Produkte und Dienstleistungen steigern und Investoren außer Landes treiben. Um die Gewinner der Globalisierung zu gerechten Anteilen an der Finanzierung staatlicher Aufgaben zu beteiligen, ist eine erhöhte Mehrwertsteuer auf Luxusgüter ein angemessener Ersatz, also eine 30prozentige Abgabe auf alles, was Reichen Spaß macht, Immobilienkäufe über den Eigenbedarf am Wohnort hinaus, Luxuslimousinen, Hochsee-Yachten, Privatflugzeuge, hochwertiger Schmuck, kosmetische Chirurgie. (Ebenda, S. 333)

Eine ökologische Energiesteuer, einschließlich der umstrittenen Mineralölsteuer, auf welche Höhe sich die Experten auch immer einigen, müßte natürlich zweckgebunden in das Verkehrswesen fließen und nicht dem Finanzminister zur Abdeckung von ihm verursachter Schulden dienen. Mit Verkehrswesen ist freilich nicht nur der Straßenbau gemeint, sondern vor allem der öffentliche Personennahverkehr und eventuell sogar seine Subventionierung. Wenn auch sonst die überflüssigen Subventionen gestrichen werden sollten, so kann es im sozialen und ökologischen Interesse durchaus gezielte, nützliche Subventionen geben.

Im übrigen hat es dazu auch im Wahlkampf 1998 sehr detaillierte Vorschläge der PDS gegeben. Aber wahrscheinlich wird man sie, obwohl sie zehn Jahre bewiesen hat, daß sie keine kommunistische Partei mehr ist, auch deshalb weiter ausgrenzen.

Natürlich erfordert das alles nicht nur Mut einer Regierung, wenn sie sich steuermäßig gegen eine mehrverdienende Minderheit stellt. Ihr ist aber die Zustimmung der minderverdienenden Mehrheit bestimmt gewiß. Regierungen sollten sich in einer Demokratie nach Mehrheiten richten. Falls die Mehrverdiener drohen, dann ihr Geld ins Ausland zu transferieren, könnten europäische Lösungen, wenn es denn eine europäische Einigung mit einer einheitlichen Währung gibt, auch im Steuerrecht denkbar sein. Außerdem könnte solchen, im Grunde genommen Staatsfeinden auch mit anderen Mitteln das Handwerk gelegt werden. Bei den Kleinen ist man ja auch nicht pingelig. Das ist dann die Frage an die Politik, ob sie das im Volksinteresse will oder nicht. Danach wird man im neuen Jahrhundert, wenn dann der gesellschaftlich notwendige Wandel, wie angekündigt, erfolgt, künftige Regierungen auch zu messen haben. Beim Sparen muß der Staat nun mal langsam beginnen, in die vergoldeten Fleischtöpfe der Reichen zu greifen und nicht länger nur in die Blechnäpfe der Armen.

Europäische Regelungen stehen im Zusammenhang mit der Globalisierung ohnehin ins deutsche Haus, in dem man sich überlegen sollte, ob man weiterhin in der heimelig gewordenen Jugendstilvilla der vorigen Jahrhundertwende weiter leben will. Sollte man – im übertragenen Sinne – nicht besser einen Neubau errichten, der modern den Gegebenheiten angepaßt und dennoch etwas billiger ausfällt. Das würde zum Politikwechsel gehören. Damit mich niemand mißversteht. Ich verlange keine wirklichen neuen Prunk- und Protzbauten. Dafür hat die alte Bundesregierung am Schluß des Jahrhunderts genug investiert, um nicht zu sagen, verschleudert. Ich hätte mir beispielsweise den zum dritten Male nach dem Kriege umgebauten Reichstag auch ohne Spiegeleffekt-Kunststücke vorstellen können, die ein solches geschichtsträchtiges Gebäude so fatal verwechselbar machen mit dem neuerrichteten Konsumtempel von Lafayette in der Berliner Friedrichstraße. Oder wollte man einen Spiegelsaaleffekt à la Versailles erreichen und damit an bestimmte historische Ereignisse anknüpfen, die bestimmte Erinnerung wachhalten oder wiedererwecken könnten, wer der Herr im europäischen Hause ist? Auch bei Kanzlersitz und anderen Regierungsgebäuden wäre eine Nummer kleiner ebenso machbar gewesen. Das wäre nämlich für das Geschichtsbewußtsein eines ohne Zweifel notwendigen einheitlichen Europas wichtig gewesen. Berlin soll nicht die Hauptstadt eines deutschen Europas, sondern eines europäischen Deutschlands sein.

Das ist für mich die Frage des Ausblicks. Mit dem Jahr 2000 tritt eine für Europa einheitliche Währung in Kraft. Sie läuft, wie zweiundfünfzig Jahre zuvor, politischen Entwicklungen voraus. Damals war es bekanntlich die Schaffung der Deutschen Mark, die jene deutsche Spaltung vorwegnahm, die formell mit der Gründung der Bundesrepublik besiegelt wurde. Auch die deutsche Vereinigung wurde vor ihrem staatlichen Vollzug mit der Währungsunion vorweggenommen. Jedesmal war es die Dominanz der alten Kräfte des deutschen Finanzkapitals, die ihre Politik mit dem Geld durchsetzten. Jetzt wird die Währungseinheit wiederum der politischen und sozialen vorausgeschickt, weil man sich so deutsche Dominanz erhofft. Die Deutsche Mark, angeblich stabilste Währung in Europa, geht zum Leidwesen vieler nach 52 Jahren Existenz. Der Euro, die neue Währungseinheit, an die wir uns gewöhnen müssen, kommt. Aber keine Angst: Der neuen Währung wurde die DM als Schrittmacher implantiert. Ob das ein Schritt zur Gesundung Europas sein wird oder ein Schritt, auf Umwegen, deutsche Vorherrschaftspläne auf dem Kontinent zu hegen, wird sich noch zeigen.

Ich sprach schon von der Rolle einheitlicher Kontinente im Globalisierungsprozeß. Wenn das nicht ohne Vorherrschaft des einen über die anderen ablaufen sollte, wird es zur weltweiten Katastrophe kommen. Es ist ohnehin nicht sicher, ob Europa in dem einsetzenden Wettbewerb die Nase vorn haben wird oder ob der alte Kontinent, ähnlich wie das alte Römische Reich, an seiner eigenen Überheblichkeit, gepaart mit seiner absoluten Unvollkommenheit und Dekadenz, zugrunde geht. Das soll keine Endzeitstimmung verbreiten, sondern nur auf die Realitäten an einer Jahrhundertwende, die zugleich eine Jahrtausendwende darstellt, hinweisen. Italien und Griechenland, als über zweitausendjährige Nachfahren von Rom und Athen, sind heute gleichwertige Teile eines europäischen Ganzen. Wir Deutschen hatten uns zwar einmal vorgenommen, ein tausendjähriges Reich in den Grenzen Europas zu schaffen, sind aber, wie es oft in unserer Geschichte geschah, dabei über unsere eigenen Füße gestolpert, will sagen: an unseren eigenen Fehlern, die aufzuzählen vielleicht hier und heute überflüssig erscheint, gescheitert. Gott sei Dank, würde ich selbst als Atheist sagen. Denn die Versuche, deutsche Vormacht zu errichten, haben in der Geschichte soviel Unheil angerichtet, daß es endlich Zeit wäre, die Finger endgültig von solchen Versuchen zu lassen.

Wir sollten unsere inneren Probleme, die, wie wir gesehen haben, groß genug sind, sozial gerecht, im solidarischen, demokratischen Verständnis und ökologisch vernünftig zu lösen versuchen. Das wäre ein dem neuen Jahrhundert angemessener Politikwechsel.

Wir sollten in Europa ein gleichberechtigter, aber bescheidener Partner ohne vorlaute Ansprüche werden. Auch das würde in der Welt als ein notwendiger Politikwechsel in Deutschland anerkannt werden.

Wir sollten uns vornehmen, einen unserer Wirtschaftskraft entsprechenden Beitrag zur ökologischen Erhaltung unserer Welt zu leisten. Das wäre ein vorausschauender Politikwechsel. Denn ohne einen solchen Wechsel, je eher, desto wirksamer, wird jede andere Diskussion, angesichts Ozon- und Klimagefahren, ohnehin illusorisch. Die Ökologie wird in den nächsten Jahren neben Wirtschafts-, Bildungs- und Sozialpolitik die zunehmend größer werdende Aufgabe, die bewältigt werden muß. Das reicht vom Biotopen-, Tier- und Landschaftsschutz vor allem in die industriellen Bereiche hinein. Um nur ein Stichwort zu nennen: Klimaschutz. Da liegen inzwischen verläßliche Erfahrungen und Prognosen vor. Es ist schon besorgniserregend, wenn man weiß, daß die globalen Mitteltemperaturen seit 1860, also dem ungefähren Beginn des Industriezeitalters, und seitdem es genügend instrumentelle Messungen gibt, bis 1995 um 0,6 Grad im Jahresdurchschnitt gestiegen sind.[1] Das habe zu einer Erhöhung des Meeresspiegels um rund 25 cm geführt. Nach der Einschätzung des IPCC hat die besonders im letzten Jahrzehnt sehr überdurchschnittliche Erwärmung seine Ursachen in einem »merklich menschlichen Einfluß«. Schuld sind vor allem die weltweit immer noch steigenden Emissionen von Kohlendioxyd, Methan und Distickstoffoxyd, die zwar auch natürliche Ursachen für den Treibhauseffekt haben, aber im wesentlichen doch auf Eingriffe von Menschen/Industrie in den natürlichen Kreislauf zurückgehen. Auf einer Klimakonferenz der Helmholtz-Gesellschaft im Dezember 1995 in Bonn wurde ein weiterer Bericht der IPCC vorgelegt, der einen Temperaturanstieg von 3,5 Grad Celsius bis zum Jahre 2100 voraussagt, was die stärkste Erhöhung seit 10 000 Jahren wäre. Nach Angaben der Experten werde der Meeresspiegel um 15-95 cm ansteigen, was katastrophale Folgen nach sich ziehen muß. Die Tagungsteilnehmer waren sich einig, daß dieser vorhersehbar steigende Treibhauseffekt zu 95 Prozent auf menschliche Aktivitäten zurückzuführen sein wird. Hier nutzen regionale Vorbeugungsmaßnahmen nichts. Hier wird ein globales Programm notwendig sein, dem sich vor allem die großen Industrienationen unterwerfen müssen, die bisher nichts oder wenig für den Klimaschutz tun. Also ein weites Feld für einen wirklichen Politikwechsel.

---

1 Sachstandsbericht 1995 der Intergovernmental Panel on Climate Change – IPCC.

Wir sollten schließlich im globalen Rahmen unsere Kraft und Fähigkeiten einsetzen, um mit anderen nicht nur die notwendigen Geschäfte zu machen, sondern auch Bedürftigen zu helfen, ohne missionarischen Eifer und ohne Rückfragen nach der Höhe der Gewinnspanne. Das wäre ein Politikwechsel für das nun beginnende Jahrhundert, der uns gut anstehen würde und der den Völkern dieser Welt, die uns ja immer noch mit einem gewissen Mißtrauen begegnen, beweisen könnte, daß wir nun endlich aus der Geschichte etwas gelernt haben.